# 2023ANTIQUES
## AUCTION RECORDS

# 拍卖年鉴 瓷器

2022-01-01～2023-01-01

欣弘 编

U0107256

湖南美术出版社
全国百佳图书出版单位
·长沙·

**图书在版编目（CIP）数据**

2023古董拍卖年鉴·瓷器／欣弘编.—长沙：湖南美术出版社，2023.2
 ISBN 978-7-5356-9995-4

Ⅰ.①2… Ⅱ.①欣… Ⅲ.①历史文物－拍卖－价格－中国－2023－年鉴②瓷器(考古)－拍卖－价格－中国－2023－年鉴 Ⅳ.①F724.787-54

中国版本图书馆CIP数据核字(2022)第246174号

## 2023古董拍卖年鉴·瓷器
### 2023 GUDONG PAIMAI NIANJIAN·CIQI

出 版 人：黄 啸
编　者：欣 弘
策　划：易兴宏　李志文
责任编辑：李 坚　杜作波
资料统筹：李 倩

湖南美术出版社出版发行(长沙市东二环一段622号)
湖南省新华书店经销
雅昌文化(集团)有限公司制版、印刷
开本：787mm×1092mm　1/16　印张：21
版次：2023年2月第1版　印次：2023年2月第1次印刷
ISBN 978-7-5356-9995-4
定价：198.00元

邮购联系：0731-84787105 邮编：410016
电子邮箱：market@arts-press.com
如有倒装、破损、少页等印装质量问题，请与印刷厂联系黈换。
联系电话：0755-83366138

# 目　　录

# 凡　例

1. 《2023古董拍卖年鉴》分瓷器卷、玉器卷、杂项卷、翡翠珠宝卷、书画卷，共五册，收录了纽约、伦敦、巴黎、日内瓦、香港、澳门、台北、北京、上海、广州、昆明、天津、重庆、成都、合肥、南京、西安、沈阳、济南等城市或地区的几十家拍卖公司几百个专场2022年度的拍卖成交记录与拍品图片。

2. 本书内文条目原则上保留了原拍卖记录（由于拍品来自不同的拍卖公司，为便于搜索，对于用词不一致的名称，如"Cartier"与"CARTIER""年年有鱼"与"年年有余"，"水呈"与"水丞"，"安迪·沃荷"与"安迪·沃霍尔"，"三联葫芦瓶"与"三连葫芦瓶"等，均不作统一），按拍品号、品名、估价、成交价、尺寸、拍卖公司名称、拍卖日期等排序，部分原内容缺失或不详的不注明。书画卷内文条目还有作者姓名、作品形式、创作年代等内容。玉器卷中收入了部分非玉器物，如琥珀、菩提子、蜜蜡、水晶、翡翠、碧玺等。拍品尺寸中的"直径"如无特殊说明，均指最大直径。因陶器部分拍品不多，此内容放在了瓷器卷中。

3. 因境外拍卖公司所在地不同，本书拍品估价涉及多个币种：RMB（人民币），USD（美元），EUR（欧元），GBP（英镑），HKD（港币），NTD（新台币），CHF（瑞士法郎）。但本书所有拍品成交价均按汇率转换成RMB（人民币）。

4. 多人合作的作品，条目中仅列出一或两位主要作者的名字。

# 陶　器

804 仰韶文化 半坡式红陶葫芦瓶
估　价：HKD 200,000~300,000
成交价：RMB 208,497
高36cm 香港苏富比 2022-11-25

808 仰韶文化半坡至庙底沟 红陶人头小瓶
估　价：HKD 400,000~600,000
成交价：RMB 752,907
高20.7cm 香港苏富比 2022-11-25

3237 北齐 绿釉贴花杯
估　价：HKD 150,000~250,000
成交价：RMB 389,880
口径8cm；高6.6cm 保利香港 2022-07-14

826 龙山文化 蛋壳陶瓷杯
估　价：HKD 20,000~30,000
成交价：RMB 55,599
高14.1cm 香港苏富比 2022-11-25

3259 早唐 灰陶加彩骆驼
估　价：HKD 1,000,000~1,800,000
成交价：RMB 974,700
高29.5cm 保利香港 2022-07-14

1691 文化期 黑陶杯
估　价：HKD 80,000~120,000
成交价：RMB 154,509
高21.5cm 中国嘉德 2022-10-08

3262 汉 陶加彩侍女俑 （一组）
估　价：HKD 100,000~200,000
成交价：RMB 266,760
高31cm；高31.4cm 保利香港 2022-07-14

3242 北魏 陶彩绘贵族俑及武士俑 （一组）
估　价：HKD 100,000~180,000
成交价：RMB 108,528
高31.1cm；高31.8cm 保利香港 2022-10-10

1061 唐 彩绘陶仕女俑
估　价：USD 50,000~70,000
成交价：RMB 481,867
高54.5cm 纽约佳士得 2022-03-25

3263 隋 陶加彩奏乐侍女俑 （一套七尊）
估　价：HKD 450,000~650,000
成交价：RMB 564,300
尺寸不一 保利香港 2022-07-14

3243 晚唐/五代 陶彩绘道教人物坐像（两尊）
估　价：HKD 400,000~600,000
成交价：RMB 542,640
高38.1cm；高37.1cm 保利香港 2022-10-10

3223 唐 彩绘陶镇墓兽
估　价：HKD 180,000~250,000
成交价：RMB 195,350
高69.8cm 保利香港 2022-10-10

3227 唐 陶彩绘文官俑
估　价：HKD 1,200,000~1,800,000
成交价：RMB 1,627,920
高69.2cm 保利香港 2022-10-10

3228 唐 陶彩绘仕女俑
估　价：HKD 350,000~450,000
成交价：RMB 379,848
高77.5cm 保利香港 2022-10-10

3270 唐 陶彩绘象
估　价：HKD 120,000～180,000
成交价：RMB 379,848
高33cm；长46cm 保利香港 2022-10-10

3225 唐 彩绘连体侍女陶俑
估　价：HKD 300,000～500,000
成交价：RMB 1,193,808
高38.7cm 保利香港 2022-10-10

3211 唐 蓝地三彩凤首执壶
估　价：HKD 800,000～1,200,000
成交价：RMB 1,539,000
高22.9cm 保利香港 2022-07-14

3260 唐 陶驯骆驼俑
估　价：HKD 1,000,000～1,500,000
成交价：RMB 974,700
高51.6cm 保利香港 2022-07-14

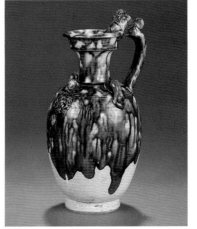

3226 唐 三彩凤首壶
估　价：HKD 600,000～800,000
成交价：RMB 564,300
高21.8cm 保利香港 2022-07-14

1149 唐 巩县窑白釉蓝斑盖罐
估　价：HKD 100,000～150,000
成交价：RMB 176,582
高21.4cm 中国嘉德 2022-10-07

3008 唐 三彩鸭形壶
估　价：HKD 1,300,000～1,500,000
成交价：RMB 2,170,560
长35cm 保利香港 2022-10-10

3256 唐 花釉四系罐
估　价：HKD 300,000～400,000
成交价：RMB 533,520
直径17.3cm；高39.7cm 保利香港 2022-07-14

3211 唐 蓝釉罐
估　价：HKD 250,000～450,000
成交价：RMB 1,085,280
高17.4cm 保利香港 2022-10-10

3214 唐 蓝釉弦纹三足罐
估　价：HKD 350,000～450,000
成交价：RMB 2,462,400
高15.4cm；直径14.5cm 保利香港 2022-07-14

3202 唐 绿釉盖罐
估　价：HKD 70,000～90,000
成交价：RMB 410,400
直径9.1cm；高8.2cm 保利香港 2022-07-14

3225 唐 三彩罐
估　价：HKD 300,000～350,000
成交价：RMB 6,156,000
高52.5cm 保利香港 2022-07-14

3232 唐 三彩弦纹盖罐
估　价：HKD 50,000～80,000
成交价：RMB 307,800
高4.9cm；直径6.1cm 保利香港 2022-07-14

3215 唐 三彩兽面铺首三足香炉
估　价：HKD 300,000～450,000
成交价：RMB 461,700
高17.8cm 保利香港 2022-07-14

3214 唐 三彩联珠纹罐
估　价：HKD 350,000～650,000
成交价：RMB 542,640
高26cm 保利香港 2022-10-10

3232 唐 三彩三兽足盖炉
估　价：HKD 250,000～450,000
成交价：RMB 868,224
高21.6cm；直径23.2cm 保利香港 2022-10-10

3224 唐 三彩仕女抱子像
估　价：HKD 900,000～1,200,000
成交价：RMB 1,627,920
高33cm 保利香港 2022-10-10

3210 唐 蓝釉烛台
估　价：HKD 220,000～280,000
成交价：RMB 1,953,504
高48.4cm 保利香港 2022-10-10

2901 唐 三彩鸿雁荷叶纹三足盘
估　价：HKD 700,000～900,000
成交价：RMB 1,042,939
直径28.8cm 佳士得 2022-11-29

3228 唐 三彩花卉纹腕枕
估　价：HKD 450,000～650,000
成交价：RMB 430,920
高5.7cm；长10cm；宽11.7cm
保利香港 2022-07-14

3209 唐 三彩宝相花大雁纹盘
估　价：HKD 150,000～250,000
成交价：RMB 923,400
直径28.6cm 保利香港 2022-07-14

3240 唐 三彩凤首杯
估　价：HKD 280,000～450,000
成交价：RMB 266,760
高8.9cm；长9.7cm 保利香港 2022-07-14

3206 唐 褐地三彩盖盒
估　价：HKD 120,000～180,000
成交价：RMB 430,920
直径18.5cm 保利香港 2022-07-14

3217 唐 三彩加蓝宝相花纹三足盘
估　价：HKD 200,000～300,000
成交价：RMB 1,139,544
直径29.1cm 保利香港 2022-10-10

3205 唐 蓝釉点彩盖盒
估　价：HKD 120,000～180,000
成交价：RMB 430,920
直径10.9cm 保利香港 2022-07-14

3231 唐 三彩宝相花平底盆
估　价：HKD 350,000～450,000
成交价：RMB 718,200
直径24.1cm 保利香港 2022-07-14

3230 唐 三彩宝相花深腹盆
估　价：HKD 450,000～650,000
成交价：RMB 1,128,600
直径20cm 保利香港 2022-07-14

3227 唐 三彩花卉形束腰座
估　价：HKD 600,000～800,000
成交价：RMB 564,300
高6.5cm；直径12.8cm 保利香港 2022-07-14

3007 唐 三彩宝相花纹洗
估　价：HKD 1,200,000～1,500,000
成交价：RMB 1,085,280
直径23.5cm 保利香港 2022-10-10

3218 唐 绿点釉马与骑马人
估　价：HKD 600,000～800,000
成交价：RMB 705,432
高34.6cm，长30.2cm；高32.1cm，长30.5cm
保利香港 2022-10-10

2816 唐 三彩马
估　价：HKD 400,000～600,000
成交价：RMB 756,050
高76cm 佳士得 2022-05-30

3217 唐 褐地绿彩碎花璎珞三彩马
估　价：HKD 2,800,000～3,500,000
成交价：RMB 3,078,000
高71cm；宽78cm 保利香港 2022-07-14

3222 唐 三彩蓝釉碎花女俑
估　价：HKD 1,500,000～2,500,000
成交价：RMB 1,539,000
高28cm 保利香港 2022-07-14

3216 唐 三彩立马
估　价：HKD 3,000,000～3,800,000
成交价：RMB 3,591,000
高66cm；宽68.6cm 保利香港 2022-07-14

3219 唐 三彩骆驼
估　价：HKD 1,800,000～2,500,000
成交价：RMB 3,038,784
高75.6cm；长55.9cm；宽27.9cm
保利香港 2022-10-10

3226 唐 三彩仕女立俑
估　价：HKD 450,000～650,000
成交价：RMB 1,031,016
高48.9cm 保利香港 2022-10-10

1059 唐 三彩陶马
估　价：USD 200,000～300,000
成交价：RMB 1,445,601
高46cm 纽约佳士得 2022-03-25

3218 唐 三彩双峰骆驼
估　价：HKD 2,800,000～3,500,000
成交价：RMB 2,667,600
高76cm；宽56.5cm 保利香港 2022-07-14

3230 唐 三彩十二生肖俑 （一套）
估　价： HKD 320,000～400,000
成交价： RMB 3,472,896
高24.1cm×12 保利香港 2022-10-10

3248 唐 黄釉绞胎枕
估　价： HKD 220,000～280,000
成交价： RMB 225,720
高7.5cm；宽13.4cm；长10.2cm
保利香港 2022-07-14

3221 唐 三彩武官俑 （一对）
估　价： HKD 1,800,000～2,800,000
成交价： RMB 4,883,760
高106.7cm；高108cm 保利香港 2022-10-10

3221 唐 三彩文官俑
估　价： HKD 2,200,000～2,800,000
成交价： RMB 2,052,000
高106.7cm 保利香港 2022-07-14

222 唐 三彩镇墓兽 （一对）
估　价：HKD 2,000,000～2,500,000
成交价：RMB 3,798,480
高102.2cm；高98cm 保利香港 2022-10-10

3209 五代 黄绿釉彩莲花形高足碗
估　价：HKD 80,000～150,000
成交价：RMB 520,934
直径24.5cm；高15.7cm
保利香港 2022-10-10

1027 清早期 宜钧釉葵口式小杯连托（一对成套）
估　价：RMB 300,000～400,000
成交价：RMB 460,000
杯直径6cm，高3.9cm；盘径10.8cm
中贸圣佳 2023-01-01

251 唐 黄釉绞胎碗
估　价：HKD 60,000～80,000
成交价：RMB 412,406
直径10cm；高4.3cm 保利香港 2022-10-10

3250 宋 绞胎盘
估　价：HKD 150,000～200,000
成交价：RMB 412,406
直径18.3cm；高2.3cm 保利香港 2022-10-10

1456 民国 石湾窑刘佐潮造羲之爱鹅
"石湾刘胜记""佐潮"款
估　价：RMB 100,000～180,000
成交价：RMB 207,000
高10.1cm 华艺国际 2022-09-23

# 青 瓷

## 越 窑

3691 六朝 后乐斋收藏 越窑青釉鸱鸮形盖盒
估　价：HKD 200,000～300,000
成交价：RMB 1,404,093
高6cm；宽8cm 香港苏富比 2022-04-29

1071 五代 越窑青釉刻牡丹纹盖盒
估　价：USD 10,000～15,000
成交价：RMB 112,436
直径12.3cm 纽约佳士得 2022-03-25

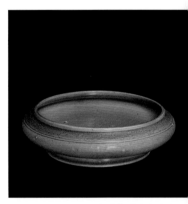

3700 北宋10世纪 后乐斋收藏 越窑青釉洗
估　价：HKD 200,000～300,000
成交价：RMB 280,818
长17.5cm 香港苏富比 2022-04-29

1054 晋 越窑青釉镂空三足炉
估　价：USD 20,000～30,000
成交价：RMB 224,871
高19cm 纽约佳士得 2022-03-25

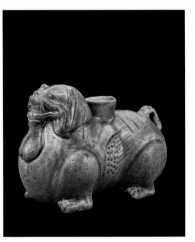

3689 西晋 后乐斋收藏 越窑青釉辟邪水盂
估　价：HKD 120,000～180,000
成交价：RMB 162,010
长17.2cm 香港苏富比 2022-04-29

2204 元 青釉刻花卉执壶
估　价：RMB 150,000～220,000
成交价：RMB 402,500
高18cm 中鸿信 2022-09-11

# 耀州窑

1165 北宋 耀州窑青釉牛首杯
估　价：HKD 60,000～80,000
成交价：RMB 253,837
长8.7cm 中国嘉德 2022-10-07

839 五代/北宋 耀州窑青釉三足炉
估　价：HKD 60,000～80,000
成交价：RMB 237,615
直径12.1cm 佳士得 2022-05-30

2835 北宋 耀州窑刻牡丹纹双耳瓜棱罐
估　价：HKD 500,000～700,000
成交价：RMB 702,046
高17.5cm 佳士得 2022-05-30

4532 北宋 耀州窑刻花梅瓶
估　价：NTD 500,000
成交价：RMB 206,816
高24.5cm 台北艺珍 2022-08-14

157 北宋 耀州窑青釉剔刻花卉纹瓜棱形执壶
估　价：HKD 500,000～700,000
成交价：RMB 1,103,640
高25cm 中国嘉德 2022-10-07

1027 北宋/金 耀州窑青釉"犀牛望月"碗
估　价：USD 20,000～30,000
成交价：RMB 481,867
直径21cm 纽约佳士得 2022-03-25

仿汝釉

2837 北宋 耀州窑刻缠枝牡丹纹盖碗
估　价：HKD 600,000～800,000
成交价：RMB 1,836,122
直径14.8cm；高12.1cm 佳士得 2022-05-30

2009 明 汝州张公巷窑青瓷盘
估　价：RMB 400,000～600,000
成交价：RMB 874,000
直径18.6cm；高4.6cm 上海嘉禾 2022-01-01

1989 明 汝州官釉青瓷钵
估　价：RMB 250,000～550,000
成交价：RMB 437,000
直径13cm；高7.5cm 上海嘉禾 2022-01-01

2818 金 耀州窑印童子牡丹纹斗笠碗
估　价：HKD 150,000～200,000
成交价：RMB 280,818
直径15.2cm 佳士得 2022-05-30

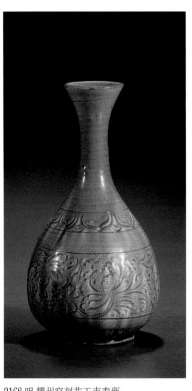

1158 北宋 耀州窑青釉刻划牡丹纹鼓式盖盒
估　价：HKD 500,000～700,000
成交价：RMB 551,820
宽13.2cm 中国嘉德 2022-10-07

2168 明 耀州窑刻花玉壶春瓶
估　价：RMB 700,000～900,000
成交价：RMB 805,000
高30cm；直径15cm 西泠印社 2022-01-22

4053 清雍正 仿汝天青釉葵口尊
"大清雍正年制"款
估　价：RMB 350,000～550,000
成交价：RMB 632,500
口径12.6cm 中国嘉德 2022-05-29

6664 明 天青釉盏
古　价：RMB 12,000,000～22,000,000
成交价：RMB 18,975,000
口径11.3cm；高6.4cm；底径5.8cm 北京保利 2022-07-28

1040 清乾隆 仿汝釉三孔葫芦瓶
"大清乾隆年制"六字三行篆书款
估　价：HKD 700,000～900,000
成交价：RMB 827,730
高20cm 中国嘉德 2022-10-07

909 清乾隆 仿汝釉八方瓶
"大清乾隆年制"六字三行篆书款
估　价：RMB 800,000～1,200,000
成交价：RMB 1,495,000
高33.3cm 中贸圣佳 2022-07-26

218 明 天青釉洗
成交价：RMB 2,530,000
直径11.8cm 中鸿信 2022-09-11

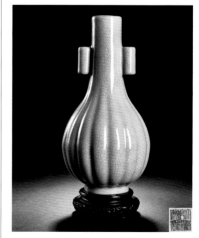

1175 清乾隆 仿汝釉瓜棱贯耳瓶
"大清乾隆年制"六字三行篆书款
估　价：RMB 1,500,000～2,000,000
成交价：RMB 2,070,000
高22.6cm 中贸圣佳 2022-07-26

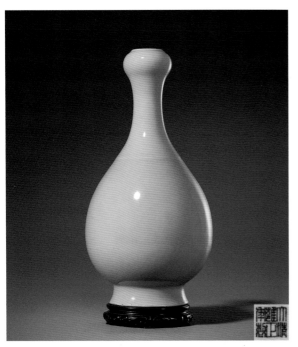

10 清雍正 仿汝天青釉弦纹蒜头瓶
"大清雍正年制" 六字三行篆书款
估　价：RMB 5,000,000～8,000,000
成交价：RMB 5,750,000
高28.2cm 北京中汉 2022-06-28

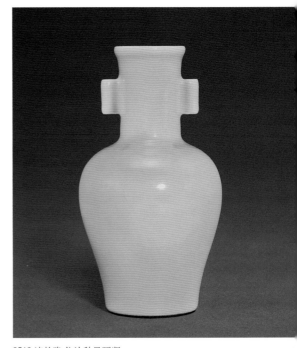

3512 清乾隆 仿汝釉贯耳瓶
"大清乾隆年制" 款
估　价：HKD 5,000,000～7,000,000
成交价：RMB 5,184,345
高19.2cm 香港苏富比 2022-04-29

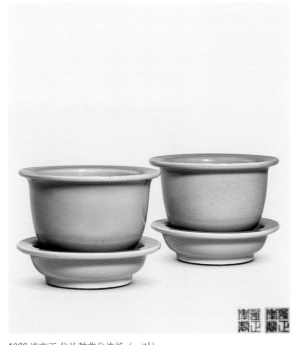

1066 清雍正 仿汝釉花盆连托 (一对)
"雍正年制" 篆书款
估　价：RMB 800,000～1,200,000
成交价：RMB 1,322,500
盆直径14cm，托直径14cm；盆直径13.7cm，托直径14cm
中贸圣佳 2023-01-01

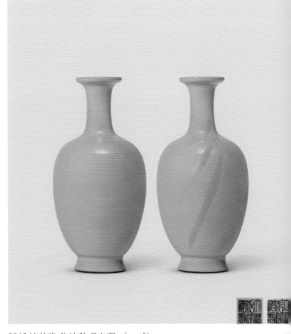

2846 清乾隆 仿汝釉观音瓶 (一对)
"大清乾隆年制" 六字三行篆书款
估　价：RMB 2,800,000～3,800,000
成交价：RMB 3,335,000
高21cm×2 中国嘉德 2022-06-27

1071 清乾隆 仿汝釉飘带瓶
"大清乾隆年制"六字三行篆书款
估　价：HKD 3,000,000～4,000,000
成交价：RMB 4,966,380
高22.5cm 中国嘉德 2022-10-07

908 清乾隆 仿汝天青釉汉壶式双龙耳大尊
"大清乾隆年制"六字三行篆书款
估　价：RMB 3,800,000～4,800,000
成交价：RMB 5,520,000
高35.5cm 中贸圣佳 2022-07-26

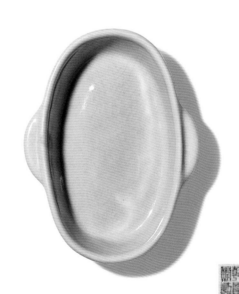

5437 清乾隆 仿汝釉弦纹瓶
"大清乾隆年制"款
估　价：RMB 2,600,000～3,600,000
成交价：RMB 2,990,000
高21.3cm 北京保利 2022-07-28

822 清乾隆 仿汝釉羽觞杯
"大清乾隆年制"六字三行篆书款
估　价：RMB 600,000～800,000
成交价：RMB 1,092,500
长11cm 北京大羿 2022-12-18

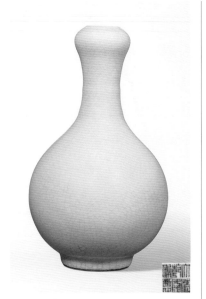

2717 清乾隆 仿汝釉蒜头瓶
"大清乾隆年制"六字篆书款
估　价：HKD 800,000～1,500,000
成交价：RMB 1,944,129
高18.7cm 佳士得 2022-05-30

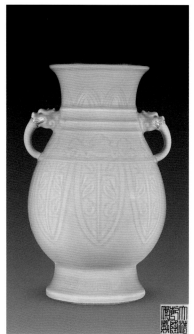

77 清乾隆 天青釉双耳尊
"大清乾隆年制"款
估　价：RMB 500,000
成交价：RMB 632,500
高34cm；口径14cm 浙江御承 2022-08-28

2526 清乾隆 仿汝釉大碗
"大清乾隆年制"六字三行篆书款
估　价：RMB 180,000～280,000
成交价：RMB 264,500
直径35.3cm 中国嘉德 2022-12-26

235 清乾隆 仿汝釉六角花盆
"大清乾隆年制"款
估　价：HKD 250,000～350,000
成交价：RMB 419,383
宽27.5cm 华艺国际 2022-11-27

1009 清乾隆 仿汝釉小瓶
"大清乾隆年制"六字三行篆书款
估　价：HKD 400,000～600,000
成交价：RMB 1,765,824
高16.8cm 中国嘉德 2022-10-07

2997 清乾隆 仿汝釉水仙盆
"乾隆年制"四字篆书款
估　价：HKD 800,000～1,200,000
成交价：RMB 5,214,699
宽23.1cm 佳士得 2022-11-29

# 官 窑

3703 南宋 后乐斋收藏 杭州官窑四管香插
估　价：HKD 600,000～800,000
成交价：RMB 648,043
高5.6cm 香港苏富比 2022-04-29

2801 官窑六方花盆
估　价：RMB 500,000～600,000
成交价：RMB 1,035,000
高7.8cm；直径10cm 西泠印社 2022-08-20

2012 官窑天青釉弦纹炉
估　价：RMB 6,000,000～12,000,000
成交价：RMB 9,200,000
高15cm；直径19.4cm 西泠印社 2022-1-22

2022 官窑青釉花口盘
估　价：RMB 1,500,000～2,500,000
成交价：RMB 1,725,000
高3.8cm；直径16cm 西泠印社 2022-1-22

## 仿官釉

2429 明 官窑胆瓶
估 价：RMB 4,000,000
成交价：RMB 6,325,000
高15cm；直径4.8cm 上海嘉禾 2022-01-01

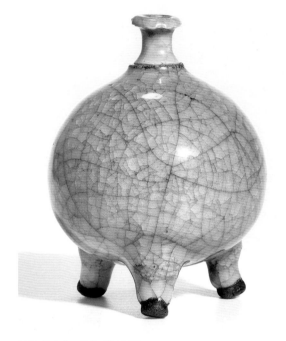

1189 明 官釉三兽足石榴形砚滴
估 价：RMB 850,000~1,200,000
成交价：RMB 1,150,000
高8.7cm 中贸圣佳 2022-07-26

919 明 官釉撇口小尊
估 价：RMB 2,800,000~3,200,000
成交价：RMB 4,427,500
口径9cm；高6.1cm 中贸圣佳 2022-07-26

804 明 乾隆御题官窑贯耳方壶
题识：官下柴一等，希珍致亦艰。抚无薛暴类，置合研瓯间。穿耳便
携带，澄心伴晏闲。方难圆易冶，可以悟身闲。乾隆乙未春月御题。
钤印"比德"
估 价：RMB 8,000,000~12,000,000
成交价：RMB 12,190,000
高11.4cm 中贸圣佳 2022-12-31

2161 明 龙泉官窑簋式炉
估　价：RMB 350,000～550,000
成交价：RMB 747,500
高8.6cm；口径14.1cm 西泠印社 2022-1-22

5222 明 官窑折沿洗
估　价：RMB 3,000,000～5,000,000
成交价：RMB 3,680,000
直径21cm 北京保利 2022-07-28

992 明 官窑渣斗
估　价：RMB 600,000～800,000
成交价：RMB 1,265,000
高6.7cm；直径8cm 西泠印社 2022-1-22

228 明 官釉鼓式水盂
估　价：RMB 150,000～250,000
成交价：RMB 345,000
高5cm；直径7cm 保利厦门 2022-10-22

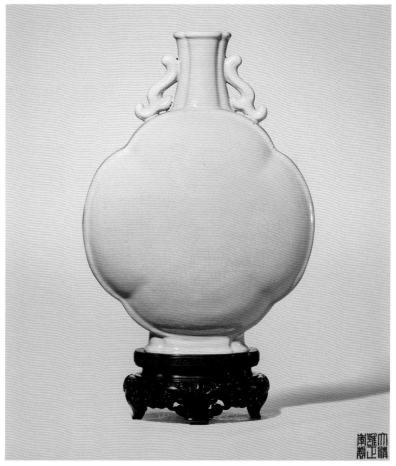

1033 清雍正 御制仿官釉螭耳海棠式抱月瓶
"大清雍正年制"六字三行篆书款
估　价：RMB 2,600,000～3,000,000
成交价：RMB 3,220,000
高50.7cm 永乐拍卖 2022-07-24

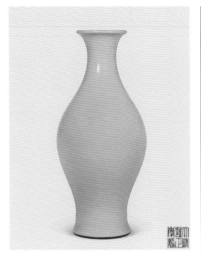

2809 清雍正 仿官釉橄榄瓶
"大清雍正年制"六字三行篆书款
估　价：RMB 300,000~500,000
成交价：RMB 1,035,000
高30cm 中国嘉德 2022-06-27

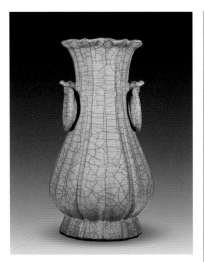

96 清雍正 仿官窑双环瓜棱尊
估　价：RMB 300,000
成交价：RMB 345,000
高36cm；口径15cm 浙江御承 2022-08-28

2790 清雍正 唐英为李屺竹作仿官釉洗
"始比山人清玩"六字双行楷书款
估　价：RMB 300,000~500,000
成交价：RMB 897,000
高4cm；直径8.5cm 西泠印社 2022-08-20

603 清雍正 仿官釉蚰龙耳炉
"大清雍正年制"六字三行篆书款
估　价：RMB 600,000~800,000
成交价：RMB 920,000
直径10cm；长13cm 华艺国际 2022-07-29

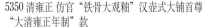

5350 清雍正 仿官"铁骨大观釉"汉壶式大铺首尊
"大清雍正年制"款
估　价：RMB 5,000,000~8,000,000
成交价：RMB 6,900,000
高59cm 北京保利 2022-07-28

1036 清乾隆 仿官釉琮式瓶
"大清乾隆年制"六字三行篆书款
估　价：HKD 500,000~700,000
成交价：RMB 904,984
高27.8cm 中国嘉德 2022-10-07

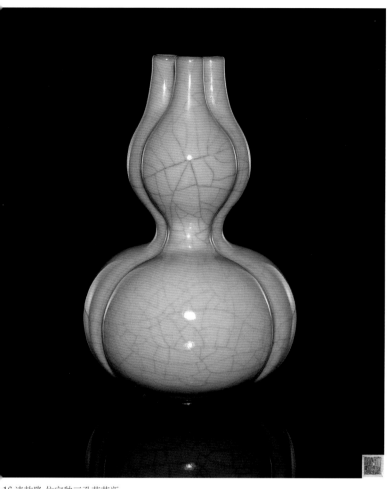

1169 清乾隆 仿官釉三联葫芦花插
"大清乾隆年制"六字三行篆书款
估　价：RMB 200,000～300,000
成交价：RMB 632,500
高20.3cm 中贸圣佳 2022-07-26

52 清乾隆 御制仿官釉弦纹三系梅瓶
"大清乾隆年制"款
估　价：RMB 1,000,000～1,200,000
成交价：RMB 1,725,000
高28.6cm 永乐拍卖 2022-07-24

16 清乾隆 仿官釉三孔葫芦瓶
"大清乾隆年制"款
估　价：HKD 2,800,000～3,800,000
成交价：RMB 4,320,288
高20.8cm 华艺国际 2022-05-29

096 清乾隆 仿官釉蒜头瓶
"大清乾隆年制"六字三行篆书款
估　价：HKD 900,000～1,300,000
成交价：RMB 882,912
高18cm 中国嘉德 2022-10-07

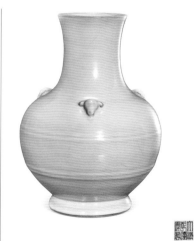

5745 清乾隆 仿官釉三羊开泰尊
"大清乾隆年制"款
估　价：RMB 1,200,000～2,200,000
成交价：RMB 1,667,500
直径23.5cm；高33.4cm 北京保利 2022-07-29

3169 清咸丰 仿官釉八卦纹琮式瓶
"大清咸丰年制"六字双行楷书款
估　价：RMB 800,000～1,200,000
成交价：RMB 1,092,500
高28.3cm 中国嘉德 2022-12-26

90 清中期 渣斗
估　价：RMB 500,000
成交价：RMB 2,300,000
高9cm；口径10.5cm 浙江御承 2022-08-28

钧 窑

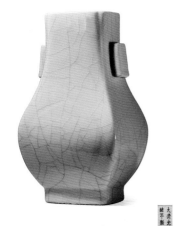

65 清光绪 御制仿官釉杏圆贯耳瓶
"大清光绪年制"款
估　价：RMB 120,000～150,000
成交价：RMB 368,000
高30.2cm 永乐拍卖 2022-07-24

2855 北宋/金 钧窑紫斑天蓝釉琴炉
估　价：HKD 240,000～350,000
成交价：RMB 810,054
高6.7cm 佳士得 2022-05-30

952 北宋 钧窑青釉碗
估　价：USD 12,000～18,000
成交价：RMB 264,298
直径22.5cm 纽约佳士得 2022-09-23

3607 宋 钧窑月白釉敛口杯
估　价：HKD 150,000～200,000
成交价：RMB 237,615
直径8.8cm 香港苏富比 2022-04-29

416 金/元初 钧窑紫花鼎香炉
估　价：HKD 300,000～500,000
成交价：RMB 347,495
高14.6cm 香港苏富比 2022-11-25

2908 金/元 钧窑天蓝釉紫斑花口瓶
估　价：HKD 300,000～500,000
成交价：RMB 1,042,939
高19cm 佳士得 2022-11-29

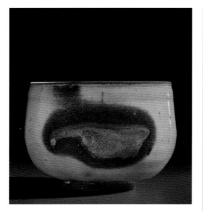

699 金 后乐斋收藏 钧窑或汝州东沟窑 绿釉
敛式碗
估 价：HKD 500,000～700,000
成交价：RMB 918,061
直径10.5cm 香港苏富比 2022-04-29

1040 金 钧窑紫斑碗
估 价：USD 60,000～80,000
成交价：RMB 2,891,201
直径15.2cm 纽约佳士得 2022-03-25

949 14世纪 钧窑天蓝釉海棠式盘
估 价：USD 10,000～15,000
成交价：RMB 704,794
直径15.4cm 纽约佳士得 2022-09-23

## 仿钧釉

2426 明初 官钧玫瑰紫斑二层烛台
估 价：RMB 320,000
成交价：RMB 368,000
高20cm；足径10.8cm 上海嘉禾 2022-01-01

605 北宋/金（12/13世纪）钧窑天蓝釉紫斑碗
估 价：HKD 6,000,000～8,000,000
成交价：RMB 6,480,432
直径14.9cm 香港苏富比 2022-04-29

2427 明初 官钧月白釉菱口花盆（底编号二）
估 价：RMB 680,000
成交价：RMB 782,000
18.3cm×23.5cm 上海嘉禾 2022-01-01

12 明初 钧窑葡萄紫釉鼓钉三足水仙盆
底刻"五"字
估　价：HKD 4,000,000~6,000,000
成交价：RMB 13,121,006
宽20.7cm 香港苏富比 2022-10-08

3037 明早期 钧窑天蓝玫瑰紫釉葵花式花盆
"三"字款
估　价：HKD 24,000,000~30,000,000
成交价：RMB 20,077,680
高19cm；直径26cm 保利香港 2022-10-10

5220 明早期 官钧鼓钉三足洗
"三"字款
估　价：RMB 2,000,000~3,000,000
成交价：RMB 2,300,000
直径19cm 北京保利 2022-07-28

5217 明 钧窑天蓝釉紫斑茶盏
估　价：RMB 4,500,000~6,500,000
成交价：RMB 8,395,000
直径8.6cm 北京保利 2022-07-28

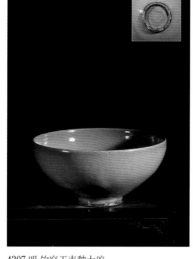

1085 明 青釉红斑小盏
估　价：RMB 300,000～500,000
成交价：RMB 575,000
直径8.9cm；高5.2cm 中贸圣佳 2023-01-01

187 明 天青釉胆瓶
估 价：RMB 1,200,000～2,000,000
成交价：RMB 1,380,000
高27cm 中贸圣佳 2022-07-26

4307 明 钧窑天青釉大碗
估　价：RMB 450,000～800,000
成交价：RMB 805,000
高10.7cm；直径22.7cm 西泠印社 2022-08-21

807 明 钧釉六方花盆
"八"字款
估　价：RMB 600,000～800,000
成交价：RMB 1,035,000
长21.3cm；宽13.5cm；高12.5cm
中贸圣佳 2022-12-31

550 明 钧窑鸡心罐
估 价：RMB 120,000～150,000
成交价：RMB 138,000
高8.5cm 永乐拍卖 2022-07-25

1041 明/清 仿钧窑笠式碗（一对）
估　价：USD 6,000～8,000
成交价：RMB 481,867
直径11.2cm×2 纽约佳士得 2022-03-25

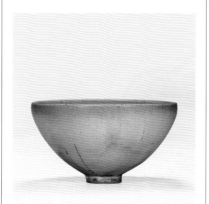

219 明 钧窑玫瑰紫斑如意双耳三足炉
估 价：RMB 700,000～1,000,000
成交价：RMB 805,000
高11.5cm 北京保利 2022-07-28

5218 明 钧窑天青釉莲子式深腹大碗
估　价：RMB 700,000～900,000
成交价：RMB 862,500
直径26.8cm 北京保利 2022-07-28

1038 明晚期 仿钧天蓝釉如意耳匜
估　价：RMB 800,000～1,200,000
成交价：RMB 1,380,000
直径19cm 永乐拍卖 2022-07-24

1188 明 天青釉内外紫斑净水钵
估　价：RMB 800,000～1,200,000
成交价：RMB 1,495,000
口径15.4cm；高10.2cm 中贸圣佳 2022-07-26

1021 清雍正 御制窑变仿钧釉三足鼎
"雍正"款
估　价：RMB 400,000～700,000
成交价：RMB 828,000
高33.8cm 永乐拍卖 2022-07-24

215 清雍正 仿钧釉海螺形水注
"大清雍正年制"款
估　价：HKD 350,000～450,000
成交价：RMB 822,912
高14cm 华艺国际 2022-05-29

920 明 天蓝釉玫瑰紫斑折沿洗
估　价：RMB 2,200,000～2,800,000
成交价：RMB 4,140,000
直径17cm 中贸圣佳 2022-07-26

1994 钧窑蓝釉红斑盏
估　价：RMB 1,000,000～1,200,000
成交价：RMB 1,150,000
高5.5cm；口径10cm 西泠印社 2022-01-22

## 仿哥釉

43 元/明 仿哥釉海棠式洗
估 价：USD 6,000~8,000
成交价：RMB 1,189,339
高17.6cm 纽约佳士得 2022-09-23

090 明 哥釉杯连盖
估 价：RMB 900,000~1,200,000
成交价：RMB 1,495,000
高6.7cm 中贸圣佳 2022-10-27

655 明 哥釉海棠式花盆
估 价：RMB 1,000,000~1,500,000
成交价：RMB 1,150,000
高15.2cm 北京保利 2022-07-29

1943 明 哥釉四方笔筒
估 价：RMB 150,000~350,000
成交价：RMB 402,500
高9cm 上海嘉禾 2022-01-01

1070 清雍正 仿哥釉盘口小瓶
"大清雍正年制"六字三行篆书款
估 价：HKD 900,000~1,300,000
成交价：RMB 1,434,732
高16.2cm 中国嘉德 2022-10-07

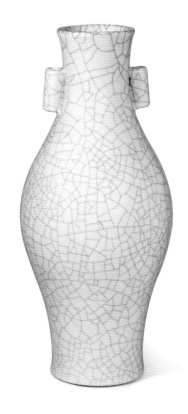

1097 清雍正 仿哥釉橄榄瓶
"大清雍正年制"六字三行篆书款
估 价：HKD 2,200,000~2,800,000
成交价：RMB 2,207,280
高35cm 中国嘉德 2022-10-07

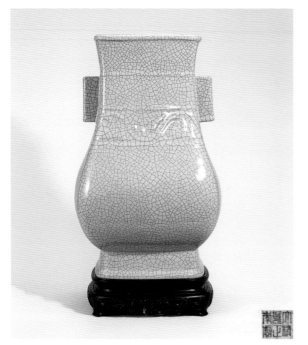

5347 清雍正 仿哥釉贯耳缠枝花卉大方瓶
"大清雍正年制"款
估　价：RMB 3,500,000～6,500,000
成交价：RMB 6,095,000
高47.5cm 北京保利 2022-07-28

929 清雍正 仿哥釉瓶
"大清雍正年制"六字篆书款
估　价：USD 400,000～600,000
成交价：RMB 3,700,166
高33cm 纽约佳士得 2022-09-23

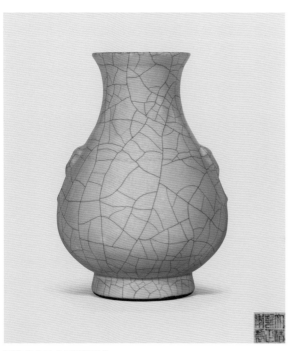

2792 清雍正 仿哥釉铺首尊
"大清雍正年制"六字三行篆书款
估　价：RMB 2,600,000～3,600,000
成交价：RMB 3,105,000
高25.6cm 中国嘉德 2022-06-27

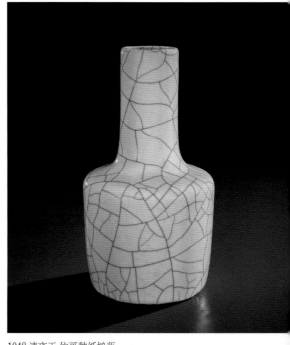

1048 清雍正 仿哥釉纸槌瓶
"大清雍正年制"六字篆书款
估　价：USD 400,000～600,000
成交价：RMB 7,228,003
高16.6cm 纽约佳士得 2022-03-25

012 清雍正 御制仿哥釉包袱式蒜头尊
"大清雍正年制"六字三行篆书款
估　价：RMB 1,000,000～1,500,000
成交价：RMB 1,150,000
高27.9cm 永乐拍卖 2022-07-24

165 清乾隆 仿哥釉八卦纹琮式瓶
"大清乾隆年制"款
估　价：RMB 800,000～1,200,000
成交价：RMB 920,000
高28.8cm 中国嘉德 2022-09-27

6640 清乾隆 仿哥釉三羊尊
"大清乾隆年制"款
估　价：RMB 1,200,000～1,500,000
成交价：RMB 1,725,000
高34.5cm 北京保利 2022-07-29

龙泉窑

47 清乾隆 仿哥釉杏圆贯耳瓶
"大清乾隆年制"款
估　价：RMB 400,000～600,000
成交价：RMB 609,500
高30.7cm 北京大羿 2022-09-26

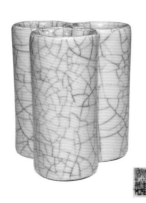

1259 清 仿哥釉三联笔筒
"大清乾隆年制"款
估　价：RMB 300,000～500,000
成交价：RMB 460,000
高10.4cm 荣宝斋（南京）2022-12-08

962 南宋 龙泉窑青釉贯耳瓶
估　价：USD 20,000～30,000
成交价：RMB 581,455
高29.2cm 纽约佳士得 2022-09-23

3705 南宋/元 后乐斋收藏 龙泉仿官釉投壶
估　价：HKD 240,000～280,000
成交价：RMB 345,623
高17.5cm 香港苏富比 2022-04-29

1034 南宋 龙泉青釉三足炉
估　价：USD 60,000～80,000
成交价：RMB 1,445,601
外径12.7cm 纽约佳士得 2022-03-25

1032 南宋 龙泉青釉莲瓣纹小盘
估　价：USD 15,000～25,000
成交价：RMB 522,022
直径12.6cm 纽约佳士得 2022-03-25

3696 宋 后乐斋收藏 龙泉青釉鼎式炉
估　价：HKD 100,000～150,000
成交价：RMB 216,014
高9.6cm 香港苏富比 2022-04-29

1033 南宋 龙泉青釉碗
估　价：USD 20,000～30,000
成交价：RMB 762,956
直径10.8cm 纽约佳士得 2022-03-25

1035 南宋 龙泉米黄釉葵口盘
估　价：USD 30,000～50,000
成交价：RMB 1,124,356
外径17.1cm 纽约佳士得 2022-03-25

1031 南宋 龙泉青釉八方盘
估　价：USD 60,000～80,000
成交价：RMB 4,818,668
直径16.5cm 纽约佳士得 2022-03-25

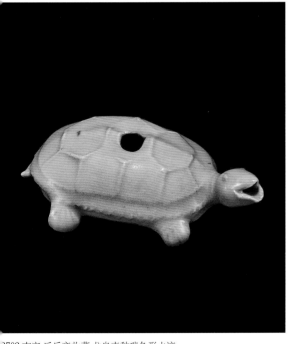

3702 南宋 后乐斋收藏 龙泉青釉瑞龟形水滴
估　价：HKD 100,000～150,000
成交价：RMB 810,054
长10cm 香港苏富比 2022-04-29

1204 元 青釉胆瓶（一对）
估　价：RMB 1,800,000～2,200,000
成交价：RMB 2,645,000
高31.9cm×2 中贸圣佳 2022-07-26

5443 元 龙泉青釉阳刻花卉梅瓶
估　价：RMB 500,000～800,000
成交价：RMB 828,000
高30cm 北京保利 2022-07-28

2480 元 龙泉窑青釉文殊菩萨像
估　价：RMB 250,000～350,000
成交价：RMB 287,500
高22cm 中国嘉德 2022-06-27

3062 元 龙泉窑青釉开光折枝花卉纹菱口罐
估　价：HKD 400,000～600,000
成交价：RMB 434,112
高27cm 保利香港 2022-10-10

2849 元 龙泉青釉刻开光花卉纹四兽首系茶叶罐
估　价：HKD 4,000,000～6,000,000
成交价：RMB 3,780,252
高29.8cm 佳士得 2022-05-30

1205 元 青釉弦纹三足炉
估　价：RMB 800,000～1,200,000
成交价：RMB 1,380,000
直径14.7cm；高10.2cm 中贸圣佳 2022-07-26

171 元 龙泉窑青釉露胎贴塑双螭纹盘
估　价：HKD 70,000～90,000
成交价：RMB 573,892
直径16.5cm 中国嘉德 2022-10-07

477 元 龙泉溪口窑青釉双耳杯
估　价：RMB 250,000～350,000
成交价：RMB 483,000
长11cm 中国嘉德 2022-06-27

208 元 龙泉青釉涩胎座龛
估　价：RMB 250,000～350,000
成交价：RMB 529,000
高23.5cm 中鸿信 2022-09-11

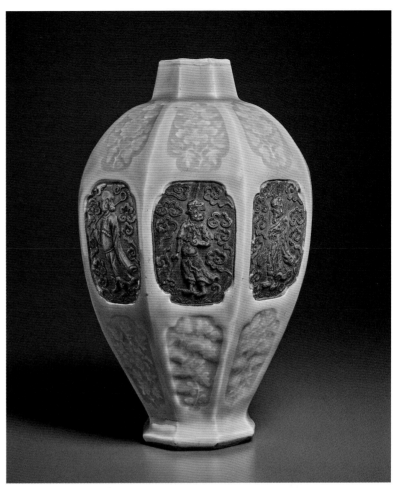

927 14世纪 龙泉窑青釉露胎开光八仙纹梅瓶
估　价：USD 600,000～800,000
成交价：RMB 6,166,944
高25.4cm 纽约佳士得 2022-09-23

221 明初 龙泉窑刻宝莲纹大缸
估　价：HKD 1,000,000～2,000,000
成交价：RMB 3,085,920
直径61cm 华艺国际 2022-05-29

**1568 明早期 龙泉窑暗刻缠枝花卉菊瓣纹凤尾尊**
估　价：RMB 700,000~1,000,000
成交价：RMB 920,000
高61.5cm 永乐拍卖 2022-07-25

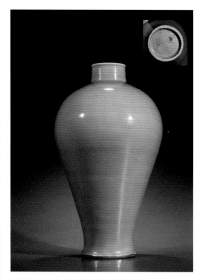

**2037 明永乐 龙泉窑翠青釉梅瓶**
估　价：RMB 800,000~1,000,000
成交价：RMB 920,000
高38.7cm；直径23.3cm 西泠印社 2022-01-22

**1650 明永乐 处州龙泉窑暗刻缠枝牡丹纹执壶**
估　价：RMB 250,000~400,000
成交价：RMB 345,000
高31cm 保利厦门 2022-10-22

**2091 明永乐 龙泉窑青釉墩式碗**
估　价：RMB 200,000~300,000
成交价：RMB 368,000
口径20.2cm；通高13cm
中贸圣佳 2022-10-27

**6657 明永乐 龙泉窑青釉大盘**
估　价：RMB 800,000~1,200,000
成交价：RMB 920,000
直径57.5cm 北京保利 2022-07-29

**917 明永乐 处州龙泉窑青釉梅瓶**
估　价：RMB 1,600,000~1,800,000
成交价：RMB 1,840,000
高39.2cm 中贸圣佳 2022-07-26

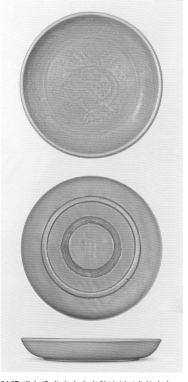

**3167 明永乐 龙泉官窑青釉暗刻云龙纹大盘 "用"字楷书款**
估　价：RMB 750,000~1,000,000
成交价：RMB 977,500
直径42.5cm 中国嘉德 2022-12-26

**1010 15世纪 龙泉窑青釉内暗刻外浮雕缠枝花卉纹碗**
估　价：RMB 250,000~400,000
成交价：RMB 460,000
直径21cm 永乐拍卖 2022-07-24

41 14/15世纪初 龙泉青釉印孔雀花石纹绣墩
估　价：HKD 200,000～300,000
成交价：RMB 2,051,179
高37cm 香港苏富比 2022-10-09

2819 14/15世纪 龙泉青釉涩胎佛道教神龛
估　价：HKD 400,000～600,000
成交价：RMB 1,080,072
高38.7cm 佳士得 2022-05-30

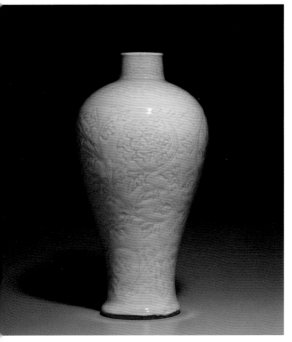

904 14/15世纪 龙泉窑青釉刻缠枝莲纹梅瓶
估　价：USD 100,000～150,000
成交价：RMB 2,026,282
高39.3cm 纽约佳士得 2022-09-23

1063 明 龙泉青釉八方穿带瓶
估　价：RMB 700,000～1,200,000
成交价：RMB 1,150,000
高21.5cm 华艺国际 2022-09-23

2428 明 龙泉青釉贯耳瓶
估　价：RMB 1,800,000
成交价：RMB 2,702,500
高23.5cm 上海嘉禾 2022-01-01

5238 明 龙泉窑青釉贴牡丹纹兽衔环耳瓶 （一对）
估　价：RMB 1,600,000～2,600,000
成交价：RMB 2,530,000
高25cm×2 北京保利 2022-07-28

5205 明 龙泉窑粉青釉大鬲式炉
估　价：RMB 1,100,000～1,600,000
成交价：RMB 1,380,000
直径20.8cm 北京保利 2022-07-28

1649 明 龙泉青釉鬲式炉
估　价：RMB 800,000～1,000,000
成交价：RMB 920,000
高10cm；直径12.8cm 保利厦门 2022-10-22

5237 明 龙泉窑梅子青釉摩羯耳弦纹盘口瓶
估　价：RMB 1,000,000～1,500,000
成交价：RMB 1,150,000
腹径15.8cm 北京保利 2022-07-28

656 明 龙泉印花卉"福禄如山"盖罐
估 价: RMB 600,000~800,000
成交价: RMB 690,000
高39cm 北京保利 2022-07-29

5204 明 龙泉窑青釉鬲式炉
估 价: RMB 300,000~500,000
成交价: RMB 345,000
直径9.6cm 北京保利 2022-07-28

965 明 龙泉窑青釉刻如意云纹罐
估 价: USD 12,000~18,000
成交价: RMB 334,777
宽31.7cm 纽约佳士得 2022-09-23

095 明 龙泉粉青釉小书灯
估 价: RMB 800,000~1,000,000
成交价: RMB 920,000
宽9.5cm；高8.1cm 中贸圣佳 2022-10-27

1992 明 龙泉窑真武大帝雕像
估 价: RMB 200,000~300,000
成交价: RMB 437,000
高21.5cm 上海嘉禾 2022-01-01

5203 明 龙泉窑双鱼折沿盘
估　价：RMB 300,000～400,000
成交价：RMB 460,000
直径22.7cm 北京保利 2022-07-28

2085 明 龙泉青瓷斗笠盏
估　价：RMB 150,000～200,000
成交价：RMB 241,500
口径14cm；高5.3cm 中贸圣佳 2022-10-27

86 龙泉窑小桶
估　价：RMB 1,200,000
成交价：RMB 3,520,000
口径11.7cm；高19cm 浙江御承 2022-12-17

1986 明 龙泉窑粉青釉盖碗
估　价：RMB 150,000～350,000
成交价：RMB 368,000
直径12.5cm 上海嘉禾 2022-01-01

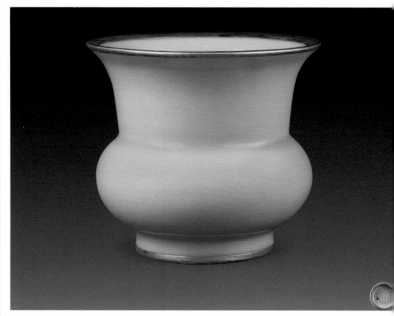

75 龙泉窑渣斗
估　价：RMB 500,000
成交价：RMB 1,210,000
口径15.5cm；高14cm 浙江御承 2022-12-17

# 景德镇青釉

15 明早期 翠青釉双系四方小瓶
成交价：RMB 86,250
高12.5cm 中贸圣佳 2022-08-13

089 明 粉青釉鱼耳三足炉
估　价：RMB 300,000~400,000
成交价：RMB 483,000
高8.3cm；口径6.8cm 中贸圣佳 2022-10-27

5604 明宣德 雾青釉暗刻朵云行龙纹盘
"大明宣德年制"款
估　价：RMB 3,000,000~4,000,000
成交价：RMB 3,450,000
直径20.2cm 北京保利 2022-07-28

5224 明 青釉小蒜头瓶
估　价：RMB 3,000,000~5,000,000
成交价：RMB 3,450,000
高10cm 北京保利 2022-07-28

1207 明 青釉海棠杯
估　价：RMB 900,000～1,200,000
成交价：RMB 1,552,500
长13.3cm；高6.3cm 中贸圣佳 2022-07-26

1032 清康熙 外青釉内暗刻双龙捧寿纹碗
"大清康熙年制"六字二行楷书款
估　价：HKD 180,000～220,000
成交价：RMB 441,456
直径21cm 中国嘉德 2022-10-07

1607 清康熙 粉青釉撇口尊
"大清康熙年制"六字三行楷书款
估　价：RMB 1,200,000～2,200,000
成交价：RMB 2,070,000
高9cm 保利厦门 2022-10-22

1466 清雍正 粉青釉六棱双耳瓶
"大清雍正年制"青花六字三行篆书款
估　价：RMB 300,000～500,000
成交价：RMB 862,500
高28cm 广东崇正 2022-08-11

1033 清康熙 青釉橄榄尊
"大清康熙年制"六字二行楷书款
估　价：HKD 300,000～380,000
成交价：RMB 573,892
高13.5cm 中国嘉德 2022-10-07

1200 清康熙 冬青釉暗刻海水龙纹大罐
估　价：RMB 250,000～350,000
成交价：RMB 391,000
高28.2cm 中贸圣佳 2022-07-26

1318 清雍正 青釉琮式瓶
"大清雍正年制"六字三行篆书款
估　价：HKD 800,000～1,200,000
成交价：RMB 993,276
高29cm 中国嘉德 2022-10-07

346 清雍正 粉青釉八方瓶
"大清雍正年制" 款
估　价：RMB 5,500,000～8,500,000
成交价：RMB 6,900,000
高34.4cm 北京保利 2022-07-28

1224 清雍正 粉青釉小尊
"大清雍正年制" 六字双行楷书款
估　价：RMB 900,000～1,200,000
成交价：RMB 1,127,000
高12.3cm 中贸圣佳 2022-07-26

1215 清雍正 粉青釉凸雕锥拱如意纹大宫碗
"大清雍正年制" 六字双行楷书款。
估　价：RMB 260,000～350,000
成交价：RMB 414,000
直径24cm；高11.5cm 中贸圣佳 2022-07-26

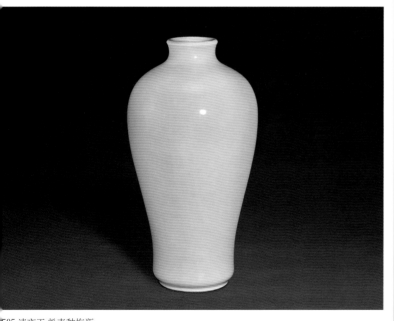

505 清雍正 粉青釉梅瓶
"大清雍正年制" 款
估　价：HKD 2,500,000～3,500,000
成交价：RMB 2,592,172
高23.8cm 香港苏富比 2022-04-29

1613 清雍正 粉青釉菊瓣盘 （一对）
"大清雍正年制" 六字双行楷书款
估　价：RMB 1,000,000～1,500,000
成交价：RMB 1,380,000
高3.5cm×2；直径16.4cm×2
保利厦门 2022-10-22

805 清雍正 粉青釉螭龙尊
"大清雍正年制"篆书款
估　价：RMB 4,000,000～5,000,000
成交价：RMB 4,945,000
高17cm 中贸圣佳 2022-12-31

2048 清雍正 青釉暗刻双龙捧寿盘 （一对）
"大清雍正年制"楷书款
估　价：RMB 250,000～300,000
成交价：RMB 391,000
口径21.5cm×2 中贸圣佳 2022-10-27

5345 清雍正 粉青釉如意云足洗
"大清雍正年制"款
估　价：RMB 2,500,000～3,500,000
成交价：RMB 2,990,000
直径19cm 北京保利 2022-07-28

342 清雍正 粉青釉小盘
"大清雍正年制"款
估　价：HKD 450,000～500,000
成交价：RMB 521,243
直径13.2cm 香港苏富比 2022-11-25

2844 清雍正 青釉凸花折枝花果纹大碗
"大清雍正年制"六字三行篆书款
估　价：RMB 2,200,000～2,800,000
成交价：RMB 2,530,000
直径33.5cm 中国嘉德 2022-06-27

354 清雍正 青釉大碗
"大清雍正年制"款
估　价：HKD 350,000～400,000
成交价：RMB 440,161
直径18.7cm 香港苏富比 2022-11-25

804 清雍正 粉青釉菊瓣盘
"大清雍正年制"六字双行楷书款
估 价：RMB 1,000,000～1,200,000
成交价：RMB 2,070,000
高3.8cm；直径18cm 西泠印社 2022-08-20

1034 清雍正 粉青釉模印莲瓣纹碗 (一对)
"大清雍正年制"六字二行楷书款
估 价：HKD 800,000～1,200,000
成交价：RMB 1,765,824
直径12.3cm×2 中国嘉德 2022-10-07

327 清雍正 粉青釉暗刻九蝠碗 (一对)
"大清雍正年制"款
估 价：RMB 2,200,000～3,200,000
成交价：RMB 2,300,000
直径11.9cm×2 北京保利 2022-07-28

2012 清雍正 粉青釉模印西番莲纹碗
"大清雍正年制"楷书款
成交价：RMB 241,500
口径22.2cm；高8.5cm 中贸圣佳 2022-10-27

1617 清雍正 御窑天青釉长方花盆
"大清雍正年制"六字单行篆书款
估 价：RMB 400,000～600,000
成交价：RMB 632,500
32cm×19.5cm×8cm 保利厦门 2022-10-22

1046 清雍正 御制粉青釉佛莲托寿字大鱼浅
估 价：RMB 600,000～900,000
成交价：RMB 690,000
直径60cm 永乐拍卖 2022-07-24

3039 清雍正 粉青釉菱口三足洗
"大清雍正年制"款
估 价：HKD 1,200,000～1,800,000
成交价：RMB 1,302,336
直径22cm 保利香港 2022-10-10

5438 清乾隆 冬青釉葫芦瓶
"大清乾隆年制"款
估　价：RMB 2,000,000～3,000,000
成交价：RMB 2,990,000
高31.8cm 北京保利 2022-07-28

2725 清乾隆 粉青釉浮雕苍龙教子长颈瓶
"大清乾隆年制"六字篆书刻款
估　价：HKD 10,000,000～18,000,000
成交价：RMB 14,786,700
高28.3cm 佳士得 2022-05-30

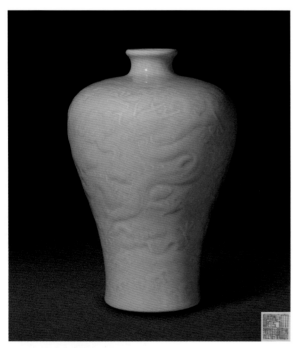

2994 清乾隆 粉青釉雕海水龙纹梅瓶
"大清乾隆年制"六字篆书款
估　价：HKD 50,000,000～80,000,000
成交价：RMB 74,550,882
高33cm 佳士得 2022-11-29

1101 清乾隆 青釉浮雕苍龙教子图灯笼瓶
"大清乾隆年制"六字三行篆书款
估　价：HKD 5,000,000～7,000,000
成交价：RMB 9,499,581
高44cm 中国嘉德 2022-10-07

6 清乾隆 豆青釉螭龙灯笼尊
"大清乾隆年制"款
估 价：RMB 800,000
成交价：RMB 3,850,000
口径10.5cm；高26.5cm 浙江御承 2022-12-17

791 清乾隆 唐英造粉青釉双耳三足炉
"陶成"篆书款
估 价：RMB 1,200,000～1,500,000
成交价：RMB 2,185,000
高23cm；直径17.2cm 西泠印社 2022-08-20

1094 清乾隆 青釉日月盖罐
"大清乾隆年制"六字三行篆书款
估 价：HKD 150,000～200,000
成交价：RMB 353,164
高21.2cm 中国嘉德 2022-10-07

627 清乾隆 豆青釉"敬畏堂制"盖碗（一对）
"敬畏堂制"四字楷书款
估 价：RMB 80,000
成交价：RMB 161,000
高7.3cm×2 中贸圣佳 2022-07-13

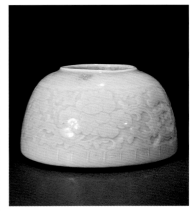

1162 清乾隆 豆青釉暗刻牡丹纹马蹄盂
估 价：RMB 60,000～150,000
成交价：RMB 149,500
高12.5cm；直径20.5cm 广东崇正 2022-08-11

5741 清乾隆 粉青釉折沿盘 （一对）
"大清乾隆年制"款
估　价：RMB 150,000~200,000
成交价：RMB 345,000
直径16.7cm×2；高3.3cm×2
北京保利 2022-07-29

5357 清乾隆 粉青釉九桃福寿长方花盆
估　价：RMB 600,000~800,000
成交价：RMB 897,000
长45.5cm 北京保利 2022-07-28

2716 清乾隆 粉青釉高足碗
"大清乾隆年制"六字篆书横款
估　价：HKD 300,000~500,000
成交价：RMB 648,043
高11.7cm 佳士得 2022-05-30

2786 清乾隆 粉青釉甲虫叶形笔舔
"乾隆年制"四字单行篆书款
估　价：RMB 200,000~300,000
成交价：RMB 1,012,000
高2.2cm；长15cm；宽6.5cm
西泠印社 2022-08-20

821 清乾隆 粉青釉模印缠枝牡丹纹大碗
"大清乾隆年制"六字三行篆书款
估　价：RMB 350,000~500,000
成交价：RMB 419,750
口径26.5cm 北京大羿 2022-12-18

2011 清乾隆 粉青地暗花双耳小杯
"宝啬"楷书款
估　价：RMB 150,000~200,000
成交价：RMB 333,500
带座高10cm；宽7.7cm 中贸圣佳 2022-10-27

40 清乾隆 粉青釉福禄纹洗（一对）
"大清乾隆年制"六字三行篆书款
估　价：RMB 120,000～150,000
成交价：RMB 287,500
直径10.9cm×2 北京诚轩 2022-08-09

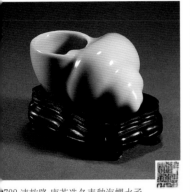

788 清乾隆 唐英造冬青釉海螺水丞
"乾隆年制"四字双行篆书款
估　价：RMB 250,000～350,000
成交价：RMB 632,500
长11cm 西泠印社 2022-08-20

2067 清嘉庆 豆青釉折腰盘（一对）
"大清嘉庆年制"篆书款
估　价：RMB 250,000～300,000
成交价：RMB 322,000
直径16.7cm×2 中贸圣佳 2022-10-27

2715 清乾隆 粉青釉刻缠枝莲纹花插
"大清乾隆年制"六字篆书款
估　价：HKD 1,000,000～2,000,000
成交价：RMB 1,728,115
高7.8cm 佳士得 2022-05-30

3514 清乾隆 粉青釉鼓式花插（一对）
"大清乾隆年制"款
估　价：HKD 800,000～1,200,000
成交价：RMB 1,188,079
高16.3cm；高22.3cm 香港苏富比 2022-04-29

89 清乾隆 豆青釉缠枝纹绣凳
估　价：RMB 300,000
成交价：RMB 330,000
直径21cm；高18cm 浙江御承 2022-12-17

3032 清光绪 粉青釉琮式瓶
估　价：RMB 150,000～200,000
成交价：RMB 517,500
高27.5cm 北京荣宝 2022-07-24

1314 清道光 粉青釉鼓钉罐
"大清光绪年制"款
估　价：HKD 50,000～70,000
成交价：RMB 320,055
高16.8cm 中国嘉德 2022-10-07

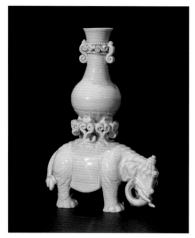

1133 民国 青釉太平有象
估　价：RMB 180,000～220,000
成交价：RMB 230,000
高19.4cm 广东崇正 2022-08-11

### 其他窑青釉

1142 六朝 岳州窑青釉莲瓣五管烛台
估　价：HKD 180,000～220,000
成交价：RMB 253,837
高21cm 中国嘉德 2022-10-07

3706 金 后乐斋收藏 北方青釉印牡丹纹笠式碗
估　价：HKD 30,000～50,000
成交价：RMB 28,081
口径20.8cm 香港苏富比 2022-04-29

2441 元 青釉轮花口盏
成交价：RMB 92,000
直径12cm 中鸿信 2022-09-11

5235 明 河南青釉胆式瓶
估　价：RMB 600,000～800,000
成交价：RMB 1,265,000
高33.5cm 北京保利 2022-07-28

# 白　瓷

## 定窑白釉

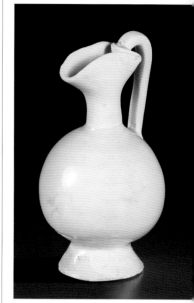

1026 唐 定窑白釉袖珍执壶
估　价：USD 8,000～12,000
成交价：RMB 208,809
高9.2cm 纽约佳士得 2022-03-25

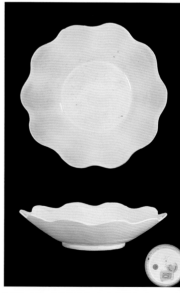

3688 五代 后乐斋收藏 定窑白釉花式侈口碗
"官"字款
估　价：HKD 200,000～300,000
成交价：RMB 648,043
直径13.5cm 香港苏富比 2022-04-29

433 北宋/金 定窑系凤首执壶
估　价：HKD 60,000～80,000
成交价：RMB 370,662
高19cm 香港苏富比 2022-11-25

692 唐/五代 后乐斋收藏 定窑白釉莲瓣纹三足水盂
"官"字款
估　价：HKD 1,500,000～2,500,000
成交价：RMB 2,376,158
高6.5cm 香港苏富比 2022-04-29

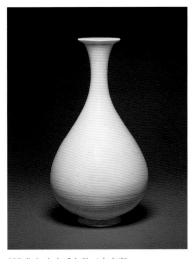

955 北宋 定窑系白釉玉壶春瓶
估　价：USD 8,000～12,000
成交价：RMB 370,017
高28cm 纽约佳士得 2022-09-23

3624 北宋 定窑划荷塘鸳鸯折腰盘
估　价：HKD 500,000～700,000
成交价：RMB 854,658
直径21.3cm 香港苏富比 2022-10-09

1161 北宋/金 定窑白釉模印莲池小景图盘
估　价：HKD 350,000～450,000
成交价：RMB 662,184
直径16cm 中国嘉德 2022-10-07

3097 宋 定窑白釉仕女枕
估　价：HKD 180,000～250,000
成交价：RMB 205,200
长22cm 保利香港 2022-07-14

99 定窑洗
估　价：RMB 200,000
成交价：RMB 11,500,000
高5.5cm；口径15cm；底径12.5cm
浙江御承 2022-08-28

2817 金 定窑印麒麟穿花纹小盘
估　价：HKD 100,000～150,000
成交价：RMB 345,623
直径13.6cm 佳士得 2022-05-30

2836 金 定窑白釉印花双凤纹盘
估　价：HKD 400,000～600,000
成交价：RMB 626,441
直径17.8cm 佳士得 2022-05-30

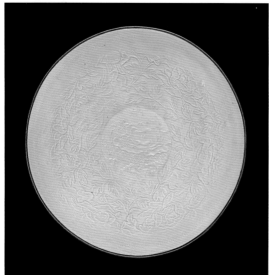

3695 北宋/金 后乐斋收藏 定窑白釉印牡丹婴戏及犀牛望月纹碗
估　价：HKD 1,500,000～2,500,000
成交价：RMB 1,620,108
直径20.7cm 香港苏富比 2022-04-29

1156 北宋 定窑白釉刻划萱草纹盖盒
估　价：HKD 1,800,000～2,200,000
成交价：RMB 1,986,552
直径13cm 中国嘉德 2022-10-07

## 仿定釉

241 明 定窑白釉六出葵口刻萱花纹碗
估　价：RMB 400,000～600,000
成交价：RMB 483,000
直径21cm 北京保利 2022-07-28

5210 明 南定白釉印花卉纹碗
估　价：RMB 750,000～950,000
成交价：RMB 1,092,500
直径21.2cm 北京保利 2022-07-28

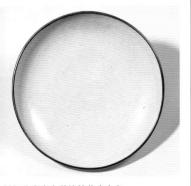

209 明 定窑白釉缠枝花卉大盘
估　价：RMB 300,000～400,000
成交价：RMB 437,000
直径30.4cm 北京保利 2022-07-28

## 磁州窑白釉

2843 北宋/金 磁州窑外褐里白刻莲纹折沿盆
估　价：HKD 160,000～240,000
成交价：RMB 151,210
直径30.8cm 佳士得 2022-05-30

033 清雍正 仿定白釉螭龙捧团寿蕉叶纹胆瓶
估　价：RMB 200,000～300,000
成交价：RMB 368,000
高38.4cm 中贸圣佳 2022-10-27

1242 清乾隆 仿定白釉模印夔龙纹海棠尊
"大清乾隆年制"六字三行篆书款
估　价：RMB 500,000～800,000
成交价：RMB 632,500
高20.4cm 保利厦门 2022-10-22

4082 明 磁州窑白釉兽面纹小花觚
估　价：HKD 10,000
成交价：RMB 20,700
高14.8cm 中国嘉德 2022-05-29

## 德化窑

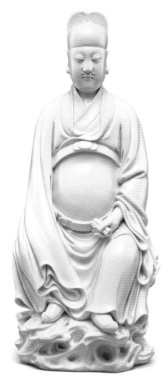

3650 17世纪 显赫收藏 德化白釉文昌帝君坐像
"何朝宗印"款
估　价：HKD 900,000～1,200,000
成交价：RMB 1,080,072
高38.5cm 香港苏富比 2022-04-29

5925 明晚期 林子信制德化诗句撇口盘
"子信"款
估　价：RMB 60,000～80,000
成交价：RMB 149,500
直径13.9cm 北京保利 2022-07-29

5923 清康熙 德化窑南瓜形壶
估　价：RMB 50,000～80,000
成交价：RMB 126,500
宽26cm 北京保利 2022-07-29

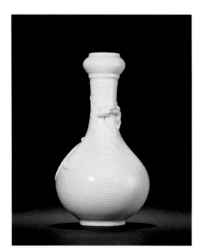

1177 明 德化白釉堆塑螭龙纹蒜头瓶
估　价：RMB 60,000～80,000
成交价：RMB 126,500
高25cm 保利厦门 2022-10-22

1217 明 德化窑饕餮纹鼎式炉
估　价：RMB 160,000～200,000
成交价：RMB 264,500
高15.5cm 中贸圣佳 2022-07-26

6632 清早期 何朝宗款德化窑观音立像
"何朝宗印"款
估　价：RMB 350,000～550,000
成交价：RMB 402,500
高58cm 北京保利 2022-07-29

09 17/18世纪 德化窑白釉弦纹龙耳兽足炉
估 价：USD 6,000～8,000
成交价：RMB 352,397
最大宽17cm 纽约佳士得 2022-09-23

025 清晚期/民国 德化白釉释迦牟尼像
估 价：USD 30,000～50,000
成交价：RMB 660,744
高61cm 纽约佳士得 2022-09-23

### 景德镇白釉

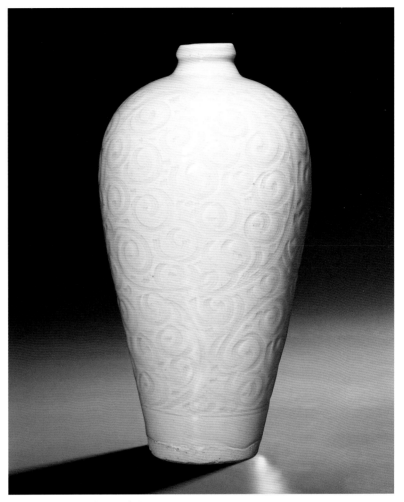

1043 南宋 青白釉仿剔犀刻花梅瓶
估 价：USD 100,000～150,000
成交价：RMB 1,365,289
高26.5cm 纽约佳士得 2022-03-25

065 北宋 青白釉弦纹梅瓶
估 价：HKD 800,000～1,200,000
成交价：RMB 868,224
高31cm 保利香港 2022-10-10

193 南宋 青白釉狮钮执壶
估 价：HKD 120,000～150,000
成交价：RMB 123,436
高23.7cm 中国嘉德 2022-06-04

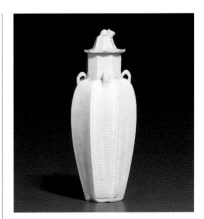

947 南宋 青白釉瓜棱式四系盖罐
估 价：USD 5,000～7,000
成交价：RMB 396,446
高18.7cm 纽约佳士得 2022-09-23

946 南宋 青白釉刻卷草花卉纹葵口盘
估　价：USD 4,000～6,000
成交价：RMB 317,157
直径14.6cm 纽约佳士得 2022-09-23

958 11世纪下半叶 青白釉小水丞
估　价：USD 10,000～15,000
成交价：RMB 334,777
宽8.5cm 纽约佳士得 2022-09-23

5415 元 青白釉瓷印花双狮纹菱口盏托
估　价：RMB 200,000～300,000
成交价：RMB 230,000
直径15.5cm 北京保利 2022-07-28

1196 南宋 青白釉荷花斗笠盏
估　价：HKD 180,000～220,000
成交价：RMB 209,691
直径17.2cm 中国嘉德 2022-10-07

5428 元 青白釉龙纹梅瓶
估　价：RMB 2,600,000～3,600,000
成交价：RMB 3,450,000
高27.3cm 北京保利 2022-07-28

4143 宋代 影青观音像
估　价：NTD 10,000
成交价：RMB 329,760
高25cm 台北艺珍 2022-03-06

1037 元 白釉莲纹"枢府"碗
估　价：USD 8,000～12,000
成交价：RMB 224,871
直径11.7cm 纽约佳士得 2022-03-25

5414 元 青白釉贴塑螭虎纹高足杯
估　价：RMB 500,000～700,000
成交价：RMB 575,000
直径8.2cm 北京保利 2022-07-28

429 明早期 甜白釉爵杯
估　价：RMB 300,000~500,000
成交价：RMB 460,000
高16.5cm 北京保利 2022-07-28

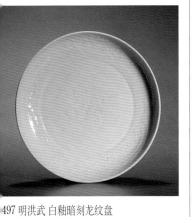

497 明洪武 白釉暗刻龙纹盘
估　价：RMB 80,000~120,000
成交价：RMB 103,500
高3.6cm；直径17.8cm 西泠印社 2022-08-20

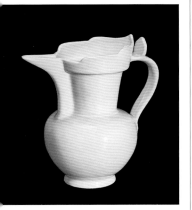

625 明永乐 甜白釉暗刻永平安颂铭如意纹僧帽壶
估　价：HKD 500,000~700,000
成交价：RMB 740,704
高20.3cm 香港苏富比 2022-10-09

5608 明永乐 甜白釉暗刻缠枝莲纹带盖梅瓶
估　价：RMB 5,000,000~8,000,000
成交价：RMB 7,015,000
高40.5cm 北京保利 2022-07-28

5602 明永乐 甜白釉刻缠枝莲纹大盘
估　价：RMB 1,000,000~1,800,000
成交价：RMB 1,955,000
直径40.8cm 北京保利 2022-07-28

7 明永乐 甜白釉暗花缠枝莲八吉祥纹僧帽壶
估　价：HKD 5,000,000~7,000,000
成交价：RMB 6,300,000
高19.5cm 香港苏富比 2022-04-29

5603 明永乐 甜白釉暗花卉石榴碗
估　价：RMB 1,900,000~2,900,000
成交价：RMB 2,185,000
直径17cm 北京保利 2022-07-28

913 明永乐 甜白釉模印凤纹碗（一对）
估　价：RMB 600,000~800,000
成交价：RMB 1,092,500
直径22cm×2；高10.3cm×2 中贸圣佳 2022-07-26

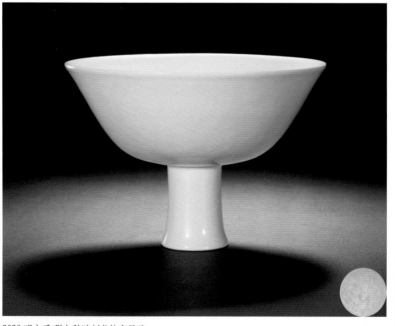

3038 明永乐 甜白釉暗刻龙纹高足碗
"永乐年制"款
估　价：HKD 3,500,000~5,000,000
成交价：RMB 2,821,728
直径15.6cm 保利香港 2022-10-10

67 明永乐 御制甜白釉外暗刻莲瓣纹内模印
枝花卉纹大莲子碗
估　价：RMB 1,000~2,000
成交价：RMB 184,000
直径21cm 永乐拍卖 2022-07-24

1062 明永乐 甜白釉三系花囊
估　价：RMB 500,000~800,000
成交价：RMB 839,500
高7.2cm 中贸圣佳 2023-01-01

2070 明永乐 甜白釉弦纹高足杯
估　价：RMB 400,000~500,000
成交价：RMB 460,000
高8.5cm；直径9cm 西泠印社 2022-01-22

2262 明成化 白釉暗刻龙纹高足杯
估　价：RMB 120,000
成交价：RMB 345,000
8.2cm×7.7cm 上海嘉禾 2022-01-01

601 明宣德 甜白釉暗刻龙纹茶盅
"大明宣德年制"款
估　价：RMB 1,100,000～1,800,000
成交价：RMB 1,897,500
口径10.7cm 北京保利 2022-07-28

6627 明嘉靖 白釉暗刻龙纹罐
"大明嘉靖年制"款
估　价：RMB 200,000～250,000
成交价：RMB 322,000
高31.3cm 北京保利 2022-07-29

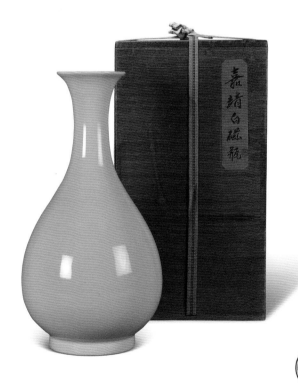

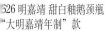

626 明嘉靖 甜白釉鹅颈瓶
"大明嘉靖年制"款
估　价：RMB 800,000～1,200,000
成交价：RMB 1,495,000
高33.3cm 北京保利 2022-07-29

2082 明 影青釉刻花双凤耳尊
估　价：RMB 280,000～350,000
成交价：RMB 517,500
高29.5cm 中贸圣佳 2022-10-27

5412 明 青白釉盘口双系执壶
估　价：RMB 200,000～300,000
成交价：RMB 368,000
高20.5cm 北京保利 2022-07-28

2011 明 湖田窑饶玉宫碗
估　价：RMB 150,000～250,000
成交价：RMB 264,500
直径14.5cm 上海嘉禾 2022-01-01

2015 明 湖田窑双人连体塑像
估　价：RMB 200,000～300,000
成交价：RMB 368,000
高15.5cm 上海嘉禾 2022-01-01

589 明 青白釉狮子
估　价：RMB 600,000～800,000
成交价：RMB 805,000
长13.2cm；高10.2cm 中贸圣佳 2022-09-25

555 清康熙 白釉剔刻龙纹筒式瓶
"大明成化年制"楷书款
估　价：RMB 70,000～90,000
成交价：RMB 138,000
高26.3cm 中贸圣佳 2022-09-25

212 清康熙 白釉刻云纹马蹄尊
"大清康熙年制"款
估　价：HKD 300,000～400,000
成交价：RMB 822,912
8cm×7.7cm 华艺国际 2022-05-29

3068 清康熙 仿弘治白釉内龙纹碗
估　价：RMB 180,000～200,000
成交价：RMB 207,000
直径11cm 北京荣宝 2022-07-24

1022 清雍正 御制白釉暗刻夔龙纹花篮
估　价：RMB 80,000～120,000
成交价：RMB 120,750
高16.5cm 永乐拍卖 2022-07-24

2707 清雍正 白釉菊瓣盘
"大清雍正年制"双圈六字楷书款
估　价：HKD 800,000～1,500,000
成交价：RMB 864,057
直径22.8cm 佳士得 2022-05-30

513 清雍正 白釉划花龙纹长颈小瓶
"大清雍正年制"款
估 价：HKD 1,000,000～1,500,000
成交价：RMB 1,944,129
高11.4cm 香港苏富比 2022-04-29

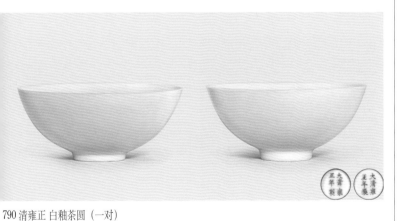

790 清雍正 白釉茶圆（一对）
"大清雍正年制"六字双行楷书款
估 价：RMB 200,000～300,000
成交价：RMB 1,092,500
直径9.3cm×2 中国嘉德 2022-06-27

1041 清雍正 白釉暗花龙纹葵瓣小杯
"大清雍正年制"六字三行楷书款
估 价：HKD 300,000～500,000
成交价：RMB 662,184
直径7cm 中国嘉德 2022-10-07

2465 清雍正 白釉凸花螭龙纹大盘
"大清雍正年制"六字双行楷书款
估 价：RMB 180,000～280,000
成交价：RMB 230,000
直径21cm 中国嘉德 2022-06-27

3520 清雍正 白釉暗花八吉祥高足碗
"大清雍正年制"款
估 价：HKD 200,000～300,000
成交价：RMB 453,630
直径17.5cm 香港苏富比 2022-04-29

2869 清雍正 白釉茶圆
"大清雍正年制"单圈六字楷书款
成交价：RMB 594,039
直径9.2cm 佳士得 2022-05-30

5440 清乾隆 白釉暗刻龙纹高足碗 (一对)
"大清乾隆年制"款
估　价：RMB 450,000~650,000
成交价：RMB 575,000
直径14.1cm×2 北京保利 2022-07-28

1216 清雍正 甜白釉小碟 (一对)
"大清雍正年制"六字双行楷书款
估　价：RMB 700,000~1,000,000
成交价：RMB 1,150,000
直径7.7cm×2 中贸圣佳 2022-07-26

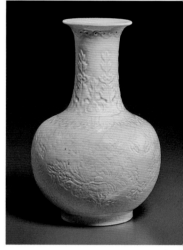

916 清乾隆 浆胎白釉模印缠枝牡丹纹长颈瓶
"大清乾隆年制"六字篆书印款
成交价：RMB 880,992
高19.4cm 纽约佳士得 2022-09-23

1028 清乾隆 白釉暗刻一把莲纹盘
"大清乾隆年制"六字三行楷书款
成交价：RMB 309,019
直径34.3cm 中国嘉德 2022-10-07

1201 清乾隆 甜白釉牺耳尊
"大清乾隆年制"六字三行篆书款
估　价：RMB 700,000~800,000
成交价：RMB 1,150,000
高27.1cm 中贸圣佳 2022-07-26

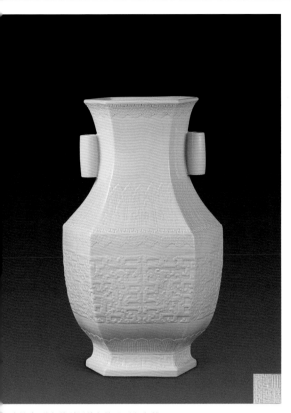

7 清乾隆 甜白釉剔刻夔龙纹贯耳六方尊
估　价：RMB 1,200,000
成交价：RMB 2,200,000
高47cm 浙江御承 2022-12-17

5353 清乾隆 月白釉礼器仿青铜豆
"大清乾隆年制"款
估　价：RMB 1,500,000～2,500,000
成交价：RMB 2,990,000
高27cm 北京保利 2022-07-28

136 民国 景德镇青白釉弦纹瓶（一对）
估　价：RMB 500,000～800,000
成交价：RMB 644,000
高20cm×2；广东崇正 2022-08-11

2806 湖田窑青白釉团凤纹太白罐
估　价：RMB 400,000～500,000
成交价：RMB 529,000
高9.3cm；直径8cm 西泠印社 2022-08-20

2807 湖田窑剔刻婴戏摩羯纹枕
估　价：RMB 500,000～600,000
成交价：RMB 782,000
高10.8cm；长17.8cm 西泠印社 2022-08-20

其他窑白釉

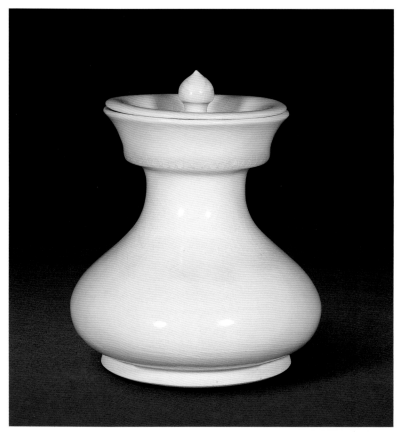

2909 隋 白釉盖壶
估　价：HKD 600,000～800,000
成交价：RMB 927,057
高13.4cm 佳士得 2022-11-29

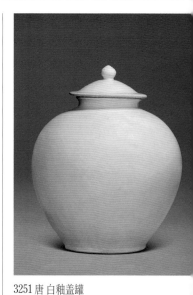

3251 唐 白釉盖罐
估　价：HKD 180,000～250,000
成交价：RMB 205,200
高27.3cm；直径10.1cm 保利香港 2022-07-14

1184 隋 白釉杯
估　价：HKD 100,000～150,000
成交价：RMB 110,364
直径8.7cm 中国嘉德 2022-10-07

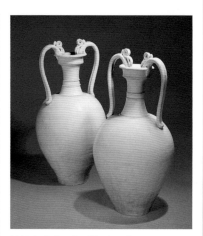

3245 唐 白釉双龙耳瓶 （一对）
估　价：HKD 600,000～800,000
成交价：RMB 705,432
高54.5cm×2 保利香港 2022-10-10

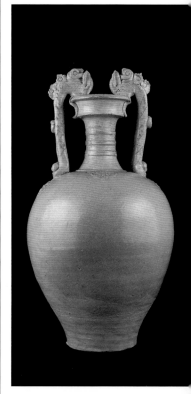

217 唐 巩县窑白釉双龙瓶
估　价：HKD 350,000～450,000
成交价：RMB 353,164
高49cm 华艺国际 2022-11-27

246 唐 白釉象形枕
估　价：HKD 75,000~95,000
成交价：RMB 173,644
高8.4cm；宽12cm 保利香港 2022-10-10

1028 唐 邢窑白釉鱼纹花口盘
估　价：USD 7,000~9,000
成交价：RMB 321,245
长15.2cm 纽约佳士得 2022-03-25

# 黑　瓷

## 黑　釉

1263 唐 外黑里白釉碗
估　价：HKD 50,000~70,000
成交价：RMB 121,400
直径17cm 中国嘉德 2022-10-07

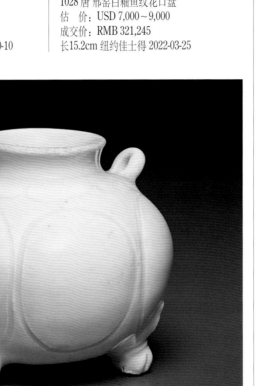

42 五代/辽 白釉单系兽足炉
"官" 刻款
估　价：USD 5,000~7,000
成交价：RMB 1,409,587
宽5.7cm 纽约佳士得 2022-09-23

3258 唐 黑白花釉葫芦瓶
估　价：HKD 120,000~150,000
成交价：RMB 143,640
高20.4cm 保利香港 2022-07-14

842 五代 白釉杯
估　价：HKD 280,000~400,000
成交价：RMB 345,623
直径8.3cm 佳士得 2022-05-30

3256 唐 鲁山窑花釉执壶
估　价：HKD 120,000~150,000
成交价：RMB 162,792
高21.8cm 保利香港 2022-10-10

3257 唐 鲁山花釉罐
估　价：HKD 150,000～200,000
成交价：RMB 287,280
高12.7cm；直径7.4cm 保利香港 2022-07-14

3248 唐 黑釉盖盒
估　价：HKD 50,000～80,000
成交价：RMB 54,264
直径6.4cm；高2.6cm 保利香港 2022-10-10

3249 唐 黑釉渣斗
估　价：HKD 80,000～120,000
成交价：RMB 173,644
高13.5cm；直径14.7cm 保利香港 2022-10-10

1197 北宋 定窑黑釉红斑葵口盘
估　价：HKD 180,000～220,000
成交价：RMB 353,164
直径19.3cm 中国嘉德 2022-10-07

1095 宋 黑釉褐彩凤纹提梁罐
估　价：USD 20,000～30,000
成交价：RMB 401,556
高21.5cm 纽约佳士得 2022-03-25

3068 宋 黑釉菊瓣形盖盒
估　价：HKD 200,000～300,000
成交价：RMB 217,056
直径12cm 保利香港 2022-10-10

2840 金 黑釉金油滴小碗
估　价：HKD 150,000～250,000
成交价：RMB 259,217
直径11.4cm 佳士得 2022-05-30

5230 明 定窑黑釉梅瓶
估　价：RMB 400,000～600,000
成交价：RMB 460,000
高24cm 北京保利 2022-07-28

5227 明 吉州窑黑釉剪纸梅花纹瓶
估　价：RMB 100,000～150,000
成交价：RMB 184,000
高19cm 北京保利 2022-07-28

5225 明 建窑兔毫盏及明嘉靖雕漆红花绿叶盏托
估　价：RMB 350,000～550,000
成交价：RMB 483,000
直径12.1cm；盏托宽16cm
北京保利 2022-07-28

243 明 黑釉褐斑提梁罐
估　价：RMB 400,000～600,000
成交价：RMB 690,000
高19cm 北京保利 2022-07-28

5242 明 当阳峪窑黑釉褐斑茶盏
估　价：RMB 200,000～300,000
成交价：RMB 437,000
直径12.5cm 北京保利 2022-07-28

598 明 兔毫斗笠盏
估　价：RMB 200,000～300,000
成交价：RMB 299,000
直径14.7cm；高4.6cm 中贸圣佳 2022-09-25

2783 宫廷御用建窑蓝兔毫盏
"供御" 款
估　价：RMB 1,800,000～2,500,000
成交价：RMB 2,760,000
高5.9cm；直径12.3cm 西泠印社 2022-08-20

2785 建窑七彩兔毫盏
估　价：RMB 600,000～800,000
成交价：RMB 1,150,000
高6.8cm；口径12.5cm 西泠印社 2022-08-20

2784 建窑黑釉兔毫盏
估　价：RMB 300,000～400,000
成交价：RMB 598,000
高6.8cm；直径12cm 西泠印社 2022-08-20

2597 建窑兔毫盏
估　价：RMB 400,000～500,000
成交价：RMB 943,000
高6.3cm；直径11.8cm 西泠印社 2022-08-20

2823 淄博窑黑釉线条壶
估　价：RMB 220,000～250,000
成交价：RMB 345,000
高17cm 西泠印社 2022-08-20

1210 明 兔毫茶碗
估　价：RMB 270,000～350,000
成交价：RMB 310,500
直径12.7cm；高6.8cm 中贸圣佳 2022-07-26

1138 民国 黑釉盏连托
估　价：RMB 320,000～380,000
成交价：RMB 402,500
高5.2cm；直径11.3cm 广东崇正 2022-08-11

673 明 乌金釉束口盏
估　价：RMB 150,000
成交价：RMB 299,000
直径12.2cm；高7cm 中贸圣佳 2022-07-13

## 酱褐釉

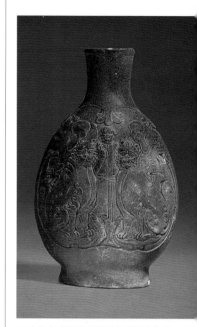

3244 北齐 黄褐釉模印胡人驯狮纹扁壶
估　价：HKD 800,000～1,200,000
成交价：RMB 868,224
高30.3cm 保利香港 2022-10-10

3342 北宋 紫定斗笠碗
估　价：HKD 450,000～650,000
成交价：RMB 461,700
直径13cm 保利香港 2022-07-14

## 乌金釉

# 彩 瓷

## 褐黑彩

743 清康熙 乌金釉碗
"大清康熙年制"款
估 价：RMB 100,000～150,000
成交价：RMB 218,500
直径12.2cm；高5.8cm 北京保利 2022-07-29

023 清康熙 乌金釉"有凤来仪"图笔筒
成交价：RMB 115,000
直径17.7cm；高14.5cm
中贸圣佳 2022-10-27

364 清康熙 大观音尊
估 价：RMB 600,000
成交价：RMB 690,000
口径12cm；高43cm 上海嘉禾 2022-01-01

3210 唐 褐彩贴花叶凤首执壶
估 价：HKD 800,000～1,200,000
成交价：RMB 820,800
高22.8cm 保利香港 2022-07-14

3254 唐 褐彩花釉罐
估 价：HKD 120,000～150,000
成交价：RMB 238,761
高26.9cm 保利香港 2022-10-10

934 金 磁州窑虎形枕
估 价：USD 7,000～9,000
成交价：RMB 132,149
长36.2cm 纽约佳士得 2022-09-23

109 磁州窑梅瓶
估 价：HKD 327,000
成交价：RMB 367,880
高25cm 荣宝斋（香港）2022-11-26

1099 北宋/金 磁州白地褐彩牡丹纹梅瓶
估 价：USD 18,000～25,000
成交价：RMB 562,178
高38.2cm 纽约佳士得 2022-03-25

# 青 花

918 元 青花孔雀龙纹双铺首大尊
估　价：RMB 3,500,000～4,800,000
成交价：RMB 5,520,000
高37.8cm 中贸圣佳 2022-07-26

927 元 青花折枝花卉八棱玉壶春瓶
估　价：RMB 1,500,000～2,500,000
成交价：RMB 1,725,000
高28.5cm 北京保利 2022-07-17

2196 元 青花龙纹双流贲巴壶
估　价：RMB 550,000
成交价：RMB 632,500
16.5cm×16cm 上海嘉禾 2022-01-01

1550 元 青花缠枝莲纹盘
估　价：RMB 500,000～600,000
成交价：RMB 897,000
直径27cm 广东崇正 2022-08-11

6 元 青花鱼藻纹大罐
估　价：HKD 20,000,000～25,000,000
成交价：RMB 34,971,730
宽35.3cm 香港苏富比 2022-10-08

5421 元 青花灵芝菊纹高足杯
估　价：RMB 500,000～700,000
成交价：RMB 598,000
直径11cm 北京保利 2022-07-28

374 元 青花凤穿牡丹图大罐
古　价：RMB 2,000,000～3,000,000
成交价：RMB 2,530,000
直径34.5cm 中国嘉德 2022-06-27

1053 元 青花缠枝花卉双龙赶珠纹铺首罐
成交价：RMB 34,500,000
37.5cm×15.6cm×18cm
荣宝斋（南京）2022-12-08

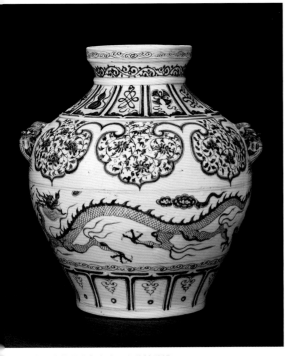

059 元 青花缠枝花卉如意头云龙纹铺首罐
古　价：HKD 8,000,000～12,000,000
成交价：RMB 8,682,240
高38cm 保利香港 2022-10-10

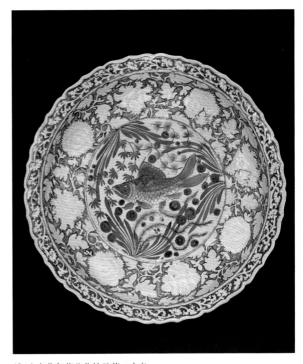

13 元 青花鱼藻凸花牡丹菱口大盘
估　价：HKD 30,000,000～50,000,000
成交价：RMB 16,318,673
直径47.8cm 香港苏富比 2022-10-08

5613 明永乐 青花缠枝花卉抱月瓶
估　价：RMB 1,500,000～2,000,000
成交价：RMB 2,875,000
高30.5cm 北京保利 2022-07-28

1700 明永乐 青花折枝四季花卉纹罐
估　价：RMB 3,000,000～4,000,000
成交价：RMB 4,600,000
高24.8cm 华艺国际 2022-09-23

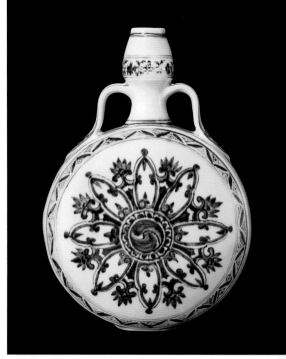

3507 明永乐 青花缠枝莲纹梅瓶
估　价：HKD 25,000,000～35,000,000
成交价：RMB 22,225,630
高31.4cm 香港苏富比 2022-10-09

3509 明永乐 青花轮花绶带葫芦扁瓶
估　价：HKD 14,000,000～18,000,000
成交价：RMB 11,282,390
高29.3cm 香港苏富比 2022-10-09

明永乐 青花夔龙纹罐
估 价：HKD 45,000,000～65,000,000
成交价：RMB 42,725,000
高24.4cm；宽29.8cm 香港苏富比 2022-04-29

1043 明永乐/宣德 青花缠枝莲纹小罐
估 价：HKD 800,000～1,200,000
成交价：RMB 1,876,188
高11cm 中国嘉德 2022-10-07

明永乐 青花龙纹天球瓶
估 价：RMB 800,000
成交价：RMB 6,600,000
高40cm 浙江御承 2022-12-17

1044 明永乐 青花缠枝花卉折枝葡萄纹海浪折
沿大盘
估 价：RMB 2,000,000～2,500,000
成交价：RMB 4,140,000
直径38.3cm 中贸圣佳 2022-07-26

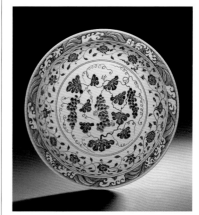

1045 明永乐 青花缠枝葡萄纹盘
估 价：USD 180,000～250,000
成交价：RMB 3,132,134
直径38cm 纽约佳士得 2022-03-25

5609 明永乐 青花如意垂肩折枝花果纹大梅瓶
估　价：RMB 10,000,000~15,000,000
成交价：RMB 11,500,000
高36.5cm 北京保利 2022-07-28

5607 明永乐 青花缠枝花卉菱口盘
估　价：RMB 4,800,000~6,800,000
成交价：RMB 5,520,000
直径34cm 北京保利 2022-07-28

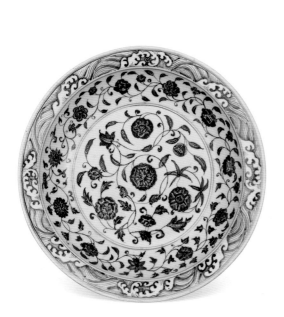

224 明永乐 青花缠枝花卉折沿大盘
估　价：RMB 4,500,000~5,500,000
成交价：RMB 6,555,000
直径40.5cm 上海嘉禾 2022-11-20

1044 明永乐 青花缠枝莲纹大盘
估　价：USD 200,000~300,000
成交价：RMB 4,818,668
直径40.3cm 纽约佳士得 2022-03-25

358 明永乐 青花一束莲纹大盘
成交价：RMB 3,277,500
口径34cm；高5.8cm 浙江佳宝 2022-03-13

3 明永乐 青花折枝瑞果双莲纹折沿大盘
价：RMB 7,500,000～9,500,000
交价：RMB 9,487,500
径37.4cm 中贸圣佳 2022-12-31

2853 明永乐 青花开光折枝莲纹菱口大盘
估 价：RMB 3,400,000～5,000,000
成交价：RMB 3,910,000
直径38cm 中国嘉德 2022-06-27

76 明永乐 青花葡萄纹折沿大盘
价：HKD 3,000,000～5,000,000
交价：RMB 4,635,288
径37.8cm 佳士得 2022-11-29

117 明永乐 青花留白暗刻海水云龙缠枝花卉
纹大盘
估 价：RMB 680,000
成交价：RMB 874,000
直径39cm；高6.8cm 中贸圣佳 2022-08-13

79 明永乐 青花缠枝牡丹轮花海浪纹卧足碗
估　价：RMB 2,000,000～3,000,000
成交价：RMB 4,427,500
直径15.3cm 北京中汉 2022-12-09

6670 明宣德 青花铺首龙纹大梅瓶
　　　"宣德年制"款
估　价：RMB 2,600,000～3,600,000
成交价：RMB 3,967,500
高53cm 北京保利 2022-07-29

5612A 明永乐 青花外莲瓣内花卉纹小鸡心碗
估　价：RMB 800,000～1,200,000
成交价：RMB 1,782,500
直径10.3cm 北京保利 2022-07-28

2094 明永乐 青花内折枝花果纹外菊瓣纹大碗
估　价：RMB 100,000～200,000
成交价：RMB 483,000
直径21.5cm 中国嘉德 2022-09-27

1698 明永乐 青花枇杷缠枝花卉纹莲子碗
估　价：RMB 2,000,000～3,000,000
成交价：RMB 3,128,000
直径21.3cm 华艺国际 2022-09-23

1061 明永乐 青花内折枝花果外菊瓣纹大碗
估　价：RMB 850,000～1,200,000
成交价：RMB 1,127,000
直径21cm；高10cm 中贸圣佳 2023-01-01

3627 明宣德 青花暗花穿莲祥凤纹碗
　　　"大明宣德年制"款
估　价：HKD 700,000～900,000
成交价：RMB 1,139,544
直径21cm 香港苏富比 2022-10-09

1 明宣德 青花番莲纹小盘
　　"大明宣德年制"款
估　价：HKD 1,500,000～2,000,000
成交价：RMB 3,024,000
直径15.3cm 香港苏富比 2022-04-29

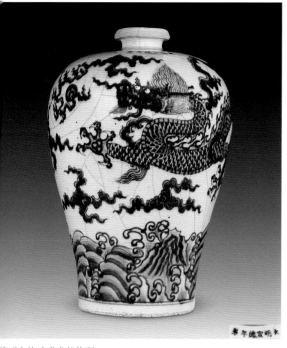

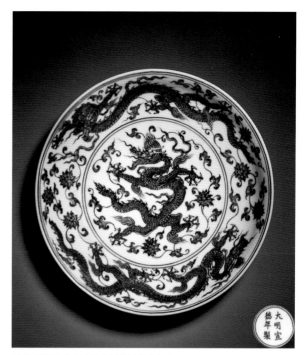

5 明宣德 青花龙纹梅瓶
"大明宣德年制"款
估 价：RMB 500,000
成交价：RMB 5,520,000
高37.5cm；口径7.5cm 浙江御承 2022-08-28

1113 明宣德 御制青花内外莲池游龙纹盘
"大明宣德年制"六字双行楷书款
估 价：RMB 100,000～300,000
成交价：RMB 11,960,000
直径24.7cm 中贸圣佳 2022-07-26

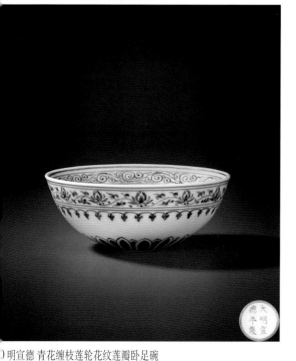

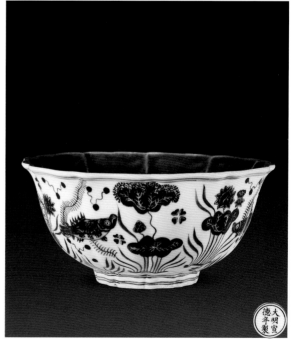

0 明宣德 青花缠枝莲轮花纹莲瓣卧足碗
"大明宣德年制"六字双行楷书款
价：RMB 2,500,000～3,500,000
成交价：RMB 3,335,000
径15.3cm 北京中汉 2022-12-09

80 明宣德 青花鱼藻纹内施雾蓝釉十棱大碗
"大明宣德年制"款
估 价：RMB 2,000,000
成交价：RMB 92,000,000
高10.5cm；口径22.5cm；底径9cm 浙江御承 2022-08-28

1045 明宣德 青花缠枝牡丹纹大碗
"大明宣德年制"六字单行楷书款
估 价：HKD 2,500,000~3,500,000
成交价：RMB 5,021,562
直径28cm 中国嘉德 2022-10-07

1044 明宣德 青花里外缠枝花卉纹盘
"大明宣德年制"六字单行楷书款
估 价：HKD 1,800,000~2,200,000
成交价：RMB 3,421,284
直径31.5cm 中国嘉德 2022-10-07

5612 明宣德 青花缠枝芍药纹大碗
"大明宣德年制"款
估 价：RMB 6,200,000~9,200,000
成交价：RMB 7,130,000
直径29.8cm 北京保利 2022-07-28

5610 明宣德 青花莲托八吉祥罐
"大明宣德年制"款
估 价：RMB 2,000,000~3,000,000
成交价：RMB 2,300,000
高18.5cm 北京保利 2022-07-28

617 明宣德 青花缠枝牡丹纹大碗
"大明宣德年制"六字单行楷书款
估 价：RMB 80,000
成交价：RMB 402,500
直径26.5cm；高9.5cm 中贸圣佳 2022-07-13

5611 明宣德 青花折枝花果纹大碗
"大明宣德年制"款
估 价：RMB 10,000,000~15,000,000
成交价：RMB 11,500,000
直径29.5cm 北京保利 2022-07-28

3501 明宣德 青花外莲瓣内缠枝花卉纹莲子碗
"大明宣德年制"款
估 价：HKD 2,500,000~3,500,000
成交价：RMB 3,418,632
直径20.5cm 香港苏富比 2022-10-09

8 明宣德 御制青花缠枝莲托八宝纹盉碗
"大明宣德年制"款
估 价：RMB 350,000~500,000
成交价：RMB 862,500
直径17.3cm 永乐拍卖 2022-07-24

340 明宣德 青花高足杯
"大明宣德年制"款
估 价：RMB 550,000
成交价：RMB 632,500
3cm×12cm 上海嘉禾 2022-01-01

230 明宣德 青花海水龙纹高脚大杯
估 价：RMB 360,000
成交价：RMB 414,000
5cm×17.5cm 上海嘉禾 2022-01-01

1655 明宣德 青花云龙纹十棱葵瓣式洗
"大明宣德年制"六字双行楷书款
估 价：RMB 8,000,000~10,000,000
成交价：RMB 10,925,000
高5.5cm；直径20.5cm 保利厦门 2022-10-22

1014 明宣德 御制青花云龙纹葵瓣式十棱洗
"大明宣德年制"六字双行楷书款
估 价：RMB 18,000,000~25,000,000
成交价：RMB 26,220,000
口径21cm 永乐拍卖 2022-07-24

3504 明宣德 青花缠枝花卉纹水丞
"大明宣德年制"款
估　价：HKD 3,000,000~4,000,000
成交价：RMB 3,418,632
高7.5cm 香港苏富比 2022-10-09

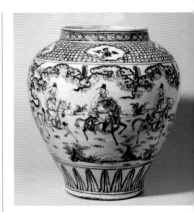

550 明天顺 青花携琴访友图大罐
估　价：RMB 200,000~300,000
成交价：RMB 460,000
高37.2cm 中贸圣佳 2022-09-25

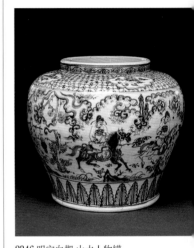

2346 明空白期 山水人物罐
估　价：RMB 380,000
成交价：RMB 437,000
35cm×31cm 上海嘉禾 2022-01-01

5616 明成化 青花九秋罐
估　价：RMB 12,000,000~22,000,000
成交价：RMB 17,250,000
高10cm 北京保利 2022-07-28

1544 明空白期 青花秋夕诗意仕女庭院图大罐
估　价：RMB 1,500,000~2,000,000
成交价：RMB 1,725,000
高35cm；直径21cm 永乐拍卖 2022-07-25

1193 明成化 庭院仕女婴戏图罐
古　价：RMB 500,000～800,000
成交价：RMB 1,058,000
高30cm 中贸圣佳 2022-07-26

1107 15世纪中 青花鱼藻纹罐
古　价：USD 15,000～25,000
成交价：RMB 602,334
高37.5cm 纽约佳士得 2022-03-25

2064 明成化/弘治 青花八仙拜老子神仙人物
文筒式炉
包装题识"明初染付道释人物文　大香炉"
古　价：RMB 50,000～80,000
成交价：RMB 253,000
直径20.5cm 中国嘉德 2022-09-27

2 明成化 青花双龙赶珠纹盘
"大明成化年制"款
估　价：HKD 20,000,000～30,000,000
成交价：RMB 16,105,000
直径16.3cm 香港苏富比 2022-04-29

2052 明成化/弘治 青花文王访贤图瓷板
估　价：RMB 250,000～350,000
成交价：RMB 385,250
长20.4cm；宽18.4cm 中贸圣佳 2022-10-27

2600 明成化 青花神仙人物高士图诸葛碗
估　价：RMB 350,000～550,000
成交价：RMB 552,000
直径17.3cm 中国嘉德 2022-12-26

4 明弘治 黄地青花折枝栀子花果纹盘
"大明弘治年制"款
估　价：HKD 3,000,000～5,000,000
成交价：RMB 7,560,000
直径26.2cm 香港苏富比 2022-04-29

5722 明成化 青花龙纹大碗
"大明成化年制"款
估　价：RMB 300,000～400,000
成交价：RMB 345,000
直径19cm 北京保利 2022-07-29

3165 明成化 青花婴戏图碗
"大明成化年制"六字双行楷书款，成化本朝
估　价：RMB 200,000～300,000
成交价：RMB 552,000
直径15.4cm 中国嘉德 2022-12-26

5513 明正德 黄地青花石榴花盘
"大明正德年制"款
估　价：RMB 1,000,000～1,500,000
成交价：RMB 1,495,000
直径29cm 北京保利 2022-07-28

3010 明弘治 黄地青花栀子花果纹盘
"大明弘治年制"款
估　价：HKD 3,800,000～4,800,000
成交价：RMB 3,693,600
直径26.5cm 保利香港 2022-07-14

226 明弘治 黄地青花栀子花纹盘
"大明弘治年制"款
估　价：HKD 2,000,000～4,000,000
成交价：RMB 4,414,560
直径26.5cm 华艺国际 2022-11-27

5619 明正德 黄地青花折枝花盘
"大明正德年制"款
估　价：RMB 1,500,000～2,000,000
成交价：RMB 2,300,000
直径25cm 北京保利 2022-07-28

6618 明正德 黄釉地青花石榴花盘
"大明正德年制"款
估　价：RMB 1,600,000～2,600,000
成交价：RMB 1,840,000
直径29.5cm 北京保利 2022-07-28

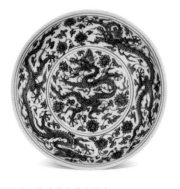

6635 明正德 青花穿花龙纹盘
"正德年制"款
估　价：HKD 800,000～1,200,000
成交价：RMB 1,481,407
直径19.6cm 香港苏富比 2022-10-09

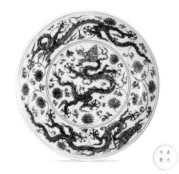

6614 明正德 青花蟠龙纹盘
"正德年制"款
估　价：RMB 800,000～1,000,000
成交价：RMB 1,092,500
直径24.7cm 北京保利 2022-07-28

107 明正德 青花阿拉伯文圣训四方盒盖
估　价：RMB 150,000
成交价：RMB 322,000
边长11.5cm；高3.5cm 中贸圣佳 2022-08-13

180 明嘉靖 仿成窑青花瑞兽小罐
"大明成化年制"款
估　价：RMB 150,000～250,000
成交价：RMB 333,500
高13cm 北京保利 2022-02-03

6675 明嘉靖 青花缠枝花卉纹梅瓶
"大明嘉靖年制"款
估　价：RMB 250,000～350,000
成交价：RMB 414,000
高15.5cm 北京保利 2022-07-29

2124 明嘉靖 青花云龙纹四方瓶
"大明嘉靖年制"六字双行楷书款
估　价：RMB 400,000～500,000
成交价：RMB 460,000
高18cm；长15cm；宽15cm
西泠印社 2022-01-22

1024 明嘉靖 青花福山寿海龙纹大罐
"大明嘉靖年制"六字楷书款
估　价：RMB 1,500,000～1,800,000
成交价：RMB 1,725,000
高50cm；直径24cm 华艺国际 2022-09-23

2973 明嘉靖 青花龙纹大罐
"大明嘉靖年制"六字楷书横款
估　价：HKD 4,000,000～6,000,000
成交价：RMB 4,055,877
高54cm 佳士得 2022-11-29

5623 明嘉靖 青花四仙花口罐
"大明嘉靖年制"款
估　价：RMB 1,200,000～1,800,000
成交价：RMB 2,070,000
高11.5cm 北京保利 2022-07-28

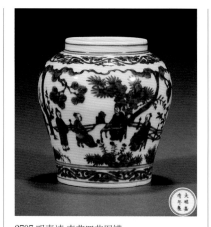

2797 明嘉靖 青花四艺图罐
"大明嘉靖年制"六字双行楷书款
估　价：RMB 500,000～600,000
成交价：RMB 1,150,000
高13.2cm；直径12cm 西泠印社 2022-08-20

622 明嘉靖 青花十二章纹八棱罐
"大明嘉靖年制"六字双行楷书款
估　价：RMB 160,000
成交价：RMB 218,500
高14.5cm 中贸圣佳 2022-07-13

2151 明嘉靖 青花鱼藻纹罐
"大明嘉靖年制"款
成交价：RMB 437,000
高12.6cm 中国嘉德 2022-09-27

5622 明嘉靖 青花十六子婴戏大罐
"大明嘉靖年制"款
估　价：RMB 6,500,000～8,500,000
成交价：RMB 7,705,000
高34.5cm 北京保利 2022-07-28

104 明嘉靖 青花山水高士图方瓷板
估　价：RMB 150,000
成交价：RMB 368,000
瓷板长25.5cm；宽25.5cm
中贸圣佳 2022-08-13

5620 明嘉靖 黄地青花龙纹斗碗
"大明嘉靖年制"款
估　价：RMB 1,000,000～1,500,000
成交价：RMB 1,380,000
宽14.5cm 北京保利 2022-07-28

111 明嘉靖 黄地青花缠枝牡丹纹盘
"大明嘉靖年制"双圈六字楷书款
估 价：USD 30,000～40,000
成交价：RMB 481,867
直径17.8cm 纽约佳士得 2022-03-25

069 明嘉靖 青花狮子戏球纹小盘
"大明嘉靖年制"楷书款
估 价：RMB 200,000～250,000
成交价：RMB 322,000
直径12.8cm 中贸圣佳 2023-01-01

163 明嘉靖 青花鱼藻纹缸
"大明嘉靖年制"六字一行楷书款，嘉靖本朝
估 价：RMB 100,000～200,000
成交价：RMB 1,150,000
直径47cm 中国嘉德 2022-12-26

1272 明嘉靖 仿永乐青花缠枝莲纹压手杯
估 价：RMB 150,000～250,000
成交价：RMB 299,000
高5cm；直径9cm 保利厦门 2022-10-22

5407 明嘉靖 青花九龙小杯
"大明嘉靖年制"款
估 价：RMB 220,000～320,000
成交价：RMB 460,000
高8.5cm；直径8.3cm 北京保利 2022-07-28

844 明嘉靖 青花应龙海水纹龙缸
估 价：RMB 300,000～500,000
成交价：RMB 1,219,000
直径72cm 北京大羿 2022-09-26

988 明嘉靖 青花岁寒三友纹杯（一组四件）
"大明嘉靖年制"双方框六字楷书款
成交价：RMB 528,595
直径7.3cm×4 纽约佳士得 2022-09-23

6674 明嘉靖 青花花鸟八方大盖盒
"大明嘉靖年制"款
估 价：RMB 400,000～600,000
成交价：RMB 575,000
宽30.5cm 北京保利 2022-07-29

2066 明嘉靖 青花云鹤开光云龙纹四方倭角盒
"大明嘉靖年制"款
估 价：RMB 380,000～580,000
成交价：RMB 437,000
长14.6cm 中国嘉德 2022-09-27

6673 明嘉靖 青花花卉大碗
"大明嘉靖年制"款
估 价：RMB 300,000～400,000
成交价：RMB 460,000
直径30.4cm 北京保利 2022-07-29

845 明万历 青花龙穿花纹大梅瓶
"大明万历年制"款
估　价：RMB 800,000～1,200,000
成交价：RMB 920,000
高61cm 北京大羿 2022-09-26

3051 明万历 青花龙凤穿花纹兽首大方觚
"大明万历年制"款
估　价：HKD 1,500,000～2,200,000
成交价：RMB 2,170,560
高87cm 保利香港 2022-10-10

1021 明隆庆 青花凤纹盘
"大明隆庆年造"六字二行楷书款
估　价：HKD 280,000～320,000
成交价：RMB 441,456
直径15.6cm 中国嘉德 2022-10-07

1285 明中期 青花云龙戏狮纹鼓墩
估　价：RMB 100,000～200,000
成交价：RMB 115,000
高38cm 保利厦门 2022-10-22

1686 明隆庆 青花龙凤呈祥纹大缸
"大明隆庆年造"六字横款
估　价：RMB 1,500,000～1,800,000
成交价：RMB 2,300,000
直径50.2cm 华艺国际 2022-09-23

181 明万历 青花八卦云鹤出戟尊
"大明万历年制"款
估　价：RMB 400,000～600,000
成交价：RMB 759,000
高23.5cm 北京保利 2022-02-03

1022 明万历 青花龙纹四方炉
"大明万历年制"款
估　价：RMB 300,000～500,000
成交价：RMB 598,000
长15.9cm 华艺国际 2022-09-23

857 明万历 青花云龙纹出戟花觚
"大明万历年制"六字双行楷书款，万历本朝
价：RMB 600,000~900,000
成交价：RMB 920,000
18.6cm 中国嘉德 2022-06-27

2857 明万历 青花折枝花鸟纹镂空器座
"大明万历年制"六字楷书横款
估 价：HKD 240,000~300,000
成交价：RMB 216,014
直径29cm 佳士得 2022-05-30

975 明万历 青花鱼藻纹大碗
"大明万历年制"双圈六字楷书款
估 价：USD 50,000~70,000
成交价：RMB 396,446
直径32.3cm 纽约佳士得 2022-09-23

150 明万历 青花百鹿图大罐
价：RMB 600,000~800,000
成交价：RMB 1,782,500
62cm 中国嘉德 2022-09-27

41 明万历 青花地留白暗刻海水龙纹盘
"大明万历年制"六字双行楷书款
估 价：RMB 450,000~700,000
成交价：RMB 759,000
直径21.3cm 北京中汉 2022-08-08

548 明万历 青花双龙戏珠倭角盖盒
"大明万历年制"六字双行楷书款
估 价：RMB 280,000~400,000
成交价：RMB 322,000
23.9cm×15.5cm×10.5cm
华艺国际 2022-07-29

926 明万历 青花人物捧盒
"大明万历年制"款
估 价：RMB 200,000~300,000
成交价：RMB 230,000
直径24.7cm 北京保利 2022-07-17

49 明万历 青花四仙人物纹瓜棱罐
"大明万历年制"六字双行楷书款
价：RMB 800,000~1,000,000
成交价：RMB 977,500
17cm 华艺国际 2022-07-29

2856 明万历 青花穿花龙纹水丞
"大明万历年制"六字双行楷书款
估 价：RMB 600,000~900,000
成交价：RMB 690,000
直径8.6cm 中国嘉德 2022-06-27

2794 明万历 青花留白缠枝牡丹桃纹大盘
"大明万历年制"六字双行楷书款
估 价：RMB 150,000~250,000
成交价：RMB 241,500
直径35cm 中国嘉德 2022-06-27

5408 明天启 青花人物公道杯
"损斋居士"铭
估　价：RMB 250,000～350,000
成交价：RMB 2,530,000
直径8.5cm 北京保利 2022-07-28

1038 明崇祯 青花文王访贤图大罗汉炉
估　价：RMB 400,000～600,000
成交价：RMB 667,000
直径25.7cm；高19.9cm 中贸圣佳 2023-01-01

4069 明崇祯 青花《三国演义之水淹七军》人
物故事图罐
估　价：RMB 350,000～550,000
成交价：RMB 690,000
高28.8cm 中国嘉德 2022-05-29

2061 明崇祯 青花高士图高足杯
估　价：RMB 150,000～200,000
成交价：RMB 391,000
高10cm 中贸圣佳 2022-10-27

42 明崇祯 青花文王访贤图筒瓶
估　价：RMB 600,000～1,200,000
成交价：RMB 1,127,000
高41.8cm 北京中汉 2022-12-09

2911 明天启 青花通景山水图大碗
"大明成化年制"款
估　价：HKD 150,000～250,000
成交价：RMB 486,705
直径44.2cm 佳士得 2022-11-29

2946 明崇祯 青花访贤图香炉
估　价：HKD 300,000～500,000
成交价：RMB 1,274,704
直径23cm 佳士得 2022-11-29

5679 明崇祯 青花胡人进宝小画缸
估　价：RMB 600,000~800,000
成交价：RMB 690,000
直径22.7cm 北京保利 2022-07-29

5646 明崇祯 青花醉归图卷缸
估　价：RMB 500,000~800,000
成交价：RMB 862,500
高18cm；直径21.5cm 保利厦门 2022-10-22

5037 明崇祯 青花仿李公麟笔意罗汉渡海图大笔筒
估　价：RMB 450,000~500,000
成交价：RMB 644,000
直径18.8cm；高20.8cm 中贸圣佳 2023-01-01

5626 明崇祯 青花百子图大笔海
估　价：RMB 3,000,000~4,000,000
成交价：RMB 3,795,000
高20.4cm；直径25.5cm 北京保利 2022-07-28

2224 明 八棱青花龙纹梅瓶 （一对）
成交价：RMB 575,000
高21cm×2 上海嘉禾 2022-01-01

122 明末清初 青花山水人物图笔筒
估　价：HKD 800,000~1,200,000
成交价：RMB 683,726
高19.7cm 香港苏富比 2022-10-09

6677 明崇祯 青花仙人大笔筒
成交价：RMB 805,000
高20.5cm 北京保利 2022-07-29

2862 明末/清初 青花悬弧之庆图筒瓶
估 价：HKD 250,000~350,000
成交价：RMB 918,061
高45.2cm 佳士得 2022-05-30

2966 清顺治 青花博古图罐
估 价：HKD 150,000~200,000
成交价：RMB 370,823
高18cm 佳士得 2022-11-29

2242 清康熙 青花棒槌瓶
估 价：RMB 800,000
成交价：RMB 1,104,000
83cm×27cm 上海嘉禾 2022-01-01

2934 清顺治 青花花鸟竹纹筒瓶
估 价：HKD 400,000~600,000
成交价：RMB 1,390,586
高41.5cm 佳士得 2022-11-29

2225 清早期 青花缠枝莲纹双龙耳盘口瓶
估 价：RMB 1,600,000
成交价：RMB 2,070,000
36cm×69cm 上海嘉禾 2022-01-01

5796 清康熙 青花人物故事龙骑兵瓶（一对）
估 价：RMB 2,200,000~3,200,000
成交价：RMB 3,795,000
高88cm×2 北京保利 2022-07-29

6682 清康熙/雍正 青花竹纹寿字摇铃尊
估 价：RMB 300,000~500,000
成交价：RMB 345,000
高18.3cm 北京保利 2022-07-29

1125 清康熙 青花竹林七贤花觚
"大明成化年制" 六字双行楷书款
估 价：RMB 80,000～100,000
成交价：RMB 632,500
高46.4cm 中贸圣佳 2022-07-26

2927 清康熙1721年 青花《醉翁亭记》大罐
估 价：HKD 400,000～600,000
成交价：RMB 637,352
高50.5cm 佳士得 2022-11-29

704 清康熙 青花双龙云纹梅瓶
"大清康熙年制" 六字楷书款
估 价：HKD 8,000,000～10,000,000
成交价：RMB 8,100,540
高23.8cm 佳士得 2022-05-30

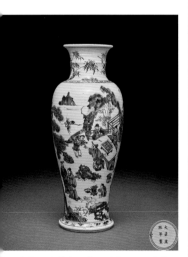

965 清康熙 青花十八学士登瀛洲图观音尊
"大清康熙年制" 双圈六字楷书款
估 价：HKD 600,000～800,000
成交价：RMB 1,390,586
高46cm 佳士得 2022-11-29

3128 清康熙 青花云龙纹梅瓶
"大明嘉靖年制" 六字三行楷书款
估 价：RMB 500,000～800,000
成交价：RMB 2,645,000
高24.2cm 中国嘉德 2022-12-26

2813 清康熙 青花云龙纹小盖罐
"大清康熙年制" 六字双行楷书款
估 价：RMB 1,800,000～2,200,000
成交价：RMB 2,070,000
高11cm 中国嘉德 2022-06-27

2702 清康熙 青花凤穿花纹墩式碗
"大清康熙年制"双圈六字楷书款
估　价：HKD 600,000～800,000
成交价：RMB 918,061
直径13.8cm 佳士得 2022-05-30

3122 清康熙 仿成化青花内宝莲纹外十六子婴
戏图盘
"大清康熙年制"六字双行楷书款
估　价：RMB 10,000～20,000
成交价：RMB 322,000
直径19.8cm 中国嘉德 2022-12-26

1557 清康熙 金银地青花龙凤纹盘
"大清康熙年制"六字双行楷书款
估　价：RMB 850,000～1,000,000
成交价：RMB 1,058,000
直径16cm 永乐拍卖 2022-07-25

1218 清康熙 青花烟寺晚钟人物故事图碗
"大明宣德年制"六字双行楷书款
估　价：RMB 250,000～300,000
成交价：RMB 460,000
直径19.4cm；高7cm 中贸圣佳 2022-07-26

4404 清康熙 青花内海屋添筹图外群仙祝寿图大盘
"大清康熙年制"款
估　价：RMB 350,000～550,000
成交价：RMB 1,092,500
直径29cm 中国嘉德 2022-05-30

2049 清康熙 青花唐明皇游月宫人物故事图大盘
估　价：RMB 300,000～500,000
成交价：RMB 1,127,000
直径61cm 中国嘉德 2022-09-27

70 清康熙 青花福寿云龙纹碗
"大清康熙年制"六字二行楷书款
价: RMB 150,000~200,000
交价: RMB 414,000
径13.1cm 北京诚轩 2022-08-09

313 清康熙 青花耕织图诗文大碗
"大清康熙年制"六字双行楷书款
价: RMB 520,000~820,000
交价: RMB 598,000
径20.2cm 中国嘉德 2022-06-27

590 清康熙 青花三友图碗
"大清康熙年制"六字双行楷书款
价: RMB 300,000~400,000
交价: RMB 345,000
径13.3cm 华艺国际 2022-09-23

1 清康熙青花八卦海水纹碗（一对）
"大清康熙年制"款
价: HKD 100,000~150,000
交价: RMB 810,823
径12.2cm×2 香港苏富比 2022-11-25

3121 清康熙/雍正 仿宣德青花琅嬛女仙图高
足碗
"大明宣德年制"六字双行楷书款
估  价: RMB 80,000~120,000
成交价: RMB 437,000
直径15.8cm 中国嘉德 2022-12-26

835 清康熙 青花八月桂花花神杯
"大清康熙年制"款
估  价: RMB 200,000~300,000
成交价: RMB 690,000
直径6.5cm 北京大羿 2022-09-26

2991 清康熙 青花八仙庆寿图杯
"大清康熙年制"六字双行楷书款
成交价: RMB 920,000
直径9.5cm 中国嘉德 2022-12-26

10 清康熙 青花飞黄腾达图杯
"大清康熙年制"六字双行楷书款
估  价: RMB 500,000~800,000
成交价: RMB 690,000
直径6.2cm 北京中汉 2022-12-09

2811 清康熙 青花百蝶图铃铛杯
"大清康熙年制"六字双行楷书款
估  价: RMB 300,000~500,000
成交价: RMB 483,000
直径8cm；高11.5cm 中国嘉德 2022-06-27

11 清康熙 青花宋人词意图杯（一对）
"大明成化年制"六字双行楷书款
估  价: RMB 300,000~500,000
成交价: RMB 391,000
直径6.4cm×2 北京中汉 2022-12-09

3111 清康熙 青花贯套花卉纹杯
"大清康熙年制"六字双行楷书款
估　价：RMB 100,000～200,000
成交价：RMB 368,000
直径6cm 中国嘉德 2022-12-26

2802 清康熙/雍正 青花双清四喜图鱼浅
估　价：RMB 2,000,000～3,000,000
成交价：RMB 2,817,500
直径65.5cm 中国嘉德 2022-06-27

2861 清康熙 青花三顾茅庐图笔筒
估　价：HKD 300,000～500,000
成交价：RMB 972,064
直径21.1cm 佳士得 2022-05-30

2812 清康熙 青花团凤纹奁式叠盒
"大清康熙年制"六字三行楷书款
估　价：RMB 3,200,000～5,200,000
成交价：RMB 4,945,000
高18.8cm；直径11.8cm
中国嘉德 2022-06-27

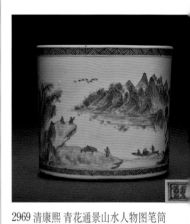

2969 清康熙 青花通景山水人物图笔筒
"玉堂佳器"款
估　价：HKD 300,000～500,000
成交价：RMB 869,116
高15.5cm 佳士得 2022-11-29

828 清康熙 青花山水人物纹大缸
估　价：RMB 300,000～500,000
成交价：RMB 667,000
直径53cm 华艺国际 2022-09-23

4064 清康熙早期 青花蔡襄造桥神仙人物故
图撇口大笔筒
"成化年制"款
估　价：RMB 150,000～250,000
成交价：RMB 1,058,000
直径17.5cm 中国嘉德 2022-05-29

125 清康熙 仿嘉靖青花云龙纹经筒
"大清康熙年制"六字双行楷书款
估 价: RMB 2,200,000～3,200,000
成交价: RMB 4,945,000
高26.5cm 中国嘉德 2022-12-26

645 清雍正 青花缠枝莲花卉天球瓶
"大明宣德年制"款
估 价: RMB 600,000～800,000
成交价: RMB 1,725,000
高55cm 北京保利 2022-07-16

74 清雍正 青花老子出关、商山四皓图大尊
估 价: RMB 550,000～750,000
成交价: RMB 667,000
高51cm 北京大羿 2022-12-25

226 清康熙 青花水盂
价: RMB 140,000
成交价: RMB 161,000
2cm×21cm 上海嘉禾 2022-01-01

2231 清雍正 仿永乐青花缠枝莲纹梅瓶
成交价: RMB 805,000
高25cm 中鸿信 2022-09-11

69 清雍正 青花折枝花果纹梅瓶
估 价: RMB 230,000～300,000
成交价: RMB 816,500
高21cm 永乐拍卖 2022-07-24

5319 清雍正 青花缠枝莲花卉灯笼瓶
"大清雍正年制"款
估　价：RMB 3,000,000～4,000,000
成交价：RMB 4,025,000
高25.4cm 北京保利 2022-07-28

545 清雍正 青花缠枝花卉纹三牺尊
"大清雍正年制"六字双行楷书款
估　价：RMB 3,000,000～4,000,000
成交价：RMB 5,692,500
高33cm 华艺国际 2022-07-29

1562 清雍正 青花缠枝花卉纹扁壶
估　价：RMB 2,600,000～3,000,000
成交价：RMB 2,990,000
高37.3cm 永乐拍卖 2022-07-25

5320 清雍正 青花松竹梅荷叶小盖罐
"大清雍正年制"款
估　价：RMB 3,000,000～4,000,000
成交价：RMB 4,025,000
高19.5cm 北京保利 2022-07-28

5 清雍正 青花缠枝四季花卉纹盘
"大清雍正年制"六字双行楷书款
估 价：RMB 380,000～600,000
成交价：RMB 437,000
直径27.3cm 北京中汉 2022-12-09

177 清雍正 青花岁寒三友小罐
"大清雍正年制"款
估 价：RMB 500,000～800,000
成交价：RMB 1,000,500
高5.2cm 北京保利 2022-02-03

4040 清雍正 仿宣德缠枝花卉纹高足盘
"大清雍正年制"款
估 价：RMB 100,000～200,000
成交价：RMB 345,000
直径20.1cm 中国嘉德 2022-05-29

804 清雍正 青花缠枝花卉纹鸠耳壶
"大清雍正年制"款
估 价：HKD 2,500,000～3,000,000
成交价：RMB 2,051,179
高33.5cm 香港苏富比 2022-10-09

87 清雍正 苹果绿地青花福寿盘
"大清雍正年制"款
估 价：RMB 600,000
成交价：RMB 2,300,000
高4cm；口径20cm 浙江御承 2022-08-28

076 清雍正 青花缠枝花卉纹轴头罐
"大清雍正年制"六字双行楷书款
估 价：RMB 800,000～1,000,000
成交价：RMB 920,000
高5.5cm 西泠印社 2022-01-22

1006 清雍正 御制青花缠枝萱花弦纹撇口尊
"大清雍正年制"六字双行楷书款
估 价：RMB 2,300,000～2,800,000
成交价：RMB 2,645,000
高20cm 永乐拍卖 2022-07-24

3805 清雍正 青花宝相花莲托八吉祥纹折沿大盘
"大清雍正年制"款
估 价：HKD 2,000,000～3,000,000
成交价：RMB 1,937,225
直径45cm 香港苏富比 2022-10-09

83 清雍正 青花荷塘鸳鸯图卧足盘
"大清雍正年制"六字双行楷书款
估　价：RMB 350,000~500,000
成交价：RMB 402,500
直径17.7cm 北京中汉 2022-04-27

1219 清雍正 青花寿桃纹盘
"大清雍正年制"六字双行楷书款
估　价：RMB 260,000~300,000
成交价：RMB 414,000
直径20.7cm 中贸圣佳 2022-07-26

5512 清雍正 仿成窑黄地青花栀子花纹宫碗
"大清雍正年制"款
估　价：RMB 800,000~1,200,000
成交价：RMB 1,437,500
直径15cm 北京保利 2022-07-28

5317 清雍正 仿成窑青花外缠枝内宝相花碗
"大清雍正年制"款
估　价：RMB 350,000~550,000
成交价：RMB 460,000
直径11.8cm 北京保利 2022-07-28

3155 清雍正 黄地青花缠枝花卉纹大碗
"大清雍正年制"六字双行楷书款
估　价：RMB 50,000~80,000
成交价：RMB 402,500
直径23.8cm 中国嘉德 2022-12-26

12 清雍正 青花缠枝莲纹斗笠碗
"大清雍正年制"楷书款
估　价：RMB 500,000～600,000
成交价：RMB 862,500
直径22.4cm；高7.7cm 中贸圣佳 2022-12-31

687 清雍正 青花缠枝莲纹折沿碗
"大清雍正年制""觉生常住"款
估　价：RMB 300,000～500,000
成交价：RMB 552,000
直径17cm 华艺国际 2022-09-23

152 清雍正 青花团螭纹卧足碗
"大清雍正年制"六字双行楷书款
估　价：RMB 180,000～280,000
成交价：RMB 322,000
直径12cm 中国嘉德 2022-12-26

3073 清雍正 青花缠枝花卉纹小杯（一对）
"大清雍正年制"款
估　价：RMB 250,000～350,000
成交价：RMB 437,000
直径7.2cm×2 北京荣宝 2022-07-24

5321 清雍正 仿成窑青花缠枝莲托八吉祥纹小高足杯
"大清雍正年制"款
估　价：RMB 600,000～800,000
成交价：RMB 1,897,500
直径4.5cm 北京保利 2022-07-28

5316 清雍正 仿成窑青花淡描团菊杯（一对）
"大清雍正年制"款
估　价：RMB 800,000～1,200,000
成交价：RMB 1,265,000
直径7.3cm×2 北京保利 2022-07-28

643 清雍正 青花内外缠枝纹钵
估　价：RMB 600,000～800,000
成交价：RMB 1,035,000
口径16cm 北京保利 2022-07-16

1013 清雍正 青花通景山水图兽耳折沿大缸
估　价：RMB 100,000～150,000
成交价：RMB 201,250
直径61.4cm；高42.7cm 中贸圣佳 2023-01-01

3123 清乾隆 仿宣德青花缠枝牵牛花纹
四方倭角兽耳瓶
"大清乾隆年制"六字三行篆书款
估　价：RMB 200,000～300,000
成交价：RMB 667,000
高24cm 中国嘉德 2022-12-26

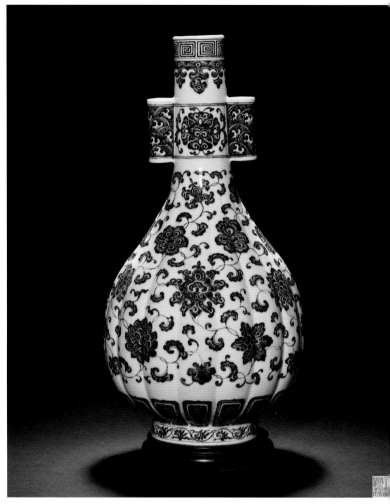

5672 清乾隆 青花缠枝花卉菊瓣瓶
"大清乾隆年制"款
估　价：RMB 5,000,000～8,000,000
成交价：RMB 6,670,000
高42cm 北京保利 2022-07-28

8 清雍正 青花梵文杯（一对）
"大明成化年制"六字双行楷书款
估　价：RMB 200,000～300,000
成交价：RMB 506,000
直径9.9cm×2 北京中汉 2022-12-09

1178 清乾隆 青花八吉祥开光洋彩四景山水诗文八方瓶
"陶铸"矾红彩朱白文篆章款
估　价：RMB 2,800,000～3,600,000
成交价：RMB 4,140,000
高32.8cm 中贸圣佳 2022-07-26

2800 清乾隆 青花缠枝莲纹六方贯耳瓶
"大清乾隆年制"六字三行篆书款
估　价：RMB 2,400,000～3,400,000
成交价：RMB 4,025,000
高45cm 中国嘉德 2022-06-27

2858 清乾隆 青花穿花龙凤纹蝠耳瓶
"大清乾隆年制"六字三行篆书款
估　价：RMB 1,200,000～1,800,000
成交价：RMB 1,380,000
高32cm 中国嘉德 2022-06-27

436 清乾隆 青花芭蕉竹石玉壶春瓶
"大清乾隆年制"款
估　价：RMB 2,000,000～3,000,000
成交价：RMB 2,990,000
高28.3cm 北京保利 2022-07-28

38 清乾隆 青花缠枝莲纹赏瓶
"大清乾隆年制"六字三行篆书款
估　价：RMB 800,000～1,200,000
成交价：RMB 2,277,000
高36cm 北京大羿 2022-12-25

2223 清乾隆 青花九桃天球瓶
"大清乾隆年制"款
估　价：RMB 850,000
成交价：RMB 1,000,500
40cm×58cm 上海嘉禾 2022-01-01

35 清乾隆 青花缠枝莲托八吉祥铺首尊
"大清乾隆年制"六字三行篆书款
估　价：RMB 2,800,000～3,800,000
成交价：RMB 4,600,000
高49.5cm 北京大羿 2022-12-25

837 清乾隆 青花折枝花果纹蒜头瓶
"大清乾隆年制"六字三行篆书款
估　价：RMB 800,000～1,200,000
成交价：RMB 2,760,000
高25cm 北京大羿 2022-06-26

1062 清乾隆 青花万寿无疆葫芦瓶 （一对）
"大清乾隆年制"六字三行篆书款
估　价：HKD 1,200,000～1,800,000
成交价：RMB 2,207,280
高17.7cm×2 中国嘉德 2022-10-07

1620 清乾隆 仿宣德青花花果纹贴塑如意环耳
小尊
"大明宣德年制"六字双行楷书款
估　价：RMB 500,000～600,000
成交价：RMB 920,000
高10.5cm 保利厦门 2022-10-22

1518 清乾隆 青花缠枝花卉纹蝴蝶衔环耳尊
估 价：RMB 180,000～280,000
成交价：RMB 552,000
高45.1cm 永乐拍卖 2022-07-25

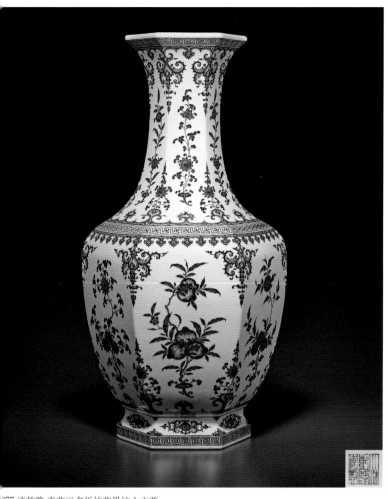

877 清乾隆 青花三多折枝花果纹六方尊
"大清乾隆年制"六字篆书款
价：HKD 7,000,000～9,000,000
成交价：RMB 10,157,820
66cm 佳士得 2022-05-30

4025 清乾隆 青花八仙庆寿图盘口尊
估 价：RMB 1,000,000～2,000,000
成交价：RMB 2,530,000
高60cm 中国嘉德 2022-05-29

929 清乾隆 御制青花缠枝瑞芝莲纹绶带耳如意尊
"大清乾隆年制"六字三行篆书款
价：RMB 12,000,000～15,000,000
交价：RMB 13,800,000
17.9cm 永乐拍卖 2022-07-24

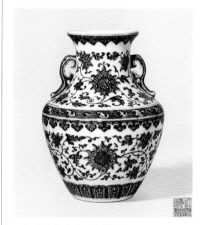

1061 清乾隆 青花西番莲纹尊
"大清乾隆年制"六字三行篆书款
估 价：HKD 1,000,000～1,500,000
成交价：RMB 3,310,920
高21.5cm 中国嘉德 2022-10-07

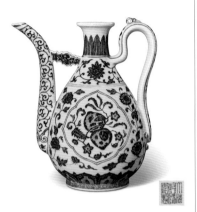

2820 或为清乾隆 青花开光蟠桃枇杷纹执壶
"大清乾隆年制"款
估　价：HKD 400,000～600,000
成交价：RMB 918,061
高26cm 佳士得 2022-05-30

2865 清乾隆 青花缠枝花卉纹铺首耳壶
"大清乾隆年制"六字篆书款
估　价：HKD 800,000～1,200,000
成交价：RMB 1,404,093
高25cm 佳士得 2022-05-30

49 清乾隆 青花莲托八吉祥纹盉壶
"大清乾隆年制"六字三行篆书款
估　价：RMB 1,600,000～3,000,000
成交价：RMB 1,840,000
长23.8cm；高21.8cm 北京中汉 2022-12-09

3153 清乾隆 青花缠枝莲纹鼓式罐
"大清乾隆年制"六字三行篆书款
估　价：RMB 2,000,000～3,000,000
成交价：RMB 3,220,000
高20cm 中国嘉德 2022-12-26

2721 清乾隆 青花缠枝花卉十字纹鸠耳壶
"大清乾隆年制"六字篆书款
估　价：HKD 3,000,000～5,000,000
成交价：RMB 4,212,280
高51.4cm 佳士得 2022-05-30

810 清乾隆 青花云鹤纹爵杯（一套）
"乾隆年制"篆书款
估　价：RMB 500,000～800,000
成交价：RMB 724,500
高13.7cm 中贸圣佳 2022-12-31

51 清乾隆 青花莲花托八宝纹烛台 （一对）
估 价：RMB 300,000～400,000
成交价：RMB 368,000
高28.5cm×2 北京保利 2022-07-16

52 清乾隆 青花福禄寿三星人物插屏
估 价：RMB 500,000～650,000
成交价：RMB 575,000
高70cm 华艺国际 2022-09-23

11 清乾隆 青花缠枝花卉纹盘
"大清乾隆年制"篆书款
估 价：RMB 600,000～700,000
成交价：RMB 713,000
直径41cm 中贸圣佳 2022-12-31

910 清乾隆 黄地青花九桃纹盘
"大清乾隆年制"六字篆书款
估 价：USD 60,000～80,000
成交价：RMB 1,497,686
直径26.5cm 纽约佳士得 2022-09-23

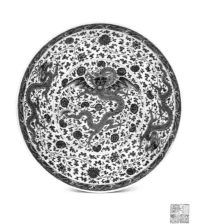

3956 清乾隆 青花穿花应龙纹大盘
"大清乾隆年制"款
估 价：RMB 300,000～500,000
成交价：RMB 862,500
直径50.5cm 中国嘉德 2022-05-29

48 清乾隆 青花苍龙捧寿福山寿海纹折沿大盘
"大清乾隆年制"六字三行篆书款
估 价：RMB 280,000～500,000
成交价：RMB 529,000
直径45.6cm 北京中汉 2022-12-09

3005 清乾隆 青花海水云龙纹折沿大盘
"大清乾隆年制"款
估　价：HKD 3,500,000～4,500,000
成交价：RMB 3,283,200
直径44.6cm 保利香港 2022-07-14

2035 清乾隆 青花海水江崖云龙捧寿纹大盘
"大清乾隆年制"篆书款
估　价：RMB 2,600,000～3,000,000
成交价：RMB 5,175,000
口径45cm 中贸圣佳 2022-10-27

3001 清乾隆 青花八仙庆寿纹碗 （一对）
"大清乾隆年制"款
估　价：HKD 600,000～800,000
成交价：RMB 666,900
直径10.7cm×2 保利香港 2022-07-14

3648 清乾隆 青花福寿八吉祥折腰碗
"大清乾隆年制"款
估　价：HKD 200,000～300,000
成交价：RMB 518,434
直径22.7cm 香港苏富比 2022-04-29

2994 清乾隆 青花内岁寒三友图外庭院仕女婴戏
图盘 （一对）
"大清乾隆年制"六字三行篆书款
成交价：RMB 552,000
直径18cm×2 中国嘉德 2022-12-26

3 清乾隆 青花云龙海水纹茶圆（一对）
"大清乾隆年制"六字三行篆书款
估 价：RMB 300,000～350,000
成交价：RMB 368,000
口径11.2cm×2 北京大羿 2022-12-25

885 清乾隆 青花描金外茴蓿花内一束莲纹碗
"彩秀堂制"款
估 价：RMB 300,000～400,000
成交价：RMB 345,000
直径17cm 北京大羿 2022-09-26

5360 清乾隆 青花缠枝莲纹钵
估 价：RMB 800,000～1,200,000
成交价：RMB 920,000
高25cm 北京保利 2022-07-28

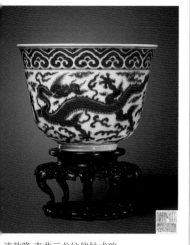

清乾隆 青花云龙纹仰钟式碗
"大清乾隆年制"六字三行篆书款
价：RMB 500,000～800,000
交价：RMB 575,000
径13.4cm 北京中汉 2022-12-09

1633 清乾隆 柠檬黄地青花莲蝠纹长方花盆
"大清乾隆年制"六字三行篆书款
估 价：RMB 250,000～450,000
成交价：RMB 483,000
20.5cm×13cm×6.5cm 保利厦门 2022-10-22

87 清乾隆 青花缠枝寿莲纹大鱼浅
估 价：RMB 50,000～80,000
成交价：RMB 212,750
直径58.6cm 北京中汉 2022-06-28

97 清乾隆 青花兽钮双狮耳盖盒
"大清乾隆年制"款
价：RMB 150,000
交价：RMB 172,500
径18cm 上海嘉禾 2022-01-01

2242 清乾隆 青花云龙八宝纹净水钵
估 价：RMB 600,000～800,000
成交价：RMB 690,000
高12.2cm；长41.5cm 西泠印社 2022-01-22

2793 清乾隆 青花缠枝花卉纹圆砚式小笔舔
"乾隆年制"四字十字形篆书款
估 价：RMB 200,000～300,000
成交价：RMB 368,000
高1.9cm；直径7.5cm 西泠印社 2022-08-20

178 清乾隆 青花海屋添筹印盒
"大明宣德年制"款
估　价：RMB 80,000~120,000
成交价：RMB 195,500
直径12.7cm 北京保利 2022-02-03

37 清乾隆 青花海水云龙纹案缸
"大清乾隆年制"六字三行篆书款
估　价：RMB 800,000~1,200,000
成交价：RMB 2,415,000
口径21.2cm 北京大羿 2022-12-25

1218 18世纪 仿明青花牵牛花纹倭角瓶
估　价：HKD 100,000~150,000
成交价：RMB 286,946
高15cm 中国嘉德 2022-10-07

857 清乾隆 青花绶带八吉祥宝杵纹镗锣洗
（一对）
"大清乾隆年制"六字三行篆书款
估　价：RMB 150,000~200,000
成交价：RMB 575,000
口径15.3cm×2 北京大羿 2022-06-26

3015 清嘉庆 青花缠枝莲纹赏瓶
"大清嘉庆年制"款
估　价：HKD 100,000~150,000
成交价：RMB 596,904
高36.9cm 保利香港 2022-10-10

836 清嘉庆 青花竹石芭蕉图玉壶春瓶
"大清嘉庆年制"六字三行篆书款
估　价：RMB 1,200,000～1,500,000
成交价：RMB 2,932,500
高28.5cm 北京大羿 2022-06-26

840 清嘉庆 御制青花海水九龙纹瓶
"大清嘉庆年制"六字三行篆书款
估　价：RMB 400,000～600,000
成交价：RMB 644,000
高30cm 北京大羿 2022-06-26

873 清嘉庆 青花桃蝠纹如意耳扁壶
"大清嘉庆年制"六字篆书款
估　价：HKD 400,000～600,000
成交价：RMB 1,404,093
高24.1cm 佳士得 2022-05-30

831 清嘉庆 青花开光折枝花卉纹纸槌瓶
"大清嘉庆年制"六字三行篆书款
估　价：RMB 800,000～1,200,000
成交价：RMB 1,725,000
高31.2cm 北京大羿 2022-12-18

830 清嘉庆 青花缠枝莲杏圆开光福寿纹双如
意耳扁瓶
"大清嘉庆年制"六字三行篆书款
估　价：RMB 600,000～800,000
成交价：RMB 2,587,500
高24.2cm 北京大羿 2022-12-18

4024 清嘉庆 青花缠枝莲开光御题诗文海棠形
茶盘（一对）
"大清嘉庆年制"款
估　价：RMB 400,000～600,000
成交价：RMB 483,000
长16.1cm×2 中国嘉德 2022-05-29

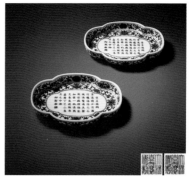

7 清嘉庆 青花御制诗文海棠洗（一对）
"大清嘉庆年制"六字三行篆书款
估　价：RMB 500,000～800,000
成交价：RMB 552,000
长16cm×2 北京中汉 2022-06-28

832 清道光 青花缠枝莲纹玉堂春瓶
"大清道光年制"六字三行篆书款
估　价：RMB 600,000～800,000
成交价：RMB 1,265,000
高37cm 北京大羿 2022-12-18

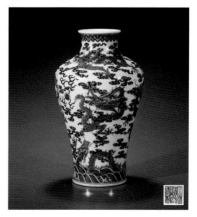

2630 清道光 青花九龙纹梅瓶
"大清道光年制"六字三行篆书款
估　价：RMB 800,000～1,000,000
成交价：RMB 1,380,000
高31cm 西泠印社 2022-08-20

堂慎
製德

1181 清道光 慎德堂制 青花云龙戏珠纹长颈
撇口瓶
"慎德堂制"四字楷书款
估　价：RMB 800,000~1,200,000
成交价：RMB 1,621,500
高29.5cm 中贸圣佳 2022-07-26

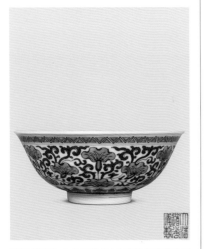

2355 清道光 仿永乐青花内如意纹外缠枝苜蓿
花纹碗
"大清道光年制"六字三行篆书款
估　价：RMB 50,000~80,000
成交价：RMB 115,000
直径15.3cm 中国嘉德 2022-06-27

2806 清道光 仿永乐青花缠枝花卉开光花果纹
玉壶春执壶
"大清道光年制"六字三行篆书款
估　价：RMB 850,000~1,200,000
成交价：RMB 1,437,500
高26.5cm 中国嘉德 2022-06-27

2351 清道光 青花缠枝莲托梵文酥油灯
"大清道光年制"六字单行篆书款
估　价：RMB 80,000~120,000
成交价：RMB 161,000
直径14.7cm；高16.5cm（含座）
中国嘉德 2022-06-27

5435 清道光 青花折枝花果执壶
"大清道光年制"六字三行篆书款
估　价：RMB 1,000,000~1,500,000
成交价：RMB 1,725,000
高25.2cm 北京保利 2022-07-28

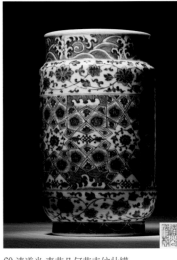

60 清道光 青花几何花卉纹壮罐
"大清道光年制"六字三行篆书款
估　价：RMB 80,000~100,000
成交价：RMB 149,500
高22.5cm 北京大羿 2022-12-25

891 清道光 青花凤穿花纹承盘
"大清道光年制"款
估　价：RMB 250,000~350,000
成交价：RMB 310,500
口径26.7cm 北京大羿 2022-09-26

804 清道光 青花留白龙纹海水盘 （一对）
"大清道光年制"款
估　价：RMB 60,000～80,000
成交价：RMB 287,500
直径17.7cm×2 北京保利 2022-07-29

068 清道光 青花八仙人物图碗 （一对）
"大清道光年制"篆书款
估　价：RMB 150,000～200,000
成交价：RMB 425,500
口径15cm×2；高6.5cm×2 中贸圣佳 2022-10-27

90 清道光 青花淡描花卉纹碗 （一对）
估　价：RMB 80,000
成交价：RMB 241,500
直径12.2cm×2；高6.5cm×2 中贸圣佳 2022-07-13

829 清道光 蓝地青花云龙纹碗
"大清道光年制"六字三行篆书款
估　价：RMB 150,000～250,000
成交价：RMB 241,500
口径13.5cm 北京大羿 2022-12-18

1050 清道光 青花花卉纹碗
"大清道光年制"六字三行篆书款
估　价：HKD 200,000～300,000
成交价：RMB 463,528
直径14.1cm 中国嘉德 2022-10-07

1085 清道光 青花缠枝莲纹渣斗
"大清道光年制"六字三行篆书款
估　价：HKD 150,000～200,000
成交价：RMB 209,691
高8.4cm 中国嘉德 2022-10-07

1052 清道光 青花花卉纹渣斗 （一对）
"大清道光年制"六字三行篆书款
估　价：HKD 300,000～500,000
成交价：RMB 463,528
高8.2cm×2 中国嘉德 2022-10-07

1051 清道光 青花缠枝莲纹笔筒
"大清道光年制"六字三行篆书款
估 价：HKD 120,000～180,000
成交价：RMB 386,274
高12.3cm 中国嘉德 2022-10-07

1017 清道光 御制青花凤穿牡丹纹洗
"大清道光年制"六字三行篆书款
估 价：RMB 200,000～300,000
成交价：RMB 448,500
口径26.6cm 永乐拍卖 2022-07-24

1390 清咸丰 青花竹石芭蕉纹玉壶春瓶
"大清咸丰年制"六字二行楷书款
估 价：HKD 600,000～800,000
成交价：RMB 684,256
高28cm 中国嘉德 2022-10-07

823 清咸丰 青花内岁寒三友外庭院仕女婴戏
图盘
"大清咸丰年制"六字双行楷书款
估 价：RMB 250,000～350,000
成交价：RMB 368,000
口径18cm 北京大羿 2022-06-26

79 清咸丰 青花八卦云鹤纹碗（一对）
"大清咸丰年制"六字双行楷书款
估 价：RMB 280,000～400,000
成交价：RMB 322,000
直径13.5cm×2 北京中汉 2022-06-03

686 清咸丰 青花缠枝莲纹杯（一对）
"大清咸丰年制"款
估 价：RMB 250,000～350,000
成交价：RMB 391,000
直径9.7cm×2 北京保利 2022-07-16

49 清同治 青花四季花卉纹大捧盒
"体和殿制"四字双行篆书款
估 价：RMB 200,000～300,000
成交价：RMB 517,500
口径33cm 北京大羿 2022-12-25

1025 清同治 青花海水八卦纹茶圆（一对）
"同治年制"楷书款
估 价：RMB 150,000～200,000
成交价：RMB 218,500
直径9.3cm，高15.9cm；直径9.1cm，
高5.7cm 中贸圣佳 2023-01-01

1161 清光绪 青花芭蕉石竹纹玉壶春瓶
"大清光绪年制"青花六字二行楷书款
估 价：RMB 380,000～600,000
成交价：RMB 667,000
高30cm 广东崇正 2022-08-11

1056 清光绪 青花缠枝花卉纹大盖罐
"大清光绪年制"楷书款
估 价：RMB 250,000～300,000
成交价：RMB 345,000
高54cm 中贸圣佳 2023-01-01

011 清光绪 储秀宫制青花西番莲纹大盘
"储秀宫制"篆书款
估　价：RMB 200,000~300,000
成交价：RMB 322,000
直径71cm 中贸圣佳 2023-01-01

46 清光绪 青花缠枝莲纹大盘
"储秀宫制"四字双行篆书款
估　价：RMB 300,000~500,000
成交价：RMB 483,000
口径39.5cm 北京大羿 2022-06-26

584 清光绪 青花内九桃外缠枝牵牛花纹大盘
"储秀宫制"四字双行篆书款
估　价：RMB 220,000~320,000
成交价：RMB 253,000
直径48cm 中国嘉德 2022-12-26

1696 清光绪 金品卿作青花岁寒三友图大球形缸
"大清光绪年制"六字二行楷书款、"品卿画"印章款
估　价：RMB 600,000~900,000
成交价：RMB 1,035,000
高29cm 华艺国际 2022-09-23

809 清光绪 青花缠枝寿纹冰鉴（一对）
"大清光绪年制"楷书款
估　价：RMB 1,200,000~1,500,000
成交价：RMB 2,300,000
46cm×44.9cm×31.1cm×2 中贸圣佳 2022-12-31

1528 清光绪 青花海水云龙纹小卷缸
"光绪年制"四字双行楷书款
估 价：RMB 100,000～180,000
成交价：RMB 253,000
直径24.2cm 永乐拍卖 2022-07-25

589 清宣统 仿永乐青花内如意纹外苜蓿花纹
碗（一对）
"大清宣统年制"六字双行楷书款
估 价：RMB 180,000～280,000
成交价：RMB 253,000
直径13.5cm×2 保利厦门 2022-10-22

5852 民国 王步风格青花钟馗笔筒
"愿闻吾过之斋"款
估 价：RMB 300,000～400,000
成交价：RMB 345,000
高13.1cm 北京保利 2022-07-29

78 民国 王步青花花鸟纹壶
"愿闻吾过之斋"款
估 价：RMB 200,000
成交价：RMB 402,500
高13cm 浙江御承 2022-08-28

167 御窑元华堂 青花莲托八宝贴耳尊（一对）
估 价：RMB 1,360,000～1,660,000
成交价：RMB 3,450,000
高66.5cm×2 北京保利 2022-11-12

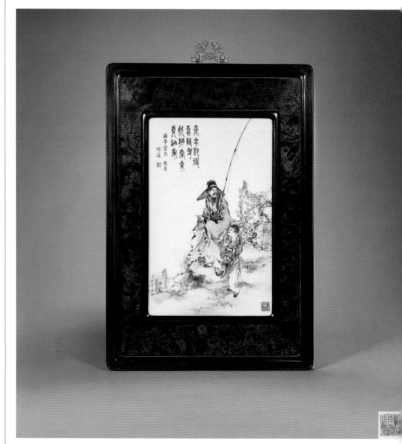

69 王步 垂钓归来会诗友瓷板
"赏垂钓后留诗友，折柳穿来觅酒家。治平宗兄雅属，竹溪。"
钤印："王步""愿闻吾过之斋"
成交价：RMB 10,925,000
37.5cm×24cm 北京保利 2022-11-12

404 20世纪70年代 北京风光青花瓶
估　价：RMB 800,000～1,200,000
成交价：RMB 1,092,500
高90.5cm 北京保利 2022-11-12

26 青花牡丹纹将军罐
估　价：HKD 709,000
成交价：RMB 754,154
高60cm 荣宝斋（香港）2022-11-26

## 釉里红

2364 明洪武 釉里红缠枝花卉纹大碗
估　价：RMB 150,000～250,000
成交价：RMB 299,000
直径42.5cm 中国嘉德 2022-06-27

5605 元 釉下铁绘桃实纹碗
估　价：RMB 1,000,000～1,600,000
成交价：RMB 1,380,000
直径18.3cm 北京保利 2022-07-28

915 明洪武 釉里红缠枝莲纹盘
估　价：RMB 900,000～1,200,000
成交价：RMB 1,265,000
直径19.4cm 中贸圣佳 2022-07-26

2357 明 釉里红五峰笔架
估　价：RMB 220,000
成交价：RMB 322,000
长14cm×高11.5cm 上海嘉禾 2022-01-01

3109 清康熙 釉里红加五彩花卉纹苹果尊
"大清康熙年制"六字三行楷书款
估　价：RMB 1,200,000～2,200,000
成交价：RMB 3,220,000
腹径8.7cm 中国嘉德 2022-12-26

5305 清康熙 釉里红螭龙直颈瓶
"大清康熙年制"款
估　价：RMB 1,500,000～2,500,000
成交价：RMB 1,840,000
高21cm 北京保利 2022-07-28

2970 清康熙 釉里红九龙纹观音尊
"大明成化年制"款
估　价：HKD 800,000～1,200,000
成交价：RMB 5,562,345
佳士得 2022-11-29

29 清康熙 釉里红鱼藻纹缸
估 价：RMB 1,200,000～1,800,000
成交价：RMB 1,437,500
口径42.8cm 北京中汉 2022-08-08

30 清康熙 釉里红五彩折枝花马蹄尊
"大清康熙年制"六字三行楷书款
估 价：RMB 1,000,000～1,800,000
成交价：RMB 1,150,000
口径12.8cm 华艺国际 2022-07-29

2264 清康熙 釉里红龙纹笔洗
"康熙辛亥中和堂制"六字二行楷书款
估 价：RMB 800,000
成交价：RMB 977,500
25.3cm×15.5cm 上海嘉禾 2022-01-01

1042 清康熙 釉里红团凤纹杯
"大清康熙年制"六字二行楷书款
估 价：HKD 500,000～700,000
成交价：RMB 1,015,348
直径9.2cm 中国嘉德 2022-10-07

1407 清康熙 釉里红龙纹碗（一对）
"大清康熙年制"六字二行楷书款
估 价：HKD 600,000～800,000
成交价：RMB 662,184
直径15.4cm×2 中国嘉德 2022-10-07

536 清康熙 洒蓝地釉里红瑞果纹碗 （一对）
"大清康熙年制"六字双行楷书款
估 价：RMB 800,000～1,200,000
成交价：RMB 920,000
直径15.2cm×2 华艺国际 2022-07-29

3641 清雍正 士绅收藏 釉里红三鱼盘 （一对）
"大清雍正年制"款
估 价：HKD 450,000～550,000
成交价：RMB 594,039
直径15cm×2 香港苏富比 2022-04-29

5325 清雍正 釉里红三多纹碗 （一对）
"大清雍正年制"款
估 价：RMB 500,000～700,000
成交价：RMB 690,000
直径12.2cm×2 北京保利 2022-07-28

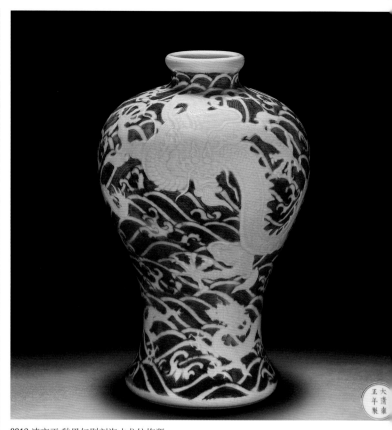

3312 清雍正 釉里红剔刻海水龙纹梅瓶
"大清雍正年制"款
估 价：HKD 26,000,000～35,000,000
成交价：RMB 25,650,000
高27.8cm 保利香港 2022-07-14

5326 清雍正 御制釉里红云海九龙杯 （一对）
"大清雍正年制"款
估 价：RMB 8,000,000～12,000,000
成交价：RMB 12,650,000
直径5.8cm×2 北京保利 2022-07-28

208 清乾隆 釉里红缠枝桃纹葫芦瓶
"大清乾隆年制"款
价：RMB 1,200,000
成交价：RMB 1,495,000
9cm×31cm 上海嘉禾 2022-01-01

清乾隆 釉里红团龙灵芝葫芦瓶
"大清乾隆年制"款
价：HKD 8,000,000～12,000,000
交价：RMB 12,475,000
29.8cm 香港苏富比 2022-04-29

47 清乾隆 釉里红凤穿牡丹纹梅瓶
估 价：RMB 200,000～500,000
成交价：RMB 632,500
高37.2cm 北京中汉 2022-12-09

1561 清乾隆 釉里红螭虎纹小天球尊
估 价：RMB 1,000～2,000
成交价：RMB 460,000
高18cm 永乐拍卖 2022-07-25

1539 清乾隆 御窑仿永乐釉里红"眉寿白头"纹抱月瓶
估　价：RMB 600,000～800,000
成交价：RMB 2,587,500
高26cm 保利厦门 2022-10-22

2821 清乾隆 釉里红团花穿芝螭龙纹葫芦尊
"大清乾隆年制"六字篆书款
估　价：HKD 4,000,000～6,000,000
成交价：RMB 7,344,489
高27cm 佳士得 2022-05-30

5501 清乾隆 釉里红三鱼纹高足碗
"大清乾隆年制"款
估　价：RMB 500,000～800,000
成交价：RMB 575,000
直径15.3cm 北京保利 2022-07-28

1404 清道光 釉里红团凤纹盖碗 （一对）
"大清道光年制"六字三行篆书款
估　价：HKD 120,000～180,000
成交价：RMB 331,092
直径10.7cm×2 中国嘉德 2022-10-07

95 釉里红梵文盘
估　价：HKD 392,000
成交价：RMB 441,456
直径17.5cm 荣宝斋（香港）2022-11-26

# 青花釉里红

1065 清康熙 青花釉里红团龙捧寿纹大花盆
估　价：RMB 600,000～1,000,000
成交价：RMB 793,500
直径63.5cm；高40cm 中贸圣佳 2023-01-01

明宣德 青花釉里红龙纹梅瓶
　价：RMB 8,000,000
交价：RMB 99,550,000
径7cm；高45cm；底径13.2cm 浙江御承 2022-12-17

51 清康熙 青花釉里红瑞兽纹长颈瓶
估　价：RMB 180,000～250,000
成交价：RMB 414,000
高38.5cm 北京大羿 2022-09-25

6 清康熙 青花釉里红骏马图花觚
　价：RMB 150,000
交价：RMB 218,500
45.2cm 中贸圣佳 2022-07-13

2227 明宣德 青花釉里红梅瓶
估　价：RMB 780,000
成交价：RMB 897,000
27cm×44cm 上海嘉禾 2022-01-01

4043 清康熙 仿明青花釉里红九龙闹海图盘
"大清康熙年制"款
估　价：RMB 350,000～550,000
成交价：RMB 517,500
直径17.6cm 中国嘉德 2022-05-29

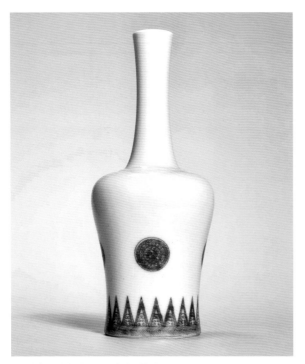

157 清康熙 青花釉里红团花纹摇铃尊
"大清康熙年制"六字三行楷书款
估　价：RMB 900,000
成交价：RMB 1,230,500
高23cm 中贸圣佳 2022-08-13

2314 清康熙1684年 青花釉里红《醉翁亭记》诗文大笔筒
估　价：RMB 850,000～1,200,000
成交价：RMB 1,035,000
直径20cm 中国嘉德 2022-06-27

2964 清康熙 青花釉里红山水图盘
估　价：HKD 150,000～200,000
成交价：RMB 2,201,761
直径33cm 佳士得 2022-11-29

1644 清康熙 青花釉里红斗彩锦鸡牡丹图碗
"大清康熙年制"六字双行楷书款
估　价：RMB 300,000～500,000
成交价：RMB 632,500
高7.4cm；直径17cm 保利厦门 2022-10-22

624 清雍正 青花釉里红"喜上眉梢"纹梅瓶
估 价：RMB 380,000～500,000
成交价：RMB 552,000
高35cm 广东崇正 2022-12-25

682 清雍正 青花釉里红莲托八宝纹小杯（一对）
"大清雍正年制"楷书款
估 价：RMB 450,000～500,000
成交价：RMB 517,500
直径6.5cm×2；高3.9cm×2 中贸圣佳 2022-09-25

432 清雍正 青花釉里红云蝠玉壶春瓶
估 价：RMB 1,200,000～2,200,000
成交价：RMB 1,552,500
高30cm 北京保利 2022-07-28

618 清乾隆 青花釉里红苍龙教子图瓶
估 价：RMB 580,000～880,000
成交价：RMB 713,000
高29.5cm 中国嘉德 2022-12-26

814 清乾隆 青花釉里红云龙纹玉壶春瓶
"大清乾隆年制"篆书款
估 价：RMB 1,500,000～2,000,000
成交价：RMB 4,600,000
高47.5cm 中贸圣佳 2022-12-31

1232 18世纪 青花釉里红鱼藻纹缸
估　价：RMB 650,000～850,000
成交价：RMB 517,500
高27cm；宽44cm 保利厦门 2022-10-22

767 清嘉庆 青花釉里红瓜瓞绵绵图瓜棱水洗
“大清嘉庆年制”六字三行篆书款
估　价：RMB 100,000～150,000
成交价：RMB 230,000
高14.5cm 保利厦门 2022-10-22

1011 清乾隆 御制青花釉里红海水云龙纹双耳抱月瓶
“大清乾隆年制”六字三行篆书款
估　价：RMB 3,000,000～5,000,000
成交价：RMB 7,360,000
高37.5cm 永乐拍卖 2022-07-24

1642 清乾隆 青花釉里红海水瑞兽纹双耳尊
估　价：RMB 800,000～1,000,000
成交价：RMB 1,127,000
高47cm 保利厦门 2022-10-22

2074 清乾隆 青花釉里红花蝶纹尊
“大清乾隆年制”篆书款
估　价：RMB 350,000～500,000
成交价：RMB 897,000
高27.6cm 中贸圣佳 2022-10-27

2008 2000年黄美尧 山水路分明·青花釉里红
瓷瓶
估　价：RMB 1,000,000～1,500,000
成交价：RMB 2,185,000
高31cm；直径32cm 景德镇华艺 2022-01-15

006 2013年 黄美尧 梅兰竹菊·青花釉里红四条屏
价：RMB 2,000,000~3,000,000
交价：RMB 2,185,000
)cm×20cm×4 景德镇华艺 2022-01-15

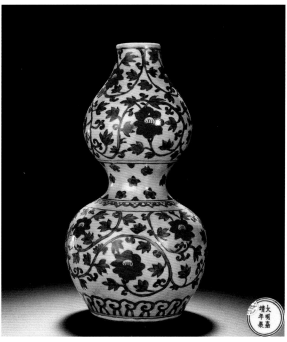

3306 明嘉靖 黄地青花矾红缠枝花卉纹葫芦瓶
"大明嘉靖年制"款
估　价：HKD 800,000~1,800,000
成交价：RMB 1,128,600
高21.6cm 保利香港 2022-07-14

## 青花加彩

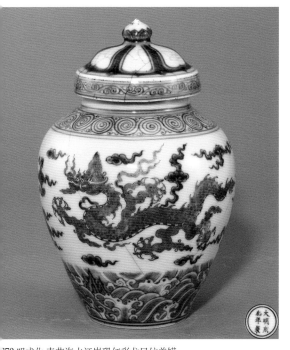

572 明成化 青花海水江崖矾红彩龙凤纹盖罐
"大明成化年制"款
价：RMB 2,200,000~3,200,000
交价：RMB 2,875,000
19.2cm 北京保利 2022-07-29

5514 明嘉靖 青花加黄上红彩鱼藻纹罐
估　价：RMB 5,000,000~6,000,000
成交价：RMB 6,785,000
口径33cm；高31.6cm 北京保利 2022-07-28

5625 明万历 青花五彩花卉大花觚
"大明万历年制"款
估　价：RMB 2,200,000～3,200,000
成交价：RMB 2,990,000
高68.3cm 北京保利 2022-07-28

3158 明万历 青花矾红海水龙纹盘
"大明万历年制"六字双行楷书款
估　价：RMB 580,000～880,000
成交价：RMB 920,000
直径16.8cm 中国嘉德 2022-12-26

1064 明万历 青花斗彩云龙纹大缸
"大明万历年制"楷书款
估　价：RMB 300,000～400,000
成交价：RMB 460,000
直径51cm；高43.5 中贸圣佳 2023-01-01

1190 明万历 青花五彩人物纹盘
"大明万历年制"六字双行楷书款
估　价：RMB 80,000～150,000
成交价：RMB 391,000
直径20.3cm 中贸圣佳 2022-07-26

608 明崇祯 青花五彩高士眠琴图炉
成交价：RMB 253,000
直径13.9cm；高9.1cm 中贸圣佳 2022-07-13

5624 明万历 青花五彩婴戏围棋罐
"大明万历年制"款
估　价：RMB 2,200,000～3,200,000
成交价：RMB 3,565,000
高12.5cm 北京保利 2022-07-28

2057 清顺治 青花五彩八仙庆寿图筒瓶
估　价：RMB 150,000～250,000
成交价：RMB 276,000
高41cm 中国嘉德 2022-09-27

530 清康熙 青花矾红龙生九子图盘
"大清康熙年制"六字双行楷书款
估　价：RMB 250,000～350,000
成交价：RMB 414,000
高4cm；直径20cm 保利厦门 2022-10-22

3110 清康熙 青花五彩八月桂花花神杯
"大清康熙年制"六字双行楷书款
估　价：RMB 1,600,000～2,600,000
成交价：RMB 1,840,000
直径6.2cm 中国嘉德 2022-12-26

535 清康熙 青花五彩仕女婴戏图大棒槌瓶
估　价：RMB 100,000～200,000
成交价：RMB 402,500
高66.8cm 中国嘉德 2022-12-26

1032 清康熙 青花五彩龙凤穿花纹盘
"大清康熙年制"楷书款
估　价：RMB 320,000～450,000
成交价：RMB 437,000
直径25cm 中贸圣佳 2023-01-01

3126 清康熙 仿明青花矾红九龙闹海图大碗
"大清康熙年制"六字双行楷书款
估　价：RMB 350,000～550,000
成交价：RMB 632,500
直径19cm 中国嘉德 2022-12-26

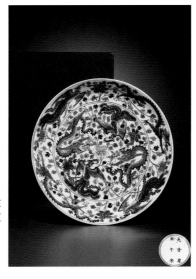

7 清康熙 青花五彩穿花龙凤纹大盘
"大清康熙年制"六字双行楷书款
估　价：RMB 20,000～50,000
成交价：RMB 322,000
直径24.9cm 北京中汉 2022-12-09

868 清康熙 浅酱地留白青花云龙纹盘
"大清康熙年制"六字二行楷书款
估　价：RMB 50,000～70,000
成交价：RMB 333,500
直径20.2cm 北京诚轩 2022-08-09

15 清康熙 青花五彩花神杯（梅花）
"大清康熙年制"六字双行楷书款
估　价：RMB 1,000,000～1,800,000
成交价：RMB 1,265,000
直径6.6cm 北京中汉 2022-12-09

56 清雍正 珊瑚红地青花斗彩暗八仙缠枝纹梅瓶
"大清雍正年制"款
估　价：RMB 300,000
成交价：RMB 14,950,000
高32cm；口径4.5cm；底径11.5cm 浙江御承 2022-08-28

209 清雍正 青花矾红龙纹盘 （一对）
"大清雍正年制"款
估　价：HKD 280,000～380,000
成交价：RMB 822,912
高16.3cm×2 华艺国际 2022-05-29

5860 清雍正 青花矾红龙纹高足碗
估　价：RMB 110,000～120,000
成交价：RMB 253,000
直径14.3cm 北京保利 2022-07-29

1493 清乾隆 青花斗彩百子闹春图大罐（带木盖）
估　价：RMB 120,000～150,000
成交价：RMB 345,000
高36.5cm；直径13cm；宽27cm
广东崇正 2022-08-11

808 清乾隆 青花地黄彩云龙纹盘
"大清乾隆年制"六字三行篆书款
估　价：RMB 100,000～200,000
成交价：RMB 425,500
口径25.2cm 北京大羿 2022-12-18

1522 清乾隆 青花五彩龙凤呈祥纹碗
"大清乾隆年制"六字三行篆书款
估　价：RMB 200,000～300,000
成交价：RMB 345,000
高7.5cm；直径15.3cm 保利厦门 2022-10-22

829 清乾隆 青花矾红海水龙纹盘 （一对）
"大清乾隆年制"六字三行篆书款
估　价：RMB 300,000～500,000
成交价：RMB 747,500
直径17.6cm×2 中国嘉德 2022-06-27

1520 清乾隆 青花地斗彩双龙赶珠纹碗
"大清乾隆年制"六字三行篆书款
估　价：RMB 180,000～280,000
成交价：RMB 356,500
高6cm；直径13.5cm 保利厦门 2022-10-22

063 清乾隆 青花矾红龙纹杯 （一对）
"大清乾隆年制"六字三行篆书款
估　价：HKD 380,000～420,000
成交价：RMB 607,002
直径6cm×2 中国嘉德 2022-10-07

815 清乾隆 青花胭脂红穿枝龙凤纹长方花盆
成交价：RMB 253,000
长27.5cm；宽20.5cm；高13.8cm
中贸圣佳 2022-12-31

6 清嘉庆 青花矾红缠枝莲纹碗 (一对)
"大清嘉庆年制"六字三行篆书款
估　价：RMB 500,000~800,000
成交价：RMB 1,081,000
直径14.8cm×2 北京中汉 2022-06-28

90 清道光 青花五彩龙凤纹碗 (一对)
"大清道光年制"六字三行篆书款
估　价：RMB 580,000~800,000
成交价：RMB 782,000
直径15.6cm×2 北京中汉 2022-12-09

4089 清晚期 荣禄定制青花粉彩团龙纹杯 (一套十只)
"略园玩赏"款
估　价：RMB 1,000~2,000
成交价：RMB 517,500
直径8.2cm×10 中国嘉德 2022-05-29

3952 清道光 青花矾红九龙闹海图盘 (一对)
"大清道光年制"款
估　价：RMB 100,000~200,000
成交价：RMB 437,000
直径17.7cm×2 中国嘉德 2022-05-29

1435 清道光 青花胭脂红八仙碗 (一对)
"大清道光年制"六字三行篆书款
估　价：HKD 150,000~200,000
成交价：RMB 309,019
直径22.2cm×2 中国嘉德 2022-10-07

1023 清中期 墨地三彩青花矾红四开光瑞兽纹
大贯耳瓶
估　价：RMB 420,000~600,000
成交价：RMB 667,000
高57cm 广东崇正 2022-12-25

斗 彩

53 民国 王步 宝石蓝地开光青花罐 (一对)
"愿闻吾过之斋" 款
估　价：RMB 200,000
成交价：RMB 1,035,000
高43cm×口径15cm×2 浙江御承 2022-08-28

3635 明万历 斗彩缠枝花卉纹碗
"大明万历年制" 款
估　价：HKD 250,000～350,000
成交价：RMB 864,057
直径17cm 香港苏富比 2022-04-29

350 清咸丰 青花矾红彩海水瑞兽纹盖罐
"大清咸丰年制" 款
估　价：HKD 150,000～200,000
成交价：RMB 486,494
口径17cm 香港苏富比 2022-11-25

736 清康熙 斗彩花篮纹碗
"大明成化年制" 款
估　价：RMB 80,000～150,000
成交价：RMB 230,000
直径15.2cm 华艺国际 2022-09-23

2996 清晚期 青花矾红九龙闹海图天球瓶
"大清乾隆年制" 六字双行楷书款
成交价：RMB 322,000
高54.5cm 中国嘉德 2022-12-26

97 御窑元华堂 青花加彩国宝动物纹伏桶尊
底款："御窑元华堂制" "零玖·贰·玖玖"
估　价：RMB 400,000～500,000
成交价：RMB 690,000
高46cm 北京保利 2022-11-12

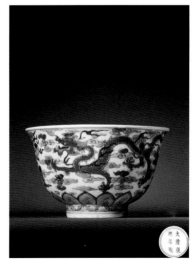

824 清康熙 黄地斗彩云龙纹碗
"大清康熙年制" 款
估　价：RMB 250,000～350,000
成交价：RMB 483,000
直径11cm 北京大羿 2022-09-26

2701 清康熙 斗彩莲池纹酒杯
"大清康熙年制"双圈三行六字楷书款
估　价：HKD 1,000,000~2,000,000
成交价：RMB 1,512,100
直径6cm 佳士得 2022-05-30

1524 清康熙 斗彩落花流水图碗（一对）
"大明成化年制"六字双行楷书款
估　价：RMB 180,000~280,000
成交价：RMB 368,000
高8cm×2；直径18cm×2
保利厦门 2022-10-22

1076 清康熙 斗彩岁寒三友图盖罐
"大清康熙年制"六字二行楷书款
估　价：HKD 150,000~200,000
成交价：RMB 1,015,348
高16cm 中国嘉德 2022-10-07

901 清康熙 斗彩花鸟纹小杯
"大明成化年制"六字双行楷书款
估　价：RMB 80,000~120,000
成交价：RMB 437,000
直径7.8cm；高5.7cm 中贸圣佳 2022-07-26

1228 清康熙或更早 斗彩团花纹杯
"大明成化年制"款
估　价：HKD 180,000~220,000
成交价：RMB 772,548
直径6.9cm 中国嘉德 2022-10-07

3027 清康熙 斗彩婴戏图盖罐
估　价：HKD 150,000~250,000
成交价：RMB 347,289
高22.3cm 保利香港 2022-10-10

322 清康熙 斗彩雉鸡牡丹花卉纹缸
估 价：HKD 1,200,000～1,800,000
成交价：RMB 2,872,800
直径60.5cm；高25.8cm 保利香港 2022-07-14

789 清雍正 斗彩花蝶图天鸡钮盉碗
"大清雍正年制"六字三行楷书款
估 价：RMB 1,500,000～2,500,000
成交价：RMB 3,220,000
高24cm 中国嘉德 2022-06-27

2810 清雍正 斗彩缠枝莲纹甘露瓶
"大清雍正年制"六字双行楷书款
估 价：RMB 100,000～200,000
成交价：RMB 517,500
高12.5cm；直径10cm 西泠印社 2022-08-20

2835 清雍正 仿成化斗彩花蝶图盖罐
"大明成化年制"六字双行楷书款
估 价：RMB 500,000～800,000
成交价：RMB 862,500
直径13.3cm 中国嘉德 2022-06-27

6666 清雍正 斗彩岁寒三友图玉壶春瓶
"大明宣德年制"款
估 价：RMB 600,000～800,000
成交价：RMB 805,000
高28cm 北京保利 2022-07-29

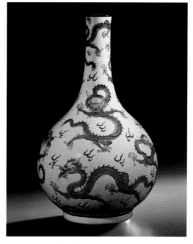

1124 清雍正/乾隆 黄地斗彩九龙纹瓶
估 价：USD 60,000～80,000
成交价：RMB 441,711
高34.4cm 纽约佳士得 2022-03-25

2788 清雍正 仿嘉靖斗彩云龙纹摩羯耳炉
"大明成化年制"六字双行楷书款
估　价：RMB 180,000～280,000
成交价：RMB 437,000
直径21.6cm 中国嘉德 2022-06-27

1074 清雍正 斗彩团寿如意纹盘（一对）
"大清雍正年制"楷书款
估　价：RMB 250,000～350,000
成交价：RMB 402,500
直径21.3cm×2 中贸圣佳 2023-01-01

5339 清雍正 斗彩灵仙祝寿盘
"大清雍正年制"款
估　价：RMB 2,000,000～3,000,000
成交价：RMB 3,220,000
直径20.6cm 北京保利 2022-07-28

2831 清雍正 斗彩并蒂莲纹大盘（一对）
"大清雍正年制"六字双行楷书款
估　价：RMB 950,000～1,500,000
成交价：RMB 1,092,500
直径21.6cm×2 中国嘉德 2022-06-27

5334 清雍正 斗彩荷塘鸳鸯卧足盘
"大清雍正年制"款
估　价：RMB 350,000～550,000
成交价：RMB 575,000
直径17.3cm 北京保利 2022-07-28

3133 清雍正 斗彩灵仙祝寿图盘
"大清雍正年制"六字双行楷书款
估　价：RMB 560,000～860,000
成交价：RMB 805,000
直径20.6cm 中国嘉德 2022-12-26

340 清雍正 斗彩龙纹大盘
"大清雍正年制"款
估 价：RMB 1,200,000～1,600,000
成交价：RMB 2,070,000
直径27cm 北京保利 2022-07-28

821 清雍正 斗彩忍冬纹盘
"大清雍正年制"六字双行楷书款
估 价：RMB 100,000～120,000
成交价：RMB 471,500
口径21cm 北京大羿 2022-06-26

543 清雍正 斗彩四季花卉纹盘
"曙光堂制"楷书款
估 价：RMB 350,000～550,000
成交价：RMB 575,000
直径27cm 华艺国际 2022-07-29

9 清雍正 斗彩绿龙纹盘
"大清雍正年制"六字双行楷书款
价：RMB 600,000～1,200,000
交价：RMB 690,000
径21.2cm 北京中汉 2022-12-09

902 清雍正 斗彩团蝶纹盘（一对）
"大清雍正年制"六字双行楷书款
估 价：RMB 1,000,000～1,200,000
成交价：RMB 1,150,000
直径22.5cm×2 中贸圣佳 2022-07-26

2365 清雍正 斗彩人物盘（一对）
"大清雍正年制"款
估 价：RMB 600,000
成交价：RMB 690,000
口径27cm×2 上海嘉禾 2022-01-01

1526 清雍正 斗彩团菊寿字纹盘
"大清雍正年制"六字双行楷书款
估　价：RMB 400,000～600,000
成交价：RMB 874,000
高4.3cm；直径20.5cm 保利厦门 2022-10-22

847 清雍正 斗彩团菊纹盘（一对）
"大清雍正年制"六字二行楷书款
估　价：RMB 400,000～500,000
成交价：RMB 713,000
直径11.26cm×2 北京诚轩 2022-08-09

1216 清雍正 斗彩芝仙贺寿图盘
"大清雍正年制"六字二行楷书款
成交价：RMB 441,456
直径20.6cm 中国嘉德 2022-10-07

861 清雍正 外斗彩缠枝花卉内矾红五蝠纹葵
口盘（一对）
"大清雍正年制"六字三行楷书款
估　价：RMB 300,000～400,000
成交价：RMB 759,000
口径15.7cm×2 北京大羿 2022-06-26

3642 清雍正 斗彩暗八仙碗
"大清雍正年制"款
估　价：HKD 400,000～600,000
成交价：RMB 1,080,072
直径13.4cm 香港苏富比 2022-04-29

820 清雍正 斗彩缠枝花卉纹碗
"大清雍正年制"六字双行楷书款
估　价：RMB 500,000～800,000
成交价：RMB 1,017,750
口径12.5cm 北京大羿 2022-12-18

814 清雍正 斗彩缠枝花卉纹碗
"大清雍正年制"六字双行楷书款
估　价：RMB 800,000～1,200,000
成交价：RMB 2,242,500
口径13cm 北京大羿 2022-12-18

508 清雍正 斗彩加粉彩三多撇口碗（一对）
"大清雍正年制"款
估 价：HKD 6,000,000～8,000,000
成交价：RMB 6,837,264
直径16cm×2 香港苏富比 2022-10-09

532 清雍正 斗彩缠枝花卉纹碗（一对）
"大清雍正年制"六字双行楷书款
估 价：RMB 4,800,000～6,800,000
成交价：RMB 5,520,000
直径13.5cm×2 中国嘉德 2022-06-27

538 清雍正 斗彩福禄寿仙人碗（一对）
"大清雍正年制"款
估 价：RMB 1,000,000～1,500,000
成交价：RMB 1,955,000
直径14.5cm×2 北京保利 2022-07-28

529 清雍正 斗彩缠枝花卉纹碗
"大清雍正年制"六字楷书款
估 价：RMB 300,000～500,000
成交价：RMB 632,500
直径14.5cm 华艺国际 2022-07-29

5337 清雍正 斗彩花蝶团花斗笠碗
"大清雍正年制"款
估 价：RMB 800,000～1,200,000
成交价：RMB 1,150,000
直径22.3cm 北京保利 2022-07-28

848 清雍正 斗彩寿字纹碗
"大清雍正年制"六字二行楷书款
估 价：RMB 400,000～500,000
成交价：RMB 586,500
直径14cm 北京诚轩 2022-08-09

3309 清雍正 斗彩翠竹纹茶圆
"大清雍正年制"款
估　价：HKD 4,500,000～6,500,000
成交价：RMB 4,411,800
直径10.1cm 保利香港 2022-07-14

3310 清雍正 斗彩鸡缸杯
"大明成化年制"款
估　价：HKD 1,200,000～1,800,000
成交价：RMB 2,565,000
高5.8cm 保利香港 2022-07-14

28 清雍正 斗彩灵芝纹杯（一对）
"大清雍正年制"六字双行楷书款
估　价：RMB 4,000,000～6,000,000
成交价：RMB 4,370,000
直径7.3cm×2 北京中汉 2022-12-09

1080 清雍正 斗彩团菊纹碗
"大清雍正年制"六字二行楷书款
估　价：HKD 1,000,000～1,500,000
成交价：RMB 993,276
直径10.6cm 中国嘉德 2022-10-07

1078 清雍正 斗彩灵芝纹杯（一对）
"大明成化年制"六字二行楷书款
估　价：HKD 150,000～200,000
成交价：RMB 529,747
直径7.1cm×2 中国嘉德 2022-10-07

2834 清雍正 仿成化斗彩灵芝纹杯
"大清雍正年制"六字双行楷书款
估　价：RMB 500,000～800,000
成交价：RMB 575,000
直径7.5cm 中国嘉德 2022-06-27

2023 清雍正 斗彩缠枝花卉纹镗锣洗
"大清雍正年制"款
估　价：RMB 800,000～1,200,000
成交价：RMB 1,380,000
直径15.5cm 中国嘉德 2022-09-27

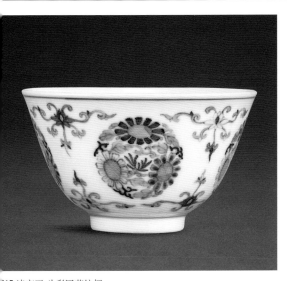

515 清雍正 斗彩团菊纹杯
价：HKD 1,500,000～2,500,000
交价：RMB 1,620,108
径7.3cm 香港苏富比 2022-04-29

1040 清雍正 御制斗彩如日方中图高足杯
"大清雍正年制" 六字单行楷书款
估 价：RMB 6,500,000～8,000,000
成交价：RMB 8,740,000
直径8.2cm 永乐拍卖 2022-07-24

27 清雍正 斗彩云蝠纹杯 （一对）
"大清雍正年制" 六字双行楷书款
价：RMB 2,000,000～3,000,000
交价：RMB 2,990,000
径7.1cm×2 中国嘉德 2022-06-27

2990 清雍正 斗彩祥云纹马蹄式水丞 （一对）
"大清雍正年制" 双圈六字楷书款
估 价：HKD 12,000,000～15,000,000
成交价：RMB 10,346,625
直径6cm×2 佳士得 2022-11-29

2984 18世纪 斗彩九龙纹天球瓶 （一对）
估　价：HKD 1,500,000～2,000,000
成交价：RMB 1,738,233
高57.8cm×2 佳士得 2022-11-29

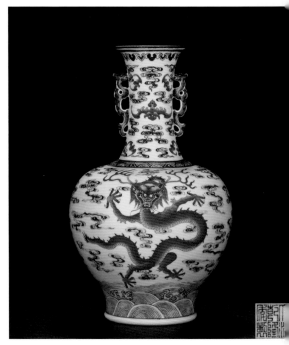

3803 清乾隆 斗彩加粉彩矾红云蝠海水云龙纹双螭耳瓶
　　 "大清乾隆年制"款
估　价：HKD 8,000,000～12,000,000
成交价：RMB 9,234,000
高28.7cm 保利香港 2022-07-14

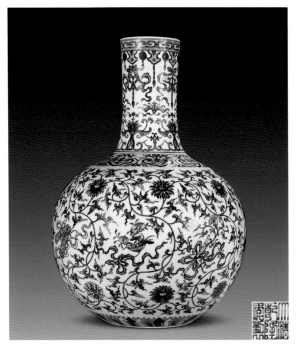

104 清乾隆 斗彩暗八仙缠枝莲天球瓶
　　 "大清乾隆年制"款
估　价：RMB 5,000,000
成交价：RMB 57,500,000
高55cm；口径12cm；底径18cm 浙江御承 2022-08-28

97 清乾隆 斗彩葫芦瓶
　　 "大清乾隆年制"款
估　价：RMB 800,000
成交价：RMB 1,760,000
口径7.8cm；高48cm 浙江御承 2022-12-17

63 清乾隆 斗彩万福庆寿双螭龙耳大瓶
"大清乾隆年制"六字篆书款
价：HKD 30,000,000～50,000,000
交价：RMB 29,187,660
52.7cm 佳士得 2022-05-30

28 清乾隆 斗彩云蝠荸荠瓶
"大清乾隆年制"六字三行篆书款
价：HKD 6,500,000～7,500,000
交价：RMB 7,132,273
21cm 中国嘉德 2022-10-07

2631 清乾隆 斗彩龙纹盖罐
"大清乾隆年制"六字三行篆书款
估　价：RMB 800,000～1,000,000
成交价：RMB 920,000
高20.8cm 西泠印社 2022-08-20

1573 清乾隆 斗彩鹤龄祝寿图宝月瓶
"大清乾隆年制"六字三行篆书款
估　价：RMB 800,000～1,100,000
成交价：RMB 1,092,500
高38.7cm 永乐拍卖 2022-07-25

1044 清乾隆 斗彩墨书御制诗文壁瓶
矾红"乾""隆"篆章款
估　价：RMB 250,000～350,000
成交价：RMB 517,500
高22.4cm 中贸圣佳 2023-01-01

841 清乾隆 斗彩绿龙纹罐
"大清乾隆年制"六字三行篆书款
估　价：RMB 800,000～1,200,000
成交价：RMB 1,322,500
高21cm 北京大羿 2022-06-26

6667 清乾隆 斗彩荷塘鸳鸯墩式碗
"大清乾隆年制"款
估　价：RMB 500,000～800,000
成交价：RMB 575,000
直径16.5cm 北京保利 2022-07-29

1125 清乾隆 斗彩寿字桃纹盘（一对）
"大清乾隆年制"六字三行篆书款
估　价：HKD 380,000～420,000
成交价：RMB 419,383
直径14.5cm×2 中国嘉德 2022-10-07

1293 清乾隆 斗彩暗八仙折腰碗
"大清乾隆年制"六字三行篆书款
估　价：HKD 80,000～120,000
成交价：RMB 220,728
直径20.3cm 中国嘉德 2022-10-07

826 清乾隆 斗彩缠枝花卉纹碗
"大清乾隆年制"款
估　价：RMB 200,000～300,000
成交价：RMB 920,000
直径15cm 北京大羿 2022-09-26

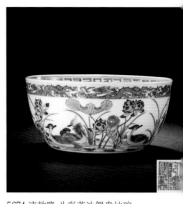

5674 清乾隆 斗彩莲池鸳鸯纹碗
"大清乾隆年制"款
估　价：RMB 600,000～800,000
成交价：RMB 943,000
直径16.2cm 北京保利 2022-07-28

1064 清乾隆 斗彩花卉纹碗
"宝善斋制"款
估　价：HKD 250,000～350,000
成交价：RMB 529,747
直径14cm 中国嘉德 2022-10-07

106 清乾隆 斗彩落花流水图卧足杯
"彩华堂制"四字双行楷书款
估　价：RMB 150,000～250,000
成交价：RMB 747,500
直径6.2cm 中国嘉德 2022-12-26

523 清乾隆 仿成化御窑内外斗彩宝相花纹
茶圆
"大清乾隆年制"六字三行篆书款
估　价：RMB 200,000～300,000
成交价：RMB 483,000
高5.5cm；直径12cm 保利厦门 2022-10-22

127 清乾隆 斗彩团花缠枝花卉纹缸
"大清乾隆年制"六字三行篆书款
估　价：HKD 1,000,000～1,500,000
成交价：RMB 993,276
径27.5cm 中国嘉德 2022-10-07

823 清嘉庆 斗彩《山海经》瑞兽纹葫芦瓶
估　价：RMB 150,000～250,000
成交价：RMB 1,472,000
高36cm 北京大羿 2022-09-26

1008 清嘉庆 御制斗彩八吉祥云龙赶珠纹罐
"大清嘉庆年制"六字三行篆书款
估　价：RMB 600,000～800,000
成交价：RMB 759,000
高19.8cm 永乐拍卖 2022-07-24

2833 清嘉庆 斗彩簇菊纹碗 (一对)
"大清嘉庆年制"六字三行篆书款
估　价：RMB 700,000～1,000,000
成交价：RMB 805,000
直径15.1cm×2 中国嘉德 2022-06-27

669 清道光 斗彩花卉碗 (一对)
"大清道光年制"款
估　价：RMB 400,000～600,000
成交价：RMB 920,000
直径12.2cm×2 北京保利 2022-07-16

670 清道光 斗彩贯套福寿纹碗
"大清道光年制"款
估　价：RMB 200,000～300,000
成交价：RMB 402,500
直径12.8cm 北京保利 2022-07-16

1126 清道光 斗彩团凤纹盘
"大清道光年制"六字篆书款
估　价：USD 18,000～25,000
成交价：RMB 337,307
直径19.4cm 纽约佳士得 2022-03-25

3651 清道光 显赫收藏 斗彩荷塘鸳鸯纹卧足碗
"大清道光年制"款
估　价：HKD 150,000～200,000
成交价：RMB 518,434
直径16.6cm 香港苏富比 2022-04-29

3134 清道光 斗彩簇菊纹碗 (一对)
"大清道光年制"六字三行篆书款
估　价：RMB 80,000～120,000
成交价：RMB 437,000
直径15cm×2 中国嘉德 2022-12-26

## 红绿彩

35 明嘉靖 红绿彩龙纹盘 （一对）
"大明嘉靖年制" 款
估　价：RMB 200,000～300,000
成交价：RMB 230,000
直径18.5cm×2 北京保利 2022-07-16

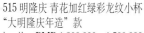

515 明隆庆 青花加红绿彩龙纹小杯
"大明隆庆年造" 款
估　价：RMB 1,200,000～1,500,000
成交价：RMB 1,495,000
直径6.4cm 北京保利 2022-07-28

905 17世纪 红绿彩开光罗汉图罐
估　价：USD 6,000～8,000
成交价：RMB 88,099
高14cm 纽约佳士得 2022-09-23

1565 清乾隆 矾红绿彩凸雕海水双龙纹无当尊
估　价：RMB 350,000～400,000
成交价：RMB 402,500
高45.5cm 永乐拍卖 2022-07-25

2959 清康熙 矾红绿彩英雄斗志图碗
估　价：HKD 30,000～40,000
成交价：RMB 86,911
直径18.5cm 佳士得 2022-11-29

# 五 彩

986 明嘉靖 五彩寿字纹六方葫芦瓶
估　价：USD 6,000～8,000
成交价：RMB 158,579
高21.5cm 纽约佳士得 2022-09-23

220 明万历 五彩龙凤纹花觚
估　价：HKD 200,000～250,000
成交价：RMB 257,160
高59.5cm 华艺国际 2022-05-29

3055 明万历 五彩宫灯人物图盘
"大明万历年制"款
估　价：HKD 280,000～350,000
成交价：RMB 303,878
直径29.5cm 保利香港 2022-10-10

2972 明嘉靖 五彩缠枝花卉纹碗
"大明嘉靖年制"双圈六字楷书款
估　价：HKD 500,000～700,000
成交价：RMB 579,411
直径13.6cm 佳士得 2022-11-29

985 明万历 五彩龙纹尊
"大明万历年制"双圈六字楷书款
估　价：USD 30,000～50,000
成交价：RMB 484,546
高30.8cm 纽约佳士得 2022-09-23

3321 明万历 五彩龙凤纹盘
"大明万历年制"款
估　价：HKD 1,000,000～1,500,000
成交价：RMB 1,026,000
直径17.5cm 保利香港 2022-07-14

883 明万历 五彩高士图碗
"大明万历年制"双圈六字楷书款
估　价：USD 20,000～30,000
成交价：RMB 264,298
直径16.4cm 纽约佳士得 2022-09-23

913 明万历 五彩婴戏图花口式盖盒
估　价：USD 8,000～12,000
成交价：RMB 264,298
直径13.5cm 纽约佳士得 2022-09-23

1034 明 五彩开光云龙纹花觚
"大明万历年制"款
估　价：RMB 300,000～500,000
成交价：RMB 690,000
40.3cm×19.3cm 荣宝斋（南京）2022-12-8

1359 明崇祯 五彩海水江崖祥龙戏珠纹盘
估　价：HKD 300,000～500,000
成交价：RMB 1,620,108
直径26.3cm 佳士得 2022-05-30

47 明晚期 五彩八仙人物图罐
估　价：RMB 60,000～80,000
成交价：RMB 172,500
高17.5cm 北京大羿 2022-09-25

1052 明崇祯七年 五彩海水龙纹盘
双圈"甲戌春孟赵府造用"楷书款
估　价：RMB 1,200,000～1,500,000
成交价：RMB 1,265,000
直径26.5cm 北京荣宝 2022-07-24

647 清顺治 五彩八仙祝寿花觚
估　价：RMB 80,000
成交价：RMB 166,750
高39.7cm 中贸圣佳 2022-07-13

2930 清顺治 五彩麒麟纹盘
估　价：HKD 20,000～30,000
成交价：RMB 185,411
直径21cm 佳士得 2022-11-29

39 清康熙 五彩开芳宴人物故事图棒槌瓶
估　价：RMB 200,000～500,000
成交价：RMB 931,500
高42.3cm 北京中汉 2022-08-08

928 清康熙 五彩逐鹿中原图大棒槌瓶
估　价：USD 200,000～300,000
成交价：RMB 1,497,686
高76cm 纽约佳士得 2022-09-23

1057 清康熙 五彩玉堂富贵图凤尾尊
估　价：RMB 80,000～120,000
成交价：RMB 460,000
高77cm 保利厦门 2022-10-22

1533 清康熙 五彩堆塑鱼龙变化纹摇铃尊
"大明成化年制"六字三行楷书款
估　价：RMB 280,000～380,000
成交价：RMB 563,500
高21.5cm 保利厦门 2022-10-22

1545 清康熙 五彩十八罗汉故事图观音尊
估　价：RMB 50,000
成交价：RMB 483,000
高79.2cm 中贸圣佳 2022-07-13

1632 清康熙 五彩陆逊问津、空城计图花觚
估　价：RMB 380,000~480,000
成交价：RMB 552,000
高44.5cm 华艺国际 2022-09-23

1553 清康熙 五彩花鸟纹四系扁壶（一对）
估　价：RMB 150,000~250,000
成交价：RMB 356,500
高35.5cm×2 保利厦门 2022-10-22

2803 清康熙 五彩瓜果图蟋蟀罐
"绍闻堂"三字单排楷书款
估　价：RMB 150,000~200,000
成交价：RMB 253,000
高7.6cm；直径13cm 西泠印社 2022-08-20

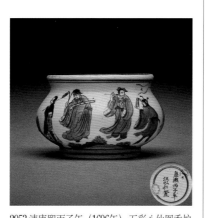

2953 清康熙丙子年（1696年）五彩八仙图香炉
双圈"康熙丙子年汪以仁置"
楷书款 炉内"汪"款
估　价：HKD 300,000~500,000
成交价：RMB 370,823
直径14.3cm 佳士得 2022-11-29

2134 清康熙 五彩过枝枸杞花蝶纹盘
"大明成化年制"款
估　价：RMB 10,000~20,000
成交价：RMB 230,000
直径17.3cm 中国嘉德 2022-09-27

1643 清康熙 五彩麻姑献寿纹大盘
"大明成化年制"六字双行楷书款
估　价：RMB 500,000~600,000
成交价：RMB 575,000
高7cm；直径39.5cm 保利厦门 2022-10-22

2989 清康熙 五彩珊瑚红地九秋同庆图碗
"康熙御制"双方框楷书款
估　价：HKD 700,000~900,000
成交价：RMB 695,293
直径10.9cm 佳士得 2022-11-29

2830 清康熙 五彩龙凤纹小碗（一对）
"大清康熙年制"六字双行楷书款
估　价：RMB 1,200,000～1,800,000
成交价：RMB 1,840,000
直径10.5cm×2 中国嘉德 2022-06-27

9 清康熙 五彩龙凤纹碗
"大清康熙年制"六字双行楷书款
估　价：RMB 100,000～200,000
成交价：RMB 350,750
口径10cm 北京大羿 2022-12-25

3657 清康熙 五彩龙凤呈祥碗（一对）
"大清康熙年制"款
估　价：HKD 1,200,000～3,200,000
成交价：RMB 1,595,362
直径13.3cm×2 香港苏富比 2022-10-09

341 清康熙 五彩人物图折沿盘（一对）
"大明成化年制"仿款
估　价：HKD 350,000～400,000
成交价：RMB 440,161
直径17.2cm×2 香港苏富比 2022-11-25

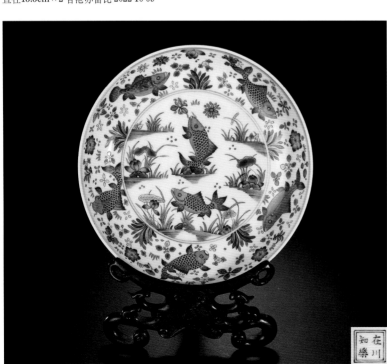

3004 清康熙 五彩鱼藻纹盘
"在川知乐"款
估　价：HKD 800,000～1,500,000
成交价：RMB 1,128,600
直径20.5cm 保利香港 2022-07-14

956 清康熙 五彩耕织图碗
估　价：HKD 80,000～120,000
成交价：RMB 370,823
直径19.5cm 佳士得 2022-11-29

538 清雍正 五彩渔翁得利图马蹄杯
"大明成化年制"六字双行楷书款
价：RMB 20,000～30,000
成交价：RMB 149,500
直径8cm 中国嘉德 2022-12-26

1017 清康熙 五彩石榴花花神杯
"大清康熙年制"六字二行楷书款
估　价：HKD 600,000～800,000
成交价：RMB 1,765,824
直径6.5cm 中国嘉德 2022-10-07

1016 清康熙 五彩桃花花神杯
"大清康熙年制"六字二行楷书款
估　价：HKD 800,000～1,200,000
成交价：RMB 2,428,008
直径6.6cm 中国嘉德 2022-10-07

54 清康熙 五彩瑞果纹小酒圆
"大清康熙年制"六字楷书款
价：RMB 300,000～500,000
成交价：RMB 345,000
直径4.3cm 华艺国际 2022-09-23

5433 清康熙 五彩菊花花神杯
"大清康熙年制"款
估　价：RMB 1,500,000～2,000,000
成交价：RMB 2,300,000
直径6.5cm 北京保利 2022-07-28

6 清雍正 珊瑚红地五彩折枝花卉纹浅碗 （一对）
"雍正御制"款
估　价：HKD 3,000,000~5,000,000
成交价：RMB 6,300,000
直径11.9cm×2 香港苏富比 2022-04-29

1453 18世纪 五彩文殊像
估　价：RMB 150,000~200,000
成交价：RMB 172,500
高37cm 华艺国际 2022-09-23

1039 清乾隆 五彩龙凤纹碗 （一对）
"大清乾隆年制"六字三行篆书款
估　价：HKD 400,000~600,000
成交价：RMB 904,984
直径15.4cm×2 中国嘉德 2022-10-07

1631 清嘉庆 珊瑚红釉描金五彩婴戏图大碗
"大清嘉庆年制"六字三行篆书款
估　价：RMB 400,000~600,000
成交价：RMB 690,000
高9.5cm；直径20.5cm 保利厦门 2022-10-22

2389 清乾隆 五彩龙凤纹碗
"大清乾隆年制"六字三行篆书款
估　价：RMB 350,000~550,000
成交价：RMB 437,000
直径15.7cm 中国嘉德 2022-06-27

3652 清嘉庆 士绅收藏 珊瑚红地五彩描金庭院婴戏图碗
"大清嘉庆年制"款
估　价：HKD 400,000~600,000
成交价：RMB 1,026,068
直径21cm 香港苏富比 2022-04-29

# 三 彩

"大清道光年制" 六字三行篆书款
估 价：RMB 150,000～250,000
成交价：RMB 402,500
径15.8cm 中国嘉德 2022-12-26

14 清咸丰 五彩花神杯（一对）
"大清咸丰年制" 六字二行楷书款
价：RMB 200,000～280,000
成交价：RMB 655,500
径6.6cm×2 北京诚轩 2022-08-09

3 清光绪 五彩寿桃盘
"大清康熙年制" 六字双行楷书款
价：RMB 330,000
成交价：RMB 379,500
径29.3cm 中贸圣佳 2022-06-7

2344 明早期 蓝釉素三彩抱月瓶
估 价：RMB 650,000
成交价：RMB 805,000
高26cm 上海嘉禾 2022-01-01

1220 明 三彩狮子（一对）
估 价：HKD 200,000～300,000
成交价：RMB 353,164
大的长63cm 中国嘉德 2022-10-07

1199 清康熙 素三彩玉堂富贵锦鸡牡丹纹四方
盘口大尊
估 价：RMB 180,000～250,000
成交价：RMB 276,000
高53cm 中贸圣佳 2022-07-26

59 清康熙 釉下三彩龙虎际会大盖罐
估 价：RMB 180,000～300,000
成交价：RMB 207,000
高56cm 北京中汉 2022-09-29

3943 清康熙 釉下三彩山水人物纹花觚
估 价：RMB 60,000～90,000
成交价：RMB 138,000
高43.8cm 中国嘉德 2022-05-29

3311 清康熙 白地素三彩暗刻龙纹折枝三多纹盘
"大清康熙年制"款
估　价：HKD 1,000,000～2,200,000
成交价：RMB 1,641,600
直径24.8cm 保利香港 2022-07-14

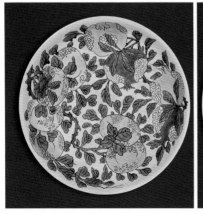 

3510 清康熙 白地素三彩暗龙瑞果纹盘
"大清康熙年制"款
估　价：HKD 2,000,000～3,000,000
成交价：RMB 2,160,144
直径25cm 香港苏富比 2022-04-29

7 清康熙 黄地素三彩双龙戏珠纹大盘
"大清康熙年制"六字双行楷书款
估　价：RMB 150,000～250,000
成交价：RMB 460,000
口径32cm 北京大羿 2022-12-25

3130 清康熙 黄地素三彩折枝花卉云龙纹折沿
大盘
"大清康熙年制"六字双行楷书款
估　价：RMB 300,000～500,000
成交价：RMB 667,000
直径41cm 中国嘉德 2022-12-26

2041 清康熙 釉下三彩山水纹大盘
"大明成化年制"款
估　价：RMB 30,000～50,000
成交价：RMB 115,000
直径21cm 中国嘉德 2022-09-27

989 清康熙 素三彩暗划龙纹花果彩蝶纹碗
"大清康熙年制"双圈六字楷书款
估　价：USD 50,000～70,000
成交价：RMB 528,595
直径14.8cm 纽约佳士得 2022-09-23

718 清康熙 釉里三彩通景山水人物景致图案缸
"大明宣德年制"楷书款
估 价：RMB 120,000～150,000
成交价：RMB 345,000
直径20.4cm；高15.6cm 中贸圣佳 2022-09-25

3044 清康熙 素三彩飞鸣宿食图碗
"大清康熙年制"款
估 价：HKD 800,000～1,000,000
成交价：RMB 868,224
高4.5cm；直径10cm 保利香港 2022-10-10

1 清康熙 素三彩花蝶暗刻云龙纹碗
"大清康熙年制"六字双行楷书款
估 价：RMB 60,000～80,000
成交价：RMB 195,500
口径14.8cm 北京大羿 2022-12-25

1560 清康熙 釉里三彩雕玉堂富贵图笔筒
"大明宣德年制"六字三行楷书款
估 价：RMB 180,000～220,000
成交价：RMB 500,250
高15.5cm 永乐拍卖 2022-07-25

2117 清康熙 釉下三彩花蝶图笔筒
估 价：RMB 200,000～250,000
成交价：RMB 230,000
高16.5cm；直径19cm 西泠印社 2022-01-22

164 清康熙 虎皮三彩杯（一对）
"大清康熙年制"款
估 价：RMB 350,000
成交价：RMB 632,500
高8.5cm×2；高6cm×2 上海嘉禾 2022-01-01

1107 清康熙 黄地素三彩人物山水图花形笔洗（一对）
"大清康熙年制"六字三行楷书款
估 价：HKD 1,200,000～1,800,000
成交价：RMB 1,931,370
直径14cm×2 中国嘉德 2022-10-07

1044 清光绪 黄地素三彩龙纹大盘
"大清康熙年制"款
估　价：RMB 100,000~180,000
成交价：RMB 207,000
直径54cm 华艺国际 2022-09-23

30 民国 曾龙升造素三彩罗汉像
"曾龙升造"四字单行篆书款
估　价：RMB 180,000~300,000
成交价：RMB 184,000
高38cm 北京中汉 2022-06-03

45 清雍正 粉彩踏歌行图盘口灯笼瓶
估　价：RMB 480,000~700,000
成交价：RMB 598,000
高38.3cm 北京中汉 2022-12-09

# 粉 彩

6602 清早期 安窑风格粉彩高士图通景笔筒
估　价：RMB 150,000~200,000
成交价：RMB 172,500
高14cm 北京保利 2022-07-29

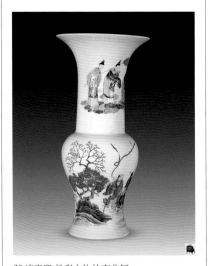

68 清康熙 粉彩人物故事花觚
估　价：RMB 80,000
成交价：RMB 92,000
高47cm 浙江御承 2022-08-28

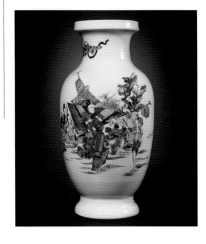

2075 清雍正 粉彩人物故事图弦纹蒜头瓶
估　价：RMB 260,000~350,000
成交价：RMB 402,500
高38.5cm 中贸圣佳 2022-10-27

1967 清雍正 粉彩侍女婴戏图梅瓶
估　价：RMB 350,000~400,000
成交价：RMB 402,500
高22.6cm；直径11.8cm 西泠印社 2022-01-22

93 清雍正 珊瑚红地梅瓶
"大清雍正年制"款
估　价：RMB 600,000
成交价：RMB 935,000
高31cm 浙江御承 2022-12-17

03 清雍正 御制洋彩柠檬黄地开光九桃纹宝月瓶
"大清雍正年制"六字三行篆书款
古 价：RMB 6,800,000～8,800,000
成交价：RMB 28,290,000
高34.5cm 中贸圣佳 2022-07-26

2168 清雍正 粉彩过墙枝四季花卉大盘
"大清雍正年制"款
估 价：RMB 600,000
成交价：RMB 690,000
直径35cm 上海嘉禾 2022-01-01

05 清雍正 御制洋彩镂雕福寿八仙图如意
古 价：RMB 4,500,000～5,500,000
成交价：RMB 6,095,000
长45.5cm 中贸圣佳 2022-07-26

1162 清雍正 粉彩高士图六方罐
估 价：RMB 80,000～150,000
成交价：RMB 494,500
高16.5cm 中贸圣佳 2022-07-26

5 清雍正 珊瑚红花鸟纹壶
"雍正御制"款
价：RMB 500,000
成交价：RMB 2,070,000
9.5cm；腹长16.3cm 浙江御承 2022-08-28

22 清雍正 粉彩七仙女贺寿西王母图尊
估 价：RMB 50,000～80,000
成交价：RMB 517,500
高51cm 北京中汉 2022-04-27

1128 清雍正 粉彩花卉纹烛台
座"大清雍正年制"六字篆书款
估 价：USD 20,000～30,000
成交价：RMB 401,556
宽21cm 纽约佳士得 2022-03-25

3 清雍正 粉彩过枝福寿双全纹大盘
"大清雍正年制"款
估 价：HKD 18,000,000～25,000,000
成交价：RMB 18,525,000
直径51cm 香港苏富比 2022-04-29

5330 清雍正 粉彩过枝芙蓉纹盘
"大清雍正年制"款
估 价：RMB 8,000,000～12,000,000
成交价：RMB 11,270,000
直径13.5cm 北京保利 2022-07-28

337 清雍正 粉彩花卉纹赏盘（一对）
"大清雍正年制"六字双行楷书款
估 价：RMB 500,000
成交价：RMB 667,000
口径15cm×2；高2.9cm×2 浙江佳宝 2022-03-13

2640 清雍正 粉彩花蝶纹盘
"大清雍正年制"六字三行楷书款
估 价：RMB 250,000～350,000
成交价：RMB 287,500
直径19.8cm 中国嘉德 2022-12-26

332 清雍正 粉彩仕女折沿盘
"大清雍正年制" 款
估　价：RMB 400,000~600,000
成交价：RMB 575,000
直径19.2cm 北京保利 2022-07-28

841 清雍正 外胭脂红内粉彩万寿无疆纹盘
"大清雍正年制" 款
估　价：RMB 1,200,000~1,800,000
成交价：RMB 3,887,000
直径26.5cm 北京大羿 2022-09-26

5331 清雍正 珊瑚红地洋彩蝠寿齐天大盘
"大清雍正年制" 款
估　价：RMB 600,000~800,000
成交价：RMB 782,000
直径50.5cm 北京保利 2022-07-28

3653 清雍正 粉彩没骨虞美人纹碗
"大清雍正年制" 款
估　价：HKD 100,000~150,000
成交价：RMB 319,072
直径19.1cm 香港苏富比 2022-10-09

046 清雍正 粉彩福禄寿碗
"雍正御制" 四字楷书款
价：USD 250,000~350,000
交价：RMB 1,927,467
径12cm 纽约佳士得 2022-03-25

1150 清雍正 外胭脂红地内粉彩雄鸡纹盘
估　价：USD 4,000~6,000
成交价：RMB 682,645
直径19.7cm 纽约佳士得 2022-03-25

85 清雍正 粉彩松鹤纹碗
"大清雍正年制" 款
估　价：RMB 200,000
成交价：RMB 242,000
口径13.2cm；高6.8cm 浙江御承 2022-12-17

4013 清雍正 墨地粉彩缠枝花卉纹碗
"大清雍正年制" 款
估 价：RMB 150,000～250,000
成交价：RMB 517,500
直径14.4cm 中国嘉德 2022-05-29

2826 清雍正 粉彩花卉纹杯 （一对）
"大清雍正年制" 六字双行楷书款
估 价：RMB 600,000～900,000
成交价：RMB 1,207,500
直径6.1cm×2 中国嘉德 2022-06-27

646 清雍正 墨地洋彩花卉碗
"大清雍正年制" 款
估 价：RMB 800,000～1,200,000
成交价：RMB 1,495,000
直径15.3cm 北京保利 2022-07-16

1002 清雍正 粉彩花卉纹杯 （一对）
估 价：RMB 80,000～120,000
成交价：RMB 828,000
直径5.2cm×2 永乐拍卖 2022-07-24

1139 清雍正 外胭脂红内粉彩花卉纹杯及杯托
估 价：USD 5,000～7,000
成交价：RMB 337,307
托直径12.6cm；杯直径7.6cm
纽约佳士得 2022-03-25

1109 清雍正 珊瑚红地洋彩牡丹纹碗
"雍正年制" 四字二行楷书款
估 价：HKD 1,000,000～1,500,000
成交价：RMB 1,103,640
直径12cm 中国嘉德 2022-10-07

2253 清雍正 黄地粉彩九龙杯
"大清雍正年制" 款
估 价：RMB 500,000
成交价：RMB 575,000
4.5cm×6cm 上海嘉禾 2022-01-01

96 清雍正 秋虫硕果图小杯 （一对）
"大清雍正年制" 款
估 价：RMB 300,000
成交价：RMB 418,000
口径5.9cm×高5.8cm×2
浙江御承 2022-12-17

64 清雍正 粉彩过枝洗 （一对）
"大清雍正年制" 款
估 价：RMB 200,000
成交价：RMB 345,000
高2.5cm×口径9cm×2 浙江御承 2022-08-28

705 清雍正 粉青釉洋彩化蝶纹菩提叶形笔舔
（一对）
估　价：RMB 300,000～600,000
成交价：RMB 483,000
长11.5cm×2 华艺国际 2022-09-23

665 清乾隆 粉彩缠枝西番莲纹双耳小瓶（一对）
"大清乾隆年制" 款
估　价：RMB 650,000～850,000
成交价：RMB 920,000
高15.5cm×2 北京保利 2022-07-28

2 清乾隆 粉彩百花不露地绶带葫芦瓶（一对）
"大清乾隆年制" 款
估　价：RMB 800,000
成交价：RMB 2,090,000
口径4.2cm×高31cm×2 浙江御承 2022-12-17

5344 清雍正 洋彩仿花梨木纹釉绳纹洗
"大清雍正年制" 款
估　价：RMB 5,000,000～8,000,000
成交价：RMB 8,050,000
直径34.5cm 北京保利 2022-07-28

1244 清乾隆 粉彩花卉纹盘口瓶
"大清乾隆年制" 六字三行篆书款
估　价：HKD 4,000,000～6,000,000
成交价：RMB 4,414,560
高24cm 中国嘉德 2022-10-07

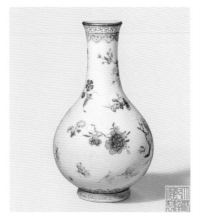

1065 清乾隆 粉彩花卉纹瓶
"大清乾隆年制"六字三行篆书款
估　价：HKD 1,500,000~2,000,000
成交价：RMB 2,814,282
高18.5cm 中国嘉德 2022-10-07

36 清乾隆 粉彩花卉御制诗文叶形壁瓶
估　价：RMB 380,000~500,000
成交价：RMB 402,500
高17.5cm 北京中汉 2022-08-08

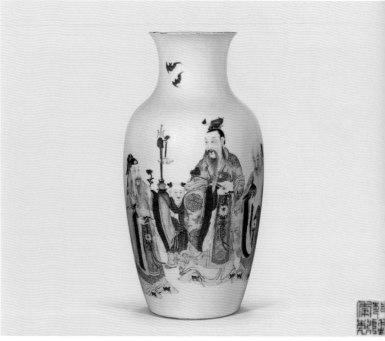

2836 清乾隆 粉彩三星图观音瓶
"乾隆年制"四字双行篆书款
估　价：RMB 1,500,000~2,500,000
成交价：RMB 3,565,000
高39cm 中国嘉德 2022-06-27

1105 清乾隆 黄地粉彩花卉纹瓶
"大清乾隆年制"六字三行篆书款
估　价：HKD 400,000~600,000
成交价：RMB 441,456
高25cm 中国嘉德 2022-10-07

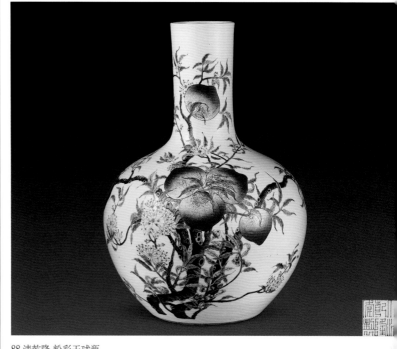

88 清乾隆 粉彩天球瓶
"大清乾隆年制"款
估　价：RMB 800,000
成交价：RMB 33,550,000
口径12.3cm；高58cm；底径22cm 浙江御承 2022-12-17

066 清乾隆 金地粉彩番莲纹小梅瓶
"大清乾隆年制" 六字三行篆书款
成交价：RMB 1,765,824
高13cm 中国嘉德 2022-10-07

756 清乾隆 蓝地描金开光粉彩山水纹海棠瓶
"大清乾隆年制" 六字篆书款
成交价：RMB 690,000
高49.8cm 华艺国际 2022-09-23

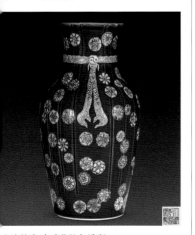

9 清乾隆 皮球花纹包袱瓶
"大清乾隆年制" 款
古 价：RMB 500,000
成交价：RMB 1,035,000
28.5cm；口径10cm 浙江御承 2022-08-28

2870 清乾隆 青花粉彩三多纹梅瓶 （一对）
"大清乾隆年制" 六字篆书款
估 价：HKD 200,000～300,000
成交价：RMB 1,512,100
高32.5cm×2 佳士得 2022-05-30

534 清乾隆 绿地粉彩蝶恋花葫芦瓶
"大清乾隆年制" 六字三行篆书款
估 价：RMB 2,800,000～3,800,000
成交价：RMB 3,220,000
高39cm 华艺国际 2022-07-29

5667 清乾隆 珊瑚红地花卉穿带橄榄瓶
"退思堂制" 款
估 价：RMB 2,000,000～3,000,000
成交价：RMB 3,220,000
高31.5cm 北京保利 2022-07-28

5668 清乾隆 洋彩御题诗芍药花口瓶
"大清乾隆年制"款
估 价：RMB 10,000,000～15,000,000
成交价：RMB 12,075,000
高17cm 北京保利 2022-07-28

2104 清乾隆 唐英制松石绿地轧道粉彩四季花
卉图赏瓶
"大清乾隆年制"六字三行篆书款
估 价：RMB 3,000,000～4,000,000
成交价：RMB 4,600,000
高27.6cm；直径17cm
西泠印社 2022-01-22

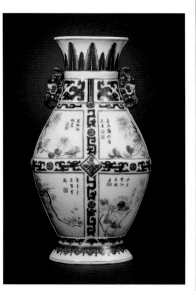

3137 清乾隆 松石绿地洋彩福寿绵长图螭耳抱
月瓶
"大清乾隆年制"六字三行篆书款
估 价：RMB 800,000～1,200,000
成交价：RMB 2,070,000
高27.6cm 中国嘉德 2022-12-26

3000 清乾隆 唐英制青花螭龙开光
粉彩花卉诗文凤耳穿带扁瓶
"大清乾隆年制"六字三行篆书款
成交价：RMB 517,500
高34.5cm 中国嘉德 2022-12-26

2726 清乾隆 松石绿地洋彩开光御制诗四季花
卉图大瓶
"大清乾隆年制"矾红六字篆书款
估 价：HKD 8,000,000～12,000,000
成交价：RMB 8,614,860
高78.3cm 佳士得 2022-05-30

801 清乾隆 御制洋彩紫红锦地乾坤交泰转旋瓶
"大清乾隆年制" 款
估　价：HKD 60,000,000～120,000,000
成交价：RMB 160,497,537
高31cm 香港苏富比 2022-10-09

42 清乾隆 御制黄地洋彩莲托八吉祥纹贲巴瓶
"大清乾隆年制" 款
估　价：RMB 2,600,000～3,800,000
成交价：RMB 4,140,000
高27cm 北京大羿 2022-09-26

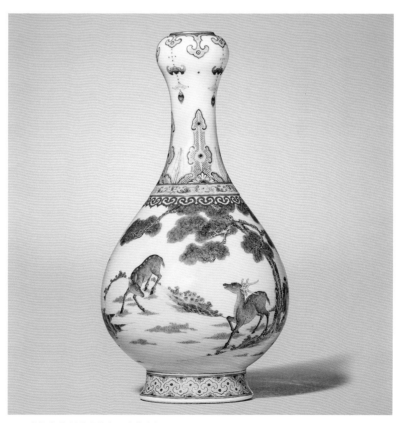

1018 清乾隆 御制洋彩鹤鹿同春蒜头瓶
估　价：RMB 5,500,000～6,500,000
成交价：RMB 6,900,000
高27.5cm 永乐拍卖 2022-07-24

1026 清乾隆 御制胭脂红地洋彩群仙祝寿图灯笼尊
"大清乾隆年制"六字三行篆书款
估　价：RMB 2,000,000～2,500,000
成交价：RMB 2,645,000
高36.2cm 永乐拍卖 2022-07-24

533 清乾隆 粉彩百鹿尊
"大清乾隆年制"青花篆书款
估　价：RMB 1,500,000～2,000,000
成交价：RMB 1,725,000
高43.5cm 华艺国际 2022-07-29

1019 清乾隆 御制绿地洋彩海屋添筹图灯笼尊
"大清乾隆年制"六字三行篆书款
估　价：RMB 1,800,000～2,200,000
成交价：RMB 2,070,000
高30.5cm 永乐拍卖 2022-07-24

2103 清乾隆 白地粉彩缠枝莲托八吉祥纹花觚
（一对）
"大清乾隆年制"六字单行篆书款
估　价：RMB 800,000～1,000,000
成交价：RMB 920,000
高24.5cm×2；直径14.5cm×2
西泠印社 2022-01-22

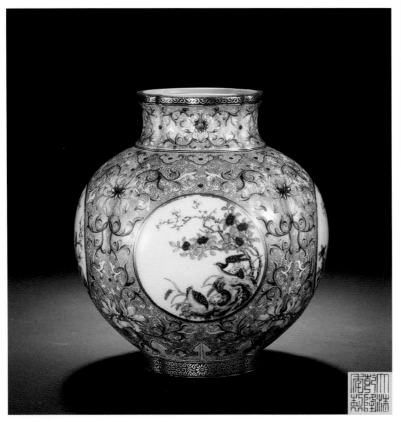

5666 清乾隆 洋彩描金开光花鸟纹海棠尊
"大清乾隆年制"款
估　价：RMB 3,500,000～5,500,000
成交价：RMB 4,370,000
高20.1cm 北京保利 2022-07-28

3007 清乾隆 洋彩胭脂红地轧道缠枝莲纹贯耳壶
"大清乾隆年制"矾红方框六字篆书款
估　价：HKD 800,000～1,500,000
成交价：RMB 1,506,468
高25.8cm 佳士得 2022-11-29

3016 清乾隆 粉彩花篮图多孔折沿大盘
估　价：HKD 100,000～180,000
成交价：RMB 238,761
直径38cm 保利香港 2022-10-10

34 清乾隆 粉彩福庆牡丹纹渔舟唱晚图鼓钉绣
墩（一对）
估　价：RMB 80,000～150,000
成交价：RMB 304,750
高47cm×2；直径39cm×2
北京中汉 2022-08-08

722 清乾隆 粉彩仿珐花一路连科纹盖罐
"大清乾隆年制"六字篆书刻款
估　价：HKD 12,000,000～20,000,000
成交价：RMB 12,729,420
高45.7cm 佳士得 2022-05-30

872 清乾隆 粉彩太平有象烛台（一对）
估　价：HKD 200,000～300,000
成交价：RMB 594,039
高34cm×2 佳士得 2022-05-30

6605 清乾隆 胭脂红地粉彩八吉祥朝天耳炉
"大清乾隆年制"款
估　价：RMB 600,000～800,000
成交价：RMB 690,000
高28.5cm 北京保利 2022-07-29

813 清乾隆 粉彩三多纹墩式碗
"大清乾隆年制"六字三行篆书款
估　价：RMB 350,000~550,000
成交价：RMB 1,518,000
口径14.8cm 北京大羿 2022-12-18

35 清乾隆 雕瓷洋彩金山寺图墨彩御制诗文挂屏
估　价：RMB 750,000~1,200,000
成交价：RMB 1,035,000
长37.6cm；宽66.6cm 北京中汉 2022-08-08

1163 清乾隆 粉彩浩然寻梅图瓷板
估　价：RMB 250,000~350,000
成交价：RMB 575,000
39cm×29.8cm 中贸圣佳 2022-07-26

6607 清乾隆 胭脂红地宝相花佛塔
估　价：RMB 600,000~800,000
成交价：RMB 690,000
高37.5cm 北京保利 2022-07-29

3033 清乾隆 粉彩山水亭台人物插屏
估　价：HKD 250,000~350,000
成交价：RMB 488,376
瓷板高41cm；宽33cm；插屏高57cm
保利香港 2022-10-10

2105 清乾隆 粉彩耕织图瓷板
估　价：RMB 250,000~300,000
成交价：RMB 437,000
长39.5cm；宽29cm 中贸圣佳 2022-10-27

2999 清乾隆 唐英风格粉彩九秋图瓷板插屏
成交价：RMB 218,500
瓷板22.5cm×16.5cm 中国嘉德 2022-12-26

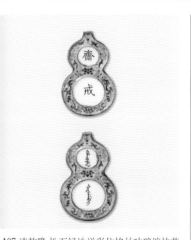

107 清乾隆 松石绿地洋彩仿掐丝珐琅缠枝莲
千光大吉斋戒牌
估 价：RMB 80,000～120,000
成交价：RMB 161,000
长6.6cm 中国嘉德 2022-12-26

177 清乾隆 御制洋彩松石绿地宝相花如意柄
美人肩式壶
"大清乾隆年制"六字三行篆书款
估 价：RMB 250,000～450,000
成交价：RMB 1,437,500
高14.4cm 中贸圣佳 2022-07-26

001 清乾隆 御制白地轧道洋彩福庆绵长龙首
寿钩（一对）
估 价：RMB 400,000～600,000
成交价：RMB 690,000
长8.8cm×2 永乐拍卖 2022-07-24

904 清乾隆 粉彩太平有象瓷塑摆件（一对）
估 价：RMB 300,000～800,000
成交价：RMB 345,000
高15.8cm×2 中贸圣佳 2022-07-26

1538 清乾隆 粉彩唐英坐像
估 价：RMB 280,000～380,000
成交价：RMB 322,000
高30cm 保利厦门 2022-10-22

918 清乾隆 粉彩无量寿佛坐像
估 价：USD 150,000～250,000
成交价：RMB 4,404,960
高29.5cm 纽约佳士得 2022-09-23

1969 清乾隆 御制洋彩描金地藏坐像
估　价：RMB 3,200,000～3,800,000
成交价：RMB 3,680,000
高35cm 西泠印社 2022-01-22

3961 清乾隆 内矾红五蝠纹外珊瑚红地洋彩缠
枝莲纹盘
"大清乾隆年制"款
估　价：RMB 80,000～120,000
成交价：RMB 483,000
直径15.8cm 中国嘉德 2022-05-28

820 清乾隆 粉彩内五蝠外花果纹盘（一对）
估　价：RMB 80,000～150,000
成交价：RMB 586,500
直径17.5cm×2 北京大羿 2022-09-26

1979 清乾隆 唐英制洋彩胭脂红地轧道锦上添
花缠枝宝相花纹盏及盏托
"大清乾隆年制"六字三行篆书款
估　价：RMB 380,000～450,000
成交价：RMB 563,500
杯高4cm，直径5.5cm；托高2cm，直径12cm
西泠印社 2022-01-22

809 清乾隆 粉彩八吉祥纹碗
"大清乾隆年制"六字三行篆书款
估　价：RMB 300,000～500,000
成交价：RMB 396,750
口径1.8cm 北京大羿 2022-12-18

816 清乾隆 粉彩过枝癫瓜纹碗（一对）
"大清乾隆年制"六字三行篆书款
估　价：RMB 600,000～1,200,000
成交价：RMB 805,000
口径11cm×2 北京大羿 2022-12-18

1019 清乾隆 粉彩喜上眉梢碗
"大清乾隆年制"六字三行篆书款
估　价：HKD 180,000～220,000
成交价：RMB 353,164
直径11cm 中国嘉德 2022-10-07

3645 清乾隆 粉彩莲纹高足杯
"大清乾隆年制" 款
估　价：HKD 600,000~800,000
成交价：RMB 756,050
直径9.5cm；高7.4cm 香港苏富比 2022-04-29

040 清乾隆 粉彩婴戏图碗 （一对）
"乾隆年制" 篆书款
　价：RMB 2,800,000~3,200,000
交价：RMB 4,140,000
径15cm×2；高6.7cm×2 中贸圣佳 2022-10-27

034 清乾隆 黄地粉彩花卉纹碗
"大清乾隆年制" 双方框六字楷书款
　价：USD 50,000~70,000
交价：RMB 484,546
径14.9cm 纽约佳士得 2022-09-23

599 清乾隆 御制洋彩巴洛克式洋菊花纹碗
"大清乾隆年制" 六字三行篆书款
估　价：RMB 7,800,000~9,500,000
成交价：RMB 9,200,000
直径11.2cm 华艺国际 2022-07-29

1516 清乾隆 湖水绿釉凸雕洋彩竹节纹耳杯
"红荔山房" 四字双行篆书款
估　价：RMB 80,000~120,000
成交价：RMB 207,000
高6.5cm；直径6.3cm 保利厦门 2022-10-22

727 清乾隆 珊瑚红地粉彩开光牡丹纹碗
"大清乾隆年制" 六字篆书款
　价：HKD 1,000,000~1,500,000
交价：RMB 1,728,115
径11.1cm 佳士得 2022-05-30

5358 清乾隆 胭脂红地洋彩宝相花大碗
"乾隆年制" 墨彩款
估　价：RMB 400,000~600,000
成交价：RMB 460,000
直径17cm 北京保利 2022-07-28

233 清乾隆 粉彩粉地番莲纹海棠形花盆
估　价：HKD 300,000~500,000
成交价：RMB 573,892
高7.5cm；口径19.5cm 华艺国际 2022-11-27

837 清乾隆 蓝地洋彩轧道皮球花纹铺首耳四足洗
估　价：RMB 500,000～600,000
成交价：RMB 920,000
长48cm×宽40.5cm×高15cm
北京诚轩 2022-08-09

3136 清乾隆 胭脂红地洋彩福庆绵长开光花卉
"乾隆年制"四字一行篆书款
估　价：RMB 800,000～1,200,000
成交价：RMB 1,207,500
高21cm 中国嘉德 2022-12-26

353 清乾隆 粉彩娃娃戏图笔筒
"大清乾隆年制"款
估　价：HKD 200,000～300,000
成交价：RMB 301,163
高10.8cm 香港苏富比 2022-11-25

2014 清乾隆 黄地洋彩缠枝花卉纹六角花盆、
盆奁（一套）
估　价：RMB 80,000～120,000
成交价：RMB 230,000
通高12cm；宽17.5cm 中贸圣佳 2022-10-27

2414 清乾隆 洋彩缠枝莲寿开光团螭纹雕瓷
宝纹迎手
估　价：RMB 50,000～80,000
成交价：RMB 356,500
直径22cm 中国嘉德 2022-09-27

906 清乾隆 洋彩轧道西番莲开光镂空锦地纹
双联笔筒
"乾隆年制"四字双行篆书款
估　价：RMB 800,000～1,200,000
成交价：RMB 1,265,000
高11.5cm 中贸圣佳 2022-07-26

41 清乾隆 金地洋彩瓷法轮
"大清乾隆年制"六字三行篆书款
估　价：RMB 1,600,000～3,000,000
成交价：RMB 1,955,000
高28cm 北京中汉 2022-12-09

19 清乾隆 洋彩描金莲托八吉祥佛供（吉祥结）
"大清乾隆年制"六字三行篆书款
估　价：RMB 150,000～300,000
成交价：RMB 287,500
高38.5cm 北京中汉 2022-09-29

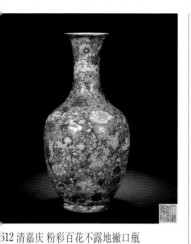

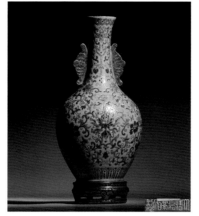

512 清嘉庆 粉彩百花不露地撇口瓶
"大清嘉庆年制" 款
估　价：RMB 300,000～500,000
成交价：RMB 402,500
高33.3cm 北京保利 2022-07-29

1542 清嘉庆 御制松石绿地洋彩仿掐丝珐琅壁瓶
"大清嘉庆年制" 六字单行篆书款
估　价：RMB 400,000～600,000
成交价：RMB 1,265,000
高22cm 保利厦门 2022-10-22

1240 清嘉庆 黄地粉彩缠枝莲托八吉祥纹炉
"大清嘉庆年制" 六字单行篆书款
估　价：HKD 450,000～550,000
成交价：RMB 496,638
高24cm 中国嘉德 2022-10-07

84 清嘉庆 粉彩百花不露地葫芦瓶
"大清嘉庆年制" 六字三行篆书款
价：RMB 300,000～500,000
成交价：RMB 1,552,500
高32.5cm 北京大羿 2022-06-26

848 清嘉庆 松石绿地粉彩福寿喜纹罐
估　价：RMB 120,000～180,000
成交价：RMB 483,000
高20.5cm 北京大羿 2022-09-26

3138 清嘉庆 黄地洋彩折枝莲开光御题三清诗文盘
"大清嘉庆年制" 六字三行篆书款
估　价：RMB 400,000～600,000
成交价：RMB 460,000
长16cm 中国嘉德 2022-12-26

0 清嘉庆 洋彩九秋同庆图盖罐（一对）
"大清嘉庆年制" 篆书款
价：RMB 900,000～1,200,000
成交价：RMB 1,288,000
高18.6cm×2 中贸圣佳 2022-12-31

5897 清嘉庆 绿地粉彩御制诗文海棠式茶盘（一对）
"大清嘉庆年制" 款
估　价：RMB 400,000～600,000
成交价：RMB 483,000
宽15.8cm×2 北京保利 2022-07-29

2614 清嘉庆 内粉彩灵仙祝寿图外黄地洋彩万
福万寿图盘（一对）
"大清嘉庆年制"六字三行篆书款
估 价：RMB 320,000～520,000
成交价：RMB 483,000
直径19.5cm×2 中国嘉德 2022-12-26

3325 清嘉庆 粉彩浮雕西湖山水图笔筒
"大清嘉庆年制"款
估 价：HKD 4,000,000～6,000,000
成交价：RMB 4,104,000
高13.5cm；直径12.2cm 保利香港 2022-07-14

2824 清嘉庆 粉彩过枝癞瓜纹茶碗（一对）
"大清嘉庆年制"六字三行篆书款
估 价：RMB 200,000～300,000
成交价：RMB 747,500
直径11.2cm×2 中国嘉德 2022-06-27

2654 清嘉庆 粉彩百子婴戏图大碗
"大清嘉庆年制"六字三行篆书款
估 价：RMB 150,000～250,000
成交价：RMB 172,500
直径18.5cm 中国嘉德 2022-12-26

1701 清嘉庆 粉彩江西十景图碗（一对）
"大清嘉庆年制"六字篆书款
估 价：RMB 350,000～550,000
成交价：RMB 816,500
直径14.5cm×2 华艺国际 2022-09-23

1238 清嘉庆 粉彩瓜瓞绵绵碗（一对）
"大清嘉庆年制"六字三行篆书款
估 价：HKD 350,000～450,000
成交价：RMB 386,274
直径11cm×2 中国嘉德 2022-10-07

37 清道光 粉彩冰梅双清纹小天球瓶
"大清道光年制"六字三行篆书款
估 价：RMB 300,000～500,000
成交价：RMB 345,000
高29.8cm 北京中汉 2022-08-08

865 清嘉庆 粉彩百花不露地杯（一对）
"大清嘉庆年制"六字三行篆书款
估 价：RMB 20,000～50,000
成交价：RMB 276,000
口径7.5cm×2 北京大羿 2022-06-26

563 清道光 绿地粉彩喜字罐
"大清道光年制"款
估 价：RMB 400,000～600,000
成交价：RMB 575,000
高23.5cm 北京保利 2022-07-16

010 清道光 粉彩秋季花卉纹瓶
"大清道光年制"矾红六字篆书款
估 价：USD 120,000～180,000
成交价：RMB 1,585,786
高29cm 纽约佳士得 2022-09-23

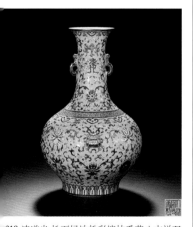

613 清道光 松石绿地粉彩缠枝番莲八吉祥双
耳瓶
"大清道光年制"款
估 价：RMB 1,500,000～1,800,000
成交价：RMB 1,897,500
高26.5cm 北京保利 2022-07-29

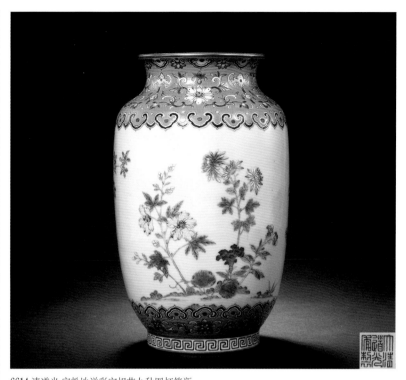

6614 清道光 宫粉地洋彩宝相花九秋图灯笼瓶
"大清道光年制"款
估 价：RMB 2,000,000～3,000,000
成交价：RMB 2,645,000
高24.2cm 北京保利 2022-07-29

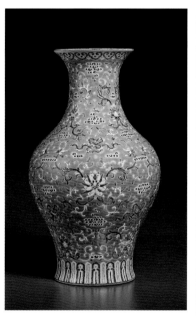

1012 清道光 粉彩粉红地缠枝莲托暗八仙纹瓶
"大清道光年制"矾红六字篆书款
估 价：USD 70,000～90,000
成交价：RMB 748,843
高27.6cm 纽约佳士得 2022-09-23

1055 清道光 黄地粉彩端午节图瓶
"慎德堂制"四字二行楷书款
估 价：HKD 1,300,000～1,900,000
成交价：RMB 1,931,370
高28.9cm 中国嘉德 2022-10-07

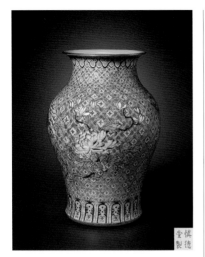

88 清道光 洋彩富贵长春纹撇口观音尊
"慎德堂制"四字双行楷书款
估　价：RMB 350,000~600,000
成交价：RMB 644,000
高31.8cm 北京中汉 2022-12-09

40 清道光 御制白地粉彩缠枝莲托八宝朝冠耳
鼎式炉
"大清道光年制"款
估　价：RMB 220,000~280,000
成交价：RMB 253,000
高32.5cm 永乐拍卖 2022-07-24

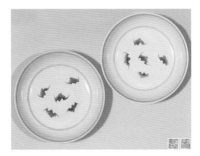

176 清道光 粉彩五蝠花卉盘 （一对）
"大清道光年制"款
估　价：RMB 200,000~400,000
成交价：RMB 517,500
直径17.6cm×2 北京保利 2022-02-03

4010 清道光 粉彩过枝癞瓜纹盖碗
"大清道光年制"款
估　价：RMB 80,000~120,000
成交价：RMB 437,000
直径11cm 中国嘉德 2022-05-29

4008 清道光 洋彩缠枝莲福庆三多纹盘 （一对）
"大清道光年制"款
估　价：RMB 50,000~80,000
成交价：RMB 322,000
直径15.2cm×2 中国嘉德 2022-05-29

840 清道光 胭脂红地洋彩花卉开光山水人物
纹盘 （一对）
"大清道光年制"六字三行篆书款
估　价：RMB 250,000~350,000
成交价：RMB 402,500
口径15.4cm×2 北京大羿 2022-12-18

888 清道光 宫粉地粉彩福寿双喜纹碗
"大清道光年制"款
估　价：RMB 80,000~1,000,000
成交价：RMB 529,000
直径21.5cm 北京大羿 2022-09-26

2429 清道光 粉彩福庆绵长图盖碗
"慎德堂制"四字双行楷书款
估　价：RMB 180,000~280,000
成交价：RMB 345,000
直径10.6cm 中国嘉德 2022-06-27

818 清道光 粉彩山水图碗 （一对）
"大清道光年制"六字三行篆书款
估　价：RMB 120,000~150,000
成交价：RMB 419,750
直径17.9cm×2 北京诚轩 2022-08-09

815 清道光 黄地粉彩开光四季花卉纹碗
"慎德堂制"四字双行楷书款
估　价：RMB 200,000～300,000
成交价：RMB 621,000
口径11.2cm 北京大羿 2022-06-26

1566 清道光 黄地粉彩开光瑞果福寿纹碗
"慎德堂制"四字双行楷书款
估　价：RMB 150,000～200,000
成交价：RMB 402,500
直径17.2cm 永乐拍卖 2022-07-25

1424 清道光 黄地洋彩花卉纹大碗
"大清道光年制"六字三行篆书款。
估　价：RMB 280,000～400,000
成交价：RMB 517,500
直径17.2cm 华艺国际 2022-09-23

64 清道光 黄地洋彩洋花五蝠宫碗
"大清道光年制"六字三行篆书款
估　价：RMB 280,000～500,000
成交价：RMB 494,500
直径15.5cm 北京中汉 2022-12-09

679 清道光 黄地粉彩西番莲纹碗（一对）
"大清道光年制"款
估　价：RMB 2,000,000～3,000,000
成交价：RMB 3,220,000
直径11cm×2 北京保利 2022-07-16

334 清道光 黄地洋彩轧道开光山水纹碗
"大清道光年制"六字三行篆书款
估　价：RMB 150,000～250,000
成交价：RMB 736,000
口径15cm 北京大羿 2022-12-18

2531 清道光 内青花外黄地轧道洋彩开光万寿
无疆图碗
"大清道光年制"六字三行篆书款
估　价：RMB 200,000～300,000
成交价：RMB 552,000
直径14.8cm 中国嘉德 2022-12-26

13 清道光 胭脂红地轧道洋彩开光四季山水纹碗 (一对)
"大清道光年制"六字三行篆书款
估 价: RMB 600,000~900,000
成交价: RMB 1,127,000
直径15cm×2 北京中汉 2022-12-09

1137 清道光 胭脂红地轧道洋彩开光折枝花果图碗 (一对)
"大清道光年制"六字三行篆书款
估 价: RMB 130,000~160,000
成交价: RMB 1,046,500
高7.4cm×2 中贸圣佳 2022-07-26

3005 清道光 外胭脂红地轧道开光粉彩内青花五谷丰登纹碗 (一对)
"大清道光年制"六字篆书款
估 价: HKD 400,000~600,000
成交价: RMB 927,057
直径14.8cm×2 佳士得 2022-11-29

2436 清道光 内青花外胭脂红地轧道洋彩花卉
开光五谷丰登图碗
"大清道光年制"六字三行篆书款
估 价: RMB 150,000~250,000
成交价: RMB 402,500
直径14.9cm 中国嘉德 2022-06-27

836 清道光 珊瑚红地开光粉彩花卉纹碗
"大清道光年制"六字三行篆书款
估 价: RMB 250,000~350,000
成交价: RMB 598,000
口径11cm 北京大羿 2022-12-18

8 清道光 珊瑚红地洋彩花卉纹碗
"大清道光年制"六字三行篆书款
估 价: RMB 80,000~120,000
成交价: RMB 356,500
直径11.1cm 北京中汉 2022-04-27

91 清道光 珊瑚红地粉彩鸣凤在竹图盖碗 (一对)
"嶰竹主人造"五字双行篆书款
估 价: RMB 700,000~1,200,000
成交价: RMB 805,000
碗直径11cm×2；盖直径10cm×2
北京中汉 2022-12-09

825 清道光 洋彩宝相花开光五谷丰登图碗
（一对）
"慎德堂制"四字双行楷书款
估 价：RMB 850,000～1,200,000
成交价：RMB 977,500
直径17.5cm×2 中国嘉德 2022-06-27

1629 清道光 御窑内青花外粉彩地轧道洋彩开
光"丹桂飘香"节令膳碗 （一对）
"大清道光年制"六字三行篆书款
估 价：RMB 400,000～600,000
成交价：RMB 1,265,000
高6.4cm×2cm；直径14.5cm×2
保利厦门 2022-10-22

1635 清道光 "慎德堂"御制粉彩皮球花纹花
盆 （一对）
"慎德堂制"四字双行楷书款
估 价：RMB 300,000～500,000
成交价：RMB 460,000
24.5cm×15cm×8.5cm×2
保利厦门 2022-10-22

405 清道光 "慎德堂"御制粉彩梅花诗文杯 （一对）
"慎德堂"款
估 价：RMB 500,000～800,000
成交价：RMB 1,380,000
直径9cm×2 北京保利 2022-07-28

683 清道光 粉彩轧道八仙人物杯
"嶰竹主人造"款
估 价：RMB 250,000～350,000
成交价：RMB 368,000
直径6cm 北京保利 2022-07-16

3 清道光 粉彩描金皮球花纹酒杯连温酒器 （一对）
"大清道光年制"六字三行篆书款
估 价：RMB 150,000～250,000
成交价：RMB 402,500
高10cm×2 北京大羿 2022-12-25

347 清道光 粉彩金鱼水草纹渣斗
"大清道光年制"款
估 价：HKD 30,000～50,000
成交价：RMB 104,249
高8.5cm 香港苏富比 2022-11-25

2874 清道光 柠檬黄地粉彩九龙纹豆
"大清道光年制"矾红六字篆书款
估　价：HKD 200,000～300,000
成交价：RMB 1,404,093
高27.2cm 佳士得 2022-05-30

1039 清道光 松绿地洋彩玉堂富贵图腰圆洗
"浩然堂制"四字双行楷书款
估　价：RMB 350,000～500,000
成交价：RMB 747,500
宽16.6cm 永乐拍卖 2022-07-24

2422 清咸丰 粉彩穿花夔凤纹大碗
"大清咸丰年制"六字双行楷书款
估　价：RMB 120,000～220,000
成交价：RMB 943,000
直径21cm 中国嘉德 2022-06-27

1054 清咸丰 仿剔红粉彩蝙蝠灯笼瓶
"大清咸丰年制"六字二行楷书款
估　价：HKD 800,000～1,200,000
成交价：RMB 904,984
高19.5cm 中国嘉德 2022-10-07

3141 清咸丰 胭脂红地洋彩缠枝花卉开光神仙
人物纹蝠耳衔环盖罐
"大清咸丰年制"六字双行楷书款
估　价：RMB 480,000～680,000
成交价：RMB 552,000
高29.6cm 中国嘉德 2022-12-26

3819 清咸丰 黄地粉彩缠枝花卉纹碗
"大清咸丰年制"六字双行楷书款
估　价：RMB 400,000~600,000
成交价：RMB 1,104,000
口径17.2cm 北京大羿 2022-12-18

3902 清同治 黄地粉彩喜鹊登梅图大盘
"同治年制"款
估　价：RMB 20,000~30,000
成交价：RMB 517,500
直径22.2cm 中国嘉德 2022-05-29

3142 清同治 黄地粉彩百子婴戏图狮耳衔环方瓶
估　价：RMB 800,000~1,200,000
成交价：RMB 1,380,000
高30.7cm 中国嘉德 2022-12-26

3904 清同治 黄地粉彩百蝶喜字盖碗
"同治年制"款
估　价：RMB 30,000~50,000
成交价：RMB 322,000
直径10.6cm 中国嘉德 2022-05-29

851 清同治 珊瑚红地描金开光粉彩龙凤喜字纹盘、碗、匙（一套六件）
"长春同庆"四字双行楷书款、"燕喜同和"四字双行楷书款
估　价：RMB 150,000~250,000
成交价：RMB 977,500
尺寸不一 北京大羿 2022-06-26

1077 清同治 粉彩折枝花卉大捧盒（一对）
"同治年制"楷书款
估　价：RMB 500,000~700,000
成交价：RMB 782,000
直径33cm×2；高21.5cm；高21.9cm 中贸圣佳 2023-01-01

6616 清同治 黄地粉彩百蝶加金喜字梅花形水仙盆
"同治年制"款
估　价：RMB 300,000～500,000
成交价：RMB 506,000
宽22.5cm 北京保利 2022-07-29

6617 清同治 黄地粉彩百蝶纹蝴蝶形大花盆（一对）
估　价：RMB 800,000～1,200,000
成交价：RMB 1,265,000
长49cm×2 北京保利 2022-07-29

878 清光绪 粉彩九桃天球瓶（一对）
"大清乾隆年制"六字三行篆书款
估　价：RMB 450,000～550,000
成交价：RMB 517,500
高50cm×2 保利厦门 2022-10-22

845 清光绪 松石绿地粉彩富贵报喜图象耳瓶
"永庆长春"四字双行楷书款
估　价：RMB 600,000～800,000
成交价：RMB 828,000
高45cm 北京大羿 2022-06-26

1636 清光绪 粉彩矾红云龙赶珠纹大盘
估　价：RMB 160,000～260,000
成交价：RMB 345,000
高10cm；直径52.5cm 保利厦门 2022-10-22

319 清光绪 粉彩夔凤纹大盘
"大清光绪年制"款
估　价：RMB 100,000～200,000
成交价：RMB 218,500
直径51cm 北京保利 2022-07-16

228 清光绪 素云道人制粉彩百鹿尊
"素云道人制"款
估 价: RMB 250,000～300,000
成交价: RMB 368,000
高45cm 中贸圣佳 2022-07-26

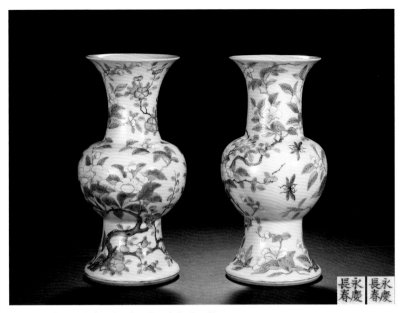

6618 清光绪 粉彩白地桃林汲蜜图古鼎式尊（一对）
"永庆长春"款
估 价: RMB 1,000,000～1,500,000
成交价: RMB 1,667,500
高20.4cm×2 北京保利 2022-07-29

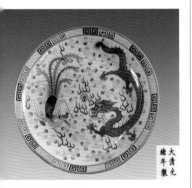

15 清光绪 粉彩龙凤盘
"大清光绪年制"款
估 价: HKD 305,000
成交价: RMB 386,274
直径31.5cm；高5.5cm 荣宝斋（香港）2022-11-26

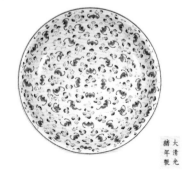

140 清光绪 粉彩百福临门大盘
"大清光绪年制"六字楷书款
估 价: RMB 150,000～250,000
成交价: RMB 402,500
直径52cm 华艺国际 2022-09-23

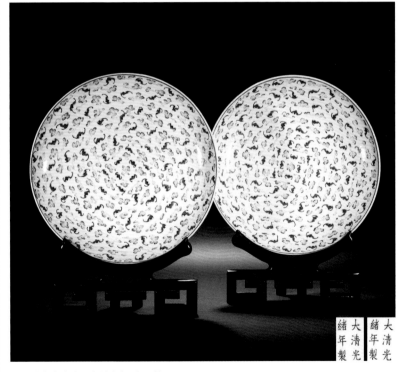

3049 清光绪 粉彩百蝠纹大盘 （一对）
"大清光绪年制"款
估 价: HKD 450,000～700,000
成交价: RMB 564,345
直径50cm×2 保利香港 2022-10-10

4 清光绪 绿地粉彩描金万福万寿纹大盘
"储秀宫制"四字双行篆书款
估　价：RMB 150,000~300,000
成交价：RMB 2,012,500
直径66.2cm 北京中汉 2022-06-28

6623 清光绪 黄地粉彩"万寿无疆"百蝶盖碗（一对）
"大清光绪年制"款
估　价：RMB 300,000~500,000
成交价：RMB 460,000
直径11.6cm×2 北京保利 2022-07-29

366 清光绪 黄地粉彩缠枝花纹碗（一对）
"大清光绪年制"款
估　价：HKD 30,000~50,000
成交价：RMB 220,080
直径12.5cm×2 香港苏富比 2022-11-25

906 清光绪 黄地粉彩花果纹捧盒
"光绪年制"款
估　价：RMB 150,000~250,000
成交价：RMB 379,500
直径20cm 北京大羿 2022-09-26

910 清光绪 松石绿地紫藤喜鹊纹盖盒
"永庆长春"款
估　价：RMB 200,000~300,000
成交价：RMB 345,000
直径16cm 北京大羿 2022-09-26

166 清光绪 黄地粉彩寿桃纹大缸
"大雅斋"三字单行楷书款
估　价：RMB 100,000～200,000
成交价：RMB 333,500
高46cm；口径54cm 北京大羿 2022-09-26

166 清光绪 紫地粉彩花鸟纹鱼缸
"大雅斋""天地一家春"款
估　价：HKD 200,000～300,000
成交价：RMB 1,131,504
直径71.8cm 中国嘉德 2022-06-04

532 清光绪 粉彩双龙戏珠纹大缸（一对）
"大清道光年制"六字楷书刻款
估　价：RMB 800,000～1,000,000
成交价：RMB 943,000
高33.5cm×2；直径53cm×2 华艺国际 2022-07-29

165 清光绪 黄地粉彩眉寿长春图花盆
"体和殿制"四字二行篆书款
估　价：RMB 200,000～280,000
成交价：RMB 460,000
口径24.6cm×高16cm 北京诚轩 2022-08-09

240 清光绪 粉彩紫藤花蝶图海棠形花盆（一对）
"大雅斋""永庆长春"楷书款，钤印"天地一家春"
估　价：RMB 300,000～500,000
成交价：RMB 437,000
高21.5cm×2 中国嘉德 2022-06-27

320 清光绪 粉彩一路连科折沿洗
"大清光绪年制"款
估　价：RMB 100,000～200,000
成交价：RMB 253,000
直径40cm 北京保利 2022-07-16

2431 清宣统 粉彩百蝶图赏瓶
"大清宣统年制"六字双行楷书款
估　价：RMB 220,000～320,000
成交价：RMB 460,000
高38.8cm 中国嘉德 2022-06-27

802 清宣统 粉彩夔凤纹大碗
"大清宣统年制"六字双行楷书款
估　价：RMB 20,000～30,000
成交价：RMB 356,500
口径20.5cm 北京大羿 2022-06-26

904 清宣统 粉彩江山万代纹碗（一对）
"大清宣统年制"六字双行楷书款
估　价：RMB 200,000～300,000
成交价：RMB 402,500
直径12.3cm×2 北京大羿 2022-09-26

907 清宣统 粉彩花卉纹玉壶春瓶
"大清宣统年制"款
估　价：RMB 80,000～120,000
成交价：RMB 483,000
高29.6cm 北京大羿 2022-09-26

1058 清光绪 黄地粉彩"万寿无疆"餐具（一套七十六件）
"大清光绪年制"六字双行楷书款
估　价：RMB 600,000～800,000
成交价：RMB 977,500
尺寸不一 保利厦门 2022-10-22

2444 清晚期 粉彩九桃天球瓶
"大清乾隆年制"六字三行篆书款
估　价：RMB 320,000～520,000
成交价：RMB 368,000
高50.2cm 中国嘉德 2022-06-27

3004 清 粉彩仙人图葫芦式扁瓶
估 价：HKD 100,000～150,000
成交价：RMB 869,116
高14cm 佳士得 2022-11-29

3008 清 粉彩山水楼阁图瓷板 （一对）
估 价：HKD 500,000～700,000
成交价：RMB 463,528
68cm×37cm×2 佳士得 2022-11-29

5738 清 粉彩过枝萱寿延龄图杯 （一对）
"大清雍正年制" 款
估 价：RMB 350,000～550,000
成交价：RMB 414,000
直径8.7cm×2；高4.3cm×2 北京保利 2022-07-29

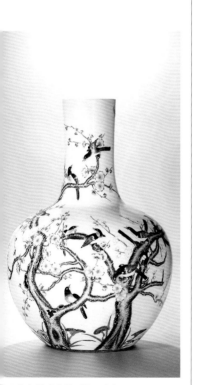

3350 清末 粉彩喜鹊登梅天球瓶
"大清乾隆年制" 六字三行篆书款
估 价：RMB 450,000
成交价：RMB 667,000
高56cm 中贸圣佳 2022-07-13

3715 民国 粉彩山水人物图大天球瓶 （一对）
估 价：RMB 20,000
成交价：RMB 299,000
高57.1cm×2 中贸圣佳 2022-07-13

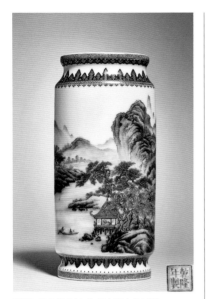

1235 民国 张志汤 粉彩青绿山水图瓶
"乾隆年制"款
估　价：RMB 200,000
成交价：RMB 345,000
高25.5cm 中贸圣佳 2023-01-01

1109 民国 金地粉彩开光四季山水花鸟双耳尊
"江西陶专精制"六字三行篆书款
成交价：RMB 575,000
高38.4cm 中贸圣佳 2022-07-26

1245 民国 段子安 粉彩人物瓷板（一对）
估　价：RMB 250,000
成交价：RMB 379,500
瓷板80.5cm×21.5cm×2
中贸圣佳 2023-01-01

56 民国 花卉灵芝盖罐
底款："中华民国江西纪念·Panama Exposition
1915 Exhibit From Kiangsi, China"（1915年巴拿
马万国博览会，展品来自中国江西）
估　价：RMB 500,000~800,000
成交价：RMB 713,000
高27.5cm 北京保利 2022-11-12

1603 民国 粉彩婴戏图灯笼尊
"大清乾隆年制"六字三行篆书款
估　价：RMB 10,000~20,000
成交价：RMB 166,750
高19cm 保利厦门 2022-10-22

361 民国 何许人粉彩花鸟图瓷板（一对）
钤印：许人／何处／何许人画
估　价：RMB 1,000
成交价：RMB 276,000
瓷板38.2cm×12.7cm×2 中贸圣佳 2022-08-12

24 民国 王琦绘为杨杰（耿光）将军定制粉彩四爱图瓷板
　价：RMB 3,600,000~5,600,000
交价：RMB 4,485,000
cm×25cm×4cm 北京保利 2022-07-29

1039 民国 潘匋宇 粉彩鹦鹉图瓷板
估　价：RMB 600,000~700,000
成交价：RMB 805,000
长25.9cm；宽39.3cm 中贸圣佳 2022-07-26

1069 民国 张志汤 粉彩四季山水图瓷板（一套四片）
钤印：张志汤印；志汤；张志汤画；张志汤
估　价：RMB 800,000~1,000,000
成交价：RMB 1,092,500
瓷板73cm×17.8cm×4 中贸圣佳 2022-07-26

5 民国 王琦作粉彩"渊明爱菊""东坡爱
"图瓷板（一对）
　价：RMB 600,000~900,000
交价：RMB 1,092,500
板75.5cm×19.8cm×2 北京中汉 2022-08-08

2484 民国二十九年（1940年）汪野亭绘汪小亭题粉彩"云壑飞泉"山水图瓷板
估　价：RMB 500,000~800,000
成交价：RMB 713,000
39cm×25cm 中国嘉德 2022-06-27

642 民国 粉彩西番莲开光山水人物图如意耳尊
"大清乾隆年制"六字三行篆书款
估　价：RMB 200,000
成交价：RMB 322,000
高38.9cm 中贸圣佳 2022-07-13

1090 民国 曾龙升 粉彩关公瓷塑
"曾龙升造"四字篆书款
估　价：RMB 200,000~250,000
成交价：RMB 287,500
高47cm 中贸圣佳 2022-07-26

1367 民国 粉彩婴戏图帽筒 （一对）
"大清嘉庆年制"六字三行篆书款
估　价：HKD 30,000~50,000
成交价：RMB 97,120
最大的高32.5cm 中国嘉德 2022-10-07

3010 20世纪 粉彩草虫纹橄榄瓶 （一对）
"洪宪年制"矾红四字楷书款。
估　价：HKD 150,000~250,000
成交价：RMB 347,646
高35cm×2 佳士得 2022-11-29

1239 20世纪50年代 粉彩万花地开窗竹报平安
蝠耳瓶
底款："中国景德镇"
估　价：RMB 220,000
成交价：RMB 299,000
高41.7cm 中贸圣佳 2023-01-01

2010 2013年 黄美尧 三楚秀色·新粉彩瓷瓶
估　价：RMB 400,000~700,000
成交价：RMB 1,035,000
高35cm；直径18cm 景德镇华艺 2022-01-15

1040 1957年 刘仲卿 粉彩富贵图兽耳莲花口瓶
底款："中国景德镇 一九五七"
估　价：RMB 800,000~1,000,000
成交价：RMB 1,265,000
高21cm 中贸圣佳 2022-07-26

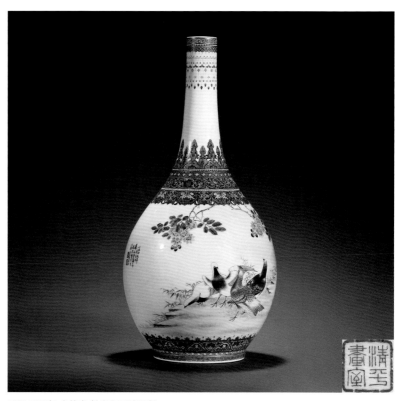

27 2017年 余贵初《红楼梦》十二金钗粉彩瓶
估　价：RMB 180,000～200,000
成交价：RMB 198,500
高约66cm；口径约17.8cm
北京伍佰艺 2022-10-28

1029 1949年 余翰青 粉彩和平鸽胆瓶
底款："清平画室"（朱）
估　价：RMB 900,000～1,200,000
成交价：RMB 1,288,000
高46cm 中贸圣佳 2022-07-26

9 施鸿光 粉彩花鸟蝠耳瓶（一对）
底款："景市陶瓷工艺美术合作社制"
估　价：RMB 250,000～350,000
成交价：RMB 333,500
高35cm×2 北京保利 2022-11-12

17 诚德轩 粉彩乾坤提梁壶福禄满堂（一套）
底款："苏公窑05"
估　价：RMB 220,000～300,000
成交价：RMB 299,000
高20.8cm 北京保利 2022-11-12

84 民国 何许人 粉彩山水瓷板
"延庆楼制"款
估　价：RMB 600,000～800,000
成交价：RMB 862,500
68cm×36cm 北京保利 2022-11-12

2009 2000年 黄美尧 山河秀色·新粉彩瓷板
估　价：RMB 600,000～1,000,000
成交价：RMB 1,495,000
长56cm；宽56cm 景德镇华艺 2022-01-15

2005 2021年 黄美尧 山深不见人 白云领春风·新粉彩瓷板画
估　价：RMB 8,000,000～10,000,000
成交价：RMB 13,800,000
长100cm；宽200cm 景德镇华艺 2022-01-15

1018 1940年 王步 粉彩法轮常转图瓷板
估　价：RMB 1,200,000～1,500,000
成交价：RMB 1,667,500
长26cm；宽38cm 中贸圣佳 2022-07-26

96 王大凡 粉彩苏武牧羊中堂瓷板
估　价：RMB 800,000～1,100,000
成交价：RMB 1,127,000
50cm×33.5cm 北京保利 2022-11-12

1246 1930年 王琦 粉彩福在眼前图册页瓷板
估　价：RMB 200,000
成交价：RMB 276,000
瓷板长13.5cm；宽8.5cm 中贸圣佳 2023-01-01

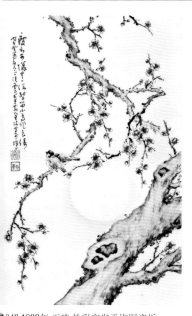

1043 1933年 王琦 粉彩寒雀弄梅图瓷板
估　价：RMB 800,000～900,000
成交价：RMB 977,500
长39.5cm；宽25.4cm 中贸圣佳 2022-07-26

95 詹冬梅 陈振中 粉彩安居乐业中堂瓷板
估　价：RMB 200,000～350,000
成交价：RMB 368,000
76cm×43.5cm 北京保利 2022-11-12

1023 1943年 王晓帆 粉彩伯牙抚琴图瓷板
估　价：RMB 400,000～600,000
成交价：RMB 460,000
38.4cm×24.9cm 中贸圣佳 2022-07-26

1241 1948年王锡良 粉彩人物盘（一对）
估　价：RMB 320,000
成交价：RMB 402,500
直径18.9cm×2 中贸圣佳 2023-01-01

46 张松茂 粉彩梅花愈老愈精神笔筒
底款："景德镇制"
估　价：RMB 300,000～400,000
成交价：RMB 437,000
直径16.2cm 北京保利 2022-11-12

4 粉彩弥勒佛
估　价：HKD 414,000
成交价：RMB 441,456
高47cm 荣宝斋（香港） 2022-11-26

1032 1958年 涂菊青 天蓝釉开窗粉彩高士诗文茶具（一套）
底款："景德镇市艺术瓷厂出品"
估　价：RMB 400,000～450,000
成交价：RMB 483,000
壶高15.1cm；杯高6.3cm；碟直径13.8cm
中贸圣佳 2022-07-26

# 珐琅彩

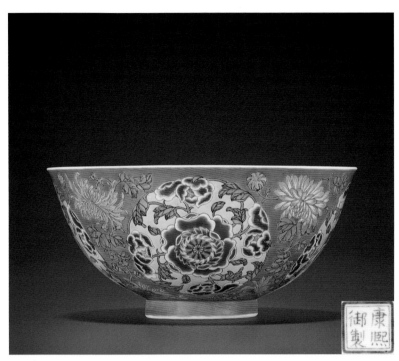

16 清康熙 御制瓷胎画珐琅宫粉地群芳献瑞图宫碗
"康熙御制"四字双行楷书红料款
估　价：RMB 9,000,000~15,000,000
成交价：RMB 11,500,000
直径15cm；高7cm 北京中汉 2022-12-09

3108 清雍正 胭脂红地珐琅彩菊花纹小盘
"雍正年制"四字双行楷书款
估　价：RMB 1,200,000~2,200,000
成交价：RMB 2,760,000
直径10.9cm 中国嘉德 2022-12-26

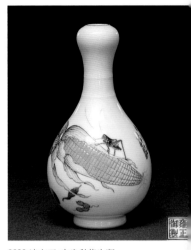

2233 清雍正 珐琅彩蒜头瓶
"雍正御制"款
估　价：RMB 800,000
成交价：RMB 977,500
11cm×18cm 上海嘉禾 2022-01-01

98 清雍正 珐琅彩花蝶壶
"雍正年制"款
估　价：RMB 600,000
成交价：RMB 30,800,000
口径7.5cm；腹长15.3cm；底径8cm
浙江御承 2022-12-17

64 清雍正 墨彩珐琅芦雁纹小杯
"大清雍正年制"款
估　价：RMB 300,000
成交价：RMB 550,000
口径5.2cm；高4.2cm 浙江御承 2022-12-17

2 清雍正 珐琅彩夔龙纹碗 （一对）
"雍正御制" 款
估　价：RMB 600,000
成交价：RMB 805,000
高4.5cm×口径12cm×2 浙江御承 2022-08-28

01 清雍正 珐琅彩皮球花纹碗
"雍正御制" 款
估　价：RMB 600,000
成交价：RMB 1,380,000
高7cm；口径14.6cm 浙江御承 2022-08-28

76 清雍正 珐琅彩盘 （一对）
"大清雍正年制" 款
估　价：RMB 800,000
成交价：RMB 977,500
高3.5cm×口径15cm×2 浙江御承 2022-08-28

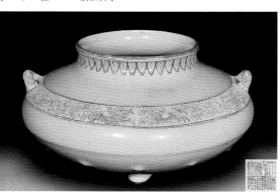

307 清乾隆 仿汝釉蓝料彩绘夔凤纹鱼篓尊
"大清乾隆年制" 款
估　价：HKD 1,800,000～2,200,000
成交价：RMB 1,231,200
直径21cm 保利香港 2022-07-14

598 清乾隆 御制珊瑚红地珐琅彩九秋图碗
"大清乾隆年制" 六字三行篆书款
估　价：RMB 1,100,000～1,800,000
成交价：RMB 1,667,500
直径13.4cm 华艺国际 2022-07-29

3639 清乾隆 士绅收藏 珐琅彩庭园婴戏图绶带耳葫芦扁瓶
"乾隆年制"蓝料款
估　价：HKD 12,000,000~18,000,000
成交价：RMB 12,767,994
高9.9cm 香港苏富比 2022-04-29

1948 清雍正 御制黄釉地珐琅彩玉堂富贵图小杯（一对）
"雍正御制"四字双行楷书款
估　价：RMB 6,800,000~8,000,000
成交价：RMB 7,820,000
高3cm×2；直径5.6cm×2 西泠印社 2022-01-22

90 清雍正 珐琅彩荷塘翠鸟纹小杯（一对）
"大清雍正年制"款
估　价：RMB 500,000
成交价：RMB 1,320,000
口径4.8cm×2×高4.1cm×2 浙江御承 2022-12-17

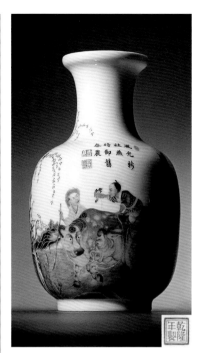

5505 清乾隆 珐琅彩题诗"古月轩"花石锦鸡图碗
"乾隆年制"款
估　价：RMB 3,000,000～5,000,000
成交价：RMB 11,500,000
直径12.7cm 北京保利 2022-07-28

2817 民国 珐琅彩春耕图瓶
"乾隆年制"四字双行楷书款
估　价：RMB 300,000～400,000
成交价：RMB 621,000
高18.5cm 西泠印社 2022-08-20

678 清道光 珊瑚红地西洋花卉纹碗 （一对）
"大清道光年制"款
估　价：RMB 600,000～800,000
成交价：RMB 1,035,000
直径11cm×2 北京保利 2022-07-16

1049 民国 王大凡风格 珐琅彩钟馗嫁
妹图瓶 （一对）
"乾隆年制"款
估　价：RMB 600,000～800,000
成交价：RMB 977,500
高20cm×2 中贸圣佳 2022-07-26

55 民国 珐琅彩钟馗嫁妹瓶
"乾隆年制"款
估　价：RMB 200,000～280,000
成交价：RMB 299,000
高20.3cm 北京保利 2022-11-12

1044 民国 珐琅彩杏林春燕图中堂瓷板
估　价：RMB 1,000,000～1,500,000
成交价：RMB 1,552,500
长60.5cm；宽37.6cm 中贸圣佳 2022-07-26

1247 民国 叶震嘉 珐琅彩二乔图扇形瓷板
估　价：RMB 400,000
成交价：RMB 483,000
长28.6cm；宽20.1cm 中贸圣佳 2023-01-01

## 广 彩

4397 清乾隆 广彩花蝶开光清装人物故事图大碗
估　价：RMB 20,000～30,000
成交价：RMB 287,500
直径52.5cm 中国嘉德 2022-05-30

737 清嘉庆 广彩人物雕瓷花插 （一对）
估　价：RMB 80,000～90,000
成交价：RMB 92,000
高20cm×2；直径18cm×2
华艺国际 2022-09-23

## 珐华彩

5732 明成化/弘治 珐华莲池鸳鸯罐
估　价：RMB 250,000～350,000
成交价：RMB 368,000
高25cm 北京保利 2022-07-29

968 15/16世纪 法华双龙戏珠纹大罐
估　价：USD 6,000～8,000
成交价：RMB 105,719
高34.3cm 纽约佳士得 2022-09-23

6660 明 珐华莲池花鸟纹梅瓶
估　价：RMB 300,000～500,000
成交价：RMB 345,000
直径13cm；高31cm 北京保利 2022-07-29

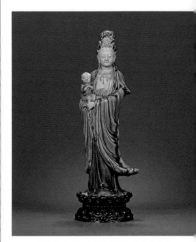

2299 清乾隆 唐英制珐华釉送子观音立像
估　价：RMB 180,000～220,000
成交价：RMB 218,500
高48.5cm 西泠印社 2022-01-22

## 浅绛彩

035 清同治 程门 浅绛清溪桃源图瓷板
估　价：RMB 350,000～400,000
成交价：RMB 437,000
长38.5cm；宽28.7cm 中贸圣佳 2022-07-26

1260 清晚期 金品卿风格 浅绛梅花图大瓶（一对）
"大清光绪年制"楷书款
估　价：RMB 700,000
成交价：RMB 828,000
高60.5cm×2 中贸圣佳 2023-01-01

038 晚清 程门 浅绛山水花鸟高士图琮式瓶
估　价：RMB 200,000～250,000
成交价：RMB 345,000
高29.2cm 中贸圣佳 2022-07-26

5975 清晚期 浅绛彩八骏五牛图龙耳尊
"大清乾隆年制"款
估　价：RMB 250,000～350,000
成交价：RMB 287,500
高46.5cm 中国嘉德 2022-06-02

1037 晚清 胡经生风格 浅绛花鸟图八方花盆
估 价：RMB 120,000~150,000
成交价：RMB 172,500
高23.2cm；长42.3cm 中贸圣佳 2022-07-26

1067 1877年 程门 浅绛山水人物花鸟琮式瓶
估 价：RMB 200,000~250,000
成交价：RMB 414,000
高29cm 中贸圣佳 2022-07-26

1083 1890年 金品卿 浅绛人物故事瓷板
估 价：RMB 300,000~400,000
成交价：RMB 414,000
长39cm；宽26cm 中贸圣佳 2022-07-26

1258 1874年 程门 浅绛山水中堂瓷板
估 价：RMB 1,000,000
成交价：RMB 1,725,000
板长54cm；宽36cm 中贸圣佳 2023-01-01

红彩

1059 1873年 王少维 浅绛秋山图笔筒
估 价：RMB 180,000~200,000
成交价：RMB 230,000
直径9.9cm；高13.9cm 中贸圣佳 2022-07-26

2263 明宣德 黄底红釉扁瓶
"大明宣德年制"款
估 价：RMB 480,000
成交价：RMB 552,000
23cm×26.5cm×14cm 上海嘉禾 2022-01-01

0944 明嘉靖 红黄彩龙纹杯
"大明嘉靖年制"六字双行楷书款
估 价：RMB 120,000~150,000
成交价：RMB 138,000
高4.2cm；直径7.5cm 西泠印社 2022-01-22

0971 明嘉靖 矾红彩双龙捧寿纹水丞
"大明嘉靖年制"矾红双圈六字楷书款
估 价：HKD 300,000~500,000
成交价：RMB 347,646
高5.8cm 佳士得 2022-11-29

0060 明万历 矾红龙凤纹四方梅瓶
"大明万历年制"青花六字楷书款
估 价：RMB 200,000~300,000
成交价：RMB 230,000
高33cm 华艺国际 2022-09-23

2918 明天启 矾红游龙赶珠纹盖罐
"天启年制"矾红四字楷书款
估 价：HKD 80,000~120,000
成交价：RMB 440,352
高15.3cm 佳士得 2022-11-29

5313 清康熙 矾红缠枝花卉纹盘
"大清康熙年制"款
估 价：RMB 400,000~600,000
成交价：RMB 667,000
直径21cm 北京保利 2022-07-28

2140 清康熙 矾红云龙纹大盘
"大清康熙年制"款
估 价：RMB 250,000~350,000
成交价：RMB 552,000
直径33.5cm 中国嘉德 2022-09-27

5314 清康熙 矾红描金"盖雪红"云凤纹碗（一对）
"大清康熙年制"款
估 价：RMB 600,000~800,000
成交价：RMB 885,500
直径11.1cm×2 北京保利 2022-07-28

2256 清康熙 龙凤矾红笔筒
"大清康熙年制"款
估　价：RMB 800,000
成交价：RMB 920,000
19cm×19.5cm 上海嘉禾 2022-01-01

846 清乾隆 矾红彩甘露瓶
估　价：RMB 200,000～300,000
成交价：RMB 368,000
高22cm 北京大羿 2022-09-26

352 清乾隆 白地轧道矾红海水双龙追珠纹碗
"大清乾隆年制"款
估　价：HKD 250,000～300,000
成交价：RMB 289,580
直径9.6cm 香港苏富比 2022-11-25

3508 清雍正 胭脂红彩菊瓣盘
"大清雍正年制"款
估　价：HKD 2,000,000～3,000,000
成交价：RMB 2,808,187
直径17.8cm 香港苏富比 2022-04-29

1103 清乾隆 矾红龙凤杯 （一对）
"乾隆年制" 款
估　价：RMB 600,000
成交价：RMB 805,000
高4.2cm×口径4.9cm×2
浙江御承 2022-08-28

1720 清乾隆 蓝料胭脂红彩云龙纹瓷斗笔
"大清乾隆年制" 款
估　价：RMB 250,000～300,000
成交价：RMB 1,184,500
长17cm 中贸圣佳 2022-07-25

1605 清乾隆 矾红人物故事纹鹿头尊
"大清乾隆年制" 款
估　价：RMB 300,000
成交价：RMB 5,280,000
口径9.8cm；高26cm 浙江御承 2022-12-17

1809 清嘉庆 矾红福寿连绵图高足碗
"大清嘉庆年制" 六字三行篆书款
估　价：RMB 250,000～300,000
成交价：RMB 310,500
口径18.5cm 北京大羿 2022-06-26

675 清道光 珊瑚红五蝠纹碗
"大清道光年制"款
估　价：RMB 80,000～120,000
成交价：RMB 161,000
直径12.5cm 北京保利 2022-07-16

2382 清道光 矾红团龙纹八方杯（一对）
"大清道光年制"六字三行篆书款
估　价：RMB 80,000～120,000
成交价：RMB 575,000
直径6.4cm×2 中国嘉德 2022-06-27

328 清道光 松石绿地矾红彩双龙赶珠纹杯
"大清道光年制"款
估　价：HKD 50,000～70,000
成交价：RMB 138,998
直径8cm 香港苏富比 2022-11-25

3654 清咸丰 矾红彩云龙纹杯
"大清咸丰年制"款
估　价：HKD 300,000～400,000
成交价：RMB 345,623
口径5.9cm 香港苏富比 2022-04-29

643 清光绪 矾红描金双龙戏珠大盘
"大清光绪年制"六字双行楷书款
估　价：RMB 120,000
成交价：RMB 368,000
直径50.7cm 中贸圣佳 2022-07-13

5810 清同治 胭脂红彩五龙图宝珠式卷缸
（一对）
估　价：RMB 200,000～250,000
成交价：RMB 333,500
直径54cm×2 北京保利 2022-07-29

1703 清同治 黄地洪福齐天纹海棠形花盆
（一对）
估　价：RMB 200,000～300,000
成交价：RMB 460,000
高32cm×2 华艺国际 2022-09-23

92 清光绪 胭脂红彩双龙戏珠纹折沿大盘
"大清光绪年制"六字双行楷书款
古 价：RMB 80,000～120,000
成交价：RMB 184,000
高5cm；直径34.5cm 保利厦门 2022-10-22

07 民国 鎏金铁红彩瓷匾额"迎祥"瓷板
古 价：HKD 15,000
成交价：RMB 324,329
高45.5cm 香港苏富比 2022-11-25

230 民国 王步 矾红罗汉传经图挂盘
款："长湖"
古 价：RMB 350,000
成交价：RMB 552,000
直径18.7cm 中贸圣佳 2023-01-01

黄 彩

835 明嘉靖 红地黄彩云龙海水纹罐
"大明嘉靖年制"六字双行楷书款
估 价：RMB 1,500,000～2,500,000
成交价：RMB 1,955,000
高14cm 北京大羿 2022-06-26

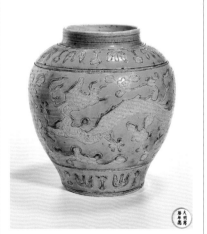

2050 明万历 绿地黄彩龙凤纹罐
"大明万历年制"楷书款
估 价：RMB 600,000～900,000
成交价：RMB 920,000
高16cm 中贸圣佳 2022-10-27

1026 清康熙 蓝地黄彩云龙赶珠纹碗（一对）
"大清康熙年制"楷书款
估 价：RMB 300,000～500,000
成交价：RMB 736,000
直径13.2cm×2；高6.4cm×2
中贸圣佳 2023-01-01

2224 清雍正 洒蓝地沥粉出筋黄釉栀子花大盘
"大清雍正年制"款
估　价：RMB 2,200,000～3,200,000
成交价：RMB 4,485,000
直径33cm 中鸿信 2022-09-11

绿　彩

3235 隋 绿彩弦纹盘口瓶
估　价：HKD 180,000～220,000
成交价：RMB 533,520
高15.6cm；直径5.3cm 保利香港 2022-07-14

1130 清乾隆 蓝地黄釉龙赶珠纹盘
"大清乾隆年制"六字篆书款
估　价：USD 15,000～25,000
成交价：RMB 682,645
直径25cm 纽约佳士得 2022-03-25

2005 清乾隆 蓝地黄彩龙纹大盘
"大清乾隆年制"篆书款
估　价：RMB 280,000～350,000
成交价：RMB 494,500
口径24.9cm 中贸圣佳 2022-10-27

820 明正德 白地绿彩云龙纹盘
"大明正德年制"六字双行楷书款
估　价：RMB 600,000～800,000
成交价：RMB 862,500
口径17.7cm 北京大羿 2022-06-26

617 明正德 绿彩龙纹盘
"大明正德年制" 款
估　价：RMB 1,500,000~2,000,000
成交价：RMB 1,725,000
直径20.1cm 北京保利 2022-07-28

819 明正德 白地绿彩暗刻云龙纹碗
"大明正德年制" 六字双行楷书款
估　价：RMB 250,000~350,000
成交价：RMB 632,500
口径19.8cm 北京大羿 2022-06-26

4967 清康熙 青花地绿彩云龙纹大盘
"大清康熙年制" 款
估　价：RMB 1,000~2,000
成交价：RMB 161,000
直径33cm 中国嘉德 2022-05-31

1051 明嘉靖 御制黄地绿彩海水江崖九龙纹缸
"大明嘉靖年制" 六字单行楷书款
估　价：RMB 2,000,000~3,000,000
成交价：RMB 2,530,000
直径48.5cm 永乐拍卖 2022-07-24

1185 明万历 黄地绿彩开光刻云龙纹罐
"大明万历年制" 六字双行楷书款
估　价：RMB 150,000~250,000
成交价：RMB 276,000
高16.3cm 中贸圣佳 2022-07-26

1182 清康熙 暗刻海水绿彩云龙纹宫碗
"大清康熙年制"六字双行楷书款
估　价：RMB 180,000～300,000
成交价：RMB 402,500
直径21.6cm；高9.3cm 中贸圣佳 2022-07-26

3802 清雍正 黄地绿彩海水云龙双贯耳橄榄瓶
"大清雍正年制"款
估　价：HKD 3,000,000～4,000,000
成交价：RMB 9,093,742
高30.5cm 香港苏富比 2022-10-09

1717 清康熙 黄地绿彩皇八子图碗
"大清康熙年制"六字楷书款
估　价：RMB 200,000～300,000
成交价：RMB 230,000
直径15.4cm 华艺国际 2022-09-23

1050 清康熙 黄地绿彩庭院婴戏图碗
"大清康熙年制"楷书款
估　价：RMB 150,000～180,000
成交价：RMB 172,500
直径15.5cm；高6.9cm 中贸圣佳 2023-01-01

807 清康熙 黄地绿彩龙纹碗
"大清康熙年制"六字双行楷书款
估　价：RMB 180,000～280,000
成交价：RMB 460,000
口径15cm 北京大羿 2022-12-18

3506 清康熙 黄地绿彩云龙戏珠纹碗
"大清康熙年制"款
估　价：HKD 200,000～300,000
成交价：RMB 367,224
直径10.3cm 香港苏富比 2022-04-29

1716 清康熙 黄地绿彩团花鸡心碗
"大清康熙年制"六字二行楷书款
估　价：RMB 160,000～260,000
成交价：RMB 368,000
直径13cm 华艺国际 2022-09-23

342 清雍正 绿彩龙纹盖罐
"大清雍正年制"款
估　价：RMB 2,000,000~3,000,000
成交价：RMB 2,875,000
高19.5cm 北京保利 2022-07-28

2868 清雍正 墨地绿彩缠枝莲纹胆瓶
"大清雍正年制"双圈三行六字楷书款
估　价：HKD 200,000~300,000
成交价：RMB 756,050
高19.7cm 佳士得 2022-05-30

651 清雍正 墨地绿彩花鸟图盘
"大清雍正年制"款
估　价：HKD 1,600,000~3,600,000
成交价：RMB 1,823,270
直径14.9cm 香港苏富比 2022-10-09

5341 清雍正 黄地绿彩花鸟寿桃纹碗
"大清雍正年制"款
估　价：RMB 400,000~500,000
成交价：RMB 483,000
直径12.2cm 北京保利 2022-07-28

2039 清雍正 黄釉绿彩暗刻团龙纹碗
"大清雍正年制"楷书款
估　价：RMB 800,000～1,200,000
成交价：RMB 1,610,000
口径14.4cm；高6.9cm 中贸圣佳 2022-10-27

2840 清乾隆 绿彩云龙纹盖罐
"大清乾隆年制"六字三行篆书款
估　价：RMB 750,000～1,000,000
成交价：RMB 1,150,000
高21cm 中国嘉德 2022-06-27

6610 清乾隆 黄地绿彩螭龙小贯耳瓶
"大清乾隆年制"款
估　价：RMB 600,000～800,000
成交价：RMB 805,000
高13.6cm 北京保利 2022-07-29

2346 清乾隆 黄地绿彩云龙纹茶碗
"大清乾隆年制"六字三行篆书款
估　价：RMB 300,000～500,000
成交价：RMB 437,000
直径10.3cm 中国嘉德 2022-06-27

75 清乾隆 绿彩缠枝高足供碗
"大清乾隆年制"款
估　价：RMB 200,000
成交价：RMB 345,000
高13cm；口径14.5cm 浙江御承 2022-08-28

632 清道光 黄地绿龙盘（一对）
"慎德堂制"四字双行楷书款
估　价：RMB 300,000～500,000
成交价：RMB 563,500
高3.5cm×2；直径16cm×2
保利厦门 2022-10-22

627 清嘉庆 白地轧道海水绿彩云龙纹盖碗
"大清嘉庆年制"六字三行篆书款
估　价：RMB 100,000～200,000
成交价：RMB 287,500
高8.5cm；直径11cm 保利厦门 2022-10-22

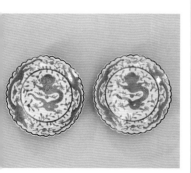

44 清嘉庆 黄地绿彩龙纹花口碟（一对）
"大清嘉庆年制"六字三行篆书款
估　价：RMB 60,000
成交价：RMB 264,500
直径13.2cm×2 中贸圣佳 2022-06-7

## 蓝 彩

1058 清同治 黄地蓝彩寿字纹碗
矾红四字楷书款
估　价：USD 8,000～12,000
成交价：RMB 334,777
直径21cm 纽约佳士得 2022-09-23

## 紫 彩

99 清乾隆 绿地紫彩海水云龙纹碗（一对）
"大清乾隆年制"六字三行篆书款
估　价：RMB 300,000～500,000
成交价：RMB 345,000
直径11.1cm×2 北京中汉 2022-12-09

1003 清乾隆 御制绿地紫彩云龙赶珠纹碗
（一对）
"大清乾隆年制"六字三行篆书款
估　价：RMB 400,000～700,000
成交价：RMB 644,000
直径11.1cm×2 永乐拍卖 2022-07-24

## 褐 彩

3042 清康熙 绿地赭彩暗刻龙纹碗（一对）
"大清康熙年制"款
估　价：HKD 600,000～900,000
成交价：RMB 651,168
直径10.3cm×2；高5.5cm×2
保利香港 2022-10-10

1995 明 湖田窑点褐彩立狮
估　价：RMB 50,000～60,000
成交价：RMB 80,500
高9.8cm 西泠印社 2022-01-22

## 仿古铜彩

89 清乾隆 仿古铜釉尊
"乾隆年制" 款
估　价：RMB 200,000
成交价：RMB 230,000
高15cm；口径8cm 浙江御承 2022-08-28

1190 清 古铜彩三足琴炉
"大清乾隆年制" 款
估　价：RMB 200,000～300,000
成交价：RMB 552,000
直径6.2cm 荣宝斋（南京） 2022-12-8

## 金 彩

2345 明嘉靖 黑漆描金龙纹笔
"大明嘉靖年制" 款
估　价：RMB 150,000～200,000
成交价：RMB 207,000
长28cm 中贸圣佳 2022-10-27

44 清康熙 洒蓝地描金开光人物纹大花觚
估　价：RMB 150,000～250,000
成交价：RMB 402,500
高71.5cm 北京大羿 2022-09-25

1207 清晚期 古铜彩双耳大瓶
"大清乾隆年制" 篆书款
成交价：RMB 103,500
高54cm 中贸圣佳 2022-09-26

316 清康熙 洒蓝釉描金四艺图笔筒
估　价：HKD 120,000～150,000
成交价：RMB 301,163
直径18.1cm 香港苏富比 2022-11-25

88 清雍正 白釉描金象耳炉
估　价：RMB 300,000
成交价：RMB 437,000
高6cm；口径8.5cm 浙江御承 2022-08-28

2864 清乾隆 蓝地描金缠枝莲纹双螭龙耳瓶
"大清乾隆年制"矾红六字篆书款
估　价：HKD 600,000～800,000
成交价：RMB 810,054
高35cm 佳士得 2022-05-30

2816 清雍正十二年（1734年）唐英制珊瑚红釉湖水绿釉描金供盘
"普陀山圆通殿""雍正甲寅（1734年）沈阳唐英敬制"楷书款
估　价：RMB 1,200,000～2,200,000
成交价：RMB 1,380,000
直径20cm 中国嘉德 2022-06-27

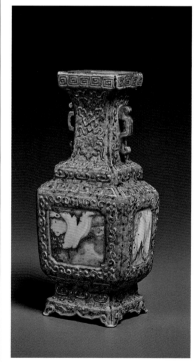

1167 清雍正 宝石蓝釉描金三多瑞果纹内矾红果子纹小茶碗
"大清雍正年制"六字双行楷书款
估　价：RMB 150,000～200,000
成交价：RMB 529,000
高5cm；直径12cm 中贸圣佳 2022-07-26

1038 清乾隆 松石绿地描金开光仿石纹方瓶
"大清乾隆年制"描金六字篆书款
估　价：USD 60,000～80,000
成交价：RMB 396,446
高14cm 纽约佳士得 2022-09-23

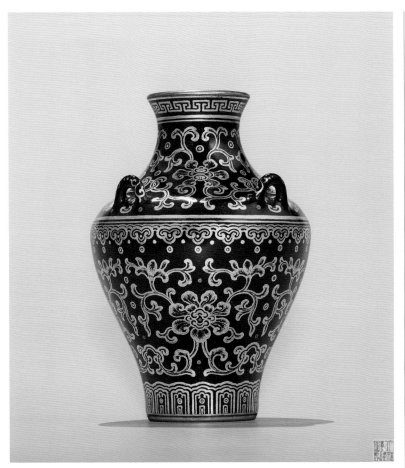

232 清乾隆 蓝釉描金彩盘
"大清乾隆年制"款
估　价：HKD 80,000～150,000
成交价：RMB 160,027
直径20cm 华艺国际 2022-11-27

5670 清乾隆 宝石蓝釉地洋金彩四系小尊
"大清乾隆年制"款
估　价：RMB 7,000,000～9,000,000
成交价：RMB 9,200,000
高11.5cm 北京保利 2022-07-28

52 清乾隆 天蓝釉描金三足炉
"乾隆年制"款
估　价：RMB 300,000
成交价：RMB 460,000
高7cm；口径7cm 浙江御承 2022-08-28

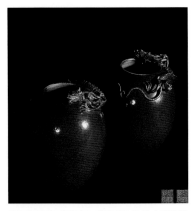

343 清乾隆 戴润斋旧藏珊瑚红地描金贴塑螭
龙纹罐（一对）
"大清乾隆年制"六字三行篆书款
估　价：RMB 500,000
成交价：RMB 575,000
高17.5cm×2 浙江佳宝 2022-03-13

1174 清乾隆 唐英制乌金釉黑地描金山水纹莱
菔尊
"大清乾隆年制"六字三行篆书款
估　价：RMB 500,000～800,000
成交价：RMB 920,000
高13.8cm 中贸圣佳 2022-07-26

61 清乾隆 珊瑚红地剔刻诗文笔筒
"大清乾隆年制"款
估　价：RMB 200,000
成交价：RMB 402,500
高16cm；口径10cm 浙江御承 2022-08-28

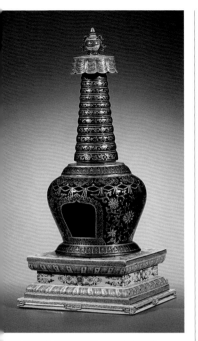

2808 清乾隆 霁蓝釉描金缠枝莲纹佛塔
估　价：RMB 400,000～500,000
成交价：RMB 517,500
高32.5cm 西泠印社 2022-08-20

1032 清嘉庆 御制珊瑚红地描金福庆万年双龙
耳撇口尊
"大清嘉庆年制"六字三行篆书款
估　价：RMB 1,800,000～2,200,000
成交价：RMB 2,070,000
高68cm 永乐拍卖 2022-07-24

1062 清嘉庆 珊瑚红地描金五蝠拱寿纹盘
（一对）
"大清嘉庆年制"六字三行篆书款
估　价：RMB 480,000～600,000
成交价：RMB 552,000
高3.6cm×2；直径16.5cm×2
广东崇正 2022-12-25

2077 清嘉庆 蓝地描金龙纹贲巴壶
"大清嘉庆年制"六字三行篆书款
估　价：RMB 1,600,000～1,800,000
成交价：RMB 2,645,000
高19.7cm；长14.3cm 西泠印社 2022-01-22

1020 清嘉庆 蓝地描金寿字莲纹杯
"大清嘉庆年制"六字三行篆书款
估　价：HKD 80,000～120,000
成交价：RMB 364,201
直径8.2cm 中国嘉德 2022-10-07

3914 清同治 珊瑚红釉描金喜字碗
"燕喜同和" 款
估　价：RMB 30,000～50,000
成交价：RMB 207,000
直径13cm 中国嘉德 2022-05-29

4061 清道光 蓝釉描金福寿三多缠枝莲纹壮罐 （一对）
"大清道光年制" 款
估　价：RMB 800,000～1,200,000
成交价：RMB 920,000
高27.5cm×2 中国嘉德 2022-05-29

1634 清道光 冬青釉描金缠枝莲纹海棠形花盆
"大清道光年制" 六字三行篆书款
估　价：RMB 180,000～280,000
成交价：RMB 322,000
高8cm；长21.5cm 保利厦门 2022-10-22

4080 民国 金彩 "兰花御纹章" 餐具 （十五件）
"宫" 款
估　价：RMB 10,000～20,000
成交价：RMB 218,500
尺寸不一 中国嘉德 2022-05-29

222 清光绪 蓝地描金皮球花赏瓶
估　价：RMB 160,000～260,000
成交价：RMB 287,500
高39.5cm 上海嘉禾 2022-11-20

# 白 花

39 明宣德 宝石红地暗刻花纹蟋蟀罐
"大明宣德年制" 款
估 价：RMB 300,000
成交价：RMB 460,000
高10cm；口径13.5cm 浙江御承 2022-08-28

47 明成化 黄地白龙纹杯
"大明成化年制" 款
估 价：RMB 200,000
成交价：RMB 345,000
高5cm；口径6.5cm；底径2.5cm
浙江御承 2022-08-28

199 明 祭红留白花鸟大碗
"大明宣德年制" 款
估 价：RMB 480,000
成交价：RMB 552,000
8cm×8cm 上海嘉禾 2022-01-01

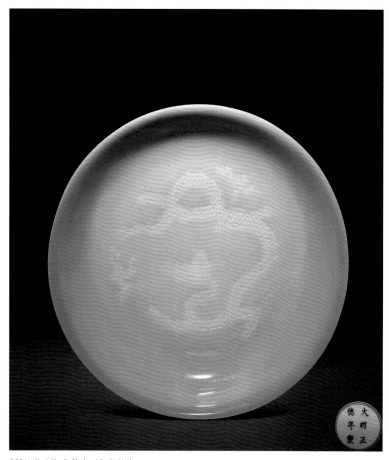

6631 明正德 白釉火石红龙纹盘
"大明正德年制" 款
估 价：RMB 600,000～800,000
成交价：RMB 977,500
直径21.8cm 北京保利 2022-07-29

2793 明万历 蓝釉堆白鱼藻纹盘
"大明万历年制" 六字双行楷书款
估 价：RMB 150,000～250,000
成交价：RMB 299,000
直径15cm 中国嘉德 2022-06-27

7 清雍正 宝石蓝釉留白模印鱼藻纹盉碗
"大清雍正年制" 六字三行楷书款
估 价：RMB 260,000～400,000
成交价：RMB 414,000
直径17.4cm 北京中汉 2022-08-08

5343 清雍正 洒蓝地留白模印花卉纹盘
"大清雍正年制"款
估　价：RMB 800,000～1,200,000
成交价：RMB 1,322,500
直径33.2cm 北京保利 2022-07-28

17 清雍正 洒蓝釉留白沥粉折枝菊花纹葵口碗
"大清雍正年制"六字双行楷书款
估　价：RMB 150,000～250,000
成交价：RMB 368,000
口径19.2cm 北京大羿 2022-12-25

3643 清乾隆 珊瑚红地留白秀竹纹碗
"大清乾隆年制"款
估　价：HKD 500,000～700,000
成交价：RMB 569,772
口径11.7cm 香港苏富比 2022-10-09

3643 清雍正 洒蓝地留白菊纹碗
"大清雍正年制"款
估　价：HKD 600,000～800,000
成交价：RMB 648,043
口径19.8cm 香港苏富比 2022-04-29

879 清乾隆 珊瑚红地留白花卉纹碗
"大清乾隆年制"款
估　价：RMB 50,000～80,000
成交价：RMB 299,000
直径12.8cm 北京大羿 2022-09-26

305 清乾隆 珊瑚红地留白缠枝莲花纹碗（一对）
"大清乾隆年制" 款
估　价：HKD 600,000～800,000
成交价：RMB 926,654
直径12.8cm×2 香港苏富比 2022-11-25

3089 清道光 矾红留白花卉碗（一对）
"大清道光年制" 款
估　价：RMB 150,000～200,000
成交价：RMB 402,500
直径13cm×2 北京荣宝 2022-07-24

## 墨　彩

503 清乾隆 珊瑚红地留白竹纹小碗（一对）
"大清乾隆年制" 款
估　价：HKD 2,000,000～3,000,000
成交价：RMB 1,944,129
直径11.8cm×2 香港苏富比 2022-04-29

5422 元末明初 孔雀蓝釉黑彩仙人梅瓶
估　价：RMB 300,000～400,000
成交价：RMB 345,000
高26.8cm 北京保利 2022-07-28

222 清道光 珊瑚红地留白清风幽篁图大碗（一对）
"大清道光年制" 六字三行篆书款
估　价：RMB 250,000～350,000
成交价：RMB 575,000
直径18.3cm×2；高8.7cm×2 中贸圣佳 2022-07-26

838 清道光 珊瑚红地留白缠枝花卉纹碗
"大清道光年制" 六字三行篆书款
估　价：RMB 250,000～350,000
成交价：RMB 506,000
口径13cm 北京大羿 2022-12-18

1935 清雍正 墨彩通景山水图笔筒
估　价：RMB 350,000～400,000
成交价：RMB 402,500
高13.5cm；直径17.1cm 西泠印社 2022-01-22

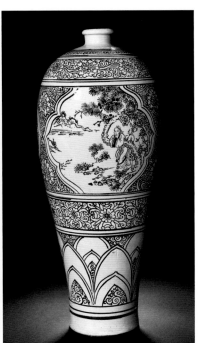

1186 明 白地黑花菱花开光松风高隐图梅瓶
估 价：RMB 500,000～1,000,000
成交价：RMB 1,380,000
高41.5cm 中贸圣佳 2022-07-26

2231 清雍正 仿木釉山水人物笔筒
"大清雍正年制" 款
估 价：RMB 380,000
成交价：RMB 517,500
15cm×14.2cm 上海嘉禾 2022-01-01

1020 清乾隆 米黄地墨彩山水纹小碗（十只）
"乾隆年制" 篆书款
成交价：RMB 166,750
直径9.7cm×10；高5cm×10
中贸圣佳 2023-01-01

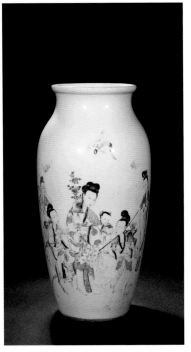

6603 清雍正 墨彩女仙图大尊
估 价：RMB 300,000～500,000
成交价：RMB 345,000
高48.5cm 北京保利 2022-07-29

1041 清乾隆 墨彩唐英风格云龙纹笔筒
估 价：RMB 350,000～550,000
成交价：RMB 1,667,500
高9.5cm 永乐拍卖 2022-07-24

1136 清乾隆 墨彩四体书法诗文四方笔筒
"大清乾隆年制" 六字三行篆书款
估 价：RMB 90,000～120,000
成交价：RMB 1,207,500
高8.4cm 中贸圣佳 2022-07-26

1014 清乾隆 唐英制仿石纹釉墨彩"墨池闻香"笔筒
"乾隆年制""墨池闻香""片月""陶""铸"款
估 价：HKD 1,800,000～2,800,000
成交价：RMB 6,171,840
高9.3cm 华艺国际 2022-05-29

1048 清乾隆 唐英制墨彩诗文笔筒
估 价：RMB 900,000～1,200,000
成交价：RMB 1,150,000
高10.5cm 永乐拍卖 2022-07-24

818 清乾隆三十一年（1766年） 墨彩菊花书
法笔筒
"乾隆年制"篆书款
估 价：RMB 80,000～120,000
成交价：RMB 402,500
直径6.8cm；高9cm 中贸圣佳 2022-12-31

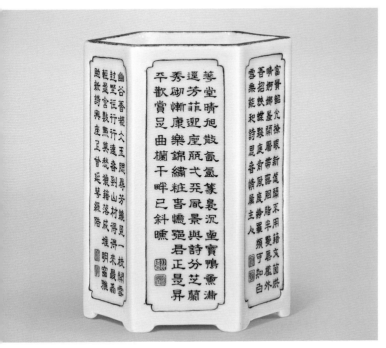

1047 清乾隆 御制墨彩六方御题诗文笔筒
"大清乾隆年制"六字三行篆书款
估 价：RMB 4,000,000～4,800,000
成交价：RMB 4,600,000
高11cm 永乐拍卖 2022-07-24

13 清同治 御制黄地墨彩花鸟纹四方倭角花盆
（一对）
"体和殿制"款
估 价：RMB 100,000～150,000
成交价：RMB 310,500
21.7cm×16.2cm×12.3cm×2
永乐拍卖 2022-07-24

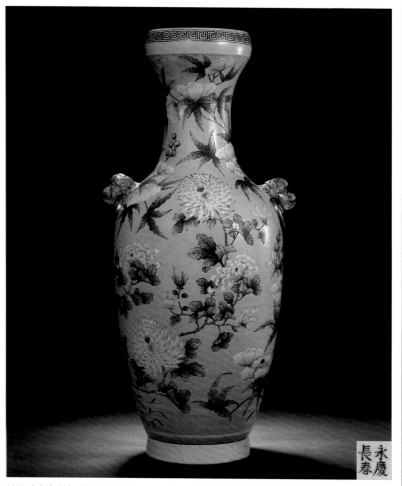

6620 清光绪 粉红地墨彩花卉纹狮耳大瓶
"永庆长春"款
估　价：RMB 1,200,000~1,600,000
成交价：RMB 1,725,000
高60.6cm 北京保利 2022-07-29

6621 清光绪 体和殿制黄地墨彩花卉纹圆花盆
及盆奁
"体和殿制"款
估　价：RMB 350,000~550,000
成交价：RMB 609,500
直径17.3cm；直径17.1cm
北京保利 2022-07-29

1012 清光绪 大雅斋制松石绿地墨彩花鸟纹卷缸
"大雅斋""永庆长春"楷书款
估　价：RMB 250,000~350,000
成交价：RMB 402,500
直径26.3cm；高28.4cm 中贸圣佳 2023-01-01

1259 清光绪 程门 墨彩山水图瓷板
估　价：RMB 180,000
成交价：RMB 287,500
瓷板长41.5cm；宽28cm 中贸圣佳 2023-01-01

257 清光绪 黄地墨彩花卉纹花盆
"大雅斋"三字单行楷书款
估　价：RMB 50,000~80,000
成交价：RMB 207,000
口径40.4cm 北京大羿 2022-09-26

48 清光绪 松石绿地墨彩花鸟纹缸
"大雅斋"三字一行楷书款、"永庆长春"款
估　价：RMB 600,000~800,000
成交价：RMB 747,500
高22cm 北京大羿 2022-12-25

1058 民国 王步 黄釉刻花墨彩寒梅双学士图瓷板（一套四片）
估　价：RMB 600,000～800,000
成交价：RMB 977,500
22.9cm×8.1cm×4 中贸圣佳 2022-07-26

1013 民国 周湘甫 墨彩描金大富贵亦寿考图瓶（一对）
"大清乾隆年制"款
估　价：RMB 500,000～600,000
成交价：RMB 1,058,000
高50cm×2 中贸圣佳 2022-07-26

1251 1959年 周湘甫 墨彩描金还我河山图瓷板
估　价：RMB 550,000
成交价：RMB 667,000
瓷板长37cm；宽25cm 中贸圣佳 2023-01-01

## 刻剔彩

52 民国 何许人 雪景诗文瓶（一对）
底款："许人出品"
估　价：RMB 800,000～1,200,000
成交价：RMB 1,092,500
高18cm×2 北京保利 2022-11-12

3091 北宋 磁州窑刻钟馗纹盘
估　价：HKD 150,000～250,000
成交价：RMB 164,160
直径11.4cm 保利香港 2022-07-14

921 明 白釉剔刻牡丹纹球腹形束口罐
估　价：RMB 800,000～1,200,000
成交价：RMB 1,495,000
高13.7cm 中贸圣佳 2022-07-26

5244 明 磁州窑刻花纹玉壶春瓶
估　价：RMB 100,000～150,000
成交价：RMB 138,000
高24cm 北京保利 2022-07-28

### 其他彩瓷

3114 清雍正 内暗花龙纹外黑漆嵌螺钿高士图
茶圆（一对）
估　价：RMB 300,000～500,000
成交价：RMB 690,000
直径9.6cm×2 中国嘉德 2022-12-26

1093 北宋/金 绞胎纹碗
估　价：USD 6,000～8,000
成交价：RMB 361,400
直径15.5cm 纽约佳士得 2022-03-25

### 现当代瓷器

27 御窑瓷映向 山海
估　价：RMB 300,000～500,000
成交价：RMB 575,000
高70cm；高50cm；高44cm
北京保利 2022-11-12

2007 2013年 黄美尧 云外亲情·青巧瓷瓶
估　价：RMB 1,800,000～2,300,000
成交价：RMB 2,070,000
高61.5cm；直径27cm 景德镇华艺 2022-01-15

### 色釉瓷

#### 红　釉

105 明嘉靖 "黄上红"彩三足爵杯
估　价：RMB 70,000
成交价：RMB 80,500
高7.8cm 中贸圣佳 2022-08-13

912 清康熙 郎窑红釉长颈瓶
估 价：USD 8,000～12,000
成交价：RMB 660,744
高41.3cm 纽约佳士得 2022-09-23

1114 明正德 珊瑚红釉渣斗
"大明正德年制"六字二行楷书款
估 价：HKD 1,800,000～2,200,000
成交价：RMB 1,876,188
直径14cm 中国嘉德 2022-10-07

1121 或为清康熙 豇豆红釉太白尊
估 价：USD 20,000～30,000
成交价：RMB 843,267
直径12.4cm 纽约佳士得 2022-03-25

5310 清康熙 豇豆红苹果尊
"大清康熙年制"款
估 价：RMB 300,000～500,000
成交价：RMB 1,782,500
宽9cm 北京保利 2022-07-28

1121 清康熙 豇豆红釉菊瓣瓶
"大清康熙年制"六字二行楷书款
估 价：HKD 2,200,000～2,800,000
成交价：RMB 2,428,008
高22.5cm 中国嘉德 2022-10-07

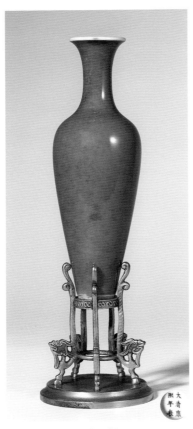

5309 清康熙 豇豆红釉柳叶瓶
"大清康熙年制"款
估 价：RMB 2,600,000～3,600,000
成交价：RMB 3,680,000
高15.5cm 北京保利 2022-07-28

3018 清康熙 豇豆红釉暗刻团螭纹太白尊
"大清康熙年制"款
估 价：HKD 250,000～350,000
成交价：RMB 636,120
高8.6cm；直径12.6cm 保利香港 2022-07-14

801 清康熙 郎窑红釉撇口尊
估　价：RMB 80,000～120,000
成交价：RMB 437,000
直径11.2cm；高9.7cm 中贸圣佳 2022-12-31

105 清康熙 郎窑红釉将军罐
估　价：RMB 10,000～20,000
成交价：RMB 287,500
高33cm 北京中汉 2022-04-27

5312 清康熙 豇豆红釉堆塑绿彩盘龙尊
"大清康熙年制"款
估　价：RMB 2,000,000～3,000,000
成交价：RMB 3,910,000
高20.1cm 北京保利 2022-07-28

5311 清康熙 豇豆红釉莱菔尊
"大清康熙年制"款
估　价：RMB 1,600,000～2,600,000
成交价：RMB 2,357,500
高19.9cm 北京保利 2022-07-28

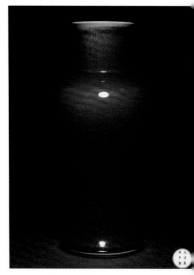

5306 清康熙 豇豆红釉太白尊
"大清康熙年制"款
估　价：RMB 1,000,000～1,500,000
成交价：RMB 1,150,000
直径12.8cm 北京保利 2022-07-28

2162 清康熙 郎红观音尊
"大清康熙年制"款
估　价：RMB 700,000
成交价：RMB 862,500
高34.5cm 上海嘉禾 2022-01-01

5301 清康熙 仿宣窑宝石红釉僧帽壶
"大明宣德年制" 款
估　价：RMB 1,000,000~1,500,000
成交价：RMB 1,840,000
高19.5cm 北京保利 2022-07-28

5303 清康熙 郎窑红釉镶白玉铺首炉
估　价：RMB 1,000,000~1,500,000
成交价：RMB 1,725,000
直径25cm 北京保利 2022-07-28

5635 清康熙 红釉盘（一对）
"大清康熙年制" 款
估　价：RMB 150,000~200,000
成交价：RMB 299,000
直径15.9cm×2；高3.4cm×2 北京保利 2022-07-29

705 清康熙 霁红釉大碗
"大清康熙年制" 楷书款
成交价：RMB 517,500
直径22.5cm；高10.6cm 中贸圣佳 2022-09-25

5307 清康熙 豇豆红釉镗锣洗
"大清康熙年制" 款，青花 "文" 字号
估　价：RMB 2,200,000~3,200,000
成交价：RMB 3,680,000
直径11.7cm 北京保利 2022-07-28

1608 清康熙 御窑豇豆红釉镗锣洗
"大清康熙年制" 六字三行楷书款
成交价：RMB 747,500
高3.5cm；宽11.5cm 保利厦门 2022-10-22

1605 清康熙 霁红釉水盂
"大清康熙年制"六字双行楷书款
估　价：RMB 200,000～300,000
成交价：RMB 897,000
高11cm 保利厦门 2022-10-22

38 清雍正 御制霁红釉梅瓶
"大清雍正年制"款
估　价：RMB 800,000～1,200,000
成交价：RMB 1,840,000
高22cm 永乐拍卖 2022-07-24

2807 清雍正 红釉小玉壶春瓶
"大清雍正年制"六字双行楷书款
估　价：RMB 900,000～1,500,000
成交价：RMB 2,357,500
高23.8cm 中国嘉德 2022-06-27

5351 清雍正 火焰红釉洗口弦纹尊
"雍正年制"款
估　价：RMB 3,600,000～4,600,000
成交价：RMB 5,750,000
高34cm 北京保利 2022-07-28

5328 清雍正 胭脂水盘 （一对）
"大清雍正年制" 款
估　价：RMB 2,200,000～3,200,000
成交价：RMB 2,070,000
口径13.4cm×2 北京保利 2022-07-28

2038 清雍正 胭脂红釉菊瓣盘
"大清雍正年制" 楷书款
估　价：RMB 600,000～1,000,000
成交价：RMB 1,035,000
口径17.3cm 中贸圣佳 2022-10-27

2815 清雍正 内洋彩瑞果纹外胭脂红釉茶圆
"大清雍正年制" 六字双行楷书款
估　价：RMB 3,000,000～5,000,000
成交价：RMB 3,795,000
直径9.5cm 中国嘉德 2022-06-27

1004 清雍正 红釉卧足杯
"大清雍正年制" 六字二行楷书款
估　价：HKD 50,000～70,000
成交价：RMB 386,274
直径5.5cm 中国嘉德 2022-10-07

3507 清雍正 红釉敞口碗
"大清雍正年制" 款
估　价：HKD 500,000～700,000
成交价：RMB 540,036
直径18.5cm 香港苏富比 2022-04-29

5302 清雍正 宝石红釉杯
"大清雍正年制" 款
估　价：RMB 300,000～500,000
成交价：RMB 483,000
直径7.3cm 北京保利 2022-07-28

3115 清雍正 内暗花龙纹外胭脂红釉茶圆
"雍正年制" 四字双行楷书款
估　价：RMB 1,500,000～2,500,000
成交价：RMB 2,185,000
直径9.7cm 中国嘉德 2022-12-26

3968 清雍正 红釉花盆带奁
"大清雍正年制"款
估　价：RMB 200,000～300,000
成交价：RMB 287,500
直径20.3cm 中国嘉德 2022-05-28

2459 清乾隆 钧红釉钵式案缸
"大清乾隆年制"六字三行篆书款
估　价：RMB 200,000～300,000
成交价：RMB 299,000
直径21.8cm 中国嘉德 2022-06-27

1055 清咸丰 霁红釉碗（连民国原锦盒）
"大清咸丰年制"楷书款
估　价：RMB 180,000～250,000
成交价：RMB 310,500
直径15.5cm；高6.6cm 中贸圣佳 2023-01-01

539 清乾隆 霁红釉荸荠瓶（带座）
"大清乾隆年制"六字三行篆书款
估　价：RMB 650,000～1,000,000
成交价：RMB 1,150,000
高17.1cm 华艺国际 2022-07-29

238 清乾隆 祭红釉六方瓶
"大清乾隆年制"款
估　价：HKD 1,800,000～2,200,000
成交价：RMB 1,655,460
高67cm 华艺国际 2022-11-27

2843 清咸丰 红釉玉壶春瓶
"大清咸丰年制"六字双行楷书款
估　价：RMB 800,000～1,200,000
成交价：RMB 1,092,500
高30cm 中国嘉德 2022-06-27

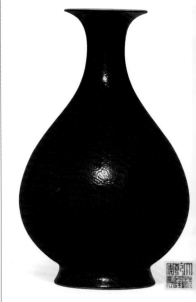

1028 清 胭脂红釉玉壶春瓶
"大清乾隆年制"款
估　价：RMB 400,000～600,000
成交价：RMB 805,000
30cm×17cm 荣宝斋（南京）2022-12-8

# 黄 釉

3629 明弘治 娇黄釉盘
"大明弘治年制"款
估　价：RMB 1,000,000～1,500,000
成交价：RMB 1,150,000
直径21.8cm 北京保利 2022-07-29

3250 唐 邢窑黄釉罐
估　价：HKD 150,000～200,000
成交价：RMB 359,100
高7.1cm；直径4.4cm 保利香港 2022-07-14

1714 明弘治 明黄釉大碗
"大明弘治年制"六字楷书款
估　价：RMB 800,000～1,200,000
成交价：RMB 920,000
直径20.2cm 华艺国际 2022-09-23

910 明正德 娇黄釉盘
"大明正德年制"六字双行楷书款
估　价：RMB 180,000～250,000
成交价：RMB 586,500
直径17.5cm 中贸圣佳 2022-07-26

3634 明嘉靖 黄釉撇口碗
"大明嘉靖年制"款
估　价：HKD 300,000～500,000
成交价：RMB 626,441
直径17.8cm 香港苏富比 2022-04-29

2054 明嘉靖 娇黄釉仰钟式小杯
"大明嘉靖年制"楷书款
估　价：RMB 60,000～80,000
成交价：RMB 241,500
口径8.8cm；高5.1cm 中贸圣佳 2022-10-27

807 明嘉靖 娇黄釉碟
"嘉靖年制"六字双行楷书款
估　价：RMB 50,000～80,000
成交价：RMB 264,500
直径12.5cm 北京大羿 2022-09-26

2003 明 龙泉窑米黄釉花插
盒盖题签：南宋青磁（瓷）大内瓶。
估　价：RMB 900,000～1,200,000
成交价：RMB 1,035,000
高18.3cm；直径7.1cm 西泠印社 2022-01-22

1026 清康熙 黄釉暗刻龙纹盘 （一对）
"大清康熙年制"六字二行楷书款
估　价：HKD 400,000～600,000
成交价：RMB 717,366
直径24.7cm×2 中国嘉德 2022-10-07

5957 明 黄釉碗
"大明成化年制"款
估　价：RMB 200,000～300,000
成交价：RMB 402,500
直径19.7cm 北京保利 2022-07-29

2102 清康熙 黄釉罐
"大清康熙年制"六字三行楷书款
估　价：RMB 280,000～300,000
成交价：RMB 402,500
高20.5cm；直径20.3cm 西泠印社 2022-01-22

2 清康熙 浇黄釉大碗
"大清康熙年制"六字双行楷书款
估　价：RMB 150,000～300,000
成交价：RMB 529,000
直径38cm 北京中汉 2022-09-29

5323 清雍正 米黄釉碗
"大清雍正年制" 款
估　价：RMB 400,000～600,000
成交价：RMB 805,000
直径12cm 北京保利 2022-07-28

1168 清雍正 柠檬黄釉茶圆
"大清雍正年制" 六字双行楷书款
估　价：RMB 260,000～350,000
成交价：RMB 644,000
直径11.4cm；高5.6cm 中贸圣佳 2022-07-26

1214 清雍正 娇黄釉杯
"大清雍正年制" 六字双行楷书款
估　价：RMB 180,000～300,000
成交价：RMB 379,500
直径11.4cm；高6cm 中贸圣佳 2022-07-26

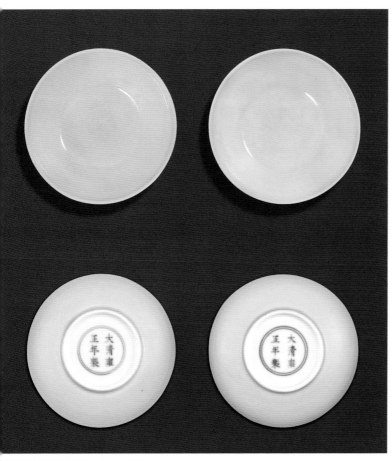

3509 清雍正 柠檬黄釉小盘 （一对）
"大清雍正年制" 款
估　价：HKD 1,500,000～2,500,000
成交价：RMB 1,620,108
直径7.8cm×2 香港苏富比 2022-04-29

2709 清雍正 柠檬黄釉杯 （一对）
"大清雍正年制" 双圈六字楷书款
估　价：HKD 3,000,000～5,000,000
成交价：RMB 3,240,216
直径9.9cm×2 佳士得 2022-05-30

2988 清雍正 柠檬黄釉酒圆
"大清雍正年制" 双圈六字楷书款
估　价：HKD 180,000～220,000
成交价：RMB 405,587
直径7.3cm 佳士得 2022-11-29

5324 清雍正 柠檬黄釉莲花式小杯（一对）
"大清雍正年制"款
估　价：RMB 2,200,000~3,200,000
成交价：RMB 3,220,000
直径6.8cm×2 北京保利 2022-07-28

1129 清雍正 黄釉杯
估　价：USD 20,000~30,000
成交价：RMB 144,560
直径6.6cm 纽约佳士得 2022-03-25

1023 清乾隆 黄釉暗刻龙纹碗
"大清乾隆年制"六字三行篆书款
估　价：HKD 100,000~150,000
成交价：RMB 375,237
直径15.2cm 中国嘉德 2022-10-07

65 清乾隆 黄釉双耳杯（带底托盘）
"乾隆年制"款
估　价：RMB 200,000
成交价：RMB 275,000
口径5.2cm；高4cm 浙江御承 2022-12-17

62 清乾隆 柠檬黄釉束腰小碟（一对）
"大清乾隆年制"六字三行篆书款
估　价：RMB 680,000~800,000
成交价：RMB 782,000
直径11.4cm×2 北京中汉 2022-06-28

84 清乾隆 黄釉葫芦瓶
"大清乾隆年制"款
估　价：RMB 300,000
成交价：RMB 368,000
高26cm；口径3.5cm 浙江御承 2022-08-28

1122 清乾隆 柠檬黄釉折腰碟 （一对）
"大清乾隆年制"六字三行篆书款
估　价：HKD 1,300,000～1,900,000
成交价：RMB 1,324,368
直径11.2cm×2 中国嘉德 2022-10-07

1025 清道光 黄釉暗刻龙纹茶圆 （一对）
"慎德堂制"四字二行楷书款
估　价：HKD 150,000～200,000
成交价：RMB 640,111
直径10.9cm×2 中国嘉德 2022-10-07

2030 清道光 陈国治作黄釉仿竹雕 "福在眼前"笔筒
"陈国治作"楷书款
估　价：RMB 30,000～60,000
成交价：RMB 356,500
高9.6cm 中贸圣佳 2022-10-27

314 清嘉庆 黄釉暗刻苍龙教子云龙纹天球瓶
"大清嘉庆年制"款
估　价：HKD 3,500,000～5,500,000
成交价：RMB 3,591,000
高29.5cm 保利香港 2022-07-14

922 清道光 黄釉菱格篮纹洗
"大清道光年制"六字篆书款
估　价：USD 6,000～8,000
成交价：RMB 308,347
直径11.8cm 纽约佳士得 2022-09-23

1120 清道光 黄釉浮雕耕渔图笔筒 （一对）
"道光年制" 四字二行篆书款
估　价：HKD 1,300,000~1,900,000
成交价：RMB 1,545,096
直径16.7cm×2 中国嘉德 2022-10-07

蓝　釉

2096 元 天蓝釉盘
成交价：RMB 115,000
口径15cm 中贸圣佳 2022-10-27

1063 明早期 孔雀蓝釉双铺首罐
估　价：RMB 400,000~600,000
成交价：RMB 598,000
高29.2cm 中贸圣佳 2023-01-01

3132 清光绪 黄釉 "景福阁" 御用印玺
估　价：RMB 400,000~600,000
成交价：RMB 460,000
高8.6cm 北京荣宝 2022-07-24

2659 元 蓝釉玉壶春瓶
估　价：RMB 100,000~200,000
成交价：RMB 126,500
高29.9cm 中国嘉德 2022-12-26

2259 明早期 （洪武/宣德）　雾蓝釉暗刻凤纹
大砚盒
估　价：RMB 300,000
成交价：RMB 345,000
21cm×9.5cm 上海嘉禾 2022-01-01

2367 明宣德 霁蓝盘
估　价：RMB 350,000
成交价：RMB 402,500
38.5cm×7cm 上海嘉禾 2022-01-01

2367 15世纪 或为明宣德 蓝釉弦纹三足炉
估　价：USD 40,000～60,000
成交价：RMB 1,145,290
高12.7cm 纽约佳士得 2022-09-23

2342 明早期 蓝釉暗刻龙纹荷叶盖罐
估　价：RMB 250,000
成交价：RMB 402,500
27cm×11cm 上海嘉禾 2022-01-01

2791 清康熙 天蓝釉柳叶瓶
"大清康熙年制"六字双行楷书款
估　价：RMB 1,500,000～2,500,000
成交价：RMB 1,725,000
高16.3cm 中国嘉德 2022-06-27

213 清康熙 天蓝釉苹果尊
"大清康熙年制"款
估　价：HKD 800,000～1,200,000
成交价：RMB 1,542,960
9cm×6.5cm 华艺国际 2022-05-29

2802 清康熙 蓝釉暗刻四季花卉图蟋蟀罐
"绍闻堂"款
估　价：RMB 500,000~600,000
成交价：RMB 1,058,000
高7.9cm；直径13cm 西泠印社 2022-08-20

3144 清雍正 青金蓝釉菊瓣盘
"大清雍正年制"六字双行楷书款
估　价：RMB 1,500,000~2,500,000
成交价：RMB 2,357,500
直径17.8cm 中国嘉德 2022-12-26

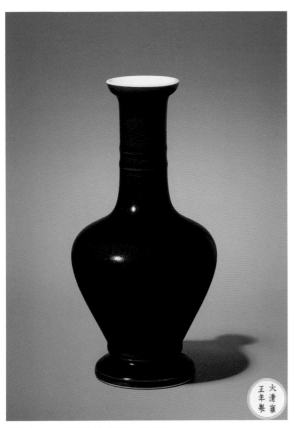

34 清雍正 宝石蓝釉弦纹直颈盘口塔式瓶
"大清雍正年制"六字双行楷书款
估　价：RMB 4,800,000~7,000,000
成交价：RMB 5,175,000
高27.3cm 北京中汉 2022-12-09

2712 清雍正 霁蓝釉天球瓶
"大清雍正年制"六字篆书款
估　价：HKD 3,000,000~5,000,000
成交价：RMB 7,344,489
高67cm 佳士得 2022-05-30

1930 清雍正 天蓝釉弦纹长颈盘口瓶
"大清雍正年制"六字三行篆书款
估　价：RMB 1,200,000～1,500,000
成交价：RMB 1,380,000
高31cm 西泠印社 2022-01-22

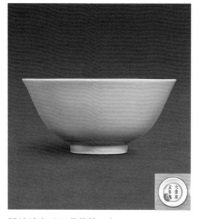

3518 清雍正 天蓝釉敞口碗
"大清雍正年制"款
估　价：HKD 1,200,000～1,800,000
成交价：RMB 1,296,086
直径12cm 香港苏富比 2022-04-29

3517 清雍正 霁蓝釉渣斗
"大清雍正年制"款
估　价：HKD 1,800,000～2,500,000
成交价：RMB 1,944,129
直径14.3cm 香港苏富比 2022-04-29

1023 清雍正 御制天蓝釉碗
"大清雍正年制"六字双行楷书款
估　价：RMB 250,000～350,000
成交价：RMB 460,000
直径14.5cm 永乐拍卖 2022-07-24

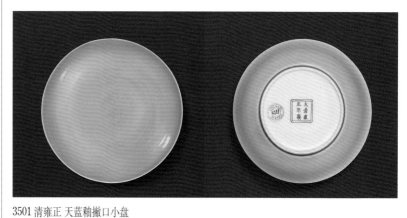

3501 清雍正 天蓝釉撇口小盘
"大清雍正年制"款
估　价：HKD 400,000～600,000
成交价：RMB 1,080,072
直径13.2cm 香港苏富比 2022-04-29

3328 清雍正 青金蓝釉菊瓣盘
"大清雍正年制"款
估　价：HKD 1,500,000～2,000,000
成交价：RMB 1,539,000
直径18cm 保利香港 2022-07-14

1010 清雍正 天蓝釉折沿洗
"雍正年制"四字二行篆书款
估　价：HKD 150,000～200,000
成交价：RMB 309,019
直径14cm 中国嘉德 2022-10-07

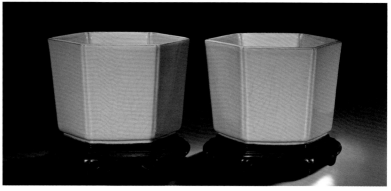

1047 清雍正 浅蓝釉六方倭角带褐釉座花盆（一对）
"大清雍正年制"六字篆书款
估　价：USD 300,000～500,000
成交价：RMB 3,533,690
宽24.2cm×2 纽约佳士得 2022-03-25

21 清雍正 洒蓝釉茶圆
"大清雍正年制"六字双行楷书款
估　价：RMB 150,000~250,000
成交价：RMB 695,750
口径10.7cm 北京大羿 2022-12-25

542 清乾隆 霁蓝釉大天球瓶
"大清乾隆年制"三行六字篆书款
估　价：RMB 2,200,000~3,000,000
成交价：RMB 3,220,000
高55cm 华艺国际 2022-07-29

66 清乾隆 天蓝釉镶边海棠瓶 （一对）
"大清乾隆年制"款
估　价：RMB 800,000
成交价：RMB 1,265,000
高48cm×口径18.5cm×2 浙江御承 2022-08-28

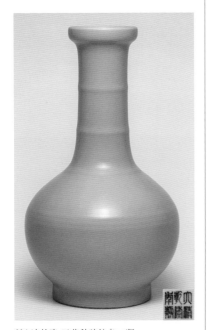

604 清乾隆 天蓝釉弦纹盘口瓶
"大清乾隆年制"六字篆书款
估　价：RMB 4,200,000~6,000,000
成交价：RMB 7,705,000
高26.3cm 华艺国际 2022-07-29

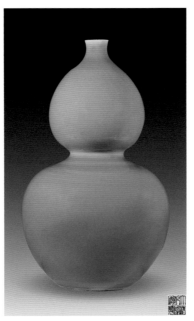

93 清乾隆 天蓝釉葫芦瓶
"大清乾隆年制"款
估　价：RMB 300,000
成交价：RMB 690,000
高34.5cm；口径3cm 浙江御承 2022-08-28

1721 清乾隆 霁蓝釉胆瓶
"大清乾隆年制"三行六字篆书款
估　价：RMB 800,000~900,000
成交价：RMB 920,000
高45.8cm 华艺国际 2022-09-23

2236 清乾隆 天蓝釉暗刻纹鹿头尊
估 价：RMB 700,000
成交价：RMB 862,500
直径38cm；高48cm 上海嘉禾 2022-01-01

3001 清乾隆 天蓝釉长方花盆
"大清乾隆年制"六字篆书款
估 价：HKD 1,500,000～2,500,000
成交价：RMB 2,549,408
长14.3cm 佳士得 2022-11-29

1012 清咸丰 霁蓝釉豆
"大清咸丰年制"六字三行篆书款
估 价：HKD 280,000～320,000
成交价：RMB 551,820
高24.2cm 中国嘉德 2022-10-07

# 绿　釉

824 清嘉庆 霁蓝釉象耳琮式瓶
"大清嘉庆年制"六字三行篆书款
估 价：RMB 250,000～350,000
成交价：RMB 621,000
高29.3cm 北京大羿 2022-12-18

78 清康熙 郎窑绿贯耳大肚尊
估 价：RMB 2,000,000
成交价：RMB 2,420,000
口径23cm；高50cm 浙江御承 2022-12-17

3329 清雍正 湖水绿釉菊瓣盘
"大清雍正年制"款
估　价：HKD 2,200,000～2,800,000
成交价：RMB 3,078,000
直径17.6cm 保利香港 2022-07-14

1035 清雍正 湖水绿釉雕刻海浪纹盘 （一对）
"大清雍正年制"六字二行楷书款
估　价：HKD 800,000～1,200,000
成交价：RMB 1,931,370
直径16.1cm×2 中国嘉德 2022-10-07

5348 清雍正 瓜皮绿釉莲托八宝纹高足碗
"大清雍正年制"款
估　价：RMB 400,000～600,000
成交价：RMB 575,000
直径18.4cm 北京保利 2022-07-28

3331 清雍正 浅松石绿釉花口盘
"大清雍正年制"款
估　价：HKD 600,000～800,000
成交价：RMB 615,600
直径20cm 保利香港 2022-07-14

3335 清乾隆 淡绿釉双夔龙耳尊 （一对）
"大清乾隆年制"款
估　价：HKD 3,600,000～6,000,000
成交价：RMB 3,898,800
高20cm×2 保利香港 2022-07-14

3319 清雍正 淡绿釉花口杯
"大清雍正年制"款
估　价：HKD 250,000～600,000
成交价：RMB 492,480
直径6.3cm 保利香港 2022-07-14

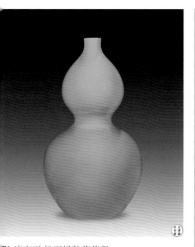

71 清雍正 松石绿釉葫芦瓶
"大清雍正年制"三行六字篆书款
估　价：RMB 300,000
成交价：RMB 632,500
高25cm；口径2.7cm 浙江御承 2022-08-28

3502 清乾隆 绿釉撇口碗
"大清乾隆年制"款
估　价：HKD 700,000～900,000
成交价：RMB 918,061
口径18.6cm 香港苏富比 2022-04-29

金　釉

3119 清乾隆 孔雀绿釉暗刻莲瓣纹八方小尊
"斯干草堂"四字双行楷书款
估　价：RMB 120,000～220,000
成交价：RMB 322,000
高11cm 中国嘉德 2022-12-26

71 清 储秀宫款苹果绿釉碗
"储秀宫制"款
估　价：RMB 300,000
成交价：RMB 418,000
口径16.6cm；高7.9cm 浙江御承 2022-12-17

540 清雍正 金釉提梁壶
"雍正年制"双行楷书款
估　价：RMB 350,000～500,000
成交价：RMB 632,500
高14.8cm；长12.6cm 华艺国际 2022-07-29

3653 清道光 内青花八宝外青绿釉皮球花碗
"大清道光年制"款
估　价：HKD 250,000～350,000
成交价：RMB 432,028
口径14.7cm 香港苏富比 2022-04-29

1047 清 松石绿釉卧狮摆件
"大清乾隆年制"款
估　价：RMB 300,000～500,000
成交价：RMB 345,000
14.2cm×8.2cm×5cm
荣宝斋（南京）2022-12-8

5322 清雍正/乾隆 仿金釉碗（一对）
估　价：RMB 200,000～300,000
成交价：RMB 322,000
直径15.7cm×2 北京保利 2022-07-28

## 酱 釉

5213 明 当阳峪窑柿釉小梅瓶
估　价：RMB 200,000 ~ 300,000
成交价：RMB 402,500
高16cm 北京保利 2022-07-28

2232 清康熙 紫金釉青花凤纹供炉
"大清康熙年制"款
估　价：RMB 480,000
成交价：RMB 552,000
26.3cm×9.5cm 上海嘉禾 2022-01-01

5744 清乾隆 酱釉碗
"大清乾隆年制"款
估　价：RMB 150,000 ~ 200,000
成交价：RMB 230,000
直径12cm；高6.5cm 北京保利 2022-07-29

3145 清康熙 紫金釉小墩式碗（一对）
"大清康熙年制"六字双行楷书款
估　价：RMB 400,000 ~ 600,000
成交价：RMB 460,000
直径10cm×2 中国嘉德 2022-12-26

1027 清乾隆 紫金釉洒金炉
"大清乾隆年制"六字三行篆书款
估　价：HKD 280,000 ~ 320,000
成交价：RMB 717,366
口径14.2cm 中国嘉德 2022-10-07

## 窑变釉

2786 清雍正 窑变釉加胭脂红福寿水丞
估　价：RMB 20,000～30,000
成交价：RMB 529,000
长9.3cm 中国嘉德 2022-06-27

3084 清乾隆 窑变釉抱月瓶
"大清乾隆年制"六字三行篆书款
估　价：RMB 700,000～1,000,000
成交价：RMB 1,150,000
高27.5cm 北京荣宝 2022-07-24

2045 清乾隆 窑变釉贯耳瓶
"大清乾隆年制"篆书款
估　价：RMB 400,000～500,000
成交价：RMB 897,000
高30cm 中贸圣佳 2022-10-27

2850 清乾隆 窑变釉荸荠瓶
"大清乾隆年制"六字三行篆书款
估　价：RMB 1,200,000～1,800,000
成交价：RMB 1,380,000
高35.3cm 中国嘉德 2022-06-27

1982 清雍正 窑变釉梅瓶
"大清雍正年制"六字三行篆书款
估　价：RMB 2,800,000～3,000,000
成交价：RMB 4,600,000
高27.8cm；直径19cm 西泠印社 2022-01-22

216 清乾隆 窑变釉三羊铺首梅瓶
"大清乾隆年制"六字三行篆书款
估　价：RMB 30,000～50,000
成交价：RMB 598,000
高22.8cm 北京中汉 2022-08-08

30 清乾隆 窑变釉海棠形水仙盆
"大清乾隆年制"六字三行篆书款
估　价：RMB 250,000～350,000
成交价：RMB 632,500
长22.6cm 北京大羿 2022-12-25

2849 清乾隆 窑变釉赏瓶
"大清乾隆年制"六字三行篆书款
估　价：RMB 1,900,000～2,500,000
成交价：RMB 2,530,000
高39.3cm 中国嘉德 2022-06-27

833 清乾隆 窑变釉长颈瓶
"大清乾隆年制"六字三行篆书款
估　价：RMB 1,600,000～2,600,000
成交价：RMB 2,967,000
高46.5cm 北京大羿 2022-06-26

2871 清乾隆 窑变釉三系尊
"大清乾隆年制"六字篆书刻款
估　价：HKD 1,000,000～2,000,000
成交价：RMB 972,064
高12.7cm 佳士得 2022-05-30

3149 清乾隆 窑变釉铺首尊
"大清乾隆年制"六字三行篆书款
估　价：RMB 1,900,000～2,900,000
成交价：RMB 2,645,000
高39.5cm 中国嘉德 2022-12-26

3336 清乾隆 窑变釉海棠花觚
"大清乾隆年制"款
估　价：HKD 800,000～1,200,000
成交价：RMB 974,700
高36.5cm 保利香港 2022-07-14

3150 清乾隆 窑变釉太白坛
"大清乾隆年制"六字三行篆书款
估　价：RMB 1,200,000～2,200,000
成交价：RMB 1,552,500
高32.8cm 中国嘉德 2022-12-26

5673 清乾隆 窑变釉卷缸
"大清乾隆年制"款
估　价：RMB 3,000,000～4,000,000
成交价：RMB 4,255,000
直径45cm；高32.5cm 北京保利 2022-07-28

炉钧釉

843 清乾隆 窑变釉鸠耳尊
"大清乾隆年制"款
估　价：RMB 1,200,000～1,600,000
成交价：RMB 1,782,500
高21cm 北京大羿 2022-09-26

2875 清咸丰 窑变釉方壶
"大清咸丰年制"六字楷书刻款
估　价：HKD 500,000～800,000
成交价：RMB 1,080,072
高30.5cm 佳士得 2022-05-30

1001 清雍正 炉钧釉仿树瘤随形笔筒
"雍正年制"四字双行篆书款
估　价：RMB 60,000～80,000
成交价：RMB 230,000
高11.5cm 保利厦门 2022-10-22

1037 清雍正 御制炉钧釉冲耳三足炉
"大清雍正年制"六字三行篆书款
估　价：RMB 350,000～600,000
成交价：RMB 1,207,500
直径18.7cm 永乐拍卖 2022-07-24

3925 清雍正 孔雀翎炉钧釉钵式案缸
"雍正年制"款
估　价：RMB 1,200,000～2,200,000
成交价：RMB 1,495,000
直径20.6cm 中国嘉德 2022-05-29

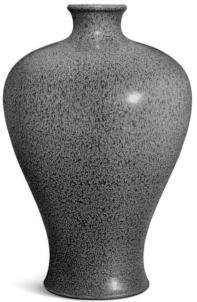

3640 清乾隆 炉钧釉梅瓶
"大清乾隆年制"款
估　价：HKD 3,000,000～5,000,000
成交价：RMB 4,558,176
高33.8cm 香港苏富比 2022-10-09

3083 清乾隆 炉钧釉地藏王菩萨立像
估　价：RMB 350,000～450,000
成交价：RMB 402,500
高60cm 北京荣宝 2022-07-24

3519 清乾隆 炉钧釉象耳壶
估　价：HKD 250,000～300,000
成交价：RMB 345,623
高30.8cm 香港苏富比 2022-04-29

2226 清中期 炉钧釉尊
估　价：RMB 100,000～120,000
成交价：RMB 258,750
直径13cm；高23cm 中贸圣佳 2023-01-01

# 仿古铜釉

2100 清雍正 仿古铜釉双耳炉
"大清雍正年制"篆书款
估　价：RMB 500,000~600,000
成交价：RMB 690,000
口径21.6cm；高14.5cm 中贸圣佳 2022-10-27

1117 清乾隆 外古铜釉暗刻缠枝莲纹内柠檬黄
釉大碗
成交价：RMB 172,500
直径22.8cm；高7.3cm
中贸圣佳 2022-07-26

70 清乾隆 仿古铜釉渣斗
"乾隆年制"款
估　价：RMB 200,000
成交价：RMB 368,000
高13cm；口径14.5cm 浙江御承 2022-08-28

# 仿木釉

603 清乾隆 仿木釉书卷笔筒
"乾隆年制"款
估　价：RMB 10,000
成交价：RMB 59,800
高9cm 北京保利 2022-07-16

# 仿石釉

2506 清乾隆 青釉仿石纹诗文狮耳四方双陆尊
"大清乾隆年制"款
估　价：RMB 50,000~80,000
成交价：RMB 115,000
高30.3cm 中国嘉德 2022-09-28

# 茄皮紫釉

318 清康熙 茄皮紫釉多穆执壶
估　价：RMB 50,000
成交价：RMB 92,000
高49.8cm 中贸圣佳 2022-06-07

2 清康熙 茄皮紫釉暗刻云龙纹盘
"大清康熙年制"六字双行楷书款
估　价：RMB 500,000~800,000
成交价：RMB 655,500
直径25.1cm 北京中汉 2022-06-28

107 清雍正 茄皮紫釉暗花缠枝石榴纹盘
"大清雍正年制"款
估　价：HKD 200,000～300,000
成交价：RMB 341,863
直径11.4cm 香港苏富比 2022-10-09

992 清雍正 茄皮紫釉划石榴纹盘
"大清雍正年制"双圈六字楷书款
估　价：USD 30,000～50,000
成交价：RMB 334,777
直径11.3cm 纽约佳士得 2022-09-23

5747 清乾隆 茄皮紫釉双兽耳瓶
估　价：RMB 150,000～200,000
成交价：RMB 172,500
直径18cm；高27cm 北京保利 2022-07-29

5439 清乾隆 茄皮紫釉荷花式吸杯
估　价：RMB 80,000～120,000
成交价：RMB 264,500
长14.5cm；宽13cm 北京保利 2022-07-28

1115 清雍正 仿古玉釉小瓜棱贯耳瓶
"大清雍正年制"六字三行篆书款
成交价：RMB 3,450,000
高9.3cm 中贸圣佳 2022-07-26

茶叶末釉

3614 清雍正 茶叶末釉弦纹三系梅瓶
"大清雍正年制"款
估　价：HKD 1,000,000～1,500,000
成交价：RMB 1,080,072
高28.2cm 香港苏富比 2022-04-29

5349 清雍正 茶叶末釉仿周铜壶式大尊
"大清雍正年制"款
估　价：RMB 3,000,000～5,000,000
成交价：RMB 4,255,000
高59.5cm 北京保利 2022-07-28

930 清雍正 鳝鱼黄釉菱口三足水仙盆
"雍正年制"四字篆书款
估　价：USD 300,000～500,000
成交价：RMB 2,290,579
直径20.3cm 纽约佳士得 2022-09-23

806 清雍正 蟹甲青釉双耳杏圆尊
"雍正年制"篆书款
估　价：RMB 500,000～600,000
成交价：RMB 2,127,500
高24.5cm 中贸圣佳 2022-12-31

823 清乾隆 茶叶末釉荸荠瓶
"大清乾隆年制"六字三行篆书款
估　价：RMB 500,000～800,000
成交价：RMB 1,437,500
高33cm 北京大羿 2022-12-18

5356 清乾隆 茶叶末釉观音瓶
"大清乾隆年制"款
估　价：RMB 1,000,000～1,500,000
成交价：RMB 1,380,000
高27cm 北京保利 2022-07-28

1123 清乾隆 茶叶末釉绶带耳葫芦瓶
"大清乾隆年制"六字三行篆书款
估　价：HKD 1,500,000～2,000,000
成交价：RMB 1,655,460
高26.1cm 中国嘉德 2022-10-07

26 清乾隆 御制茶叶末釉如意绶带耳汉壶尊
"大清乾隆年制"款
估　价：RMB 600,000～800,000
成交价：RMB 2,070,000
高25.5cm 永乐拍卖 2022-07-24

1049 清乾隆 茶叶末釉梨形尊
"大清乾隆年制"六字篆书印款
估　价：USD 250,000～350,000
成交价：RMB 2,248,712
高13.3cm 纽约佳士得 2022-03-25

1047 清乾隆 茶叶末釉贴塑三羊首弦纹尊
"大清乾隆年制"篆书款
估　价：RMB 2,500,000～3,500,000
成交价：RMB 3,680,000
高33.5cm 中贸圣佳 2023-01-01

## 其他色釉

931 隋/唐 透明釉碗
估　价：USD 15,000～24,000
成交价：RMB 140,959
口径19cm 纽约佳士得 2022-09-23

939 唐 米色釉鹅形杯
估　价：USD 3,000～5,000
成交价：RMB 229,058
长8.3cm 纽约佳士得 2022-09-23

## 反　瓷

1196 清道光 陈国治作素胎雕瓷"长坂坡"三
国故事笔筒
"陈国治作"四字篆书款
估　价：RMB 180,000～250,000
成交价：RMB 264,500
直径17.1cm；高16.3cm 中贸圣佳 2022-07-26

# 2022瓷器拍卖成交汇总

（成交价RMB：3万元以上）

| 名称 | 物品尺寸 | 成交价RMB | 拍卖公司 | 拍卖日期 | 名称 | 物品尺寸 | 成交价RMB | 拍卖公司 | 拍卖日期 |
|---|---|---|---|---|---|---|---|---|---|
| **陶 器** | | | | | 唐 陶彩绘仕女俑 | 高77.5cm | 379,848 | 保利香港 | 2022-10-10 |
| **红 陶** | | | | | 唐 陶彩绘象 | 高33cm；长46cm | 379,848 | 保利香港 | 2022-10-10 |
| 新石器时代 红陶炉 | 总高26.3cm | 127,415 | 香港苏富比 | 2022-11-25 | 唐 陶彩绘仕女立俑 | 高72cm | 353,164 | 华艺国际 | 2022-11-27 |
| 仰韶文化半坡至庙底沟 红陶人头小瓶 | 高20.7cm | 752,907 | 香港苏富比 | 2022-11-25 | 唐 彩绘陶马 | 高45cm | 220,728 | 华艺国际 | 2022-11-27 |
| 仰韶文化 半坡式红陶葫芦瓶 | 高36cm | 208,497 | 香港苏富比 | 2022-11-25 | 唐 陶彩绘陶镇墓兽 | 高69.8cm | 195,350 | 保利香港 | 2022-10-10 |
| 仰韶文化 半坡式红陶尖底瓶 | 高46.2cm | 55,599 | 香港苏富比 | 2022-11-25 | 唐 陶彩绘仕女俑 | 高39.7cm | 195,350 | 保利香港 | 2022-10-10 |
| 仰韶文化 半坡型红陶船形壶 | 宽23.4cm | 46,333 | 香港苏富比 | 2022-11-25 | 唐 陶彩绘侍女俑（三件） | 高29cm；高29.5cm；高27.5cm | 162,792 | 保利香港 | 2022-10-10 |
| 仰韶文化 半坡式红陶碗 | 直径22.3cm | 75,291 | 香港苏富比 | 2022-11-25 | 唐 彩绘陶仕女俑 | 高40.5cm | 64,249 | 纽约佳士得 | 2022-03-25 |
| 仰韶文化 半坡式镂花红陶碗 | 直径19.2cm | 40,541 | 香港苏富比 | 2022-11-25 | **蛋壳陶** | | | | |
| 马家窑文化马厂式至齐家文化 红陶靴形杯（两个） | 高11.1cm；高8.6cm | 34,750 | 香港苏富比 | 2022-11-25 | 龙山文化 蛋壳陶瓷杯 | 高14.1cm | 55,599 | 香港苏富比 | 2022-11-25 |
| 龙山文化 红陶鼎壶 | 高23.5cm | 46,333 | 香港苏富比 | 2022-11-25 | 大汶口末至龙山文化初期 黑色蛋壳陶高脚杯和盖子 | 无盖高15.7cm | 52,124 | 香港苏富比 | 2022-11-25 |
| 大汶口至龙山文化 带纹陶瓷碗 | 直径24.2cm | 46,333 | 香港苏富比 | 2022-11-25 | **釉 陶** | | | | |
| 齐家文化 大陶杯 | 高12.1cm | 30,116 | 香港苏富比 | 2022-11-25 | 北齐 绿釉贴花杯 | 口径8cm；高6.6cm | 389,880 | 保利香港 | 2022-07-14 |
| 齐家文化 公羊和母羊陶器（一对） | 高16.5cm；高15.5cm | 185,331 | 香港苏富比 | 2022-11-25 | **陶俑** | | | | |
| 齐家文化 鸟形三脚陶器 | 高11.5cm | 63,707 | 香港苏富比 | 2022-11-25 | 东汉 陶击鼓说唱俑 | 高64.1cm | 130,233 | 保利香港 | 2022-10-10 |
| 文化期 红陶鸟首壶和白陶尖底瓶（各一件） | 最大的宽17.1cm | 66,861 | 中国嘉德 | 2022-06-04 | 汉 陶加彩侍女俑（一组） | 高31cm；高31.4cm | 266,760 | 保利香港 | 2022-07-14 |
| 文化期 陶尖底瓶 | 高37.5cm | 41,145 | 中国嘉德 | 2022-06-04 | 隋 陶加彩奏乐侍女俑（一套七尊） | 尺寸不一 | 564,300 | 保利香港 | 2022-07-14 |
| 又 红彩陶马首 | 高14.9cm | 32,558 | 保利香港 | 2022-10-10 | 唐 彩绘连体侍女陶俑 | 高38.7cm | 1,193,808 | 保利香港 | 2022-07-14 |
| 又代 陶马 | 宽94cm | 48,837 | 台北艺珍 | 2022-06-12 | 唐 陶驯骆驼俑 | 高51.6cm | 974,700 | 保利香港 | 2022-07-14 |
| **灰 陶** | | | | | 唐 三彩骑马俑 | 高41.3cm | 79,289 | 纽约佳士得 | 2022-09-23 |
| 新石器时代至青铜器时代 彩绘灰陶高足碗 | 直径14.3cm | 55,599 | 香港苏富比 | 2022-11-25 | 唐 陶马夫俑 | 高28.6cm | 32,558 | 保利香港 | 2022-10-10 |
| 夏家店下层文化 灰陶三脚器 | 高18cm | 52,124 | 香港苏富比 | 2022-11-25 | **唐三彩** | | | | |
| 又 东晋 灰陶瑞兽 | 高38cm | 33,109 | 华艺国际 | 2022-11-27 | 唐 绿釉长颈瓶 | 高22.6cm | 162,792 | 保利香港 | 2022-07-14 |
| 六朝 灰陶铺首（一对） | 长26cm×2 | 65,116 | 保利香港 | 2022-10-10 | 唐 三彩鸭形壶 | 长35cm | 2,170,560 | 保利香港 | 2022-07-14 |
| 六朝或西晋 灰陶辟邪 | 高26.7cm；长28.6cm | 65,116 | 保利香港 | 2022-10-10 | 唐 蓝地三彩凤首执壶 | 高22.9cm | 1,539,000 | 保利香港 | 2022-07-14 |
| 寻唐 灰陶加彩骆驼 | 高29.5cm | 974,700 | 保利香港 | 2022-07-14 | 唐 三彩凤首壶 | 高21.8cm | 564,300 | 保利香港 | 2022-07-14 |
| 赵宝沟文化 刻纹灰陶瓷碗 | 直径22cm | 150,581 | 香港苏富比 | 2022-11-25 | 唐 花釉执壶 | 高16.7cm；直径11.3cm | 194,940 | 保利香港 | 2022-07-14 |
| 大汶口文化 灰陶高腰杯 | 高13.6cm | 46,333 | 香港苏富比 | 2022-11-25 | 唐 绿釉凤首执壶 | 高21.9cm | 184,497 | 保利香港 | 2022-07-14 |
| **黑 陶** | | | | | 唐 黄釉白彩双系执壶 | 高23.2cm | 108,528 | 保利香港 | 2022-07-14 |
| 龙山文化 蛋壳黑陶瓷球柄杯 | 高18.3cm | 231,664 | 香港苏富比 | 2022-11-25 | 唐 蓝釉盘口壶 | 高10.6cm；直径6.9cm | 65,116 | 保利香港 | 2022-10-10 |
| 龙山文化 黑陶瓷碗 | 直径7.5cm | 173,748 | 香港苏富比 | 2022-11-25 | 唐 花釉执壶 | 高18.2cm | 65,116 | 保利香港 | 2022-10-10 |
| 文化期 黑陶杯 | 高21.5cm | 154,509 | 中国嘉德 | 2022-10-08 | 唐 三彩罐 | 高52.5cm | 6,156,000 | 保利香港 | 2022-07-14 |
| 文化期 黑陶高足杯（三件） | 高18.1cm | 132,436 | 中国嘉德 | 2022-10-08 | 唐 蓝釉弦纹三足罐 | 高15.4cm；直径14.5cm | 2,462,400 | 保利香港 | 2022-07-14 |
| 文化期 黑陶高足杯 | 高19.5cm | 101,534 | 中国嘉德 | 2022-10-08 | 唐 蓝釉罐 | 高17.4cm | 1,085,280 | 保利香港 | 2022-07-14 |
| 文化期 黑陶高足杯（三个） | 最大的高25.7cm | 100,806 | 中国嘉德 | 2022-06-04 | 唐 蓝釉盖罐 | 高6.1cm；直径7.5cm | 564,300 | 保利香港 | 2022-07-14 |
| 文化期 黑陶杯 | 高15.2cm | 44,145 | 中国嘉德 | 2022-10-08 | 唐 三彩联珠纹罐 | 高26cm | 542,640 | 保利香港 | 2022-07-14 |
| 文化期 黑陶杯（两件） | 最大的高16.3cm | 41,145 | 中国嘉德 | 2022-06-05 | 唐 花釉四系罐 | 直径17.3cm；高39.7cm | 533,520 | 保利香港 | 2022-07-14 |
| 文化期 黑陶鬶 | 高20.6cm | 57,389 | 中国嘉德 | 2022-10-08 | 唐 三彩几何纹罐 | 高25.4cm | 488,376 | 保利香港 | 2022-07-14 |
| 夏家店下层文化 彩绘黑陶鼎罐 | 高24.7cm | 127,415 | 香港苏富比 | 2022-11-25 | 唐 绿釉盖罐 | 直径9.1cm；高8.2cm | 410,400 | 保利香港 | 2022-07-14 |
| **白陶** | | | | | 唐 绿釉斑彩盖罐 | 高17.7cm | 347,289 | 保利香港 | 2022-07-14 |
| 马家窑文化 半山式白陶系纹罐 | 高16.9cm | 32,433 | 香港苏富比 | 2022-11-25 | 唐 三彩弦纹盖罐 | 高49.9cm；直径6.1cm | 307,800 | 保利香港 | 2022-07-14 |
| 隋至唐 白陶高足杯 | 直径8.5cm | 185,331 | 香港苏富比 | 2022-11-25 | 唐 三彩罐 | 高18.8cm | 307,800 | 保利香港 | 2022-07-14 |
| 青铜时代早期 白陶三脚壶 | 高43.5cm | 579,159 | 香港苏富比 | 2022-11-25 | 唐 花釉盖罐 | 高20.4cm；直径8.2cm | 266,760 | 保利香港 | 2022-07-14 |
| 大汶口文化 白陶高脚杯 | 高13.5cm | 75,291 | 香港苏富比 | 2022-11-25 | 唐 花釉双系罐 | 高15.5cm | 238,761 | 保利香港 | 2022-10-10 |
| 大汶口文化 白陶高脚杯（两件） | 高11.5cm | 71,816 | 香港苏富比 | 2022-11-25 | 唐 三彩双系罐 | 宽22.8cm | 231,764 | 佳士得 | 2022-11-29 |
| **彩绘陶** | | | | | 唐 蓝釉罐 | 直径14.1cm；高18.6cm | 184,680 | 保利香港 | 2022-07-14 |
| 马家窑文化 半山式彩陶双颈壶 | 高18cm | 138,998 | 香港苏富比 | 2022-11-25 | 唐 巩县窑白釉蓝斑盖罐 | 高21.4cm | 176,582 | 中国嘉德 | 2022-10-07 |
| 马家窑文化 大型彩绘"螺旋"陶罐 | 高33.5cm | 752,907 | 香港苏富比 | 2022-11-25 | 唐 三彩罐 | 高16.5cm | 173,644 | 保利香港 | 2022-10-10 |
| 马家窑文化 大彩陶人首罐 | 高40.5cm | 110,040 | 香港苏富比 | 2022-11-25 | 唐 三彩三足罐 | 高10.8cm；直径16.5cm | 162,792 | 保利香港 | 2022-10-10 |
| 马家窑文化 镶嵌彩绘陶罐 | 宽21.7cm | 40,541 | 香港苏富比 | 2022-11-25 | 唐 三彩贴花四系盖罐 | 高8.9cm | 141,086 | 保利香港 | 2022-10-10 |
| 齐家文化 彩陶瓶 | 高15cm | 63,707 | 香港苏富比 | 2022-11-25 | 唐 三彩小罐 | 高2.9cm；直径4.8cm | 34,728 | 保利香港 | 2022-10-10 |
| 马家窑文化 大型陶制猫头鹰壶盖 | 高24.7cm | 52,124 | 香港苏富比 | 2022-11-25 | 唐 三彩小罐 | 高2.9cm；直径4.8cm | 32,558 | 保利香港 | 2022-10-10 |
| 文化期 彩绘网纹瓮 | 宽49cm | 44,145 | 中国嘉德 | 2022-10-08 | 唐 三彩三兽足盖炉 | 高21.6cm；直径23.2cm | 868,224 | 保利香港 | 2022-10-10 |
| 西汉 彩陶熊足博山炉 | 高16.8cm | 86,874 | 香港苏富比 | 2022-11-25 | | | | | |
| 又 彩绘陶马 | 高48.3cm；长35.6cm | 41,240 | 保利香港 | 2022-10-10 | | | | | |
| 北魏 陶彩绘贵族俑及武士俑（一组） | 高31.1cm；高31.8cm | 108,528 | 保利香港 | 2022-10-10 | | | | | |
| 瓷唐至五代 陶彩绘道教人物坐像（两尊） | 高38.1cm；高37.1cm | 542,640 | 保利香港 | 2022-10-10 | | | | | |
| 唐 彩绘文官俑 | 高69.2cm | 1,627,920 | 保利香港 | 2022-10-10 | | | | | |
| 唐 彩绘陶仕女俑 | 高54.5cm | 481,867 | 纽约佳士得 | 2022-03-25 | | | | | |

# 2022瓷器拍卖成交汇总（续表）

（成交价RMB：3万元以上）

| 名称 | 物品尺寸 | 成交价RMB | 拍卖公司 | 拍卖日期 |
|---|---|---|---|---|
| 唐 三彩兽面铺首三足香炉 | 高17.8cm | 461,700 | 保利香港 | 2022-07-14 |
| 唐 外蓝釉里黄釉三足炉 | 直径14cm；高4.9cm | 184,497 | 保利香港 | 2022-10-10 |
| 唐 黄釉三足炉 | 直径4.4cm；高6.5cm | 75,969 | 保利香港 | 2022-10-10 |
| 唐 三彩三足小炉 | 高5.2cm | 59,690 | 保利香港 | 2022-10-10 |
| 唐 绿釉三足盖炉 | 高8.5cm | 54,264 | 保利香港 | 2022-10-10 |
| 唐 三彩三足炉 | 宽22.4cm | 52,202 | 纽约佳士得 | 2022-03-25 |
| 唐 蓝釉烛台 | 高48.4cm | 1,953,504 | 保利香港 | 2022-10-10 |
| 唐 三彩弦纹烛台 | 高30.6cm | 430,920 | 保利香港 | 2022-07-14 |
| 唐 三彩花卉纹腕枕 | 高5.7cm；长10cm；宽11.7cm | 430,920 | 保利香港 | 2022-07-14 |
| 唐 三彩戏狮纹方枕 | 宽11.1cm；长9.4cm；高5.1cm | 430,920 | 保利香港 | 2022-07-14 |
| 唐 三彩仕女抱子像 | 高33cm | 1,627,920 | 保利香港 | 2022-10-10 |
| 唐 三彩仕女像 | 通高31.8cm | 393,140 | 香港福羲国际 | 2022-12-28 |
| 唐 三彩加蓝宝相花纹三足盘 | 直径29.1cm | 1,139,544 | 保利香港 | 2022-10-10 |
| 唐 三彩鸿雁荷叶纹三足盘 | 直径28.8cm | 1,042,939 | 佳士得 | 2022-11-29 |
| 唐 三彩宝相花大雁纹盘 | 直径28.6cm | 923,400 | 保利香港 | 2022-07-14 |
| 唐 三彩花口方盘（四件） | 宽15cm×4 | 666,900 | 保利香港 | 2022-07-14 |
| 唐 三彩宝相花卉纹三足盘 | 直径23.2cm | 520,934 | 保利香港 | 2022-10-10 |
| 唐 三彩宝相花托盘 | 直径14.3cm | 430,920 | 保利香港 | 2022-07-14 |
| 唐 三彩花形大盘 | 宽35.6cm | 410,400 | 保利香港 | 2022-07-14 |
| 唐 三彩宝相花纹三足盘 | 直径19.8cm | 325,584 | 保利香港 | 2022-10-10 |
| 唐 花釉酱彩碗 | 直径19.7cm | 260,467 | 保利香港 | 2022-10-10 |
| 唐 三彩印花花卉纹碗 | 直径10.5cm；高3.4cm | 238,761 | 保利香港 | 2022-10-10 |
| 唐 绞胎撇口碗 | 直径10.2cm；高4.4cm | 205,200 | 保利香港 | 2022-07-14 |
| 唐 巩县窑绿釉折腹大碗 | 直径16cm | 93,809 | 中国嘉德 | 2022-10-07 |
| 唐 三彩鸭形杯 | 长11.7cm | 287,280 | 保利香港 | 2022-07-14 |
| 唐 三彩凤首杯 | 高8.9cm；长9.7cm | 266,760 | 保利香港 | 2022-07-14 |
| 唐 三彩摩羯鱼衔荷叶来通杯 | 长13.8cm | 194,940 | 保利香港 | 2022-07-14 |
| 唐 三彩仰钟杯 | 直径7.6cm；高6.1cm | 123,120 | 保利香港 | 2022-07-14 |
| 唐 绿釉单环柄杯 | 高4cm | 97,675 | 保利香港 | 2022-10-10 |
| 唐 三彩单环柄小杯 | 高6cm | 54,264 | 保利香港 | 2022-10-10 |
| 唐 巩县窑黄绿彩单柄杯 | 高6cm | 46,352 | 中国嘉德 | 2022-10-07 |
| 唐 褐地三彩盖盒 | 直径18.5cm | 430,920 | 保利香港 | 2022-07-14 |
| 唐 蓝釉点彩盖盒 | 直径10.9cm | 430,920 | 保利香港 | 2022-07-14 |
| 唐 绿釉点彩盖盒 | 直径6.7cm；高2.5cm | 369,360 | 保利香港 | 2022-07-14 |
| 唐 黄釉盖盒 | 直径6.5cm；高2.4cm | 246,240 | 保利香港 | 2022-07-14 |
| 唐 三彩盖盒 | 高8.5cm | 133,380 | 保利香港 | 2022-07-14 |
| 唐 三彩盖盒 | 直径5.4cm | 130,233 | 保利香港 | 2022-10-10 |
| 唐 三彩盖盒 | 直径7.4cm | 59,690 | 保利香港 | 2022-10-10 |
| 唐 三彩宝相花深腹盆 | 直径20cm | 1,128,600 | 保利香港 | 2022-07-14 |
| 唐 三彩宝相花平底盆 | 直径24.1cm | 718,200 | 保利香港 | 2022-07-14 |
| 唐 绿釉弦纹三足筒式奁 | 直径14.6cm；高15cm | 151,939 | 保利香港 | 2022-10-10 |
| 唐 绿釉弦纹三足小奁 | 高8cm | 130,233 | 保利香港 | 2022-10-10 |
| 唐 三彩宝相花纹洗 | 直径23.5cm | 1,085,280 | 保利香港 | 2022-10-10 |
| 唐 三彩武官俑（一对） | 高106.7cm；高108cm | 4,883,760 | 保利香港 | 2022-07-14 |
| 唐 三彩镇墓兽（一对） | 高102.2cm；高98cm | 3,798,480 | 保利香港 | 2022-07-14 |
| 唐 三彩立马 | 高66cm；宽68.6cm | 3,591,000 | 保利香港 | 2022-07-14 |
| 唐 三彩十二生肖俑（一套） | 高24.1cm×12 | 3,472,896 | 保利香港 | 2022-07-14 |
| 唐 褐地绿彩碎花璎珞三彩马 | 高71cm；宽78cm | 3,078,000 | 保利香港 | 2022-07-14 |
| 唐 三彩骆驼 | 55.9cm×27.9cm×75.6cm | 3,038,784 | 保利香港 | 2022-07-14 |
| 唐 三彩双峰骆驼 | 高76cm；宽56.5cm | 2,667,600 | 保利香港 | 2022-07-14 |
| 唐 三彩文官俑 | 高106.7cm | 2,052,000 | 保利香港 | 2022-07-14 |
| 唐 三彩立马 | 通高77.8cm | 1,965,700 | 香港福羲国际 | 2022-12-28 |
| 唐 三彩文官俑（一对） | 高104.1cm；高106.7cm | 1,953,504 | 保利香港 | 2022-10-10 |
| 唐 三彩蓝釉碎花女俑 | 高28cm | 1,539,000 | 保利香港 | 2022-07-14 |
| 唐 三彩陶马 | 高46cm | 1,445,601 | 纽约佳士得 | 2022-03-25 |
| 唐 三彩仕女立俑 | 高48.9cm | 1,031,016 | 保利香港 | 2022-10-10 |
| 唐 三彩马 | 高76cm | 756,050 | 佳士得 | 2022-05-30 |
| 唐 绿点釉马与骑马人 | 高34.6cm，长30.2cm，高32.1cm，长30.5cm | 705,432 | 保利香港 | 2022-10-10 |
| 唐 三彩花卉形束腰座 | 高6.5cm；直径12.8cm | 564,300 | 保利香港 | 2022-07-14 |
| 唐 三彩加蓝釉镇墓兽 | 高58cm | 275,910 | 华艺国际 | 2022-11-27 |
| 唐 三彩骑马俑 | 高37.5cm | 224,871 | 纽约佳士得 | 2022-03-25 |
| 唐 三彩天王俑 | 高80cm | 165,546 | 华艺国际 | 2022-11-27 |
| 唐 三彩加蓝骑马陶俑（两件） | 长38.2cm×2 | 136,529 | 纽约佳士得 | 2022-03-25 |
| 唐 三彩褐衣人骑马俑 | 高42cm | 132,436 | 华艺国际 | 2022-11-27 |
| 唐 三彩绿衣人骑马俑 | 高42cm | 132,436 | 华艺国际 | 2022-11-27 |
| 唐 加彩陶马 | 长71.1cm；高72.4cm | 121,400 | 华艺国际 | 2022-11-27 |
| 唐 三彩蓝釉鬣屃 | 高10.5cm | 110,364 | 华艺国际 | 2022-11-27 |
| 唐 三彩镇墓兽 | 高90cm | 108,156 | 华艺国际 | 2022-11-27 |
| 唐 三彩胡人牵马俑 | 高44.1cm | 65,116 | 保利香港 | 2022-10-10 |
| 唐 三彩文官陶俑（一对） | 高104.1cm×2 | 64,249 | 纽约佳士得 | 2022-03-25 |
| 唐 三彩牵马俑 | 高58cm | 64,011 | 华艺国际 | 2022-11-27 |
| 唐 三彩陶马及马夫俑 | 长48.4cm | 48,187 | 纽约佳士得 | 2022-03-25 |
| 唐 蓝釉兔子（两只） | 最大的高9.3cm | 44,145 | 中国嘉德 | 2022-06-07 |
| 五代 黄绿釉彩莲花形高足碗 | 直径24.5cm；高15.7cm | 520,934 | 保利香港 | 2022-10-10 |
| **辽三彩** | | | | |
| 辽 酱釉小碟 | 直径13.3cm | 87,434 | 中国嘉德 | 2022-06-04 |
| **绞胎** | | | | |
| 唐 黄釉绞胎枕 | 10.2cm×13.4cm×7.5cm | 225,720 | 保利香港 | 2022-07-14 |
| 唐 绞胎树叶纹枕 | 11.8cm×19.1cm×9.6cm | 205,200 | 保利香港 | 2022-07-14 |
| 唐 黄釉绞胎银锭形枕 | 宽21cm；高11.6cm | 130,233 | 保利香港 | 2022-10-10 |
| 唐 黄釉绞胎枕 | 8.5cm×12.1cm×7.2cm | 119,380 | 保利香港 | 2022-10-10 |
| 唐 黄釉绞胎盘 | 直径12.3cm；高3.1cm | 328,320 | 保利香港 | 2022-07-14 |
| 唐 黄釉绞胎碗 | 直径10cm；高4.3cm | 412,406 | 保利香港 | 2022-10-10 |
| 唐 绞胎高脚杯 | 直径7.1cm；高6.1cm | 266,760 | 保利香港 | 2022-07-14 |
| 唐 巩县窑三彩绞胎高足杯 | 高7.3cm | 123,120 | 保利香港 | 2022-07-14 |
| 宋 绞胎盘 | 直径18.3cm；高2.3cm | 412,406 | 保利香港 | 2022-07-14 |
| 清中期 绞胎开光锦纹菱形笔筒 | 长16cm | 28,750 | 中国嘉德 | 2022-06-02 |
| **宜兴紫砂** | | | | |
| **宜钧釉（瓯窑）** | | | | |
| 明 宜钧琮式瓶 | 高25cm | 115,000 | 北京大羿 | 2022-09-2 |
| 明 宜钧玉兰花杯 | 高9.5cm | 184,000 | 华艺国际 | 2022-09-2 |
| 清早期 宜钧天蓝釉大胆瓶 | 高50cm | 299,000 | 中贸圣佳 | 2022-07-2 |
| 清早期 宜钧天蓝釉水鸭摆件 | 长18cm | 28,750 | 中国嘉德 | 2022-12-2 |
| 清初 瓯窑宜钧天蓝釉攒盘（一组五件） | 直径26.5cm×5 | 138,000 | 中贸圣佳 | 2022-09-2 |
| 清早期 宜钧釉葵口式小杯连托（一对成套） | 杯直径6cm；高3.9cm；盘径10.8cm | 460,000 | 中贸圣佳 | 2023-01-0 |
| 清早期 宜钧天蓝釉玉兰花形杯 | 长11.3cm；高7.8cm | 115,000 | 北京中汉 | 2022-08-0 |
| 18世纪 宜钧釉投壶 | 高14.5cm | 57,500 | 保利厦门 | 2022-10-2 |
| 清中期 宜钧釉贯耳瓶 | 高10.5cm | 48,300 | 华艺国际 | 2022-09-2 |
| 清中期 宜钧釉云肩罐 | 高8.9cm | 57,500 | 中贸圣佳 | 2022-09-2 |
| 清 宜钧釉释迦像 | 高39cm | 80,500 | 中国嘉德 | 2022-05-3 |
| 清 宜钧釉八卦琮式花囊 | 高19.2cm | 46,000 | 北京中汉 | 2022-04-2 |
| **石湾窑（广钧）** | | | | |
| 民国 石湾窑刘佐潮造羲之爱鹅 | 高10.1cm | 207,000 | 华艺国际 | 2022-09-2 |
| **其他** | | | | |
| 宋/金 12世纪 彩塑菩萨 | 高57.2cm | 64,249 | 纽约佳士得 | 2022-03-2 |
| 明 三彩袖珍家具（一组四十五件） | 尺寸不一 | 370,823 | 佳士得 | 2022-11-2 |

(成交价RMB：3万元以上)

## 青瓷

### 越窑

| 名称 | 物品尺寸 | 成交价RMB | 拍卖公司 | 拍卖日期 |
|---|---|---|---|---|
| 六朝 后乐斋收藏 越窑青釉鸥鹆形盖盒 | 高6cm；宽8cm | 1,404,093 | 香港苏富比 | 2022-04-29 |
| 西晋 越窑青釉兽面双系盘口壶 | 高22.5cm | 88,291 | 中国嘉德 | 2022-10-07 |
| 晋 越窑青釉罐 | 直径9.7cm | 44,171 | 纽约佳士得 | 2022-03-25 |
| 晋 越窑青釉镂空三足炉 | 高19cm | 224,871 | 纽约佳士得 | 2022-03-25 |
| 西晋 后乐斋收藏 越窑青釉辟邪水盂 | 长17.2cm | 162,010 | 香港苏富比 | 2022-04-29 |
| 西晋 越窑青釉蛙形水盂 | 宽12.7cm | 48,187 | 纽约佳士得 | 2022-04-29 |
| 晋 越窑青釉蟾蜍形水注 | 高11.4cm | 136,529 | 纽约佳士得 | 2022-03-25 |
| 五代 越窑青釉刻牡丹纹盖盒 | 直径12.3cm | 112,436 | 纽约佳士得 | 2022-03-25 |
| 北宋太平丁丑年（977年）后乐斋收藏 越窑青釉莲瓣纹浅碗 | 直径10.5cm | 172,811 | 香港苏富比 | 2022-04-29 |
| 北宋10世纪 后乐斋收藏 越窑青釉洗 | 长17.5cm | 280,818 | 香港苏富比 | 2022-04-29 |
| 10世纪 后乐斋收藏 越窑青釉花瓣纹水盂 | 宽8.5cm | 86,405 | 香港苏富比 | 2022-04-29 |
| 元 青釉刻花卉执壶 | 高18cm | 402,500 | 中鸿信 | 2022-09-11 |
| 明以前 越窑秘色瓷香插 | 28.5cm×6.5cm×11.5cm | 161,000 | 浙江御承 | 2022-08-28 |
| 明 青釉秘色佛钵 | 直径12cm；高4.5cm | 230,000 | 上海嘉禾 | 2022-01-01 |

### 耀州窑

| 名称 | 物品尺寸 | 成交价RMB | 拍卖公司 | 拍卖日期 |
|---|---|---|---|---|
| 五代/北宋 耀州窑青釉三足炉 | 直径12.1cm | 237,615 | 佳士得 | 2022-05-30 |
| 五代 耀州窑青釉贴塑飞鸟纹碗 | 直径13cm | 176,582 | 中国嘉德 | 2022-10-07 |
| 五代 耀州窑青釉葵口碗 | 直径16.5cm | 57,264 | 纽约佳士得 | 2022-09-23 |
| 北宋 耀州窑刻花梅瓶 | 高24.5cm | 206,816 | 台北艺珍 | 2022-08-14 |
| 北宋 耀州窑青釉剔刻花卉纹瓜棱形执壶 | 高25cm | 1,103,640 | 中国嘉德 | 2022-10-07 |
| 北宋 耀州窑刻花执壶 | 高17.7cm | 164,880 | 台北艺珍 | 2022-03-06 |
| 北宋 耀州窑刻牡丹纹双耳瓜棱罐 | 高17.5cm | 702,046 | 佳士得 | 2022-05-30 |
| 北宋 耀州窑双耳盖罐（单耳有修） | 高18cm；宽13cm | 123,660 | 台北艺珍 | 2022-03-06 |
| 北宋 耀州窑刻缠枝牡丹纹盖碗 | 直径14.8cm；高12.1cm | 1,836,122 | 佳士得 | 2022-05-30 |
| 北宋/金 耀州窑青釉"犀牛望月"碗 | 直径21cm | 481,867 | 纽约佳士得 | 2022-03-25 |
| 北宋 耀州窑青釉碗（三件） | 最大的直径18cm | 154,296 | 中国嘉德 | 2022-06-04 |
| 北宋/金 耀州窑青釉印婴戏纹碗 | 直径15.5cm | 104,404 | 纽约佳士得 | 2022-03-25 |
| 北宋 耀州窑青釉模印牡丹纹笠式碗 | 直径17.4cm | 70,479 | 纽约佳士得 | 2022-09-23 |
| 北宋 后乐斋收藏 耀州青釉印缠枝菊花纹撇口笠式碗 | 直径10.8cm | 64,804 | 香港苏富比 | 2022-04-29 |
| 北宋 耀州青釉划牡丹纹"天命"款茶盏 | 直径9.4cm | 88,291 | 中国嘉德 | 2022-10-07 |
| 北宋 耀州窑青釉牛首杯 | 长8.7cm | 253,837 | 中国嘉德 | 2022-10-07 |
| 北宋 耀州窑青釉刻划牡丹纹鼓式盖盒 | 宽13.2cm | 551,820 | 中国嘉德 | 2022-10-07 |
| 宋 耀州青瓷三足小香炉（一件）青白童子二人像 | 最大的直径6.2cm | 48,649 | 香港苏富比 | 2022-11-25 |
| 宋 耀州窑刻莲花纹碗 | 直径19cm；高7cm | 65,116 | 保利香港 | 2022-10-10 |
| 宋代 耀州窑刻花大碗 | 高8cm；宽20.9cm | 64,888 | 台北艺珍 | 2022-09-25 |
| 金 耀州窑印童子牡丹纹斗笠碗 | 直径15.2cm | 280,818 | 佳士得 | 2022-05-30 |
| 11世纪/12世纪 耀州窑青釉刻芙蓉纹碗 | 直径21.1cm | 158,579 | 纽约佳士得 | 2022-09-23 |
| 元 耀州窑牡丹纹斗笠碗 | 直径15.7cm | 245,712 | 香港福羲国际 | 2022-12-28 |
| 元 青釉刻花水禽图碗 | 直径16.5cm | 115,000 | 中鸿信 | 2022-09-11 |
| 元 耀州窑划花游鱼纹斗笠盏 | 直径12cm | 48,300 | 北京中汉 | 2022-04-27 |
| 明 耀州窑刻花玉壶春瓶 | 高30cm；底径15cm | 805,000 | 西泠印社 | 2022-01-22 |
| 明 耀州窑青瓷扁瓶 | 高26.8cm | 690,000 | 上海嘉禾 | 2022-01-01 |
| 明 耀州窑三足香炉 | 高10.5cm；直径10.5cm | 103,500 | 上海嘉禾 | 2022-01-01 |
| 明 耀州窑荷莲纹碗 | 直径19cm | 172,500 | 北京保利 | 2022-07-28 |
| 明 青瓷花瓣形盏 | 直径13.7cm；高5.4cm | 218,500 | 中贸圣佳 | 2022-07-26 |

| 名称 | 物品尺寸 | 成交价RMB | 拍卖公司 | 拍卖日期 |
|---|---|---|---|---|
| 明 耀州窑月白釉盏（一对） | 高5cm×2；口径13cm×2 | 115,000 | 西泠印社 | 2022-01-22 |
| 耀州窑月白釉高足供盘 | 高7.8cm；直径16cm | 172,500 | 西泠印社 | 2022-01-22 |
| 耀州窑天青釉划花碗 | 高9.5cm；口径23.3cm | 57,500 | 西泠印社 | 2022-08-20 |
| 耀州窑青釉莲瓣小碗（一对） | 直径13cm；13.2cm | 28,750 | 中国嘉德 | 2022-06-02 |
| "书"字款耀州窑月白釉瓷砚 | 高3cm；直径13.7cm | 253,000 | 西泠印社 | 2022-08-20 |

### 汝窑

| 名称 | 物品尺寸 | 成交价RMB | 拍卖公司 | 拍卖日期 |
|---|---|---|---|---|
| 善窑 汝窑八方杯 | 宽7.7cm | 32,200 | 北京保利 | 2022-11-12 |

### 仿汝釉

| 名称 | 物品尺寸 | 成交价RMB | 拍卖公司 | 拍卖日期 |
|---|---|---|---|---|
| 元 青釉渣斗 | 直径11.5cm | 28,801 | 中国嘉德 | 2022-06-04 |
| 明 汝州张公巷窑青瓷盘 | 直径18.6cm；高4.6cm | 874,000 | 上海嘉禾 | 2022-01-01 |
| 明 天青釉盏 | 口径11.3cm；高6.4cm；底径5.8cm | 18,975,000 | 北京保利 | 2022-07-28 |
| 明 汝州官窑青瓷钵 | 直径13cm；高7.5cm | 437,000 | 上海嘉禾 | 2022-01-01 |
| 明 天青釉洗 | 直径11.8cm | 2,530,000 | 中鸿信 | 2022-09-11 |
| 清雍正 仿汝天青釉弦纹蒜头瓶 | 高28.2cm | 5,750,000 | 北京中汉 | 2022-06-28 |
| 清雍正 仿汝天青釉双螭龙耳四方扁瓶 | 高27.5cm | 483,000 | 北京中汉 | 2022-12-09 |
| 清雍正 仿汝釉海棠形抱月瓶 | 高45cm | 138,000 | 北京保利 | 2022-07-29 |
| 清雍正 天青釉梅瓶 | 高18.5cm | 36,800 | 华艺国际 | 2022-09-21 |
| 清雍正 仿汝天青釉葵口尊 | 直径12.6cm | 632,500 | 中国嘉德 | 2022-05-29 |
| 清雍正 仿汝釉花盆连托（一对） | 盆直径14cm，托直径14cm；盆直径13.7cm，托直径14cm | 1,322,500 | 中贸圣佳 | 2023-01-01 |
| 清乾隆 仿汝釉贯耳瓶 | 高19.2cm | 5,184,345 | 香港苏富比 | 2022-04-29 |
| 清乾隆 仿汝釉飘带瓶 | 高22.5cm | 4,966,380 | 中国嘉德 | 2022-10-07 |
| 清乾隆 仿汝釉观音瓶（一对） | 高21cm×2 | 3,335,000 | 中国嘉德 | 2022-06-27 |
| 清乾隆 仿汝釉弦纹瓶 | 高21.3cm | 2,990,000 | 北京保利 | 2022-07-28 |
| 清乾隆 仿汝釉瓜棱壁贯耳瓶 | 高22.6cm | 2,070,000 | 中贸圣佳 | 2022-07-26 |
| 清乾隆 仿汝釉蒜头瓶 | 高18.7cm | 1,944,129 | 佳士得 | 2022-05-30 |
| 清乾隆 仿汝釉小瓶 | 高16.8cm | 1,765,824 | 中国嘉德 | 2022-10-07 |
| 清乾隆 御制仿汝釉双联瓶 | 高18.5cm | 1,667,500 | 永乐拍卖 | 2022-07-24 |
| 清乾隆 仿汝釉八方瓶 | 高33.3cm | 1,495,000 | 中贸圣佳 | 2022-07-26 |
| 清乾隆 仿汝釉三孔葫芦瓶 | 高20cm | 827,730 | 中国嘉德 | 2022-10-07 |
| 清乾隆 仿汝八方小贯耳瓶 | 高14.4cm | 667,000 | 北京保利 | 2022-07-28 |
| 清乾隆 仿汝釉八方瓶 | 高34cm | 460,000 | 北京大羿 | 2022-06-26 |
| 清乾隆 仿汝釉八方瓶 | 高33cm | 460,000 | 北京保利 | 2022-07-28 |
| 清乾隆 仿汝釉弦纹八方瓶 | 高21.5cm | 126,500 | 中国嘉德 | 2022-06-27 |
| 清乾隆 仿汝釉八卦纹琮式瓶 | 高28.2cm | 105,800 | 中贸圣佳 | 2022-08-13 |
| 清乾隆 仿汝天青釉汉壶式双龙耳大尊 | 高35.5cm | 5,520,000 | 中贸圣佳 | 2022-07-26 |
| 清乾隆 天青釉双耳尊 | 高34cm；口径14cm | 632,500 | 浙江御承 | 2022-08-28 |
| 清乾隆 仿汝釉铺首尊 | 高34.5cm | 299,000 | 中国嘉德 | 2022-06-27 |
| 清乾隆 仿汝釉八方统（一尊） | 高33cm | 80,500 | 保利厦门 | 2022-10-22 |
| 清乾隆 仿汝釉大碗 | 直径35.3cm | 264,500 | 中国嘉德 | 2022-12-26 |
| 清乾隆 仿汝釉羽觞杯 | 长11cm | 1,092,500 | 北京大羿 | 2022-12-18 |
| 清乾隆 仿汝釉水仙盆 | 宽23.1cm | 5,214,699 | 佳士得 | 2022-11-29 |
| 清乾隆 仿汝釉六角花盆 | 宽27.5cm | 419,383 | 华艺国际 | 2022-11-27 |
| 清乾隆 仿汝釉四方洗 | 长7cm | 230,000 | 中国嘉德 | 2022-05-29 |
| 清宣统 仿汝釉贯耳瓶 | 高30.2cm | 32,916 | 中国嘉德 | 2022-06-04 |
| 清 仿汝釉八方瓶 | 通高32cm | 314,512 | 香港福羲国际 | 2022-12-28 |
| 民国 天青釉开片瓶 | 高31cm | 28,750 | 中贸圣佳 | 2022-08-12 |

### 官窑

| 名称 | 物品尺寸 | 成交价RMB | 拍卖公司 | 拍卖日期 |
|---|---|---|---|---|
| 南宋 后乐斋收藏 杭州官窑四管香插 | 高5.6cm | 648,043 | 香港苏富比 | 2022-04-29 |
| 官窑双耳尊 | 17.5cm×8.5cm×7cm | 80,000 | 香港贞观 | 2022-01-16 |
| 官窑天青釉弦纹炉 | 高15cm；直径19.4cm | 9,200,000 | 西泠印社 | 2022-01-22 |

## 2022瓷器拍卖成交汇总(续表)

(成交价RMB：3万元以上)

| 名称 | 物品尺寸 | 成交价RMB | 拍卖公司 | 拍卖日期 |
|---|---|---|---|---|
| 官窑青釉花口盘 | 高3.8cm；直径16cm | 1,725,000 | 西泠印社 | 2022-01-22 |
| 官窑六方花盆 | 高7.8cm；直径10cm | 1,035,000 | 西泠印社 | 2022-08-20 |
| 仿官釉 | | | | |
| 元 官釉葵口盘 | 直径15.5cm | 982,850 | 香港福羲国际 | 2022-12-28 |
| 明成化 仿官釉八方高足杯 | 高10.4cm | 36,800 | 中贸圣佳 | 2022-09-25 |
| 明 官窑胆瓶 | 高15cm；直径4.8cm | 6,325,000 | 上海嘉禾 | 2022-01-01 |
| 明 官窑长颈瓶 | 高16cm | 59,800 | 中鸿信 | 2022-09-11 |
| 明 仿官釉长颈瓶 | 高20.5cm | 57,500 | 中鸿信 | 2022-09-11 |
| 明 仿官釉八方贯耳瓶 | 高24cm | 34,500 | 中鸿信 | 2022-09-11 |
| 明 官釉撇口小尊 | 口径9cm；高6.1cm | 4,427,500 | 中贸圣佳 | 2022-07-26 |
| 明 龙泉官窑簋式炉 | 高8.6cm；口径14.1cm | 747,500 | 西泠印社 | 2022-01-22 |
| 明 官釉琴炉 | 高5cm；直径8cm | 172,500 | 西泠印社 | 2022-08-20 |
| 明 仿官釉小三足盘 | 直径8.8cm | 32,200 | 华艺国际 | 2022-09-23 |
| 明 官窑海棠碗（一对） | 口径12.3cm×2；高2.2cm×2 | 39,200 | 上海联合 | 2022-08-13 |
| 明 官釉盏台 | 高4.2cm | 126,500 | 中贸圣佳 | 2022-07-13 |
| 明 官窑渣斗 | 高6.7cm；直径8cm | 1,265,000 | 西泠印社 | 2022-01-22 |
| 明 仿官釉渣斗 | 高8.7cm | 132,250 | 华艺国际 | 2022-09-23 |
| 明 官窑折沿洗 | 直径21cm | 3,680,000 | 北京保利 | 2022-07-28 |
| 明 官釉鼓式水丞 | 高5cm；直径7cm | 345,000 | 保利厦门 | 2022-10-22 |
| 明 官釉三兽足石榴形砚滴 | 高8.7cm | 1,150,000 | 中贸圣佳 | 2022-07-26 |
| 清早期 仿官釉花口碗 | 直径16.4cm | 86,250 | 中国嘉德 | 2022-05-31 |
| 清雍正 御制仿官釉螭耳海棠式抱月瓶 | 高50.7cm | 3,220,000 | 永乐拍卖 | 2022-07-24 |
| 清雍正 仿官釉橄榄瓶 | 高30cm | 1,035,000 | 中国嘉德 | 2022-06-27 |
| 清雍正 仿官釉琮式瓶 | 高29.3cm | 46,000 | 中国嘉德 | 2022-09-28 |
| 清雍正 仿官"铁骨大观釉"汉壶式大铺首尊 | 高59cm | 6,900,000 | 北京保利 | 2022-07-28 |
| 清雍正 仿官窑双环瓜棱尊 | 高36cm；口径15cm | 345,000 | 浙江御承 | 2022-08-28 |
| 清雍正 仿官釉尊 | 高20cm | 345,000 | 中国嘉德 | 2022-06-27 |
| 清雍正 仿官釉双龙耳八方倭角尊 | 高17cm | 115,000 | 保利厦门 | 2022-10-22 |
| 清雍正 仿大观釉弦纹尊 | 高34cm | 115,000 | 华艺国际 | 2022-09-23 |
| 清雍正 仿官釉弦纹蝶耳尊 | 高41.7cm | 48,300 | 中国嘉德 | 2022-05-30 |
| 清雍正 仿官釉象耳出戟尊 | 高30.5cm | 34,500 | 中国嘉德 | 2022-06-02 |
| 清雍正 仿官釉蚰龙耳炉 | 直径10cm；长13cm | 920,000 | 华艺国际 | 2022-07-29 |
| 清雍正 唐英为李鳝竹作仿官釉洗 | 高4cm；直径8.5cm | 897,000 | 西泠印社 | 2022-08-20 |
| 清雍正 仿官釉海棠形水盂 | 直径4.5cm；高5cm；宽9.5cm | 28,750 | 广东崇正 | 2022-08-11 |
| 清雍正 官釉方口水呈 | 高3.2cm；长7.7cm | 34,500 | 广东崇正 | 2022-08-11 |
| 清 乾隆御题官窑贯耳方壶 | 高11.4cm | 12,190,000 | 中贸圣佳 | 2022-12-31 |
| 清乾隆 仿官釉三孔葫芦瓶 | 高20.8cm | 4,320,288 | 华艺国际 | 2022-05-29 |
| 清乾隆 御制仿官釉弦纹三系梅瓶 | 高28.6cm | 1,725,000 | 永乐拍卖 | 2022-07-24 |
| 清乾隆 仿官釉琮式瓶 | 高27.8cm | 904,984 | 中国嘉德 | 2022-10-07 |
| 清乾隆 仿官釉蒜头瓶 | 高18cm | 882,912 | 中国嘉德 | 2022-10-07 |
| 清乾隆 仿官窑瓶 | 高27cm | 322,000 | 浙江御承 | 2022-08-28 |
| 清乾隆 仿官釉八棱贯耳瓶 | 高15cm | 230,000 | 北京中汉 | 2022-12-09 |
| 清乾隆 仿官釉贯耳瓶 | 高30.5cm | 207,000 | 北京保利 | 2022-07-16 |
| 清乾隆 仿官釉六方贯耳瓶 | 高36.5cm | 149,500 | 中国嘉德 | 2022-05-30 |
| 清乾隆 仿官釉小天球瓶 | 高15.6cm | 40,250 | 北京中汉 | 2022-06-28 |
| 清乾隆 仿官釉三羊开泰尊 | 直径23.5cm；高33.4cm | 1,667,500 | 北京保利 | 2022-07-29 |
| 清乾隆 御制仿官釉三羊尊 | 高32.4cm | 1,150,000 | 永乐拍卖 | 2022-07-24 |
| 清乾隆 士绅收藏 仿官釉贯耳方壶 | 14.5cm | 594,039 | 香港苏富比 | 2022-04-29 |
| 清乾隆 仿官釉鼓式罐 | 高16.5cm | 92,000 | 保利厦门 | 2022-10-22 |
| 清乾隆 仿官釉花口盏 | 直径12.2cm | 176,582 | 中国嘉德 | 2022-10-07 |
| 清乾隆 仿官釉双联笔筒 | 高14cm | 28,750 | 中国嘉德 | 2022-06-02 |
| 清乾隆 仿官釉灵芝形笔舔 | 长10.5cm | 138,000 | 中国嘉德 | 2022-06-27 |
| 清乾隆 仿官釉三足折沿洗 | 直径23.3cm | 115,000 | 北京中汉 | 2022-04-27 |
| 清乾隆 仿官釉三联葫芦花插 | 高20.3cm | 632,500 | 中贸圣佳 | 2022-07-26 |
| 清乾隆 仿官釉水丞 | 高6cm；直径11.5cm | 241,500 | 保利厦门 | 2022-10-22 |
| 18世纪 仿官釉贯耳壶 | 高17.8cm | 182,100 | 中国嘉德 | 2022-10-07 |

| 名称 | 物品尺寸 | 成交价RMB | 拍卖公司 | 拍卖日期 |
|---|---|---|---|---|
| 清嘉庆 仿官釉贯耳瓶 | 高15.2cm | 275,910 | 中国嘉德 | 2022-10-07 |
| 清嘉庆 仿官釉八棱贯耳瓶 | 高14.6cm | 80,500 | 北京中汉 | 2022-12-09 |
| 清道光 仿官釉八方一统尊 | 高33cm | 207,000 | 保利厦门 | 2022-10-22 |
| 清道光 官釉花口碗 | 高5.6cm；直径10.3cm | 241,500 | 广东崇正 | 2022-08-11 |
| 清中期 仿官釉双耳瓶 | 高12.5cm | 126,500 | 北京保利 | 2022-07-29 |
| 清中期 仿官釉双摩羯鱼耳海棠瓶 | 高19cm | 80,500 | 中贸圣佳 | 2022-07-26 |
| 清中期 三足炉 | 高12.5cm；口径17.5cm；底径19cm | 437,000 | 浙江御承 | 2022-08-28 |
| 清中期 三足炉 | 高9cm；口径9cm | 322,000 | 浙江御承 | 2022-08-28 |
| 清中期 渣斗 | 高9cm；口径10.5cm | 2,300,000 | 浙江御承 | 2022-08-28 |
| 清咸丰 仿官釉八卦纹琮式瓶 | 高28.3cm | 1,092,500 | 中国嘉德 | 2022-12-26 |
| 清同治 官釉贯耳瓶 | 高31cm | 437,000 | 广东崇正 | 2022-08-11 |
| 清同治 仿官釉贯耳瓶 | 高31.7cm | 287,500 | 中贸圣佳 | 2022-10-27 |
| 清同治 仿官釉八卦纹琮式瓶 | 高27.7cm | 63,250 | 中国嘉德 | 2022-09-27 |
| 清同治 仿官釉八卦纹琮式瓶 | 高28cm | 57,500 | 中国嘉德 | 2022-05-30 |
| 清光绪 御制仿官釉杏圆贯耳瓶 | 高30.2cm | 368,000 | 永乐拍卖 | 2022-07-24 |
| 清光绪 仿官釉琮式瓶 | 高27.8cm | 304,750 | 北京大羿 | 2022-12-18 |
| 清光绪 仿官釉贯耳瓶 | 高29.8cm | 138,000 | 中国嘉德 | 2022-09-27 |
| 清光绪 仿官釉贯耳瓶 | 高30cm | 97,750 | 中国嘉德 | 2022-05-31 |
| 清光绪 仿官釉八卦纹琮式瓶 | 高27.8cm | 92,000 | 中国嘉德 | 2022-05-31 |
| 清光绪 仿官釉贯耳瓶 | 高30cm | 57,500 | 保利厦门 | 2022-10-22 |
| 清 仿官釉八卦纹琮式瓶 | 通高28cm | 245,712 | 香港福羲国际 | 2022-12-28 |
| 清 仿官釉莲瓣瓶 | 高13.6cm | 63,250 | 北京中汉 | 2022-08-08 |
| 清 仿官釉贯耳瓶 | 28.5cm×11.5cm | 28,750 | 荣宝斋（南京） | 2022-12-08 |
| 清 厂官窑执壶 | 17cm×17cm | 74,750 | 上海嘉禾 | 2022-01-01 |
| 清 官釉蚰耳炉 | 12cm×8cm | 218,500 | 荣宝斋（南京） | 2022-12-08 |
| 钧窑 | | | | |
| 北宋/金 钧窑紫斑天蓝釉琴炉 | 高6.7cm | 810,054 | 佳士得 | 2022-05-30 |
| 北宋/金 钧窑天蓝釉三足炉 | 高11.4cm | 136,529 | 纽约佳士得 | 2022-03-25 |
| 北宋/金 钧窑绿釉墩珍三足炉 | 高4.8cm | 33,731 | 纽约佳士得 | 2022-03-25 |
| 北宋 钧窑青釉碗 | 直径22.5cm | 264,298 | 纽约佳士得 | 2022-09-23 |
| 宋 钧窑月白釉墩式碗 | 直径11cm | 84,348 | 中国嘉德 | 2022-06-04 |
| 宋代 钧窑天青色釉盘 | 高2.4cm；宽18.5cm | 41,220 | 台北艺珍 | 2022-03-06 |
| 宋 钧窑天蓝釉莲子式大碗 | 直径26cm | 570,053 | 香港福羲国际 | 2022-12-28 |
| 宋 钧窑月白釉敛口杯 | 直径8.8cm | 237,615 | 香港苏富比 | 2022-04-29 |
| 金/元 钧窑天蓝釉紫斑花口瓶 | 高19cm | 1,042,939 | 佳士得 | 2022-11-29 |
| 金至元初 钧窑紫花鼎香炉 | 高14.6cm | 347,495 | 香港苏富比 | 2022-11-25 |
| 金代 钧窑红斑三足炉 | 高5.6cm | 39,105 | 台北艺珍 | 2022-12-04 |
| 金 前乐斋收藏 钧窑或汝州东沟窑绿釉墩式碗 | 直径10.5cm | 918,061 | 香港苏富比 | 2022-04-29 |
| 金至元 钧窑天蓝釉紫斑折沿盘 | 直径19.7cm | 136,745 | 香港苏富比 | 2022-10-09 |
| 金 钧窑紫斑碗 | 直径15.2cm | 2,891,201 | 纽约佳士得 | 2022-03-25 |
| 金 钧窑月白釉碗 | 直径14.6cm | 110,364 | 中国嘉德 | 2022-10-07 |
| 元 钧窑系天蓝釉梅瓶 | 通高37.5cm | 687,995 | 香港福羲国际 | 2022-12-28 |
| 元 天蓝釉红斑折沿盘 | 直径19cm | 112,700 | 中鸿信 | 2022-09-11 |
| 元 钧窑天青釉折沿盘 | 直径17.5cm | 97,750 | 中国嘉德 | 2022-09-27 |
| 元 钧窑碗 | 直径19cm | 240,933 | 纽约佳士得 | 2022-03-25 |
| 元 钧窑天蓝釉碗 | 直径20cm | 140,959 | 纽约佳士得 | 2022-09-23 |
| 元 钧窑天蓝釉大碗 | 直径21cm | 40,250 | 北京中汉 | 2022-04-27 |
| 元 钧窑小杯 | 直径7cm | 201,250 | 北京保利 | 2022-02-03 |
| 元 钧窑天青釉笔舔 | 直径11.5cm | 40,250 | 中国嘉德 | 2022-09-30 |
| 13世纪 钧窑天蓝釉盘 | 直径18.1cm | 211,438 | 纽约佳士得 | 2022-03-25 |
| 北宋/金12/13世纪 钧窑天蓝釉紫斑碗 | 直径14.9cm | 6,480,432 | 香港苏富比 | 2022-04-29 |
| 14世纪 钧窑天蓝釉海棠式盘 | 直径15.4cm | 704,794 | 纽约佳士得 | 2022-09-23 |
| 明 钧窑玫瑰斑碗 | 19cm×8cm | 63,250 | 荣宝斋（南京） | 2022-12-08 |
| 钧窑四系瓶（一对） | 24.8cm×12.5cm×2 | 850,000 | 香港贞观 | 2022-01-16 |
| 钧窑赏瓶 | 高16cm | 110,364 | 荣宝斋（香港） | 2022-11-26 |

| 名称 | 物品尺寸 | 成交价RMB | 拍卖公司 | 拍卖日期 |
|---|---|---|---|---|
| 钧窑窑变双耳尊 | 15cm×27cm | 320,000 | 香港贞观 | 2022-01-16 |
| 钧窑天青釉敛口盏 | 8.8cm×5.6cm | 49,450 | 上海嘉禾 | 2022-01-01 |
| 仿钧釉 | | | | |
| 明初 官钧玫瑰紫斑二层烛台 | 高20cm; 足径10.8cm | 368,000 | 上海嘉禾 | 2022-01-01 |
| 明早期 钧窑天蓝玫瑰紫釉葵花式花盆 | 高19cm; 直径26cm | 20,077,680 | 保利香港 | 2022-10-10 |
| 明初 钧窑葡萄紫釉鼓钉三足水仙盆 | 宽20.7cm | 13,121,006 | 香港苏富比 | 2022-10-08 |
| 明初 官钧月白釉菱口花盆(底编号二) | 18.3cm×23.5cm | 782,000 | 上海嘉禾 | 2022-01-01 |
| 明早期 官钧鼓钉三足洗 | 直径19cm | 2,300,000 | 北京保利 | 2022-07-26 |
| 明 天青釉胆瓶 | 高27cm | 1,380,000 | 中贸圣佳 | 2022-07-26 |
| 明 钧窑红紫斑长颈胆瓶 | 高19cm | 28,750 | 上海嘉禾 | 2022-01-26 |
| 明 钧窑红斑葫芦形酒壶 | 高13.8cm | 115,000 | 北京保利 | 2022-07-26 |
| 明 钧窑鸡心罐 | 高8.5cm | 138,000 | 永乐拍卖 | 2022-07-25 |
| 明 青釉紫斑三足炉 | 直径9.7cm; 高11.8cm | 345,000 | 中贸圣佳 | 2022-09-25 |
| 明 钧窑天青釉小琴炉 | 直径7cm | 184,000 | 北京保利 | 2022-07-28 |
| 明 钧窑玫瑰紫斑如意双耳三足炉 | 高11.5cm | 805,000 | 北京保利 | 2022-07-28 |
| 明 钧窑天蓝釉大盘 | 直径19.7cm | 184,000 | 上海嘉禾 | 2022-01-01 |
| 明 钧窑天蓝釉盘(一对) | 高3.5cm×2; 直径16.5cm×2 | 172,500 | 西泠印社 | 2022-01-22 |
| 明 钧窑天蓝釉盘 | 高2.6cm; 直径14cm | 34,500 | 西泠印社 | 2022-01-22 |
| 明 钧窑天青釉莲子式深腹大碗 | 直径26.8cm | 862,500 | 北京保利 | 2022-07-28 |
| 明 钧窑天青釉大碗 | 高10.7cm; 直径22.7cm | 805,000 | 西泠印社 | 2022-08-21 |
| 明/清 仿钧窑笠式碗(一对) | 直径11.2cm×2 | 481,867 | 纽约佳士得 | 2022-03-25 |
| 明 钧窑天蓝釉紫斑茶盏 | 直径8.6cm | 8,395,000 | 北京保利 | 2022-07-28 |
| 明 青釉红斑小盏 | 直径8.9cm; 高5.2cm | 575,000 | 中贸圣佳 | 2023-01-01 |
| 明 钧窑天蓝釉罗汉茶盏 | 直径10.8cm | 126,500 | 永乐拍卖 | 2022-07-25 |
| 明 钧窑天蓝釉泡泡盏 | 高3.5cm; 直径7.5cm | 92,000 | 西泠印社 | 2022-01-22 |
| 明 钧窑天蓝釉浅口盏 | 盘直径12cm; 框长40cm | 63,250 | 中贸圣佳 | 2022-08-13 |
| 明 钧釉月白小杯 | 高4cm; 直径7cm | 34,500 | 广东崇正 | 2022-12-25 |
| 明 天青釉内外紫斑净水钵 | 口径15.4cm, 高10.2cm | 1,495,000 | 中贸圣佳 | 2022-07-26 |
| 明 钧釉六方花盆 | 长21.3cm; 宽13.5cm; 高12.5cm | 1,035,000 | 中贸圣佳 | 2022-12-31 |
| 明 钧窑花盆 | 9.1cm×21.6cm | 322,000 | 荣宝斋(南京) | 2022-12-08 |
| 明 钧窑笔舔 | 10.8cm×2cm | 28,750 | 上海嘉禾 | 2022-01-01 |
| 明 天蓝釉玫瑰紫斑折沿洗 | 直径17cm | 4,140,000 | 中贸圣佳 | 2022-07-26 |
| 明 玫瑰紫釉鼓钉洗 | 直径20.5cm | 86,250 | 北京保利 | 2022-07-29 |
| 明晚期 仿钧天蓝釉如意耳匜 | 直径19cm | 1,380,000 | 永乐拍卖 | 2022-07-24 |
| 清雍正 御制窑变仿钧釉三足鼎 | 高33.8cm | 828,000 | 永乐拍卖 | 2022-07-24 |
| 清雍正 仿钧窑内天蓝外玫瑰紫釉乳钉式水仙盆 | 直径22cm | 220,728 | 中国嘉德 | 2022-10-07 |
| 清雍正 仿钧釉海螺形水注 | 高14cm | 822,912 | 华艺国际 | 2022-05-29 |
| 清乾隆 仿钧窑鼓钉洗 | 直径18.2cm | 230,000 | 中贸圣佳 | 2022-10-27 |
| 清 仿钧窑竹节瓶 | 18cm×8.5cm | 48,300 | 荣宝斋(南京) | 2022-12-08 |
| 清 "三"字款钧窑鼓钉洗 | 高9.7cm; 直径25.4cm | 40,250 | 西泠印社 | 2022-08-20 |
| 钧窑天蓝釉盘 | 高4.6cm; 直径19.5cm | 172,500 | 西泠印社 | 2022-01-22 |
| 钧窑天蓝釉红斑碗 | 高18.6cm; 口径19cm | 287,500 | 西泠印社 | 2022-01-22 |
| 钧窑蓝釉红斑盏 | 高5.5cm; 口径10cm | 1,150,000 | 西泠印社 | 2022-01-22 |
| 钧窑天蓝釉盏 | 高4.8cm; 直径9.2cm | 253,000 | 西泠印社 | 2022-08-20 |
| 钧窑天蓝釉红斑盏 | 高4.8cm; 口径8.4cm | 115,000 | 西泠印社 | 2022-08-20 |
| 仿哥釉 | | | | |
| 元 哥釉小罐 | 通高9cm | 195,500 | 中贸圣佳 | 2022-10-27 |
| 元/明 哥釉瓷塑男相观音 | 高25.5cm | 322,000 | 保利厦门 | 2022-10-22 |

| 名称 | 物品尺寸 | 成交价RMB | 拍卖公司 | 拍卖日期 |
|---|---|---|---|---|
| 元/明 仿哥釉海棠式洗 | 宽7.6cm | 1,189,339 | 纽约佳士得 | 2022-09-23 |
| 明 哥窑三足双耳炉 | 12.3cm×12.3cm | 402,500 | 荣宝斋(南京) | 2022-12-08 |
| 明 哥釉三足炉 | 高7.5cm; 直径12cm | 34,500 | 西泠印社 | 2022-01-22 |
| 明 哥釉杯连盖 | 高6.7cm | 1,495,000 | 中贸圣佳 | 2022-10-27 |
| 明 哥釉方口杯 | 高4.7cm; 长6.1cm×宽6.1cm | 36,800 | 广东崇正 | 2022-08-11 |
| 明 哥釉海棠式花盆 | 宽15.2cm | 1,150,000 | 北京保利 | 2022-07-29 |
| 明 哥釉方口笔筒 | 高9cm | 402,500 | 上海嘉禾 | 2022-01-01 |
| 明 哥釉四方小洗 | 高3.3cm; 长7cm; 宽7cm | 40,250 | 西泠印社 | 2022-01-23 |
| 明晚期 仿哥釉青花百鸟朝凤图角端耳大瓶 | 高45.5cm | 103,500 | 中国嘉德 | 2022-05-31 |
| 清早期 仿哥釉花口洗 | 直径7cm | 63,250 | 中国嘉德 | 2022-09-29 |
| 清康熙 仿哥釉青花堆白狮球纹胆瓶 | 高48.5cm | 57,500 | 中国嘉德 | 2022-06-01 |
| 清雍正 仿哥釉纸槌瓶 | 高16.6cm | 7,228,003 | 纽约佳士得 | 2022-03-25 |
| 清雍正 仿哥釉贯耳缠枝花卉大方瓶 | 高47.5cm | 6,095,000 | 北京保利 | 2022-07-28 |
| 清雍正 仿哥釉瓶 | 高33cm | 3,700,166 | 纽约佳士得 | 2022-09-23 |
| 清雍正 仿哥釉橄榄瓶 | 高35cm | 2,207,280 | 中国嘉德 | 2022-10-07 |
| 清雍正 仿哥釉盘口小瓶 | 高16.2cm | 1,434,732 | 中国嘉德 | 2022-10-07 |
| 清雍正 仿哥釉小天球瓶 | 高9.7cm | 575,000 | 中国嘉德 | 2022-12-26 |
| 清雍正 仿哥釉小梅瓶 | 高14.5cm | 161,000 | 中贸圣佳 | 2022-07-26 |
| 清雍正 哥瓷双耳瓶 | 34.5cm×16cm | 115,000 | 上海嘉禾 | 2022-01-01 |
| 清雍正 哥釉贯耳方瓶 | 高33cm | 34,500 | 北京保利 | 2022-07-16 |
| 清雍正 仿哥釉铺首尊 | 高25.6cm | 3,105,000 | 中国嘉德 | 2022-06-27 |
| 清雍正 御制仿哥釉包袱式蒜头尊 | 高27.9cm | 1,150,000 | 永乐拍卖 | 2022-07-24 |
| 清雍正 仿哥釉石榴尊 | 高16.5cm | 149,500 | 中国嘉德 | 2022-12-26 |
| 清雍正 仿铜骨哥釉太白坛 | 高35cm | 46,000 | 中古陶 | 2022-08-21 |
| 清雍正 仿哥釉钵 | 直径15.5cm | 92,000 | 永乐拍卖 | 2022-07-24 |
| 清雍正 哥釉水盂(带底座) | 高5cm | 59,800 | 广东崇正 | 2022-08-11 |
| 清乾隆 仿哥釉八卦琮式瓶 | 高28.8cm | 920,000 | 中国嘉德 | 2022-06-27 |
| 清乾隆 仿哥釉小天球瓶 | 高9.7cm | 747,500 | 中国嘉德 | 2022-12-26 |
| 清乾隆 仿哥釉杏圆贯耳瓶 | 高30.7cm | 609,500 | 北京大羿 | 2022-06-26 |
| 清乾隆 仿哥釉八卦琮式瓶 | 高28.5cm | 460,000 | 北京大羿 | 2022-06-26 |
| 清乾隆 仿哥釉杏圆贯耳瓶 | 高31.6cm | 218,500 | 西泠印社 | 2022-01-22 |
| 清乾隆 仿哥釉双兽耳小梅瓶 | 高15.8cm | 195,500 | 中贸圣佳 | 2022-07-26 |
| 清乾隆 仿哥釉八卦琮式瓶 | 高28.3cm | 138,000 | 北京中汉 | 2022-04-27 |
| 清乾隆 仿哥釉八卦琮式瓶 | 高28cm | 126,500 | 中国嘉德 | 2022-05-31 |
| 清乾隆 仿哥釉八卦琮式瓶 | 高28.4cm | 78,200 | 中国嘉德 | 2022-09-25 |
| 清乾隆 仿哥釉贯耳瓶 | 高22.2cm | 63,250 | 中国嘉德 | 2022-05-31 |
| 清乾隆 仿哥釉杏圆贯耳瓶 | 高30.4cm | 59,800 | 中贸圣佳 | 2022-07-13 |
| 清乾隆 仿哥釉三羊尊 | 高34.5cm | 1,725,000 | 北京保利 | 2022-07-28 |
| 清乾隆 仿哥釉方口出戟尊 | 高20.2cm | 425,500 | 北京保利 | 2022-07-28 |
| 清乾隆 仿哥釉六方双贯耳大尊 | 高47.2cm | 97,750 | 中贸圣佳 | 2022-08-13 |
| 清乾隆 哥釉太白罐 | 高33cm | 80,500 | 华艺国际 | 2022-09-29 |
| 清乾隆 仿哥釉太白罐 | 高34cm | 46,000 | 中国嘉德 | 2022-09-29 |
| 清乾隆 仿哥釉太白罐 | 高34.7cm | 28,750 | 中国嘉德 | 2022-05-31 |
| 清乾隆 仿哥釉篆式炉 | 长25cm | 40,250 | 中国嘉德 | 2022-05-30 |
| 清乾隆 仿哥釉器座 | 高16cm | 46,000 | 中国嘉德 | 2022-09-27 |
| 清乾隆 仿哥釉笔筒 | 高12.3cm; 直径9.8cm | 48,300 | 北京中汉 | 2022-04-27 |
| 清乾隆 仿哥釉四方洗 | 长7cm | 69,000 | 保利厦门 | 2022-10-22 |
| 清乾隆 仿哥釉灵芝形洗 | 长13.6cm | 63,250 | 北京中汉 | 2022-04-27 |
| 清乾隆 仿哥釉雕螭龙叶形水洗 | 长16.8cm | 46,000 | 北京保利 | 2022-07-29 |
| 清乾隆 仿哥釉洗 | 直径28cm | 36,800 | 中国嘉德 | 2022-09-27 |
| 清乾隆 仿哥釉贯耳瓶 | 高24.7cm | 46,000 | 北京诚轩 | 2022-08-09 |
| 清道光 哥釉琮式瓶 | 高27.9cm | 690,000 | 中贸圣佳 | 2022-12-31 |
| 清道光1880年前后 仿哥釉八卦琮式瓶 | 高44.5cm | 572,645 | 纽约佳士得 | 2022-09-23 |
| 清道光 仿哥釉杏圆贯耳瓶 | 高31cm | 506,000 | 北京大羿 | 2022-06-26 |
| 清中期 仿哥釉盘、哥釉葵口小洗 | 直径15cm; 直径12cm | 28,750 | 北京保利 | 2022-07-29 |
| 清中期 仿哥釉钵形洗 | 直径16cm | 57,500 | 西泠印社 | 2022-01-22 |
| 清中期 哥釉卷缸 | 直径21cm | 43,700 | 中古陶 | 2022-08-21 |
| 大清同治年 双耳方尊 | 31.5cm×12cm | 109,250 | 上海嘉禾 | 2022-01-01 |

**2022瓷器拍卖成交汇总(续表)**

(成交价RMB：3万元以上)

| 名称 | 物品尺寸 | 成交价RMB | 拍卖公司 | 拍卖日期 |
|---|---|---|---|---|
| 清 仿哥窑棒槌瓶 | 25cm×56.5cm | 345,000 | 上海嘉禾 | 2022-01-01 |
| 清 哥釉梅瓶 | 高24cm | 78,200 | 广东崇正 | 2022-08-11 |
| 清 仿哥釉长颈瓶 | 高23.8cm；直径11cm | 34,500 | 西泠印社 | 2022-01-22 |
| 清 仿哥釉八方贯耳瓶 | 高24.6cm | 32,200 | 北京中汉 | 2022-06-03 |
| 清 仿哥釉四方兽耳尊 | 通高31cm | 294,855 | 香港福羲国际 | 2022-12-28 |
| 清 哥釉碗 | 13.3cm×24.5cm | 28,750 | 荣宝斋(南京) | 2022-12-08 |
| 清代 雍正哥釉钵 | 直径15.8cm | 32,200 | 上海嘉禾 | 2022-01-01 |
| 清 仿哥釉三联笔筒 | 高10.4cm | 460,000 | 荣宝斋(南京) | 2022-12-08 |
| 清代 哥釉四方镇纸 | 直径6cm | 32,200 | 上海嘉禾 | 2022-01-01 |
| 哥釉长方抄手砚 | 高5.8cm；长18cm；宽14cm | 69,000 | 西泠印社 | 2022-01-22 |

**龙泉窑**

| 名称 | 物品尺寸 | 成交价RMB | 拍卖公司 | 拍卖日期 |
|---|---|---|---|---|
| 南宋 龙泉窑青釉贯耳瓶 | 高29.2cm | 581,455 | 纽约佳士得 | 2022-09-23 |
| 南宋 龙泉窑青釉琮式瓶 | 高24.7cm | 572,645 | 纽约佳士得 | 2022-09-23 |
| 南宋 龙泉窑青釉琮式瓶 | 高24cm | 551,820 | 中国嘉德 | 2022-10-07 |
| 南宋 龙泉窑粉青釉长颈瓶 | 高16.2cm | 496,638 | 中国嘉德 | 2022-10-07 |
| 南宋 双鱼耳龙泉盘口瓶 | 高25.5cm | 274,800 | 台北艺珍 | 2022-03-06 |
| 南宋 龙泉青瓷长颈瓶 | 高15cm | 69,499 | 香港苏富比 | 2022-11-25 |
| 南宋 龙泉瓶 | 高15.5cm；宽8cm | 35,724 | 台北艺珍 | 2022-03-06 |
| 南宋/元 龙泉青釉牡丹纹凤尾尊 | 高26.4cm | 144,560 | 纽约佳士得 | 2022-03-25 |
| 南宋至元 后乐斋收藏 龙泉仿官釉投壶 | 高17.5cm | 345,623 | 香港苏富比 | 2022-04-29 |
| 南宋 龙泉青釉投壶 | 高16cm | 176,685 | 纽约佳士得 | 2022-03-25 |
| 南宋/元或以后 龙泉青釉瓜棱形盖罐 | 高13.7cm | 112,436 | 纽约佳士得 | 2022-03-25 |
| 南宋 龙泉窑青釉龙纹罐 | 高22.2cm | 79,289 | 纽约佳士得 | 2022-09-23 |
| 南宋 龙泉青釉三足炉 | 外径12.7cm | 1,445,601 | 纽约佳士得 | 2022-03-25 |
| 南宋 龙泉青釉鬲式炉 | 直径14.5cm | 702,046 | 香港苏富比 | 2022-04-29 |
| 南宋 后乐斋收藏 龙泉青釉莲瓣纹墩式碗 | 直径12.3cm | 259,217 | 香港苏富比 | 2022-04-29 |
| 南宋 龙泉青釉八方盘 | 直径16.5cm | 4,818,668 | 纽约佳士得 | 2022-03-25 |
| 南宋 龙泉米黄釉葵口盘 | 外径17.1cm | 1,124,356 | 纽约佳士得 | 2022-03-25 |
| 南宋 龙泉青釉莲瓣纹小盘 | 直径12.6cm | 522,022 | 纽约佳士得 | 2022-03-25 |
| 南宋 龙泉窑青釉莲瓣纹盘 | 直径16cm | 77,148 | 中国嘉德 | 2022-06-04 |
| 南宋 龙泉青釉碗 | 直径10.8cm | 762,956 | 纽约佳士得 | 2022-03-25 |
| 南宋 龙泉青釉笠式碗 | 直径13.2cm | 337,307 | 纽约佳士得 | 2022-03-25 |
| 南宋 龙泉窑青釉笠式碗 | 直径14.3cm | 334,777 | 纽约佳士得 | 2022-03-25 |
| 南宋 显赫收藏 龙泉青釉敞口碗 | 直径14.3cm | 259,217 | 香港苏富比 | 2022-04-29 |
| 南宋 龙泉窑仿官釉笠式碗 | 直径14cm | 192,747 | 纽约佳士得 | 2022-03-25 |
| 南宋 龙泉青釉莲瓣形碗 | 直径14.7cm | 72,280 | 纽约佳士得 | 2022-03-25 |
| 南宋 龙泉窑青釉莲瓣式碗 | 直径16.7cm | 66,074 | 纽约佳士得 | 2022-09-23 |
| 南宋 后乐斋收藏 龙泉青釉瑞龟形水滴 | 长10cm | 810,054 | 香港苏富比 | 2022-04-29 |
| 宋代 龙泉窑出戟尊 | 高18.5cm | 31,022 | 台北艺珍 | 2022-08-14 |
| 宋代 龙泉窑粉青釉出戟花觚 | 高19.8cm；宽14cm | 39,105 | 台北艺珍 | 2022-12-04 |
| 宋 后乐斋收藏 龙泉青釉鼎式炉 | 高9.6cm | 216,014 | 香港苏富比 | 2022-04-29 |
| 元 青釉胆瓶 (一对) | 高31.9cm×2 | 2,645,000 | 中贸圣佳 | 2022-07-26 |
| 元 龙泉青釉阳刻花卉梅瓶 | 高30cm | 828,000 | 北京保利 | 2022-05-30 |
| 元 龙泉青瓷鼓形瓶 | 高22.6cm | 440,161 | 香港苏富比 | 2022-11-25 |
| 元 龙泉青釉兽耳衔环玉壶春瓶 | 高27cm | 149,500 | 中鸿信 | 2022-09-11 |
| 元 龙泉窑飞青釉蒜头瓶 | 高26.4cm；直径13.3cm | 92,000 | 西泠印社 | 2022-01-22 |
| 元 龙泉青釉缠枝莲纹梅瓶 | 高34.5cm | 61,718 | 中国嘉德 | 2022-06-04 |
| 元 龙泉青釉小葫芦瓶 | 高9.3cm | 36,800 | 中国嘉德 | 2022-12-26 |
| 元末 青釉刻缠枝菊花纹花觚 | 高53cm | 218,500 | 中贸圣佳 | 2022-12-26 |
| 元 龙泉青釉刻开光花卉纹四兽首系茶叶罐 | 高29.8cm | 3,780,252 | 佳士得 | 2022-05-30 |
| 元 龙泉青釉开光折枝花卉纹菱口罐 | 高27cm | 434,112 | 保利香港 | 2022-10-10 |
| 元 龙泉窑贴塑飞凤纹盖罐 | 高25cm；直径18cm | 184,000 | 西泠印社 | 2022-01-22 |
| 元 龙泉窑模印开光花卉纹盖罐 | 高30cm | 53,489 | 中国嘉德 | 2022-06-04 |
| 元 龙泉窑青釉暗刻花卉纹罐 | 直径29cm | 34,500 | 中国嘉德 | 2022-09-28 |

| 名称 | 物品尺寸 | 成交价RMB | 拍卖公司 | 拍卖日期 |
|---|---|---|---|---|
| 元 青釉弦纹三足炉 | 直径14.7cm；高10.2cm | 1,380,000 | 中贸圣佳 | 2022-07-26 |
| 元 龙泉窑贴花三足炉 | 高17cm；直径22.2cm | 299,000 | 广东崇正 | 2022-08-11 |
| 元 龙泉青釉贴花卉纹炉 | 直径17.5cm | 165,546 | 中国嘉德 | 2022-10-07 |
| 元 龙泉青釉模印缠枝牡丹纹三足炉 | 直径21.6cm | 162,010 | 佳士得 | 2022-05-30 |
| 元 龙泉窑粉青釉鼓形三足炉 | 直径17.3cm | 149,769 | 纽约佳士得 | 2022-09-23 |
| 元 龙泉青釉双耳三足炉 | 直径10.8cm | 149,500 | 中鸿信 | 2022-09-11 |
| 元 龙泉青釉八卦三足炉 | 通高11.5cm | 117,942 | 香港福羲国际 | 2022-12-28 |
| 元 龙泉窑青釉三足炉 | 高10cm；直径31cm | 97,750 | 西泠印社 | 2022-01-22 |
| 元 龙泉窑青釉鬲式炉 | 直径11cm | 34,500 | 中国嘉德 | 2022-09-30 |
| 元 龙泉窑青釉文殊菩萨像 | 高22cm | 287,500 | 中国嘉德 | 2022-06-27 |
| 元 龙泉窑青釉露胎贴塑双螭纹盘 | 直径16.5cm | 573,892 | 中国嘉德 | 2022-10-07 |
| 元 龙泉窑青釉露胎贴塑云凤纹菊瓣盘 | 宽16cm | 573,892 | 中国嘉德 | 2022-10-07 |
| 元 龙泉窑青釉龙纹大盘 | 直径35.2cm | 396,446 | 纽约佳士得 | 2022-09-23 |
| 元 龙泉窑青釉模印云龙纹刻花折沿大盘 | 直径34cm | 195,350 | 保利香港 | 2022-10-10 |
| 元 龙泉窑青釉贴塑四鱼纹大盘 | 直径39.4cm | 123,339 | 纽约佳士得 | 2022-09-23 |
| 元 龙泉窑青釉贴塑云龙纹大盘 | 直径36cm | 92,000 | 中国嘉德 | 2022-06-02 |
| 元 龙泉窑青釉花卉纹菱口大盘 | 直径36.8cm | 40,250 | 中国嘉德 | 2022-06-02 |
| 元 龙泉窑青釉花卉纹大盘 | 直径43.5cm | 36,800 | 中国嘉德 | 2022-05-31 |
| 元 龙泉窑青釉花卉纹大盘 | 直径34.2cm | 36,800 | 中国嘉德 | 2022-05-31 |
| 元 龙泉窑贴塑四鱼模印花卉纹大盘 | 直径26cm | 34,500 | 中国嘉德 | 2022-12-26 |
| 元 龙泉窑青釉云龙纹大盘 | 直径34cm | 32,200 | 中国嘉德 | 2022-05-31 |
| 元 龙泉窑青釉莲瓣碗 | 直径11.2cm | 115,000 | 中国嘉德 | 2022-05-29 |
| 元 龙泉窑青釉莲瓣碗 | 直径16.2cm | 40,250 | 中国嘉德 | 2022-06-02 |
| 元 龙泉窑粉青釉八方盏 | 直径9.3cm | 172,500 | 中国嘉德 | 2022-12-26 |
| 元 龙泉窑粉青釉斗笠盏 | 直径12.5cm | 117,942 | 香港福羲国际 | 2022-12-28 |
| 元 龙泉溪口窑青釉双耳杯 | 长11cm | 483,000 | 中国嘉德 | 2022-06-27 |
| 元 龙泉窑粉青釉洗 | 直径14.2cm | 149,500 | 中国嘉德 | 2022-06-27 |
| 元 龙泉窑"招财进宝"兽足鼓钉式洗 | 宽23cm；高8.4cm | 115,000 | 中贸圣佳 | 2022-10-27 |
| 元 龙泉青釉贴花婴儿戏水洗 | 直径16.8cm | 75,047 | 中国嘉德 | 2022-10-07 |
| 元 龙泉窑八卦纹三足洗 | 高10cm；直径31.5cm | 36,800 | 西泠印社 | 2022-08-20 |
| 元 龙泉青釉涩胎座龛 | 高23.5cm | 529,000 | 中鸿信 | 2022-09-11 |
| 14世纪 龙泉窑青釉露胎开光八仙纹梅瓶 | 高25.4cm | 6,166,944 | 纽约佳士得 | 2022-09-23 |
| 明初 龙泉青釉玉壶春瓶 | 高32.5cm | 207,000 | 中贸圣佳 | 2022-10-27 |
| 元/明初 龙泉青釉印花"福寿"瓶 | 高20.3cm | 60,233 | 纽约佳士得 | 2022-03-25 |
| 明早期 龙泉窑贴塑八仙过海图大梅瓶 | 高41.6cm | 55,200 | 北京中汉 | 2022-04-27 |
| 明早期 龙泉窑暗刻缠枝花卉菊瓣纹凤尾尊 | 高61.5cm | 920,000 | 永乐拍卖 | 2022-07-25 |
| 明初 龙泉窑青釉龙纹壮罐 | 高37cm | 69,000 | 西泠印社 | 2022-01-22 |
| 明早期 龙泉葵口大盘 | 直径40.5cm | 115,000 | 深圳富诺得 | 2022-10-06 |
| 明早期 处州龙泉窑青釉大盘 | 直径37.6cm | 57,500 | 中贸圣佳 | 2022-09-25 |
| 明早期 龙泉窑青釉刻花牡丹纹八方盘 | 直径33.2cm | 51,750 | 中国嘉德 | 2022-06-27 |
| 明早期 龙泉窑青釉暗刻缠枝花卉锦纹大盘 | 直径33cm | 40,250 | 中国嘉德 | 2022-06-27 |
| 明早期 龙泉窑青釉荷叶盏托 | 直径16cm | 138,000 | 中国嘉德 | 2022-06-27 |
| 明初 龙泉窑刻划宝莲纹大缸 | 直径61cm | 3,085,920 | 华艺国际 | 2022-05-29 |
| 明永乐 处州龙泉窑青釉梅瓶 | 高39.2cm | 1,840,000 | 中贸圣佳 | 2022-07-26 |
| 明永乐 龙泉窑翠青釉梅瓶 | 高38.7cm；直径23.3cm | 920,000 | 西泠印社 | 2022-01-22 |
| 明永乐 龙泉梅瓶 | 高37.2cm；直径20.5cm | 66,700 | 广东崇正 | 2022-08-11 |
| 明永乐 处州龙泉窑暗刻缠枝牡丹纹执壶 | 高31cm | 345,000 | 保利厦门 | 2022-10-22 |

| 名称 | 物品尺寸 | 成交价RMB | 拍卖公司 | 拍卖日期 |
|---|---|---|---|---|
| 明永乐 龙泉青釉墩式碗 | 口径20.2cm；通高13cm | 368,000 | 中贸圣佳 | 2022-10-27 |
| 明永乐 龙泉官窑青釉暗刻云龙纹大盘 | 直径42.5cm | 977,500 | 中国嘉德 | 2022-12-26 |
| 明永乐 龙泉窑青釉大盘 | 直径57.5cm | 920,000 | 北京保利 | 2022-07-29 |
| 明永乐 龙泉官窑青釉凸花暗刻缠枝莲纹盘 | 直径18cm | 230,000 | 中国嘉德 | 2022-12-26 |
| 明永乐 龙泉官窑青釉暗刻折枝花卉纹大碗 | 直径20cm | 115,000 | 中国嘉德 | 2022-06-27 |
| 14/15世纪初 龙泉青釉印孔雀花石纹绣墩 | 高37cm | 2,051,179 | 香港苏富比 | 2022-10-09 |
| 14/15世纪 龙泉青釉涩胎佛道教神龛 | 高38.7cm | 1,080,072 | 佳士得 | 2022-05-30 |
| 14/15世纪 龙泉窑青釉刻缠枝莲纹梅瓶 | 高39.3cm | 2,026,282 | 纽约佳士得 | 2022-09-23 |
| 明15世纪 龙泉青釉刻莲花连钱纹大盘 | 直径44.5cm | 220,728 | 中国嘉德 | 2022-10-07 |
| 15世纪 龙泉窑青釉内暗刻外浮雕缠枝花卉纹碗 | 直径21cm | 460,000 | 永乐拍卖 | 2022-07-24 |
| 明中期 龙泉窑青釉八卦纹兽足炉 | 直径31cm | 86,250 | 中国嘉德 | 2022-06-27 |
| 明 龙泉青釉贯耳瓶 | 高23.5cm | 2,702,500 | 上海嘉禾 | 2022-01-01 |
| 明 龙泉窑青釉贴牡丹纹兽衔环耳瓶（一对） | 高25cm×2 | 2,530,000 | 北京保利 | 2022-07-28 |
| 明 龙泉青釉八方穿带瓶 | 高21.5cm | 1,150,000 | 华艺国际 | 2022-09-23 |
| 明 龙泉窑梅子青釉摩羯耳弦纹盘口瓶 | 直径15.8cm | 1,150,000 | 北京保利 | 2022-07-29 |
| 明 龙泉竹节纹瓶 | 高28.5cm | 402,500 | 北京保利 | 2022-07-29 |
| 明 龙泉楼阁荷叶口双耳瓶 | 高25cm | 138,000 | 广东崇正 | 2022-12-25 |
| 明 龙泉窑青釉镂空花卉套瓶 | 高19.5cm | 103,500 | 北京保利 | 2022-07-29 |
| 明 龙泉双鱼耳瓶 | 高17.3cm | 101,200 | 广东崇正 | 2022-12-25 |
| 明 龙泉瓜棱象耳瓶 | 高25.2cm | 92,000 | 深圳富诺得 | 2022-10-06 |
| 明 龙泉窑粉青釉贯耳瓶 | 高16.5cm；直径8.7cm | 57,500 | 西泠印社 | 2022-01-22 |
| 明 龙泉窑缠枝纹花瓶 | 26cm×10cm | 46,000 | 荣宝斋（南京） | 2022-12-08 |
| 明 龙泉窑四方花瓶（一对） | 高16cm×2 | 46,000 | 上海嘉禾 | 2022-01-01 |
| 明 龙泉窑青釉出戟尊 | 高45cm | 138,000 | 西泠印社 | 2022-01-22 |
| 明 龙泉窑梅子青釉出戟尊 | 直径24.5cm | 126,500 | 上海嘉禾 | 2022-01-01 |
| 明 龙泉刻花石榴式尊 | 高34.6cm；直径23cm | 34,500 | 广东崇正 | 2022-08-11 |
| 明 龙泉青釉剔刻花卉执壶 | 高31cm | 82,800 | 中鸿信 | 2022-09-11 |
| 明 龙泉印花卉"福禄如山"盖罐 | 宽39cm | 690,000 | 北京保利 | 2022-07-29 |
| 明 龙泉窑粉青釉荷叶盖罐 | 高38cm；直径38cm | 207,000 | 西泠印社 | 2022-01-22 |
| 明 龙泉螭龙纹牡丹罐 | 直径12cm；高10.5cm | 103,500 | 上海嘉禾 | 2022-01-01 |
| 明 龙泉窑粉青釉大鬲式炉 | 直径20.8cm | 1,380,000 | 北京保利 | 2022-07-28 |
| 明 龙泉青釉鬲式炉 | 高10cm；直径12.8cm | 920,000 | 保利厦门 | 2022-10-22 |
| 明 龙泉窑青釉鬲式炉 | 直径9.6cm | 345,000 | 北京保利 | 2022-07-28 |
| 明 青釉鬲式炉 | 高12.1cm | 230,000 | 中贸圣佳 | 2022-07-28 |
| 明 龙泉窑八卦三足炉 | 直径29cm | 172,500 | 华艺国际 | 2022-09-23 |
| 明 龙泉青釉三足鼎式炉 | 高14cm；直径13cm | 161,000 | 上海嘉禾 | 2022-01-01 |
| 明 龙泉窑八卦纹三足炉 | 高21cm；直径30cm | 103,500 | 保利厦门 | 2022-10-22 |
| 明 龙泉御窑通天炉 | 直径10.5cm；高11cm | 46,000 | 上海嘉禾 | 2022-01-01 |
| 明 龙泉双耳鬲式炉 | 高11cm；直径11cm | 28,750 | 保利厦门 | 2022-01-01 |
| 明 龙泉窑青瓷兽形香熏 | 高16.5cm | 28,750 | 上海嘉禾 | 2022-01-01 |
| 明 龙泉粉青釉小书灯 | 宽9.5cm；高8.1cm | 920,000 | 中贸圣佳 | 2022-10-27 |
| 明 龙泉窑青釉龙纹如意云纹罐 | 宽31.7cm | 334,777 | 纽约佳士得 | 2022-09-23 |
| 明 龙泉窑真武大帝雕像 | 高21.5cm | 437,000 | 上海嘉禾 | 2022-01-01 |
| 明 龙泉青釉观音像 | 高16.5cm | 115,000 | 中国嘉德 | 2022-05-28 |
| 明 龙泉窑青釉释迦像 | 高25.5cm | 46,000 | 中国嘉德 | 2022-09-30 |
| 明 龙泉窑观音像 | 高17.5cm | 34,500 | 北京保利 | 2022-07-16 |
| 明 龙泉窑青釉观音坐像龛 | 高28.3cm | 30,859 | 中国嘉德 | 2022-06-04 |
| 明 龙泉窑青釉双鱼折沿盘 | 直径22.7cm | 460,000 | 北京保利 | 2022-07-28 |
| 明 龙泉窑粉青釉八方盘 | 高2.5cm；口径17cm | 368,000 | 西泠印社 | 2022-01-22 |

| 名称 | 物品尺寸 | 成交价RMB | 拍卖公司 | 拍卖日期 |
|---|---|---|---|---|
| 明 龙泉窑青釉刻缠枝莲纹盘 | 直径20.8cm | 343,997 | 香港福羲国际 | 2022-12-28 |
| 明 龙泉青釉暗刻花卉纹盘 | 直径45cm | 294,855 | 香港福羲国际 | 2022-12-28 |
| 明 龙泉刻花大盘 | 直径42cm | 115,000 | 深圳富诺得 | 2022-10-06 |
| 明 龙泉窑葵口暗刻花纹大盘 | 37cm×8cm | 69,000 | 荣宝斋（南京） | 2022-12-08 |
| 明 龙泉窑大盘 | 直径32.3cm | 57,500 | 上海嘉禾 | 2022-01-01 |
| 明 龙泉青釉花卉纹花口高足盘 | 直径17cm | 33,109 | 中国嘉德 | 2022-10-07 |
| 明 龙泉窑粉青釉盖碗 | 直径12.5cm | 368,000 | 上海嘉禾 | 2022-01-01 |
| 明 龙泉窑莲花纹海浪菱口碗 | 直径31.5cm | 368,000 | 上海嘉禾 | 2022-01-01 |
| 明 龙泉窑青釉刻花大碗 | 直径29.3cm | 92,000 | 深圳富诺得 | 2022-10-06 |
| 明 龙泉窑青釉暗刻莲瓣纹碗 | 直径15.7cm；高6.5cm | 59,800 | 中贸圣佳 | 2022-08-13 |
| 明 龙泉窑米黄官釉碗 | 直径15cm；高6.7cm | 57,500 | 上海嘉禾 | 2022-01-01 |
| 明 龙泉窑斗笠碗及漆座 | 直径13.2cm；高15.5cm | 34,728 | 保利香港 | 2022-10-10 |
| 明 龙泉青瓷斗笠盏 | 口径14cm；高5.3cm | 241,500 | 中贸圣佳 | 2022-10-27 |
| 明 龙泉窑花口梅花盏 | 高4cm；直径8cm | 40,250 | 保利厦门 | 2022-10-22 |
| 明 龙泉窑粉青釉刻莲瓣纹茶杯 | 直径9.6cm | 147,427 | 香港福羲国际 | 2022-12-28 |
| 明 龙泉窑菊花纹杯托 | 直径16cm | 69,000 | 保利厦门 | 2022-10-22 |
| 明 龙泉青釉大渣斗 | 直径20.8cm | 172,500 | 北京保利 | 2022-07-28 |
| 明 龙泉窑持莲童子洗 | 高6.5cm；直径16cm | 138,000 | 西泠印社 | 2022-08-20 |
| 明 龙泉官釉洗 | 直径12.5cm | 86,250 | 上海嘉禾 | 2022-01-01 |
| 明 龙泉窑粉青釉折沿洗 | 高3.8cm；口径10.8cm | 69,000 | 西泠印社 | 2022-01-22 |
| 明 龙泉青釉小洗 | 直径9.1cm | 55,200 | 上海嘉禾 | 2022-01-01 |
| 明 龙泉窑仿官釉洗（一对） | 直径12cm×2 | 36,800 | 中国嘉德 | 2022-06-02 |
| 明 龙泉窑莲瓣洗 | 高5.4cm；直径16.8cm | 34,500 | 西泠印社 | 2022-01-22 |
| 明 龙泉窑青釉太白醉酒砚滴 | 高7.8cm | 28,750 | 中国嘉德 | 2022-05-29 |
| 明 龙泉青釉观音龛 | 高24.7cm | 56,218 | 纽约佳士得 | 2022-03-25 |
| 明 龙泉窑青釉甪端香熏 | 高14.5cm | 40,250 | 中国嘉德 | 2022-05-29 |
| 明晚期 龙泉窑粉青釉卧足杯 | 宽7cm×高3cm | 40,250 | 江苏观宇 | 2022-11-12 |
| 清 龙泉蒜头瓶 | 24.3cm×15cm×3cm | 43,700 | 上海嘉禾 | 2022-01-01 |
| 龙泉窑瓜棱瓶 | 高23cm | 473,000 | 浙江御承 | 2022-12-17 |
| 龙泉窑粉青釉双凤瓶 | 26cm×12.5cm | 57,500 | 上海嘉禾 | 2022-01-01 |
| 龙泉窑芭蕉暗刻梅瓶 | 27cm×15cm×7.8cm | 28,750 | 上海嘉禾 | 2022-01-01 |
| 龙泉窑粉青釉栀子花纹三足炉 | 高11cm；直径16cm | 287,500 | 西泠印社 | 2022-08-20 |
| 龙泉窑粉青釉三足炉 | 高11cm；直径13.4cm | 161,000 | 西泠印社 | 2022-01-22 |
| 龙泉窑香炉 | 14.5cm×8cm | 55,200 | 上海嘉禾 | 2022-01-01 |
| 龙泉三足鬲式炉 | 高9.5cm；腹径11cm | 35,650 | 广东崇正 | 2022-04-17 |
| 龙泉窑小桶 | 口径11.7cm；高19cm | 3,520,000 | 浙江御承 | 2022-12-17 |
| 龙泉一路连科刻花大盘 | 直径38cm | 34,500 | 上海嘉禾 | 2022-01-01 |
| 龙泉窑渣斗 | 口径15.5cm；高14cm | 1,210,000 | 浙江御承 | 2022-12-17 |
| **仿龙泉釉** | | | | |
| 18世纪 仿龙泉青瓷模印夔龙纹鱼篓尊 | 高26cm；直径29cm | 109,250 | 保利厦门 | 2022-10-22 |
| 清光绪 仿龙泉窑青釉双鱼纹大盘 | 直径26.2cm | 28,750 | 中国嘉德 | 2022-05-30 |
| **景德镇青釉** | | | | |
| 晋 青釉凤蛙水注 | 宽9.5cm | 79,462 | 中国嘉德 | 2022-10-07 |
| 元 青釉敛口碗 | 直径12cm | 48,300 | 北京中汉 | 2022-04-27 |
| 元 青釉轮花口盏 | 直径12cm | 92,000 | 中鸿信 | 2022-09-11 |
| 明早期 翠青釉双系四方小瓶 | 高12.5cm | 86,250 | 中贸圣佳 | 2022-08-13 |
| 明宣德 霁青釉暗刻朵云行龙纹盘 | 直径20.2cm | 3,450,000 | 北京保利 | 2022-07-28 |
| 明 青釉小蒜头瓶 | 高10cm | 3,450,000 | 北京保利 | 2022-07-28 |
| 明 梅子青琮式瓶 | 高36.5cm | 483,000 | 北京保利 | 2022-07-29 |
| 明 青瓷剔刻莲托牡丹纹注壶 | 高12.9cm | 92,000 | 中贸圣佳 | 2022-07-13 |

## 2022瓷器拍卖成交汇总(续表)

(成交价RMB：3万元以上)

| 名称 | 物品尺寸 | 成交价RMB | 拍卖公司 | 拍卖日期 |
|---|---|---|---|---|
| 明 粉青釉鱼耳三足炉 | 高8.3cm；口径6.8cm | 483,000 | 中贸圣佳 | 2022-10-27 |
| 明 青釉印花盏 | 直径20.3cm | 40,250 | 中贸圣佳 | 2022-06-07 |
| 明 青釉海棠杯 | 长13.3cm；高6.3cm | 1,552,500 | 中贸圣佳 | 2022-07-26 |
| 明 粉青釉折腰小洗 | 直径13cm | 184,000 | 中贸圣佳 | 2022-07-26 |
| 明 青釉花口翻口洗 | 宽19.5cm | 63,250 | 北京保利 | 2022-07-29 |
| 明 青釉小砚滴 | 高3.6cm；通径8.9cm | 34,500 | 西泠印社 | 2022-08-21 |
| 明晚期 回青釉暗刻云龙纹大碗 | 直径17.4cm | 55,200 | 中国嘉德 | 2022-09-28 |
| 清早期 豆青釉橄榄尊 | 高23.5cm | 69,000 | 永乐拍卖 | 2022-07-24 |
| 清康熙 青釉暗刻缠枝花卉纹玉壶春瓶 | 高22.8cm | 48,300 | 中国嘉德 | 2022-09-28 |
| 清康熙 粉青釉撇口尊 | 高9cm | 2,070,000 | 保利厦门 | 2022-10-22 |
| 清康熙 青釉橄榄尊 | 高13.5cm | 573,892 | 中国嘉德 | 2022-10-07 |
| 清康熙 天蓝釉凸雕豆青釉莲瓣纹螭龙耳尊 | 高25cm | 92,000 | 保利厦门 | 2022-10-22 |
| 清康熙 豆青釉暗刻缠枝花卉纹琵琶尊 | 高36.5cm | 48,300 | 保利厦门 | 2022-10-22 |
| 清康熙 青釉暗刻缠枝莲纹琵琶尊 | 高23.5cm | 32,200 | 中国嘉德 | 2022-05-30 |
| 清康熙 青釉山水花觚 | 高39.5cm | 230,000 | 北京保利 | 2022-07-29 |
| 清康熙 冬青釉暗刻缠枝纹花觚 | 高41.7cm | 29,900 | 中国嘉德 | 2022-09-25 |
| 清康熙 冬青釉暗刻海水龙纹大罐 | 高28.2cm | 391,000 | 中贸圣佳 | 2022-07-26 |
| 清康熙 豆青釉暗刻缠枝西番莲大碗 | 直径20cm | 115,000 | 永乐拍卖 | 2022-07-24 |
| 清康熙 豆青釉暗刻云龙纹大缸 | 直径37cm；高49cm | 41,400 | 北京中汉 | 2022-09-29 |
| 清康熙 青釉龙纹盘 | 高6cm；直径28.5cm | 103,500 | 上海嘉禾 | 2022-01-01 |
| 清康熙 青釉莲瓣形花口小盘 | 直径8.7cm | 74,750 | 中贸圣佳 | 2022-09-25 |
| 清康熙 外青釉内暗刻双龙捧寿纹碗 | 直径21cm | 441,456 | 中国嘉德 | 2022-10-07 |
| 清康熙 青釉暗刻缠枝莲纹大碗 | 直径20cm | 74,750 | 中国嘉德 | 2022-09-27 |
| 清康熙 青釉刻缠枝龙纹笔筒 | 直径22.1cm | 193,818 | 纽约佳士得 | 2022-09-23 |
| 清康熙 青釉凸花螭龙灵芝纹大笔筒 | 直径18.3cm | 126,500 | 中国嘉德 | 2022-05-31 |
| 清康熙 青釉凸花缠枝花卉纹大笔筒 | 直径19.5cm | 36,800 | 中国嘉德 | 2022-05-31 |
| 清康熙 青釉暗刻夔龙灵芝纹笔筒 | 高12.8cm | 28,750 | 中贸圣佳 | 2022-09-25 |
| 清康熙 青釉菊瓣洗 | 直径14.3cm | 132,250 | 北京荣宝 | 2022-07-24 |
| 清康熙 青釉菊瓣洗 | 直径14.3cm | 69,000 | 中国嘉德 | 2022-05-29 |
| 清雍正 粉青釉八方瓶 | 高34.4cm | 6,900,000 | 北京保利 | 2022-07-28 |
| 清雍正 粉青釉梅瓶 | 高23.8cm | 2,592,172 | 香港苏富比 | 2022-04-29 |
| 清雍正 淡青釉梅瓶 | 高23.4cm | 1,057,190 | 纽约佳士得 | 2022-09-23 |
| 清雍正 青釉琮式瓶 | 高29cm | 993,276 | 中国嘉德 | 2022-10-07 |
| 清雍正 粉青釉六棱双耳瓶 | 高28cm | 862,500 | 广东崇正 | 2022-08-11 |
| 清雍正 粉青釉盘口梅瓶 | 高22.3cm | 805,000 | 中国嘉德 | 2022-06-27 |
| 清雍正 粉青釉暗刻缠枝花卉纹莳荠瓶 | 高19.9cm | 97,750 | 北京中汉 | 2022-08-08 |
| 清雍正 豆青地暗刻缠枝莲纹盘口瓶 | 高46.2cm | 48,300 | 中贸圣佳 | 2022-09-25 |
| 清雍正 粉青釉螭龙尊 | 高17cm | 4,945,000 | 中贸圣佳 | 2022-12-31 |
| 清雍正 粉青釉小尊 | 高12.3cm | 1,127,000 | 中贸圣佳 | 2022-07-26 |
| 清雍正 粉青釉如意云足洗 | 直径19cm | 2,990,000 | 北京保利 | 2022-07-28 |
| 清雍正 粉青釉凸雕锥拱如意纹大宫碗 | 直径24cm；高11.5cm | 414,000 | 中贸圣佳 | 2022-07-28 |
| 清雍正 青釉模印如意花口大花盆 | 直径41cm；高23.3cm | 48,300 | 中贸圣佳 | 2022-08-13 |
| 清雍正 粉青釉菊瓣盘 | 高3.8cm；直径18cm | 2,070,000 | 西泠印社 | 2022-08-20 |
| 清雍正 粉青釉菊瓣盘（一对） | 高3.5cm×2；直径16.4cm×2 | 1,380,000 | 保利厦门 | 2022-10-22 |
| 清雍正 粉青釉小盘 | 直径13.2cm | 521,243 | 香港苏富比 | 2022-11-25 |
| 清雍正 青釉暗刻双龙捧寿盘（一对） | 口径21.5cm×2 | 391,000 | 中贸圣佳 | 2022-10-27 |
| 清雍正 粉青釉菊瓣盘 | 直径16.7cm | 230,000 | 中国嘉德 | 2022-12-26 |
| 清雍正 青釉暗刻芝仙祝寿图小盘 | 直径11.8cm | 115,000 | 中国嘉德 | 2022-05-29 |
| 清雍正 翠青釉大盘 | 直径37cm；高6.5cm | 115,000 | 中贸圣佳 | 2022-08-13 |
| 清雍正 青釉凸花折枝花果纹大碗 | 直径33.5cm | 2,530,000 | 中国嘉德 | 2022-06-27 |
| 清雍正 粉青釉暗刻九螭纹碗（一对） | 直径11.9cm×2 | 2,300,000 | 北京保利 | 2022-07-28 |
| 清雍正 粉青釉模印莲瓣纹碗（一对） | 直径12.3cm×2 | 1,765,824 | 中国嘉德 | 2022-10-07 |
| 清雍正 青釉大碗 | 直径18.7cm | 440,161 | 香港苏富比 | 2022-11-25 |
| 清雍正 豆青釉桂枝莲花纹刻纹大碗 | 直径27cm；高13cm | 345,000 | 深圳富诺得 | 2022-10-06 |
| 清雍正 粉青釉模印西番莲纹碗 | 口径22.2cm；高8.5cm | 241,500 | 中贸圣佳 | 2022-10-27 |
| 清雍正 御窑天青釉长方花盆 | 32cm×19.5cm×8cm | 632,500 | 保利厦门 | 2022-10-22 |
| 清雍正 粉青釉长方花盆 | 长22.9cm；宽15.3cm；通高11.7cm（带座） | 230,000 | 中贸圣佳 | 2022-10-27 |
| 清雍正 粉青釉花盆 | 直径15cm | 132,436 | 中国嘉德 | 2022-10-07 |
| 清雍正 御制粉青釉佛莲托寿字大鱼浅 | 直径60cm | 690,000 | 永乐拍卖 | 2022-07-24 |
| 清雍正 青釉竹节形浅缸 | 直径35.5cm；高15cm | 82,800 | 华艺国际 | 2022-09-23 |
| 清雍正 粉青釉菱口三足洗 | 直径22cm | 1,302,336 | 保利香港 | 2022-10-10 |
| 清乾隆 粉青釉雕海水龙纹瓶梅 | 高33cm | 74,550,882 | 佳士得 | 2022-11-29 |
| 清乾隆 粉青釉浮雕苍龙教子长颈瓶 | 高28.3cm | 14,786,700 | 佳士得 | 2022-05-30 |
| 清乾隆 青釉浮雕苍龙教子图灯笼瓶 | 高44cm | 9,499,581 | 中国嘉德 | 2022-10-07 |
| 清乾隆 冬青釉葫芦瓶 | 高31.8cm | 2,990,000 | 北京保利 | 2022-07-28 |
| 清乾隆 豆青釉葫芦盖瓶 | 高34.5cm | 1,622,350 | 佳士得 | 2022-11-29 |
| 清乾隆 粉青釉葫芦瓶 | 高32.5cm | 862,500 | 北京保利 | 2022-07-16 |
| 清乾隆 粉青釉蒜头瓶 | 高28.7cm | 690,000 | 北京保利 | 2022-07-28 |
| 清乾隆 冬青釉葫芦瓶（带红木座） | 高31cm | 621,000 | 广东崇正 | 2022-08-11 |
| 清乾隆 豆青釉莳荠瓶（一对） | 高18cm×口径3.5cm×底径4.5cm×2 | 483,000 | 浙江御承 | 2022-08-28 |
| 清乾隆 粉青釉四系蒜头口抱月瓶 | 高25cm | 405,587 | 佳士得 | 2022-11-29 |
| 清乾隆 粉青釉葫芦瓶 | 高32.6cm | 316,250 | 中贸圣佳 | 2022-10-27 |
| 清乾隆 豆青釉暗刻饕餮纹瓶 | 高50cm | 207,000 | 深圳富诺得 | 2022-10-06 |
| 清乾隆 粉青釉青花堆白灯笼瓶 | 高48cm | 112,700 | 华艺国际 | 2022-09-23 |
| 清乾隆 青釉青花万福连绵图螭耳瓶 | 高39.6cm | 80,500 | 中国嘉德 | 2022-12-26 |
| 清乾隆 粉青釉模印拐子龙纹凤耳瓶 | 高36cm | 80,500 | 华艺国际 | 2022-09-23 |
| 清乾隆 豆青釉撇口瓶 | 直径22cm；高44.5cm | 74,750 | 深圳富诺得 | 2022-10-06 |
| 清乾隆 粉青釉皮球花纹蒜头瓶 | 高23cm | 51,300 | 保利香港 | 2022-07-14 |
| 清乾隆 青釉凸花缠枝花卉纹莳荠瓶 | 高35.7cm | 40,250 | 中国嘉德 | 2022-05-30 |
| 清乾隆 青釉仿古四系六方瓶 | 高22.7cm | 29,900 | 中贸圣佳 | 2022-08-13 |
| 清乾隆 豆青釉螭龙灯笼尊 | 口径10.5cm×2；高26.5cm | 3,850,000 | 浙江御承 | 2022-12-17 |
| 清乾隆 青釉饕餮纹大尊 | 高43.1cm | 207,000 | 中贸圣佳 | 2022-09-25 |
| 清乾隆 青釉粉青釉仿青铜螭耳方尊 | 高16.8cm | 138,000 | 中国嘉德 | 2022-09-27 |
| 清乾隆 粉青釉模印太狮少保纹双耳尊 | 高32cm | 69,000 | 保利厦门 | 2022-10-27 |
| 清乾隆 青釉暗刻瑞果纹铺首尊 | 高35cm | 43,700 | 中国嘉德 | 2022-09-29 |
| 清乾隆 豆青釉双蝶耳尊 | 高27cm | 36,800 | 北京保利 | 2022-07-29 |
| 清乾隆 粉青釉弦纹花觚 | 高26cm | 218,500 | 保利厦门 | 2022-07-29 |
| 清乾隆 豆青釉拐子龙蕉叶纹花觚 | 高37.2cm | 40,250 | 华艺国际 | 2022-09-23 |
| 清乾隆 青釉月日盖罐 | 高21.2cm | 353,164 | 中国嘉德 | 2022-10-07 |
| 清乾隆 豆青釉月白罐 | 高18.4cm | 174,868 | 中国嘉德 | 2022-06-04 |
| 清乾隆 青釉月牙罐 | 高18.8cm | 126,500 | 永乐拍卖 | 2022-07-25 |
| 清乾隆 青釉月日罐 | 高19.5cm | 80,500 | 中国嘉德 | 2022-05-29 |
| 清乾隆 豆青釉月白罐 | 高18.5cm | 75,900 | 华艺国际 | 2022-09-23 |
| 清乾隆 粉青釉鼓钉纹铺首罐 | 高17cm | 46,000 | 北京中汉 | 2022-08-08 |
| 清乾隆 唐英造粉青釉双耳三足炉 | 高23cm；直径17.2cm | 2,185,000 | 西泠印社 | 2022-08-08 |
| 清乾隆 豆青釉"敬畏堂制"盖碗（一对） | 高7.3cm×2 | 161,000 | 中贸圣佳 | 2022-07-13 |
| 清乾隆 豆青釉暗刻牡丹纹马蹄盂 | 高12.5cm；直径20.5cm | 149,500 | 广东崇正 | 2022-08-11 |

| 名称 | 物品尺寸 | 成交价RMB | 拍卖公司 | 拍卖日期 |
|---|---|---|---|---|
| 清乾隆 豆青釉盘 | 直径16.8cm | 74,062 | 中国嘉德 | 2022-06-04 |
| 清乾隆 粉青釉凸花如意纹花口供盘 | 直径24.7cm | 172,500 | 中国嘉德 | 2022-12-26 |
| 清乾隆 粉青釉折沿盘(一对) | 直径16.7cm×2; 高3.3cm×2 | 345,000 | 北京保利 | 2022-07-29 |
| 清乾隆 粉青釉花卉纹供盘 | 直径17.7cm | 165,546 | 中国嘉德 | 2022-10-07 |
| 清乾隆 青釉盘 | 直径7.8cm | 64,011 | 中国嘉德 | 2022-10-07 |
| 清乾隆 仿宣德青釉暗刻缠枝灵芝纹葵口折腰小盘 | 直径8.5cm | 43,700 | 中国嘉德 | 2022-05-30 |
| 清乾隆 青釉龙纹大盘 | 直径46.5cm | 43,700 | 华艺国际 | 2022-09-23 |
| 清乾隆 青釉调色盘 | 直径13.7cm | 28,750 | 中国嘉德 | 2022-05-30 |
| 清乾隆 粉青釉高足碗 | 高11.7cm | 648,043 | 佳士得 | 2022-05-30 |
| 清乾隆 粉青釉模印缠枝牡丹纹大碗 | 口径26.5cm | 419,750 | 北京大羿 | 2022-12-18 |
| 清乾隆 青釉凸花缠枝牡丹纹大碗 | 直径26cm | 370,823 | 佳士得 | 2022-11-29 |
| 清乾隆 粉青釉菊纹大碗 | 直径26.2cm | 192,747 | 纽约佳士得 | 2022-03-25 |
| 清乾隆 冬青釉模印缠枝牡丹纹大碗(一对) | 高13cm×2; 直径26cm×2 | 184,000 | 保利厦门 | 2022-01-22 |
| 清乾隆 青釉暗刻水波纹花口折沿碗 | 直径26cm | 154,509 | 中国嘉德 | 2022-10-07 |
| 清乾隆 青釉暗刻水波纹花口斗笠大碗(配座) | 直径26.2cm | 115,000 | 华艺国际 | 2022-09-23 |
| 清乾隆 粉青釉暗刻水波纹折沿花口大碗 | 直径26cm | 108,528 | 保利香港 | 2022-10-10 |
| 清乾隆 粉青地暗花双耳小杯 | 带座高10cm; 宽7.7cm | 333,500 | 中贸圣佳 | 2022-10-27 |
| 清乾隆 粉青釉小杯 | 直径9.3cm | 63,707 | 香港苏富比 | 2022-11-25 |
| 清乾隆 粉青釉九桃福寿长方花盆 | 长45.5cm | 897,000 | 北京保利 | 2022-07-28 |
| 清乾隆 粉青釉甲申虫叶形笔舔 | 高2.2cm; 长15cm; 宽6.5cm | 1,012,000 | 西泠印社 | 2022-08-20 |
| 清乾隆 青釉八边形笔舔 | 高2cm; 直径8.5cm | 80,500 | 西泠印社 | 2022-01-22 |
| 清乾隆 青釉金枝玉叶笔舔 | 长14.5cm | 55,200 | 中古陶 | 2022-08-21 |
| 清乾隆 粉青釉福禄纹洗(一对) | 直径10.9cm×2 | 287,500 | 北京诚轩 | 2022-08-09 |
| 清乾隆 豆青釉敞口洗 | 直径8cm | 125,350 | 香港苏富比 | 2022-10-09 |
| 清乾隆 粉青釉暗刻云蝠纹镗锣洗 | 直径11.2cm | 86,250 | 广东崇正 | 2022-08-11 |
| 清乾隆 粉青釉堆白花卉纹三足海螺洗 | 长27cm; 高10.9cm | 69,000 | 广东崇正 | 2022-08-11 |
| 清乾隆 青釉长方小洗 | 长8.8cm; 宽6.4cm | 40,250 | 中贸圣佳 | 2022-09-25 |
| 清乾隆 仿生粉青釉灵芝洗 | 长13cm | 28,750 | 保利厦门 | 2022-10-22 |
| 清乾隆 粉青釉模印夔龙纹四方洗 | 长14.7cm; 宽14.7cm; 高6.6cm | 28,750 | 北京中汉 | 2022-04-27 |
| 清乾隆 粉青釉刻缠枝莲纹花插 | 高7.8cm | 1,728,115 | 佳士得 | 2022-05-30 |
| 清乾隆 粉青釉鼓式花插(一对) | 高16.3cm; 高22.3cm | 1,188,079 | 香港苏富比 | 2022-04-29 |
| 清乾隆 唐英造冬青釉海螺水丞 | 长11cm | 632,500 | 西泠印社 | 2022-08-20 |
| 清乾隆 豆青釉缠枝纹绣墩 | 直径21cm; 高18cm | 330,000 | 浙江御承 | 2022-12-17 |
| 清乾隆 天青釉橄榄形水丞 | 高7.5cm | 276,000 | 保利厦门 | 2022-12-23 |
| 清乾隆 粉青釉暗刻宝相花纹花插 | 高8.5cm; 直径8.3cm | 149,500 | 西泠印社 | 2022-08-20 |
| 清乾隆 粉青釉葫芦形水丞 | 高5.3cm; 直径6.3cm | 57,500 | 西泠印社 | 2022-01-22 |
| 清乾隆 粉青釉鼓式七孔花插 | 高8.5cm | 34,500 | 保利厦门 | 2022-10-22 |
| 清乾隆 粉青釉海螺形水丞 | 长10.5cm | 34,500 | 保利厦门 | 2022-10-22 |
| 18世纪 青釉贯耳方壶 | 高17.8cm | 105,719 | 纽约佳士得 | 2022-09-23 |
| 18世纪 粉青釉三足炉 | 宽19.4cm | 352,397 | 纽约佳士得 | 2022-09-23 |
| 清嘉庆 青釉鼓式罐 | 高16.5cm | 138,000 | 北京诚轩 | 2022-08-09 |
| 清嘉庆 豆青釉模印夔龙纹四方洗 | 长9.5cm | 36,800 | 北京羿趣国际 | 2022-01-09 |
| 清嘉庆 豆青釉折腰盘(一对) | 直径16.7cm×2 | 322,000 | 中贸圣佳 | 2022-10-27 |
| 清嘉庆 冬青釉模印堆塑"太平有象"纹香盘 | 直径12cm | 69,000 | 保利厦门 | 2022-10-22 |
| 清道光 青釉暗刻缠枝花卉纹双象耳瓶 | 高27.5cm | 40,250 | 中鸿信 | 2022-09-11 |
| 清道光 粉青釉鼓钉罐 | 高16.8cm | 320,055 | 中国嘉德 | 2022-10-07 |
| 清道光 青釉鼓钉罐 | 高16.3cm | 149,500 | 中国嘉德 | 2022-09-27 |
| 清道光 冬青釉月牙罐 | 高19cm | 126,500 | 中贸圣佳 | 2022-07-13 |
| 清道光 冬青釉暗刻缠枝花卉纹碗 | 口径15.3cm | 103,500 | 北京大羿 | 2022-12-18 |

| 名称 | 物品尺寸 | 成交价RMB | 拍卖公司 | 拍卖日期 |
|---|---|---|---|---|
| 清道光 豆青釉暗刻龙纹笔筒 | 19cm×17cm | 46,000 | 上海嘉禾 | 2022-01-01 |
| 清中期 粉青釉小梅瓶 | 高16.8cm | 65,550 | 中贸圣佳 | 2022-09-25 |
| 清中期 青釉凸雕云龙纹天球瓶 | 高42.5cm | 48,300 | 中国嘉德 | 2022-05-31 |
| 清中期 青釉模印莲纹寿字花口盆(一对) | 最大直径45.6cm | 59,661 | 中国嘉德 | 2022-06-04 |
| 清中期 粉青釉灵芝形插 | 高20.5cm | 57,500 | 西泠印社 | 2022-08-20 |
| 清咸丰 青釉暗刻团花纹碗(一对) | 直径15.5cm×2 | 138,000 | 中国嘉德 | 2022-05-31 |
| 清同治 粉青釉琮式八卦瓶 | 高27.5cm | 195,350 | 保利香港 | 2022-10-10 |
| 清光绪 粉青釉琮式瓶 | 高27.5cm | 517,500 | 北京荣宝 | 2022-07-24 |
| 清光绪 粉青釉八卦琮式瓶 | 高27cm | 345,000 | 华艺国际 | 2022-09-23 |
| 清光绪 粉青釉八卦琮式瓶 | 高27.6cm | 316,250 | 中贸圣佳 | 2022-09-25 |
| 清光绪 粉青釉八卦琮式瓶 | 高27.3cm | 316,250 | 北京大羿 | 2022-09-26 |
| 清光绪 粉青釉杏圆贯耳瓶 | 高30.4cm | 287,500 | 中贸圣佳 | 2022-06-07 |
| 清光绪 青釉八卦琮式瓶 | 高27.5cm | 287,500 | 中国嘉德 | 2022-06-27 |
| 清光绪 粉青釉杏圆贯耳瓶 | 高30.8cm | 253,000 | 北京大羿 | 2022-09-26 |
| 清光绪 青釉八卦琮式瓶 | 口径9cm; 高27.5cm | 218,500 | 浙江佳宝 | 2022-03-13 |
| 清光绪 粉青釉杏圆贯耳瓶 | 高30.5cm | 218,500 | 华艺国际 | 2022-09-23 |
| 清光绪 粉青釉琮式八卦瓶 | 高27.7cm | 184,497 | 保利香港 | 2022-10-10 |
| 清光绪 青釉八卦琮式瓶 | 高27.5cm | 178,250 | 北京大羿 | 2022-09-26 |
| 清光绪 青釉八卦瓶 | 高28cm | 144,009 | 中国嘉德 | 2022-06-04 |
| 清光绪 粉青釉杏圆贯耳瓶 | 高30.5cm | 115,000 | 永乐拍卖 | 2022-09-27 |
| 清光绪 青釉八卦琮式瓶 | 高28cm | 80,500 | 中国嘉德 | 2022-09-27 |
| 清光绪 粉青釉贯耳瓶 | 高30cm | 69,000 | 北京荣宝 | 2022-07-24 |
| 清光绪 粉青釉八卦纹琮式瓶 | 高28.4cm; 边长13cm | 69,000 | 西泠印社 | 2022-01-22 |
| 清光绪 粉青釉贯耳瓶 | 高30cm | 63,250 | 中国嘉德 | 2022-06-02 |
| 清光绪 粉青釉八卦琮式瓶 | 高27.7cm | 55,200 | 西泠印社 | 2022-08-20 |
| 清光绪 青釉琮式瓶 | 高28cm; 边长13cm | 51,750 | 西泠印社 | 2022-01-22 |
| 清光绪 粉青釉杏圆贯耳瓶 | 高28.8cm | 46,000 | 中贸圣佳 | 2022-09-25 |
| 清光绪 粉青釉八卦纹琮式瓶 | 高28.3cm; 边长13.6cm | 46,000 | 西泠印社 | 2022-01-22 |
| 清光绪 青釉贯耳瓶 | 高30cm | 34,500 | 北京保利 | 2022-07-16 |
| 清光绪 粉青釉八卦琮式瓶 | 高28cm | 28,750 | 中贸圣佳 | 2022-09-25 |
| 清光绪二十三年(1897年)青釉轴头(一对) | 高4.7cm×2 | 57,500 | 中国嘉德 | 2022-06-27 |
| 清宣统 豆青釉琮式瓶 | 高17.5cm | 224,250 | 北京荣宝 | 2022-07-24 |
| 清 冬青釉葫芦瓶 | 通高31.5cm | 2,457,125 | 香港福羲国际 | 2022-12-28 |
| 清 豆青釉琮式瓶(一对) | 28cm×12cm×2 | 172,500 | 荣宝斋(南京) | 2022-12-08 |
| 清 豆青釉双螭耳琮瓶 | 31.7cm×11.5cm×10cm | 149,500 | 上海嘉禾 | 2022-01-01 |
| 清代 豆青釉八吉祥图对瓶 | 高56.7cm×2 | 90,844 | 台北艺珍 | 2022-09-25 |
| 清 豆青釉暗刻缠枝莲纹天球瓶 | 高47cm; 直径26cm | 34,500 | 广东崇正 | 2022-08-11 |
| 清代 粉青釉如意大碗 | 直径24cm | 28,750 | 上海嘉禾 | 2022-01-01 |
| 清 青釉菊瓣纹花口斗笠大碗 | 直径26cm | 3,931,400 | 香港福羲国际 | 2022-12-28 |
| 清 豆青釉缠枝牡丹纹大碗 | 直径26.8cm | 373,483 | 香港福羲国际 | 2022-12-28 |
| 清 冬青釉模印花卉纹六方形花盆(一对) | 宽26cm×2 | 36,800 | 北京保利 | 2022-07-29 |
| 清 豆青釉刻螭龙牡丹纹笔筒 | 直径19cm | 491,425 | 香港福羲国际 | 2022-12-28 |
| 清 冬青釉瓜棱尊 | 34cm×22cm | 207,000 | 荣宝斋(南京) | 2022-12-08 |
| 清 福寿纹豆青釉尊 | 22cm×11cm | 40,250 | 荣宝斋(南京) | 2022-12-08 |
| 民国十一年(1922年)青釉粉彩花卉阿拉伯文八方炉 | 长24.2cm | 48,300 | 中国嘉德 | 2022-05-30 |
| 民国 粉青釉暗刻荷花纹高足盘 | 直径22.7cm | 46,000 | 中国嘉德 | 2022-12-26 |
| 民国 青釉太平有象 | 高19.4cm | 230,000 | 广东崇正 | 2022-08-11 |
| **其他窑青釉** | | | | |
| 六朝 岳州窑青釉莲瓣五管烛台 | 高21cm | 253,837 | 中国嘉德 | 2022-10-07 |
| 明 河南青釉胆式瓶 | 高33.5cm | 1,265,000 | 北京保利 | 2022-07-28 |

**2022瓷器拍卖成交汇总(续表)**

(成交价RMB：3万元以上)

| 名称 | 物品尺寸 | 成交价RMB | 拍卖公司 | 拍卖日期 |
|---|---|---|---|---|
| 明 高丽瓷镶嵌云鹤纹梅瓶 | 高41cm | 69,000 | 中贸圣佳 | 2022-09-25 |

**白 瓷**

**定窑白釉**

| 名称 | 物品尺寸 | 成交价RMB | 拍卖公司 | 拍卖日期 |
|---|---|---|---|---|
| 唐 定窑白釉袖珍执壶 | 高9.2cm | 208,809 | 纽约佳士得 | 2022-03-25 |
| 五代 定窑白釉瓜棱盖壶 | 高16.5cm | 61,718 | 中国嘉德 | 2022-06-04 |
| 五代 后乐斋收藏 定窑白釉花式侈口碗 | 直径13.5cm | 648,043 | 香港苏富比 | 2022-04-29 |
| 唐至五代 后乐斋收藏 定窑白釉莲瓣纹三足水丞 | 高6.5cm | 2,376,158 | 香港苏富比 | 2022-04-29 |
| 北宋 定窑系白釉玉壶春瓶 | 高28cm | 370,017 | 纽约佳士得 | 2022-09-23 |
| 北宋至金 定窑系凤首执壶 | 高19cm | 370,662 | 香港苏富比 | 2022-11-25 |
| 北宋 定窑划荷塘鸳鸯折腰盘 | 直径21.3cm | 854,658 | 香港苏富比 | 2022-10-09 |
| 北宋至金 定窑白釉模印莲池小景图盘 | 直径16cm | 662,184 | 中国嘉德 | 2022-10-07 |
| 北宋 定窑白釉双鱼盘 | 直径22.3cm | 254,830 | 香港苏富比 | 2022-11-25 |
| 北宋至金 定窑白釉模印分格折枝花果纹花口盘 | 直径20.3cm | 198,655 | 中国嘉德 | 2022-10-07 |
| 北宋 定窑刻莲纹盘 | 直径20.3cm | 88,099 | 纽约佳士得 | 2022-09-23 |
| 北宋/金 定窑白釉刻莲纹盘 | 直径14.3cm | 88,099 | 纽约佳士得 | 2022-09-23 |
| 北宋至金 后乐斋收藏 定窑白釉印牡丹婴戏及犀牛望月纹碗 | 直径20.7cm | 1,620,108 | 香港苏富比 | 2022-04-29 |
| 北宋至金 定窑白釉印花莲池游鱼纹碗 | 直径18.5cm | 99,327 | 中国嘉德 | 2022-10-07 |
| 北宋 定窑白釉刻划萱草纹盏盒 | 直径13cm | 1,986,552 | 中国嘉德 | 2022-10-07 |
| 北宋元祐四年（1089年）后乐斋收藏 定窑白釉盖盒 | 直径12.5cm | 205,213 | 香港苏富比 | 2022-04-29 |
| 北宋 后乐斋收藏 定窑白釉圆盖盒 | 直径6.5cm | 59,403 | 香港苏富比 | 2022-04-29 |
| 北宋 定窑白釉弦纹花口洗 | 宽12.4cm | 55,182 | 中国嘉德 | 2022-10-07 |
| 宋 定窑白釉仕女枕 | 长22cm | 205,200 | 保利香港 | 2022-07-14 |
| 10世纪 后乐斋收藏 定窑白釉葵式盘 | 直径14.2cm | 205,213 | 香港苏富比 | 2022-04-29 |
| 辽至金 定窑白釉瓜棱式小提梁壶 | 高16.9cm | 173,748 | 香港苏富比 | 2022-11-25 |
| 金 定窑白釉印花双凤纹盘 | 直径17.8cm | 626,441 | 佳士得 | 2022-05-30 |
| 金 定窑白釉麒麟穿花纹小盘 | 直径13.6cm | 345,623 | 佳士得 | 2022-05-30 |
| 金 定窑白釉印凤纹盘 | 直径18.7cm | 64,249 | 纽约佳士得 | 2022-03-25 |
| 元 定窑白釉菊瓣纹注壶 | 高17.2cm | 138,000 | 中国嘉德 | 2022-06-27 |
| 18世纪/19世纪 白釉仿定窑刻缠枝莲纹碗 | 直径22.7cm | 44,050 | 纽约佳士得 | 2022-09-23 |
| 定窑刻缠枝牡丹纹嘟噜瓶 | 高8.5cm；直径10.5cm | 28,750 | 西泠印社 | 2022-01-22 |
| 定窑刻牡丹纹罐 | 高12.6cm；直径15cm | 161,000 | 西泠印社 | 2022-08-20 |
| 定窑划花双兔纹折腰盘 | 高3.8cm；口径21.1cm | 115,000 | 西泠印社 | 2022-01-22 |
| 定窑刻花牡丹纹盖碗 | 高12cm；口径14.3cm | 161,000 | 西泠印社 | 2022-01-22 |
| 定窑洗 | 高5.5cm；口径15cm；底径12.5cm | 11,500,000 | 浙江御承 | 2022-08-28 |
| 定窑印花双鱼纹洗 | 高2cm；口径12.6cm | 138,000 | 西泠印社 | 2022-01-22 |

**仿定釉**

| 名称 | 物品尺寸 | 成交价RMB | 拍卖公司 | 拍卖日期 |
|---|---|---|---|---|
| 明 仿定模印龙纹贯耳瓶 | 直径26.1cm | 36,800 | 北京中汉 | 2022-04-27 |
| 明 定窑白釉缠枝花卉纹大盘 | 直径30.4cm | 437,000 | 北京保利 | 2022-07-28 |
| 明 南定白釉印花卉纹碗 | 直径21.2cm | 1,092,500 | 北京保利 | 2022-07-28 |
| 明 定窑白釉六出葵口刻萱花纹碗 | 直径21cm | 483,000 | 北京保利 | 2022-07-28 |
| 清康熙 白釉仿定饕餮纹镂空狮钮香薰 | 高22.3cm | 34,500 | 北京中汉 | 2022-08-08 |
| 清康熙 仿定釉内锥拱云龙纹斗笠盏 | 直径10.7cm | 74,750 | 中国嘉德 | 2022-09-27 |
| 清雍正 仿定白釉螭龙捧团寿蕉叶纹胆瓶 | 高38.4cm | 368,000 | 中贸圣佳 | 2022-10-27 |
| 清雍正 仿定白釉模印穿花龙纹盘口梅瓶 | 高38cm | 57,500 | 北京中汉 | 2022-12-09 |
| 清乾隆 仿定白釉刻花小敞口梅瓶 | 高12.8cm | 120,750 | 中贸圣佳 | 2022-09-28 |
| 清乾隆 浆胎仿定釉凸花缠枝莲纹梅瓶（一对） | 高18cm×2 | 74,750 | 中国嘉德 | 2022-09-28 |
| 清乾隆 仿定白釉模印夔龙纹海棠尊 | 高20.4cm | 632,500 | 保利厦门 | 2022-10-22 |
| 清乾隆 仿定白釉刻青铜纹尊 | 高20.3cm | 287,500 | 中贸圣佳 | 2022-07-26 |
| 清乾隆 仿定白釉暗刻缠枝花卉纹鼓式罐 | 高14.5cm | 63,250 | 中国嘉德 | 2022-05-29 |
| 清乾隆 仿定白釉小罐 | 高7.5cm | 41,400 | 中贸圣佳 | 2022-09-25 |
| 清乾隆 浆胎仿定釉凸花福寿纹龙耳炉 | 长13cm | 63,250 | 中国嘉德 | 2022-05-30 |
| 清乾隆 浆胎仿定釉凸花内海水龙纹外缠枝花卉纹盘 | 直径18cm | 55,200 | 中国嘉德 | 2022-12-26 |
| 清乾隆 仿定白釉荷叶式洗 | 直径21cm；高11.5cm | 57,500 | 广东崇正 | 2022-08-11 |
| 清乾隆 仿定窑模印缠枝花卉纹小水盂 | 高7.1cm；直径8.5cm | 78,200 | 北京中汉 | 2022-09-29 |
| 清乾隆 仿定白釉笋形水盂 | 长14.4cm | 57,500 | 中贸圣佳 | 2022-06-07 |
| 清乾隆 仿定暗刻花卉纹水盂 | 高5.8cm；直径7.4cm | 40,250 | 北京中汉 | 2022-09-29 |
| 清乾隆 白釉仿定模印蝠纹水盂 | 直径6.5cm | 34,500 | 北京中汉 | 2022-08-08 |
| 清乾隆 仿定白釉玉兰花式花插 | 高11.7cm | 126,500 | 中贸圣佳 | 2022-07-26 |
| 清乾隆 浆胎仿定釉云雷纹水丞 | 直径14.6cm | 40,250 | 中国嘉德 | 2022-05-31 |
| 清中期 仿定白釉凸花穿花凤纹花口洗 | 直径17cm | 32,200 | 中国嘉德 | 2022-05-30 |

**磁州窑白釉**

| 名称 | 物品尺寸 | 成交价RMB | 拍卖公司 | 拍卖日期 |
|---|---|---|---|---|
| 北宋/金 磁州窑外褐里白刻莲纹折沿盆 | 直径30.8cm | 151,210 | 佳士得 | 2022-05-30 |
| 金 磁州窑虎形枕 | 长36.2cm | 132,149 | 纽约佳士得 | 2022-09-23 |
| 磁州窑梅瓶 | 高25cm | 367,880 | 荣宝斋（香港） | 2022-11-26 |

**德化窑**

| 名称 | 物品尺寸 | 成交价RMB | 拍卖公司 | 拍卖日期 |
|---|---|---|---|---|
| 明崇祯 德化窑白釉模印弦纹三足炉 | 直径9.7cm | 57,941 | 佳士得 | 2022-11-29 |
| 17世纪 显赫收藏 德化白釉文昌帝君坐像 | 高38.5cm | 1,080,072 | 香港苏富比 | 2022-04-29 |
| 17世纪 德化窑白釉关公坐像 | 高22.4cm | 92,577 | 中国嘉德 | 2022-06-04 |
| 17世纪 林朝景制德化七孔洞箫 | 长59.5cm | 86,250 | 中贸圣佳 | 2022-08-13 |
| 明 德化白釉堆塑螭龙交龙蒜头瓶 | 高25cm | 126,500 | 保利厦门 | 2022-10-22 |
| 明 德化白釉花卉纹花觚 | 高21.5cm | 48,300 | 保利厦门 | 2022-10-22 |
| 明 德化窑饕餮纹鼎式炉 | 高15.5cm | 264,500 | 中贸圣佳 | 2022-07-26 |
| 明 德化窑香炉 | 高10cm；半径12.5cm | 86,250 | 上海嘉禾 | 2022-01-01 |
| 明 德化窑筒式小琴炉 | 高5.6cm；直径6.5cm | 74,750 | 西泠印社 | 2022-08-20 |
| 明 德化白釉双狮耳炉 | 高6cm；直径11.5cm | 69,000 | 保利厦门 | 2022-10-22 |
| 明 德化白釉筒式三足炉 | 高9cm；直径11cm | 63,250 | 保利厦门 | 2022-10-22 |
| 明 德化白釉仿青铜簋式炉 | 宽21cm；直径11cm | 40,250 | 保利厦门 | 2022-10-22 |
| 明 德化白釉油灯 | 整高13.5cm；直径14.5cm | 43,700 | 保利厦门 | 2022-10-22 |
| 明 "何朝宗" 款德化观音坐像 | 高26cm；底长17cm | 143,000 | 浙江御承 | 2022-12-17 |
| 明 德化窑渡海观音立像 | 高42.5cm | 138,000 | 中贸圣佳 | 2022-07-13 |
| 明 "何朝宗" 款德化观音坐像 | 高26cm；底长17cm；底宽16cm | 138,000 | 浙江御承 | 2022-08-28 |
| 明 德化白釉达摩立像 | 高36cm | 115,000 | 保利厦门 | 2022-10-22 |
| 明 德化白釉关公立像 | 高24.5cm | 115,000 | 保利厦门 | 2022-10-22 |
| 明 德化书卷观音坐像 | 高26cm | 115,000 | 保利厦门 | 2022-10-22 |
| 明 德化窑仙鹤纹敞口杯 | 高8.6cm | 46,000 | 华艺国际 | 2022-09-23 |
| 明晚期 / 清早期 德化三足香炉（带老木座） | 高9.3cm；直径10.4cm | 57,500 | 广东崇正 | 2022-12-25 |
| 明晚期 德化窑白釉云雷纹炉 | 高16.5cm | 34,500 | 中国嘉德 | 2022-05-31 |
| 明晚期 林子信制德化诗句撇口盘 | 直径13.9cm | 149,500 | 北京保利 | 2022-07-29 |
| 明晚期 德化窑猪油白诗文乳足杯 | 宽7cm×高4.5cm | 66,700 | 江苏观宇 | 2022-11-12 |
| 明末清初 德化白釉堆塑春官争梅纹茶叶罐 | 高8cm；直径11.5cm | 69,000 | 保利厦门 | 2022-10-22 |
| 明末清初 德化窑白釉钵式炉 | 高7.3cm；口径8.8cm | 34,500 | 浙江佳宝 | 2022-03-13 |

| 名称 | 物品尺寸 | 成交价RMB | 拍卖公司 | 拍卖日期 |
|---|---|---|---|---|
| 明末清初 青花桥钮、德化窑虎钮印章各一枚 | 3.5cm×2.3cm×2.5cm; 3.3cm×3.2cm×5.9cm | 32,200 | 北京诚轩 | 2022-08-09 |
| 清早期 德化窑白釉蟠螭小瓶 | 高10.5cm | 43,700 | 中国嘉德 | 2022-09-27 |
| 清早期 德化白釉螭龙纹壶 | 高15.5cm | 53,489 | 中国嘉德 | 2022-06-04 |
| 清早期 何朝宗款德化窑观音立像 | 高58cm | 402,500 | 北京保利 | 2022-07-29 |
| 清早期 德化白瓷观音立像 | 高41.3cm | 149,500 | 北京保利 | 2022-07-29 |
| 清早期 德化窑鹿鹤杯（两只）| 宽14.3cm; 宽13.6cm | 69,000 | 北京保利 | 2022-07-29 |
| 清早期 德化窑白釉兽钮印 | 宽4cm | 41,145 | 中国嘉德 | 2022-06-04 |
| 清康熙 德化窑南瓜形壶 | 宽26cm | 126,500 | 北京保利 | 2022-07-29 |
| 清康熙 德化白瓷双兽耳炉 | 口径12cm; 高8.1cm | 94,300 | 中贸圣佳 | 2022-06-07 |
| 清康熙 德化白釉象足六方双耳炉 | 高14.8cm | 59,800 | 北京大羿 | 2022-12-25 |
| 17/18世纪 德化白釉瓶 | 高21.6cm | 96,373 | 纽约佳士得 | 2022-03-25 |
| 18世纪 德化白釉"奇花是异香"诗文小花瓶 | 高20cm | 34,500 | 中贸圣佳 | 2022-08-13 |
| 17/18世纪 德化窑白釉弦纹龙耳兽足炉 | 最大宽17cm | 352,397 | 纽约佳士得 | 2022-09-23 |
| 清晚期/民国 德化白釉释迦牟尼像 | 高61cm | 660,744 | 纽约佳士得 | 2022-09-23 |
| 清晚期 德化观音立像 | 高42.5cm | 80,500 | 北京保利 | 2022-07-29 |
| 清晚期/民国 德化白釉普贤菩萨及文殊菩萨 | 高40.3cm | 440,496 | 纽约佳士得 | 2022-09-23 |
| 清代 德化窑白釉兽耳尊 | 高23.5cm | 32,200 | 上海嘉禾 | 2022-01-01 |
| 清 德化白釉持如意观音立像 | 高42cm | 115,000 | 保利厦门 | 2022-10-22 |
| 清 德化白釉书卷观音立像 | 高62cm | 172,500 | 保利厦门 | 2022-10-22 |
| 清 德化白釉观音坐像 | 高32.5cm | 115,000 | 保利厦门 | 2022-10-22 |
| 清 德化白釉提篮观音立像 | 高49cm | 115,000 | 保利厦门 | 2022-10-22 |
| 清 德化白釉持书卷观音立像 | 高44cm | 115,000 | 保利厦门 | 2022-10-22 |
| 清 德化白釉自在观音坐像 | 高21cm | 115,000 | 保利厦门 | 2022-10-22 |
| 清 德化白釉和合二仙立像 | 高25.5cm | 115,000 | 保利厦门 | 2022-10-22 |
| 清 德化白釉伏虎罗汉摆件 | 长25cm; 高14.5cm | 103,500 | 保利厦门 | 2022-10-22 |
| 清 "许云麟制" 德化窑白釉关公立像 | 高38.5cm | 92,000 | 保利厦门 | 2022-10-22 |
| 清 德化白釉文殊菩萨骑狮坐像 | 高21.5cm | 74,750 | 保利厦门 | 2022-10-22 |
| 清 德化白釉持书倚几观音坐像 | 高24.5cm | 69,000 | 保利厦门 | 2022-10-22 |
| 清 德化窑弥勒立像 | 高24.5cm | 34,500 | 北京中汉 | 2022-06-03 |
| 清 德化窑提篮观音立像 | 高35cm | 32,200 | 西泠印社 | 2022-08-20 |
| 清 德化窑持卷观音立像 | 高38.8cm | 28,750 | 西泠印社 | 2022-08-21 |
| 清 德化杯 | 6cm×9.5cm | 28,750 | 荣宝斋（南京）| 2022-12-08 |
| 清 德化白釉叶形洗（带红木座）| 长14cm; 高3cm | 46,000 | 广东崇正 | 2022-08-11 |
| 清 德化白釉披坐观音 | 高33.5cm | 115,000 | | |
| 民国 德化窑白釉自在观音像 | 高35.8cm | 28,750 | 中国嘉德 | 2022-05-30 |
| 德化窑镂空花卉笔筒 | 高11.8cm | 42,800 | 香港天骐 | 2022-01-22 |
| **景德镇白釉** | | | | |
| 隋至唐 白釉葵口盘（一对）| 直径20.3cm×2 | 57,916 | 香港苏富比 | 2022-11-25 |
| 五代/北宋 白釉贴花提壶 | 高15.5cm | 30,518 | 纽约佳士得 | 2022-03-25 |
| 五代/北宋 白釉葵口碗 | 直径13.2cm | 56,218 | 纽约佳士得 | 2022-03-25 |
| 北宋 青白釉弦纹梅瓶 | 高31cm | 868,224 | 保利香港 | 2022-10-10 |
| 北宋 白釉熏炉 | 高9cm | 57,916 | 香港苏富比 | 2022-11-25 |
| 北宋 青白釉花卉纹盘 | 直径12.5cm | 30,859 | 中国嘉德 | 2022-06-04 |
| 北宋 青白釉盏托 | 直径14.7cm | 36,002 | 中国嘉德 | 2022-06-04 |
| 北宋 景德镇窑青白釉折肩大钵 | 直径21.7cm | 187,618 | 中国嘉德 | 2022-10-07 |
| 南宋 青白釉仿剔犀刻花梅瓶 | 高26.5cm | 1,365,289 | 纽约佳士得 | 2022-03-25 |
| 南宋 青白釉刻缠枝花卉纹梅瓶 | 高27cm | 48,455 | 纽约佳士得 | 2022-03-25 |
| 南宋 青白釉瓜棱形执壶 | 高23.5cm | 152,591 | 纽约佳士得 | 2022-03-25 |
| 南宋 青白釉狮钮执壶 | 高23.7cm | 123,436 | 中国嘉德 | 2022-06-04 |
| 南宋 青白釉模印缠枝花卉纹执壶 | 宽11cm | 114,529 | 纽约佳士得 | 2022-03-25 |
| 南宋 青白釉瓜棱式带盖执壶 | 高13cm | 52,860 | 纽约佳士得 | 2022-03-25 |
| 南宋 青白釉瓜棱式四系盖罐 | 高18.7cm | 396,446 | 纽约佳士得 | 2022-03-25 |
| 南宋 青白釉模印瓜棱式小盖罐 | 高8.5cm | 176,198 | 纽约佳士得 | 2022-03-25 |
| 南宋 青白釉刻卷草花卉纹葵口盘 | 直径14.6cm | 317,157 | 纽约佳士得 | 2022-03-25 |
| 南宋 青白釉莲纹盘（一对）| 直径12.4cm×2 | 28,801 | 中国嘉德 | 2022-06-04 |
| 南宋 青白釉刻婴戏纹碗 | 直径20.3cm | 80,311 | 纽约佳士得 | 2022-03-25 |
| 南宋 青白釉荷花斗笠盏 | 直径17.2cm | 209,691 | 中国嘉德 | 2022-10-07 |

| 名称 | 物品尺寸 | 成交价RMB | 拍卖公司 | 拍卖日期 |
|---|---|---|---|---|
| 南宋 青白釉菊瓣杯 | 直径10cm | 77,148 | 中国嘉德 | 2022-06-04 |
| 南宋 湖田窑花卉纹粉盒 | 直径7.5cm | 66,218 | 华艺国际 | 2022-11-27 |
| 南宋/元 青白釉执壶形水注 | 高6cm | 40,156 | 纽约佳士得 | 2022-03-25 |
| 宋代 影青观音像 | 高25cm | 329,760 | 台北艺珍 | 2022-03-06 |
| 宋 青白釉秋葵高足杯及刻莲纹折沿盘一组两件 | 杯直径10.2cm; 盘直径16.3cm | 98,457 | 香港苏富比 | 2022-11-25 |
| 11世纪下半叶 青白釉小水丞 | 宽8.5cm | 334,777 | 纽约佳士得 | 2022-09-23 |
| 元 青白釉龙纹梅瓶 | 高27.3cm | 3,450,000 | 北京保利 | 2022-07-28 |
| 元 白釉暗刻花卉梅瓶 | 高31.5cm | 667,000 | 中鸿信 | 2022-09-11 |
| 元 月白釉长颈瓶 | 高31cm | 139,150 | 中鸿信 | 2022-09-11 |
| 元 白釉玉壶春瓶 | 高30cm | 230,000 | 北京保利 | 2022-07-28 |
| 元 影青釉观音塑像 | 高25.5cm | 34,500 | 中贸圣佳 | 2022-06-07 |
| 元 青白釉瓷塑自在观音坐像 | 高13cm | 80,500 | 中贸圣佳 | 2022-06-07 |
| 元 枢府釉缠枝莲纹盘 | 直径15.6cm | 92,000 | 中国嘉德 | 2022-09-27 |
| 元 青白釉印花双狮纹菱口盏托 | 直径15.5cm | 230,000 | 北京保利 | 2022-07-28 |
| 元 白釉莲纹 "枢府" 碗 | 直径11.7cm | 224,871 | 纽约佳士得 | 2022-03-25 |
| 元 湖田影青釉暗刻斗笠碗 | 直径17.8cm | 86,490 | 香港福羲国际 | 2022-12-25 |
| 元 青白釉花口杯盏 | 杯直径11cm; 盏托直径14.5cm | 138,000 | 中国嘉德 | 2022-09-27 |
| 元 青白釉贴塑蟠虎纹高足杯 | 直径8.2cm | 575,000 | 北京保利 | 2022-07-28 |
| 元 影青釉模印鹿纹菱口杯 | 直径8cm | 57,500 | 中国嘉德 | 2022-06-02 |
| 元 青白釉瑞兽小香插（一对）| 高6cm×2 | 63,250 | 中国嘉德 | 2022-05-29 |
| 明早期 甜白釉爵杯 | 高16.5cm | 460,000 | 北京保利 | 2022-07-28 |
| 明洪武 白釉模印龙纹梅瓶 | 高45cm | 149,500 | 荣宝斋（南京）| 2022-12-02 |
| 明洪武 白釉暗刻龙纹盘 | 高3.6cm; 直径17.8cm | 103,500 | 西泠印社 | 2022-08-20 |
| 明永乐 甜白釉暗刻缠枝莲纹带盖梅瓶 | 高40.5cm | 7,015,000 | 北京保利 | 2022-07-28 |
| 明永乐 白釉暗刻龙纹梅瓶 | 高34.5cm | 138,000 | 中鸿信 | 2022-09-11 |
| 明永乐 甜白釉暗刻缠枝莲八吉祥纹僧帽壶 | 高19.5cm | 6,300,000 | 香港苏富比 | 2022-04-29 |
| 明永乐 甜白釉盖罐 | 高30cm | 230,000 | 中贸圣佳 | 2022-10-27 |
| 明永乐 甜白釉刻凤纹罐 | 高20.5cm | 46,000 | 中贸圣佳 | 2022-07-13 |
| 明永乐 甜白釉暗刻永平安颂铭如意纹僧帽壶 | 高20.3cm | 740,704 | 香港苏富比 | 2022-10-09 |
| 明永乐 甜白釉刻缠枝莲纹大盘 | 直径40.8cm | 1,955,000 | 北京保利 | 2022-07-28 |
| 明永乐 甜白釉盘 | 直径27.4cm | 368,000 | 中贸圣佳 | 2023-01-01 |
| 明永乐 甜白釉暗刻花纹折沿盘（一对）| 高5cm×2; 直径18.5cm×2 | 115,000 | 西泠印社 | 2022-01-22 |
| 明永乐 甜白釉暗刻龙纹高足碗 | 直径15.6cm | 2,821,728 | 保利香港 | 2022-10-10 |
| 明永乐 甜白釉模印花卉纹石榴碗 | 直径17cm | 2,185,000 | 北京保利 | 2022-07-28 |
| 明永乐 甜白釉模印凤纹碗（一对）| 直径22cm×2; 高10.3cm×2 | 1,092,500 | 中贸圣佳 | 2022-07-26 |
| 明永乐 御制甜白釉外暗刻莲瓣纹内模印折枝花卉纹大莲子碗 | 直径21cm | 184,000 | 永乐拍卖 | 2022-07-24 |
| 明永乐 甜白釉弦纹高足杯 | 高8.5cm; 直径9cm | 460,000 | 西泠印社 | 2022-01-22 |
| 明永乐 甜白釉三系纸囊 | 高7.2cm | 839,500 | 中贸圣佳 | 2023-01-01 |
| 明宣德 甜白釉直口罐 | 高20.5cm | 55,200 | 中贸圣佳 | 2022-06-07 |
| 明宣德 甜白釉暗刻龙纹茶盅 | 直径10.7cm | 1,897,500 | 北京保利 | 2022-07-28 |
| 明空白期 白釉暗刻云龙纹玉壶春瓶 | 高21cm | 47,150 | 中贸圣佳 | 2022-08-13 |
| 明成化 甜白釉罐 | 高15cm | 66,700 | 永乐拍卖 | 2022-07-24 |
| 明成化 白釉暗刻龙纹高足杯 | 8.2cm×7.7cm | 345,000 | 上海嘉禾 | 2022-01-01 |
| 明嘉靖 白釉暗刻鹤颈瓶 | 高33.3cm | 1,495,000 | 中国嘉德 | 2022-12-26 |
| 明嘉靖 白釉暗刻云龙纹大梅瓶 | 高42.8cm | 184,000 | 中国嘉德 | 2022-12-26 |
| 明嘉靖 白釉划花大瓶 | 高61cm | 176,198 | 纽约佳士得 | 2022-09-23 |
| 明嘉靖 白釉暗刻鱼藻纹葫芦瓶 | 高46.3cm | 66,700 | 北京中汉 | 2022-08-08 |
| 明嘉靖 白釉暗刻龙纹罐 | 高31.3cm | 322,000 | 北京保利 | 2022-07-29 |
| 明嘉靖 白釉暗刻凤纹盘 | 口径24.2cm | 69,000 | 中贸圣佳 | 2022-10-27 |
| 明万历 白釉刻缠枝莲纹梅瓶 | 高40.3cm | 253,000 | 北京保利 | 2022-07-29 |
| 17世纪 李朝白釉出筋长颈瓶 | 高30.5cm | 46,000 | 中贸圣佳 | 2022-09-25 |
| 明崇祯 白釉模印福寿宁方花觚 | 高43cm | 126,500 | 北京大羿 | 2022-09-25 |
| 明崇祯 白釉暗刻花鸟纹花觚 | 直径13.9cm; 高19.5cm | 34,500 | 北京中汉 | 2022-04-27 |

## 2022瓷器拍卖成交汇总（续表）

（成交价RMB：3万元以上）

| 名称 | 物品尺寸 | 成交价RMB | 拍卖公司 | 拍卖日期 |
|---|---|---|---|---|
| 明崇祯 白釉暗刻团龙纹炉 | 高7.4cm; 直径10.7cm | 46,000 | 中贸圣佳 | 2022-09-25 |
| 明崇祯 白釉暗刻花蝶纹笔筒 | 高15.5cm | 92,000 | 中贸圣佳 | 2022-10-27 |
| 明 白釉花口长颈瓶 | 高42.3cm | 195,500 | 中贸圣佳 | 2022-06-07 |
| 明 白釉梅瓶 | 高23.5cm | 138,000 | 中鸿信 | 2022-09-11 |
| 明 月白釉梅瓶 | 高28.5cm | 87,400 | 中贸圣佳 | 2023-01-01 |
| 明 影青釉花双凤耳尊 | 高29.5cm | 517,500 | 中贸圣佳 | 2022-10-27 |
| 明 青白釉盘口双系执壶 | 高20.5cm | 368,000 | 北京保利 | 2022-07-28 |
| 明 湖田窑白釉执壶 | 高14cm | 86,250 | 上海嘉禾 | 2022-01-01 |
| 明 枢府釉龙首镂空酒壶 | 高16cm | 57,500 | 深圳富诺得 | 2022-10-06 |
| 明 白釉剔刻牡丹球球腹形束口罐 | 高13.7cm | 1,495,000 | 中贸圣佳 | 2022-07-26 |
| 明 甜白釉蟋蟀罐 | 13.5cm×9.5cm | 43,700 | 上海嘉禾 | 2022-01-01 |
| 明 湖田窑双人连体塑像 | 高15.5cm | 368,000 | 上海嘉禾 | 2022-01-01 |
| 明 湖田窑青白釉葵口折沿盘（一对） | 直径11cm×2; 高1cm×2 | 126,500 | 北京保利 | 2022-07-28 |
| 明 白釉刻花卉纹盘 | 直径24.8cm | 115,000 | 中贸圣佳 | 2022-07-13 |
| 明 青瓷月白釉盘 | 直径21.1cm | 74,750 | 中贸圣佳 | 2023-01-01 |
| 明 白釉刻划萱草纹葵口折腰盘 | 直径20.3cm; 高5.5cm | 64,400 | 中贸圣佳 | 2022-08-13 |
| 明 青白釉花口盏托 | 直径11.6cm; 高9.5cm | 161,000 | 北京保利 | 2022-07-29 |
| 明 湖田窑饶玉宫碗 | 直径14.5cm | 264,500 | 上海嘉禾 | 2022-01-01 |
| 明 白釉大碗 | 口径22.5cm; 高8cm | 155,250 | 中贸圣佳 | 2022-10-27 |
| 明 白釉暗刻云龙纹高足碗 | 直径15.5cm | 92,000 | 中国嘉德 | 2022-12-26 |
| 明 白釉模印凤穿花卉纹浅碗 | 口径17.8cm; 高4cm | 34,500 | 中贸圣佳 | 2022-10-27 |
| 明 白釉暗刻团花纹盏 | 直径13.8cm | 115,000 | 中贸圣佳 | 2022-09-25 |
| 明 湖田窑划花婴戏纹盏 | 高6.5cm; 直径12.5cm | 34,500 | 西泠印社 | 2022-01-22 |
| 明 白釉刻莲花纹小盏 | 直径9cm; 高4cm | 32,200 | 中贸圣佳 | 2022-07-13 |
| 明 白釉杯 | 高8cm; 口径9cm | 126,500 | 西泠印社 | 2022-01-22 |
| 明 白釉模印卷草纹高足杯 | 直径14.6cm; 高11cm | 28,750 | 中贸圣佳 | 2022-06-07 |
| 明 青白釉瓜形香盒 | 通高8.6cm | 126,500 | 中贸圣佳 | 2022-09-25 |
| 明 湖田窑影青金瓜盖盒（一对） | 直径5cm×2; 高4cm×2 | 92,000 | 北京保利 | 2022-07-29 |
| 明 白釉菊瓣洗 | 直径21.3cm | 207,000 | 中鸿信 | 2022-09-11 |
| 明 湖田窑人物水注 | 高13.5cm | 57,500 | 上海嘉禾 | 2022-01-01 |
| 明 青白釉狮子 | 长13.2cm; 高10.2cm | 805,000 | 中贸圣佳 | 2022-09-25 |
| 明 白釉剔刻鸾凤花卉镂空熏 | 高14cm | 287,500 | 中贸圣佳 | 2022-07-26 |
| 明 湖田窑荷叶人物镇纸 | 高9cm | 69,000 | 上海嘉禾 | 2022-01-01 |
| 明 影青瓷（船） | 18cm×7cm×8cm | 48,300 | 上海嘉禾 | 2022-01-01 |
| 明末清初 无款月白釉海棠形龙耳尊（附底座） | 宽18cm×高37cm | 43,700 | 江苏观宇 | 2022-11-12 |
| 清康熙 白釉剔刻龙纹筒式瓶 | 高26.3cm | 138,000 | 中贸圣佳 | |
| 清康熙 白釉凸花缠枝花卉纹莱菔瓶 | 高24.7cm | 43,700 | 中国嘉德 | 2022-06-01 |
| 清康熙 白釉刻云纹马蹄尊 | 8cm×7.7cm | 822,912 | 华艺国际 | 2022-05-29 |
| 清康熙 白釉模印龙纹太白尊 | 直径3.3cm; 高9.5cm | 74,750 | 广东崇正 | 2022-08-11 |
| 清康熙 白釉兽面纹香熏 | 高23.5cm | 80,500 | 北京保利 | 2022-07-16 |
| 清康熙 白釉暗刻云龙纹团寿盘（一对） | 直径17.7cm×2 | 126,500 | 中鸿信 | 2022-09-11 |
| 清康熙 白釉暗刻缠枝莲纹大盘 | 直径43cm | 34,500 | 北京中汉 | 2022-09-29 |
| 清康熙 仿弘治白釉内龙纹碗 | 直径11cm | 207,000 | 北京荣宝 | 2022-07-24 |
| 清康熙 仿弘治白釉内锥拱云龙纹碗 | 直径11.1cm | 138,000 | 中国嘉德 | 2022-05-31 |
| 清康熙 白釉暗刻绿彩云龙纹碗 | 直径19.7cm | 132,436 | 中国嘉德 | 2022-10-07 |
| 清康熙 白釉堆白云鹤纹案缸 | 直径21.5cm | 55,200 | 中国嘉德 | 2022-05-31 |
| 清康熙 甜白釉渣斗 | 高12.8cm; 直径15.5cm | 34,500 | 西泠印社 | 2022-01-22 |
| 清康熙 白釉暗刻龙纹洗 | 直径21cm | 64,400 | 北京翌墨国际 | 2022-03-25 |
| 清康熙 白釉暗刻云龙纹水丞 | 直径10cm | 46,000 | 北京保利 | 2022-07-16 |
| 清雍正 白釉划龙纹长颈小瓶 | 高11.4cm | 1,944,129 | 香港苏富比 | 2022-04-29 |
| 清雍正 白釉模印洞石花蝶纹长颈撇口小瓶 | 高17.7cm | 80,500 | 中贸圣佳 | 2022-08-13 |
| 清雍正 白釉弦纹瓶 | 直径14cm | 74,750 | 中国嘉德 | 2022-05-30 |
| 清雍正 白釉刻划梅兰竹菊图小梅瓶 | 高15.2cm | 46,000 | 中贸圣佳 | 2022-09-25 |
| 清雍正 白釉小瓶 | 高11.8cm | 28,750 | 中国嘉德 | 2022-09-27 |
| 清雍正 白釉模印云蝠纹大太白尊 | 直径13.3cm; 高33cm | 103,500 | 中贸圣佳 | 2022-08-13 |
| 清雍正 白釉暗刻螭龙纹小花觚 | 高10.2cm | 69,000 | 中国嘉德 | 2022-09-27 |
| 清雍正 御制白釉暗刻夔龙纹花篮 | 高16.5cm | 120,750 | 永乐拍卖 | 2022-07-24 |
| 清雍正 白釉菊瓣盘 | 直径22.8cm | 864,057 | 佳士得 | 2022-05-30 |
| 清雍正 白釉凸花螭龙纹大盘 | 直径21cm | 230,000 | 中国嘉德 | 2022-06-27 |
| 清雍正 白釉模印螭龙捧寿纹盘 | 直径18.5cm | 46,000 | 北京中汉 | 2022-08-08 |
| 清雍正 白釉暗刻缠枝花卉纹大盘 | 直径36.7cm | 28,750 | 中国嘉德 | 2022-05-31 |
| 清雍正 白釉暗花八吉祥高足碗 | 直径17.5cm | 453,630 | 香港苏富比 | 2022-04-29 |
| 清雍正 白釉暗刻莲托八宝纹高足碗 | 直径15.7cm | 353,164 | 香港苏富比 | 2022-10-07 |
| 清雍正 白釉碗 | 直径10.2cm | 231,664 | 香港苏富比 | 2022-11-25 |
| 清雍正 仿永乐甜白釉高足碗（一对） | 高8cm×2; 直径9.5cm×2 | 63,250 | 保利厦门 | 2022-10-22 |
| 清雍正 仿永乐白釉莲瓣大鸡心碗 | 直径19.8cm | 32,200 | 中国嘉德 | 2022-09-27 |
| 清雍正 白釉花口杯盏（一对） | 杯直径6.5cm; 盏托直径8.8cm | 115,000 | 中国嘉德 | 2022-09-27 |
| 清雍正 白釉茶圆（一对） | 直径9.3cm×2 | 1,092,500 | 中国嘉德 | 2022-06-27 |
| 清雍正 白釉暗花龙纹葵瓣小杯 | 直径7cm | 662,184 | 中国嘉德 | 2022-10-07 |
| 清雍正 白釉茶圆 | 直径9.2cm | 594,039 | 佳士得 | 2022-05-30 |
| 清雍正 白釉暗刻云龙纹杯 | 直径6.3cm | 253,000 | 中国嘉德 | 2022-12-26 |
| 清雍正 甜白釉小碟（一对） | 直径7.7cm×2 | 1,150,000 | 中贸圣佳 | 2022-07-26 |
| 清雍正 白釉花形碟（一对） | 直径11.3cm×2 | 275,910 | 中国嘉德 | 2022-10-07 |
| 清雍正 白釉绳纹缸 | 直径25.5cm; 高19.5cm | 51,750 | 中贸圣佳 | 2022-08-13 |
| 清乾隆 浆胎白釉模印缠枝牡丹纹长颈瓶 | 高19.4cm | 880,992 | 纽约佳士得 | 2022-09-23 |
| 清乾隆 甜白釉小琮式瓶 | 高9.9cm | 161,000 | 中国嘉德 | 2022-09-28 |
| 清乾隆 甜白釉小琮式瓶 | 高9.9cm | 126,500 | 中贸圣佳 | 2022-07-13 |
| 18世纪 白釉暗刻纹小瓶（一组两件） | 高8cm; 高9.4cm | 115,832 | 香港苏富比 | 2022-11-25 |
| 清乾隆 白釉暗刻花卉纹大瓶 | 高43.6cm | 92,000 | 中贸圣佳 | 2023-01-01 |
| 清乾隆 甜白釉小琮式瓶 | 高11.3cm | 32,200 | 中贸圣佳 | 2022-10-27 |
| 清乾隆 甜白釉剔刻夔龙纹贯耳六方尊 | 高47cm | 2,200,000 | 浙江御承 | 2022-12-17 |
| 清乾隆 甜白釉牺耳尊 | 高27.1cm | 1,150,000 | 中贸圣佳 | 2022-07-26 |
| 清乾隆 浆胎白瓷刻凤纹石榴尊 | 直径11cm | 92,665 | 香港苏富比 | 2022-11-25 |
| 清乾隆/嘉庆 白釉模印龙凤纹束口大尊 | 高44.3cm | 92,000 | 中贸圣佳 | 2022-08-13 |
| 清乾隆 白釉暗刻螭龙开光青花团龙纹凤尾尊 | 高45.4cm | 46,000 | 中国嘉德 | 2022-09-27 |
| 清乾隆 青白釉柳斗尊 | 高5.5cm | 46,000 | 中贸圣佳 | 2022-09-25 |
| 清乾隆 月白釉礼器仿青铜豆 | 高27cm | 2,990,000 | 北京保利 | 2022-07-28 |
| 清乾隆 白釉暗刻如意纹方瓶 | 高9.5cm | 40,250 | 广东崇正 | 2022-08-11 |
| 清乾隆 白釉兔形摆件（一对） | 长20cm×2; 高11cm×2 | 66,700 | 中贸圣佳 | 2022-08-13 |
| 清乾隆 白釉暗刻一把莲纹盘 | 直径34.3cm | 309,019 | 中国嘉德 | 2022-10-07 |
| 清乾隆 白釉暗刻龙纹高足碗（一对） | 直径14.1cm×2 | 575,000 | 北京保利 | 2022-07-28 |
| 清乾隆 白釉暗刻缠枝莲纹高足碗 | 宽14.7cm | 463,520 | 中国嘉德 | 2022-10-07 |
| 清乾隆 白釉凸雕五福捧寿盖盒 | 高8cm; 口径12cm; 底径13.5cm | 287,500 | 浙江御承 | 2022-08-28 |
| 清乾隆 白釉锦纹水仙盆 | 长27.3cm; 宽18.4cm; 高8.5cm | 201,250 | 中贸圣佳 | 2022-06-07 |
| 清乾隆 白釉持经观音 | 高23.5cm | 105,719 | 纽约佳士得 | 2022-09-23 |
| 18世纪 浆胎白釉螭龙纹梅瓶 | 高12.7cm | 211,438 | 纽约佳士得 | 2022-09-23 |
| 18世纪 白釉镂空开光六方瓶 | 高17.5cm | 74,884 | 纽约佳士得 | 2022-09-23 |
| 18世纪 白釉龙纹戏珠纹小圆罐 | 宽7.5cm | 123,339 | 纽约佳士得 | 2022-09-23 |
| 清嘉庆 白釉暗刻莲纹盘 | 直径34cm | 94,300 | 中贸圣佳 | 2022-06-07 |
| 清道光 白釉饕餮纹爵杯 | 高18.2cm; 长18.3cm | 103,500 | 西泠印社 | 2022-01-22 |
| 清道光 白釉兽面纹爵杯 | 高18cm | 48,300 | 中国嘉德 | 2022-05-31 |

## 2022瓷器拍卖成交汇总(续表)

(成交价RMB: 3万元以上)

| 名称 | 物品尺寸 | 成交价RMB | 拍卖公司 | 拍卖日期 |
|---|---|---|---|---|
| 清道光 白釉暗刻海水绿龙纹盘 | 直径18.3cm | 138,000 | 北京保利 | 2022-07-29 |
| 清道光 白釉堆花花卉碗 | 直径22.4cm；高9cm | 86,250 | 广东崇正 | 2022-08-11 |
| 清中期 白釉模印缠枝花卉撇口瓶 | 高33cm | 218,500 | 华艺国际 | 2022-09-23 |
| 清中期 白釉凸花螭龙灵芝纹小蒜头瓶 | 高13.4cm | 28,750 | 中国嘉德 | 2022-05-30 |
| 清中期 白釉暗刻龙纹盘 | 直径38.5cm | 57,500 | 保利厦门 | 2022-10-22 |
| 清中期 甜白釉暗刻云龙纹高足碗 | 直径13.9cm；高11.3cm | 63,250 | 中贸圣佳 | 2022-09-25 |
| 清中期 白釉瓷雕瑞虎纸镇 | 长7.6cm | 51,750 | 北京中汉 | 2022-04-27 |
| 清同治 白釉大盘 | 直径20.8cm | 32,200 | 中国嘉德 | 2022-05-30 |
| 清同治 陈国治款雕瓷双骏纹盖盒 | 直径7.7cm | 40,250 | 北京保利 | 2022-07-29 |
| 清光绪 清华珍品款白釉暗刻云龙纹玉壶春瓶 | 直径11.5cm；高36.5cm | 94,300 | 中贸圣佳 | 2022-08-13 |
| 清光绪 御制白釉荷叶盖罐 | 高38.5cm | 172,500 | 永乐拍卖 | 2022-07-24 |
| 清光绪 甜白釉荷叶盖罐 | 高40cm | 69,000 | 中贸圣佳 | 2022-09-25 |
| 清光绪 白釉螭龙纹仿宋象勿篱 | 高14cm；边长23.1cm | 34,500 | 西泠印社 | 2022-01-22 |
| 清光绪 白釉兽面纹簋 | 长30cm | 28,750 | 中国嘉德 | 2022-09-27 |
| 清光绪 内粉彩荷花外白釉暗花海浪纹盘 | 直径18.2cm | 33,109 | 中国嘉德 | 2022-10-07 |
| 清光绪 白釉荷花吸杯 | 长18cm | 32,200 | 中国嘉德 | 2022-05-30 |
| 清光绪 白釉荷叶吸杯（一对） | 长19cm×2 | 32,200 | 保利厦门 | 2022-10-22 |
| 18/19世纪 白釉贴塑螭纹瓜棱式长颈瓶 | 高14.2cm | 96,909 | 纽约佳士得 | 2022-09-23 |
| 清晚期 白釉团云纹三管抱月瓶 | 高28.5cm | 149,769 | 纽约佳士得 | 2022-09-23 |
| 清晚期 白釉兽首餐壶 | 长23cm | 36,800 | 中国嘉德 | 2022-05-28 |
| 清 白釉模印夔龙纹双耳连珠瓶 | 高20cm | 63,250 | 保利厦门 | 2022-10-22 |
| 清代 白釉暗刻云龙纹小宝月瓶 | 高19.3cm | 35,650 | 中贸圣佳 | 2022-09-25 |
| 清 白釉撇口尊 | 通高16.8cm | 314,512 | 香港福羲国际 | 2022-12-28 |
| 清 白釉夔龙纹太白尊 | 高9cm；直径12.8cm | 92,000 | 西泠印社 | 2022-08-20 |
| 清 甜白釉荷叶盖罐 | 通高22.5cm | 147,427 | 香港福羲国际 | 2022-12-28 |
| 清 白釉茶盘及把杯（六只） | 盘子直径25cm；杯子直径5.8cm | 81,396 | 保利香港 | 2022-10-10 |
| 清 白釉锦地浮雕清供图笔筒 | 高13.5cm；直径12.5cm | 46,000 | 保利厦门 | |
| 民国 景德镇青白釉弦纹瓶（一对） | 高20cm×2；直径12.2cm×2 | 644,000 | 广东崇正 | 2022-08-11 |
| 邢窑白釉净瓶 | 高17.5cm；直径7.3cm | 36,800 | 西泠印社 | 2022-08-20 |
| 湖田窑执壶 | 13.5cm×23cm | 92,000 | 上海嘉禾 | 2022-01-01 |
| 湖田窑青白釉团凤纹太白罐 | 高9.3cm；直径8cm | 529,000 | 西泠印社 | |
| 介休窑白釉镂空香薰 | 高8.9cm；直径7cm | 57,500 | 西泠印社 | |
| 湖田窑剔刻婴戏摩羯纹枕 | 高10.8cm；长17.8cm | 782,000 | 西泠印社 | |
| 湖田窑刻花鸟游鸭纹花口盘 | 高4.8cm；直径17.8cm | 69,000 | 西泠印社 | 2022-01-22 |
| 湖田窑瓷盘 | 22cm×6cm | 51,750 | 上海嘉禾 | 2022-01-01 |
| 湖田窑青白釉盏托 | 盏高4.5cm，口径10.2cm；托高4.2cm，直径14.8cm | 92,000 | 西泠印社 | |
| 湖田窑青白釉刻莲纹海碗 | 高6.6cm；口径19.7cm | 184,000 | 西泠印社 | 2022-08-20 |
| 湖田窑大碗 | 直径21.5cm；高7cm | 63,250 | 上海嘉禾 | 2022-01-01 |
| 民国 陈少亭书刻 段泥塘白釉大洗 | 直径31cm；高7.2cm | 57,500 | 江苏汇中 | 2022-08-17 |
| 20世纪50年代 堆白釉茶器（一组九件） | 壶宽21.8cm；耳杯宽9.7cm；碟直径13.7cm | 161,000 | 北京保利 | 2022-11-12 |

**其他窑白釉**

| 名称 | 物品尺寸 | 成交价RMB | 拍卖公司 | 拍卖日期 |
|---|---|---|---|---|
| 隋 白釉盖壶 | 高13.4cm | 927,057 | 佳士得 | 2022-11-29 |
| 隋 白釉杯 | 直径8.7cm | 110,364 | 中国嘉德 | 2022-10-07 |
| 隋 巩县窑白釉碎雍砚 | 直径5.3cm | 97,120 | 中国嘉德 | 2022-10-07 |

| 名称 | 物品尺寸 | 成交价RMB | 拍卖公司 | 拍卖日期 |
|---|---|---|---|---|
| 唐 白釉双龙耳瓶（一对） | 高54.5cm×2 | 705,432 | 保利香港 | 2022-10-10 |
| 唐 巩县窑白釉双龙瓶 | 高49cm | 353,164 | 华艺国际 | 2022-11-27 |
| 唐 白釉盖罐 | 高27.3cm；直径10.1cm | 205,200 | 保利香港 | 2022-07-14 |
| 唐 白釉大罐 | 高40.6cm | 110,040 | 香港苏富比 | 2022-11-25 |
| 唐 白釉象形枕 | 高8.4cm；宽12cm | 173,644 | 保利香港 | 2022-10-10 |
| 唐 邢窑白釉鱼纹花口盘 | 长15.2cm | 321,245 | 纽约佳士得 | 2022-03-25 |
| 唐 巩县窑白釉大盖盒 | 直径16cm | 55,182 | 中国嘉德 | 2022-10-07 |
| 五代/辽 白釉单系兽足炉 | 宽5.7cm | 1,409,587 | 纽约佳士得 | 2022-09-23 |
| 五代至宋 白瓷斗笠碗 | 直径13.8cm | 63,707 | 香港苏富比 | 2022-11-25 |
| 五代 白釉杯 | 高8.3cm | 345,623 | 佳士得 | 2022-05-30 |
| 9/10世纪 后乐斋收藏 白瓷盖盒（一组两件） | 直径6.9cm×2 | 54,003 | 香港苏富比 | 2022-04-29 |
| 辽 白釉刻牡丹纹带盖执壶 | 高22.5cm | 2,810,890 | 纽约佳士得 | 2022-03-25 |
| 辽金时期 白釉瓜棱形提梁壶 | 通高16.8cm | 196,570 | 香港福羲国际 | 2022-12-28 |
| 辽 白釉模印牡丹纹方盘 | 宽11.4cm | 32,916 | 中国嘉德 | 2022-06-04 |
| 明 青瓷小盏 | 直径12.4cm；高4.3cm | 32,200 | 中贸圣佳 | 2022-07-13 |
| 清早期 漳州窑白釉漆金无量寿佛 | 高51.5cm | 120,750 | 北京中汉 | 2022-12-09 |
| "盈"字款邢窑执壶 | 高20.5cm；宽16.5cm | 92,000 | 西泠印社 | 2022-01-22 |

# 黑 瓷

**早期黑瓷（唐以前的）**

**黑釉**

| 名称 | 物品尺寸 | 成交价RMB | 拍卖公司 | 拍卖日期 |
|---|---|---|---|---|
| 唐 黑白花釉葫芦瓶 | 高20.4cm；直径8.2cm | 143,640 | 保利香港 | 2022-07-14 |
| 唐 鲁山窑花釉执壶 | 高21.8cm | 162,792 | 保利香港 | 2022-10-10 |
| 唐 鲁山窑花釉执壶 | 高18cm | 86,822 | 保利香港 | 2022-10-10 |
| 唐 鲁山窑花釉罐 | 高12.7cm；直径7.4cm | 287,280 | 保利香港 | 2022-07-14 |
| 唐 外黑里白釉碗 | 直径17cm | 121,400 | 中国嘉德 | 2022-10-07 |
| 唐 黑釉盖盒 | 直径6.4cm；高2.6cm | 54,264 | 保利香港 | 2022-10-10 |
| 唐 黑釉渣斗 | 高13.5cm；直径14.7cm | 173,644 | 保利香港 | 2022-10-10 |
| 北宋/金 磁州黑釉刻卷草纹长瓶 | 高28cm | 281,089 | 纽约佳士得 | 2022-03-25 |
| 北宋至金 黑釉熏斑玉壶春瓶 | 高29.3cm | 81,082 | 香港苏富比 | 2022-11-25 |
| 北宋 耀州窑紫金釉罐 | 高9.9cm | 123,120 | 保利香港 | 2022-07-14 |
| 北宋至金 黑釉柱纹双系罐 | 高21.7cm | 86,874 | 香港苏富比 | 2022-11-25 |
| 北宋 定窑黑釉红斑葵口盘 | 直径19.3cm | 353,164 | 中国嘉德 | 2022-10-07 |
| 北宋/金 耀州窑紫金釉笠式碗 | 直径14.6cm | 97,206 | 佳士得 | 2022-05-30 |
| 北宋 当阳峪窑黑釉兔毫盏 | 直径9.1cm | 198,655 | 中国嘉德 | 2022-10-07 |
| 南宋 建窑兔毫凉碗 | 直径10.5cm | 52,124 | 香港苏富比 | 2022-11-25 |
| 南宋 吉州窑黑釉洒彩碗 | 直径16cm | 49,663 | 中国嘉德 | 2022-10-07 |
| 南宋 建窑兔毫盏 | 直径11.8cm | 280,818 | 佳士得 | 2022-05-30 |
| 南宋 建窑兔毫盏 | 直径12.7cm | 194,412 | 佳士得 | 2022-05-30 |
| 南宋 吉州窑玳瑁釉盏 | 直径11.7cm | 184,680 | 保利香港 | 2022-07-14 |
| 南宋 建窑黑釉描金兔毫盏 | 直径12.1cm | 88,291 | 中国嘉德 | 2022-10-07 |
| 南宋 建窑兔毫盏 | 直径12.8cm | 40,156 | 纽约佳士得 | 2022-03-25 |
| 宋 黑釉褐彩凤纹提梁罐 | 高21.5cm | 401,556 | 纽约佳士得 | 2022-03-25 |
| 宋 磁州窑黑釉瓜棱形线条罐 | 宽14.5cm | 82,080 | 保利香港 | 2022-07-14 |
| 宋/金 黑釉碗 | 直径14.6cm | 144,560 | 纽约佳士得 | 2022-03-25 |
| 宋 吉州窑黑漆木叶天目碗 | 直径10.5cm | 138,998 | 香港苏富比 | 2022-11-25 |
| 宋 酱釉敛口钵式盏 | 直径9.3cm | 133,380 | 保利香港 | 2022-07-14 |
| 宋 黑釉菊瓣形盖盒 | 直径12cm | 217,056 | 保利香港 | 2022-10-10 |
| 金/元 磁州黑釉刻花双耳瓶 | 高34cm | 48,187 | 纽约佳士得 | 2022-03-25 |
| 金 黑釉金油滴小碗 | 直径11.4cm | 259,217 | 佳士得 | 2022-05-30 |
| 金 黑釉油滴碗 | 直径9cm | 208,809 | 纽约佳士得 | 2022-03-25 |
| 金 磁州窑黑釉兔毫盏 | 直径15.5cm | 36,002 | 中国嘉德 | 2022-06-04 |
| 元 酱釉卧足碗 | 直径15cm | 189,750 | 中鸿信 | 2022-09-11 |
| 元 遇林亭窑福山寿海盏及福海绕寿山立轴（一组两件） | 1.盏高5cm；口径10.8cm；2.立轴画芯长129cm；宽27cm | 109,250 | 西泠印社 | 2022-08-21 |
| 元 黑釉油滴盏 | 直径8.7cm | 97,750 | 中国嘉德 | 2022-12-26 |
| 元 建窑黑釉兔毫盏 | 直径12.5cm | 92,000 | 北京中汉 | 2022-04-27 |
| 元 建盏 | 高5.2cm；直径12.7cm | 43,700 | 广东崇正 | 2022-08-11 |

# 2022瓷器拍卖成交汇总(续表)

(成交价RMB：3万元以上)

| 名称 | 物品尺寸 | 成交价RMB | 拍卖公司 | 拍卖日期 |
|---|---|---|---|---|
| 元 建窑兔毫盏 | 高7cm；直径12cm | 36,800 | 保利厦门 | 2022-10-22 |
| 元 磁州窑系黑釉盏 | 直径12.4cm | 28,750 | 北京中汉 | 2022-04-27 |
| 明 定窑黑釉梅瓶 | 高24cm | 460,000 | 北京保利 | 2022-07-28 |
| 明 吉州窑黑釉剪纸梅花纹瓶 | 高19cm | 184,000 | 北京保利 | 2022-07-28 |
| 明 吉州窑梅瓶 | 高30cm | 43,700 | 广东崇正 | 2022-12-25 |
| 明 黑釉褐斑提梁罐 | 宽19cm | 690,000 | 北京保利 | 2022-07-28 |
| 明 建窑兔毫盏及明嘉靖雕漆红花绿叶盏托 | 直径12.1cm；盏托宽16cm | 483,000 | 北京保利 | 2022-07-28 |
| 明 兔毫茶碗 | 直径12.7cm；高6.8cm | 310,500 | 中贸圣佳 | 2022-07-26 |
| 明 当阳峪窑黑釉褐斑茶盏 | 直径12.5cm | 437,000 | 北京保利 | 2022-07-28 |
| 明 油滴盏 | 直径9cm | 345,000 | 北京保利 | 2022-07-28 |
| 明 兔毫斗笠盏 | 直径14.7cm；高4.6cm | 299,000 | 中贸圣佳 | 2022-09-25 |
| 明 "一"字款建窑油滴盏 | 高6.4cm；直径12cm | 264,500 | 西泠印社 | 2022-01-22 |
| 明 建窑银兔盏（包金口） | 直径12.5cm | 230,000 | 北京保利 | 2022-07-28 |
| 明 建窑兔毫盏 | 高6.3cm；直径12cm | 184,000 | 西泠印社 | 2022-01-22 |
| 明 建窑黑釉束口盏 | 直径12.5cm | 115,000 | 上海嘉禾 | 2022-01-01 |
| 明 吉州窑黑凤纹天目盏 | 直径13cm；托直径14.5cm | 115,000 | 北京保利 | 2022-07-28 |
| 明 建窑油滴小盏 | 直径9.3cm | 115,000 | 上海嘉禾 | 2022-01-01 |
| 明 黑釉兔毫盏 | 直径11.1cm；高5.3cm | 69,000 | 中贸圣佳 | 2022-07-13 |
| 明 黑釉描银"金玉满堂"小盏 | 直径9.3cm；高3.7cm | 43,700 | 中贸圣佳 | 2022-07-13 |
| 民国 黑釉盏连托 | 高5.2cm；直径11.3cm | 402,500 | 广东崇正 | 2022-08-11 |
| 吉州窑黑釉刻花梅瓶 | 19.5cm×11.5cm | 74,750 | 上海嘉禾 | 2022-01-01 |
| 20世纪50—60年代 黑釉窑变梅瓶 | 高31cm | 66,700 | 中贸圣佳 | 2023-01-01 |
| 淄博窑黑釉线条壶 | 高17cm；直径14.9cm | 345,000 | 西泠印社 | 2022-08-20 |
| 宫廷御用建窑蓝兔毫盏 | 高5.9cm；直径12.3cm | 2,760,000 | 西泠印社 | 2022-08-20 |
| 建窑七彩兔毫盏 | 高6.8cm；口径12.5cm | 1,150,000 | 西泠印社 | 2022-08-20 |
| 建窑兔毫盏 | 高6.3cm；直径11.8cm | 943,000 | 西泠印社 | 2022-08-20 |
| 建窑黑釉兔毫盏 | 高6.8cm；直径12cm | 598,000 | 西泠印社 | 2022-08-20 |
| 吉州窑盏 | 高5.5cm；口径15cm | 138,000 | 浙江御承 | 2022-08-28 |
| 吉州窑剪纸贴花双凤盏（附漆托） | 高4.4cm；口径13.6cm | 57,500 | 西泠印社 | 2022-08-20 |
| 定窑黑釉花口杯 | 10.5cm×6.3cm | 43,700 | 上海嘉禾 | 2022-01-01 |
| **酱褐釉** | | | | |
| 北方 黄褐釉模印胡人驯狮纹扁壶 | 高30.3cm | 868,224 | 保利香港 | 2022-10-10 |
| 唐 灰褐釉鞍驼 | 高53.3cm | 60,233 | 纽约佳士得 | 2022-03-25 |
| 北宋 紫定斗笠碗 | 直径13cm | 461,700 | 保利香港 | 2022-07-14 |
| 辽 黄褐釉凤首瓶 | 高33.5cm | 97,120 | 中国嘉德 | 2022-10-07 |
| 辽 黄褐釉注子与注碗（一套） | 高19.8cm；直径16cm | 90,498 | 中国嘉德 | 2022-10-07 |
| 清雍正 浅蓝釉六方倭角带褐釉座花盆（一对） | 宽24.2cm×2 | 3,533,690 | 纽约佳士得 | 2022-03-25 |
| 紫定葵口盆 | 直径17.5cm；高4cm | 40,250 | 上海嘉禾 | 2022-01-01 |
| **乌金釉** | | | | |
| 明 乌金釉束口盏 | 直径12.2cm；高7cm | 299,000 | 中贸圣佳 | 2022-07-13 |
| 清康熙 乌金釉梅瓶（带座） | 高21cm | 82,800 | 广东崇正 | 2022-12-25 |
| 清康熙 大观音尊 | 口径12cm；高43cm | 690,000 | 上海嘉禾 | 2022-01-01 |
| 清康熙 乌金釉碗 | 直径12.2cm；高5.8cm | 218,500 | 北京保利 | 2022-07-29 |
| 清康熙 乌金釉"有凤来仪"图笔筒 | 直径17.7cm；高14.5cm | 115,000 | 中贸圣佳 | 2022-10-27 |
| 清康熙 乌金釉笔筒 | 高12.6cm | 46,333 | 香港苏富比 | 2022-11-25 |
| 清康熙 乌金釉笔筒 | 高14.4cm | 34,500 | 中国嘉德 | 2022-09-28 |
| 清乾隆 乌金釉水丞 | 直径8cm | 32,200 | 中国嘉德 | 2022-09-28 |
| **彩 瓷** | | | | |
| **釉下褐绿彩** | | | | |
| 北宋至金 定窑白釉褐彩剔花牡丹纹枕 | 长27.4cm | 41,938 | 中国嘉德 | 2022-10-07 |
| **釉下褐黑彩** | | | | |
| 唐 褐彩贴花叶凤首执壶 | 高22.8cm | 820,800 | 保利香港 | 2022-07-14 |
| 唐 褐彩花釉盖罐 | 高26.9cm | 238,761 | 保利香港 | 2022-10-10 |
| 唐 白釉点褐彩贴花蝴蝶纹盖盒 | 直径5.2cm，高2.5cm | 32,558 | 保利香港 | 2022-10-10 |
| 北宋/金 磁州窑白地褐彩剔划牡丹纹梅瓶 | 高38.2cm | 562,178 | 纽约佳士得 | 2022-03-25 |
| 宋 磁州窑黑地铁锈花双耳瓶 | 高10.2cm | 153,900 | 保利香港 | 2022-07-14 |
| 金或以后 磁州窑白地褐彩刻牡丹纹梅瓶 | 高36.2cm | 52,202 | 纽约佳士得 | 2022-03-25 |
| 明 磁州窑褐彩缠枝花卉纹梅瓶 | 高37.2cm | 138,000 | 中国嘉德 | 2022-06-02 |
| 明 磁州窑白地黑花弦纹玉壶春瓶 | 高26cm | 92,000 | 中贸圣佳 | 2022-08-13 |
| 明 吉州窑彩绘胆瓶（一对） | 高18.1cm×2；直径8.4cm×2 | 69,000 | 西泠印社 | 2022-01-22 |
| 明 磁州窑白地黑花梅瓶 | 高35cm；直径18.5cm | 34,500 | 西泠印社 | 2022-01-22 |
| 黑釉褐彩天外飞仙斗笠盏 | 直径16cm | 34,500 | 中鸿信 | 2022-09-11 |
| 饶州窑青白釉点褐彩朱雀 | 高16.5cm；长10.8cm，宽11cm | 115,000 | 西泠印社 | 2022-08-20 |
| **青花** | | | | |
| 元 青花折枝花卉八棱玉壶春瓶 | 高28.5cm | 1,725,000 | 北京保利 | 2022-07-17 |
| 元 青花折枝花八方玉壶春瓶 | 高30.4cm；直径14.8cm | 920,000 | 西泠印社 | 2022-08-20 |
| 元 青花梅竹双清图玉壶春瓶 | 高29cm | 434,112 | 保利香港 | 2022-10-10 |
| 元 青花高士人物图玉壶春瓶 | 高27.7cm | 264,500 | 中贸圣佳 | 2022-07-13 |
| 元 青花双凤穿花纹玉壶春瓶 | 高27.5cm | 115,000 | 保利厦门 | 2022-10-22 |
| 元 青花孔雀龙纹双铺首大尊 | 高37.8cm | 5,520,000 | 中贸圣佳 | 2022-07-26 |
| 元 青花龙纹双流贲巴壶 | 16.5cm×16cm | 632,500 | 上海嘉禾 | 2022-01-01 |
| 元 青花缠枝莲花纹扁壶 | 高23cm | 483,000 | 广东崇正 | 2022-12-25 |
| 元 青花鱼藻纹大罐 | 宽35.3cm | 34,971,730 | 香港苏富比 | 2022-10-08 |
| 元 青花缠枝花卉双龙赶珠纹铺首罐 | 37.5cm×15.6cm×18cm | 34,500,000 | 荣宝斋（南京） | 2022-12-08 |
| 元 青花龙纹双兽耳罐 | 通高38cm | 27,519,800 | 香港福羲国际 | 2022-12-28 |
| 元 青花缠枝花卉双兽耳罐 | 通高30cm | 2,751,980 | 香港福羲国际 | 2022-12-28 |
| 元 青花凤穿牡丹图大罐 | 直径34.5cm | 2,530,000 | 中国嘉德 | 2022-06-27 |
| 元 青花鱼藻纹罐 | 直径16cm；高22cm | 402,500 | 广东崇正 | 2022-08-11 |
| 元 青花云龙纹罐 | 高26.5cm；直径31cm | 230,000 | 西泠印社 | 2022-08-20 |
| 元 青花缠枝花卉如意头云龙纹铺首罐 | 高38cm | 8,682,240 | 保利香港 | 2022-10-10 |
| 元 青花鱼藻凸花牡丹菱口大盘 | 直径47.8cm | 16,318,673 | 香港苏富比 | 2022-10-08 |
| 元 青花缠枝莲纹盘 | 直径27cm | 897,000 | 广东崇正 | 2022-08-11 |
| 元代 青花大碗 | 直径19cm；高8cm | 48,300 | 上海嘉禾 | 2022-01-01 |
| 元 青花灵芝菊纹高足杯 | 直径11cm | 598,000 | 北京保利 | 2022-07-28 |
| 元 青花鸭形水丞 | 直径11.8cm | 69,499 | 香港苏富比 | 2022-11-25 |
| 明早期 青花瑞兽图大罐 | 高34cm | 345,000 | 北京保利 | 2022-07-16 |
| 明早期 青花缠枝花卉大碗 | 直径23.6cm | 207,000 | 中鸿信 | 2022-09-11 |
| 明早期 青花海天旭日笔架 | 长18.4cm；高12cm | 34,500 | 北京中汉 | 2022-06-03 |
| 明洪武 青花缠枝菊花纹菱口盘 | 直径21cm | 138,000 | 中国嘉德 | 2022-06-27 |
| 明永乐 青花缠枝莲纹梅瓶 | 高31.4cm | 22,225,630 | 香港苏富比 | 2022-10-09 |
| 明永乐 青花轮花绶带葫芦扁瓶 | 高29.3cm | 11,282,390 | 香港苏富比 | 2022-10-09 |
| 明永乐 青花龙纹天球瓶 | 高40cm | 6,600,000 | 浙江御承 | 2022-12-17 |
| 明永乐 青花缠枝花卉抱月瓶 | 高30.5cm | 2,875,000 | 北京保利 | 2022-07-28 |
| 明永乐 青花轮花绶带耳葫芦扁瓶 | 高25.5cm | 2,207,280 | 中国嘉德 | 2022-10-07 |
| 明永乐 青花夔龙纹罐 | 高24.4cm；宽29.8cm | 42,725,000 | 香港苏富比 | 2022-04-29 |
| 明永乐 青花折枝四季花卉纹罐 | 高24.8cm | 4,600,000 | 华艺国际 | 2022-09-23 |
| 明永乐/宣德 青花缠枝莲纹小罐 | 高11cm | 1,876,188 | 中国嘉德 | 2022-10-07 |
| 明永乐 青花花卉纹烛台 | 高13.5cm | 51,432 | 华艺国际 | 2022-05-29 |
| 明永乐 青花如意垂肩折枝花果纹大梅瓶 | 高36.5cm | 11,500,000 | 北京保利 | 2022-07-28 |

(成交价RMB: 3万元以上)

| 名称 | 物品尺寸 | 成交价RMB | 拍卖公司 | 拍卖日期 |
|---|---|---|---|---|
| 明永乐 青花折枝瑞果双莲纹折沿大盘 | 直径37.4cm | 9,487,500 | 中贸圣佳 | 2022-12-31 |
| 明永乐 青花缠枝花卉折沿大盘 | 直径40.5cm | 6,555,000 | 上海嘉禾 | 2022-11-20 |
| 明永乐 青花缠枝花卉菱口盘 | 直径34cm | 5,520,000 | 北京保利 | 2022-07-28 |
| 明永乐 青花缠枝莲纹大盘 | 直径40.3cm | 4,818,668 | 纽约佳士得 | 2022-03-25 |
| 明永乐 青花葡萄纹折沿大盘 | 直径37.8cm | 4,635,288 | 佳士得 | 2022-11-29 |
| 明永乐 青花缠枝花卉折枝葡萄纹海浪折沿大盘 | 直径38.3cm | 4,140,000 | 中贸圣佳 | 2022-07-26 |
| 明永乐 青花开光折枝莲纹菱口大盘 | 直径38cm | 3,910,000 | 中国嘉德 | 2022-06-27 |
| 明永乐 青花一束莲纹大盘 | 口径34cm；高5.8cm | 3,277,500 | 浙江佳宝 | 2022-03-13 |
| 明永乐 青花缠枝葡萄纹盘 | 直径38cm | 3,132,134 | 纽约佳士得 | 2022-03-25 |
| 明永乐 青花一把莲纹大盘 | 直径34cm | 2,760,000 | 华艺国际 | 2022-09-23 |
| 明永乐 青花留白暗刻海水云龙缠枝花卉纹大盘 | 直径39cm；高6.8cm | 874,000 | 中贸圣佳 | 2022-08-13 |
| 明永乐 青花缠枝花卉折沿大盘 | 直径41cm | 345,000 | 中国嘉德 | 2022-06-27 |
| 明永乐 青花瓜果纹折沿大盘 | 直径40cm | 184,000 | 北京中汉 | 2022-09-29 |
| 明永乐 青花缠枝牡丹轮花海浪纹卧足碗 | 直径15.3cm | 4,427,500 | 北京中汉 | 2022-12-09 |
| 明永乐 青花枇杷缠枝花卉纹莲子碗 | 直径21.3cm | 3,128,000 | 华艺国际 | 2022-09-23 |
| 明永乐 青花外莲瓣内花卉纹小鸡心碗 | 直径10.3cm | 1,782,500 | 北京保利 | 2022-07-28 |
| 明永乐 青花内折枝花果外菊瓣纹大碗 | 直径21cm；高10cm | 1,127,000 | 中贸圣佳 | 2023-01-01 |
| 明永乐 青花内折枝花果纹外菊瓣纹大碗 | 直径21.5cm | 483,000 | 中国嘉德 | 2022-09-27 |
| 明宣德 青花龙纹梅瓶 | 高37.5cm；口径7.5cm | 5,520,000 | 浙江御承 | 2022-08-28 |
| 明宣德 青花铺首龙纹大梅瓶 | 高53cm | 3,967,500 | 北京保利 | 2022-07-29 |
| 明宣德 青花夔龙纹大梅瓶 | 高53.8cm | 805,000 | 北京保利 | 2022-07-29 |
| 明宣德至正统 青花海水龙凤纹梅瓶 | 高36.3cm | 345,000 | 北京中汉 | 2022-12-09 |
| 明宣德 青花莲托八吉祥罐 | 高18.5cm | 2,300,000 | 北京保利 | 2022-07-28 |
| 明宣德 黄地青花蟋蟀罐 | 高10cm；口径13cm | 253,000 | 浙江御承 | 2022-08-28 |
| 明宣德 青花浮雕瑞兽纹鸟食罐 | 高4.6cm；直径7cm | 230,000 | 西泠印社 | 2022-01-22 |
| 明宣德 御制青花内外莲池游龙纹盘 | 直径24.7cm | 11,960,000 | 中贸圣佳 | 2022-07-26 |
| 明宣德 青花里外缠枝花卉纹盘 | 直径31.5cm | 3,421,284 | 中国嘉德 | 2022-10-07 |
| 明宣德 青花番莲纹小盘 | 直径15.3cm | 3,024,000 | 香港苏富比 | 2022-04-29 |
| 明宣德 青花岁寒三友暗花双龙纹盘 | 直径21cm | 82,080 | 保利香港 | 2022-07-14 |
| 明宣德 青花鱼藻纹内施雾蓝釉十棱大碗 | 高10.5cm；口径22.5cm；底径9cm | 92,000,000 | 浙江御承 | 2022-08-28 |
| 明宣德 青花折枝花果纹大碗 | 直径29.5cm | 11,500,000 | 北京保利 | 2022-07-28 |
| 明宣德 青花缠枝芍药纹大碗 | 直径29.8cm | 7,130,000 | 北京保利 | 2022-07-28 |
| 明宣德 青花缠枝牡丹纹大碗 | 直径28cm | 5,021,562 | 中国嘉德 | 2022-10-07 |
| 明宣德 青花外莲瓣内缠枝花卉纹莲子碗 | 直径20.5cm | 3,418,632 | 香港苏富比 | 2022-10-09 |
| 明宣德 青花缠枝莲轮花纹莲瓣卧足碗 | 直径15.3cm | 3,335,000 | 北京中汉 | 2022-12-09 |
| 明宣德 青花暗花穿莲祥凤纹碗 | 直径21cm | 1,139,544 | 香港苏富比 | 2022-10-09 |
| 明宣德 御制青花缠枝莲托八宝纹盉碗 | 直径17.3cm | 862,500 | 永乐拍卖 | 2022-07-24 |
| 明宣德 青花缠枝牡丹纹大碗 | 直径26.5cm；高9.5cm | 402,500 | 中贸圣佳 | 2022-07-13 |
| 明宣德 青花高足杯 | 13cm×12cm | 632,500 | 上海嘉禾 | 2022-01-01 |
| 明宣德 青花海水龙纹高脚大杯 | 16cm×17.5cm | 414,000 | 上海嘉禾 | 2022-01-01 |
| 明宣德 御制青花云龙纹葵瓣式十棱洗 | 口径21cm | 26,220,000 | 永乐拍卖 | 2022-07-24 |
| 明宣德 青花云龙纹十棱葵瓣式洗 | 高5.5cm；直径20.5cm | 10,925,000 | 保利厦门 | 2022-10-22 |
| 明宣德 青花执壶砚滴 | 12.5cm×11cm | 138,000 | 上海嘉禾 | 2022-01-01 |
| 明宣德 青花缠枝花卉纹水丞 | 高7.5cm | 3,418,632 | 香港苏富比 | 2022-10-09 |
| 明宣德 青花缠枝莲纹花浇 | 高13cm | 97,750 | 中鸿信 | 2022-09-11 |
| 明正统 青花高士图梅瓶 | 高36cm | 437,000 | 中鸿信 | 2022-09-11 |

| 名称 | 物品尺寸 | 成交价RMB | 拍卖公司 | 拍卖日期 |
|---|---|---|---|---|
| 明正统 青花缠枝花卉纹如意大罐 | 高37.2cm | 224,250 | 北京中汉 | 2022-08-08 |
| 明天顺 青花携琴访友图大罐 | 高37.2cm | 460,000 | 中贸圣佳 | 2022-09-25 |
| 明空白期/成化 青花高士图梅瓶 | 高25.5cm | 195,500 | 中国嘉德 | 2022-06-27 |
| 明空白期 青花花蝶纹梨形执壶 | 长13cm | 48,300 | 中国嘉德 | 2022-05-30 |
| 明空白期 青花秋夕诗意仕女庭院图大罐 | 高35cm；直径21cm | 1,725,000 | 永乐拍卖 | 2022-07-25 |
| 明空白期 山水人物罐 | 35cm×31cm | 437,000 | 上海嘉禾 | 2022-01-01 |
| 明空白期 青花饮中八仙图罐 | 高23cm | 115,000 | 北京中汉 | 2022-08-08 |
| 明空白期 青花八仙纹大罐 | 高35.2cm | 34,500 | 广东崇正 | 2022-07-28 |
| 明空白期 青花高士图筒式炉 | 长11.2cm | 74,750 | 中国嘉德 | 2022-05-31 |
| 明空白期 青花高士图钵式洗 | 直径17.5cm | 94,300 | 北京中汉 | 2022-04-27 |
| 15世纪末/16世纪初 青花开光狮纹扁壶 | 高34.4cm | 224,871 | 纽约佳士得 | 2022-03-25 |
| 明成化 青花九秋罐 | 高10cm | 17,250,000 | 北京保利 | 2022-07-28 |
| 明成化 庭院仕女婴戏图罐 | 高30cm | 1,058,000 | 中贸圣佳 | 2022-07-26 |
| 15世纪中 青花鱼藻纹罐 | 高37.5cm | 602,334 | 纽约佳士得 | 2022-03-25 |
| 明成化 青花缠枝花卉海浪纹盖罐 | 通高15.8cm | 287,500 | 中贸圣佳 | 2022-07-13 |
| 明成化 青花九秋图罐 | 高17cm | 69,000 | 广东崇正 | 2022-12-25 |
| 明成化 青花花卉纹小罐 | 高8.7cm | 51,750 | 永乐拍卖 | 2022-07-25 |
| 明成化/弘治 青花八仙拜老子神仙人物纹筒式炉 | 直径20.5cm | 253,000 | 中国嘉德 | 2022-09-27 |
| 明成化/弘治 青花文王访贤图瓷板 | 长20.4cm；宽18.4cm | 385,250 | 中贸圣佳 | 2022-10-27 |
| 明成化 青花锦地轮花纹圆形插屏 | 通高36cm | 32,200 | 中鸿信 | 2022-09-11 |
| 明成化 青花缠枝花卉如意纹大罐 | 高22cm | 69,000 | 中贸圣佳 | 2022-07-13 |
| 明成化 青花双龙捧珠纹盘 | 直径16.3cm | 16,105,000 | 香港苏富比 | 2022-04-29 |
| 明成化 青花缠枝灵芝松鹿图盘 | 直径25.3cm | 132,250 | 中贸圣佳 | 2023-01-01 |
| 明成化 青花白描海水应龙纹盘 | 直径20.3cm | 46,000 | 中贸圣佳 | 2022-09-25 |
| 明成化 青花神仙人物高士图诸葛碗 | 直径17.3cm | 552,000 | 中国嘉德 | 2022-12-26 |
| 明成化 青花婴戏图碗 | 直径15.4cm | 552,000 | 中国嘉德 | 2022-12-26 |
| 明成化 青花龙纹大碗 | 直径19cm | 345,000 | 北京保利 | 2022-07-28 |
| 明成化 青花缠枝花卉纹宫碗 | 直径14.8cm；高7.1cm | 138,000 | 中贸圣佳 | 2022-09-25 |
| 明成化 青花婴戏图小碗 | 直径12.7cm | 126,500 | 华艺国际 | 2022-09-23 |
| 明成化 青花宝相花纹大碗 | 直径21cm；高7.6cm | 115,000 | 中贸圣佳 | 2023-01-01 |
| 明成化 青花海水梵文碗 | 口径16.5cm | 80,500 | 北京大羿 | 2022-09-26 |
| 明成化 青花香草龙纹碗 | 高8.6cm；直径17cm | 69,000 | 广东崇正 | 2022-12-25 |
| 明成化 鸡缸杯 | 直径8.2cm；高3.5cm | 184,000 | 深圳富诺得 | 2022-10-06 |
| 明成化 青花婴戏图杯 | 直径6cm；高4.8cm | 47,150 | 中贸圣佳 | 2022-08-13 |
| 明成化 青花渡海观音图加剔红高士小砚屏 | 直径12.5cm | 207,000 | 中贸圣佳 | 2022-07-13 |
| 明弘治 黄地青花折枝栀子花果纹盘 | 直径26.2cm | 7,560,000 | 香港苏富比 | 2022-04-29 |
| 明弘治 黄地青花栀子花纹盘 | 直径26.5cm | 4,414,560 | 华艺国际 | 2022-11-27 |
| 明弘治 黄地青花栀子花果纹盘 | 直径26.5cm | 3,693,600 | 保利香港 | 2022-07-14 |
| 明弘治 外青花高士图内仙鹤图诸葛碗 | 高8.6cm；直径17cm | 247,250 | 中贸圣佳 | 2022-07-26 |
| 明弘治 青花儒释道三教合一图孔明碗 | 直径15.5cm；高7.3cm | 63,250 | 中贸圣佳 | 2022-09-25 |
| 明弘治至正德 御窑青花庭院仕女套盒 | 整体高22cm；直径16cm | 218,500 | 保利厦门 | 2022-10-22 |
| 明正德 青花应龙纹罐 | 高15cm | 43,700 | 中贸圣佳 | 2022-08-13 |
| 明正德 青花留白缠枝花卉纹大罐 | 高24cm | 43,700 | 中贸圣佳 | 2022-08-13 |
| 明正德 黄地青花折枝花盘 | 直径25cm | 2,300,000 | 北京保利 | 2022-07-28 |
| 明正德 黄釉地青花石榴纹盘 | 直径29.5cm | 1,840,000 | 北京保利 | 2022-07-28 |
| 明正德 黄地青花石榴花盘 | 直径29cm | 1,495,000 | 北京保利 | 2022-07-28 |
| 明正德 青花穿花龙纹盘 | 直径19.6cm | 1,481,407 | 香港苏富比 | 2022-10-09 |
| 明正德 青花蟠龙纹盘 | 直径24.7cm | 1,092,500 | 北京保利 | 2022-07-28 |
| 明正德 青花对凤纹盘 | 直径34.3cm×2 | 48,300 | 北京中汉 | 2022-04-27 |
| 明正德 青花阿拉伯文圣训四方盒盖 | 边长11.5cm；高3.5cm | 322,000 | 中贸圣佳 | 2022-08-13 |
| 明正德 青花龙纹渣斗 | 直径15.5cm；高12.6cm | 46,000 | 广东崇正 | 2022-08-11 |

# 2022瓷器拍卖成交汇总（续表）

（成交价RMB：3万元以上）

| 名称 | 物品尺寸 | 成交价RMB | 拍卖公司 | 拍卖日期 |
|---|---|---|---|---|
| 明嘉靖 青花云龙纹四方瓶 | 高18cm；长15cm；宽15cm | 460,000 | 西泠印社 | 2022-01-22 |
| 明嘉靖 青花缠枝花卉纹梅瓶 | 高15.5cm | 414,000 | 北京保利 | 2022-07-29 |
| 明嘉靖 青花八卦鹤纹水丞（改制自葫芦瓶） | 高8cm | 144,560 | 纽约佳士得 | 2022-03-25 |
| 明嘉靖 青花花卉纹长颈瓶 | 高22cm | 48,300 | 中国嘉德 | 2022-05-31 |
| 明嘉靖 青花云鹤八卦纹出戟尊 | 高22cm | 138,000 | 华艺国际 | 2022-09-23 |
| 明嘉靖 青花十六子婴戏大罐 | 高34.5cm | 7,705,000 | 北京保利 | 2022-07-28 |
| 明嘉靖 青花龙纹大罐 | 高54cm | 4,055,877 | 佳士得 | 2022-11-29 |
| 明嘉靖 青花四仙花口罐 | 高11.5cm | 2,070,000 | 北京保利 | 2022-07-28 |
| 明嘉靖 青花福山寿海龙纹大罐 | 高50cm；直径24cm | 1,725,000 | 华艺国际 | 2022-09-23 |
| 明嘉靖 青花四艺图罐 | 高13.2cm；直径12cm | 1,150,000 | 西泠印社 | 2022-08-20 |
| 明嘉靖 青花鱼藻纹罐 | 高12.6cm | 437,000 | 中国嘉德 | 2022-09-27 |
| 明嘉靖 青花缠枝莲大罐 | 直径15.5cm | 437,000 | 北京保利 | 2022-07-16 |
| 明嘉靖 仿成窑青花瑞兽小罐 | 高13cm | 333,500 | 北京保利 | 2022-02-03 |
| 明嘉靖 青花鱼纹大罐 | 59cm×30cm | 322,000 | 上海嘉禾 | 2022-01-01 |
| 明嘉靖 青花缠枝莲大罐 | 高33.5cm | 287,500 | 华艺国际 | 2022-09-23 |
| 明嘉靖 青花十二章纹八棱罐 | 高14.5cm | 218,500 | 中贸圣佳 | 2022-07-13 |
| 明嘉靖 青花十八学士人物瓜棱罐 | 28cm×36cm | 172,500 | 上海嘉禾 | 2022-01-01 |
| 明嘉靖 青花云鹤纹罐 | 高11cm | 149,769 | 纽约佳士得 | 2022-03-25 |
| 明嘉靖 青花高士图罐 | 直径32cm | 115,000 | 中国嘉德 | 2022-09-27 |
| 明嘉靖 青花神仙人物图小罐 | 高11.7cm | 109,250 | 中贸圣佳 | 2022-06-07 |
| 明嘉靖 青花四仙图瓜棱罐 | 高11.8cm | 97,750 | 北京中汉 | 2022-09-29 |
| 明嘉靖 青花缠枝莲纹罐 | 高16cm | 77,050 | 中贸圣佳 | 2022-08-13 |
| 明嘉靖 青花盆景小罐 | 高16.4cm | 69,000 | 北京保利 | 2022-07-29 |
| 明嘉靖 青花鱼藻纹罐 | 高13cm | 32,976 | 台北艺珍 | 2022-03-06 |
| 明嘉靖 敦仁堂款青花蕉叶人物图朝冠耳炉 | 高15.3cm；通径20.7cm；口径16.5cm | 172,500 | 西泠印社 | 2022-08-21 |
| 明嘉靖 青花山水高士图方瓷板 | 瓷板长25.5cm；宽25.5cm | 368,000 | 中贸圣佳 | 2022-08-13 |
| 明嘉靖 青花人物图瓷板 | 直径17cm | 276,000 | 中贸圣佳 | 2022-07-13 |
| 明嘉靖 青花十八学士图围插屏 | 整体高59cm；瓷板直径28cm | 69,000 | 保利厦门 | 2022-10-22 |
| 明嘉靖 青花如意莲瓣纹碗 | 直径14cm | 92,000 | 北京中汉 | 2022-06-03 |
| 明嘉靖 青花如意折枝花卉纹罐 | 高21.3cm | 69,000 | 北京中汉 | 2022-08-08 |
| 明嘉靖 黄地青花缠枝牡丹纹盘 | 直径17.8cm | 481,867 | 纽约佳士得 | 2022-03-25 |
| 明嘉靖 黄地青花寿字菊纹盘 | 直径13.8cm | 352,397 | 纽约佳士得 | 2022-09-23 |
| 明嘉靖 青花狮子戏球纹小盘 | 直径12.8cm | 322,000 | 中贸圣佳 | 2023-01-01 |
| 明嘉靖 青花云鹤纹盘 | 直径49.7cm；高9cm | 299,000 | 北京保利 | 2022-07-29 |
| 明嘉靖 青花庭院婴戏纹盘 | 直径15.5cm | 287,500 | 中贸圣佳 | 2022-07-13 |
| 明嘉靖 青花龙纹大盘 | 直径38.5cm | 253,000 | 华艺国际 | 2022-09-23 |
| 明嘉靖 青花双寿双龙纹盘 | 直径14.4cm | 195,500 | 北京诚轩 | 2022-08-09 |
| 明嘉靖 青花龙纹盘 | 直径19.5cm | 138,000 | 北京保利 | 2022-07-16 |
| 明嘉靖 青花云龙纹盘 | 口径16.3cm | 120,750 | 北京大羿 | 2022-09-26 |
| 明嘉靖 青花俳优演艺图盘 | 直径14.7cm | 92,000 | 永乐拍卖 | 2022-07-25 |
| 明嘉靖 青花应龙纹大盘 | 直径35.5cm | 48,300 | 中国嘉德 | 2022-09-28 |
| 明嘉靖 青花双凤纹盘 | 口径21.7cm | 40,250 | 北京大羿 | 2022-12-25 |
| 明嘉靖 青花麒麟八宝纹盘 | 高3cm；直径16cm | 34,500 | 保利厦门 | 2022-10-22 |
| 明嘉靖 黄地青花龙纹斗碗 | 宽14.5cm | 1,380,000 | 北京保利 | 2022-07-28 |
| 明嘉靖 青花花卉大碗 | 直径30.4cm | 460,000 | 北京保利 | 2022-07-28 |
| 明嘉靖 青花鱼藻纹大碗 | 直径33.5cm | 414,000 | 永乐拍卖 | 2022-07-25 |
| 明嘉靖 青花缠枝莲纹撇口大碗 | 直径37.7cm | 287,500 | 永乐拍卖 | 2022-07-25 |
| 明嘉靖 青花人物高足碗（一对） | 直径15cm×2 | 253,000 | 华艺国际 | 2022-09-23 |
| 明嘉靖 青花十六子婴戏图大碗 | 直径37.5cm | 195,500 | 中国嘉德 | 2022-06-27 |
| 明嘉靖 青花外龙凤仙鹤内花鸟寿字纹碗 | 口径19cm | 155,250 | 北京大羿 | 2022-09-26 |
| 明嘉靖 青花花卉纹碗 | 直径13.2cm | 57,500 | 北京保利 | 2022-07-16 |
| 明嘉靖 青花瑞兽兔花卉纹碗（一对） | 直径11.8cm×2 | 36,800 | 北京中汉 | 2022-04-27 |
| 明嘉靖 青花岁寒三友纹杯（一组四件） | 直径7.3cm×4 | 528,595 | 纽约佳士得 | 2022-09-23 |
| 明嘉靖 青花九龙小杯 | 高8.5cm；直径8.3cm | 460,000 | 北京保利 | 2022-07-28 |
| 明嘉靖 青花人物纹小杯 | 直径6cm | 350,750 | 永乐拍卖 | 2022-07-24 |
| 明嘉靖 仿永乐青花缠枝莲纹压手杯 | 高5cm；直径9cm | 299,000 | 保利厦门 | 2022-10-22 |
| 明嘉靖 青花云龙纹小杯 | 直径6.3cm | 230,000 | 永乐拍卖 | 2022-07-25 |
| 明嘉靖 青花花卉纹四方杯（一对） | 高5.3cm×2；长8cm×2 | 55,200 | 广东崇正 | 2022-12-25 |
| 明嘉靖 青花海兽纹杯（两件） | 直径7cm；直径6cm | 48,187 | 纽约佳士得 | 2022-03-25 |
| 明嘉靖 青花花鸟八方大盖盒 | 宽30.5cm | 575,000 | 北京保利 | 2022-07-29 |
| 明嘉靖 青花云鹤开光云龙纹四方倭角盒 | 长14.6cm | 437,000 | 中国嘉德 | 2022-09-27 |
| 明嘉靖 青花瑞云寿鹤图扇形盖盒 | 高8.7cm；宽9.6cm | 287,500 | 永乐拍卖 | 2022-07-25 |
| 明嘉靖 青花花鸟八方大果盒 | 高16cm；宽29.5cm | 287,500 | 保利厦门 | 2022-10-22 |
| 明嘉靖 青花云龙纹捧盒 | 直径20cm | 172,500 | 中国嘉德 | 2022-12-26 |
| 明嘉靖 青花龙纹捧盒 | 高15cm；口径20.3cm | 126,500 | 西泠印社 | 2022-01-22 |
| 明嘉靖 青花应龙海水纹龙缸 | 直径72cm | 1,219,000 | 北京大羿 | 2022-09-26 |
| 明嘉靖 青花鱼藻纹缸 | 直径47cm | 1,150,000 | 中国嘉德 | 2022-12-26 |
| 明嘉靖 青花鱼藻纹大缸 | 直径57cm；高30cm | 506,000 | 中贸圣佳 | 2022-10-27 |
| 明嘉靖 青花松竹梅小印盒 | 直径8cm | 32,200 | 中贸圣佳 | 2022-09-25 |
| 明嘉靖 青花云龙捧寿图水丞 | 直径10cm | 149,500 | 中国嘉德 | 2022-05-31 |
| 明嘉靖 青花缠枝莲梅纹塔形道教祭器 | 高40cm | 126,500 | 中国嘉德 | 2022-06-27 |
| 明隆庆 青花抱月瓶 | 高28.5cm | 172,500 | 上海嘉禾 | 2022-01-01 |
| 明中期 青花缠枝莲纹葫芦瓶 | 高45.5cm | 115,000 | 华艺国际 | 2022-09-23 |
| 明中期 青花携琴访友图大罐 | 直径30cm | 69,000 | 中国嘉德 | 2022-09-28 |
| 明中期 青花"年年有余"鱼藻纹罐 | 高12.6cm | 69,000 | 北京保利 | 2022-02-03 |
| 明中期 青花龙纹大罐 | 高36cm；宽34cm | 68,700 | 台北艺珍 | 2022-03-06 |
| 明中期 青花神仙人物纹大罐 | 直径32cm | 48,300 | 中国嘉德 | 2022-09-28 |
| 明中期 青花缠枝莲纹大罐 | 高30cm | 34,500 | 中国嘉德 | 2022-09-28 |
| 明中期 青花凤穿花纹三足大香炉 | 直径26.2cm | 48,300 | 北京保利 | 2022-07-29 |
| 明中期 青花云龙戏狮纹鼓墩 | 高38cm | 115,000 | 保利厦门 | 2022-10-22 |
| 明隆庆 青花龙凤盘 | 直径15.6cm | 441,456 | 中国嘉德 | 2022-10-07 |
| 明隆庆 青花龙凤纹盘 | 直径14cm | 229,058 | 纽约佳士得 | 2022-09-23 |
| 明隆庆 青花云鹤纹长方小盘 | 直径8.5cm；高2.6cm；长12.6cm | 161,000 | 中贸圣佳 | 2022-08-13 |
| 明隆庆 青花麒麟八吉祥纹盘（一对） | 直径13.4cm×2 | 74,750 | 北京中汉 | 2022-12-09 |
| 明中期 青花八仙祝寿图大碗 | 直径23.5cm | 184,000 | 北京中汉 | 2022-04-27 |
| 明中期 青花仕女诸葛碗 | 直径14cm | 48,300 | 北京保利 | 2022-07-16 |
| 明隆庆 青花龙凤呈祥纹大缸 | 直径50.2cm | 2,300,000 | 华艺国际 | 2022-09-23 |
| 明隆庆 青花龙凤纹大缸 | 直径50cm；高35.5cm | 816,500 | 中贸圣佳 | 2022-08-13 |
| 明中期 青花花卉纹船形水注 | 长19.7cm | 68,425 | 中国嘉德 | 2022-10-07 |
| 明万历 青花龙穿花纹大梅瓶 | 高61cm | 920,000 | 北京大羿 | 2022-09-26 |
| 明万历 青花通景福寿图大梅瓶 | 高61cm | 368,000 | 中鸿信 | 2022-09-11 |
| 明万历 珊瑚红地青花人物葫芦瓶 | 高43cm | 345,000 | 浙江御承 | 2022-08-28 |
| 明万历 青花瑞兽图大瓶 | 高85cm | 331,092 | 中国嘉德 | 2022-10-07 |
| 明万历 青花花鸟高士图葫芦壁瓶 | 高29.2cm | 230,000 | 中国嘉德 | 2022-05-29 |
| 明万历/天启 青花山水人物图蒜头瓶 | 高30.5cm | 173,823 | 佳士得 | 2022-11-29 |
| 明万历 青花八卦云鹤纹兽耳盘口瓶 | 高18.2cm | 172,500 | 中国嘉德 | 2022-06-27 |
| 明万历 青花云鹤岁寒三友图兽耳瓶 | 高41.5cm | 172,500 | 中国嘉德 | 2022-09-27 |
| 明万历 青花花卉葫芦瓶 | 高17cm | 34,500 | 北京保利 | 2022-07-17 |
| 明万历 青花八卦云鹤出戟尊 | 高23.5cm | 759,000 | 北京保利 | 2022-02-03 |
| 明万历 青花八卦云鹤出戟尊 | 高23.5cm | 632,500 | 北京保利 | 2022-07-16 |
| 明万历 青花龙凤穿花纹兽首大方觚 | 高87cm | 2,170,560 | 保利香港 | 2022-10-10 |
| 明万历 青花云龙纹出戟花觚 | 高18.6cm | 920,000 | 中国嘉德 | 2022-06-27 |
| 明万历 青花高士执壶 | 高25.2cm | 368,000 | 北京保利 | 2022-07-28 |
| 明万历 青花开光龙凤纹提梁壶 | 高21cm | 140,959 | 纽约佳士得 | 2022-09-23 |
| 明万历 青花百鹿图大罐 | 高62cm | 1,782,500 | 中国嘉德 | 2022-09-27 |
| 明万历 青花四仙人物纹瓜棱罐 | 高17cm | 977,500 | 华艺国际 | 2022-07-29 |
| 明万历 御制青花龙凤纹瓜棱罐 | 宽18.3cm | 287,500 | 永乐拍卖 | 2022-07-24 |
| 明万历 青花缠枝莲纹团寿字大罐 | 高46.5cm | 275,910 | 中国嘉德 | 2022-10-07 |
| 明万历 青花锦地开光福寿康宁大罐 | 高32.6cm | 241,500 | 中国嘉德 | 2022-06-27 |

（成交价RMB：3万元以上）

| 名称 | 物品尺寸 | 成交价RMB | 拍卖公司 | 拍卖日期 |
|---|---|---|---|---|
| 明万历 青花满池娇纹盖罐 | 高49cm | 230,000 | 永乐拍卖 | 2022-07-24 |
| 明万历 青花八仙图罐 | 高25cm | 230,000 | 华艺国际 | 2022-09-23 |
| 明万历 青花云龙赶珠纹罐 | 宽15.8cm | 218,500 | 永乐拍卖 | 2022-07-25 |
| 明万历 青花福寿纹罐 | 高24.5cm | 211,438 | 纽约佳士得 | 2022-09-23 |
| 明万历 青花八仙图罐 | 通高17.5cm | 207,000 | 中贸圣佳 | 2022-10-27 |
| 明万历 青花花鸟纹大罐 | 高34.2cm | 115,000 | 中国嘉德 | 2022-12-26 |
| 明万历 青花满地娇图大盖罐 | 高50cm | 109,250 | 中国嘉德 | 2022-09-27 |
| 明万历 青花人物故事图大罐 | 高33.5cm | 86,250 | 保利厦门 | 2022-10-22 |
| 明万历 青花莲纹罐 | 宽12cm | 74,884 | 纽约佳士得 | 2022-09-23 |
| 明万历 青花松竹梅纹福寿康宁罐 | 高21.6cm | 71,300 | 北京中汉 | 2022-04-27 |
| 明万历 青花百子婴戏图罐 | 直径17cm | 63,250 | 中国嘉德 | 2022-05-30 |
| 明万历 青花开光花卉纹兽耳盖罐 | 直径17.7cm；高41.5cm | 57,500 | 广东崇正 | 2022-08-11 |
| 明万历 青花送子观音图罐 | 高14cm | 36,800 | 北京保利 | 2022-07-17 |
| 明万历 青花龙纹四方炉 | 长15.9cm | 598,000 | 华艺国际 | 2022-09-23 |
| 明万历 青花八仙祝寿图三兽足炉 | 直径27.2cm | 322,000 | 永乐拍卖 | 2022-07-25 |
| 明万历 青花角端形熏炉 | 高20.3cm | 158,579 | 纽约佳士得 | 2022-09-23 |
| 明万历 青花瑞兽纹狮钮朝冠耳鼎式方炉 | 高25.8cm | 79,350 | 北京中汉 | 2022-06-03 |
| 明万历 青花庭院高士人物图三足炉 | 直径20.6cm；高14.9cm | 63,250 | 中贸圣佳 | 2023-01-01 |
| 明万历 青花云龙纹圆瓷板 | 直径25cm | 57,500 | 中贸圣佳 | 2022-08-13 |
| 明万历 青花人物图瓷板 | 高34.5cm | 36,002 | 中国嘉德 | 2022-06-04 |
| 明万历 青花折枝花鸟纹镂空器座 | 直径29cm | 216,014 | 佳士得 | 2022-05-30 |
| 明万历 青花地留白暗刻海水龙纹盘 | 直径21.3cm | 759,000 | 北京中汉 | 2022-08-08 |
| 明万历 青花留白缠枝牡丹桃纹大盘 | 直径35cm | 241,500 | 中国嘉德 | 2022-06-27 |
| 明万历 青花梵文盘 | 直径18.4cm | 230,000 | 永乐拍卖 | 2022-07-25 |
| 明万历 青花云龙婴戏图盘 | 直径17.8cm | 207,000 | 中国嘉德 | 2022-12-26 |
| 明万历 青花内灵芝纹外缠枝花卉纹盘 | 直径17.8cm | 149,500 | 中国嘉德 | 2022-05-29 |
| 明万历 青花云龙纹盘 | 直径21.9cm | 126,500 | 中国嘉德 | 2022-06-27 |
| 明万历 青花内胡人进宝图外五谷丰登图盘 | 直径14.5cm | 126,500 | 中国嘉德 | 2022-09-28 |
| 明万历 青花瑞兽纹小盘（一对） | 直径9.8cm×2 | 123,120 | 保利香港 | 2022-07-14 |
| 明万历 青花花卉纹盘 | 直径17.4cm | 109,250 | 北京保利 | 2022-07-16 |
| 明万历 青花麒麟献瑞纹盘 | 直径14cm | 105,719 | 纽约佳士得 | 2022-09-23 |
| 明万历 青花云龙戏珠纹盘 | 口径18cm | 104,650 | 北京大羿 | 2022-09-26 |
| 明万历 青花龙凤纹大盘 | 高6.5cm；直径34.5cm | 92,000 | 保利厦门 | 2022-10-22 |
| 明万历 青花外牵牛花内梵文盘 | 直径16.5cm | 92,000 | 永乐拍卖 | 2022-07-25 |
| 明万历 青花莲纹盘 | 直径13.8cm | 79,289 | 纽约佳士得 | 2022-09-23 |
| 明万历 青花瑞兽纹果盘 | 高4.5cm；直径20cm | 74,750 | 广东崇正 | 2022-12-25 |
| 明万历 青花梵文莲瓣形盘 | 直径18.5cm | 57,500 | 北京中汉 | 2022-04-27 |
| 明万历 青花梵文莲瓣盘 | 直径18cm | 54,264 | 保利香港 | 2022-10-10 |
| 明万历 青花龙纹盘 | 高3.6cm；直径19.6cm | 32,976 | 台北艺珍 | 2022-03-06 |
| 明万历 青花鱼藻纹大碗 | 直径32.3cm | 396,446 | 纽约佳士得 | 2022-09-23 |
| 明万历 青花内仙鹤外鱼藻纹大碗 | 直径32cm | 253,000 | 中贸圣佳 | 2022-07-13 |
| 明万历 青花梵文碗 | 直径12.6cm | 227,909 | 香港苏富比 | 2022-10-09 |
| 明万历 青花双龙戏珠纹碗 | 直径11cm | 208,587 | 佳士得 | 2022-11-29 |
| 明万历 青花人物故事碗 | 直径9.2cm | 161,000 | 北京保利 | 2022-09-23 |
| 明万历 青花福寿碗 | 直径30.3cm | 158,579 | 纽约佳士得 | 2022-09-23 |
| 明万历 青花八仙贺寿图碗 | 直径11.3cm | 149,500 | 北京中汉 | 2022-06-28 |
| 明万历 青花八仙贺寿图碗 | 直径11.3cm | 115,000 | 北京中汉 | 2022-04-27 |
| 明万历 青花福寿捧小碗 | 直径8.2cm | 109,250 | 北京保利 | 2022-07-16 |
| 明万历 青花穿花凤纹大碗 | 直径19.2cm | 69,000 | 中国嘉德 | 2022-12-26 |
| 明万历 青花高士图碗 | 直径15.2cm | 69,000 | 中国嘉德 | 2022-05-30 |
| 明万历 青花神仙人物纹小碗 | 直径11.1cm | 69,000 | 中国嘉德 | 2022-05-30 |
| 明万历 青花双凤穿花纹碗 | 直径19.3cm | 66,700 | 北京诚轩 | 2022-08-09 |
| 明万历 青花鱼藻纹碗 | 直径18.3cm | 40,250 | 永乐拍卖 | 2022-07-24 |
| 明万历 青花封侯纹碗 | 直径11.5cm | 34,500 | 北京保利 | 2022-07-16 |
| 明万历 青花外"独占鳌头"内"关羽夜读《春秋》"故事图孔明碗 | 直径14.8cm；高6.5cm | 32,200 | 中贸圣佳 | 2022-09-25 |

| 名称 | 物品尺寸 | 成交价RMB | 拍卖公司 | 拍卖日期 |
|---|---|---|---|---|
| 明万历 青花人物纹碟 | 直径8.4cm | 57,500 | 华艺国际 | 2022-09-23 |
| 明万历 青花双龙戏珠倭角盖盒 | 23.9cm×15.5cm×10.5cm | 322,000 | 华艺国际 | 2022-07-29 |
| 明万历 青花人物捧盒 | 直径24.7cm | 230,000 | 北京保利 | 2022-07-17 |
| 明万历 青花张良献策故事纹捧盒 | 高13.4cm；直径22cm | 138,000 | 广东崇正 | 2022-12-25 |
| 明万历 青花云龙纹印泥盒 | 直径4.3cm | 55,200 | 北京中汉 | 2022-04-27 |
| 明万历 青花开光花卉纹水注 | 高14cm | 37,950 | 北京羿趣国际 | 2022-03-25 |
| 明万历 青花穿花龙纹水丞 | 直径8.6cm | 690,000 | 北京保利 | 2022-06-27 |
| 明万历 青花龙纹笔斗 | 长20.5cm | 43,700 | 华艺国际 | 2022-09-23 |
| 16世纪 青花缠枝花卉纹酒壶 | 长18.4cm | 132,149 | 纽约佳士得 | 2022-09-23 |
| 明天启 青花花卉开光人物故事图大罐 | 高37cm | 69,000 | 保利厦门 | 2022-10-22 |
| 明天启 青花松鹿图盘 | 直径20.5cm | 34,764 | 佳士得 | 2022-11-29 |
| 明天启 青花牡丹桃纹折腰盘 | 直径21cm | 32,447 | 佳士得 | 2022-11-29 |
| 明天启 青花通景山水图大碗 | 直径44.2cm | 486,705 | 佳士得 | 2022-11-29 |
| 明天启 青花人物公道杯 | 直径8.5cm | 2,530,000 | 北京保利 | 2022-07-28 |
| 明崇祯 青花文王访贤图筒瓶 | 高41.8cm | 1,127,000 | 北京中汉 | 2022-12-09 |
| 明崇祯 青花丙吉问牛人物故事图筒瓶 | 高46cm | 920,000 | 中国嘉德 | 2022-12-26 |
| 明崇祯 青花八仙庆寿图筒瓶 | 高36.8cm | 598,000 | 中国嘉德 | 2022-09-27 |
| 明崇祯 青花加官进爵图筒瓶 | 高46.6cm | 460,000 | 中国嘉德 | 2022-06-27 |
| 明崇祯 青花高士雅集图筒瓶 | 高46cm | 402,500 | 保利厦门 | 2022-10-22 |
| 明崇祯 青花李陵别苏武故事图大筒瓶 | 高44cm | 391,000 | 保利厦门 | 2022-10-22 |
| 明崇祯 青花儒释道三教图象腿瓶 | 高24.6cm | 379,500 | 北京中汉 | 2022-06-03 |
| 明崇祯 青花丙吉问牛图筒瓶 | 高48cm | 368,000 | 华艺国际 | 2022-09-23 |
| 明崇祯 青花东山报捷人物故事图筒瓶 | 高40.7cm | 345,000 | 中国嘉德 | 2022-05-29 |
| 明崇祯 "林景"款青花钟馗喜从天降图象腿瓶 | 高45.5cm | 345,000 | 北京中汉 | 2022-12-09 |
| 明崇祯 青花拜月图小筒瓶 | 高28.5cm | 333,500 | 北京大羿 | 2022-09-25 |
| 明崇祯 青花象腿瓶 | 口径11cm；高40cm | 330,000 | 浙江御承 | 2022-12-17 |
| 明崇祯 青花仕女婴戏图筒瓶 | 高49.5cm | 287,500 | 中国嘉德 | 2022-09-27 |
| 明崇祯 青花文王访贤筒瓶 | 高44.8cm | 286,946 | 中国嘉德 | 2022-10-07 |
| 明崇祯 青花人物葫芦瓶 | 高25.5cm | 253,000 | 永乐拍卖 | 2022-07-24 |
| 明崇祯 青花钟馗图八方筒瓶 | 高43cm | 230,000 | 中国嘉德 | 2022-05-29 |
| 明崇祯 青花人物故事图葫芦瓶 | 高31.6cm | 230,000 | 中贸圣佳 | 2022-10-27 |
| 明崇祯 青花张敞画眉人物故事图筒瓶 | 高43cm | 207,000 | 中国嘉德 | 2022-05-30 |
| 明崇祯 青花《青袍记》神仙人物故事图筒瓶 | 高41.5cm | 207,000 | 中国嘉德 | 2022-12-26 |
| 明崇祯 青花八仙祝寿图筒瓶 | 高43cm | 195,500 | 北京大羿 | 2022-09-25 |
| 明崇祯 青花加官进爵人物故事图葫芦瓶 | 高33.3cm | 184,000 | 中国嘉德 | 2022-09-27 |
| 明崇祯 青花人物故事图筒瓶 | 高42.5cm | 184,000 | 北京大羿 | 2022-12-25 |
| 明崇祯 青花仕女人物筒瓶 | 高26.5cm | 184,000 | 北京保利 | 2022-07-16 |
| 明崇祯 青花丙吉问牛故事图大筒瓶 | 高47cm | 172,500 | 保利厦门 | 2022-10-22 |
| 明崇祯 青花萧何月下追韩信人物故事图葫芦瓶 | 高34cm | 126,500 | 中国嘉德 | 2022-05-31 |
| 明崇祯 青花指日高升图瓶 | 高40cm | 126,500 | 中国嘉德 | 2022-09-28 |
| 明崇祯 青花驷马图小筒瓶 | 高22cm | 115,000 | 中国嘉德 | 2022-12-26 |
| 明崇祯 青花人物故事图小筒瓶 | 高29.5cm | 109,250 | 中国嘉德 | 2022-09-28 |
| 明崇祯 青花山水楼台纹筒瓶 | 高46cm | 103,500 | 保利厦门 | 2022-10-22 |
| 明崇祯 青花山水人物图胆瓶（一对） | 高17.8cm×2 | 94,300 | 北京中汉 | 2022-04-27 |
| 明崇祯 青花加官进爵图葫芦瓶 | 高33.2cm | 86,250 | 中国嘉德 | 2022-09-27 |
| 明崇祯 青花人物故事图葫芦瓶 | 高31.3cm | 86,250 | 中国嘉德 | 2022-09-27 |
| 明崇祯 青花《三国演义之刘备马跃檀溪》人物故事图瓶 | 高35cm | 80,500 | 中国嘉德 | 2022-05-30 |
| 明崇祯 青花携琴访友图六方瓶（一对） | 高24.3cm；高23.8cm | 80,500 | 中国嘉德 | 2022-05-30 |
| 明崇祯 青花狩猎图长颈瓶 | 高37.2cm | 80,500 | 中国嘉德 | 2022-05-30 |
| 明崇祯 青花花鸟纹筒瓶 | 高27cm | 80,500 | 北京大羿 | 2022-09-25 |
| 明崇祯 青花花鸟纹小筒瓶 | 高21.1cm | 74,750 | 中国嘉德 | 2022-09-28 |
| 明崇祯 青花花鸟纹小筒瓶 | 高18.5cm | 74,750 | 中国嘉德 | 2022-05-30 |

**2022瓷器拍卖成交汇总（续表）**

（成交价RMB：3万元以上）

| 名称 | 物品尺寸 | 成交价RMB | 拍卖公司 | 拍卖日期 |
|---|---|---|---|---|
| 明崇祯 青花萧何月下追韩信人物故事图瓶 | 高44.7cm | 74,750 | 中国嘉德 | 2022-09-28 |
| 明崇祯 青花牧马图筒瓶 | 高18.4cm | 69,000 | 北京保利 | 2022-07-17 |
| 明崇祯 青花指日高升图小筒瓶 | 高21.2cm | 69,000 | 中国嘉德 | 2022-09-29 |
| 明崇祯 青花花鸟纹筒瓶 | 高22.8cm | 63,250 | 中贸圣佳 | 2022-09-25 |
| 明崇祯 青花高士图小葫芦瓶 | 高22cm | 57,500 | 中国嘉德 | 2022-09-28 |
| 明崇祯 青花竹林七贤图葫芦瓶 | 高34.5cm | 57,500 | 中贸圣佳 | 2022-09-25 |
| 明崇祯 青花人物长颈瓶 | 高28.2cm | 57,500 | 北京保利 | 2022-07-29 |
| 明崇祯 青花吕洞宾教化柳树精图筒瓶 | 高43cm | 57,500 | 华艺国际 | 2022-09-23 |
| 明崇祯 青花洞石花卉开光麒麟图筒瓶 | 高43cm | 51,750 | 中国嘉德 | 2022-12-26 |
| 明崇祯 青花神仙人物纹小筒瓶 | 高20.6cm | 51,750 | 中国嘉德 | 2022-06-27 |
| 明崇祯 青花人物故事图四方瓶 | 高32cm | 48,300 | 中国嘉德 | 2022-09-27 |
| 明崇祯 青花平升三级图小筒瓶 | 高24.6cm | 46,000 | 中国嘉德 | 2022-09-28 |
| 明崇祯 青花花卉开光渔樵耕读人物纹长颈瓶 | 高36cm | 40,250 | 中国嘉德 | 2022-05-30 |
| 明崇祯 青花花卉纹赏瓶 | 高35cm | 34,500 | 北京保利 | 2022-07-17 |
| 明崇祯 青花折枝花卉石榴尊 | 高20cm；直径22cm | 161,000 | 北京荣宝 | 2022-07-24 |
| 明崇祯 青花折枝花纹鱼篓尊 | 直径22.5cm | 86,250 | 中国嘉德 | 2022-05-30 |
| 明崇祯 青花花鸟纹尊 | 高20.6cm | 36,800 | 中国嘉德 | 2022-09-30 |
| 明崇祯 青花诗文八仙祝寿花觚 | 高47cm | 287,500 | 北京保利 | 2022-07-16 |
| 明崇祯 青花竹马交迎图觚 | 高44.8cm | 172,500 | 北京中汉 | 2022-06-03 |
| 明崇祯 青花花鸟纹觚 | 高19.8cm | 109,250 | 中贸圣佳 | 2022-07-13 |
| 明崇祯 青花牡丹蝴蝶图花觚 | 高20cm；直径13.8cm | 92,000 | 西泠印社 | 2022-01-22 |
| 明崇祯 青花花卉凤纹花觚 | 高19.8cm；口径13.8cm | 80,500 | 浙江佳宝 | 2022-03-13 |
| 明崇祯 青花花鸟竹纹觚 | 高24cm | 80,500 | 中古陶 | 2022-08-21 |
| 明崇祯 青花花鸟纹花觚 | 高17.6cm | 48,300 | 中贸圣佳 | 2022-06-07 |
| 明崇祯 青花花鸟纹花觚 | 高44.3cm | 46,000 | 中国嘉德 | 2022-09-25 |
| 明崇祯 青花竹石花鸟纹花觚 | 高36.8cm | 29,900 | 中贸圣佳 | 2022-09-25 |
| 明崇祯 青花高士图执壶 | 高20.5cm | 55,200 | 中国嘉德 | 2022-09-28 |
| 明崇祯 青花开光花鸟纹提梁壶 | 高24.5cm | 46,000 | 中古陶 | 2022-08-21 |
| 明崇祯 青花平升三级人物故事图执壶 | 高22.7cm | 46,000 | 中国嘉德 | 2022-09-28 |
| 明崇祯 青花洗象图执壶 | 高18.1cm | 40,250 | 中国嘉德 | 2022-09-30 |
| 明崇祯 青花高士图葫芦形执壶 | 总高30.5cm | 32,200 | 北京中汉 | 2022-04-27 |
| 明崇祯 青花《三国演义之刘备马跃檀溪》人物故事图执壶 | 高22cm | 32,200 | 中国嘉德 | 2022-06-01 |
| 明崇祯 青花《三国演义之水淹七军》人物故事图罐 | 高28.8cm | 690,000 | 中国嘉德 | 2022-05-29 |
| 明崇祯 青花指日高升诗文莲子罐 | 高28.5cm | 322,000 | 中国嘉德 | 2022-09-29 |
| 明崇祯 青花人物故事图莲子罐 | 高17.5cm | 322,000 | 中贸圣佳 | 2022-10-27 |
| 明崇祯 青花人物故事图莲子罐 | 高16cm | 299,000 | 中国嘉德 | 2022-09-27 |
| 明崇祯 青花深山高士图大莲子罐 | 高28.5cm | 253,000 | 保利厦门 | 2022-10-22 |
| 明崇祯 青花《水浒传之呼延灼战扈三娘》人物纹莲子罐 | 高25.3cm | 227,700 | 北京大羿 | 2022-09-25 |
| 明崇祯 青花送朱大人秦人物故事图莲子罐 | 高17cm | 207,000 | 中国嘉德 | 2022-05-30 |
| 明崇祯 青花博古花卉图莲子罐 | 高25cm | 207,000 | 西泠印社 | 2022-08-20 |
| 明崇祯 青花刘备跃马檀溪图莲子罐 | 高17.5cm | 184,000 | 保利厦门 | 2022-10-22 |
| 明崇祯 青花山水图莲子罐 | 高16.8cm | 172,500 | 中贸圣佳 | 2022-07-13 |
| 明崇祯 青花花鸟图莲子罐 | 高18.5cm | 161,000 | 北京大羿 | 2022-12-25 |
| 明崇祯 青花安居乐业图莲子罐 | 高25cm | 149,500 | 中国嘉德 | 2022-09-27 |
| 明崇祯 青花花鸟诗文莲子罐 | 高18cm | 138,000 | 中国嘉德 | 2022-09-28 |
| 明崇祯 青花桃源问津图小莲子罐 | 高13.5cm | 126,500 | 中国嘉德 | 2022-09-27 |
| 明崇祯 青花冰裂开光瑞兽纹、花鸟纹小盖罐（一对） | 高19.5cm；高19cm | 103,500 | 中国嘉德 | 2022-05-30 |
| 明崇祯 青花文王访贤图莲子罐 | 高18cm | 92,000 | 中国嘉德 | 2022-06-27 |
| 明崇祯 青花留白花卉开光云龙纹盖罐 | 高30.5cm | 92,000 | 中国嘉德 | 2022-09-28 |
| 明崇祯 莲子罐 | 16cm×7.5cm | 92,000 | 上海嘉禾 | 2022-01-01 |
| 明崇祯 青花花鸟纹莲子罐 | 高17.9cm | 92,000 | 北京中汉 | 2022-06-03 |
| 明崇祯 青花花鸟纹莲子罐 | 高15.4cm | 92,000 | 北京中汉 | 2022-09-29 |
| 明崇祯 青花山水人物纹蟋蟀罐 | 直径10cm | 86,250 | 中国嘉德 | 2022-12-26 |
| 明崇祯 青花指日高升图莲子罐 | 高17.8cm | 74,750 | 中国嘉德 | 2022-09-28 |
| 明崇祯 青花高士图莲子罐 | 高16cm | 74,750 | 中国嘉德 | 2022-06-01 |
| 明崇祯 青花麟凤呈祥图罐 | 高26.6cm | 74,750 | 中国嘉德 | 2022-09-28 |
| 明崇祯 青花开光婴戏图莲子罐 | 高17.3cm | 73,600 | 北京中汉 | 2022-04-27 |
| 明崇祯 青花高士图莲子罐 | 高15.7cm | 69,000 | 中国嘉德 | 2022-09-27 |
| 明崇祯 青花《西厢记》张生遇法图聪图八方罐 | 高31.5cm | 59,800 | 北京大羿 | 2022-09-25 |
| 明崇祯 青花山水人物纹莲子罐 | 高16.3cm | 57,500 | 中国嘉德 | 2022-05-30 |
| 明崇祯 青花折枝花卉四季花卉纹大莲子罐 | 高24.8cm | 57,500 | 中贸圣佳 | 2022-09-25 |
| 明崇祯 青花人物纹大莲子罐 | 高16.8cm | 57,500 | 深圳富诺得 | 2022-10-06 |
| 明崇祯 青花人物故事图大莲子罐 | 高25.6cm | 55,200 | 中贸圣佳 | 2022-08-13 |
| 明崇祯 青花折枝花卉纹莲子罐（一对） | 高17cm×2 | 48,300 | 中国嘉德 | 2022-05-30 |
| 明崇祯 青花驷马图莲子罐 | 高15.5cm | 48,300 | 中国嘉德 | 2022-09-27 |
| 明崇祯 青花山水人物纹罐 | 高13.5cm | 46,000 | 中国嘉德 | 2022-05-30 |
| 明崇祯 青花花鸟纹粥罐 | 高17cm | 40,250 | 北京大羿 | 2022-09-25 |
| 明崇祯 青花平升三级人物故事图莲子罐 | 高16.5cm | 40,250 | 中国嘉德 | 2022-05-30 |
| 明崇祯 青花折枝花纹大莲子罐 | 高26cm | 37,950 | 华艺国际 | 2022-09-23 |
| 明崇祯 青花指日高升图八方罐 | 高31cm | 36,800 | 中国嘉德 | 2022-05-30 |
| 明崇祯 青花折枝花卉开光陆绩怀橘人物故事图罐 | 高28cm | 34,500 | 中国嘉德 | 2022-06-01 |
| 明崇祯 青花高士图莲子罐 | 高13.7cm | 34,500 | 中国嘉德 | 2022-09-28 |
| 明崇祯 青花荷塘花鸟纹莲子罐 | 直径16cm | 29,900 | 中贸圣佳 | 2022-09-25 |
| 明崇祯 青花访贤图香炉 | 直径23cm | 1,274,704 | 佳士得 | 2022-11-29 |
| 明崇祯 青花文王访贤图大罗汉炉 | 直径25.7cm；高19.9cm | 667,000 | 中贸圣佳 | 2023-01-01 |
| 明崇祯 青花高士饮享图三足炉 | 直径15cm | 322,000 | 中国嘉德 | 2022-06-27 |
| 明崇祯 青花人物故事图香炉 | 高15cm；直径20cm | 287,500 | 西泠印社 | 2022-01-22 |
| 明崇祯 青花高士清谈图香炉 | 直径22cm | 258,750 | 北京大羿 | 2022-09-25 |
| 明崇祯 青花山水人物诗文罗汉炉 | 直径16cm | 207,000 | 中国嘉德 | 2022-05-31 |
| 明崇祯 青花海屋添筹五仙祝寿图束腰大香炉 | 直径22.1cm；高16.4cm | 201,250 | 中贸圣佳 | 2022-07-13 |
| 明崇祯 青花访贤图罗汉炉 | 直径21cm | 184,000 | 中国嘉德 | 2022-09-27 |
| 明崇祯 青花飞鸣食宿图香炉 | 高16cm；直径21cm | 184,000 | 保利厦门 | 2022-10-22 |
| 明崇祯 青花麒麟芭蕉纹罗汉炉 | 高14cm | 161,000 | 北京大羿 | 2022-09-25 |
| 明崇祯 青花罗汉图炉 | 直径10cm | 161,000 | 华艺国际 | 2022-09-23 |
| 明崇祯 青花高士图小琴炉 | 直径10.1cm；高7.7cm | 126,500 | 中贸圣佳 | 2022-06-07 |
| 明崇祯 青花山水人物纹罗汉炉 | 直径21.6cm | 115,000 | 中国嘉德 | 2022-05-31 |
| 明崇祯 青花罗汉图罗汉炉 | 直径14cm | 103,500 | 中国嘉德 | 2022-09-29 |
| 明崇祯 青花仿米芾画意山水图三足琴炉 | 高7cm | 101,200 | 北京大羿 | 2022-09-25 |
| 明崇祯 青花人物图炉 | 直径22.3cm；高15cm | 92,000 | 中贸圣佳 | 2022-09-26 |
| 明崇祯 青花罗汉图筒式炉 | 直径10cm | 86,250 | 中国嘉德 | 2022-05-31 |
| 明崇祯 青花高士图罗汉炉 | 直径13.5cm | 74,750 | 中国嘉德 | 2022-12-26 |
| 明崇祯 青花高士图小罗汉炉 | 直径11.8cm | 69,000 | 中国嘉德 | 2022-09-28 |
| 明崇祯 青花高士图筒式三足炉 | 高9.2cm；直径13.9cm | 57,500 | 北京中汉 | 2022-08-08 |
| 明崇祯 青花罗汉图小钵式炉 | 直径8.3cm | 57,500 | 中国嘉德 | 2022-09-29 |
| 明崇祯 青花罗汉香熏 | 高14.5cm | 57,500 | 中国嘉德 | 2022-09-28 |
| 明崇祯 青花留白如意纹钵式炉 | 高14cm；直径20cm | 36,800 | 保利厦门 | 2022-10-22 |
| 明崇祯 青花老乞遇佛图净水碗 | 高20cm | 333,500 | 北京大羿 | 2022-09-25 |
| 明崇祯 青花云龙纹大碗 | 直径21.8cm | 287,500 | 中国嘉德 | 2022-12-26 |
| 明崇祯 青花罗汉图大碗 | 直径22.2cm | 103,500 | 中国嘉德 | 2022-09-28 |
| 明崇祯 青花高士图高足杯 | 高10cm | 391,000 | 中贸圣佳 | 2022-10-27 |
| 明崇祯 贝氏艺术珍藏 青花哈察船货图杯（两件） | 高6.7cm×2 | 108,007 | 香港苏富比 | 2022-04-29 |
| 明崇祯 青花溪山行旅图单錾杯 | 高20.2cm | 63,250 | 中国嘉德 | 2022-09-27 |
| 明崇祯 青花《三国演义之周瑜打黄盖》人物故事图捧盒盖 | 直径19.3cm | 368,000 | 中国嘉德 | 2022-05-29 |
| 明崇祯 青花醉归图卷缸 | 高18cm；直径21.5cm | 862,500 | 保利厦门 | 2022-10-22 |

| 名称 | 物品尺寸 | 成交价RMB | 拍卖公司 | 拍卖日期 |
|---|---|---|---|---|
| 明崇祯 青花胡人进宝小画缸 | 直径22.7cm | 690,000 | 北京保利 | 2022-07-29 |
| 明崇祯 青花高士图小案缸 | 直径14.4cm | 552,000 | 中国嘉德 | 2022-06-27 |
| 明崇祯 青花春社醉归图卷缸 | 高15.5cm | 460,000 | 北京大羿 | 2022-09-25 |
| 明崇祯 青花童子牧牛图小案缸 | 直径14cm | 437,000 | 中国嘉德 | 2022-09-27 |
| 明崇祯 青花狮纹案缸 | 直径12.5cm | 287,500 | 华艺国际 | 2022-09-23 |
| 明崇祯 青花通景人物故事图案缸 | 直径22.3cm | 231,764 | 佳士得 | 2022-11-29 |
| 明崇祯 青花罗汉图诗文小缸 | 高12.5cm | 195,500 | 北京大羿 | 2022-09-25 |
| 明崇祯 青花群仙祝寿图案缸 | 高19.5cm | 184,000 | 北京大羿 | 2022-09-25 |
| 明崇祯 青花留白海马纹案缸 | 直径21cm | 115,000 | 北京大羿 | 2022-05-30 |
| 明崇祯 青花人物故事图缸 | 直径18.4cm | 102,864 | 中国嘉德 | 2022-06-04 |
| 明崇祯 青花留白海兽纹案缸 | 直径20.5cm | 86,250 | 中国嘉德 | 2022-05-30 |
| 明崇祯 青花山水人物纹案缸 | 直径21.5cm | 69,000 | 中国嘉德 | 2022-05-30 |
| 明崇祯 青花人物故事缸 | 17.5cm×16cm | 33,600 | 上海联合 | 2022-08-13 |
| 明崇祯 青花洞石花鸟纹渣斗 | 高15cm | 57,500 | 中国嘉德 | 2022-05-30 |
| 明崇祯 青花百子图大笔海 | 高20.4cm；直径25.5cm | 3,795,000 | 北京保利 | 2022-07-28 |
| 明崇祯 青花高士图三足笔海 | 高13cm；直径18.1cm | 207,000 | 西泠印社 | 2022-08-20 |
| 明崇祯 青花暗刻缠枝花卉纹四面开光罗汉图大笔海 | 直径21.9cm；高15.9cm | 89,700 | 中贸圣佳 | 2022-09-25 |
| 明崇祯 青花仙人大笔筒 | 高20.5cm | 805,000 | 北京保利 | 2022-07-29 |
| 明崇祯 青花仿李公麟笔意罗汉渡海图大笔筒 | 直径18.8cm；高20.8cm | 644,000 | 中贸圣佳 | 2023-01-01 |
| 明崇祯 青花王宝钏故事图笔筒 | 高17.2cm | 402,500 | 北京保利 | 2022-07-29 |
| 明崇祯 青花三顾茅庐图笔筒 | 高21.5cm | 287,500 | 北京大羿 | 2022-09-25 |
| 明崇祯 青花太白醉酒图笔筒 | 直径10.3cm；高9.8cm | 253,000 | 北京中汉 | 2022-06-03 |
| 明崇祯 青花人物故事图笔筒 | 高18.6cm | 253,000 | 中国嘉德 | 2022-09-27 |
| 明崇祯 青花羲之爱鹅图笔筒 | 直径7.6cm；高13.1cm | 218,500 | 中贸圣佳 | 2022-06-07 |
| 明崇祯 青花高士图笔筒 | 高17.7cm | 172,500 | 中国嘉德 | 2022-09-27 |
| 明崇祯 青花萧何月下追韩信图笔筒 | 高14cm | 172,500 | 北京大羿 | 2022-09-25 |
| 明崇祯 青花莲舟仙渡图笔筒 | 高17cm | 172,500 | 北京大羿 | 2022-09-25 |
| 明崇祯 青花人物故事图大笔筒 | 高20.5cm | 149,500 | 中国嘉德 | 2022-06-27 |
| 明崇祯 青花披麻皴山水人物纹笔筒 | 高12cm | 149,500 | 中国嘉德 | 2022-09-25 |
| 明崇祯 青花花鸟纹大笔筒 | 高22.6cm | 138,000 | 中国嘉德 | 2022-09-25 |
| 明崇祯 青花天官赐福人物故事图笔筒 | 高19.2cm | 126,500 | 中国嘉德 | 2022-09-25 |
| 明崇祯 青花伯夷叔齐人物故事图大笔筒 | 高21.5cm | 115,000 | 中国嘉德 | 2022-06-27 |
| 明崇祯 青花人物笔筒 | 高17.5m；口径11.3cm | 115,000 | 西泠印社 | 2022-08-21 |
| 明崇祯 青花吕洞宾蓝采和人物故事图笔筒 | 高15.9cm | 109,250 | 中国嘉德 | 2022-09-28 |
| 明崇祯 青花人物故事图笔筒 | 高17cm；直径11cm | 92,000 | 西泠印社 | 2022-01-22 |
| 明崇祯 青花人物故事图笔筒 | 高16.5cm | 80,500 | 中国嘉德 | 2022-09-25 |
| 明崇祯 青花封侯爵禄故事图笔筒 | 高17cm；直径10cm | 69,000 | 保利厦门 | 2022-10-22 |
| 明崇祯 青花人物笔筒 | 高17.5cm | 69,000 | 北京荣宝 | 2022-07-24 |
| 明崇祯 青花进爵图笔筒 | 高13.5cm | 63,250 | 中国嘉德 | 2022-09-27 |
| 明崇祯 青花仙人乘槎图笔筒 | 高17.5cm | 55,200 | 中国嘉德 | 2022-05-30 |
| 明崇祯 青花洞石花鸟纹笔筒 | 直径8cm；高14.9cm | 55,200 | 中贸圣佳 | 2022-09-25 |
| 明崇祯 青花人物笔筒 | 18.2cm×20.5cm | 51,750 | 上海嘉禾 | 2022-01-01 |
| 明崇祯 青花扬州骑鹤图笔筒 | 高14.5cm | 51,750 | 广东崇正 | 2022-08-11 |
| 明崇祯 青花加官进爵图笔筒 | 高19cm | 36,800 | 中国嘉德 | 2022-09-28 |
| 明崇祯 青花人物故事图笔筒 | 直径21.5cm；高17.7cm | 34,500 | 中贸圣佳 | 2022-09-25 |
| 明崇祯 青花指日高升图小笔筒 | 高14.5cm | 32,200 | 中国嘉德 | 2022-09-29 |
| 明崇祯 青花人物故事图水盂 | 直径4.2cm；高6.8cm | 46,000 | 中贸圣佳 | 2022-09-25 |
| 17世纪 青花瓜果纹瓶 | 高37.5cm | 61,669 | 纽约佳士得 | 2022-09-23 |
| 17世纪 青花团花捧寿圆盖盒 | 直径15cm | 162,165 | 香港苏富比 | 2022-11-25 |
| 明 八棱青花龙纹梅瓶（一对） | 高21cm×2 | 575,000 | 上海嘉禾 | 2022-01-01 |
| 明 青花人物故事图梅瓶 | 通高33.5cm | 540,567 | 香港福羲国际 | 2022-12-28 |
| 明 青花山茶花抱月瓶 | 高26.5cm | 276,000 | 广东崇正 | 2022-08-11 |
| 明 万历青花四君子梅瓶 | 高41.4cm | 219,840 | 台北艺珍 | 2022-03-06 |
| 明 青花云龙纹梅瓶 | 高27.3cm；直径14cm | 48,300 | 广东崇正 | 2022-08-11 |
| 明 青花留白穿花龙纹出戟花觚 | 高45.5cm | 115,000 | 中国嘉德 | 2022-12-26 |
| 明 青花福寿纹罐 | 通高22.5cm | 687,995 | 香港福羲国际 | 2022-12-28 |
| 明 青花双龙戏珠纹罐 | 通高20.5cm | 511,082 | 香港福羲国际 | 2022-12-28 |
| 明 青花凤鸟罐 | 15cm×18cm | 483,000 | 荣宝斋（南京） | 2022-12-08 |
| 明 青花缠枝莲纹罐 | 通高18.5cm | 373,483 | 香港福羲国际 | 2022-12-28 |
| 明 青花云龙纹罐 | 通高35cm | 216,227 | 香港福羲国际 | 2022-12-28 |
| 明 青花龙纹罐 | 直径22.5cm；高30 | 103,500 | 上海嘉禾 | 2022-01-01 |
| 明 青花鸾凤罐 | 17cm×15cm | 92,000 | 上海嘉禾 | 2022-01-01 |
| 明 婴戏纹罐 | 高21cm；直径18cm | 63,250 | 上海嘉禾 | 2022-01-01 |
| 明 青花小罐 | 13.5cm×8.5cm | 51,750 | 上海嘉禾 | 2022-01-01 |
| 明 婴戏罐 | 12cm×11cm | 40,250 | 荣宝斋（南京） | 2022-12-08 |
| 明 青花缠枝莲托八宝纹罐 | 直径35cm | 32,200 | 中国嘉德 | 2022-09-30 |
| 明 青花狮纹盖盒和青花鸟食罐（两件） | 最大的宽9.1cm | 30,859 | 中国嘉德 | 2022-06-04 |
| 明 青花三足炉 | 高12cm；口径10cm | 253,000 | 浙江御承 | 2022-08-28 |
| 明 青花花鸟鼓墩 | 通高36.8cm | 471,768 | 香港福羲国际 | 2022-12-28 |
| 明 青花墩式碗 | 直径17.5cm | 67,850 | 上海嘉禾 | 2022-01-01 |
| 明 青花莲叶卷草纹镂空器座 | 直径21cm | 57,500 | 北京保利 | 2022-07-29 |
| 明 青花一束莲大盘 | 直径34cm | 5,110,820 | 香港福羲国际 | 2022-12-28 |
| 明 青花穿花龙凤纹盘 | 直径27.8cm | 2,162,270 | 香港福羲国际 | 2022-12-28 |
| 明 青花麒麟翼龙大盘 | 直径54cm | 115,000 | 北京保利 | 2022-07-29 |
| 明 青花缠枝莲花卉大碗 | 直径30cm | 5,110,820 | 香港福羲国际 | 2022-12-28 |
| 明 青花缠枝四季花卉纹碗 | 直径28cm | 4,717,680 | 香港福羲国际 | 2022-12-28 |
| 明 青花云龙纹大碗 | 直径29.5cm | 540,567 | 香港福羲国际 | 2022-12-28 |
| 明 青花花卉寿字纹碗 | 直径15cm | 245,712 | 香港福羲国际 | 2022-12-28 |
| 明 青花龙纹高足碗 | 12.2cm×9.8cm | 69,000 | 上海嘉禾 | 2022-01-01 |
| 明 青花婴戏图碗 | 直径17cm | 57,500 | 中鸿信 | 2022-09-11 |
| 明 青花四爱图花盆 | 直径30cm | 57,500 | 中国嘉德 | 2022-06-27 |
| 明 青花鱼萍花缸 | 60cm×53cm | 46,000 | 上海嘉禾 | 2022-01-01 |
| 明晚期 青花缠枝莲锦地开光杂宝纹大葫芦瓶 | 高48cm | 63,250 | 中国嘉德 | 2022-05-30 |
| 明晚期 青花花鸟狮耳瓶 | 高32.5cm | 63,250 | 中国嘉德 | 2022-09-28 |
| 明晚期 青花缠枝莲纹大葫芦瓶 | 高49.5cm | 57,500 | 中国嘉德 | 2022-09-27 |
| 明晚期 青花羲之爱鹅图葫芦瓶 | 高28.8cm | 48,300 | 中国嘉德 | 2022-05-30 |
| 明晚期 青花博古清供图葫芦瓶 | 高31cm | 40,250 | 中国嘉德 | 2022-06-02 |
| 明晚期 青花花鸟纹筒瓶 | 高39.2cm | 32,200 | 中国嘉德 | 2022-05-31 |
| 明晚期 青花八仙庆寿诗文琵琶尊 | 高37.5cm | 322,000 | 中国嘉德 | 2022-09-30 |
| 明晚期 青花象形军持 | 高22.4cm | 40,250 | 中国嘉德 | 2022-05-30 |
| 明晚期 青花花狮纹大罐 | 高31cm | 103,500 | 中国嘉德 | 2022-09-27 |
| 明晚期 青花岁寒三友花鸟纹大盖罐 | 高48.5cm | 103,500 | 中国嘉德 | 2022-09-27 |
| 明晚期 青花仕女图罐 | 直径15cm | 97,750 | 中国嘉德 | 2022-05-31 |
| 明晚期 青花云龙纹大罐 | 直径35cm | 69,000 | 中国嘉德 | 2022-09-28 |
| 明晚期 青花穿花凤纹大罐 | 直径34cm | 69,000 | 中国嘉德 | 2022-09-27 |
| 明晚期 青花岁寒三友图、松鼠石榴纹瓜棱罐（各一件） | 直径20.5cm；直径19cm | 57,500 | 中国嘉德 | 2022-05-30 |
| 明晚期 青花婴戏图小罐 | 直径9cm | 57,500 | 中国嘉德 | 2022-06-02 |
| 明晚期 青花人物故事图大罐 | 高29.5cm | 48,300 | 中贸圣佳 | 2022-10-27 |

## 2022瓷器拍卖成交汇总（续表）

（成交价RMB：3万元以上）

| 名称 | 物品尺寸 | 成交价RMB | 拍卖公司 | 拍卖日期 |
|---|---|---|---|---|
| 明晚期 青花岁寒三友图瓜棱罐、一路连科图罐（各一件） | 直径17cm；直径16cm | 34,500 | 中国嘉德 | 2022-05-30 |
| 明晚期 青花锦地开光高士图、狮球纹筒式炉（各一件） | 直径16.5cm；直径15cm | 36,800 | 中国嘉德 | 2022-05-30 |
| 明晚期 青花甪端香熏 | 高19.4cm | 48,300 | 中国嘉德 | 2022-12-26 |
| 明晚期 青花卧象香熏 | 长13cm | 46,000 | 中国嘉德 | 2022-09-28 |
| 明晚期 青花云鹤纹器座 | 高24.8cm | 34,500 | 中国嘉德 | 2022-05-31 |
| 明晚期 青花观音像 | 高25.5cm | 46,000 | 中国嘉德 | 2022-05-31 |
| 明晚期 青花折枝葡萄纹大盘 | 直径39.5cm | 138,000 | 中国嘉德 | 2022-05-31 |
| 明晚期 青花婴戏图大盘 | 直径29cm | 63,250 | 中国嘉德 | 2022-05-31 |
| 明晚期 青花开光博古图花口折沿大盘 | 直径48cm | 48,300 | 中国嘉德 | 2022-09-27 |
| 明晚期 青花芦雁图大盘 | 直径27.5cm | 40,250 | 中国嘉德 | 2022-09-27 |
| 明晚期、清康熙 青花山水人物纹盘（十九只） | 尺寸不一 | 40,250 | 中国嘉德 | 2022-09-27 |
| 明晚期 青花刘海戏金蟾图盘 | 直径21.8cm | 40,250 | 中国嘉德 | 2022-09-27 |
| 明晚期 青花海八怪盘 | 直径21cm | 40,250 | 北京保利 | 2022-07-29 |
| 明晚期 青花凤凰牡丹图大盘 | 直径36cm | 34,500 | 中国嘉德 | 2022-09-27 |
| 明晚期 青花八仙庆寿图大碗 | 直径20.2cm | 138,000 | 中国嘉德 | 2022-05-29 |
| 明晚期 青花忠孝经诗文大碗 | 直径25.8cm | 63,250 | 中国嘉德 | 2022-05-30 |
| 明晚期 青花羲之爱鹅人物故事图大碗 | 直径22.5cm | 57,500 | 中国嘉德 | 2022-09-27 |
| 明晚期 内青花刀马人物纹外酱釉堆白云龙纹诸葛碗 | 直径13cm | 57,500 | 中国嘉德 | 2022-05-30 |
| 明晚期 青花高士对弈图大碗 | 直径22cm × 2 | 55,200 | 中国嘉德 | 2022-05-30 |
| 明晚期 青花高士图大碗 | 直径21.2cm | 51,750 | 中国嘉德 | 2022-09-28 |
| 明晚期 青花关云长人物故事图卧足碗 | 直径13.8cm | 34,500 | 中国嘉德 | 2022-05-30 |
| 明晚期 青花携琴访友图铃铛杯 | 高9.3cm | 40,250 | 中国嘉德 | 2022-05-30 |
| 明晚期 青花人物故事图铃铛杯 | 直径7.5cm | 34,500 | 北京中汉 | 2022-08-08 |
| 明晚期 青花山水人物纹狮钮捧盒 | 直径22.5cm | 32,200 | 中国嘉德 | 2022-05-30 |
| 明晚期 青花云龙纹折沿盆 | 直径36.5cm | 138,000 | 中国嘉德 | 2022-06-27 |
| 明晚期 青花杂宝开光羲之爱鹅人物故事图花口折沿盆 | 直径40cm | 34,500 | 中国嘉德 | 2022-05-31 |
| 明晚期 青花兽首开光盆花图花口折沿盆 | 直径37cm | 32,200 | 中国嘉德 | 2022-05-31 |
| 明晚期 青花杂宝云鹤纹渣斗 | 直径11.6cm | 34,500 | 中国嘉德 | 2022-09-28 |
| 明末清初 青花悬弧之庆图筒瓶 | 高45.2cm | 918,061 | 佳士得 | 2022-05-30 |
| 明末清初 青花花竹纹小筒瓶 | 高20.8cm | 115,000 | 中国嘉德 | 2022-12-26 |
| 明末清初 青花鸟纹花觚 | 高19.8cm | 161,000 | 中国嘉德 | 2022-12-26 |
| 明末清初 青花花鸟纹莲子罐 | 高25.6cm | 115,000 | 中国嘉德 | 2022-12-26 |
| 明末清初 青花缠枝莲如意纹案缸 | 直径16cm | 40,250 | 中国嘉德 | 2022-05-31 |
| 明末清初 青花落花流水图花口小品（五只） | 直径10cm × 5 | 40,250 | 中国嘉德 | 2022-05-30 |
| 明末清初 青花留白海兽纹小高足杯（一对） | 直径6.8cm × 2 | 51,750 | 中国嘉德 | 2022-05-30 |
| 明末清初 青花人物纹铃铛杯（五只） | 直径8.2cm × 5 | 34,500 | 中国嘉德 | 2022-06-01 |
| 明末清初 青花山水人物图笔筒 | 高19.7cm | 683,726 | 香港苏富比 | 2022-10-09 |
| 清早期 青花缠枝莲纹双龙耳盘口瓶 | 36cm × 69cm | 2,070,000 | 上海嘉禾 | 2022-01-01 |
| 清早期 青花兽面纹蒜头梅瓶 | 高42cm | 40,250 | 中国嘉德 | 2022-06-01 |
| 清早期 青花八仙过海图琵琶尊 | 高36.2cm | 69,000 | 中国嘉德 | 2022-05-31 |
| 清早期 青花缠枝花卉纹大将军罐 | 高44cm | 69,000 | 中国嘉德 | 2022-05-31 |
| 清早期 青花《西厢记》人物故事配题诗对碗 | 直径16cm × 2 | 241,500 | 北京保利 | 2022-07-29 |
| 清早期 青花淡描三秋铃铛杯 | 直径6.3cm | 92,000 | 北京保利 | 2022-07-29 |
| 清早期 青花山水图笔海 | 直径19.8cm | 40,250 | 华艺国际 | 2022-09-23 |
| 清早期 青花独占鳌头图笔筒 | 高13.2cm | 40,250 | 中国嘉德 | 2022-05-31 |
| 清早期 青白釉青花魁星点斗鱼化龙笔山形砚滴 | 长13.5cm | 32,200 | 中国嘉德 | 2022-05-31 |
| 清顺治 青花鸟竹纹筒瓶 | 高41.5cm | 1,390,586 | 佳士得 | 2022-11-29 |
| 清顺治 青花富贵花开纹筒瓶 | 高27.6cm | 370,823 | 佳士得 | 2022-11-29 |
| 清顺治 青花莲塘花鸟图瓶 | 高18.8cm | 92,705 | 佳士得 | 2022-11-29 |
| 清顺治 青花花鸟纹小筒瓶 | 高26.7cm | 63,250 | 中国嘉德 | 2022-06-01 |
| 清顺治 青花教子图梅瓶 | 高18.5cm | 55,200 | 中国嘉德 | 2022-05-31 |
| 清顺治 青花鸟纹小筒瓶 | 高23.5cm | 32,200 | 中国嘉德 | 2022-05-31 |
| 清顺治 青花《西厢记之佛殿奇逢》人物故事诗文花觚 | 高45.7cm | 253,000 | 中国嘉德 | 2022-05-31 |
| 清顺治 青花花鸟纹花觚 | 高41.5cm | 253,000 | 中国嘉德 | 2022-12-26 |
| 清顺治 青花飞鸣宿食图花觚 | 高45cm | 207,000 | 中国嘉德 | 2022-12-26 |
| 清顺治 青花博古图花觚 | 高44cm | 138,000 | 保利厦门 | 2022-10-22 |
| 清顺治 青花花鸟纹花觚 | 高41.5cm | 57,500 | 中国嘉德 | 2022-05-30 |
| 清顺治 青花博古图罐 | 高18cm | 370,823 | 佳士得 | 2022-11-29 |
| 清顺治 青花卉竹纹罐 | 直径22cm | 231,764 | 佳士得 | 2022-11-29 |
| 清顺治 青花芭蕾麒麟纹盖罐 | 高25.6cm | 69,499 | 香港苏富比 | 2022-11-25 |
| 清顺治 青花开光花鸟瑞兽纹罐 | 高26cm | 63,250 | 中国嘉德 | 2022-09-27 |
| 清顺治 青花麒麟芭蕉图罐 | 高27cm | 57,500 | 中国嘉德 | 2022-05-30 |
| 清顺治 青花凤凰图将军罐 | 高37.3cm | 57,500 | 中国嘉德 | 2022-09-28 |
| 清顺治 青花麒麟芭蕉图罐 | 高25.5cm | 57,500 | 中国嘉德 | 2022-09-27 |
| 清顺治 青花岁寒三友图罐 | 高25.5cm | 51,750 | 中国嘉德 | 2022-05-30 |
| 清顺治 青花仕女图六系罐 | 高30cm | 46,000 | 中国嘉德 | 2022-09-27 |
| 清顺治 青花线描开光麒麟纹粥罐 | 高15.5cm；口径14cm | 46,000 | 浙江佳宝 | 2022-03-13 |
| 清顺治 青花山水人物纹罐 | 高23.3cm | 43,700 | 中国嘉德 | 2022-09-28 |
| 清顺治 青花花鸟纹罐 | 高17.6cm | 36,800 | 中国嘉德 | 2022-06-01 |
| 清顺治 青花云龙纹罗汉炉 | 直径22.8cm | 32,200 | 中国嘉德 | 2022-06-01 |
| 清顺治 青花松荫高士图大盘 | 直径45cm | 161,000 | 中国嘉德 | 2022-05-30 |
| 清顺治 青花山水诗文图盘 | 直径20.3cm | 81,117 | 佳士得 | 2022-11-29 |
| 清顺治 青花八仙祝寿故事图盘 | 口径36cm | 57,500 | 北京大羽 | 2022-09-28 |
| 清顺治 青花罗汉图盘 | 直径20cm | 51,750 | 华艺国际 | 2022-09-23 |
| 清顺治 青花阿弥陀佛罗汉图碗（一对） | 直径13.8cm × 2 | 149,500 | 中国嘉德 | 2022-05-30 |
| 清顺治 青花罗汉诵经图大碗 | 直径19cm | 80,500 | 中国嘉德 | 2022-05-30 |
| 清顺治 青花花鸟纹碗（一对） | 直径11.7cm × 2 | 36,800 | 中国嘉德 | 2022-05-30 |
| 清顺治 青花阿弥陀佛罗汉图碗 | 直径14.6cm | 32,200 | 中国嘉德 | 2022-09-28 |
| 清顺治 青花牧马图笔筒 | 高13.3cm | 440,352 | 佳士得 | 2022-11-29 |
| 清顺治 青花山水纹大笔筒 | 直径19.2cm | 97,750 | 中国嘉德 | 2022-09-28 |
| 清顺治 青花洞石花鸟纹笔筒 | 直径11.3cm；高13.7cm | 41,400 | 北京中汉 | 2022-08-08 |
| 清康熙 青花双龙云纹梅瓶 | 高23.8cm | 8,100,540 | 佳士得 | 2022-05-30 |
| 清康熙 青花人物故事龙骑兵瓶（一对） | 高88cm × 2 | 3,795,000 | 北京保利 | 2022-07-29 |
| 清康熙 青花云龙纹梅瓶 | 高24.2cm | 2,645,000 | 中国嘉德 | 2022-12-26 |
| 清康熙 青花棒槌瓶 | 83cm × 27cm | 1,104,000 | 上海嘉禾 | 2022-01-01 |
| 清康熙 青花《赤壁赋》四方棒槌瓶 | 高53.5cm | 695,293 | 佳士得 | 2022-11-29 |
| 清康熙 青花文会图观音瓶 | 高48.2cm | 552,000 | 北京中汉 | 2022-06-28 |
| 清康熙 青花高力士脱靴图观音瓶 | 高49.5cm | 517,500 | 中贸圣佳 | 2022-07-26 |
| 清康熙 青花玄宗任贤故事图棒槌瓶 | 高46cm | 517,500 | 北京大羽 | 2022-09-25 |
| 清康熙 青花万寿棒槌瓶 | 高46.5cm | 478,608 | 香港苏富比 | 2022-10-09 |
| 清康熙 青花云龙纹瓶 | 高24.3cm；直径10cm | 471,500 | 西泠印社 | 2022-01-22 |
| 清康熙 青花三牺大胆式瓶 | 高45cm | 356,500 | 北京保利 | 2022-07-29 |
| 清康熙 青花开光玉壶春瓶 | 高29.5cm | 345,000 | 浙江御承 | 2022-08-28 |
| 清康熙 青花辕门斩子图棒槌瓶 | 直径11.8cm；高45.5cm | 310,500 | 中贸圣佳 | 2022-08-13 |
| 清康熙 青花山水人物纹棒槌瓶 | 高45.5cm | 287,500 | 北京大羽 | 2022-09-25 |
| 清康熙 青花渔家乐图棒槌瓶 | 高47.2cm | 278,117 | 佳士得 | 2022-11-29 |
| 清康熙 青花《西厢记之张生庆团鸾》人物故事图棒槌瓶 | 高35.2cm | 253,000 | 中国嘉德 | 2022-09-27 |
| 清康熙 青花大富贵亦寿考人物故事图观音瓶 | 高45cm | 253,000 | 中国嘉德 | 2022-12-26 |
| 清康熙 青花人物故事图大棒槌瓶 | 高74cm | 253,000 | 保利厦门 | 2022-10-22 |
| 清康熙 青花海水龙纹观音瓶 | 高44.4cm | 218,500 | 中国嘉德 | 2022-05-29 |
| 清康熙 青花海水龙纹长颈瓶 | 高24.7cm | 218,500 | 永乐拍卖 | 2022-07-24 |
| 清康熙 青花通景山水棒槌瓶 | 高43cm | 207,000 | 北京保利 | 2022-07-16 |
| 清康熙 青花福禄寿锦地开光三星图棒槌瓶 | 高43.5cm | 195,500 | 中国嘉德 | 2022-05-29 |
| 清康熙 青花山水方瓶 | 高53cm | 195,500 | 北京保利 | 2022-07-16 |
| 清康熙 仿宣德青花云龙纹天球瓶 | 高26.5cm | 189,750 | 保利厦门 | 2022-10-22 |
| 清康熙 青花"魏徵梦斩泾河龙王"故事图棒槌瓶 | 高47.5cm | 178,250 | 北京中汉 | 2022-04-27 |

| 名称 | 物品尺寸 | 成交价RMB | 拍卖公司 | 拍卖日期 |
|---|---|---|---|---|
| 清康熙 青花进京赶考图胆瓶（一对） | 直径15.5cm×2 | 172,500 | 华艺国际 | 2022-09-23 |
| 清康熙 青花四季花鸟诗文天圆地方瓶 | 高55cm | 161,000 | 中国嘉德 | 2022-09-27 |
| 清康熙 青花山水渔人图棒槌瓶 | 高45.6cm | 161,000 | 中贸圣佳 | 2022-10-27 |
| 清康熙 二十六年（1687年）青花山水人物诗文暗刻湖水纹四方瓶 | 高41cm | 161,000 | 保利厦门 | 2022-10-22 |
| 清康熙 青花太狮少狮纹梅瓶 | 高45cm | 161,000 | 保利厦门 | 2022-10-22 |
| 清康熙 青花"隋炀帝夜游西苑观宫人跑马"图棒槌瓶 | 高44.5cm | 149,500 | 中贸圣佳 | 2022-09-26 |
| 清康熙 青花人物山水锥把瓶 | 高42.4cm | 149,500 | 中贸圣佳 | 2022-09-26 |
| 清康熙 青花文王吐子图小棒槌瓶 | 高20.5cm | 143,750 | 北京大羿 | 2022-09-25 |
| 清康熙 青花三星百寿图棒槌瓶 | 高46.5cm | 138,000 | 中国嘉德 | 2022-05-30 |
| 清康熙 青花通景鹤鹿同春图棒槌瓶 | 高47cm | 138,000 | 保利厦门 | 2022-10-22 |
| 清康熙 青花《赤壁赋》山水人物诗文天圆地方瓶 | 高50cm | 126,500 | 中国嘉德 | 2022-09-27 |
| 清康熙 青花山水人物纹观音瓶 | 高43cm | 126,500 | 中国嘉德 | 2022-09-28 |
| 清康熙 青花寒山、拾得人物图小观音瓶 | 高19.1cm | 115,000 | 北京中汉 | 2022-08-08 |
| 清康熙 青花神仙人物纹棒槌瓶 | 高48.3cm | 115,000 | 中国嘉德 | 2022-09-27 |
| 清康熙 青花花鸟纹观音瓶 | 高42cm | 115,000 | 中国嘉德 | 2022-05-30 |
| 清康熙 青花海兽纹棒槌瓶 | 高59cm | 109,250 | 中国嘉德 | 2022-05-31 |
| 清康熙 青花《三国演义之赵子龙单骑救主》人物故事图棒槌瓶 | 高42.8cm | 103,500 | 中国嘉德 | 2022-09-27 |
| 清康熙 青花瑞兽芭蕉纹筒式瓶 | 高47.8cm | 103,500 | 广东崇正 | 2022-12-25 |
| 清康熙 青花缠枝莲纹四系穿带瓶 | 高20.6cm | 97,750 | 北京中汉 | 2022-04-27 |
| 清康熙 青花《隋唐演义》人物故事图天圆地方瓶 | 高38.5cm | 97,750 | 中国嘉德 | 2022-09-27 |
| 清康熙 青花三国人物故事图长颈瓶 | 高23.5cm | 92,000 | 保利厦门 | 2022-10-22 |
| 清康熙 青花福禄寿开光三星图棒槌瓶 | 高47.3cm | 92,000 | 中国嘉德 | 2022-09-27 |
| 清康熙 青花瑞兽小胆瓶（一对） | 直径14.5cm×2 | 82,800 | 中贸圣佳 | 2022-06-07 |
| 清康熙 青花百鹿图大棒槌瓶 | 高68cm | 80,500 | 中国嘉德 | 2022-09-27 |
| 清康熙 青花仕女人物瓶 | 高19.7cm | 80,500 | 北京保利 | 2022-07-16 |
| 清康熙 青花山水人物纹棒槌瓶 | 高43.7cm | 74,750 | 中国嘉德 | 2022-09-27 |
| 清康熙 青花山水人物棒槌瓶 | 高47cm | 74,750 | 中国嘉德 | 2022-09-27 |
| 清康熙 青花江崖海水龙纹棒槌瓶 | 高25.9cm | 74,750 | 北京中汉 | 2022-09-29 |
| 清康熙 青花开光山水人物图观音瓶 | 高20.2cm | 71,300 | 北京中汉 | 2022-06-03 |
| 清康熙 青花花鸟纹观音瓶 | 高42.8cm | 69,000 | 中国嘉德 | 2022-09-28 |
| 清康熙 青花刀马人物故事图棒槌瓶 | 高46.9cm | 69,000 | 北京大羿 | 2022-09-25 |
| 清康熙 青花岁寒三友图梅瓶 | 高30.6cm | 66,700 | 北京中汉 | 2022-08-08 |
| 清康熙 青花开光翻羹不恚人物故事图长颈瓶 | 高48cm | 57,500 | 中国嘉德 | 2022-09-28 |
| 清康熙 青花缠枝莲卉纹棒槌瓶 | 高44.5cm | 55,200 | 保利厦门 | 2022-10-22 |
| 清康熙 青花花卉纹瓶（一对） | 高19cm×2 | 53,489 | 中国嘉德 | 2022-06-04 |
| 清康熙 青花人物故事图观音瓶 | 高20.7cm | 51,750 | 中国嘉德 | 2022-05-30 |
| 清康熙 青花折桂图长颈瓶 | 高23.4cm | 48,300 | 中国嘉德 | 2022-05-30 |
| 清康熙 青花鹤鹿同春花鸟纹四方瓶 | 高29.3cm | 48,300 | 中国嘉德 | 2022-09-27 |
| 清康熙 龙纹青花桶瓶 | 34cm×16cm×5.5cm | 46,000 | 上海嘉禾 | 2022-01-01 |
| 清康熙 青花折枝花卉纹小筒瓶 | 高25cm | 43,700 | 中国嘉德 | 2022-05-31 |
| 清康熙 青花竹石图长颈瓶 | 高19cm | 43,700 | 北京保利 | 2022-07-16 |
| 清康熙 青花夜游赤壁图瓶 | 高27cm | 43,700 | 广东崇正 | 2022-08-11 |
| 清康熙 青花冰梅纹小天球瓶 | 高23.5cm | 40,250 | 中国嘉德 | 2022-05-31 |
| 清康熙 青花缠枝花卉纹小荸荠瓶 | 高13cm | 36,800 | 中国嘉德 | 2022-09-27 |
| 清康熙 洒蓝釉开光青花山水博古花鸟纹大瓶 | 高66.8cm | 36,800 | 中国嘉德 | 2022-09-27 |
| 清康熙 青花开光花卉纹莲瓣观音瓶 | 高44.2cm | 36,800 | 中国嘉德 | 2022-09-27 |
| 清康熙 青花山水人物纹小棒槌瓶 | 高27cm | 36,800 | 中国嘉德 | 2022-09-30 |
| 清康熙 青花岁寒三友图瓶 | 高22.8cm | 34,500 | 中国嘉德 | 2022-06-01 |
| 清康熙 青花折枝花卉纹小梅瓶 | 高18.3cm | 34,500 | 中国嘉德 | 2022-05-31 |
| 清康熙 青花人物故事图八方瓶、花觚（一套五件） | 高31.5cm×3; 高26cm | 34,500 | 中国嘉德 | 2022-05-31 |
| 清康熙 青花开光花鸟山水纹菊瓣观音瓶 | 高44cm×2 | 34,500 | 中国嘉德 | 2022-09-28 |
| 清康熙 青花花卉开光山水人物纹凤耳瓶（一对） | 高26.5cm×2 | 32,200 | 中国嘉德 | 2022-09-27 |
| 清康熙 青花十八学士登瀛洲图观音尊 | 高46cm | 1,390,586 | 佳士得 | 2022-11-29 |
| 清康熙/雍正 青花竹纹寿字摇铃尊 | 高18.3cm | 345,000 | 北京保利 | 2022-07-29 |
| 清康熙 青花人物山水象鼻尊 | 32cm×24.5cm | 287,500 | 上海嘉禾 | 2022-01-01 |
| 清康熙 黑釉留白青花花鸟敞口尊 | 直径13cm; 高21cm | 230,000 | 北京保利 | 2022-07-29 |
| 清康熙 青花春夜宴桃李园人物故事诗文琵琶尊 | 高32.4cm | 184,000 | 中国嘉德 | 2022-09-27 |
| 清康熙 青花神仙人物故事图凤尾尊 | 高47cm | 184,000 | 中国嘉德 | 2022-12-26 |
| 清康熙 青花山水图四方尊 | 高34.5cm | 172,500 | 华艺国际 | 2022-09-23 |
| 清康熙 青花山水人物凤尾尊 | 高45.7cm | 161,000 | 中贸圣佳 | 2022-06-07 |
| 清康熙 青花辕门射戟图观音尊 | 直径12.5cm; 高43cm | 149,500 | 中贸圣佳 | 2022-08-13 |
| 清康熙 青花长公妹之考婚、桐叶封弟人物故事图凤尾尊 | 高47.5cm | 138,000 | 中国嘉德 | 2022-09-27 |
| 清康熙 青花太白醉和番书人物故事图凤尾尊 | 高47.3cm | 126,500 | 中国嘉德 | 2022-09-29 |
| 清康熙 青花周穆王见西王母故事图凤尾尊 | 高43cm | 126,500 | 北京大羿 | 2022-09-25 |
| 清康熙 青花山水人物图凤尾尊 | 高46cm | 126,500 | 保利厦门 | 2022-10-22 |
| 清康熙 青花得利图琵琶尊 | 高33.5cm | 120,750 | 广东崇正 | 2022-08-11 |
| 清康熙 青花缠枝花卉纹摇铃尊 | 高18.5cm | 119,600 | 中贸圣佳 | 2022-08-13 |
| 清康熙 青花山水楼阁人物纹莲瓣大凤尾尊（一对） | 高55cm; 高54.2cm | 115,000 | 中国嘉德 | 2022-05-29 |
| 清康熙 青花缠枝花摇铃尊 | 直径19.5cm | 92,000 | 中贸圣佳 | 2022-06-07 |
| 清康熙 青花海兽纹凤尾尊 | 高46.3cm | 92,000 | 中国嘉德 | 2022-05-30 |
| 清康熙 青花莲纹凤尊 | 高45.1cm | 88,099 | 纽约佳士得 | 2022-09-23 |
| 清康熙 青花缠枝花卉纹凤尾尊 | 高43.7cm | 86,250 | 中国嘉德 | 2022-09-27 |
| 清康熙 青花山水人物纹凤尾尊 | 高44cm | 86,250 | 中国嘉德 | 2022-09-28 |
| 清康熙 洒蓝釉开光青花花鸟山水人物纹凤尊 | 高43.8cm | 57,500 | 中国嘉德 | 2022-05-30 |
| 清康熙 青花鹤鹿同春图凤尾尊 | 高46.3cm | 57,500 | 中国嘉德 | 2022-06-01 |
| 清康熙 青花人物故事图凤尾尊 | 高37.5cm | 57,500 | 保利厦门 | 2022-10-22 |
| 清康熙 青花海兽纹凤尾尊 | 高36.5cm | 57,500 | 中国嘉德 | 2022-06-01 |
| 清康熙 青花山水人物图盘口花尊 | 高21.2cm | 55,200 | 北京中汉 | 2022-04-27 |
| 清康熙 青花山水人物图凤尾尊 | 高29.2cm | 48,455 | 纽约佳士得 | 2022-09-23 |
| 清康熙 青花冰梅纹凤尾尊 | 高44.5cm | 48,300 | 中国嘉德 | 2022-05-30 |
| 清康熙 青花山水人物纹凤尾尊 | 高43.5cm | 46,000 | 保利厦门 | 2022-10-22 |
| 清康熙 青花开光《西厢记》人物故事图凤尾尊 | 高41.8cm | 46,000 | 中国嘉德 | 2022-09-27 |
| 清康熙 青花桐叶封弟人物故事图、岁寒三友图凤尾尊（各一件） | 高27cm; 高25.8cm | 46,000 | 中国嘉德 | 2022-09-28 |
| 清康熙 青花八卦兽面纹双耳尊 | 高22cm | 40,250 | 保利厦门 | 2022-10-22 |
| 清康熙 早期 青花菊石纹蝶纹小琵琶尊 | 高13.4cm | 40,250 | 中国嘉德 | 2022-05-30 |
| 清康熙 青花太极兽面纹螭耳尊 | 高23.5cm | 32,200 | 中国嘉德 | 2022-05-31 |
| 清康熙 青花海兽纹凤尾尊 | 高36.5cm | 32,200 | 中国嘉德 | 2022-06-01 |
| 清康熙 青花饕餮纹出戟尊 | 高24.5cm | 32,200 | 华艺国际 | 2022-09-23 |
| 清康熙 青花竹林七贤花觚 | 高46.4cm | 632,500 | 中贸圣佳 | 2022-07-26 |
| 清康熙 青花山水人物图花觚 | 高46cm | 368,000 | 中国嘉德 | 2022-10-27 |
| 清康熙 青花人物故事图花觚 | 高45.6cm | 345,000 | 中国嘉德 | 2022-10-27 |
| 清康熙 青花锦地开光八仙纹花觚 | 高46.5cm | 322,000 | 北京荣宝 | 2022-07-24 |
| 清康熙 青花暗刻缠枝牡丹纹开光人物图花觚 | 高44.5cm | 287,500 | 华艺国际 | 2022-09-23 |
| 清康熙 青花山水人物纹花觚 | 高41cm | 253,000 | 中国嘉德 | 2022-09-27 |
| 清康熙 青花淡描人物故事图花觚 | 高45cm | 253,000 | 北京保利 | 2022-07-16 |
| 清康熙 青花诗仙人物故事图花觚 | 高45.5cm | 218,500 | 北京中汉 | 2022-04-27 |
| 清康熙 青花山水人物图花觚 | 高40.5cm | 195,500 | 保利厦门 | 2022-10-22 |
| 清康熙 青花昭君出塞人物故事图花觚 | 高47cm; 口径22.2cm | 172,500 | 浙江佳宝 | 2022-03-13 |

# 2022瓷器拍卖成交汇总(续表)

(成交价RMB：3万元以上)

| 名称 | 物品尺寸 | 成交价RMB | 拍卖公司 | 拍卖日期 |
|---|---|---|---|---|
| 清康熙 青花桐叶封弟人物故事图花觚 | 高46.2cm | 149,500 | 中国嘉德 | 2022-09-27 |
| 清康熙 青花舞乐图花觚 | 高42.8cm | 128,800 | 中贸圣佳 | 2022-09-25 |
| 清康熙 青花折桂高中、封官进爵图花觚 | 高47.2cm | 126,500 | 中贸圣佳 | 2022-07-26 |
| 清康熙 青花仕女图小花觚 | 高24.2cm | 115,000 | 中国嘉德 | 2022-09-27 |
| 清康熙 青花花卉纹花觚（一对） | 高51.5cm×2 | 115,000 | 广东崇正 | 2022-12-25 |
| 清康熙 青花《三国演义之陆逊问津》人物故事图花觚 | 高41.2cm | 109,250 | 中国嘉德 | 2022-05-30 |
| 清康熙 青花金莲宫烛、加官进爵图花觚 | 高45.3cm | 103,500 | 北京大羿 | 2022-09-25 |
| 清康熙 青花锦地开光海兽纹花觚 | 高43.2cm | 97,750 | 中国嘉德 | 2022-05-30 |
| 清康熙 青花山水仕女图小花觚 | 高24.3cm | 86,250 | 中国嘉德 | 2022-05-30 |
| 清康熙 青花开光花鸟高士图大花觚 | 高54.6cm | 80,500 | 中国嘉德 | 2022-09-28 |
| 清康熙 青花莲瓣开光山水人物花卉纹花觚 | 高47.3cm | 69,000 | 中国嘉德 | 2022-09-28 |
| 清康熙 青花山水花觚 | 高46cm | 63,250 | 北京保利 | 2022-07-16 |
| 清康熙 青花开光八仙花觚 | 高43cm | 57,500 | 北京保利 | 2022-07-16 |
| 清康熙 青花山水纹花觚 | 高44.7cm | 57,500 | 永乐拍卖 | 2022-07-24 |
| 清康熙 青花山水人物纹花觚 | 高44.8cm | 48,300 | 中国嘉德 | 2022-05-30 |
| 清康熙 青花人物故事图花觚 | 高45cm | 48,300 | 中国嘉德 | 2022-09-28 |
| 清康熙 青花山水人物纹花觚 | 高42cm | 46,000 | 中国嘉德 | 2022-06-01 |
| 清康熙 青花山水人物纹花觚 | 高27.2cm | 45,581 | 保利香港 | 2022-10-10 |
| 清康熙 青花高士饮酒对弈图小花觚 | 高19cm×2 | 43,700 | 中贸圣佳 | 2022-09-25 |
| 清康熙早期 青花披麻皴山水纹小花觚 | 高19.3cm | 43,700 | 中国嘉德 | 2022-05-31 |
| 清康熙 青花山水人物纹花觚 | 高43.8cm | 43,700 | 中国嘉德 | 2022-09-28 |
| 清康熙 青花海兽花觚 | 高20cm | 36,800 | 北京保利 | 2022-07-29 |
| 清康熙 青花兽面纹花觚 | 高23.5cm | 34,500 | 保利厦门 | 2022-10-22 |
| 清康熙 青花描银锦上添花花觚 | 高19cm | 34,500 | 广东崇正 | 2022-08-11 |
| 清康熙 青花山水人物纹花觚 | 高43.5cm | 34,500 | 广东崇正 | 2022-12-25 |
| 清康熙 青花岁寒三友图花觚 | 高45cm | 32,200 | 中国嘉德 | 2022-06-01 |
| 清康熙 青花古铜纹出戟盘口花觚 | 高19.6cm | 32,200 | 北京中汉 | 2022-08-08 |
| 清康熙早期 青花山水人物婴戏图小花觚 | 高21cm | 32,200 | 中国嘉德 | 2022-09-27 |
| 清康熙 青花开光仕女花卉纹花觚 | 高30.8cm | 32,200 | 中国嘉德 | 2022-09-28 |
| 清康熙 青花开光洞石花卉纹花觚 | 高35.5cm | 31,050 | 华艺国际 | 2022-09-23 |
| 清康熙 青花人物诗文壶 | 宽21cm | 63,250 | 北京保利 | 2022-07-16 |
| 清康熙 青花开光渔隐图茶壶 | 高11.5cm；宽15cm | 57,500 | 保利厦门 | 2022-10-22 |
| 清康熙 青花开光锦鸡纹茶壶 | 宽26.5cm | 55,200 | 北京保利 | 2022-07-16 |
| 清康熙 青花花鸟纹大壶、博古图壶（各一把） | 长26.2cm；长18.5cm | 43,700 | 中国嘉德 | 2022-05-30 |
| 清康熙 青花《西厢记之乘夜逾墙》人物故事图执壶、托盘（一套五件） | 壶高11.5cm；盘长18.8cm | 40,250 | 中国嘉德 | |
| 清康熙 青花云龙纹小盖罐 | 高11cm | 2,070,000 | 中国嘉德 | 2022-06-27 |
| 清康熙1721年 青花《醉翁亭记》大罐 | 高50.5cm | 637,352 | 佳士得 | 2022-11-29 |
| 清康熙 青花山水人物纹罐 | 高22cm | 287,500 | 中国嘉德 | 2022-05-30 |
| 清康熙早期 青花山水人物纹将军罐 | 高24cm | 287,500 | 中国嘉德 | 2022-06-27 |
| 清康熙 青花百子图罐 | 高35cm | 264,298 | 纽约佳士得 | 2022-09-23 |
| 清康熙 青花山水将军罐 | 高71cm | 257,516 | 荣宝斋（香港） | 2022-11-26 |
| 清康熙 青花缠枝花卉耶稣受难图莲子罐 | 高22.8cm | 253,000 | 中国嘉德 | 2022-05-29 |
| 清康熙 青花大富贵亦寿考人物故事图将军罐 | 高29.3cm | 253,000 | 中国嘉德 | 2022-09-27 |
| 清康熙 青花竹林七贤图罐 | 高26cm | 246,678 | 纽约佳士得 | 2022-09-23 |
| 清康熙 青花仕女图盖罐 | 高40cm | 211,438 | 纽约佳士得 | 2022-09-23 |
| 清康熙 青花《红拂记》人物故事图将军罐 | 高23.3cm | 195,500 | 中国嘉德 | 2022-05-30 |
| 清康熙 青花山水高士图莲子罐 | 高18.5cm | 184,000 | 北京大羿 | 2022-09-25 |
| 清康熙 青花开光山水博古图罐 | 高19.4cm | 173,823 | 佳士得 | 2022-11-29 |
| 清康熙 青花开光山水人物纹粥罐 | 直径22.5cm | 172,500 | 中国嘉德 | 2022-05-30 |
| 清康熙 青花蟾宫折桂人物故事图罐 | 高22.7cm | 161,000 | 中国嘉德 | 2022-05-30 |
| 清康熙 青花开光折桂图、指日高升图粥罐 | 直径21.6cm | 161,000 | 中国嘉德 | 2022-12-26 |
| 清康熙 青花大富贵亦寿考图罐 | 高24.7cm | 149,500 | 北京大羿 | 2022-09-25 |
| 清康熙 青花大富贵亦寿考人物故事图罐 | 高19cm；直径19cm | 138,000 | 中国嘉德 | 2022-06-27 |
| 清康熙 青花人物故事图罐 | 高18.7cm | 138,000 | 中国嘉德 | 2022-12-26 |
| 清康熙 青花雉鸡牡丹图罐 | 高22.3cm | 126,500 | 中国嘉德 | 2022-05-29 |
| 清康熙 青花百子婴戏图将军罐 | 高36cm | 126,500 | 中国嘉德 | 2022-05-30 |
| 清康熙 青花四妃十六子图罐 | 高20.5cm | 115,000 | 中国嘉德 | 2022-05-31 |
| 清康熙 青花四美图将军罐 | 高28.5cm | 115,000 | 中国嘉德 | 2022-09-27 |
| 清康熙 青花缠枝莲耶稣受难图罐 | 高21.6cm；高23cm（含盖） | 109,250 | 中国嘉德 | 2022-12-26 |
| 清康熙 青花开光花鸟纹盖罐（一对） | 高48.5cm；高48cm | 97,750 | 中国嘉德 | 2022-05-30 |
| 清康熙 青花人物纹罐 | 高24.5cm | 97,750 | 永乐拍卖 | 2022-07-24 |
| 清康熙 青花淡描歌舞升平图罐 | 高19.2cm | 94,300 | 北京中汉 | 2022-08-08 |
| 清康熙 青花八仙庆寿图将军罐 | 高24.5cm | 92,000 | 中国嘉德 | 2022-05-30 |
| 清康熙 青花四妃十六子图罐 | 高20cm | 92,000 | 中国嘉德 | 2022-05-31 |
| 清康熙 青花缠枝莲花卉开光花鸟纹大罐 | 高62cm | 92,000 | 中贸圣佳 | 2022-09-25 |
| 清康熙 青花"韩信点兵""歌舞升平"图罐 | 直径18.1cm；高17.8cm | 86,250 | 中贸圣佳 | 2022-09-25 |
| 清康熙 青花锦地开光八仙纹将军罐（一对） | 高31.2cm×2 | 80,500 | 中国嘉德 | 2022-05-30 |
| 清康熙 青花大富贵亦寿考人物故事图罐 | 高20.8cm | 74,750 | 中国嘉德 | 2022-05-30 |
| 清康熙 青花大富贵亦寿考图罐 | 高18.8cm | 71,300 | 北京中汉 | 2022-04-27 |
| 清康熙 青花麒麟送子图罐 | 高19.5cm | 69,000 | 中国嘉德 | 2022-05-30 |
| 清康熙 青花折枝莲寿字盖罐（一对） | 高21cm×2 | 63,250 | 中国嘉德 | 2022-09-28 |
| 清康熙 青花花卉开光博古清供图罐 | 高29.5cm | 63,250 | 中国嘉德 | 2022-05-30 |
| 清康熙 青花四妃十六子图将军罐 | 高33.5cm | 63,250 | 中国嘉德 | 2022-05-30 |
| 清康熙 青花麒麟送子图罐 | 高20.7cm | 63,250 | 中国嘉德 | 2022-05-30 |
| 清康熙 青花山水人物纹罐 | 高21.5cm | 63,250 | 中国嘉德 | 2022-09-28 |
| 清康熙 青花博古图围棋盖罐 | 直径12.5cm | 63,250 | 永乐拍卖 | 2022-07-25 |
| 清康熙 青花冰梅开光博古图罐（一对） | 高21.3cm×2 | 57,500 | 中国嘉德 | 2022-05-30 |
| 清康熙 青花鹤鹿同春图将军罐 | 高35.3cm | 57,500 | 中国嘉德 | 2022-05-30 |
| 清康熙 青花缠枝牡丹开光山水纹大将军罐（一对） | 高59cm×2 | 57,500 | 中国嘉德 | 2022-09-30 |
| 清康熙 青花百子婴戏图将军罐 | 高31.3cm | 55,200 | 中国嘉德 | 2022-05-30 |
| 清康熙 青花四妃十六子图罐 | 高22.3cm | 55,200 | 北京中汉 | 2022-06-28 |
| 清康熙 青花鹤鹿同春图将军罐 | 高34cm | 55,200 | 中国嘉德 | 2022-09-27 |
| 清康熙 青花开光人物盖罐 | 高19cm | 51,750 | 北京保利 | 2022-07-16 |
| 清康熙 青花山水人物故事图将军罐 | 高40.5cm | 48,300 | 保利厦门 | 2022-10-22 |
| 清康熙 青花太白醉酒、加官进爵图粥罐 | 直径22cm | 48,300 | 中国嘉德 | 2022-05-30 |
| 清康熙 蓝釉青花山水纹粥罐 | 直径23cm | 46,000 | 中国嘉德 | 2022-05-31 |
| 清康熙 青花瓜棱开光团凤纹罐 | 高21.4cm | 46,000 | 中国嘉德 | 2022-09-28 |
| 清康熙 青花百子图大将军罐 | 高32cm | 46,000 | 保利厦门 | 2022-10-22 |
| 清康熙 青花教子图罐 | 高22.8cm | 46,000 | 中国嘉德 | 2022-05-31 |
| 清康熙 青花鹤鹿同春图将军罐 | 高34.8cm | 46,000 | 中国嘉德 | 2022-06-01 |
| 清康熙 青花送子图将军罐 | 高25.5cm | 46,000 | 中国嘉德 | 2022-05-30 |
| 清康熙 蓝釉青花瓜棱开光瑞兽诗文罐 | 高15.3cm | 43,700 | 中国嘉德 | 2022-09-27 |
| 清康熙 青花山水人物纹罐 | 高21cm | 43,700 | 中国嘉德 | 2022-05-30 |
| 清康熙 青花山水人物纹粥罐 | 直径20.5cm | 43,700 | 中国嘉德 | 2022-09-27 |
| 清康熙 青花留白花卉纹盖罐（三只） | 高18.5cm；高18.5cm；高18.5cm | 43,700 | 中国嘉德 | 2022-09-28 |
| 清康熙 青花山水人物纹粥罐 | 直径20.5cm | 43,700 | 中国嘉德 | 2022-09-28 |
| 清康熙 青花开光博古花卉纹盖罐（一对） | 高20.5cm；高20cm | 43,700 | 中国嘉德 | 2022-09-29 |

## 2022瓷器拍卖成交汇总(续表)

**(成交价RMB：3万元以上)**

| 名称 | 物品尺寸 | 成交价RMB | 拍卖公司 | 拍卖日期 |
|---|---|---|---|---|
| 清康熙 青花仕女图将军罐 | 高22cm | 40,250 | 中国嘉德 | 2022-09-28 |
| 清康熙 青花缠枝牡丹纹大罐 | 高38.5cm | 36,800 | 中国嘉德 | 2022-09-29 |
| 清康熙 青花蝶纹罐 | 高21cm | 36,800 | 中国嘉德 | 2022-05-30 |
| 清康熙 青花四妃十六子图罐 | 高35cm | 36,800 | 北京中汉 | 2022-08-08 |
| 清康熙 青花花卉纹罐 | 高23.3cm | 36,800 | 中国嘉德 | 2022-09-27 |
| 清康熙 青花山水人物纹罐 | 直径22.8cm | 36,800 | 中国嘉德 | 2022-09-27 |
| 清康熙 青花开光山水人物博古图粥罐 | 直径22cm | 34,500 | 中国嘉德 | 2022-06-01 |
| 清康熙 青花岁寒三友图罐 | 直径22cm | 34,500 | 中国嘉德 | 2022-09-28 |
| 清康熙 青花开光持莲童子图盖罐 | 高24.5cm | 34,500 | 中国嘉德 | 2022-09-28 |
| 清康熙 青花四美图罐 | 高25.5cm | 34,500 | 中国嘉德 | 2022-09-28 |
| 清康熙 青花花鸟纹莲子罐 | 高24.5cm；直径18cm | 34,500 | 西泠印社 | 2022-08-20 |
| 清康熙 青花仕女婴戏图小盖罐（一对） | 高11.5cm×2 | 32,200 | 中国嘉德 | 2022-05-31 |
| 清康熙 青花缠枝莲纹大将军罐 | 高56cm | 32,200 | 中国嘉德 | 2022-06-01 |
| 清康熙 青花山水图宝珠钮罐盖 | 直径18cm | 32,200 | 中贸圣佳 | 2022-08-13 |
| 清康熙 青花骏马人物图小琴炉 | 高8.3cm；宽11cm | 166,750 | 中贸圣佳 | 2022-10-27 |
| 清康熙早期 青花福禄寿降龙伏虎罗汉图炉 | 直径11cm | 115,000 | 中国嘉德 | 2022-12-26 |
| 清康熙 青花八仙祝寿纹钵式炉 | 直径22.5cm | 101,200 | 北京大羿 | 2022-09-28 |
| 清康熙 青花八仙人物图三足折沿炉 | 高11.5cm；直径24.8cm | 82,800 | 北京中汉 | 2022-04-27 |
| 清康熙 青花山水人物纹罗汉炉 | 直径25.5cm | 63,250 | 中国嘉德 | 2022-05-30 |
| 清康熙 青花高士图罗汉炉 | 直径22cm | 63,250 | 中国嘉德 | 2022-05-30 |
| 清康熙 青花博古图篆式炉 | 高13cm；直径22.8cm | 59,800 | 北京中汉 | 2022-04-27 |
| 清康熙 青花山水人物纹香炉 | 直径24.7cm | 57,500 | 北京中汉 | 2022-09-27 |
| 清康熙 青花三足炉 | 直径25cm；高11.5cm | 57,500 | 北京荣宝 | 2022-07-24 |
| 清康熙 青花群仙祝寿图炉 | 直径22cm | 40,250 | 中国嘉德 | 2022-05-28 |
| 清康熙 青花山水人物纹三足炉 | 高19cm；直径14.5cm | 36,800 | 保利厦门 | 2022-10-22 |
| 清康熙 青花八仙祝寿图钵式炉 | 直径13.5cm | 36,800 | 北京中汉 | 2022-04-27 |
| 清康熙 青花八仙人物纹香炉 | 直径23cm | 36,800 | 广东崇正 | 2022-12-25 |
| 清康熙 青花山水人物图三足炉 | 高15cm；直径19cm | 34,500 | 保利厦门 | 2022-10-22 |
| 清康熙 青花博古图三足炉 | 直径17.2cm；高11.5cm | 34,500 | 华艺国际 | 2022-09-23 |
| 清康熙 青花博古图三足洗式炉 | 高12cm；直径24cm | 32,200 | 保利厦门 | 2022-10-22 |
| 清康熙 青花山水人物三足炉 | 直径25.5cm | 30,859 | 中国嘉德 | 2022-06-04 |
| 清康熙 青花加官进爵图大碗 | 直径20cm；高11.1cm | 52,093 | 保利香港 | 2022-10-10 |
| 清康熙 青花淡描加官进爵人物故事图案缸 | 直径24cm | 43,700 | 中国嘉德 | 2022-09-28 |
| 清康熙 青花篮花图大盘（一对） | 直径35.4cm×2 | 55,200 | 中国嘉德 | 2022-05-30 |
| 清康熙 青花凤穿花纹墩式碗 | 直径13.8cm | 918,061 | 佳士得 | 2022-05-30 |
| 清康熙 青花唐明皇游月宫人物故事图大盘 | 直径61cm | 1,127,000 | 中国嘉德 | 2022-09-27 |
| 清康熙 青花内海屋添筹图外群仙祝寿图大盘 | 直径29cm | 1,092,500 | 中国嘉德 | 2022-09-27 |
| 清康熙 金银地青花龙凤纹盘 | 直径16cm | 1,058,000 | 永乐拍卖 | 2022-07-25 |
| 清康熙 浅酱地留白青花云龙纹盘 | 直径20.2cm | 333,500 | 北京诚轩 | 2022-08-09 |
| 清康熙 仿成化青花内宝莲纹外十六子婴戏图盘 | 直径19.8cm | 322,000 | 中国嘉德 | 2022-12-26 |
| 清康熙 青花《牡丹亭》杜丽娘梦思图盘 | 直径19.3cm；高5.2cm | 304,750 | 中贸圣佳 | 2022-08-13 |
| 清康熙 青花福山寿海图盘 | 直径17.2cm | 287,500 | 中国嘉德 | 2022-06-27 |
| 清康熙 青花东方朔偷桃人物故事小盘 | 直径18cm | 287,500 | 上海嘉禾 | 2022-01-01 |
| 清康熙 青花龙捧寿盘 | 直径21cm | 218,500 | 北京大羿 | 2022-09-26 |
| 清康熙 青花缠枝莲纹大盘（一对） | 高38cm×2 | 207,000 | 北京大羿 | 2022-09-26 |
| 清康熙 青花西园雅集图盘 | 口径19.4cm | 184,000 | 中贸圣佳 | 2022-10-21 |
| 清康熙 青花云鹤纹盘（一对） | 直径16.4cm×2 | 172,500 | 中国嘉德 | 2022-05-29 |
| 清康熙 青花神仙人物纹大盘 | 直径28cm | 172,500 | 中国嘉德 | 2022-05-30 |
| 清康熙 青花云龙捧寿图折沿大盘 | 直径55.7cm | 172,500 | 中国嘉德 | 2022-09-27 |
| 清康熙 青花《西厢记》惠明寄书故事图盘 | 直径31.3cm | 161,000 | 中贸圣佳 | 2022-08-13 |
| 清康熙 青花五龙图大盘 | 直径51.5cm | 161,000 | 中国嘉德 | 2022-09-27 |
| 清康熙 青花蟾宫折桂人物故事图盘 | 直径18.6cm | 161,000 | 中国嘉德 | 2022-09-27 |
| 清康熙 青花八仙捧寿图盘 | 直径27.3cm | 150,646 | 佳士得 | 2022-11-29 |
| 清康熙 青花海八怪图盘 | 直径17.5cm | 149,500 | 华艺国际 | 2022-09-23 |
| 清康熙 御制青花缠枝莲纹盘（一对） | 直径15.2cm×2 | 143,750 | 永乐拍卖 | 2022-07-24 |
| 清康熙 青花内云龙外八蛮进宝图盘 | 口径39.5cm | 132,250 | 北京大羿 | 2022-12-25 |
| 清康熙 青花山水人物图盘 | 直径20.9cm | 126,500 | 北京中汉 | 2022-08-08 |
| 清康熙 青花披麻山水亭台图盘 | 直径21.2cm | 120,750 | 中贸圣佳 | 2022-06-07 |
| 清康熙 青花山水图盘 | 直径21.4cm | 115,882 | 佳士得 | 2022-11-29 |
| 清康熙 青花折枝牡丹纹大盘（一对） | 直径34.6cm×2 | 115,000 | 中贸圣佳 | 2022-09-25 |
| 清康熙早期 青花披麻皴山水人物纹折沿盘（一对） | 直径20.2cm×2 | 103,500 | 中国嘉德 | 2022-09-28 |
| 清康熙 仿成化青花穿花龙纹大盘 | 直径39.5cm | 97,750 | 中国嘉德 | 2022-09-28 |
| 清康熙早期 青花披麻皴山水纹盘（一对） | 直径15.7cm×2 | 97,750 | 中国嘉德 | 2022-09-28 |
| 清康熙 青花缠枝莲纹盘 | 直径15.4cm | 97,750 | 中国嘉德 | 2022-09-27 |
| 清康熙 青花缠枝莲纹大盘 | 直径39cm | 92,000 | 保利厦门 | 2022-10-22 |
| 清康熙 青花八宝纹（一对） | 直径11.2cm×2 | 89,700 | 广东崇正 | 2022-08-11 |
| 清康熙 青花香草龙纹盘 | 直径15.8cm | 84,348 | 中国嘉德 | 2022-06-04 |
| 清康熙 青花太白醉酒人物故事图盘 | 直径15cm | 80,500 | 中国嘉德 | 2022-09-27 |
| 清康熙 青花山水人物纹折沿盘 | 直径28cm | 80,500 | 北京大羿 | 2022-09-25 |
| 清康熙早期 青花披麻皴山水纹大盘 | 直径32.8cm | 80,500 | 中国嘉德 | 2022-06-01 |
| 清康熙 仿宣德青花海兽纹盘 | 直径17.8cm | 74,750 | 中国嘉德 | 2022-09-28 |
| 清康熙 青花缠枝莲纹盘 | 口径15.2cm | 74,750 | 北京大羿 | 2022-09-26 |
| 清康熙早期 青花《三国演义之马跃檀溪》人物故事图盘 | 直径17cm | 69,000 | 中国嘉德 | 2022-05-30 |
| 清康熙 青花人物故事图大盘 | 直径29cm | 63,250 | 中国嘉德 | 2022-09-28 |
| 清康熙 青花喜上眉梢纹盘 | 高3.5cm；直径16.5cm | 63,250 | 保利厦门 | 2022-10-22 |
| 清康熙 青花缠枝莲纹盘 | 口径15cm | 63,250 | 北京大羿 | 2022-09-26 |
| 清康熙 青花人物故事图盘 | 口径20cm | 63,250 | 北京大羿 | 2022-09-26 |
| 清康熙 青花龙凤纹盘 | 直径14.5cm | 59,800 | 北京中汉 | 2022-06-03 |
| 清康熙 青花缠枝莲纹盘 | 直径15.3cm | 57,500 | 中国嘉德 | 2022-12-26 |
| 清康熙 青花云鹤纹大盘 | 直径27.5cm | 55,200 | 中国嘉德 | 2022-09-28 |
| 清康熙 青花仕女图花口折沿大盘（一对） | 直径34cm×2 | 51,750 | 中国嘉德 | 2022-09-28 |
| 清康熙 青花云鹤纹盘 | 直径15.8cm | 51,750 | 中国嘉德 | 2022-05-31 |
| 清康熙 青花八仙庆寿图大盘 | 直径28cm | 48,300 | 中国嘉德 | 2022-09-28 |
| 清康熙 青花折枝花果纹盘（一对） | 直径23.5cm×2 | 48,300 | 中国嘉德 | 2022-05-31 |
| 清康熙 青花花卉纹盘（一对） | 直径15.6cm；直径21.6cm | 48,300 | 中贸圣佳 | 2022-09-25 |
| 清康熙 青花江山孤舟图折沿盘 | 直径28.4cm | 46,352 | 佳士得 | 2022-11-29 |
| 清康熙 青花《三国演义之马跃檀溪》人物故事图盘 | 直径17cm | 46,000 | 中国嘉德 | 2022-09-29 |
| 清康熙 青花人物高士图浅盘 | 直径15.5cm | 43,700 | 中贸圣佳 | 2022-09-25 |
| 清康熙 黄地青花云龙纹盘（一对） | 直径15.5cm×2 | 40,250 | 北京保利 | 2022-07-16 |
| 清康熙 青花刀马人物纹花口大盘 | 直径33.5cm | 40,250 | 中国嘉德 | 2022-05-31 |
| 清康熙 青花内教子图外鱼藻纹盘 | 高20.5cm | 40,250 | 保利厦门 | 2022-10-22 |
| 清康熙 青花锦地开光刀马人物纹花口折沿大盘 | 直径38.5cm | 36,800 | 中国嘉德 | 2022-09-28 |
| 清康熙 青花云鹤杂宝纹盘 | 直径16.7cm；高4.7cm | 36,800 | 中贸圣佳 | 2022-07-13 |
| 清康熙 青花缠枝莲纹大盘 | 直径33.7cm | 36,800 | 中国嘉德 | 2022-09-28 |
| 清康熙 青花四季花卉人物纹折沿大盘 | 直径35.7cm | 36,800 | 中国嘉德 | 2022-09-28 |
| 清康熙/雍正 青花岁寒三友图盘 | 直径15.9cm | 36,002 | 中国嘉德 | 2022-06-04 |

# 2022瓷器拍卖成交汇总(续表)

(成交价RMB：3万元以上)

| 名称 | 物品尺寸 | 成交价RMB | 拍卖公司 | 拍卖日期 |
|---|---|---|---|---|
| 清康熙 青花山水图折腰浅盘 | 直径15.5cm;高4.8cm | 34,500 | 中贸圣佳 | 2022-08-13 |
| 清康熙、清雍正 青花人物纹、教子图盘（各一只） | 直径20.2cm;直径15.7cm | 34,500 | 中国嘉德 | 2022-05-31 |
| 清康熙 青花人物纹折沿大盘 | 直径38cm | 34,500 | 中国嘉德 | 2022-09-28 |
| 清康熙 青花携琴访友图盘 | 直径22.3cm | 34,500 | 广东崇正 | 2022-08-11 |
| 清康熙 若深珍藏款青花《西厢记》长亭送别图盘 | 直径21.6cm | 33,350 | 中贸圣佳 | 2022-08-13 |
| 清康熙 青花焚香告天图大盘（一对） | 直径20.5cm×2 | 32,200 | 中国嘉德 | 2022-05-30 |
| 清康熙 青花人物仕女纹、东方朔偷桃图折沿大盘（各一只） | 直径27.5cm;直径26.5cm | 32,200 | 中国嘉德 | 2022-05-31 |
| 清康熙 青花淡描狮子穿花纹盘 | 口径16.4cm | 32,200 | 北京大羿 | 2022-09-26 |
| 清康熙 青花寒江独钓图盘 | 直径22.3cm | 32,200 | 广东崇正 | 2022-08-11 |
| 清康熙 青花鱼化龙纹盘 | 直径16.2cm | 31,050 | 北京中汉 | 2022-09-29 |
| 清康熙 青花《西厢记》惠明寄书故事图盘 | 直径27.4cm | 31,050 | 中贸圣佳 | 2022-09-25 |
| 清康熙 青花《西厢记》人物赏盘（一对） | 直径20.3cm×2 | 30,901 | 华艺国际 | 2022-11-27 |
| 清康熙 青花仿成窑婴戏图盘 | 直径15cm | 28,801 | 华艺国际 | 2022-05-29 |
| 清康熙 青花缠枝花卉图盏托 | 直径11.5cm | 51,750 | 中贸圣佳 | 2022-08-13 |
| 清康熙 青花八卦海水纹碗（一对） | 直径12.2cm×2 | 810,823 | 香港苏富比 | 2022-11-25 |
| 清康熙 青花耕织图诗文大碗 | 直径20.2cm | 598,000 | 中国嘉德 | 2022-06-27 |
| 清康熙 青花烟寺晚钟人物故事图碗 | 直径19.4cm;高7cm | 460,000 | 中贸圣佳 | 2022-07-26 |
| 清康熙/雍正 仿宣德青花琅嬛女仙图高足碗 | 直径15.8cm | 437,000 | 中国嘉德 | 2022-12-26 |
| 清康熙 青花福寿云龙纹碗 | 直径13.1cm | 414,000 | 北京诚轩 | 2022-08-09 |
| 清康熙 青花三友图碗 | 直径13.3cm | 345,000 | 华艺国际 | 2022-09-23 |
| 清康熙 仿万历青花内云龙纹外五谷丰登图碗（一对） | 直径18cm×2 | 322,000 | 中国嘉德 | 2022-12-26 |
| 清康熙 青花缠枝莲纹碗（一对） | 直径16.4cm×2 | 301,163 | 香港苏富比 | 2022-11-25 |
| 清康熙 青花耕织图诗文大碗 | 直径20cm | 276,000 | 中国嘉德 | 2022-06-27 |
| 清康熙 青花云龙追珠纹碗 | 直径14.1cm | 254,830 | 香港苏富比 | 2022-11-25 |
| 清康熙 青花梅竹荷塘图碗（一对） | 直径15.96cm×2 | 253,000 | 北京诚轩 | 2022-08-09 |
| 清康熙 青花暗刻云龙纹高足碗 | 口径15cm | 253,000 | 北京大羿 | 2022-12-25 |
| 清康熙 外珊瑚红内青花莲塘纹碗 | 直径11.4cm | 246,678 | 纽约佳士得 | 2022-09-23 |
| 清康熙 青花牡丹纹碗 | 直径16cm | 220,728 | 中国嘉德 | 2022-10-07 |
| 清康熙 青花山水人物纹大碗 | 直径36cm | 207,000 | 中国嘉德 | 2022-12-26 |
| 清康熙 青花狄仁杰拜相人物故事图大金钟碗 | 直径27.2cm | 161,000 | 中国嘉德 | 2022-05-30 |
| 清康熙 青花缠枝牡丹纹碗 | 直径11.8cm | 149,500 | 北京中汉 | 2022-06-28 |
| 清康熙 人物纹碗 | 直径23cm | 138,000 | 上海嘉禾 | 2022-01-01 |
| 清康熙 青花开光仕女图莲瓣大碗 | 直径25cm | 126,500 | 中国嘉德 | 2022-12-26 |
| 清康熙 青花开光《西厢记》人物故事图莲瓣大碗（一对） | 直径21cm;直径20.5cm | 115,000 | 中国嘉德 | 2022-05-30 |
| 清康熙 青花《三国演义之诸葛亮骂王朗》人物故事图大碗 | 直径34.5cm | 115,000 | 中国嘉德 | 2022-09-27 |
| 清康熙 青花缠枝莲纹大碗 | 直径16.2cm | 115,000 | 中国嘉德 | 2022-09-27 |
| 清康熙 青花人物诗文碗 | 直径10.8cm | 115,000 | 北京保利 | 2022-07-16 |
| 清康熙 青花人物故事图大碗 | 直径21.8cm | 115,000 | 华艺国际 | 2022-09-23 |
| 清康熙 青花凤文大碗 | 直径21.3cm | 103,500 | 北京保利 | 2022-07-16 |
| 清康熙 青花有凤来仪图碗 | 直径19.3cm | 101,200 | 北京中汉 | 2022-06-03 |
| 清康熙 青花东方朔偷桃人物故事图大碗（一对） | 直径19.8cm×2 | 97,750 | 中国嘉德 | 2022-09-27 |
| 清康熙 青花月影梅花折沿大碗 | 直径20cm;高9.8cm | 96,600 | 中贸圣佳 | 2022-08-13 |
| 清康熙 青花《西厢记》人物故事图折沿碗 | 直径20.1cm | 92,000 | 北京中汉 | 2022-04-27 |
| 清康熙 青花开窗人物诗文大海碗 | 高13cm;直径26.8cm | 92,000 | 广东崇正 | 2022-12-25 |
| 清康熙 青花群仙祝寿图碗（一对） | 直径20.3cm×2 | 86,250 | 永乐拍卖 | 2022-07-25 |
| 清康熙 内外青花缠枝莲纹大碗 | 高9cm;直径19.3cm | 80,500 | 保利厦门 | 2022-10-22 |
| 清康熙 青花缠枝莲纹碗 | 口径19.4cm | 80,500 | 北京大羿 | 2022-06-26 |
| 清康熙 青花缠枝莲纹大碗 | 直径16.2cm | 80,500 | 中国嘉德 | 2022-09-27 |
| 清康熙 青花《西厢记》故事图碗 | 直径7cm;高15.8cm | 79,350 | 中贸圣佳 | 2022-08-13 |
| 清康熙 珊瑚红地青花团凤纹碗 | 直径9.2cm | 75,291 | 香港苏富比 | 2022-11-25 |
| 清康熙 青花开光饮中八仙诗文八方倭角碗 | 直径20.6cm | 74,750 | 中国嘉德 | 2022-09-30 |
| 清康熙 青花花卉湖石大碗 | 直径20.2cm | 74,750 | 北京保利 | 2022-07-29 |
| 清康熙 仿宣德青花云龙纹大鸡心碗 | 直径19cm | 74,750 | 中国嘉德 | 2022-06-27 |
| 清康熙 青花月影梅花鸟纹大碗 | 直径20.4cm | 74,750 | 中国嘉德 | 2022-09-28 |
| 清康熙 青花缠枝莲纹碗 | 直径16cm | 74,750 | 中国嘉德 | 2022-09-28 |
| 清康熙 青花吹箫引凤人物故事图大碗 | 直径28.9cm;高15cm | 74,750 | 中贸圣佳 | 2022-09-25 |
| 清康熙 仿万历青花三多纹卧足碗 | 直径10.8cm | 69,000 | 中国嘉德 | 2022-05-30 |
| 清康熙 内青花花卉纹外蓝地素胎暗刻龙纹碗 | 直径20.2cm | 69,000 | 北京中汉 | 2022-04-27 |
| 清康熙 青花龙凤呈祥纹折腰碗 | 高9cm;直径17.5cm | 63,250 | 保利厦门 | 2022-10-22 |
| 清康熙 青花缠枝莲纹碗 | 直径16.2cm | 63,250 | 中国嘉德 | 2022-05-29 |
| 清康熙 青花《西厢记》人物故事图碗 | 直径15.4cm | 63,250 | 中国嘉德 | 2022-05-30 |
| 清康熙 青花《后赤壁赋》山水人物诗文大碗 | 直径19cm | 63,250 | 中国嘉德 | 2022-06-01 |
| 清康熙 青花暗刻八吉祥纹高足碗 | 直径13.8cm | 57,500 | 华艺国际 | 2022-09-23 |
| 清康熙 青花五谷丰登图碗 | 直径13.2cm | 55,200 | 中国嘉德 | 2022-05-31 |
| 清康熙 青花凤穿牡丹纹大碗 | 直径19cm | 55,200 | 永乐拍卖 | 2022-07-24 |
| 清康熙 青花山水人物碗 | 直径21cm | 48,300 | 北京保利 | 2022-07-16 |
| 清康熙 青花鱼化龙纹碗 | 直径15.6cm | 46,000 | 北京中汉 | 2022-04-27 |
| 清康熙早期 青花披麻皴山水纹大碗 | 直径17cm | 46,000 | 中国嘉德 | 2022-09-28 |
| 清康熙 青花蟾宫折桂图葵式碗 | 口径21.5cm;高10cm | 46,000 | 浙江佳宝 | 2022-03-13 |
| 清康熙 青花八仙庆寿图花口碗（一对） | 直径12.8cm×2 | 43,700 | 中国嘉德 | 2022-09-28 |
| 清康熙 青花内花卉纹外花鸟纹大碗 | 直径23.8cm | 43,700 | 中国嘉德 | 2022-09-27 |
| 清康熙早期 青花披麻皴山水人物纹花口大碗（一对） | 直径20cm×2 | 40,250 | 中国嘉德 | 2022-09-28 |
| 清康熙 青花八仙庆寿图大碗 | 直径19.2cm | 40,250 | 中国嘉德 | 2022-05-30 |
| 清康熙 青花留白云龙纹碗 | 直径13.5cm | 36,800 | 中国嘉德 | 2022-09-28 |
| 清康熙 青花《西厢记》长亭送别图大碗 | 高11cm;直径25.5cm | 36,800 | 保利厦门 | 2022-10-22 |
| 清康熙 青花一路连科图大碗 | 直径20.5cm | 34,500 | 中国嘉德 | 2022-09-28 |
| 清康熙 青花四妃十六子图花口碗 | 高6.5cm;直径11.5cm | 34,500 | 保利厦门 | 2022-10-22 |
| 清康熙 仿宣德青花缠枝葵花纹大碗 | 直径19.7cm | 34,500 | 中国嘉德 | 2022-05-30 |
| 清康熙 青花《西厢记》人物故事诗文碗 | 直径11.2cm | 34,500 | 中国嘉德 | 2022-09-28 |
| 清康熙 青花秋葵纹碗 | 直径14.5cm | 34,500 | 广东崇正 | 2022-08-11 |
| 清康熙 青花云鹤纹大碗 | 直径21.5cm | 32,200 | 中国嘉德 | 2022-06-01 |
| 清康熙 淡描青花婴戏图斗笠盏 | 直径10.2cm | 115,000 | 中国嘉德 | 2022-05-30 |
| 清康熙 青花教子图杯盏（四套） | 尺寸不一 | 34,500 | 中国嘉德 | 2022-09-28 |
| 清康熙 青花折枝花卉纹杯盏（二十六套） | 尺寸不一 | 34,500 | 中国嘉德 | 2022-09-30 |
| 清康熙 青花仕女、婴戏纹盏（二十八件） | 尺寸不一 | 32,200 | 中国嘉德 | 2022-09-30 |
| 清康熙 青花八仙庆寿图杯 | 直径9.5cm | 920,000 | 中国嘉德 | 2022-12-26 |
| 清康熙 青花八月桂花花神杯 | 直径6.5cm | 690,000 | 北京大羿 | 2022-09-26 |
| 清康熙 青花飞鹏腾达图杯 | 直径6.5cm | 690,000 | 北京中汉 | 2022-12-09 |
| 清康熙 青花百蝶图铃铛杯 | 直径8cm;高11.5cm（含座） | 483,000 | 中国嘉德 | 2022-06-27 |
| 清康熙 青花花神杯（桂花） | 直径6.5cm | 437,000 | 北京中汉 | 2022-06-03 |
| 清康熙 青花宋人词意图杯（一对） | 直径6.4cm×2 | 391,000 | 北京中汉 | 2022-12-09 |
| 清康熙 青花贯套花卉纹杯 | 直径6cm | 368,000 | 中国嘉德 | 2022-12-26 |
| 清康熙 青花淡描缠枝莲灵芝纹高足杯 | 高12.2cm;直径6.8cm | 287,500 | 西泠印社 | 2022-08-20 |
| 清康熙 仿嘉靖青花云纹杯 | 直径8.4cm | 115,000 | 中国嘉德 | 2022-09-27 |
| 清康熙 青花七月兰花图花神杯 | 高4.9cm;直径6.5cm | 115,000 | 西泠印社 | 2022-01-22 |
| 清康熙 青花云龙纹杯（一组四件） | 直径4.8cm×4;高3cm×4 | 103,500 | 广东崇正 | 2022-08-11 |

## 2022瓷器拍卖成交汇总(续表)

(成交价RMB: 3万元以上)

| 名称 | 物品尺寸 | 成交价RMB | 拍卖公司 | 拍卖日期 |
|---|---|---|---|---|
| 清康熙 青花把蟹行乐图杯 | 直径9cm；高5cm | 69,000 | 广东崇正 | 2022-08-11 |
| 清康熙 青花折枝葡萄纹小杯 | 高4cm；直径5.5cm | 63,250 | 保利厦门 | 2022-10-22 |
| 清康熙 青花岁寒三友图杯（一对） | 直径8.36cm×2 | 59,800 | 北京诚轩 | 2022-08-09 |
| 清康熙 仿成化青花云龙纹茶圆 | 直径9.2cm | 57,500 | 中国嘉德 | 2022-05-30 |
| 清康熙 青花《西厢记》图诗文小杯 | 直径8.8cm；高8.3cm | 57,500 | 中贸圣佳 | 2022-08-13 |
| 清康熙 青花披麻皴渔乐山水铃铛杯 | 直径7.1cm；高6.4cm | 55,200 | 中贸圣佳 | 2022-08-13 |
| 清康熙 青花苏子瞻诗文杯 | 高5.1cm；直径7.1cm | 52,900 | 西泠印社 | 2022-08-20 |
| 清康熙 青花《三国演义之赵子龙单骑救主》故事图杯 | 口径6.2cm | 46,000 | 北京大羿 | 2022-12-25 |
| 清康熙 青花人物纹杯（十只） | 直径7.2cm×10 | 34,500 | 中国嘉德 | 2022-06-01 |
| 清康熙 青花淡描莲托杂宝纹卧足杯 | 直径7cm | 32,200 | 北京中汉 | 2022-08-08 |
| 清康熙 青花团凤纹夜式盖盒 | 高18.8cm；直径11.8cm | 4,945,000 | 中国嘉德 | 2022-06-27 |
| 清康熙 青花蟾宫折桂图捧盒 | 直径17.5cm | 230,000 | 华艺国际 | 2022-09-23 |
| 清康熙 青花淡描百子戏春图盖盒 | 直径11cm；高5.3cm | 80,500 | 中贸圣佳 | 2022-09-27 |
| 清康熙 青花山水人物绞花盆 | 直径24.2cm | 195,500 | 永乐拍卖 | 2022-07-24 |
| 清康熙 青花缠枝花卉绞大花盆 | 直径56cm；高33.5cm | 126,500 | 中贸圣佳 | 2022-07-13 |
| 清康熙 青花《西厢记》之团鸾花烛人物故事图花盆 | 直径23.7cm；高15.8cm | 103,500 | 北京中汉 | 2022-04-27 |
| 清康熙 青花蝉纹花盆（一对） | 直径32.7cm×2 | 97,750 | 中国嘉德 | 2022-09-27 |
| 清康熙 青花花鸟纹折沿花盆 | 直径22cm | 80,500 | 中国嘉德 | 2022-09-27 |
| 清康熙 青花山水人物纹花盆 | 高16cm；直径23cm | 74,750 | 保利厦门 | 2022-10-22 |
| 清康熙 青花羲之爱鹅人物故事图花盆 | 直径23.8cm | 57,500 | 中国嘉德 | 2022-09-28 |
| 清康熙 青花山水纹花盆 | 直径21.3cm；高13.7cm | 33,350 | 北京中汉 | 2022-08-08 |
| 清康熙/雍正 青花双清四喜图鱼浅 | 直径65.5cm | 2,817,500 | 中国嘉德 | 2022-09-27 |
| 清康熙 青花山水人物纹大缸 | 直径53cm | 667,000 | 华艺国际 | 2022-09-23 |
| 清康熙 青花郭子仪祝寿图小卷缸 | 直径21.3cm；高17.1cm | 356,500 | 中贸圣佳 | 2022-07-26 |
| 清康熙 青花开光山水人物图卷缸 | 直径22.4cm；高18.2cm | 310,500 | 中贸圣佳 | 2022-07-13 |
| 清康熙 青花鱼藻纹小缸 | 高17.5cm | 304,750 | 北京大羿 | 2022-09-25 |
| 清康熙 青花九龙闹海图大卷缸 | 直径54cm；高44cm | 264,500 | 北京中汉 | 2022-09-29 |
| 清康熙 青花五老图案缸 | 直径20.4cm | 253,000 | 中国嘉德 | 2022-12-26 |
| 清康熙 青花月影梅纹案缸 | 直径21cm | 184,000 | 中国嘉德 | 2022-05-29 |
| 清康熙 青花淡描松竹梅纹缸 | 直径18.5cm | 184,000 | 华艺国际 | 2022-09-23 |
| 清康熙 青花通景山水纹卷缸（带木座） | 直径19.5cm；高17cm | 172,500 | 广东崇正 | 2022-08-11 |
| 清康熙 白釉凸花缠枝牡丹开光青花云龙纹鸡心缸 | 直径21.7cm | 161,000 | 中国嘉德 | 2022-09-27 |
| 清康熙 青花鱼藻纹案缸 | 直径23cm | 126,500 | 中国嘉德 | 2022-05-30 |
| 清康熙 青花鱼藻纹卷缸 | 直径22.5cm | 110,364 | 中国嘉德 | 2022-10-07 |
| 清康熙 青花太白醉酒图鸡心案缸 | 直径21.8cm | 80,500 | 中国嘉德 | 2022-05-31 |
| 清康熙 青花山水人物纹案缸 | 直径24.5cm | 69,000 | 中国嘉德 | 2022-05-31 |
| 清康熙 青花九凤纹大缸 | 直径49cm | 69,000 | 华艺国际 | 2022-09-23 |
| 清康熙 青花文会图小卷缸 | 直径20cm | 66,700 | 中贸圣佳 | 2022-06-07 |
| 清康熙 青花清日礼贵鱼藻纹案缸 | 直径23.2cm | 63,250 | 中国嘉德 | 2022-09-28 |
| 清康熙 青花线描神仙人物图小卷缸 | 直径25.7cm；高19.6cm | 51,750 | 中贸圣佳 | 2022-06-07 |
| 清康熙 青花枯树寒江图案缸 | 直径17cm | 51,750 | 中鸿信 | 2022-09-11 |
| 清康熙 青花松竹纹大缸 | 高24.5cm；口径32.5cm | 46,000 | 广东崇正 | 2022-04-17 |
| 清康熙 青花双龙戏珠纹小卷缸 | 直径22.5cm；高17cm | 40,250 | 华艺国际 | 2022-09-23 |
| 清康熙 青花瑞兽图小卷缸 | 直径20.5cm | 35,650 | 华艺国际 | 2022-09-23 |
| 清康熙 青花缠枝莲托寿字纹案缸 | 直径22.8cm | 34,500 | 中国嘉德 | 2022-05-30 |
| 清康熙 青花山水人物纹案缸 | 直径22.3cm | 32,200 | 中国嘉德 | 2022-05-31 |
| 清康熙 仿嘉靖青花云龙纹经筒 | 高26.5cm | 4,945,000 | 中国嘉德 | 2022-12-26 |
| 清康熙 青花千寿纹笔海 | 24cm×19.5cm | 115,000 | 上海嘉禾 | 2022-01-01 |
| 清康熙 青花山水人物诗文笔海 | 直径19.9cm | 92,000 | 永乐拍卖 | 2022-07-24 |
| 清康熙早期 青花蔡襄造桥神仙人物故事图撇口大笔筒 | 直径17.5cm | 1,058,000 | 中国嘉德 | 2022-05-29 |
| 清康熙 青花三顾茅庐图笔筒 | 直径21.1cm | 972,064 | 佳士得 | 2022-05-30 |
| 清康熙 青花通景山水人物图笔筒 | 高15.5cm | 869,116 | 佳士得 | 2022-11-29 |
| 清康熙 青花《后赤壁赋》笔筒 | 直径18cm | 792,893 | 纽约佳士得 | 2022-09-23 |
| 清康熙 青花鱼化龙图《正气歌》诗文笔筒 | 直径18.8cm；高16cm | 782,000 | 北京中汉 | 2022-08-08 |
| 清康熙 青花人物故事图笔筒 | 直径18.6cm；高15.3cm | 632,500 | 西泠印社 | 2022-01-22 |
| 清康熙 青花博古开光渔人图大笔筒 | 直径18.6cm；高21cm（含座） | 414,000 | 中国嘉德 | 2022-12-26 |
| 清康熙 青花张骞乘槎图笔筒 | 直径16.1cm | 352,397 | 纽约佳士得 | 2022-09-23 |
| 清康熙 青花狄仁杰拜相人物故事图大笔筒 | 直径18.6cm | 345,000 | 中国嘉德 | 2022-06-01 |
| 清康熙 青花惜花爱月诗意人物图大笔筒 | 高14.8cm；直径6.7cm | 345,000 | 北京中汉 | 2022-12-09 |
| 清康熙 青花山水人物纹三足笔筒 | 直径19cm | 287,500 | 中国嘉德 | 2022-05-29 |
| 清康熙 青花张骞出使西域人物故事图大笔筒 | 直径19.2cm | 287,500 | 中国嘉德 | 2022-05-29 |
| 清康熙 青花通景山水图大笔筒 | 高14.5cm；直径17cm | 253,000 | 保利厦门 | 2022-10-22 |
| 清康熙 青花《后赤壁赋》山水诗文笔筒 | 直径18.4cm | 218,500 | 中国嘉德 | 2022-05-31 |
| 清康熙早期 青花文王访贤人物故事图撇口大笔筒 | 直径20.8cm | 207,000 | 中国嘉德 | 2022-05-29 |
| 清康熙 青花人物故事图笔筒 | 直径18.4cm；高14.7cm | 207,000 | 中贸圣佳 | 2022-07-13 |
| 清康熙 青花大富贵亦寿考人物故事图大笔筒 | 直径17.2cm | 207,000 | 中国嘉德 | 2022-08-26 |
| 清康熙早期 青花庭院仕女图小笔筒 | 高13cm | 195,500 | 中国嘉德 | 2022-05-29 |
| 清康熙 青花群仙祝寿、五老观太极图笔筒 | 高18.5cm | 195,500 | 北京大羿 | 2022-09-25 |
| 清康熙 青花《三国演义之陆逊问津》人物故事图笔筒 | 直径19.1cm | 172,500 | 中国嘉德 | 2022-05-30 |
| 清康熙 青花人物故事图束腰笔筒 | 直径22.8cm；高18.2cm | 172,500 | 中贸圣佳 | 2022-07-26 |
| 清康熙早期 青花麻姑山水纹笔筒 | 直径20cm | 161,000 | 中国嘉德 | 2022-05-29 |
| 清康熙 青花十八学士笔筒 | 直径18cm | 155,250 | 华艺国际 | 2022-09-23 |
| 清康熙 青花山水渡归图笔筒 | 高14.7cm | 143,750 | 北京大羿 | 2022-09-25 |
| 清康熙 青花人物故事图笔筒 | 直径18.3cm；高15.6cm | 138,000 | 中贸圣佳 | 2022-09-25 |
| 清康熙 青花开光山水人物笔筒 | 直径18.9cm | 132,436 | 中国嘉德 | 2022-10-07 |
| 清康熙 粉青地青花荷塘纹笔筒 | 直径18.4cm | 127,415 | 香港苏富比 | 2022-11-25 |
| 清康熙 青花三星图三足笔筒 | 直径19.5cm | 126,500 | 中国嘉德 | 2022-05-29 |
| 清康熙 青花赤壁图诗文笔筒 | 高15.5cm | 126,500 | 北京大羿 | 2022-12-25 |
| 清康熙 青花《前赤壁赋》山水人物诗文大笔筒 | 直径17.2cm | 115,000 | 中国嘉德 | 2022-05-29 |
| 清康熙 青花《兰亭记》诗文大笔筒 | 直径18.8cm | 115,000 | 中国嘉德 | 2022-09-28 |
| 清康熙 青花十八学士图大笔筒 | 高18cm；直径15.5cm | 115,000 | 保利厦门 | 2022-10-22 |
| 清康熙 青花宴乐图笔筒 | 高15cm；直径12cm | 115,000 | 华艺国际 | 2022-09-23 |
| 清康熙 青花淡描人物图笔筒 | 直径17.5cm；高15cm | 109,250 | 华艺国际 | 2022-09-23 |
| 清康熙 青花山水人物图笔筒 | 高15cm；直径19.1cm | 105,800 | 北京中汉 | 2022-08-08 |
| 清康熙 青花翻羹不悔故事图笔筒 | 高15cm | 101,200 | 北京大羿 | 2022-09-25 |
| 清康熙 青花海兽纹大笔筒 | 直径18.5cm | 97,750 | 中国嘉德 | 2022-06-01 |
| 清康熙 青花饮中八仙之太白醉酒人物故事诗文笔筒 | 高12.5cm | 97,750 | 中国嘉德 | 2022-05-31 |
| 清康熙 青花人物纹笔筒 | 直径19cm | 90,498 | 中国嘉德 | 2022-10-07 |
| 清康熙 青花人物故事笔筒 | 直径16.8cm | 88,291 | 中国嘉德 | 2022-10-07 |
| 清康熙 青花开光渔乐图笔筒 | 高16cm；直径19.8cm | 86,250 | 西泠印社 | 2022-08-20 |

**2022瓷器拍卖成交汇总(续表)**

(成交价RMB：3万元以上)

| 名称 | 物品尺寸 | 成交价RMB | 拍卖公司 | 拍卖日期 |
|---|---|---|---|---|
| 清康熙 青花山水人物纹笔筒 | 高16cm；直径18.5cm | 82,800 | 广东崇正 | 2022-12-25 |
| 清康熙 青花开光山水人物博古花卉纹笔筒 | 直径18.2cm；高15.9cm | 74,750 | 北京中汉 | 2022-06-28 |
| 清康熙 青花高士图笔筒 | 高13.2cm | 70,479 | 纽约佳士得 | 2022-09-23 |
| 清康熙 青花洞石花卉纹笔筒 | 高13.2cm | 69,000 | 中贸圣佳 | 2022-10-27 |
| 清康熙 青花山水人物纹三足笔筒 | 高12.5cm；直径15.8cm | 66,700 | 广东崇正 | 2022-08-11 |
| 清康熙 青花携琴访友图笔筒 | 直径18cm | 57,500 | 西泠印社 | 2022-01-22 |
| 清康熙 青花开光渔乐图笔筒 | 高16cm；直径19.8cm | 57,500 | 西泠印社 | 2022-01-22 |
| 清康熙 青花山水楼阁图笔筒 | 高12.8cm | 54,050 | 北京大羿 | 2022-12-25 |
| 清康熙 青花博古图束腰笔筒 | 高13cm；直径11cm | 51,750 | 保利厦门 | 2022-10-22 |
| 清康熙 青花才子佳人图束腰笔筒 | 高15cm | 48,300 | 保利厦门 | |
| 清康熙 青花人物笔筒 | 18.8cm×15cm | 46,000 | 上海嘉禾 | 2022-01-01 |
| 清康熙 青花开光山水人物纹大笔筒 | 高16.5cm；直径19.5cm | 46,000 | 保利厦门 | 2022-10-22 |
| 清康熙 青花折枝花虫纹笔筒 | 高13.2cm | 43,700 | 中国嘉德 | 2022-05-30 |
| 清康熙 青花山水人物纹笔筒 | 高14.5cm | 43,700 | 中国嘉德 | 2022-09-28 |
| 清康熙 早期 青花披麻皴山水人物纹笔筒 | 直径12.5cm | 36,800 | 中国嘉德 | 2022-05-31 |
| 清康熙 青花博古开光花鸟纹大笔筒 | 直径19cm | 36,800 | 中国嘉德 | 2022-05-31 |
| 清康熙 青花山水纹笔筒 | 高15.3cm；直径18.5cm | 36,800 | 广东崇正 | 2022-08-11 |
| 清康熙 青花云凤纹笔筒 | 高13.5cm | 34,500 | 中国嘉德 | 2022-05-30 |
| 清康熙 青花大富贵亦寿考图笔筒 | 高13cm | 34,500 | 北京中汉 | 2022-09-29 |
| 清康熙 青花山水人物纹笔筒 | 直径18cm；高15cm | 34,500 | 深圳富诺得 | 2022-10-06 |
| 清康熙 青花山水人物博古图笔筒 | 高12.4cm | 32,200 | 中国嘉德 | 2022-05-30 |
| 清康熙 青花渔家乐图笔筒 | 高13.4cm | 32,200 | 中国嘉德 | 2022-06-01 |
| 清康熙 青花披麻皴山水人物景致图笔筒 | 直径8.7cm；高13.9cm | 32,200 | 中贸圣佳 | 2022-09-25 |
| 清康熙 青花山水纹大洗 | 直径38.3cm | 287,500 | 永乐拍卖 | 2022-07-24 |
| 清康熙 青花留白蝶恋花纹洗 | 直径16.5cm | 92,000 | 北京大羿 | 2022-05-31 |
| 清康熙 青花瓜棱开光山水人物纹洗 | 直径22.5cm | 34,500 | 中国嘉德 | 2022-09-27 |
| 清康熙 青花外缠枝莲内龙凤纹洗 | 直径16.8cm；高4.6cm | 34,500 | 中贸圣佳 | 2022-09-25 |
| 清康熙 青花春归图小水盂 | 口径4.2cm；高5.6cm | 161,000 | 中贸圣佳 | 2022-06-07 |
| 清康熙 青花虫草纹砚台 | 直径21.5cm | 189,750 | 保利厦门 | 2022-10-22 |
| 清康熙 青花水砚 | 32cm×21cm | 161,000 | 上海嘉禾 | 2022-01-01 |
| 清康熙 青花开光山水瓷砚 | 直径22cm | 57,500 | 北京保利 | 2022-07-29 |
| 清康熙 青花四妃十六子图大印盒 | 直径16.5cm | 172,500 | 保利厦门 | 2022-10-22 |
| 清康熙 青花缠枝莲纹水丞 | 直径10.1cm | 87,434 | 中国嘉德 | 2022-06-04 |
| 清康熙 青花缠枝莲纹水丞 | 高9.7cm | 46,170 | 保利香港 | 2022-07-14 |
| 清康熙 青花山水人物纹瓷砖 | 27.2cm×20.4cm | 46,000 | 中国嘉德 | 2022-05-30 |
| 清康熙 青花穿花龙纹花囊 | 直径16.2cm；高12cm | 43,700 | 北京中汉 | 2022-06-03 |
| 清康熙 青花山水人物笔斗 | 高16cm；直径20.2cm | 32,976 | 台北艺珍 | 2022-03-06 |
| 清康熙 青花蝉纹水丞 | 直径7.7cm×高3.6cm | 32,200 | 北京诚轩 | 2022-08-09 |
| 清雍正 青花缠枝莲花卉灯笼瓶 | 高25.4cm | 4,025,000 | 北京保利 | 2022-07-28 |
| 清雍正 青花缠枝莲花卉天球瓶 | 高55cm | 1,725,000 | 北京保利 | 2022-07-16 |
| 清雍正 青花折枝花果纹梅瓶 | 高21cm | 816,500 | 永乐拍卖 | 2022-07-24 |
| 清雍正 仿永乐青花缠枝莲纹梅瓶 | 高25cm | 805,000 | 中鸿信 | 2022-09-11 |
| 清雍正 青花婴戏图小灯笼瓶 | 高9.7cm | 717,366 | 中国嘉德 | 2022-10-07 |
| 清雍正 青花缠枝花卉海水江崖纹抱月瓶 | 高30.4cm | 632,500 | 中贸圣佳 | 2022-10-27 |
| 清雍正 青花婴戏图小灯笼瓶 | 高6.5cm | 419,383 | 中国嘉德 | 2022-10-07 |
| 清雍正 青花双耳瓶 | 高22cm | 402,500 | 浙江御承 | 2022-08-28 |
| 清雍正 青花竹石芭蕉玉壶春瓶 | 高34.5cm | 391,000 | 永乐拍卖 | 2022-07-25 |
| 清雍正 青花三多图梅瓶 | 高34.5cm | 345,000 | 中贸圣佳 | 2022-08-13 |
| 清雍正 青花缠枝花卉纹蟠耳壁瓶 | 高16cm | 287,500 | 中国嘉德 | 2022-12-26 |
| 清雍正/乾隆 青花云龙纹玉壶春瓶 | 高39.5cm | 195,500 | 保利厦门 | 2022-10-22 |

| 名称 | 物品尺寸 | 成交价RMB | 拍卖公司 | 拍卖日期 |
|---|---|---|---|---|
| 清雍正 青花山水人物纹梅瓶 | 48cm×23cm | 172,500 | 上海嘉禾 | 2022-01-01 |
| 清雍正 青花蒜头瓶 | 30.5cm×5cm | 172,500 | 上海嘉禾 | 2022-01-01 |
| 清雍正 青花灵芝纹八方小瓶 | 高6.8cm；直径6cm | 149,500 | 西泠印社 | 2022-08-20 |
| 清雍正 青花缠枝花卉纹抱月瓶 | 高27.7cm | 115,000 | 中国嘉德 | 2022-05-29 |
| 清雍正 淡描竹纹梅瓶 | 高26.5cm | 115,000 | 北京保利 | 2022-07-16 |
| 清雍正或较晚 青花折枝花果大天球瓶 | 高52cm | 115,000 | 北京保利 | 2022-07-16 |
| 清雍正 仿永乐青花缠枝莲纹抱耳瓶 | 高33.3cm | 86,250 | 中国嘉德 | 2022-05-30 |
| 清雍正 青花福禄万代葫芦瓶 | 高30.9cm | 78,200 | 永乐拍卖 | 2022-07-24 |
| 清雍正 青花八仙贺寿图盘口瓶 | 高38.2cm | 48,300 | 北京中汉 | 2022-08-08 |
| 清雍正 青花云龙纹玉壶春瓶 | 高21.3cm | 36,800 | 中国嘉德 | 2022-09-28 |
| 清雍正 青花龙纹胆瓶 | 35.8cm×22cm | 36,800 | 上海嘉禾 | 2022-01-01 |
| 清雍正 青花通景山水大瓶 | 高62.5cm | 34,500 | 北京保利 | 2022-07-16 |
| 清雍正 青花缠枝花卉盘口瓶 | 高34.2cm | 34,500 | 北京保利 | 2022-07-29 |
| 清雍正 青花珍珠地凸花花蝶纹蒜头瓶、大碗（各一件）| 直径25.5cm；高22.8cm | 32,200 | 中国嘉德 | 2022-06-01 |
| 清雍正 青花缠枝花卉纹三牺尊 | 高33cm | 5,692,500 | 华艺国际 | 2022-07-29 |
| 清雍正 御制青花缠枝萱花弦纹撇口尊 | 高20cm | 2,645,000 | 永乐拍卖 | 2022-07-24 |
| 清雍正 青花老子出关、商山四皓图大尊 | 高51cm | 667,000 | 北京大羿 | 2022-12-25 |
| 清雍正 青花缠枝莲纹铺首尊 | 高33cm | 218,500 | 保利厦门 | 2022-10-22 |
| 清雍正 青花锦地开光莲纹小尊 | 高5.5cm | 149,500 | 华艺国际 | 2022-09-23 |
| 清雍正 青花鹤鹿同春图盘口尊 | 高34.5cm | 103,500 | 中国嘉德 | 2022-12-26 |
| 清雍正 仿青铜纹双羊首耳大尊 | 高39.5cm | 89,700 | 中贸圣佳 | 2022-06-07 |
| 清雍正 青花缠枝莲弦纹合欢尊 | 高16.8cm | 57,500 | 北京中汉 | 2022-08-08 |
| 清雍正 青花缠枝花卉纹扁壶 | 高37.3cm | 2,990,000 | 永乐拍卖 | 2022-07-25 |
| 清雍正 青花缠枝花卉纹鸠耳壶 | 高33.5cm | 2,051,179 | 香港苏富比 | 2022-10-09 |
| 清雍正 青花瑞果纹绶带耳扁壶 | 高29cm | 242,800 | 华艺国际 | 2022-11-27 |
| 清雍正 青花松竹梅荷叶小盖罐 | 高19.5cm | 4,025,000 | 北京保利 | 2022-07-28 |
| 清雍正 青花岁寒三友小罐 | 高5.2cm | 1,000,500 | 北京保利 | 2022-02-03 |
| 清雍正 青花岁寒三友小罐（一对）| 高9cm×2 | 971,203 | 中国嘉德 | 2022-10-07 |
| 清雍正 青花缠枝花卉纹轴头罐 | 高5.5cm；直径6cm | 920,000 | 西泠印社 | 2022-01-22 |
| 清雍正 青花三多纹双系盖罐 | 高10cm | 827,730 | 中国嘉德 | 2022-10-07 |
| 清雍正 青花癞瓜小罐 | 高9cm | 662,184 | 中国嘉德 | 2022-10-07 |
| 清雍正 青花岁寒三友小罐 | 高8cm | 529,747 | 中国嘉德 | 2022-10-07 |
| 清雍正 青花灵芝八方小罐 | 高8.6cm | 463,528 | 中国嘉德 | 2022-10-07 |
| 清雍正 青花灵芝八方小罐 | 高8.6cm | 386,274 | 中国嘉德 | 2022-10-07 |
| 清雍正 青花灵芝八方小罐 | 高7cm | 220,728 | 中国嘉德 | 2022-10-07 |
| 清雍正 仿永乐卷草纹轴头罐 | 高5cm；宽6cm | 172,500 | 保利厦门 | 2022-10-22 |
| 清雍正 青花岁寒三友图盖罐（一对）| 高23.5cm×2 | 103,500 | 中国嘉德 | 2022-05-30 |
| 清雍正 青花卷莲纹袖珍罐 | 高4.2cm | 96,909 | 纽约佳士得 | 2022-09-23 |
| 清雍正 青花岁寒三友图天字罐 | 直径19cm | 63,250 | 中国嘉德 | 2022-05-30 |
| 清雍正 青花岁寒三友图天字罐 | 高19.8cm | 63,250 | 中国嘉德 | 2022-05-29 |
| 清雍正 青花山水人物纹太白罐 | 高27cm | 57,500 | 中国嘉德 | 2022-05-30 |
| 清雍正 青花缠枝花卉太白罐 | 高10.9cm | 57,500 | 永乐拍卖 | 2022-07-25 |
| 清雍正/乾隆 青花龙凤纹天字罐 | 直径19cm | 51,750 | 中国嘉德 | 2022-05-31 |
| 清雍正 青花龙凤纹罐 | 高22.8cm | 43,700 | 中国嘉德 | 2022-09-28 |
| 清雍正 青花三多纹罐 | 高22.2cm | 36,800 | 中国嘉德 | 2022-05-31 |
| 清雍正 青花《三国演义》风仪亭人物故事图粥罐 | 高17cm；口径16.7cm | 34,500 | 浙江佳宝 | 2022-03-13 |
| 清雍正 青花四季花纹罐 | 高21cm | 34,500 | 华艺国际 | 2022-09-23 |
| 清雍正 仿明青花缠枝花卉纹太白罐 | 高22.3cm | 32,200 | 中国嘉德 | 2022-09-29 |
| 清雍正 青花三多纹天字罐 | 直径21cm | 32,200 | 中国嘉德 | 2022-09-30 |
| 清雍正 青花通景山水人物景致图大香炉 | 直径31cm；高24.9cm | 46,000 | 中贸圣佳 | 2022-09-25 |
| 清雍正 青花山水人物故事图三足炉 | 直径21cm | 40,250 | 华艺国际 | 2022-09-23 |
| 清雍正 青花山水人物诗文炉 | 高10.8cm；直径16.3cm | 32,200 | 北京中汉 | 2022-08-08 |
| 清雍正 青花缠枝莲纹绣墩 | 高36cm | 184,000 | 北京保利 | 2022-07-16 |
| 清雍正 青花轮花如意绶带耳葫芦扁瓶 | 高29.5cm | 552,000 | 中贸圣佳 | 2023-01-01 |

| 名称 | 物品尺寸 | 成交价RMB | 拍卖公司 | 拍卖日期 |
|---|---|---|---|---|
| 清雍正 苹果绿地青花福寿盘 | 高4cm；口径20cm | 2,300,000 | 浙江御承 | 2022-08-28 |
| 清雍正 御制青花一束莲纹盘 | 直径34.9cm | 1,955,000 | 永乐拍卖 | 2022-07-24 |
| 清雍正 青花宝相花莲托八吉祥纹折沿大盘 | 直径45cm | 1,937,225 | 香港苏富比 | 2022-10-09 |
| 清雍正 青花缠枝莲托八宝纹折沿大盘 | 高9cm；直径45cm | 782,000 | 保利厦门 | 2022-10-22 |
| 清雍正 御窑仿永宣青花一束莲纹大盘 | 直径40.2cm | 747,500 | 中贸圣佳 | 2022-09-25 |
| 清雍正 青花缠枝四季花卉纹盘 | 直径27.3cm | 437,000 | 北京中汉 | 2022-12-09 |
| 清雍正 青花石榴洞石纹小盘 | 直径8.2cm | 432,028 | 佳士得 | 2022-05-30 |
| 清雍正 青花寿桃纹盘 | 直径20.7cm | 414,000 | 中贸圣佳 | 2022-07-26 |
| 清雍正 青花荷塘鸳鸯图卧足盘 | 直径17.7cm | 402,500 | 北京中汉 | 2022-04-27 |
| 清雍正 青花并蒂花卉捧寿纹盘 | 高3cm；宽11.5cm | 402,500 | 保利厦门 | 2022-10-22 |
| 清雍正 青花缠枝菊花纹盘（一对） | 高3cm×2；直径15.2cm×2 | 391,000 | 西泠印社 | 2022-08-21 |
| 清雍正 仿宣德缠枝花卉纹高足盘 | 直径20.1cm | 345,000 | 中国嘉德 | 2022-05-29 |
| 清雍正 青花缠枝莲纹大盘 | 直径27.6cm | 345,000 | 北京保利 | 2022-07-16 |
| 清雍正 青花缠枝莲纹盘（一对） | 直径15cm×2 | 287,500 | 保利厦门 | 2022-05-30 |
| 清雍正 青花缠枝花卉纹盘 | 直径15.2cm | 253,000 | 中国嘉德 | 2022-05-29 |
| 清雍正 青花灵仙祝寿图盘 | 直径21cm | 195,500 | 北京中汉 | 2022-06-28 |
| 清雍正 青花锦地开光《西厢记》之长亭送别人物故事图折沿大盘（一对） | 直径42.6cm；直径42.4cm | 184,000 | 中国嘉德 | 2022-09-28 |
| 清雍正 仿明青花缠枝花卉纹盘 | 直径13.7cm | 172,500 | 中国嘉德 | 2022-05-30 |
| 清雍正 青花缠枝莲纹盘 | 直径14.8cm | 161,000 | 中国嘉德 | 2022-06-27 |
| 清雍正 青花八仙图盘 | 直径20.3cm | 143,750 | 中贸圣佳 | 2022-07-26 |
| 清雍正 青花瑞兽纹高足盘 | 直径10.3cm | 132,250 | 永乐拍卖 | 2022-07-25 |
| 清雍正 青花淡描云龙纹盘 | 高3cm；直径20.5cm | 115,000 | 保利厦门 | 2022-10-22 |
| 清雍正 仿永乐青花缠枝花卉纹菱口大盘 | 直径38.5cm | 92,000 | 中国嘉德 | 2022-05-30 |
| 清雍正 青花一束莲纹盘 | 高5.4cm；直径29.2cm | 69,000 | 西泠印社 | 2022-08-20 |
| 清雍正 青花缠枝花卉纹盘 | 直径21cm | 69,000 | 保利厦门 | 2022-10-22 |
| 清雍正 青花云鹤八卦纹盘 | 直径17.5cm | 69,000 | 北京中汉 | 2022-09-29 |
| 清雍正 青花缠枝莲纹盘 | 直径39cm | 57,500 | 北京中汉 | 2022-09-29 |
| 清雍正 一束莲青花盘 | 直径16.9cm | 57,500 | 上海嘉禾 | 2022-01-01 |
| 清雍正 青花五福捧寿纹盘 | 直径19.6cm | 48,300 | 北京中汉 | 2022-04-27 |
| 清雍正 青花过墙龙纹盘（一对）；青花龙纹盘（一对） | 直径29.2cm×2；直径28.6cm×2 | 46,000 | 中贸圣佳 | 2022-06-07 |
| 清雍正 青花缠枝莲纹盘（一对） | 高3.5cm×2；直径15.3cm×2 | 41,220 | 台北艺珍 | 2022-03-06 |
| 清雍正 青花山水纹大盘 | 直径28.3cm | 40,250 | 中国嘉德 | 2022-09-28 |
| 清雍正 青花一束莲纹大盘 | 直径28.2cm | 36,800 | 中国嘉德 | 2022-09-28 |
| 清雍正 仿永乐青花一束莲纹盘 | 直径16.2cm | 34,500 | 中国嘉德 | 2022-06-01 |
| 清雍正 青花内三娘教子图外鲤鱼纹盘 | 直径15.7cm | 34,500 | 北京中汉 | 2022-06-03 |
| 清雍正 青花洞石菊花纹浅口盘 | 直径20.5cm；高3.6cm | 34,500 | 中贸圣佳 | 2022-08-13 |
| 清雍正 青花淡描仙人图盘 | 高3.8cm；直径16cm | 34,500 | 西泠印社 | 2022-08-20 |
| 清雍正 青花过墙龙纹盘（一对） | 直径28.6cm×2 | 32,200 | 华艺国际 | 2022-09-23 |
| 清雍正 青花凤穿花纹盘 | 直径20.2cm | 32,200 | 中国嘉德 | 2022-09-29 |
| 清雍正 仿成窑黄地青花栀子花纹宫碗 | 直径15cm | 1,437,500 | 北京保利 | 2022-07-28 |
| 清雍正 青花缠枝莲纹斗笠碗 | 直径22.4cm；高7.7cm | 862,500 | 中贸圣佳 | 2022-12-31 |
| 清雍正 青花缠枝莲纹折沿碗 | 直径17cm | 552,000 | 华艺国际 | 2022-09-23 |
| 清雍正 仿成窑青花外缠枝内宝相花碗 | 直径11.8cm | 460,000 | 北京保利 | 2022-07-28 |
| 清雍正 黄地青花缠枝花卉纹大碗 | 直径23.8cm | 402,500 | 中国嘉德 | 2022-12-26 |
| 清雍正 青花缠枝四季花卉纹斗笠碗 | 高7.4cm；直径22.5cm | 402,500 | 西泠印社 | 2022-01-22 |
| 清雍正 青花团螭纹卧足碗 | 直径12cm | 322,000 | 中国嘉德 |  |
| 清雍正 青花团龙纹卧足碗 | 直径11.7cm；高4cm | 322,000 | 北京荣宝 | 2022-07-24 |
| 清雍正 青花三多纹碗 | 直径15.5cm | 319,072 | 香港苏富比 | 2022-10-09 |
| 清雍正 青花缠枝花卉纹小碗 | 直径12.2cm | 299,000 | 中国嘉德 | 2022-06-27 |

| 名称 | 物品尺寸 | 成交价RMB | 拍卖公司 | 拍卖日期 |
|---|---|---|---|---|
| 清雍正 青花缠枝花卉纹大碗 | 直径23.9cm；高11.7cm | 299,000 | 中贸圣佳 | 2023-01-01 |
| 清雍正 青花缠枝莲纹碗（带座） | 直径12cm | 241,500 | 华艺国际 | 2022-07-29 |
| 清雍正 青花穿花龙纹高足碗 | 直径18.5cm | 161,000 | 中国嘉德 | 2022-09-27 |
| 清雍正 青花有凤来仪图大碗 | 高8.5cm；直径18.5cm | 161,000 | 保利厦门 | 2022-10-22 |
| 清雍正 仿宣窑青花缠枝花卉纹大斗笠碗 | 直径22cm | 138,000 | 北京保利 | 2022-07-28 |
| 清雍正 青花团菊纹碗 | 直径14.4cm | 126,500 | 永乐拍卖 | 2022-07-25 |
| 清雍正 青花山水人物大碗 | 直径39.7cm | 115,000 | 北京保利 | 2022-07-16 |
| 清雍正 青花莲托八宝云鹤衔灵芝图碗 | 直径9.3cm | 108,528 | 保利香港 | 2022-10-10 |
| 清雍正 青花西园雅集图碗 | 直径18cm；高8.4cm | 92,000 | 中贸圣佳 | 2022-06-07 |
| 清雍正 黄地青花云龙纹碗 | 高5.5cm；直径12.2cm | 92,000 | 保利厦门 | 2022-10-22 |
| 清雍正 青花云龙纹碗 | 口径14.5cm | 72,450 | 北京大羿 | 2022-12-25 |
| 清雍正 青花龙纹碗 | 直径16.3cm | 59,800 | 华艺国际 | 2022-09-23 |
| 清雍正 仿万历青花荷塘图卧足碗 | 直径13.2cm | 57,500 | 中国嘉德 | 2022-05-31 |
| 清雍正 仿永宣黄地青花三多纹花口大碗 | 直径21.5cm | 55,200 | 中国嘉德 | 2022-05-30 |
| 清雍正 仿明青花云龙纹折腰杯、碗（三只） | 直径12.6cm；直径7.7cm；直径7.2cm | 55,200 | 中国嘉德 | 2022-05-30 |
| 清雍正 青花狮子绣球纹卧足碗 | 直径12.5cm | 46,000 | 北京中汉 | 2022-08-08 |
| 清雍正 青花三马同槽图大碗 | 直径17.5cm | 40,250 | 中国嘉德 | 2022-05-31 |
| 清雍正 青花内团风纹外穿花凤纹折腰大碗 | 直径22.3cm | 36,800 | 中国嘉德 | 2022-05-30 |
| 清雍正 青花山水人物图大碗 | 直径26cm | 34,500 | 北京中汉 | 2022-08-08 |
| 清雍正 青花八骏图大斗笠碗 | 直径20cm | 32,200 | 中国嘉德 | 2022-05-30 |
| 清雍正 青花花卉莲瓣纹鸡心碗（一对） | 直径9.3cm×2 | 32,200 | 北京中汉 | 2022-04-27 |
| 清雍正 青花喜鹊登梅图大斗笠盏 | 直径19.7cm；高7.2cm | 120,750 | 中贸圣佳 | 2022-08-13 |
| 清雍正 仿成窑青花缠枝莲托八吉祥纹小高足杯 | 直径4.5cm | 1,897,500 | 北京保利 | 2022-07-28 |
| 清雍正 仿成窑青花淡描团菊杯（一对） | 直径7.3cm×2 | 1,265,000 | 北京保利 | 2022-07-28 |
| 清雍正 青花梵文杯（一对） | 直径9.9cm×2 | 506,000 | 北京中汉 | 2022-12-09 |
| 清雍正 青花缠枝花卉纹小杯（一对） | 直径7.2cm×2 | 437,000 | 北京荣宝 | 2022-07-24 |
| 清雍正 青花枇杷花鸟图卧足杯 | 直径9.5cm | 368,000 | 华艺国际 | 2022-09-23 |
| 清雍正 青花云鹤纹小杯 | 直径6.8cm；高3.9cm | 63,250 | 中贸圣佳 | 2023-01-01 |
| 清雍正 青花内外缠枝纹钵 | 直径16cm | 1,035,000 | 北京保利 | 2022-07-16 |
| 清雍正 青花缠枝花卉纹钵盂 | 高13.2cm；直径15.5cm | 92,000 | 广东崇正 | 2022-08-11 |
| 清雍正 青花云龙纹海棠形花盆 | 长55.5cm；宽45cm；高22.3cm | 276,000 | 中贸圣佳 | 2022-07-13 |
| 清雍正 御制青花夔龙纹花盆 | 直径22.5cm | 264,500 | 永乐拍卖 | 2022-07-24 |
| 清雍正 青花通景山水图兽耳折沿大缸 | 直径61.4cm；高42.7cm | 201,250 | 中贸圣佳 | 2023-01-01 |
| 清雍正 青花八骏图案缸 | 直径23cm | 115,000 | 中国嘉德 | 2022-05-30 |
| 清雍正 青花山水人物案缸 | 直径23.2cm | 57,500 | 中国嘉德 | 2022-05-30 |
| 清雍正 青花江山社稷图案缸 | 直径24cm | 43,700 | 中国嘉德 | 2022-05-30 |
| 清雍正 青花山水人物案缸 | 直径22.8cm | 43,700 | 中国嘉德 | 2022-05-30 |
| 清雍正 青花云龙纹案缸 | 直径22.8cm | 40,250 | 中国嘉德 | 2022-05-31 |
| 清雍正 高士田园闲趣图笔筒 | 直径10.8cm；高10.6cm | 115,000 | 中贸圣佳 | 2022-08-13 |
| 清雍正 青花十禄图笔筒 | 高14.5cm；口径18.5cm | 103,500 | 浙江佳宝 | 2022-03-13 |
| 清雍正 青花亭台楼阁人物笔筒 | 高18.9cm；直径14.4cm | 80,500 | 中贸圣佳 | 2022-07-13 |
| 清雍正 青花岁寒三友图诗文笔筒 | 直径13cm | 63,250 | 北京中汉 | 2022-04-27 |
| 清雍正 仿成化青花龙纹十棱洗 | 高4.5cm；长17.5cm | 126,500 | 保利厦门 | 2022-10-22 |
| 清雍正 青花折枝花卉纹折沿洗 | 直径23cm | 66,700 | 北京界趣国际 | 2022-01-09 |
| 清雍正 青花福山寿海图瓷砖 | 长40.5cm；高30.8cm | 115,000 | 北京中汉 | 2022-08-08 |
| 清雍正 青花折枝四季花卉纹花洗 | 高33.8cm | 36,800 | 中贸圣佳 | 2022-09-25 |
| 清乾隆 青花缠枝花卉纹菊瓣瓶 | 高42cm | 6,670,000 | 北京保利 | 2022-07-28 |

## 2022瓷器拍卖成交汇总(续表)

(成交价RMB：3万元以上)

| 名称 | 物品尺寸 | 成交价RMB | 拍卖公司 | 拍卖日期 |
|---|---|---|---|---|
| 清乾隆 青花八吉祥开光洋彩四景山水诗文八方瓶 | 高32.8cm | 4,140,000 | 中贸圣佳 | 2022-07-26 |
| 清乾隆 青花缠枝莲纹六方贯耳瓶 | 高45cm | 4,025,000 | 中国嘉德 | 2022-06-27 |
| 清乾隆 青花芭蕉竹石玉壶春瓶 | 高28.3cm | 2,990,000 | 北京保利 | 2022-07-28 |
| 清乾隆 青花竹石芭蕉玉壶春瓶 | 高28.6cm | 2,875,000 | 中贸圣佳 | 2022-07-26 |
| 清乾隆 青花折枝花果纹蒜头瓶 | 高25cm | 2,760,000 | 北京大羿 | 2022-06-27 |
| 清乾隆 青花折枝花果纹蒜头瓶 | 高28.2cm | 2,484,165 | 佳士得 | 2022-05-30 |
| 清乾隆 青花竹石芭蕉图玉壶春瓶 | 高28.2cm | 2,357,500 | 中国嘉德 | 2022-06-27 |
| 清乾隆 青花缠枝莲纹赏瓶 | 高36cm | 2,277,000 | 北京大羿 | 2022-12-25 |
| 清乾隆 青花万寿无疆葫芦瓶(一对) | 高17.7cm×2 | 2,207,280 | 中国嘉德 | 2022-10-07 |
| 清乾隆 青花云鹤纹玉壶春瓶 | 高29cm | 2,185,000 | 中鸿信 | 2022-09-11 |
| 清乾隆 青花折枝瑞果纹蒜头瓶 | 高28.3cm | 2,070,000 | 中贸圣佳 | 2022-10-27 |
| 清乾隆 青花缠枝莲纹六方贯耳瓶 | 高45cm | 1,840,000 | 中国嘉德 | 2022-12-26 |
| 清乾隆 青花折枝花果纹蒜头瓶 | 高27.5cm | 1,552,500 | 上海嘉禾 | 2022-11-20 |
| 清乾隆 青花山水通景大瓶 | 高81.5cm | 1,552,500 | 深圳富诺得 | 2022-10-06 |
| 清乾隆 青花三多纹梅瓶(一对) | 高32.5cm×2 | 1,512,100 | 佳士得 | 2022-05-30 |
| 清乾隆 青花穿花龙凤纹蝠耳瓶 | 高32cm | 1,380,000 | 中国嘉德 | 2022-06-27 |
| 清乾隆 仿宣窑青花缠枝莲纹赏瓶 | 高36.5cm；直径21cm | 1,035,000 | 西泠印社 | 2022-08-20 |
| 清乾隆 青花九桃天球瓶 | 40cm×58cm | 1,000,500 | 上海嘉禾 | 2022-01-01 |
| 清乾隆 青花双龙捧寿图大绶带葫芦扁瓶 | 高21.2cm | 920,000 | 中国嘉德 | 2022-06-27 |
| 清乾隆 青花三多纹玉壶春瓶(一对) | 高26cm×口径7.5cm×底径9cm×2 | 920,000 | 浙江御承 | 2022-08-28 |
| 清乾隆 御制青花缠枝莲纹赏瓶 | 高38.1cm | 839,500 | 永乐拍卖 | 2022-07-24 |
| 清乾隆 仿宣德青花缠枝牵牛花纹四方倭角尊耳瓶 | 高24cm | 667,000 | 中国嘉德 | 2022-12-26 |
| 清乾隆 青花缠枝莲文赏瓶 | 37cm×38cm×24cm | 632,500 | 上海嘉禾 | 2022-01-01 |
| 清乾隆 青花缠枝莲纹赏瓶 | 高38cm | 575,000 | 中国嘉德 | 2022-05-29 |
| 清乾隆 青花万年如意纹小瓶 | 高13.6cm | 437,000 | 中国嘉德 | 2022-06-27 |
| 清乾隆 青花缠枝莲纹赏瓶 | 高38cm | 437,000 | 西泠印社 | 2022-01-22 |
| 清乾隆 黄地青花双耳瓶 | 高32.5cm；口径9.5cm | 437,000 | 浙江御承 | 2022-08-28 |
| 清乾隆 青花竹石芭蕉图玉壶春瓶 | 高28.5cm | 350,750 | 北京大羿 | 2022-12-25 |
| 清乾隆 青花三多纹小梅瓶 | 高14cm；口径2.5cm | 345,000 | 浙江御承 | 2022-08-28 |
| 清乾隆 青花龙纹绶带葫芦瓶 | 高20cm | 330,000 | 浙江御承 | 2022-12-17 |
| 清乾隆 青花五堂富贵夔龙耳大瓶 | 高78.8cm | 299,000 | 华艺国际 | 2022-09-23 |
| 清乾隆 青花松荫双狮图灯笼瓶 | 高36.5cm | 287,500 | 中国嘉德 | 2022-05-30 |
| 清乾隆 青花折枝花果纹蒜头瓶 | 高27.5cm | 287,500 | 北京大羿 | 2022-12-25 |
| 清乾隆 青花双龙捧寿纹绶带耳葫芦扁瓶 | 高18cm | 253,000 | 中国嘉德 | 2022-05-31 |
| 清乾隆 青花竹石芭蕉纹玉壶春瓶 | 高25.8cm | 218,500 | 中贸圣佳 | 2022-09-25 |
| 清乾隆 青花折枝花卉纹纸槌瓶 | 高30.5cm | 172,500 | 中国嘉德 | 2022-09-27 |
| 清乾隆 青花《西厢记》人物故事图观音瓶 | 高46cm | 161,000 | 中国嘉德 | 2022-05-30 |
| 清乾隆 青花缠枝花卉纹抱月瓶 | 高30.3cm | 150,581 | 香港苏富比 | 2022-11-25 |
| 清乾隆 青花折枝花卉纹纸槌瓶 | 高30.7cm | 138,000 | 北京大羿 | 2022-06-26 |
| 清乾隆 青花缠枝莲纹抱月瓶 | 高33.5cm | 138,000 | 保利厦门 | 2022-10-22 |
| 清乾隆 青花万年如意纹小瓶 | 高13.5cm；直径6cm | 138,000 | 西泠印社 | 2022-01-22 |
| 清乾隆 青花螭龙纹花觚形壁瓶 | 长25cm | 126,500 | 中国嘉德 | 2022-05-29 |
| 清乾隆 青花缠枝莲纹胆瓶 | 高40cm | 121,400 | 华艺国际 | 2022-11-27 |
| 清乾隆 青花缠枝莲纹玉壶春瓶 | 高33cm | 103,500 | 北京中汉 | 2022-04-27 |
| 清乾隆 豆青青花山水人物象耳瓶 | 高42cm | 97,750 | 华艺国际 | 2022-09-23 |
| 清乾隆 青花三娘教子图瓶 | 高41.4cm | 82,291 | 中国嘉德 | 2022-06-04 |
| 清乾隆 青釉青花堆白山水人物纹螭耳盘口大瓶 | 高83cm | 74,750 | 中国嘉德 | 2022-05-31 |
| 清乾隆 青花花卉纹各式小瓶(一组五件) | 尺寸不一 | 74,750 | 中贸圣佳 | 2022-07-26 |
| 清乾隆 青花山水人物纹大胆瓶 | 高46.5cm | 63,250 | 中国嘉德 | 2022-09-27 |
| 清乾隆 青花缠枝四季花卉纹夔龙纹双螭龙耳方瓶 | 高38cm | 57,500 | 北京中汉 | 2022-06-03 |
| 清乾隆 青花淡描九龙纹天球瓶(带老木座) | 高30cm | 57,500 | 广东崇正 | 2022-08-11 |
| 清乾隆 青花海兽纹天球瓶 | 高45.8cm | 46,000 | 中国嘉德 | 2022-05-31 |
| 清乾隆 青花张良拾履人物故事图大灯笼瓶 | 高41.5cm | 40,250 | 中国嘉德 | 2022-05-30 |
| 清乾隆 青花开光山水教子图狮钮大盖瓶 | 高51cm | 32,200 | 中国嘉德 | 2022-05-31 |
| 清乾隆 御制青花缠枝瑞芝莲纹绶带耳如意尊 | 高17.9cm | 13,800,000 | 永乐拍卖 | 2022-07-24 |
| 清乾隆 青花三多折枝花果纹六方尊 | 高66cm | 10,157,820 | 佳士得 | 2022-05-30 |
| 清乾隆 青花缠枝莲托八吉祥铺首尊 | 高49.5cm | 4,600,000 | 北京大羿 | 2022-12-25 |
| 清乾隆 青花西番莲纹尊 | 高21.5cm | 3,310,920 | 中国嘉德 | 2022-10-07 |
| 清乾隆 青花八仙庆寿图盘口尊 | 高60cm | 2,530,000 | 中国嘉德 | 2022-05-29 |
| 清乾隆 仿宣德青花花果贴塑如意环耳小尊 | 高10.5cm | 920,000 | 保利厦门 | 2022-10-22 |
| 清乾隆 青花缠枝花卉纹蝴蝶衔环耳尊 | 高45.1cm | 552,000 | 永乐拍卖 | 2022-07-25 |
| 清乾隆 青花凤穿牡丹纹铺首耳大尊 | 高66cm | 517,500 | 中贸圣佳 | 2022-05-30 |
| 清乾隆 青花缠枝莲纹大尊 | 高73.5cm | 402,500 | 广东崇正 | 2022-12-25 |
| 清乾隆 双鱼铺首尊 | 高50cm | 402,500 | 深圳富诺得 | 2022-10-06 |
| 清乾隆 青花八宝纹仿盉壶式尊 | 高20.8cm 长23.5cm | 327,750 | 中贸圣佳 | 2022-06-07 |
| 清乾隆 青花松荫瑞庞图橄榄尊 | 高25.7cm | 310,500 | 中贸圣佳 | 2022-06-07 |
| 清乾隆 青花缠枝宝相花纹贯耳尊 | 高57cm | 195,500 | 西泠印社 | 2022-01-22 |
| 清乾隆 青花三世同堂灯太白尊 | 高28cm | 184,000 | 保利厦门 | 2022-10-22 |
| 清乾隆 青花夔龙纹盏碗尊 | 高20.5cm | 149,500 | 北京大羿 | 2022-09-26 |
| 清乾隆 青花缠枝莲纹铺首尊 | 高24.5cm | 123,436 | 华艺国际 | 2022-05-29 |
| 清乾隆 青花缠枝莲小尊 | 腹径8.2cm；高11.5cm | 120,750 | 中贸圣佳 | 2022-10-27 |
| 清乾隆 青花缠枝花纹象耳尊 | 高48.5cm | 115,000 | 北京保利 | 2022-07-29 |
| 清乾隆 青花缠枝莲纹双耳尊 | 高48.6cm | 40,250 | 北京中汉 | 2022-08-08 |
| 清乾隆 青花穿花螭龙纹海棠形象耳尊 | 高34.7cm | 36,800 | 中国嘉德 | 2022-09-29 |
| 清乾隆 唐英风格青花缠枝莲纹花觚 | 高32cm | 97,750 | 中国嘉德 | 2022-09-27 |
| 清乾隆 青花缠枝花卉十字纹鸠耳壶 | 高51.4cm | 4,212,280 | 佳士得 | 2022-05-30 |
| 清乾隆 青花莲托八吉祥纹盉壶 | 长23.8cm；高21.8cm | 1,840,000 | 北京中汉 | 2022-12-09 |
| 清乾隆 青花缠枝花纹铺首耳壶 | 高25cm | 1,404,093 | 佳士得 | 2022-05-30 |
| 或为清乾隆 青花开光蟠桃枇杷纹执壶 | 高26cm | 918,061 | 佳士得 | 2022-05-30 |
| 清乾隆 青花莲托八宝纹盉壶 | 长23cm | 529,000 | 中国嘉德 | 2022-06-27 |
| 清乾隆 青花缠枝莲纹盉壶 | 高16.5cm | 172,500 | 中国嘉德 | 2022-05-29 |
| 清乾隆 仿永乐青花开光折枝花果纹玉壶春执壶 | 高30cm | 172,500 | 中国嘉德 | 2022-09-27 |
| 清乾隆 青花缠枝花卉纹凤首壶 | 高16.5cm | 57,500 | 北京保利 | 2022-07-29 |
| 清乾隆 青花缠枝莲纹鼓式罐 | 高20cm | 3,220,000 | 中国嘉德 | 2022-12-26 |
| 清乾隆 青花花卉纹壮罐(一对) | 高29cm；高28.5cm | 253,000 | 中国嘉德 | 2022-05-30 |
| 清乾隆 青花壮罐 | 高23cm | 207,000 | 深圳富诺得 | 2022-10-06 |
| 清乾隆 青花花卉壮罐 | 高23cm | 46,000 | 北京保利 | 2022-07-16 |
| 清乾隆 青花三多纹罐 | 直径21.5cm | 34,500 | 中国嘉德 | 2022-05-30 |
| 清乾隆 青花缠枝莲海浪锦纹壮罐 | 高22.5cm | 34,500 | 中贸圣佳 | 2022-09-25 |
| 清乾隆四十五年（1780年）青花关圣帝君图大香炉 | 直径33.6cm | 230,000 | 北京中汉 | 2022-06-28 |
| 清乾隆 青花仿古兽面纹双兽耳炉 | 直径23cm | 57,500 | 北京保利 | 2022-07-29 |
| 清乾隆 青花缠枝花卉炉 | 高27cm | 46,000 | 中鸿信 | 2022-09-11 |
| 清乾隆 青花龙纹出戟香炉 | 宽20cm | 34,500 | 北京保利 | 2022-07-17 |
| 清乾隆 青花四方鼎 | 高20cm；直径19cm | 32,200 | 上海嘉禾 | 2022-01-01 |
| 清乾隆 青花云鹤纹爵杯(一套) | 高13.7cm | 724,500 | 中贸圣佳 | 2022-12-31 |
| 清乾隆 青花莲花托八宝纹烛台(一对) | 高28.5cm×2 | 368,000 | 北京保利 | 2022-07-16 |
| 清乾隆 唐英风格青花缠枝莲纹烛台 | 高29.3cm | 178,250 | 中国嘉德 | 2022-06-27 |
| 清乾隆 青花缠枝莲托梵文酥油灯 | 直径10.8cm | 109,250 | 中国嘉德 | 2022-06-27 |
| 清乾隆 青花缠枝莲托梵文酥油灯 | 直径14.4cm | 36,800 | 中国嘉德 | 2022-09-28 |
| 清乾隆 青花缠枝莲托梵文酥油灯 | 高10.2cm | 32,200 | 中国嘉德 | 2022-09-24 |
| 清乾隆 青花福禄寿三星人物插屏 | 高70cm | 575,000 | 华艺国际 | 2022-09-23 |

（成交价RMB：3万元以上）

| 名称 | 物品尺寸 | 成交价RMB | 拍卖公司 | 拍卖日期 |
|---|---|---|---|---|
| 清乾隆 青花如意团寿纹盘 | 直径15.2cm | 92,000 | 北京中汉 | 2022-12-09 |
| 清乾隆 黄地青花缠枝花卉如意纹橄榄尊 | 高26.3cm | 51,750 | 北京中汉 | 2022-08-08 |
| 清乾隆 青花海水江崖云龙捧寿纹大盘 | 口径45cm | 5,175,000 | 中贸圣佳 | 2022-10-27 |
| 清乾隆 青花海水云龙折沿大盘 | 直径44.6cm | 3,283,200 | 保利香港 | 2022-07-14 |
| 清乾隆 黄地青花九桃纹盘 | 直径26.5cm | 1,497,686 | 纽约佳士得 | 2022-09-23 |
| 清乾隆 青花穿花应龙纹大盘 | 直径50.5cm | 862,500 | 中国嘉德 | 2022-05-29 |
| 清乾隆 青花缠枝花卉纹盘 | 直径41cm | 713,000 | 中贸圣佳 | 2022-12-31 |
| 清乾隆 青花穿花应龙纹大盘 | 直径51cm | 667,000 | 中国嘉德 | 2022-06-27 |
| 清乾隆 青花内岁寒三友图外庭院仕女婴戏图盘（一对） | 直径18cm×2 | 552,000 | 中国嘉德 | 2022-12-26 |
| 清乾隆 青花苍龙捧寿福山寿海纹折沿大盘 | 直径45.6cm | 529,000 | 北京中汉 | 2022-12-09 |
| 清乾隆 青花缠枝寿字盘（一对） | 直径15.5cm×2 | 437,000 | 中国嘉德 | 2022-05-31 |
| 清乾隆 青花内岁寒三友图外仕女婴戏图盘 | 直径18cm | 386,274 | 中国嘉德 | 2022-10-07 |
| 清乾隆 青花云龙纹盘（一对） | 直径19.9cm×2 | 364,201 | 中国嘉德 | 2022-10-07 |
| 清乾隆 青花内岁寒三友外庭院仕女婴戏图盘 | 口径17.7cm | 345,000 | 北京大羿 | 2022-06-26 |
| 清乾隆 青花缠枝佛花梵文盘（一对） | 口径25.5cm×2 | 322,000 | 北京大羿 | 2022-06-26 |
| 清乾隆 青花缠枝花卉纹盘（一对） | 口径17.4cm×2；高3.7cm×2 | 299,000 | 浙江佳宝 | 2022-03-13 |
| 清乾隆 青花云龙纹盘 | 高4cm；直径24.5cm | 287,500 | 保利厦门 | 2022-10-22 |
| 清乾隆 青花双凤纹盘（一对） | 高3cm×2；直径16.5cm×2 | 241,500 | 保利厦门 | 2022-10-22 |
| 清乾隆 青花内岁寒三友外庭院仕女婴戏图盘 | 口径17.8cm | 230,000 | 北京大羿 | 2022-12-26 |
| 清乾隆 青花缠枝莲纹盘 | 直径13.5cm | 207,000 | 北京大羿 | 2022-09-26 |
| 清乾隆 青花缠枝莲托八宝纹盘 | 口径15.8cm | 201,250 | 北京大羿 | 2022-12-18 |
| 清乾隆 仿永乐青花一把莲纹小盘 | 直径11.6cm | 184,000 | 中国嘉德 | 2022-05-29 |
| 清乾隆 青花缠枝莲纹盘 | 直径17.3cm | 172,500 | 北京大羿 | 2022-12-26 |
| 清乾隆 青花对头凤纹盘 | 直径16.5cm | 149,500 | 北京大羿 | 2022-12-26 |
| 清乾隆 青花内五蝠捧寿图外暗八仙纹盘（一对） | 直径15.6cm×2 | 138,000 | 中国嘉德 | 2022-09-27 |
| 清乾隆 青花海水龙纹高足盘 | 直径22.5cm×高18.5cm | 132,250 | 北京诚轩 | 2022-08-09 |
| 清乾隆 青花云龙纹盘 | 直径20.1cm | 127,415 | 香港苏富比 | 2022-11-25 |
| 清乾隆 青花缠枝莲托八宝纹盘 | 口径16cm | 115,000 | 北京大羿 | 2022-12-25 |
| 清乾隆 青花八仙人物盘 | 直径16cm | 115,000 | 北京保利 | 2022-07-16 |
| 清乾隆 青花留白云龙纹大盘 | 直径25.3cm | 115,000 | 中国嘉德 | 2022-05-30 |
| 清乾隆 青花云龙赶珠纹盘 | 高3.6cm；直径17.1cm | 103,500 | 西泠印社 | 2022-01-22 |
| 清乾隆 青花三星献寿、八仙过海小盘 | 直径15.7cm | 103,500 | 北京保利 | 2022-05-30 |
| 清乾隆 青花暗八仙镂空供盘 | 直径26.5cm | 86,250 | 中贸圣佳 | 2022-06-07 |
| 清乾隆 青花云龙纹盘 | 直径17.4cm | 69,000 | 中国嘉德 | 2022-05-30 |
| 清乾隆 青花缠枝牵牛花纹调色盘 | 直径13.5cm | 63,250 | 中国嘉德 | 2022-12-26 |
| 清乾隆 青花海水留白暗刻龙纹盘 | 直径17.5cm | 63,250 | 中国嘉德 | 2022-06-27 |
| 清乾隆 青花海水龙纹盘 | 直径17.5cm | 63,250 | 北京荣宝 | 2022-07-24 |
| 清乾隆 青花缠枝花卉纹大盘 | 直径34.6cm | 55,200 | 中国嘉德 | 2022-05-30 |
| 清乾隆 青花云龙纹盘 | 直径16.9cm | 48,300 | 中国嘉德 | 2022-05-30 |
| 清乾隆 青花缠枝莲纹大盘 | 直径35.2cm | 48,300 | 中国嘉德 | 2022-05-30 |
| 清乾隆 青花缠枝莲纹盘 | 直径19.5cm | 48,300 | 中国嘉德 | 2022-09-29 |
| 清乾隆 青花内五蝠捧寿图外福庆绵长图盘 | 直径16cm | 46,000 | 中国嘉德 | 2022-05-30 |
| 清乾隆 青花一束莲纹小盘 | 直径11.8cm | 43,700 | 中贸圣佳 | 2022-06-07 |
| 清乾隆 青花外折枝花卉内折枝寿桃纹盘 | 直径19.6cm | 35,650 | 中贸圣佳 | 2022-09-25 |
| 清乾隆 青花缠枝西番莲纹盘 | 高4cm；直径19.5cm | 34,500 | 保利厦门 | 2022-10-22 |
| 清乾隆 浆胎若深珍藏款青花山水图折腰盘 | 直径21.5cm | 34,500 | 中贸圣佳 | 2022-08-13 |
| 清乾隆 青花缠枝莲纹大盘 | 直径37.4cm | 32,200 | 中国嘉德 | 2022-09-30 |
| 清乾隆 青花缠枝莲纹盏托 | 直径12.2cm | 32,200 | 中国嘉德 | 2022-05-31 |
| 清乾隆 青花八仙庆寿纹碗（一对） | 直径10.7cm×2 | 666,900 | 保利香港 | 2022-07-14 |
| 清乾隆 青花云龙纹仰钟式碗 | 直径13.4cm | 575,000 | 北京中汉 | 2022-12-09 |
| 清乾隆 青花福寿八吉祥折腰碗 | 直径22.7cm | 518,434 | 香港苏富比 | 2022-04-29 |
| 清乾隆 青花描金外苜蓿花内一束莲纹碗 | 直径17cm | 345,000 | 北京大羿 | 2022-09-26 |
| 清乾隆 青花万寿无疆纹大碗 | 直径18.3cm；高9.4cm | 322,000 | 中贸圣佳 | 2022-06-07 |
| 清乾隆 青花云龙纹碗（一对） | 直径13.5cm×2 | 253,837 | 中国嘉德 | 2022-10-07 |
| 清乾隆 青花八仙贺寿图碗 | 直径14.5cm | 253,000 | 永乐拍卖 | 2022-07-25 |
| 清乾隆 青花三多纹碗 | 直径15.3cm | 250,700 | 香港苏富比 | 2022-10-09 |
| 清乾隆 青花莲托八宝开光万寿无疆纹大碗 | 高9.5cm；直径18.5cm | 241,500 | 保利厦门 | 2022-10-22 |
| 清乾隆 仿康熙青花缠枝牡丹纹碗 | 直径16.5cm | 230,000 | 中国嘉德 | 2022-06-07 |
| 清乾隆 青花缠枝菊寿纹大碗 | 高11.5cm；直径24cm | 230,000 | 保利厦门 | 2022-10-22 |
| 清乾隆 青花佛花梵文碗（一对） | 直径17.8cm×2 | 212,750 | 北京大羿 | 2022-09-26 |
| 清乾隆 青花缠枝莲托八宝开光万寿无疆纹碗 | 直径18.2cm | 207,000 | 北京中汉 | 2022-06-27 |
| 清乾隆 青花缠枝莲纹高足碗（一对） | 直径21.8cm×2 | 172,500 | 华艺国际 | 2022-09-23 |
| 清乾隆 青花龙纹碗 | 直径16.7cm | 172,500 | 北京保利 | 2022-07-29 |
| 清乾隆 青花缠枝莲纹斗笠碗 | 直径22.6cm | 154,509 | 中国嘉德 | 2022-10-07 |
| 清乾隆 青花八卦云鹤纹碗 | 直径14cm | 138,000 | 中国嘉德 | 2022-09-27 |
| 清乾隆 青花漏彩碗 | 直径15.8cm | 126,500 | 中国嘉德 | 2022-05-30 |
| 清乾隆 青花折枝灵芝竹纹葵口碗 | 直径12cm | 115,000 | 中国嘉德 | 2022-09-27 |
| 清乾隆 青花云龙纹碗 | 直径14.5cm；高6.5cm | 115,000 | 中贸圣佳 | 2022-07-13 |
| 清乾隆 青花松鼠葡萄纹大碗 | 直径22.7cm | 109,250 | 中国嘉德 | 2022-05-29 |
| 清乾隆 青花缠枝莲托八宝纹大碗 | 直径26cm | 93,809 | 中国嘉德 | 2022-10-07 |
| 清乾隆 仿宣德青花缠枝莲纹大斗笠碗 | 直径22cm | 69,000 | 中国嘉德 | |
| 清乾隆 青花云龙纹束腰碗 | 直径16.9cm | 69,000 | 北京中汉 | 2022-12-09 |
| 清乾隆 青花缠枝牡丹纹碗 | 直径16.5cm | 66,700 | 北京中汉 | 2022-06-03 |
| 清乾隆 青花花卉纹碗 | 直径16.7cm | 66,218 | 中国嘉德 | 2022-10-07 |
| 清乾隆 青花折枝莲托八宝纹碗 | 直径14.4cm | 63,250 | 中国嘉德 | 2022-05-30 |
| 清乾隆 青花游鱼纹斗笠碗 | 直径18.2cm；高7.1cm | 59,800 | 中贸圣佳 | 2023-01-01 |
| 清乾隆 青花缠枝莲托八宝纹大碗 | 直径26.5cm | 57,500 | 中国嘉德 | 2022-09-27 |
| 清乾隆 青花缠枝莲纹高足碗 | 高13.5cm | 57,500 | 华艺国际 | 2022-09-23 |
| 清乾隆 青花缠枝花纹碗 | 直径16.3cm | 56,575 | 中国嘉德 | 2022-06-04 |
| 清乾隆 青花云龙纹折沿碗 | 直径17.2cm；高8.5cm | 56,350 | 广东崇正 | 2022-08-11 |
| 清乾隆 青花团菊纹马蹄碗 | 直径15.3cm；高6.7cm | 51,750 | 中贸圣佳 | 2022-09-25 |
| 清乾隆 御制青花瑞兽高足碗 | 直径7.1cm | 51,750 | 永乐拍卖 | 2022-07-24 |
| 清乾隆 青花云龙纹茶碗 | 直径11cm | 48,300 | 中国嘉德 | 2022-05-30 |
| 清乾隆 青花八仙人物纹碗 | 直径18cm；高7.9cm | 36,800 | 中贸圣佳 | 2022-09-25 |
| 清乾隆 青花缠枝莲托八宝纹高足碗 | 直径19.2cm | 34,500 | 中国嘉德 | 2022-05-30 |
| 清乾隆 青花云龙海水纹茶圆（一对） | 口径11.2cm×2 | 368,000 | 北京大羿 | 2022-12-25 |
| 清乾隆 青花缠枝莲托八宝纹高足杯 | 直径7.5cm | 184,000 | 北京保利 | 2022-07-16 |
| 清乾隆 青花梵文高足杯 | 高8.3cm | 176,582 | 中国嘉德 | 2022-10-07 |
| 清乾隆 青花杂宝纹高足杯 | 直径6.4cm | 172,500 | 中国嘉德 | 2022-09-28 |
| 清乾隆 青花云龙纹杯及托（成套） | 托直径12cm；杯直径6cm；高4.5cm | 161,000 | 中贸圣佳 | 2022-07-13 |
| 清乾隆 青花八宝纹高足杯 | 高5.6cm | 109,250 | 广东崇正 | 2022-08-11 |
| 清乾隆 青花缠枝莲梵文高足杯 | 高13.5cm | 69,000 | 北京大羿 | 2022-12-25 |
| 清乾隆 青花缠枝莲纹卧足杯（一对） | 直径8.3cm×2 | 63,250 | 北京保利 | 2022-07-29 |
| 清乾隆 青花云龙纹茶圆 | 直径11cm | 57,500 | 北京诚轩 | 2022-08-09 |
| 清乾隆 青花梵文缠枝莲纹高足杯 | 直径10.8cm；高10.5cm | 43,700 | 中贸圣佳 | 2022-08-13 |
| 清乾隆 青花云龙纹赶珠纹杯 | 高5.5cm；直径7cm | 43,700 | 西泠印社 | 2022-01-22 |
| 清乾隆 青花缠枝莲托八宝纹高足杯 | 高9.7cm | 36,800 | 中国嘉德 | 2022-05-30 |
| 清乾隆 青花云龙纹小碟（一对） | 直径7.6cm×2 | 69,000 | 北京中汉 | 2022-09-29 |
| 清乾隆 青花兽钮双狮耳盖盒 | 直径18cm | 172,500 | 上海嘉禾 | 2022-01-01 |

# 2022瓷器拍卖成交汇总(续表)

(成交价RMB：3万元以上)

| 名称 | 物品尺寸 | 成交价RMB | 拍卖公司 | 拍卖日期 |
|---|---|---|---|---|
| 清乾隆 青花缠枝莲纹钵 | 高25cm | 920,000 | 北京保利 | 2022-07-28 |
| 清乾隆 青花云龙八宝纹净水钵 | 高12.2cm；长41.5cm | 690,000 | 西泠印社 | 2022-01-22 |
| 清乾隆 青花缠枝莲托八吉祥纹钵 | 直径13cm，高11cm；直径20.3cm | 460,000 | 保利厦门 | 2022-10-22 |
| 清乾隆 青花缠枝莲纹大花盆 | 直径40.1cm；高25.9cm | 66,700 | 中贸圣佳 | 2022-09-25 |
| 清乾隆 青花镂空模印福寿双螭龙纹六方花盆 | 直径34.6cm；高23.2cm | 57,500 | 西泠印社 | 2022-08-20 |
| 清乾隆 青花缠枝花卉灵芝三多纹折沿盆 | 直径44cm | 55,200 | 中国嘉德 | 2022-05-30 |
| 清乾隆 青花缠枝莲花盆 | 宽40cm | 51,750 | 北京保利 | 2022-07-16 |
| 清乾隆 青花缠枝莲纹大花盆 | 直径47.7cm；高28cm | 51,750 | 中贸圣佳 | 2022-09-25 |
| 清乾隆 青花缠枝寿莲纹大鱼浅 | 直径58.6cm | 212,750 | 北京中汉 | 2022-06-28 |
| 清乾隆 青花海水云龙纹案缸 | 口径21.2cm | 2,415,000 | 北京大羿 | 2022-12-25 |
| 清乾隆 青花月月见喜图缸 | 直径54cm | 80,500 | 中国嘉德 | 2022-09-27 |
| 清乾隆 青花山水人物纹缸 | 直径49.5cm | 63,250 | 中国嘉德 | 2022-05-31 |
| 清乾隆 青花龙纹小缸 | 直径21.5cm | 57,500 | 北京保利 | 2022-07-17 |
| 清乾隆 青花云龙戏珠纹卷缸 | 直径23.6cm | 32,200 | 北京中汉 | 2022-04-27 |
| 清乾隆 青花缠枝花莲纹渣斗 | 高22.2cm | 100,050 | 华艺国际 | 2022-09-23 |
| 清乾隆 青花开光山水人物纹双联笔筒、笔插 | 长18cm | 92,000 | 中国嘉德 | 2022-09-28 |
| 清乾隆 青花缠枝花卉纹圆砚式小笔舔 | 高1.9cm；直径7.5cm | 368,000 | 西泠印社 | 2022-08-20 |
| 清乾隆 青花绶带八吉祥宝杵纹镗锣洗（一对） | 口径15.3cm×2 | 575,000 | 北京大羿 | 2022-06-26 |
| 清乾隆 青花缠枝莲纹方格洗 | 高16.8cm；边长27.8cm | 184,000 | 西泠印社 | 2022-01-22 |
| 清乾隆 青花八卦纹镗锣洗 | 直径11cm | 103,500 | 华艺国际 | 2022-09-23 |
| 清乾隆 仿明青花缠枝花卉纹折沿洗 | 直径38.2cm | 40,250 | 中国嘉德 | 2022-09-27 |
| 清乾隆 青花缠枝莲纹折沿洗 | 直径25.8cm | 36,800 | 中国嘉德 | 2022-09-30 |
| 清乾隆 青花花卉格式洗 | 直径13.5cm | 34,500 | 北京保利 | 2022-07-16 |
| 清乾隆 青花云龙赶珠纹小水盂 | 高4.7cm | 48,300 | 中贸圣佳 | 2022-09-25 |
| 清乾隆 宽四方青花水砚 | 9.5cm×9.5cm×9.5cm | 43,700 | 上海嘉禾 | 2022-01-01 |
| 清乾隆 青花海屋添筹印盒 | 直径12.7cm | 195,500 | 北京保利 | 2022-02-03 |
| 清乾隆 青花瓷器轴头（一套两个） | 高6cm×2 | 46,000 | 深圳富诺得 | 2022-10-06 |
| 清乾隆 青釉青花诗文几 | 长15.5cm | 34,500 | 中国嘉德 | 2022-05-30 |
| 18世纪 青花仿永乐缠枝莲纹玉壶春瓶 | 高36cm | 322,000 | 保利厦门 | 2022-10-22 |
| 18世纪 仿明青花牵牛花纹倭角瓶 | 高15cm | 286,946 | 中国嘉德 | 2022-10-07 |
| 18世纪 青花鸠耳尊 | 高19.8cm | 46,288 | 中国嘉德 | 2022-06-04 |
| 18世纪 青花凤纹罐 | 高18cm | 121,400 | 中国嘉德 | 2022-10-07 |
| 清18世纪中期 青花盆景花卉纹盘（一对） | 直径20cm×2 | 80,500 | 北京保利 | 2022-07-29 |
| 18世纪 青花海水龙纹斗笠盏（一对） | 高4.5cm×2；直径11cm×2 | 57,500 | 保利厦门 | 2022-10-22 |
| 清嘉庆 青花竹石芭蕉图玉壶春瓶 | 高28.5cm | 2,932,500 | 北京大羿 | 2022-06-26 |
| 清嘉庆 青花开光折枝花卉纹纸槌瓶 | 高31.2cm | 1,725,000 | 北京大羿 | 2022-12-18 |
| 清嘉庆 青花缠枝莲纹赏瓶 | 高36.6cm | 862,500 | 中国嘉德 | 2022-06-27 |
| 清嘉庆 御制青花海水九龙纹瓶 | 高30cm | 644,000 | 北京大羿 | 2022-06-26 |
| 清嘉庆 青花缠枝莲纹赏瓶 | 高36.9cm | 596,904 | 保利香港 | 2022-10-10 |
| 清嘉庆 青花九龙闹海纹长颈撇口瓶 | 高28cm | 448,500 | 北京大羿 | 2022-12-25 |
| 清嘉庆 青花洞石芭蕉玉壶春瓶 | 高27.5cm | 80,500 | 中鸿信 | 2022-09-11 |
| 清嘉庆 青花夔龙纹盖碗尊 | 高21cm；直径11.5cm | 172,500 | 西泠印社 | 2022-01-22 |
| 清嘉庆 青花缠枝莲托梵文酥油灯 | 直径14.6cm | 57,500 | 中国嘉德 | 2022-06-27 |
| 清嘉庆 青花缠枝莲杏圆开光福寿纹双如意耳扁瓶 | 高24.2cm | 2,587,500 | 北京大羿 | 2022-12-18 |
| 清嘉庆 青花桃蝠纹如意耳扁壶 | 高24.1cm | 1,404,093 | 佳士得 | 2022-05-30 |
| 清嘉庆 青花福寿纹如意耳扁瓶 | 高24.6cm | 155,250 | 北京大羿 | 2022-09-26 |
| 清嘉庆 青花缠枝莲开光御题诗文海棠形茶盘（一对） | 长16.1cm×2 | 483,000 | 中国嘉德 | 2022-05-29 |
| 清嘉庆 青花留白海水龙纹盘 | 直径17.5cm | 241,500 | 中国嘉德 | 2022-12-26 |
| 清嘉庆 青花内岁寒三友图外庭院仕女婴戏图盘 | 直径18cm | 230,000 | 中国嘉德 | 2022-12-26 |
| 清嘉庆 青花云龙纹盘 | 直径16.8cm | 161,000 | 中国嘉德 | 2022-09-27 |
| 清嘉庆 青花线描灵仙祝寿盘 | 直径14.6cm | 92,000 | 中贸圣佳 | 2023-01-01 |
| 清嘉庆 青花缠枝西番莲纹盘 | 直径19.7cm | 86,250 | 中国嘉德 | 2022-12-26 |
| 清嘉庆 内青花缠枝莲纹外蓝釉长方茶盘 | 35.5cm×28.2cm×4cm | 63,250 | 中国嘉德 | 2022-12-26 |
| 清嘉庆 青花缠枝花卉开光御题诗文海棠形茶盘 | 长16cm | 57,500 | 中国嘉德 | 2022-05-30 |
| 清嘉庆 青花云龙纹盘 | 直径17cm；厚3.7cm | 35,650 | 广东崇正 | 2022-08-11 |
| 清嘉庆 青花团花纹马蹄碗 | 直径15.4cm | 110,364 | 中国嘉德 | 2022-10-07 |
| 清嘉庆 青花暗八仙纹碗 | 直径13cm；高6.6cm | 66,700 | 中贸圣佳 | 2022-09-25 |
| 清嘉庆 青花吉庆八宝纹大碗 | 直径17cm | 40,250 | 中国嘉德 | 2022-09-28 |
| 清嘉庆 青花龙凤纹高足碗 | 直径14.2cm | 34,500 | 中国嘉德 | 2022-05-30 |
| 清嘉庆 青花蝶恋花图卧足杯 | 高3.5cm；直径6.6cm | 43,700 | 西泠印社 | 2022-01-22 |
| 清嘉庆 青花四喜大笔筒 | 高21.5cm | 92,000 | 北京保利 | 2022-07-29 |
| 清嘉庆 青花缠枝四季花卉纹大笔筒 | 直径21.4cm；高21.5cm | 82,800 | 中贸圣佳 | 2023-01-01 |
| 清嘉庆 青花御制诗文海棠洗（一对） | 长16cm×2 | 552,000 | 北京中汉 | 2022-06-28 |
| 清嘉庆二十三年（1818年）青花山水人物纹茶台 | 33.5cm×33.5cm×2.5cm | 92,000 | 中国嘉德 | 2022-06-27 |
| 清道光 慎德堂制 青花云龙戏珠纹长颈撇口瓶 | 高29.5cm | 1,621,500 | 中贸圣佳 | 2022-07-28 |
| 清道光 青花九龙纹梅瓶 | 高31cm | 1,380,000 | 西泠印社 | 2022-08-20 |
| 清道光 青花缠枝莲纹玉堂春瓶 | 高37cm | 1,265,000 | 北京大羿 | 2022-12-18 |
| 清道光 青花夔龙穿云纹灯笼瓶 | 高36.8cm | 805,000 | 上海嘉禾 | 2022-11-20 |
| 清道光 青花海水云龙纹瓶 | 高33cm | 529,000 | 中贸圣佳 | 2022-10-27 |
| 清道光 青花岁寒三友图天球瓶 | 高17.2cm；直径10cm | 345,000 | 西泠印社 | 2022-01-22 |
| 清道光 青花缠枝莲纹赏瓶 | 高36cm | 287,500 | 中国嘉德 | 2022-05-31 |
| 清道光 青花吉庆有余纹瓶 | 高18cm | 247,250 | 中贸圣佳 | 2022-09-25 |
| 清道光 青花双龙捧寿图绶带葫芦扁瓶 | 高17.7cm | 218,500 | 中国嘉德 | 2022-06-27 |
| 清道光 青花双龙捧寿纹绶带葫芦扁瓶 | 高17.8cm | 207,000 | 西泠印社 | 2022-01-22 |
| 清道光 青花缠枝莲纹赏瓶 | 高38cm | 201,250 | 北京大羿 | 2022-09-26 |
| 清道光 青花缠枝莲纹赏瓶 | 高37cm | 172,500 | 中国嘉德 | 2022-12-26 |
| 清道光 御制青花竹石芭蕉图玉壶春瓶 | 高27.2cm | 166,750 | 永乐拍卖 | 2022-07-24 |
| 清道光 青花缠枝莲纹赏瓶 | 高37.1cm | 162,792 | 保利香港 | 2022-10-10 |
| 清道光 青花缠枝花卉开光寿纹双联抱月瓶（一对） | 高21.5cm×2 | 63,250 | 中国嘉德 | 2022-05-30 |
| 清道光 青花缠枝花卉纹贯耳瓶 | 高14cm | 57,500 | 中国嘉德 | 2022-09-28 |
| 清道光 青花《无双谱》人物图辅首方瓶 | 高37.3cm | 51,750 | 北京中汉 | 2022-04-27 |
| 清道光 青花折枝花果执壶 | 高25.2cm | 1,725,000 | 北京保利 | 2022-07-28 |
| 清道光 青花仿永乐青花缠枝花卉开光花果纹玉壶春执壶 | 高26.5cm | 1,437,500 | 北京大羿 | 2022-12-18 |
| 清道光 青花几何花卉纹壮罐 | 高22.5cm | 149,500 | 北京大羿 | 2022-12-25 |
| 清道光 青花缠枝莲托梵文酥油灯 | 直径14.7cm；高16.5cm（含座） | 161,000 | 中国嘉德 | 2022-05-29 |
| 清道光 仿明青花缠枝莲托梵文酥油灯 | 直径15cm | 57,500 | 中国嘉德 | 2022-05-29 |
| 清道光 青花福寿如意抱月瓶 | 高24.5cm | 575,000 | 深圳富诺得 | 2022-10-01 |
| 清道光 仿永乐青花内如意纹外缠枝苜蓿花纹碗 | 直径15.3cm | 115,000 | 中国嘉德 | 2022-06-27 |
| 清道光 仿永乐青花内如意纹外缠枝苜蓿花纹碗 | 直径15.3cm | 69,000 | 中国嘉德 | 2022-12-26 |
| 清道光 青花凤穿花纹承盘 | 口径26.7cm | 310,500 | 北京大羿 | 2022-09-26 |
| 清道光 青花留白龙纹海水盘（一对） | 直径17.7cm×2 | 287,500 | 北京保利 | 2022-07-29 |
| 清道光 青花一束莲纹盘（一对） | 口径11.2cm×2 | 264,500 | 北京大羿 | 2022-06-26 |
| 清道光 青花缠枝莲纹盘（一对） | 直径15.4cm×2 | 161,000 | 中国嘉德 | 2022-05-29 |

## 2022瓷器拍卖成交汇总(续表)

(成交价RMB: 3万元以上)

| 名称 | 物品尺寸 | 成交价RMB | 拍卖公司 | 拍卖日期 |
|---|---|---|---|---|
| 清道光 青花云龙纹盘 | 口径16.5cm | 155,250 | 北京大羿 | 2022-12-18 |
| 清道光 青花云龙纹盘 | 直径16.8cm | 149,500 | 中国嘉德 | 2022-05-30 |
| 清道光 青花云凤纹盘 | 直径16.7cm | 149,500 | 中国嘉德 | 2022-09-27 |
| 清道光 青花云凤纹盘 | 直径16.5cm | 138,000 | 中国嘉德 | 2022-09-27 |
| 清道光 青花云龙纹盘 | 直径16.5cm | 126,500 | 北京大羿 | 2022-09-26 |
| 清道光 青花留白海水龙纹盘 | 直径17.6cm | 115,000 | 中国嘉德 | 2022-12-26 |
| 清道光 青花凤纹盘 | 直径16 | 109,250 | 北京荣宝 | 2022-07-24 |
| 清道光 青花一把莲花小盘（一对） | 直径11.4cm；直径11.6cm | 109,250 | 中贸圣佳 | 2022-08-13 |
| 清道光 青花缠枝莲纹盘（一对） | 直径15.3cm×2 | 103,500 | 中贸圣佳 | 2022-06-07 |
| 清道光 仿明式青花缠枝莲纹盘（一对） | 直径13.3cm；直径13.4cm | 97,750 | 中贸圣佳 | 2022-09-25 |
| 清道光 青花缠枝西番莲纹盘 | 直径19.7cm | 97,750 | 中国嘉德 | 2022-12-26 |
| 清道光 青花缠枝西番莲纹盘 | 直径19.8cm | 94,300 | 北京中汉 | 2022-09-29 |
| 清道光 青花双凤纹大盘 | 直径26.8cm | 92,000 | 中国嘉德 | 2022-05-30 |
| 清道光 青花云龙纹盘（一对） | 直径17cm×2 | 92,000 | 中国嘉德 | 2022-05-30 |
| 清道光 青花缠枝莲盘 | 直径15cm | 92,000 | 深圳富诺得 | 2022-10-06 |
| 清道光 青花外寿字内三多纹盘 | 直径11.4cm | 74,750 | 中贸圣佳 | 2022-09-25 |
| 清道光 青花云凤纹盘 | 直径16.3cm | 74,750 | 北京中汉 | 2022-09-29 |
| 清道光 青花缠枝莲纹盘（一对） | 直径15.2cm×2 | 69,000 | 中国嘉德 | 2022-05-30 |
| 清道光 青花缠枝莲纹盘 | 直径15.5cm | 69,000 | 北京诚轩 | 2022-08-09 |
| 清道光 青花缠枝莲纹盘 | 直径15.5cm | 63,250 | 保利厦门 | 2022-10-22 |
| 清道光 青花缠枝莲纹盘 | 口径15.2cm | 63,250 | 北京大羿 | 2022-09-26 |
| 清道光 青花缠枝莲纹盘 | 直径15.2cm | 57,500 | 中贸圣佳 | 2022-07-13 |
| 清道光 青花缠枝莲纹盘 | 直径15.5cm | 57,500 | 中国嘉德 | 2022-12-26 |
| 清道光 青花缠枝莲纹盘 | 直径15.2cm | 57,500 | 西泠印社 | 2022-01-22 |
| 清道光 青花云龙纹盘 | 直径17cm | 55,200 | 中国嘉德 | 2022-05-31 |
| 清道光 青花云龙赶珠纹盘 | 直径16.8cm | 46,000 | 北京中汉 | 2022-04-27 |
| 清道光 青花龙纹盘 | 直径26.5cm | 40,250 | 中古陶 | 2022-08-21 |
| 清道光 青花缠枝莲纹盘 | 直径15.2cm | 36,800 | 中国嘉德 | 2022-05-30 |
| 清道光 青花缠枝莲纹盘 | 直径15.5cm | 36,800 | 中国嘉德 | 2022-09-28 |
| 清道光 青花缠枝莲纹盘 | 直径15.3cm | 34,500 | 中国嘉德 | 2022-05-30 |
| 清道光 青花双凤纹大盘 | 直径27cm | 34,500 | 中国嘉德 | 2022-06-02 |
| 清道光 青花双凤赶珠纹大盘 | 高4.5cm；直径26.5cm | 34,500 | 保利厦门 | 2022-10-22 |
| 清道光 青花云龙纹盘 | 直径17cm | 32,200 | 中鸿信 | 2022-09-11 |
| 清道光 青花龙纹盘 | 直径27.3cm | 28,801 | 中国嘉德 | 2022-06-04 |
| 清道光 青花花卉纹碗 | 直径14.1cm | 463,528 | 中国嘉德 | 2022-10-07 |
| 清道光 青花八仙人物图碗（一对） | 口径15cm×2；高6.5cm×2 | 425,500 | 中贸圣佳 | 2022-09-27 |
| 清道光 蓝地青花云龙纹碗 | 口径13.5cm | 241,500 | 北京大羿 | 2022-12-18 |
| 清道光 青花淡描花卉纹碗（一对） | 直径12.2cm×2；高6.5cm×2 | 241,500 | 中贸圣佳 | 2022-07-13 |
| 清道光 青花缠枝莲托福寿喜纹大碗 | 直径21.5cm | 241,500 | 北京大羿 | 2022-09-26 |
| 清道光 青花婴戏图碗 | 直径15.3cm | 220,728 | 中国嘉德 | 2022-10-07 |
| 清道光 青花莲托八宝纹碗 | 直径14cm；高6.5cm | 207,000 | 深圳富诺得 | 2022-10-06 |
| 清道光 青花万寿无疆纹大碗 | 直径18.3cm；高9.4cm | 201,250 | 中贸圣佳 | 2022-06-07 |
| 清道光 青花缠枝莲托福寿喜纹大碗 | 直径21.5cm | 195,500 | 北京大羿 | 2022-12-25 |
| 清道光 青花缠枝花卉纹碗（一对） | 直径16.5cm×2 | 184,000 | 中国嘉德 | 2022-05-29 |
| 清道光 青花外苜蓿花内莲池纹碗 | 直径14.3cm | 184,000 | 北京大羿 | 2022-09-24 |
| 清道光 仿明青花云龙纹碗（一对） | 直径14.8cm；直径14.6cm | 172,500 | 中国嘉德 | 2022-05-29 |
| 清道光 青花缠枝花卉纹碗（一对） | 直径10.9cm×2；高6.5cm×2 | 161,000 | 中贸圣佳 | 2022-07-13 |
| 清道光 云龙纹折腰碗（一对） | 直径17cm×2；高8cm×2 | 161,000 | 深圳富诺得 | 2022-10-06 |
| 清道光 青花万寿无疆纹碗 | 直径18cm | 149,500 | 中贸圣佳 | 2022-08-13 |
| 清道光 青花海兽纹大碗 | 高8.5cm；直径19cm | 149,500 | 保利厦门 | 2022-10-22 |
| 清道光 青花海八怪纹碗 | 直径19.2cm | 126,500 | 北京大羿 | 2022-09-26 |
| 清道光 御制青花缠枝牡丹纹小碗 | 直径11.5cm | 126,500 | 永乐拍卖 | 2022-07-24 |
| 清道光 青花缠枝莲纹托八宝万寿无疆大碗（一对） | 直径18.5cm；直径18.3cm | 103,500 | 中国嘉德 | 2022-09-27 |
| 清道光 青花葡萄纹大碗 | 高10cm；直径22cm | 97,750 | 保利厦门 | 2022-10-22 |
| 清道光 青花缠枝莲纹碗 | 直径16.8cm | 95,450 | 北京大羿 | 2022-09-26 |
| 清道光 青花穿花夔凤纹大碗 | 直径23.5cm | 86,250 | 中国嘉德 | 2022-05-30 |
| 清道光 青花缠枝花卉纹碗 | 直径16.5cm | 82,800 | 北京大羿 | 2022-09-26 |
| 清道光 青花雪景高士图茶碗 | 直径11.2cm | 80,500 | 中国嘉德 | 2022-09-28 |
| 清道光 青花海兽纹大碗 | 直径19cm | 74,750 | 中国嘉德 | 2022-05-30 |
| 清道光 青花婴戏图碗 | 直径15.4cm | 69,000 | 中国嘉德 | 2022-06-27 |
| 清道光 青花海兽纹大碗 | 直径19.2cm | 69,000 | 中国嘉德 | 2022-09-28 |
| 清道光 内青花外松石绿地皮球花碗 | 高6.9cm；直径15.4cm | 69,000 | 西泠印社 | 2022-01-22 |
| 清道光 青花缠枝牡丹纹碗 | 直径11.5cm | 68,425 | 中国嘉德 | 2022-10-07 |
| 清道光 青花缠枝莲托八宝开光万寿无疆大碗 | 直径18.3cm | 63,250 | 中国嘉德 | 2022-12-26 |
| 清道光 青花三多纹碗 | 直径15.2cm | 57,500 | 中国嘉德 | 2022-09-28 |
| 清道光 青花八仙庆寿图碗 | 直径15cm | 57,500 | 中国嘉德 | 2022-05-30 |
| 清道光 青花万寿无疆碗 | 直径18cm | 52,900 | 北京诚轩 | 2022-08-09 |
| 清道光 青花八仙祝寿图碗 | 直径15cm | 51,750 | 北京诚轩 | 2022-08-09 |
| 清道光 青花缠枝莲纹碗 | 直径16.5cm | 51,750 | 广东崇正 | 2022-08-11 |
| 清道光 青花缠枝莲攒碗（一套） | 宽29cm | 48,300 | 北京保利 | 2022-07-16 |
| 清道光 青花云龙纹折腰碗 | 直径17cm | 46,000 | 北京保利 | 2022-07-17 |
| 清道光 青花三多纹碗 | 直径15cm | 46,000 | 中鸿信 | 2022-09-11 |
| 清道光 青花缠枝莲纹碗 | 口径16.5cm | 44,850 | 北京大羿 | 2022-09-26 |
| 清道光 青花缠枝莲纹碗 | 直径16.6cm | 43,700 | 中国嘉德 | 2022-05-30 |
| 清道光 青花三清诗盖碗 | 高9cm；直径10.5cm | 40,250 | 西泠印社 | 2022-01-22 |
| 清道光 仿永乐青花内荷塘图外缠枝苜蓿纹碗 | 直径14.5cm | 40,250 | 中国嘉德 | 2022-09-27 |
| 清道光 青花万寿无疆大碗 | 直径18.3cm | 34,500 | 北京荣宝 | 2022-07-24 |
| 清道光 青花缠枝莲纹碗 | 高10cm；直径18cm | 32,200 | 西泠印社 | 2022-01-22 |
| 清道光 青花缠枝莲纹寿字高足杯 | 直径11cm | 74,750 | 北京荣宝 | 2022-07-24 |
| 清道光 青花莲托梵文高足杯 | 直径10.8cm；高11cm | 63,250 | 中贸圣佳 | 2022-09-25 |
| 清道光 青花缠枝莲纹碟 | 直径15.1cm | 49,663 | 中国嘉德 | 2022-10-07 |
| 清道光 青花五客图八方花盆 | 长30.5cm；宽30.3cm；高24.2cm | 59,800 | 北京中汉 | 2022-06-03 |
| 清道光 青花缠枝花卉开光花鸟人物诗文盖盆 | 直径21cm | 34,500 | 中国嘉德 | 2022-09-28 |
| 清道光 青花花卉纹渣斗（一对） | 高8.2cm×2 | 463,528 | 中国嘉德 | 2022-10-07 |
| 清道光 青花缠枝莲纹渣斗 | 高8.4cm | 209,691 | 中国嘉德 | 2022-10-07 |
| 清道光 青花缠枝莲纹渣斗 | 高9cm | 74,750 | 中国嘉德 | 2022-05-31 |
| 清道光 青花缠枝莲纹渣斗 | 高8.9cm；直径8.5cm | 69,000 | 西泠印社 | 2022-01-22 |
| 清道光 青花缠枝莲纹笔筒 | 高12.3cm | 386,274 | 中国嘉德 | 2022-10-07 |
| 清道光 青花《赤壁赋》诗文四方笔筒 | 高14.3cm；口径15.3cm | 51,750 | 北京荣宝 | 2022-07-24 |
| 清道光 御制青花凤穿牡丹纹洗 | 口径26.6cm | 448,500 | 永乐拍卖 | 2022-07-24 |
| 清道光二年（1822年）仿五良大甫青花花鸟团花纹洗 | 直径16.5cm | 57,500 | 中国嘉德 | 2022-09-27 |
| 清道光 青花鱼藻纹折沿洗 | 口径34.5cm | 29,900 | 北京大羿 | 2022-09-26 |
| 清中期 青花竹石芭蕉图小玉壶春瓶（一对） | 高20.3cm×2 | 264,500 | 中国嘉德 | 2022-10-06 |
| 清中期 青花缠枝花卉八宝纹天球瓶 | 高51.3cm | 195,500 | 北京保利 | 2022-07-29 |
| 清中期 青花缠枝贯耳瓶 | 高57.5cm | 172,500 | 华艺国际 | 2022-09-23 |
| 清中期 青花六角方瓶（一对） | 28cm×18cm×58cm×2 | 161,000 | 上海嘉禾 | 2022-01-01 |
| 清中期 青花莲凤纹大瓶 | 高60cm | 115,416 | 台北艺珍 | 2022-03-06 |
| 清中期 青花花卉八棱瓶 | 直径17cm；高58cm | 92,000 | 深圳富诺得 | 2022-10-06 |
| 清中期 青花留白凤纹天球瓶 | 高40.5cm | 51,750 | 中鸿信 | 2022-09-11 |
| 清中期 青花山水人物双耳方瓶（一对） | 直径36cm×2 | 43,700 | 华艺国际 | 2022-09-23 |
| 清中期 青花神仙人物纹锥把瓶 | 高45.5cm | 43,700 | 中国嘉德 | 2022-06-07 |
| 清中期 豆青釉凸雕青花加白羲之爱鹅图撇口瓶 | 高40.5cm | 36,800 | 保利厦门 | 2022-10-22 |
| 清中期 青花松鹿延年图石榴耳抱耳瓶 | 高41.5cm | 34,500 | 中国嘉德 | 2022-05-31 |
| 清中期 青花云龙纹大葫芦瓶 | 高44.5cm | 32,200 | 中国嘉德 | 2022-09-28 |
| 清中期 仿正德青花穿花龙纹尊 | 直径16cm | 48,300 | 中国嘉德 | 2022-12-26 |
| 清中期 青花团螭纹花觚 | 高40.4cm | 34,500 | 中国嘉德 | 2022-05-31 |
| 清中期 青花龙纹花觚 | 高29cm | 32,200 | 北京保利 | 2022-07-16 |

## 2022瓷器拍卖成交汇总(续表)

(成交价RMB：3万元以上)

| 名称 | 物品尺寸 | 成交价RMB | 拍卖公司 | 拍卖日期 |
|---|---|---|---|---|
| 清中期 浆胎青花缠枝花花卉纹天字罐 | 直径13.5cm | 36,800 | 中国嘉德 | 2022-05-30 |
| 清中期 青花开光花鸟诗文四方茶叶罐 | 高28.8cm | 32,200 | 中国嘉德 | 2022-09-28 |
| 清中期 青花竹林七贤人物故事图小鼓墩(一对) | 高27cm×2 | 69,000 | 中国嘉德 | 2022-05-31 |
| 清中期 红木嵌青花缠枝莲福庆有余图瓷板方几 | 瓷板 63.6cm×63.6cm; 方几 81cm×81cm×44cm | 92,000 | 中国嘉德 | 2022-06-27 |
| 清中期 缠枝莲青花瓷板 | 直径53cm | 34,500 | 保利厦门 | 2022-10-22 |
| 清中期 青花穿花凤纹大盘 | 直径37cm | 34,500 | 中国嘉德 | 2022-05-31 |
| 清中期 仿万历青花龙凤纹文具盒 | 长27cm | 32,200 | 保利厦门 | 2022-10-22 |
| 清中期 仿成化青花二十子婴戏图大碗 | 直径21.8cm | 287,500 | 中国嘉德 | 2022-06-27 |
| 清中期 青花江西十景之章江晓渡图大花盆 | 直径40cm | 40,250 | 中国嘉德 | 2022-05-30 |
| 清中期 青花四季花卉纹水仙盆 | 长45cm | 36,800 | 华艺国际 | 2022-09-23 |
| 清中期 青花缠枝莲托八宝纹缸 | 直径40cm | 63,250 | 中国嘉德 | 2022-05-30 |
| 清中期 青花人物故事图卷缸 | 高40.2cm; 口径45.8cm | 33,600 | 浙江佳宝 | 2022-03-13 |
| 清中期 青花描金葫芦形笔舔 | 长9cm | 34,500 | 北京羿趣国际 | 2022-04-28 |
| 清中期 青花花卉纹镂空花几(一对) | 高68cm; 高67cm | 86,250 | 中国嘉德 | 2022-09-29 |
| 清咸丰 青花竹石芭蕉纹玉壶春瓶 | 高28cm | 684,256 | 中国嘉德 | 2022-10-07 |
| 清咸丰 青花开片花鸟纹双耳瓶 | 高50cm | 69,000 | 华艺国际 | 2022-09-23 |
| 清咸丰 青花苍龙教子图烟壶 | 高7.2cm | 51,750 | 中国嘉德 | 2022-09-27 |
| 清咸丰 青花内岁寒三友外庭院仕女婴戏图盘 | 口径18cm | 368,000 | 北京大羿 | 2022-06-26 |
| 清咸丰 青花缠枝莲纹盘(一对) | 直径115.4cm; 直径215.3cm | 189,750 | 中贸圣佳 | 2022-09-25 |
| 清咸丰 青花八卦云鹤纹碗(一对) | 直径13.5cm×2 | 322,000 | 北京中汉 | 2022-06-03 |
| 清咸丰 青花内暗八仙纹外缠枝花卉纹折腰碗 | 直径20.6cm | 43,700 | 中国嘉德 | 2022-09-27 |
| 清咸丰 青花云鹤八卦纹碗 | 直径14cm | 34,500 | 中鸿信 | 2022-09-11 |
| 清咸丰 青花缠枝莲纹杯(一对) | 直径9.7cm×2 | 391,000 | 北京保利 | 2022-07-16 |
| 清同治 青花缠枝莲纹赏瓶 | 高39.5cm | 638,250 | 华艺国际 | 2022-09-23 |
| 清同治 青花缠枝莲纹赏瓶 | 口径10cm; 高38.5cm | 483,000 | 浙江佳宝 | 2022-03-13 |
| 清同治 青花竹石芭蕉纹玉壶春瓶 | 高29.2cm | 260,467 | 保利香港 | 2022-10-10 |
| 清同治 青花缠枝莲纹赏瓶 | 高38.8cm | 220,176 | 佳士得 | 2022-11-29 |
| 清同治 青花竹石芭蕉纹玉壶春瓶 | 高29cm | 130,233 | 保利香港 | 2022-10-10 |
| 清同治 青花竹石芭蕉图玉壶春瓶 | 高29.8cm | 126,500 | 中国嘉德 | 2022-12-26 |
| 清同治 青花缠枝莲纹赏瓶 | 高37.3cm | 115,000 | 中国嘉德 | 2022-12-26 |
| 清同治 青花竹石芭蕉纹玉壶春瓶 | 高29.2cm | 51,750 | 中贸圣佳 | 2022-09-25 |
| 清同治 青花竹石芭蕉纹玉壶春瓶 | 高29.9cm | 46,000 | 中贸圣佳 | 2022-09-25 |
| 清同治 青花双凤纹盘(一对) | 口径27cm×2 | 287,500 | 北京大羿 | 2022-06-26 |
| 清同治 青花内岁寒三友外庭院仕女婴戏图盘 | 口径17.5cm | 172,500 | 北京大羿 | 2022-06-26 |
| 清同治 青花双凤纹盘(一对) | 直径17.3cm×2 | 138,998 | 香港苏富比 | 2022-11-25 |
| 清同治 青花缠枝莲盘(一对) | 直径15.8cm×2 | 109,250 | 中国嘉德 | 2022-05-29 |
| 清同治 青花缠枝莲纹大盘(一对) | 直径25cm×2 | 103,500 | 中国嘉德 | 2022-05-30 |
| 清同治 青花凤纹盘(一对) | 直径16.6cm×2 | 93,809 | 中国嘉德 | 2022-10-07 |
| 清同治 青花缠枝花卉纹盘 | 直径15.5cm | 79,350 | 中贸圣佳 | 2023-01-01 |
| 清同治 青花缠枝莲纹盘(一对) | 直径15.5cm×2 | 69,000 | 北京中汉 | 2022-12-09 |
| 清同治 青花缠枝莲纹盘 | 直径15.7cm | 57,500 | 中国嘉德 | 2022-05-30 |
| 清同治 青花寿字纹盘 | 直径26cm | 57,500 | 深圳富诺得 | 2022-10-06 |
| 清同治 青花缠枝西番莲纹盘 | 直径20cm | 55,200 | 中国嘉德 | 2022-12-26 |
| 清同治 青花缠枝莲纹盘 | 直径15.8cm | 55,200 | 中国嘉德 | 2022-05-30 |
| 清同治 青花缠枝莲纹大盘 | 直径25.1cm | 55,200 | 中贸圣佳 | 2022-09-25 |
| 清同治 青花缠枝莲纹盘 | 直径15.4cm | 51,750 | 中贸圣佳 | 2022-06-07 |
| 清同治 青花缠枝莲纹盘 | 直径15.8cm | 51,750 | 北京中汉 | 2022-06-28 |
| 清同治 青花缠枝莲纹盘 | 直径15.7cm | 48,300 | 中国嘉德 | 2022-05-30 |
| 清同治 青花缠枝莲纹盘 | 直径15.5cm | 48,300 | 中国嘉德 | 2022-05-30 |
| 清同治 青花缠枝莲纹盘(一对) | 直径15.6cm×2 | 46,288 | 中国嘉德 | 2022-06-04 |
| 清同治 青花双凤纹大盘 | 高4.5cm; 直径27cm | 36,800 | 保利厦门 | 2022-10-22 |
| 清同治 青花云龙纹大盘 | 直径27cm | 36,800 | 中国嘉德 | 2022-09-27 |
| 清同治 青花缠枝莲盘 | 直径15.3cm | 34,500 | 北京保利 | 2022-07-16 |
| 清同治 青花双凤纹盘 | 直径16.5cm | 32,200 | 保利厦门 | 2022-10-22 |
| 清同治 青花五氏宗祠盖碗(一对) | 口径9cm×2 | 276,000 | 北京大羿 | 2022-06-26 |
| 清同治 青花葡萄纹大碗 | 直径22.5cm | 253,000 | 中国嘉德 | 2022-09-27 |
| 清同治 青花缠枝牡丹纹碗 | 高9cm; 直径17cm | 57,500 | 保利厦门 | 2022-10-22 |
| 清同治 青花缠枝莲纹碗 | 直径20cm | 51,432 | 中国嘉德 | 2022-06-04 |
| 清同治 青花海水八卦纹茶圆(一对) | 直径9.3cm, 高5.9cm; 直径9.1cm, 高5.7cm | 218,500 | 中贸圣佳 | 2023-01-01 |
| 清同治 青花海水八卦纹杯(一对) | 直径9.3cm×2 | 218,500 | 北京中汉 | 2022-06-03 |
| 清同治 青花留白双龙赶珠纹茶圆 | 高5cm; 直径10.5cm | 32,200 | 保利厦门 | 2022-10-22 |
| 清同治 青花四季花卉纹大捧盒 | 口径33cm | 517,500 | 北京大羿 | 2022-12-25 |
| 清同治七年（1868年）青花洞石水仙诗文水丞 | 直径7.8cm | 51,750 | 中国嘉德 | 2022-05-31 |
| 清光绪 青花芭蕉石竹纹玉壶春瓶 | 高30cm; 口径17cm | 667,000 | 广东崇正 | 2022-08-11 |
| 清光绪 青花缠枝莲纹玉堂春瓶(一对) | 高39cm; 高39.4cm | 655,500 | 中贸圣佳 | 2022-10-27 |
| 清光绪 青花竹石芭蕉玉壶春瓶 | 高29.5cm | 598,000 | 北京保利 | 2022-07-29 |
| 清光绪 青花竹石芭蕉图玉壶春瓶 | 高29.2cm | 551,820 | 中国嘉德 | 2022-10-07 |
| 清光绪 青花缠枝莲纹赏瓶 | 高38.5cm | 402,500 | 中国嘉德 | 2022-09-26 |
| 清光绪 青花缠枝莲纹赏瓶 | 高39cm | 391,000 | 北京大羿 | 2022-09-26 |
| 清光绪 青花缠枝莲纹赏瓶 | 高39cm | 379,500 | 北京大羿 | 2022-12-25 |
| 清光绪 青花竹石芭蕉玉壶春瓶 | 30cm×17cm | 379,500 | 荣宝斋(南京) | 2022-12-08 |
| 清光绪 青花缠枝莲纹赏瓶 | 高37.8cm | 287,500 | 中国嘉德 | 2022-12-26 |
| 清光绪 青花缠枝花卉纹赏瓶 | 高39cm | 253,000 | 北京中汉 | 2022-04-27 |
| 清光绪 青花缠枝莲赏瓶 | 高39cm | 207,000 | 北京保利 | 2022-07-16 |
| 清光绪 青花缠枝莲纹赏瓶 | 高37.7cm | 149,500 | 中国嘉德 | 2022-09-27 |
| 清光绪 青花缠枝莲纹赏瓶 | 高38.4cm | 97,750 | 中贸圣佳 | 2022-09-25 |
| 清光绪 青花云龙纹葫芦瓶(一对) | 高22cm×2 | 92,000 | 西泠印社 | 2022-01-22 |
| 清光绪 青花缠枝莲纹瓶(一对) | 高21.5cm×2 | 78,200 | 华艺国际 | 2022-09-23 |
| 清光绪 青花龙凤纹长颈瓶 | 高43cm | 48,300 | 中鸿信 | 2022-09-11 |
| 清光绪 青花缠枝花卉纹赏瓶 | 高37.8cm | 46,000 | 北京中汉 | 2022-08-08 |
| 清光绪 青花缠枝莲纹赏瓶 | 高30.5cm | 36,800 | 中国嘉德 | 2022-05-31 |
| 清光绪 青花竹石芭蕉图玉壶春瓶 | 高29.7cm | 34,500 | 中国嘉德 | 2022-09-28 |
| 清光绪 青花缠枝莲纹赏瓶 | 高25.5cm | 29,900 | 保利厦门 | 2022-10-22 |
| 清光绪 青花百鸟朝凤图铺首尊 | 高53.7cm | 138,000 | 中国嘉德 | 2022-09-30 |
| 清光绪 青花缠枝花卉纹大盖罐 | 高54cm | 345,000 | 中贸圣佳 | 2023-01-01 |
| 清光绪 青花岁寒三友图暖锅 | 口径18.3cm | 109,250 | 北京大羿 | 2022-06-26 |
| 清光绪 青花缠枝莲纹大盘 | 口径39.5cm | 483,000 | 北京大羿 | 2022-06-26 |
| 清光绪 储秀宫制青花西番莲纹大盘 | 直径71cm | 322,000 | 中贸圣佳 | 2023-01-01 |
| 清光绪 青花内九桃外缠枝牵牛花纹大盘 | 直径48cm | 253,000 | 中国嘉德 | 2022-12-26 |
| 清光绪 青花云龙纹大盘 | 直径34.5cm | 138,000 | 中国嘉德 | 2022-05-29 |
| 清光绪 青花双龙赶珠纹大盘 | 高3cm; 直径34cm | 126,500 | 保利厦门 | 2022-10-22 |
| 清光绪 青花一把莲纹小盘(一对) | 直径11cm×2 | 109,250 | 中国嘉德 | 2022-05-29 |
| 清光绪 青花云龙纹大盘 | 直径34.2cm | 97,750 | 中国嘉德 | 2022-09-27 |
| 清光绪 金品卿青花梅纹盘 | 直径25.1cm | 92,577 | 中国嘉德 | 2022-06-04 |
| 清光绪 青花云龙纹小盘、汤匙各一对 | 长15cm; 直径9.5cm | 92,000 | 中国嘉德 | 2022-05-29 |
| 清光绪 青花缠枝莲纹盘(一对) | 直径15.7cm×2 | 92,000 | 北京中汉 | 2022-04-27 |
| 清光绪 青花缠枝莲纹盘(一对) | 直径15.8cm×2 | 86,250 | 中国嘉德 | 2022-09-27 |
| 清光绪 青花云龙纹大盘 | 直径44.5cm | 86,250 | 中国嘉德 | 2022-05-30 |
| 清光绪 青花云龙纹盘 | 直径15.2cm | 75,900 | 中贸圣佳 | 2023-01-01 |
| 清光绪 青花云龙纹盘 | 直径16.5cm | 75,900 | 中贸圣佳 | 2023-01-01 |
| 清光绪 青花缠枝莲纹盘(一对) | 直径15.4cm×2 | 74,750 | 中国嘉德 | 2022-05-31 |
| 清光绪 青花云龙纹盘(一对) | 高3.6cm×2; 直径16.5cm×2 | 74,750 | 西泠印社 | 2022-01-22 |
| 清光绪 青花缠枝寿字大盘 | 直径26.8cm | 69,000 | 中国嘉德 | 2022-05-30 |
| 清光绪 青花双凤纹大盘 | 直径27cm | 69,000 | 中国嘉德 | 2022-05-30 |
| 清光绪 青花龙纹盘 | 直径19cm | 69,000 | 北京保利 | 2022-07-29 |
| 清光绪 青花缠枝莲纹盘(一对) | 直径15.5cm×2 | 69,000 | 中国嘉德 | 2022-05-29 |
| 清光绪 青花对头凤纹盘 | 直径27cm×2 | 63,250 | 北京保利 | 2022-07-16 |
| 清光绪 青花缠枝莲纹盘 | 直径15.6cm | 63,250 | 中国嘉德 | 2022-05-31 |

| 名称 | 物品尺寸 | 成交价RMB | 拍卖公司 | 拍卖日期 |
|---|---|---|---|---|
| 清光绪 青花缠枝莲纹盘 | 直径15.6cm | 63,250 | 中国嘉德 | 2022-05-31 |
| 清光绪 青花云龙纹大盘 | 直径27cm | 63,250 | 中国嘉德 | 2022-05-31 |
| 清光绪 青花云龙纹盘 | 直径18.3cm | 63,250 | 北京中汉 | 2022-04-27 |
| 清光绪 青花云龙纹盘 | 直径18.5cm | 57,500 | 中国嘉德 | 2022-05-30 |
| 清光绪 青花云龙赶珠纹盘 | 直径17cm | 57,500 | 中贸圣佳 | 2022-09-25 |
| 清光绪 青花龙纹盘 | 直径34.7cm | 56,575 | 中国嘉德 | 2022-06-04 |
| 清光绪 青花松虬纹盘(一对) | 直径14.8cm×2 | 55,200 | 中国嘉德 | 2022-09-30 |
| 清光绪 青花云龙纹盘(一对) | 直径14.5cm×2 | 55,200 | 中国嘉德 | 2022-09-30 |
| 清光绪 青花岁寒三友图盘 | 直径15cm | 51,750 | 中国嘉德 | 2022-09-30 |
| 清光绪 青花缠枝莲纹盘(一对) | 直径14cm×2 | 51,750 | 中国嘉德 | 2022-05-31 |
| 清光绪 青花云龙纹大盘 | 直径34.5cm | 51,750 | 中国嘉德 | 2022-05-30 |
| 清光绪 青花云龙赶珠纹盘 | 直径18.5cm | 51,750 | 中贸圣佳 | 2022-09-25 |
| 清光绪 淡描青花外缠枝花卉内暗八仙图折腰盘 | 直径20.5cm | 48,300 | 中贸圣佳 | 2022-08-13 |
| 清光绪 青花松寿千年图小盘(一对) | 直径7.8cm×2 | 48,300 | 中国嘉德 | 2022-05-30 |
| 清光绪 青花龙纹盘 | 直径16cm | 48,300 | 北京荣宝 | 2022-07-24 |
| 清光绪 青花云龙戏珠纹盘 | 高4cm; 直径16.5cm | 48,300 | 西泠印社 | 2022-01-22 |
| 清光绪 青花双凤纹盘(一对) | 直径16.5cm×2 | 46,000 | 中国嘉德 | 2022-06-02 |
| 清光绪 青花龙纹盘 | 直径15.2cm | 46,000 | 中国嘉德 | 2022-05-30 |
| 清光绪 青花云龙纹大盘 | 直径34.3cm | 46,000 | 中国嘉德 | 2022-05-31 |
| 清光绪 青花云龙赶珠纹盘(一对) | 直径119cm; 直径218.4cm | 46,000 | 中贸圣佳 | 2022-09-25 |
| 清光绪 青花缠枝莲纹盘 | 直径15.7cm | 46,000 | 中贸圣佳 | 2022-09-25 |
| 清光绪 青花龙纹大盘 | 高5.9cm; 直径34.5cm | 46,000 | 西泠印社 | 2022-01-22 |
| 清光绪 青花缠枝莲纹盘 | 直径15.5cm | 43,700 | 保利厦门 | 2022-10-22 |
| 清光绪 青花折枝花卉飞鹤"商标"盘(一对) | 直径14.5cm×2 | 43,700 | 中国嘉德 | 2022-05-30 |
| 清光绪 青花缠枝莲纹盘(一对) | 直径17.3cm×2 | 43,700 | 中国嘉德 | 2022-06-02 |
| 清光绪 青花缠枝莲纹盘 | 直径15.7cm | 43,700 | 北京保利 | 2022-06-07 |
| 清光绪 青花缠枝莲纹盘 | 直径15.2cm | 43,700 | 中贸圣佳 | 2022-08-13 |
| 清光绪 青花缠枝莲纹盘 | 高3.3cm; 直径16.5cm | 43,700 | 广东崇正 | 2022-08-11 |
| 清光绪 青花岁寒三友图盘 | 直径17.8cm | 41,145 | 中国嘉德 | 2022-06-04 |
| 清光绪 青花云龙纹小盘(一对) | 直径8.8cm×2 | 40,250 | 中国嘉德 | 2022-05-31 |
| 清光绪 青花缠枝莲纹盘(一对) | 直径15cm×2 | 40,250 | 朵云轩 | 2022-12-08 |
| 清光绪 青花云龙纹大盘 | 直径25.6cm | 40,250 | 中国嘉德 | 2022-05-31 |
| 清光绪 青花缠枝花卉纹盘 | 直径19.5cm | 40,250 | 朵云轩 | 2022-12-08 |
| 清光绪 青花缠枝莲纹盘(一对) | 直径15.7cm×2 | 39,100 | 中贸圣佳 | 2022-09-25 |
| 清光绪 青花云龙纹大盘 | 直径27cm | 36,800 | 北京保利 | 2022-05-30 |
| 清光绪 青花淡描暗八仙折腰盘 | 直径21cm | 34,500 | 北京保利 | 2022-07-29 |
| 清光绪 青花双凤纹盘 | 直径16.5cm | 34,500 | 中国嘉德 | 2022-05-30 |
| 清光绪 青花缠枝莲纹盘 | 直径15.5cm | 34,500 | 西泠印社 | 2022-01-22 |
| 清光绪 青花缠枝莲纹盘小盘(一对) | 直径10.7cm×2 | 32,200 | 中国嘉德 | 2022-09-28 |
| 清光绪 青花云龙纹盘 | 直径17.5cm | 32,200 | 中国嘉德 | 2022-05-30 |
| 清光绪 青花云龙纹盘 | 直径17cm | 32,200 | 北京中汉 | 2022-04-27 |
| 清光绪 青花云龙赶珠纹大盘 | 直径25.5cm | 32,200 | 中贸圣佳 | 2022-09-25 |
| 清光绪 青花婴戏图碗(一对) | 高8cm×2; 直径15.5cm×2 | 333,500 | 广东崇正 | 2022-08-11 |
| 清光绪 青花八仙图碗(一对) | 直径22.3cm×2; 高7.3cm×2 | 172,500 | 中贸圣佳 | 2022-08-13 |
| 清光绪 青花缠枝莲纹撇口大碗(一对) | 高7cm×2; 直径14.5cm×2 | 172,500 | 保利厦门 | 2022-10-22 |
| 清光绪 青花双龙赶珠纹大碗(一对) | 直径20cm×2 | 149,500 | 北京中汉 | 2022-12-09 |
| 清光绪 青花云龙纹茶碗(一对) | 直径9.5cm×2 | 138,000 | 中国嘉德 | 2022-05-29 |
| 清光绪 青花岁寒三友图碗(一对) | 直径13.3cm×2 | 138,000 | 中国嘉德 | 2022-06-27 |
| 清光绪 青花内暗八仙纹外缠枝花卉纹折腰盘(一对) | 直径20.5cm×2 | 126,500 | 中国嘉德 | 2022-05-29 |
| 清光绪 青花缠枝莲纹(一对) | 口径17cm×2 | 126,500 | 北京大羿 | 2022-06-26 |
| 清光绪 青花八卦云鹤纹碗(一对) | 直径13.8cm×2 | 115,000 | 中国嘉德 | 2022-05-29 |
| 清光绪 青花赶珠龙纹碗(一对) | 口径11cm×2 | 115,000 | 北京大羿 | 2022-09-26 |
| 清光绪 青花云龙纹碗 | 直径10.2cm | 97,750 | 北京荣宝 | 2022-07-24 |
| 清光绪 青花云龙纹玲珑碗(一对) | 直径14.2cm×2 | 92,000 | 中国嘉德 | 2022-06-27 |
| 清光绪 青花三清图御题诗茶碗 | 高8cm | 92,000 | 中贸圣佳 | 2022-06-07 |
| 清光绪 青花缠枝莲纹小碗(一对) | 直径11.7cm; 直径11.3cm | 92,000 | 中国嘉德 | 2022-05-29 |
| 清光绪 青花胭脂红八仙过海图碗 | 直径22.2cm | 92,000 | 北京中汉 | 2022-08-08 |
| 清光绪 青花云龙纹茶碗(一对) | 直径9.5cm×2 | 86,250 | 中国嘉德 | 2022-09-27 |
| 清光绪 青花缠枝花卉大碗(一对) | 直径16.5cm×2, 高7.3cm×2 | 85,675 | 中贸圣佳 | 2022-08-06 |
| 清光绪 青花云龙纹大碗(一对) | 直径19.8cm×2 | 74,750 | 中国嘉德 | 2022-09-28 |
| 清光绪 青花八卦云鹤纹碗(一对) | 直径13.8cm×2 | 74,750 | 北京中汉 | 2022-12-09 |
| 清光绪 青花内云龙外暗八仙玲珑大碗 | 口径16.5cm | 71,300 | 北京大羿 | 2022-09-26 |
| 清光绪 青花西番莲撇口碗 | 直径17.4cm | 69,000 | 北京保利 | 2022-02-03 |
| 清光绪 青花百寿纹撇口碗(一对) | 直径11.2cm×2 | 67,850 | 华艺国际 | 2022-09-23 |
| 清光绪 青花缠枝牡丹纹碗(一对) | 口径11.2cm×2 | 66,700 | 北京大羿 | 2022-09-26 |
| 清光绪 青花云鹤八卦纹碗 | 直径13.8cm; 高6.7cm | 66,700 | 中贸圣佳 | 2022-09-25 |
| 清光绪 青花云龙纹茶碗 | 直径11.7cm | 63,250 | 中国嘉德 | 2022-05-30 |
| 清光绪 青花海水八怪纹碗 | 直径21cm; 高9cm | 63,250 | 中贸圣佳 | 2022-07-13 |
| 清光绪 青花龙纹玲珑瓷大碗 | 高8.1cm; 口径16.3cm | 57,500 | 广东崇正 | 2022-04-17 |
| 清光绪 青花松鼠葡萄纹大碗(一对) | 高11.5cm×2; 直径22.5cm×2 | 56,350 | 广东崇正 | 2022-08-11 |
| 清光绪 青花八卦云鹤纹碗 | 直径13cm | 55,200 | 中国嘉德 | 2022-05-30 |
| 清光绪 青花莲托八吉祥纹碗 | 直径14cm; 高6.6cm | 52,900 | 中贸圣佳 | 2022-09-25 |
| 清光绪 仿明青花云龙纹碗 | 直径14.7cm | 51,750 | 中国嘉德 | 2022-09-28 |
| 清光绪 青花胭脂红八仙祝寿纹大碗 | 高7cm; 直径22cm | 51,750 | 保利厦门 | 2022-10-22 |
| 清光绪 青花缠枝莲纹碗 | 口径16.9cm | 51,750 | 北京大羿 | 2022-09-26 |
| 清光绪 青花龙纹碗 | 直径11.9cm | 44,145 | 中国嘉德 | 2022-10-07 |
| 清光绪 青花缠枝莲纹碗 | 直径17cm | 43,700 | 北京保利 | 2022-07-16 |
| 清光绪 青花留白云龙纹小碗 | 直径13.2cm | 43,700 | 中国嘉德 | 2022-05-30 |
| 清光绪 青花云龙纹茶碗 | 直径9.5cm | 43,700 | 中国嘉德 | 2022-05-31 |
| 清光绪 青花虬松图碗 | 口径13.5cm | 43,700 | 北京大羿 | 2022-09-26 |
| 清光绪 青花云鹤纹碗(一套六只) | 直径13.2cm×6 | 43,700 | 北京保利 | 2022-07-29 |
| 清光绪 青花松竹梅岁寒三友图碗(一对) | 直径13cm×2 | 41,145 | 华艺国际 | 2022-05-29 |
| 清光绪 青花云龙纹小碗 | 直径11.2cm | 40,250 | 中国嘉德 | 2022-05-30 |
| 清光绪 青花双龙赶珠纹碗 | 直径15cm | 40,250 | 北京中汉 | 2022-06-28 |
| 清光绪 内青花外黄地轧道洋彩平生吉庆开光三羊开泰图碗 | 直径14.8cm | 40,250 | 中国嘉德 | 2022-09-30 |
| 清光绪 青花缠枝骑角牡丹纹碗(带座) | 带座高8.6cm; 直径11.8cm | 40,250 | 广东崇正 | 2022-08-11 |
| 清光绪 青花龙纹带盖温碗 | 直径22cm | 38,627 | 中国嘉德 | 2022-10-07 |
| 清光绪 青花八仙庆寿图大碗 | 直径22.2cm | 36,800 | 中国嘉德 | 2022-05-30 |
| 清光绪 青花花卉纹碗 | 直径11.5cm | 35,316 | 中国嘉德 | 2022-10-07 |
| 清光绪 青花云龙纹碗 | 直径13.3cm | 34,500 | 中国嘉德 | 2022-05-30 |
| 清光绪 青花留白海八怪纹碗 | 直径21.2cm | 34,500 | 北京中汉 | 2022-04-27 |
| 清光绪 青花福寿云龙纹碗 | 直径13.2cm | 32,200 | 中国嘉德 | 2022-05-30 |
| 清光绪 青花缠枝莲纹碗 | 直径11.3cm; 高8.5cm | 32,200 | 中贸圣佳 | 2022-07-13 |
| 清光绪 青花云龙纹撇口碗 | 高8.5cm; 直径16.5cm | 32,200 | 广东崇正 | 2022-12-25 |
| 清光绪 青花岁寒三友图碗(一对) | 直径13.5cm×2 | 30,859 | 中国嘉德 | 2022-06-04 |
| 清光绪 青花洞石水仙图杯(一对) | 直径5.7cm×2 | 86,250 | 中国嘉德 | 2022-05-29 |
| 清光绪 青花龙纹茶圆(一对) | 直径9cm×高4.8cm×2 | 80,500 | 中贸圣佳 | 2022-07-13 |
| 清光绪 青花云龙纹杯(一对) | 直径5.8cm×2 | 69,000 | 中国嘉德 | 2022-05-30 |
| 清光绪 青花花鸟纹茶圆(一对) | 直径8.9cm×2 | 51,750 | 中贸圣佳 | 2022-07-13 |
| 清光绪 青花洞石水仙图杯(一对) | 直径5.8cm×2 | 40,250 | 中国嘉德 | 2022-06-02 |
| 清光绪 青花松竹梅纹小杯 | 直径5.8cm | 40,250 | 北京中汉 | 2022-09-29 |
| 清光绪 青花梅兰竹菊团龙纹碟(一对) | 口径10.4cm×2 | 63,250 | 北京大羿 | 2022-09-26 |
| 清光绪 青花缠枝莲纹碟 | 口径10.8cm×2 | 59,800 | 北京大羿 | 2022-09-26 |
| 清光绪 青花云龙纹匙(一对) | 长15cm×2 | 32,200 | 中国嘉德 | 2022-09-28 |

## 2022瓷器拍卖成交汇总(续表)

(成交价RMB：3万元以上)

| 名称 | 物品尺寸 | 成交价RMB | 拍卖公司 | 拍卖日期 |
|---|---|---|---|---|
| 清光绪 青花缠枝莲纹朝珠盒 | 直径22cm | 103,500 | 华艺国际 | 2022-09-23 |
| 清光绪 青花五龙图捧盒 | 直径29cm | 51,750 | 中国嘉德 | 2022-09-28 |
| 清光绪 青花云龙纹花盆 | 直径26cm | 46,000 | 中国嘉德 | 2022-05-30 |
| 清光绪 金品卿作青花岁寒三友图大球形缸 | 高29cm | 1,035,000 | 华艺国际 | 2022-09-23 |
| 清光绪 青花海水云龙纹小卷缸 | 直径24.2cm | 253,000 | 永乐拍卖 | 2022-07-25 |
| 清光绪 青花龙纹缸 | 直径37.5cm | 209,691 | 中国嘉德 | 2022-10-07 |
| 清光绪 青花缠枝寿纹纹冰鉴（一对） | 46cm×44.9cm×31.1cm×2 | 2,300,000 | 中贸圣佳 | 2022-12-31 |
| 清光绪 青花团龙纹四方洗 | 长19.5cm | 32,200 | 中国嘉德 | 2022-09-27 |
| 清光绪 青花双凤纹盖盅 | 直径29cm | 103,500 | 中国嘉德 | 2022-05-30 |
| 清光绪 青花云龙纹盖盅 | 直径28cm | 97,750 | 中国嘉德 | 2022-05-30 |
| 清宣统 青花缠枝莲纹赏瓶 | 高39.5cm | 483,000 | 中国嘉德 | 2022-12-26 |
| 清康熙、清晚期 青花缠枝莲纹凤尾尊、青花穿花凤纹小凤尾尊（各一件） | 高45.2cm；高37.3cm | 57,500 | 中国嘉德 | 2022-05-31 |
| 清宣统 青花缠枝莲纹盖罐 | 高51cm | 126,500 | 北京大羿 | 2022-06-26 |
| 清宣统 青花缠枝莲纹大罐 | 高51cm | 94,300 | 北京大羿 | 2022-09-28 |
| 清宣统 仿永乐青花内如意纹外苕蓿花纹碗（一对） | 直径13.5cm×2 | 253,000 | 保利厦门 | 2022-10-22 |
| 清宣统 青花缠枝花卉纹盘 | 直径15cm | 75,900 | 中贸圣佳 | 2023-01-01 |
| 清宣统 青花万福万寿纹盘 | 直径17.2cm | 69,000 | 北京中汉 | 2022-06-28 |
| 清宣统 青花缠枝莲纹盘 | 直径15.6cm | 66,700 | 中贸圣佳 | 2022-07-13 |
| 清宣统二年（1910年）青花团龙纹折沿大盘 | 直径28.5cm | 63,250 | 中国嘉德 | 2022-05-29 |
| 清宣统 青花缠枝寿字大盘 | 直径26.3cm | 40,250 | 中国嘉德 | 2022-05-30 |
| 清宣统 青花贯套寿字纹大盘 | 高5.5cm；直径28cm | 32,200 | 保利厦门 | 2022-10-22 |
| 清宣统 青花莲纹碗 | 直径16.8cm | 77,254 | 中国嘉德 | 2022-10-07 |
| 清宣统 青花苕蓿花纹碗 | 高6.5cm | 63,250 | 广东崇正 | 2022-08-11 |
| 清晚期 青花云龙纹大玉壶春瓶 | 高50.7cm | 207,000 | 中国嘉德 | 2022-09-27 |
| 清晚期 黄地青花描金九龙闹海天球瓶 | 高52.2cm | 161,000 | 中国嘉德 | 2022-06-27 |
| 清晚期 青花云龙纹蒜头瓶 | 高32.5cm | 40,250 | 中国嘉德 | 2022-09-28 |
| 清晚期 青花云龙纹天球瓶 | 高40cm | 36,800 | 中国嘉德 | 2022-05-30 |
| 清晚期 青花竹石芭蕉玉壶春瓶 | 高29.8cm | 36,800 | 中国嘉德 | 2022-05-30 |
| 清晚期 青花百子婴戏图小棒槌瓶 | 高26.3cm | 36,800 | 中国嘉德 | 2022-05-31 |
| 清晚期 青花九世同堂狮耳衔环瓶 | 高42cm | 34,500 | 中国嘉德 | 2022-05-30 |
| 清晚期 青花钟馗接福图纸槌瓶 | 高35.3cm | 34,500 | 北京中汉 | 2022-09-29 |
| 清晚期 黑地开光青花鱼龙变化、苍龙教子图狮耳衔环海棠尊 | 高50cm | 276,000 | 中国嘉德 | 2022-12-26 |
| 清晚期/民国 青花百鹿尊（一对） | 高37.5cm×2 | 128,498 | 纽约佳士得 | 2022-03-25 |
| 清晚期 黄地青花缠枝莲托八宝纹大铺首尊 | 高51cm | 55,200 | 中国嘉德 | 2022-05-31 |
| 清晚期 青花缠枝花卉纹铺首尊 | 高24.2cm | 40,250 | 中国嘉德 | 2022-05-30 |
| 清晚期 青花缠枝莲双龙耳尊 | 高46.5cm | 34,500 | 中贸圣佳 | |
| 清晚期 白釉凸花缠枝花卉开光青花人物故事图花觚 | 高45.5cm | 32,200 | 中国嘉德 | 2022-09-28 |
| 清晚期 青花云龙纹兽耳大炉 | 直径42cm | 43,700 | 中国嘉德 | 2022-05-30 |
| 清晚期 青花九狮图瓷板 | 长50.5cm；宽35cm | 36,800 | 中贸圣佳 | 2022-09-25 |
| 清晚期 青花云龙纹器座 | 直径24cm | 34,500 | 永乐拍卖 | 2022-09-28 |
| 清晚期 青花缠枝莲纹如意耳尊（一对） | 高18.5cm×2 | 195,500 | 中国嘉德 | 2022-09-27 |
| 清晚期/民国 青花云龙纹大盘（一对） | 直径23.5cm×2 | 63,250 | 中国嘉德 | 2022-05-31 |
| 清晚期 青花夜宴图大盘 | 直径40.3cm | 36,800 | 中国嘉德 | 2022-05-30 |
| 清晚期 青花八仙庆寿图碗（一对） | 直径14.5cm×2 | 32,200 | 中国嘉德 | 2022-05-30 |
| 清晚期 青花团鹤纹花盆 | 直径25.6cm | 48,300 | 中国嘉德 | 2022-09-30 |
| 清晚期 青花山水人物瑞兽诗文长方水仙盆 | 长40.2cm | 46,000 | 中国嘉德 | 2022-09-28 |
| 清晚期 青花蝠磬团龙纹花盆（一对） | 直径25.5cm×2；高19.6cm×2 | 34,500 | 中贸圣佳 | 2022-08-06 |
| 清晚期 青花缠枝莲纹大缸 | 高55cm；直径62.5cm | 494,500 | 中贸圣佳 | 2022-07-13 |
| 清晚期 青花云龙纹缸（一对） | 高36cm×2 | 356,500 | 北京大羿 | 2022-09-26 |
| 清晚期 青花太狮少狮图缸 | 直径41.5cm | 46,000 | 中国嘉德 | 2022-05-31 |
| 清晚期 青花云龙纹洗 | 直径17.5cm | 32,200 | 中国嘉德 | 2022-09-28 |
| 清晚期 青花六方凳（一对） | 高47cm×2；直径27cm×2 | 103,500 | 浙江御承 | 2022-08-28 |
| 清 青花折枝瑞果纹天球瓶 | 通高58cm | 4,914,250 | 香港福羲国际 | 2022-12-28 |
| 清 青花花鸟诗文图四方瓶 | 通高50.5cm | 1,769,130 | 香港福羲国际 | 2022-12-28 |
| 清 御制青花竹石芭蕉图玉壶春瓶 | 通高28.5cm | 982,850 | 香港福羲国际 | 2022-12-28 |
| 清 青花缠枝莲纹玉堂春瓶 | 通高37.5cm | 864,908 | 香港福羲国际 | 2022-12-28 |
| 清 青花海水云龙纹抱月瓶 | 通高30.5cm | 766,623 | 香港福羲国际 | 2022-12-28 |
| 清 青花螭龙纹瓶 | 通高20.5cm | 491,425 | 香港福羲国际 | 2022-12-28 |
| 清 青花穿花龙纹抱月瓶 | 通高26.8cm | 343,997 | 香港福羲国际 | 2022-12-28 |
| 清代 青花缠枝莲纹大瓶（有打灯孔） | 高53.5cm | 197,856 | 台北艺珍 | 2022-03-06 |
| 清 青花缠枝花卉纹赏瓶 | 高38cm | 138,000 | 广东崇正 | 2022-08-11 |
| 清 青花缠枝莲纹抱月瓶 | 高28.5cm；直径21cm | 92,000 | 西泠印社 | 2022-08-20 |
| 清代 青花八骏图玉壶春瓶 | 高33.2cm | 40,250 | 中贸圣佳 | 2022-07-13 |
| 清 青花缠枝莲纹赏瓶 | 高39cm；直径21.5cm | 40,250 | 广东崇正 | 2022-08-11 |
| 清 青花六方瓜果瓶 | 高21.5cm | 34,500 | 中贸圣佳 | 2022-06-26 |
| 清 青花团花锯齿纹摇铃尊 | 通高22.8cm | 3,734,830 | 香港福羲国际 | 2022-12-28 |
| 清 青花三多折枝花果纹六方尊 | 高75.5cm | 920,000 | 深圳富诺得 | 2022-10-06 |
| 清 青花团花锯齿纹摇铃尊 | 高24cm | 92,000 | 西泠印社 | 2022-01-22 |
| 清 青花八吉祥纹铺首尊 | 高48cm | 51,750 | 华艺国际 | 2022-09-23 |
| 清 青花人物故事图花觚 | 通高41.8cm | 373,483 | 香港福羲国际 | 2022-12-28 |
| 清 青花山水人物花觚 | 直径19cm；高44.5cm | 46,000 | 深圳富诺得 | 2022-10-06 |
| 清 青花折枝花果纹执壶 | 通高27.8cm | 737,137 | 香港福羲国际 | 2022-12-28 |
| 清 青花龙凤呈祥罐 | 通高23.5cm | 4,422,825 | 香港福羲国际 | 2022-12-28 |
| 清 将军罐 | 23.5cm×10cm | 115,000 | 上海嘉禾 | 2022-01-01 |
| 清代 冬青釉青花福字罐（三对） | 尺寸不一 | 69,000 | 中贸圣佳 | 2022-07-13 |
| 清 青花山水人物三足炉 | 32.5cm×25cm | 48,300 | 荣宝斋（南京） | 2022-12-08 |
| 清 青花诗文烛台 | 通高18cm | 343,997 | 香港福羲国际 | 2022-12-28 |
| 清 青花缠枝纹仿青铜礼器觥 | 高22cm | 92,000 | 深圳富诺得 | 2022-10-06 |
| 清 青花冠上加冠插屏 | 宽73cm | 32,200 | 北京保利 | 2022-07-17 |
| 清 青花真武大帝坐像 | 高19cm | 63,250 | 西泠印社 | 2022-08-21 |
| 清 青花弥勒像 | 高14cm | 36,800 | 北京保利 | 2022-07-16 |
| 清 青花云龙赶珠纹盘 | 直径18.5cm | 196,570 | 香港福羲国际 | 2022-12-28 |
| 清 青花海水瑞兽纹盘 | 直径17.8cm | 98,285 | 香港福羲国际 | 2022-12-28 |
| 清 大清光绪年制款青花缠枝莲纹盘（一对） | 直径18.9cm×2 | 80,500 | 西泠印社 | 2022-01-23 |
| 清 青花缠枝莲花卉纹盘（一对） | 直径14.4cm×2 | 63,250 | 中鸿信 | 2022-09-11 |
| 清 青花龙纹盘 | 21cm×4件 | 63,250 | 荣宝斋（南京） | 2022-12-08 |
| 清 缠枝花纹青花盘 | 直径15.7cm | 48,875 | 中贸圣佳 | 2022-06-26 |
| 清 青花缠枝纹花盘 | 直径15.2cm | 39,675 | 中贸圣佳 | 2022-06-26 |
| 清 青花海兽纹碗 | 直径19.5cm | 1,769,130 | 香港福羲国际 | 2022-12-28 |
| 清 青花缠枝莲纹八宝碗 | 直径26cm | 511,082 | 香港福羲国际 | 2022-12-28 |
| 清 青花云龙纹碗 | 直径18.8cm | 471,768 | 香港福羲国际 | 2022-12-28 |
| 清 青花八仙贺寿图碗 | 直径14.8cm | 216,227 | 香港福羲国际 | 2022-12-28 |

| 名称 | 物品尺寸 | 成交价RMB | 拍卖公司 | 拍卖日期 |
|---|---|---|---|---|
| 清 青花宝相花碗（二件） | 直径15.5cm×2 | 216,227 | 香港福羲国际 | 2022-12-28 |
| 清 青花胭脂红八仙过海碗 | 直径22.3cm | 147,427 | 香港福羲国际 | 2022-12-28 |
| 清 青花鱼纹碗 | 直径30.6cm | 94,300 | 华艺国际 | 2022-09-23 |
| 清 青花三多纹碗（一对） | 高4.9cm×2；直径12cm×2 | 69,000 | 西泠印社 | 2022-01-22 |
| 清 青花缠枝莲托八宝开光万寿无疆大碗 | 直径18.5cm | 36,800 | 中国嘉德 | 2022-09-30 |
| 清 青花鱼藻纹杯盏（三十六件） | 尺寸不一 | 34,500 | 中国嘉德 | 2022-09-30 |
| 清 青花灵芝纹双鱼耳杯 | 直径9.5cm | 835,422 | 香港福羲国际 | 2022-12-28 |
| 清 青花花神杯（一对） | 直径6.5cm×2 | 51,750 | 中国嘉德 | 2022-06-02 |
| 清 青花杯（二十九只） | 尺寸不一 | 40,250 | 中国嘉德 | 2022-06-02 |
| 清 青花迎春花花神杯 | 高4.8cm；口径6.6cm | 40,250 | 西泠印社 | 2022-08-21 |
| 清 青花折枝莲纹卧足杯 | 直径8cm | 29,485 | 香港福羲国际 | 2022-12-28 |
| 清 青花花鸟纹长方花盆 | 长35.3cm；宽26cm；高22.7cm | 74,750 | 中贸圣佳 | 2022-07-26 |
| 清 青花缠枝莲托八宝花盆 | 宽31.5cm | 57,500 | 北京保利 | 2022-07-17 |
| 清代 一束莲青花盆子 | 直径25.8cm | 57,500 | 上海嘉禾 | 2022-01-01 |
| 清代 缠枝莲花方花盆 | 34.5cm×23cm×17cm | 36,800 | 上海嘉禾 | 2022-01-01 |
| 清 青花婴戏图笔海 | 27cm×21cm | 92,000 | 荣宝斋（南京） | 2022-12-08 |
| 清 青花山水人物纹笔筒 | 高14.2cm | 34,500 | 华艺国际 | 2022-09-23 |
| 清代 青花花卉纹花浇 | 高20cm | 161,637 | 台北艺珍 | 2022-12-04 |
| 清 青花梵文花浇 | 高24.3cm；直径24cm | 34,500 | 西泠印社 | 2022-01-22 |
| 清 青花八仙人物故事图迎手（一对） | 宽9cm×2；高10cm×2 | 32,200 | 浙江佳宝 | 2022-03-13 |
| 民国 青花山水瓶 | 高27cm | 201,250 | 北京保利 | 2022-11-12 |
| 民国 王步风格 青花竹禽图瓶 | 高23cm | 63,250 | 中贸圣佳 | 2022-07-26 |
| 民国 青花高士图天球瓶 | 高59cm | 57,500 | 中国嘉德 | 2022-05-31 |
| 民国 王步 青花花鸟纹壶 | 高13cm | 402,500 | 浙江御承 | 2022-08-28 |
| 民国 江西瓷业公司款青花地釉下绿彩红鱼乐图鼓钉罐 | 直径6.5cm；高21.5cm | 55,200 | 中贸圣佳 | 2022-08-13 |
| 民国 王步青花竹溪幽境图瓷板 | 瓷板14.9cm×31.8cm | 247,250 | 中贸圣佳 | 2022-08-12 |
| 民国 曾龙升造青花长眉罗汉坐像 | 高13.5cm；长16.5cm | 104,650 | 华艺国际 | 2022-09-23 |
| 民国 青花雀鸟螳螂盘（一对） | 直径14.3cm×2 | 36,225 | 中贸圣佳 | 2022-06-26 |
| 民国 江西瓷业公司款青花金石瓦当图铃铛杯（一对） | 直径8.1cm×2；高7.6cm×2 | 143,750 | 中贸圣佳 | 2022-08-13 |
| 民国 江西瓷业公司青花二虎夺羊像 | 高3.9cm；直径7.3cm | 34,500 | 中贸圣佳 | 2022-08-13 |
| 民国 王步风格青花钟馗笔筒 | 高13.1cm | 345,000 | 北京保利 | 2022-07-29 |
| 现代 青花元龙套组 | | 34,500 | 中贸圣佳 | 2023-01-01 |
| 当代 十方 青花十八罗汉葫芦瓶 | 高16.2cm | 55,200 | 中贸圣佳 | 2023-01-01 |
| 当代 十方 青花康熙风格溪山访友盖碗 | 直径9.3cm；高7.2cm | 34,500 | 中贸圣佳 | 2023-01-01 |
| 当代 搏泥幻化 青花仿元风格直口杯（九只） | 高5.5cm×9 | 92,000 | 中贸圣佳 | 2023-01-01 |
| 当代 一万堂 青花仿宣德风格双龙杯 | 直径10.3cm；高5.1cm | 40,250 | 中贸圣佳 | 2023-01-01 |
| 当代 一万堂 青花仿宣德风格双凤杯 | 直径10.3cm；高5cm | 32,200 | 中贸圣佳 | 2023-01-01 |
| 当代 赏瓷观窑 青花金彩穿枝宝相纹敞口杯 | 直径9.3cm；高4.5cm | 32,200 | 中贸圣佳 | 2023-01-01 |
| 20世纪70年代 北京风光青花瓶 | 高90.5cm | 1,092,500 | 北京保利 | 2022-11-12 |
| 青花缠枝莲双耳瓶 | 高31.5cm | 413,865 | 荣宝斋（香港） | 2022-11-26 |
| 青花喜上眉梢抱月瓶 | 3cm×8.2cm×19.8cm | 380,000 | 香港贞观 | 2022-01-16 |
| 御窑元华堂 仿康熙青花海棠瓶 | 高21cm | 333,500 | 北京保利 | 2022-11-12 |
| 青花线描人物山水棒槌瓶 | 高74.7cm | 294,304 | 荣宝斋（香港） | 2022-11-26 |

| 名称 | 物品尺寸 | 成交价RMB | 拍卖公司 | 拍卖日期 |
|---|---|---|---|---|
| 青花百寿双耳盘口瓶 | 高51.5cm，直径23.5cm | 294,304 | 荣宝斋（香港） | 2022-11-26 |
| 青花缠枝莲赏瓶 | 高39cm，直径22.5cm | 294,304 | 荣宝斋（香港） | 2022-11-26 |
| 青花赏瓶（一对）（金鸡报晓） | 高43cm×2 | 202,334 | 荣宝斋（香港） | 2022-11-26 |
| 青花双耳瓶 | 高60cm | 183,940 | 荣宝斋（香港） | 2022-11-26 |
| 青花花蕊瓶 | 高26cm | 137,955 | 荣宝斋（香港） | 2022-11-26 |
| 青花刀马人方瓶 | 高34.5cm | 98,440 | 香港天骐 | 2022-01-22 |
| 青花留白荷花四方瓶 | 32cm×8cm | 97,750 | 荣宝斋（南京） | 2022-12-08 |
| 青花缠枝莲赏瓶 | 高36.5cm | 91,790 | 荣宝斋（香港） | 2022-11-26 |
| 青花池塘鸳鸯纹双兽耳衔环瓶 | 高32.3cm；口径8cm | 80,000 | 山东海纳 | 2022-11-19 |
| 青花云龙纹蒜头瓶 | 28cm×13cm | 68,000 | 香港贞观 | 2022-01-16 |
| 方航 青花山花烂漫瓶（一对） | 高33cm×2 | 63,250 | 北京保利 | 2022-11-12 |
| 青花折枝花果六方瓶 | 高66.5cm | 57,500 | 北京保利 | 2022-07-17 |
| 御窑元华堂 青花莲托八宝贴耳尊（一对） | 高66.5cm×2 | 3,450,000 | 北京保利 | 2022-11-12 |
| 青花龙纹盘口尊 | 高41cm，直径28cm | 321,895 | 荣宝斋（香港） | 2022-11-26 |
| 花卉青花执壶 | 高33cm | 141,086 | 台北艺珍 | 2022-06-12 |
| 知竹山房 青花璎珞开窗婴戏提梁壶 | 高16cm | 86,250 | 北京保利 | 2022-11-12 |
| 青花牡丹纹将军罐 | 高60cm | 754,154 | 荣宝斋（香港） | 2022-11-26 |
| 青花人物罐 | 高13cm | 110,364 | 荣宝斋（香港） | 2022-11-26 |
| 大明嘉靖年制 青花鱼藻纹罐 | 高13cm | 32,200 | 上海嘉禾 | 2022-01-01 |
| 华军鼎成柴窑 青花搜山图对枕 | 直径8.9cm×2 | 48,300 | 北京保利 | 2022-11-12 |
| 华军鼎成柴窑 青花十二金钗套组箱 | 直径6.5cm×12 | 46,000 | 北京保利 | 2022-11-12 |
| 谢凯 青花江山呈瑞四方镶器 | 高26.8cm | 48,300 | 北京保利 | 2022-11-12 |
| 王步 垂钓归来会诗友瓷板 | 37.5cm×24cm | 10,925,000 | 北京保利 | 2022-11-12 |
| 卢伟 青花观岸听水瓷板 | 58cm×38cm | 230,000 | 北京保利 | 2022-11-12 |
| 古官青玉 青花海水鱼化龙纹插屏 | 直径17.2cm | 46,000 | 北京保利 | 2022-11-12 |
| 青花缠枝双如意纹六方瓶 | 40cm×22cm×10cm | 500,000 | 香港贞观 | 2022-01-16 |
| 青花如意麒麟纹罐 | 19cm×24cm | 380,000 | 香港贞观 | 2022-01-16 |
| 青花鱼藻纹高足花口盘 | 20cm×6.5cm×12cm | 2,000,000 | 香港贞观 | 2022-01-16 |
| 1955年 王希怀 青花缠枝海棠花卉盘 | 直径32cm | 43,700 | 中贸圣佳 | 2023-01-01 |
| 钟家窑 青花盘古开天高脚杯（一对） | 高8.5cm×2 | 32,200 | 北京保利 | 2022-11-12 |
| 钟家窑 青花四大神兽碗、杯（一组五件） | 尺寸不一 | 57,500 | 北京保利 | 2022-11-12 |
| 青花花卉纹三多碗 | 直径16.3cm | 33,170 | 香港天骐 | 2022-01-22 |
| 青花人物杯 | 高8cm | 110,364 | 荣宝斋（香港） | 2022-11-26 |
| 御窑元华堂 仿康熙青花八仙卧足杯 | 直径8.5cm | 43,700 | 北京保利 | 2022-11-12 |
| 御窑元华堂 万花雕刻青花山水纹杯 | 直径7.5cm | 32,200 | 北京保利 | 2022-11-12 |
| 青花松鼠葡萄高足小杯 | 高4.5cm；宽3.6cm | 31,284 | 台北艺珍 | 2022-12-04 |
| 青花花盆 | 高30cm | 229,925 | 荣宝斋（香港） | 2022-11-26 |
| 御窑元华堂 仿宣德青花葵口龙纹洗 | 宽18.5cm | 264,500 | 北京保利 | 2022-11-12 |
| 荷塘清趣随形青花端砚 | 15.3cm×21.3cm×1.4cm | 34,500 | 西泠印社 | 2022-08-19 |
| 20世纪50—60年代 青花金鱼戏莲图十三头茶具（一套） | 尺寸不一 | 126,500 | 中贸圣佳 | 2023-01-01 |

## 2022瓷器拍卖成交汇总(续表)

(成交价RMB: 3万元以上)

| 名称 | 物品尺寸 | 成交价RMB | 拍卖公司 | 拍卖日期 |
|---|---|---|---|---|
| 钟家窑 青花九色鹿系列（一组五件） | 尺寸不一 | 74,750 | 北京保利 | 2022-11-12 |
| 拾英御制 青花竹石芭蕉纹茶具（一组四件） | 壶长13.4cm；盖碗直径10.2cm；杯直径8.5cm | 43,700 | 北京保利 | 2022-11-12 |
| 古官青玉 青花山石王者之风茶具套组（一组三件） | 直径9.6cm；直径5.5cm | 36,800 | 北京保利 | 2022-11-12 |
| 青花瓷器（三件） | 尺寸不一 | 34,500 | 中国嘉德 | 2022-06-02 |
| **釉里红** | | | | |
| 元 釉下铁绘桃实纹碗 | 直径18.3cm | 1,380,000 | 北京保利 | 2022-07-28 |
| 元 釉里红诗文高足杯 | 高9cm | 66,218 | 中国嘉德 | 2022-10-07 |
| 元 釉里红转心杯 | 高9.2cm；口径7.8cm | 34,500 | 西泠印社 | 2022-08-20 |
| 明早期 釉里红花卉纹碗 | 直径21cm | 32,200 | 北京保利 | 2022-07-17 |
| 明洪武 釉里红缠枝莲纹盘 | 直径19.4cm | 1,265,000 | 中贸圣佳 | 2022-07-26 |
| 明洪武 釉里红缠枝花卉纹大碗 | 直径42.5cm | 299,000 | 中国嘉德 | 2022-06-27 |
| 明万历 仿成化釉里红高足杯 | 直径5.6cm | 230,000 | 北京保利 | 2022-07-28 |
| 明 釉里红缠枝花卉玉壶春瓶 | 通高32.8cm | 1,769,130 | 香港福羲国际 | 2022-12-28 |
| 明 釉里红高足转心杯 | 9cm×7.9cm | 69,000 | 荣宝斋（南京） | 2022-12-08 |
| 明 釉里红五峰笔架 | 长14cm×高11.5cm | 322,000 | 上海嘉禾 | 2022-01-01 |
| 清早期 釉里红钟馗图小梅瓶 | 高12.7cm | 34,500 | 中国嘉德 | 2022-09-30 |
| 清康熙 釉里红螭龙直颈瓶 | 高21cm | 1,840,000 | 北京保利 | 2022-07-28 |
| 清康熙 釉里红瑞兽长颈瓶 | 高40cm | 460,000 | 北京保利 | 2022-07-28 |
| 清康熙 釉里红蟠龙纹长颈瓶 | 高21cm | 149,500 | 中贸圣佳 | 2022-08-13 |
| 清康熙 釉里红九色观音尊 | | 5,562,345 | 佳士得 | 2022-11-29 |
| 清康熙 釉里红加五彩花卉纹苹果尊 | 腹径8.7cm | 3,220,000 | 中国嘉德 | 2022-12-26 |
| 清康熙 釉里红五彩折枝花马蹄尊 | 直径12.8cm | 1,150,000 | 华艺国际 | 2022-07-29 |
| 清康熙 釉里红加五彩花卉纹苹果尊 | 高8.8cm | 943,000 | 中贸圣佳 | 2022-08-13 |
| 清康熙 釉里红五彩马蹄尊 | 12.9cm×8.7cm | 253,000 | 上海嘉禾 | 2022-01-01 |
| 清康熙 釉里红夔纹双陆尊 | 高15.8cm | 86,250 | 中国嘉德 | 2022-06-27 |
| 清康熙 洒蓝地釉里红瑞果纹碗（一对） | 直径15.2cm×2 | 920,000 | 华艺国际 | 2022-07-29 |
| 清康熙 釉里红龙纹碗（一对） | 直径15.4cm×2 | 662,184 | 中国嘉德 | 2022-10-07 |
| 清康熙 仿宣德填红三果纹碗 | 直径15.4cm | 517,500 | 中国嘉德 | 2022-10-07 |
| 清康熙 釉里红三多纹碗 | 直径15.2cm | 463,528 | 中国嘉德 | 2022-10-07 |
| 清康熙 釉里红刻花游龙戏珠纹碗 | 直径21cm | 162,235 | 佳士得 | 2022-11-29 |
| 清康熙 釉里红团龙纹大碗（一对） | 直径18.5cm×2 | 36,800 | 中国嘉德 | 2022-09-28 |
| 清康熙 青釉内釉里红鱼藻纹外暗刻海水花风纹大碗 | 直径19.1cm | 32,200 | 中国嘉德 | 2022-09-28 |
| 清康熙 釉里红团风纹杯 | 直径9.2cm | 1,015,348 | 中国嘉德 | 2022-10-07 |
| 清康熙 釉里红鱼藻纹缸 | 口径42.8cm | 1,437,500 | 北京中汉 | 2022-08-08 |
| 清康熙 釉里红海水龙纹大缸 | 直径49.5cm | 287,500 | 中国嘉德 | 2022-05-29 |
| 清康熙 釉里红龙纹笔洗 | 25.3cm×15.5cm | 977,500 | 上海嘉禾 | 2022-01-01 |
| 清雍正 釉里红剔刻海水龙纹梅瓶 | 高27.8cm | 25,650,000 | 保利香港 | 2022-07-14 |
| 清雍正 釉里红加胭脂红太狮少狮图太白罐 | 高22.3cm | 264,500 | 北京中汉 | 2022-08-08 |
| 清雍正 士绅收藏 釉里红三鱼盘（一对） | 直径15cm×2 | 594,039 | 香港苏富比 | 2022-04-29 |
| 清雍正 御制仿宣德填红三鱼盘（一对） | 直径15cm×2 | 552,000 | 永乐拍卖 | 2022-07-24 |
| 清雍正 釉里红三鱼纹盘（一对） | 口径15cm×2 | 529,000 | 北京大羿 | 2022-06-26 |
| 清雍正 釉里红三鱼纹盘 | 直径15cm | 235,750 | 中贸圣佳 | 2022-07-13 |
| 清雍正 釉里红瑞果纹盘（一对） | 直径120.7cm，高14.3cm；直径220.3cm，高24.2cm | 97,750 | 中贸圣佳 | 2022-07-13 |
| 清雍正 仿宣德填红三果纹盘 | 直径20.2cm | 69,000 | 中国嘉德 | 2022-09-28 |
| 清雍正 釉里红三多纹碗（一对） | 直径12.2cm×2 | 690,000 | 北京保利 | 2022-07-28 |
| 清雍正 釉里红三果纹碗 | 口径12.3cm | 425,500 | 北京大羿 | 2022-12-25 |
| 清雍正 釉里红洪福齐天图碗 | 直径15.4cm | 230,000 | 中国嘉德 | 2022-05-29 |
| 清雍正 仿宣德填红三鱼纹高足碗 | 直径15.8cm | 230,000 | 中国嘉德 | 2022-12-26 |
| 清雍正 釉里红三果纹碗 | 直径12.3cm | 207,000 | 华艺国际 | 2022-09-23 |
| 清雍正 釉里红三果纹碗 | 口径12cm；高5.2cm | 115,000 | 浙江佳宝 | 2022-03-13 |
| 清雍正 仿宣德填红三果纹碗 | 直径18.2cm | 57,500 | 中国嘉德 | 2022-09-28 |

| 名称 | 物品尺寸 | 成交价RMB | 拍卖公司 | 拍卖日期 |
|---|---|---|---|---|
| 清雍正 霁蓝地釉里红三鱼纹高足碗 | 直径16.2cm；高11.3cm | 34,500 | 中贸圣佳 | 2022-08-13 |
| 清雍正 御制釉里红云海九龙杯（一对） | 直径5.8cm×2 | 12,650,000 | 北京保利 | 2022-07-28 |
| 清乾隆 釉里红九龙图抱月瓶 | 高25.8cm | 15,390,000 | 保利香港 | 2022-07-14 |
| 清乾隆 釉里红团龙灵芝葫芦瓶 | 高29.8cm | 12,475,000 | 香港苏富比 | 2022-04-29 |
| 清乾隆 御窑仿永乐釉里红"眉寿白头"纹抱月瓶 | 高26cm | 2,587,500 | 保利厦门 | 2022-10-22 |
| 清乾隆 釉里红缠枝桃纹葫芦瓶 | 19cm×31cm | 1,495,000 | 上海嘉禾 | 2022-01-01 |
| 清乾隆 釉里红凤穿牡丹纹梅瓶 | 高37.2cm | 632,500 | 北京中汉 | 2022-12-09 |
| 清乾隆 釉里红缠枝花卉纹荸荠瓶 | 高29.5cm | 460,000 | 中贸圣佳 | 2023-01-01 |
| 清乾隆 釉里红狮球图橄榄瓶 | 高31.5cm | 345,000 | 中国嘉德 | 2022-05-29 |
| 清乾隆 釉里红三多纹梅瓶 | 高35.5cm | 287,500 | 北京中汉 | 2022-06-12 |
| 清乾隆 釉里红云龙纹梅瓶 | 高32.6cm | 66,700 | 北京中汉 | 2022-04-27 |
| 清乾隆 天蓝釉釉里红荸荠瓶 | 高23.8cm | 51,750 | 中国嘉德 | 2022-09-28 |
| 清乾隆 釉里红三兽纹小梅瓶 | 高16.7cm | 32,200 | 中国嘉德 | 2022-06-02 |
| 清乾隆 釉里红团花穿芝螭龙纹葫芦尊 | 高27cm | 7,344,489 | 佳士得 | 2022-05-30 |
| 清乾隆 釉里红螭虎纹小天球尊 | 高18cm | 460,000 | 永乐拍卖 | 2022-07-25 |
| 清乾隆 釉里红三鱼纹高足碗 | 直径15.3cm | 575,000 | 北京保利 | 2022-07-28 |
| 清乾隆 釉里红缠枝莲纹海棠形水仙盆 | 长25.5cm；直径20.5cm；高5cm | 40,250 | 中贸圣佳 | 2022-08-13 |
| 清乾隆 釉里红夔纹四方水盂 | 高4.5cm | 184,000 | 北京大羿 | 2022-09-24 |
| 清乾隆 釉里红山水人物图砚屏 | （瓷板）高22.7cm×宽16.6cm | 69,000 | 北京诚轩 | 2022-08-09 |
| 18世纪 釉里红龙凤纹尊 | 高36.5cm | 133,723 | 中国嘉德 | 2022-06-04 |
| 清道光 釉里红山水人物图铺首耳尊 | 高27.2cm | 195,500 | 中贸圣佳 | 2022-06-07 |
| 清道光 釉里红山水亭台人物景致图狮耳尊 | 高27.1cm | 32,200 | 中贸圣佳 | 2022-09-25 |
| 清道光 釉里红山水人物图座屏 | 28.2cm×24.3cm | 40,250 | 北京中汉 | 2022-06-03 |
| 清道光 釉里红团风纹盖碗（一对） | 直径10.7cm×2 | 331,092 | 中国嘉德 | 2022-10-07 |
| 清道光 釉里红团风纹碗（一对） | 口径14.5cm×2 | 281,750 | 北京大羿 | 2022-12-18 |
| 清道光 釉里红团风纹碗 | 直径14.5cm | 138,000 | 北京大羿 | 2022-12-25 |
| 清道光 釉里红鱼龙变化纹大碗 | 高8.5cm；直径28cm | 51,750 | 保利厦门 | 2022-10-22 |
| 清中期 釉里红龙纹小天球瓶 | 高33.5cm | 109,250 | 北京保利 | 2022-07-29 |
| 清中期 釉里红松鹤延年图小天球瓶 | 高33cm | 69,000 | 中国嘉德 | 2022-05-31 |
| 清中期 釉里红山水人物纹帽筒（一对） | 高26.3cm×2 | 63,250 | 中国嘉德 | 2022-09-28 |
| 清晚期 釉里红五龙闹海图尊 | 高29.3cm | 43,700 | 中国嘉德 | 2022-06-02 |
| 清 釉里红龙凤穿球纹长颈瓶 | 通高28.5cm | 668,338 | 香港福羲国际 | 2022-12-28 |
| 清 白釉釉里红龙纹莱菔瓶 | 高15.8cm | 34,500 | 北京保利 | 2022-07-17 |
| 当代 安德宇 釉里红书法笔筒 | 直径18.3cm；高16.4cm | 74,750 | 中贸圣佳 | 2023-01-01 |
| 当代 安德宇 釉里红人物笔筒 | 直径6.8cm；高10cm | 63,250 | 中贸圣佳 | 2023-01-01 |
| 凤穿牡丹纹釉里红盘口瓶 | 37cm×26cm | 280,000 | 香港贞观 | 2022-01-16 |
| 釉里红百鱼天球瓶 | 高51.5cm | 229,925 | 荣宝斋（香港） | 2022-11-26 |
| 釉里红梵文盘 | 直径17.5cm | 441,456 | 荣宝斋（香港） | 2022-11-26 |
| **青花釉里红** | | | | |
| 明永乐 青花釉里红龙纹爵杯 | 长11cm；高11cm | 660,000 | 浙江御承 | 2022-12-17 |
| 明宣德 青花釉里红龙纹梅瓶 | 口径7cm；高45cm；底径13.2cm | 99,550,000 | 浙江御承 | 2022-12-17 |
| 明宣德 青花釉里红梅瓶 | 27cm×44cm | 897,000 | 上海嘉禾 | 2022-01-01 |
| 明天启 青花釉里红寒江独钓图小盘 | 直径15.3cm | 37,082 | 佳士得 | 2022-11-29 |
| 明天启 青花釉里红鱼藻纹海螺（六件） | 高5.8cm×6 | 345,000 | 北京保利 | 2022-07-16 |
| 明晚期 青花釉里红冠上加冠图折沿盘 | 直径21cm | 36,800 | 中国嘉德 | 2022-09-25 |
| 明末清初 青花釉里红指日高升图盘口观音尊 | 高51cm | 86,250 | 保利厦门 | 2022-10-22 |

| 名称 | 物品尺寸 | 成交价RMB | 拍卖公司 | 拍卖日期 |
|---|---|---|---|---|
| 清早期 大清雍正年制款青花釉里红高足铃铛杯（一对） | 宽6.3cm×高3.5cm×2 | 80,500 | 江苏观宇 | 2022-11-12 |
| 清康熙 青花釉里红瑞兽纹长颈瓶 | 高38.5cm | 414,000 | 北京大羿 | 2022-09-25 |
| 清康熙 青花釉里红人物故事图棒槌瓶 | 高45.1cm | 334,777 | 纽约佳士得 | 2022-09-23 |
| 清康熙 青花釉里红花卉纹观音瓶 | 高46.2cm | 218,500 | 北京大羿 | 2022-09-25 |
| 清康熙 青花釉里红三鱼纹长颈瓶 | 高24.3cm | 105,800 | 北京大羿 | 2022-09-25 |
| 清康熙 青花釉里红团花纹摇铃尊 | 高23cm | 1,230,500 | 中贸圣佳 | 2022-08-13 |
| 清康熙 青花釉里红夔凤开光花鸟纹双陆尊 | 高20.6cm | 299,000 | 中国嘉德 | 2022-06-27 |
| 清康熙 青花釉里红夔凤纹双陆尊 | 高17.3cm | 253,000 | 中国嘉德 | 2022-05-29 |
| 清康熙 青花釉里红蓝釉暗刻螭龙纹摇铃尊 | 高21.9cm | 126,500 | 中国嘉德 | 2022-09-27 |
| 清康熙 青釉青花釉里红鹤鹿同春图凤尾尊 | 高46.5cm | 97,750 | 中国嘉德 | 2022-05-31 |
| 清康熙 青釉青花釉里红堆白南极仙翁图凤尾尊 | 高44.5cm | 69,000 | 中国嘉德 | 2022-09-27 |
| 清康熙 青花釉里红双凤云纹观音尊 | 高22cm | 46,352 | 佳士得 | 2022-11-29 |
| 清康熙 珊瑚红地青花釉里红铁拐李神仙人物纹小琵琶尊 | 高14cm | 36,800 | 中国嘉德 | 2022-05-31 |
| 清康熙 青花釉里红骏马图花觚 | 高45.2cm | 218,500 | 中贸圣佳 | 2022-07-13 |
| 清康熙 青釉青花釉里红堆白龙凤开光花卉纹花觚 | 高45.2cm | 34,500 | 中国嘉德 | 2022-09-29 |
| 清康熙 青釉青花釉里红三多纹罐 | 高17cm | 40,250 | 中国嘉德 | 2022-06-01 |
| 清康熙 青花釉里红堆白雄鸡牡丹图盖罐 | 高22cm | 32,200 | 中国嘉德 | 2022-09-28 |
| 清康熙 青花釉里红十八罗汉图罗汉炉 | 直径22cm | 195,500 | 中国嘉德 | |
| 清康熙、清末 青花釉里红莲花纹香炉、青花双龙戏珠纹琴炉 | 高13.5cm；直径24cm | 51,750 | 中贸圣佳 | 2022-06-07 |
| 清康熙 青花釉里红青景诗文观音尊 | 高14cm | 57,500 | 保利厦门 | 2022-10-22 |
| 清康熙 青花釉里红山水图盘 | 直径33cm | 2,201,761 | 佳士得 | 2022-11-29 |
| 清康熙 仿明青花釉里红九龙闹海图盘 | 直径17.6cm | 517,500 | 中国嘉德 | 2022-05-29 |
| 清康熙 中和堂款青花釉里红《西厢记》长亭送别图大盘 | 直径27.5cm；高5.2cm | 322,000 | 中贸圣佳 | 2022-08-13 |
| 清康熙早期 披麻皴青花釉里红山水人物纹大盘 | 高6cm；直径35cm | 207,000 | 保利厦门 | 2022-10-22 |
| 清康熙 青花釉里红落花流水游鱼图大盘 | 直径35cm | 69,000 | 中贸圣佳 | 2022-09-25 |
| 清康熙 青花釉里红青白礼贵鱼藻纹大盘 | 直径35.2cm | 51,750 | 中国嘉德 | 2022-09-28 |
| 清康熙 青花釉里红人物纹盘 | 直径26.3cm | 34,500 | 广东崇正 | 2022-12-25 |
| 清康熙 青花釉里红斗彩锦鸡牡丹图碗 | 高7.4cm；直径17cm | 632,500 | 保利厦门 | 2022-10-22 |
| 清康熙 青花釉里红鸡缸杯 | 直径7cm | 109,250 | 北京中汉 | 2022-04-27 |
| 清康熙 青花釉里红团龙捧寿纹大花盆 | 直径63.5cm；高40cm | 793,500 | 中贸圣佳 | 2023-01-01 |
| 清康熙 青花釉里红海水龙纹海棠式小花盆（一对） | 长120.7cm，宽115.4cm，高110cm；长219.1cm，宽214.5cm，高210cm | 385,250 | 中贸圣佳 | 2022-07-26 |
| 清康熙 青花釉里红云凤纹案缸 | 直径21.5cm | 115,000 | 中国嘉德 | 2022-05-31 |
| 清康熙 青花釉里红凤纹缸 | 直径21.5cm | 51,750 | 北京保利 | 2022-07-16 |
| 清康熙 青花釉里红瑞兽纹案缸 | 直径22.4cm | 43,700 | 中国嘉德 | 2022-09-27 |
| 清康熙1684年 青花釉里红《醉翁亭记》诗文大笔筒 | 直径20cm | 1,035,000 | 中国嘉德 | 2022-06-27 |
| 清康熙 青花釉里红《后赤壁赋》束腰笔筒 | 高16cm | 339,250 | 华艺国际 | 2022-09-23 |
| 清康熙 青花釉里红团花云鹤纹大笔筒 | 直径19.4cm | 115,000 | 中国嘉德 | 2022-06-27 |
| 清康熙 青花釉里红堆白花鸟纹笔筒 | 高13.2cm | 48,300 | 中国嘉德 | 2022-09-28 |

| 名称 | 物品尺寸 | 成交价RMB | 拍卖公司 | 拍卖日期 |
|---|---|---|---|---|
| 清康熙 青花釉里红岁寒三友图笔筒 | 直径17.8cm | 32,200 | 中国嘉德 | 2022-09-30 |
| 清康熙 青花釉里红花鸟纹笔筒 | 高13.7cm | 31,050 | 中贸圣佳 | 2022-09-25 |
| 清雍正 青花釉里红云蝠玉壶春瓶 | 高30cm | 1,552,500 | 北京保利 | 2022-07-28 |
| 清雍正 青花釉里红喜上眉梢纹梅瓶 | 高35cm | 552,000 | 广东崇正 | 2022-12-25 |
| 清雍正 青花釉里红吉庆有余贯耳瓶 | 高33cm | 356,500 | 永乐拍卖 | 2022-07-24 |
| 清雍正 青花釉里红云龙纹天球瓶 | 高19.8cm | 94,300 | 中贸圣佳 | 2022-06-07 |
| 清雍正 青花釉里红堆塑松鼠葡萄纹玉壶春瓶 | 高39.5cm | 57,500 | 中国嘉德 | 2022-09-28 |
| 清雍正 青花釉里红三多纹梅瓶 | 高16.4cm | 36,800 | 中国嘉德 | 2022-05-30 |
| 清雍正 青花釉里红莲托八宝纹小杯（一对） | 直径6.5cm×2；高3.9cm×2 | 517,500 | 中贸圣佳 | 2022-09-25 |
| 清乾隆 御制青花釉里红海水云龙纹双耳抱月瓶 | 高37.5cm | 7,360,000 | 永乐拍卖 | 2022-07-24 |
| 清乾隆 青花釉里红云龙纹玉壶春瓶 | 高47.5cm | 4,600,000 | 中贸圣佳 | 2022-12-31 |
| 清乾隆 青花釉里红苍龙教子图瓶 | 高29.5cm | 713,000 | 中国嘉德 | 2022-12-26 |
| 清乾隆 青釉凸花螭龙开光青花釉里红山水人物纹菊石图云耳大瓶 | 高74cm | 345,000 | 中国嘉德 | 2022-12-26 |
| 清乾隆 青花釉里红云龙纹大胆瓶 | 高50.4cm | 253,000 | 中国嘉德 | 2022-12-26 |
| 清乾隆 青花釉里红云龙纹梅瓶 | 高20.5cm | 172,500 | 中国嘉德 | 2022-12-26 |
| 清乾隆 青花釉里红狮子戏球纹蒜头瓶 | 高36cm | 172,500 | 北京大羿 | 2022-09-26 |
| 清乾隆 青花釉里红龙凤纹大灯笼瓶 | 高48.8cm | 149,500 | 中国嘉德 | 2022-06-27 |
| 清乾隆 青花釉里红菊花诗文扁瓶 | 高23cm | 149,500 | 北京保利 | 2022-07-16 |
| 清乾隆 青釉青花釉里红堆白花卉纹福寿图方瓶（一对） | 高37.3cm×2 | 126,500 | 中国嘉德 | 2022-09-28 |
| 清乾隆 青花釉里红松鼠葡萄纹瓶 | 高50.8cm | 109,250 | 北京中汉 | 2022-04-27 |
| 清乾隆 青花釉里红龙凤穿花纹大天球瓶 | 高67.1cm | 94,300 | 北京中汉 | 2022-12-09 |
| 清乾隆 青花釉里红松鹤延年图胆瓶 | 高42cm | 69,000 | 保利厦门 | 2022-10-22 |
| 清乾隆 青花釉里红云蝠纹瓶 | 高39.5cm | 51,750 | 中贸圣佳 | 2022-07-13 |
| 清乾隆 青花釉里红加胭脂红彩小抱月瓶 | 高22.2cm | 43,700 | 中贸圣佳 | 2022-09-25 |
| 清乾隆 青花釉里红海水瑞兽纹双耳尊 | 高47cm | 1,127,000 | 保利厦门 | 2022-10-22 |
| 清乾隆 青花釉里红花蝶纹尊 | 高27.6cm | 897,000 | 中贸圣佳 | 2022-10-27 |
| 清乾隆十七年（1752年）唐英风格粉青釉开光青花釉里红诗文博古图镂空双耳尊 | 高46cm | 368,000 | 中贸圣佳 | 2022-07-26 |
| 清乾隆 青花釉里红花蝶纹四方尊 | 高35cm | 207,000 | 中贸圣佳 | 2022-10-27 |
| 清乾隆 豆青地青花釉里红山水诗文灯笼尊 | 高39cm | 184,000 | 华艺国际 | 2022-09-23 |
| 清乾隆 青花釉里红凤穿牡丹纹撇口尊 | 高27.8cm | 63,250 | 北京中汉 | 2022-12-09 |
| 清乾隆 青花釉里红山水人物图尊 | 高41cm | 41,400 | 北京中汉 | 2022-08-08 |
| 清乾隆 青花釉里红鹿鹤同春玉壶春瓶 | 高31.7cm | 34,500 | 北京保利 | 2022-07-29 |
| 清乾隆 青花釉里红八仙庆寿图盘 | 直径16.5cm | 109,250 | 中国嘉德 | 2022-06-27 |
| 清乾隆 青花釉里红八仙庆寿图盘 | 直径16.6cm | 74,750 | 中国嘉德 | 2022-12-26 |
| 清乾隆 青花釉里红八仙过海盘 | 直径16.5cm | 57,500 | 北京保利 | 2022-07-29 |
| 清乾隆 青花釉里红折枝花果纹盏托 | 口径17cm | 82,800 | 北京大羿 | 2022-12-25 |
| 清乾隆 青花釉里红八仙过海图碗 | 口径22cm | 184,000 | 北京大羿 | 2022-12-25 |
| 清乾隆 青花釉里红诗文双联笔筒 | 高9.5cm | 48,300 | 中贸圣佳 | 2022-07-13 |
| 18世纪 青花釉里红鱼藻纹缸 | 高27cm；宽44cm | 517,500 | 保利厦门 | 2022-10-22 |
| 17/18世纪 青花釉里红加彩鱼藻纹苹果缸 | 高32cm；直径39cm | 78,200 | 保利厦门 | 2022-10-22 |
| 清嘉庆 青花釉里红瓜瓞绵绵图瓜棱水洗 | 高14.5cm | 230,000 | 保利厦门 | 2022-10-22 |
| 清道光 青花釉里红山水人物图灯笼瓶 | 高39cm | 57,500 | 北京诚轩 | 2022-08-09 |

| 名称 | 物品尺寸 | 成交价RMB | 拍卖公司 | 拍卖日期 |
|---|---|---|---|---|
| 清中期 青花釉里红壁瓶（连座，附单据，一对） | 高21cm×2 | 115,000 | 华艺国际 | 2022-09-23 |
| 清中期 青花釉里红狮球图狮耳衔环方瓶 | 高37cm | 36,800 | 中国嘉德 | 2022-09-30 |
| 清中期 青花釉里红龙纹花觚 | 高43.5cm | 57,500 | 北京保利 | 2022-07-17 |
| 清中期 青花釉里红五龙闹海图烟壶 | 高8.5cm | 46,000 | 中国嘉德 | 2022-09-29 |
| 清中期 青花釉里红仿宣窑海水龙纹高足碗 | 高10.5cm | 205,728 | 华艺国际 | 2022-05-29 |
| 清中期 青花釉里红八仙图铃铛杯 | 高10cm | 32,200 | 中国嘉德 | 2022-06-02 |
| 清光绪 青花釉里红岁寒三友图瓶 | 高53.5cm | 103,500 | 中贸圣佳 | 2022-07-26 |
| 清光绪 青花釉里红五龙献瑞图大蒜头瓶 | 高58.4cm | 48,300 | 中贸圣佳 | 2022-09-25 |
| 清18—19世纪 青花釉里红八仙过海图碗 | 直径14.6cm | 86,874 | 香港苏富比 | 2022-11-25 |
| 清晚期 青花釉里红加彩岁寒三友图大梅瓶 | 高53cm | 172,500 | 中国嘉德 | 2022-09-27 |
| 清晚期 青花釉里红缠枝莲纹天球瓶 | 高54.8cm | 80,500 | 中国嘉德 | 2022-06-02 |
| 清晚期 青花釉里红九桃梅瓶 | 高27.5cm | 69,000 | 中国嘉德 | 2022-09-29 |
| 清晚期 青花釉里红龙凤纹折腰碗、穿花螭龙纹洗（各一件） | 直径21.2cm；直径14.3cm | 36,800 | 中国嘉德 | 2022-06-02 |
| 清晚期—民国 青花釉里红葡萄纹盖碗（一对） | 直径10.5cm×2 | 32,200 | 中国嘉德 | 2022-05-31 |
| 清 青花釉里红飞鸣食窗撇口瓶 | 高36.5cm | 40,250 | 广东崇正 | 2022-08-11 |
| 清 青花釉里红狮球图蒜头瓶 | 高39.3cm | 32,200 | 中国嘉德 | 2022-09-28 |
| 清 青花釉里红水仙盘 | 直径16.5cm | 57,500 | 中鸿信 | 2022-09-11 |
| 清代 青花釉里红通景山水人物景致图经筒 | 直径3.3cm；高11.6cm | 43,700 | 中贸圣佳 | 2022-09-25 |
| 民国 青花釉里红喜鹊登梅图梅瓶 | 高39.8cm；直径20.5cm | 92,000 | 西泠印社 | 2022-01-22 |
| 民国 青花釉里红牡丹苹果尊（带座） | 高7cm | 34,500 | 广东崇正 | 2022-08-11 |
| 2000年 黄美尧 山水路分明·青花釉里红瓷瓶 | 高31cm；直径32cm | 2,185,000 | 景德镇华艺 | 2022-01-15 |
| 青花釉里红鱼藻纹苹果尊 | 11cm×15cm | 420,000 | 香港贞观 | 2022-01-16 |
| 清康熙 青花釉里红鳜鱼图小琵琶尊 | 高22.7cm | 218,500 | 中国嘉德 | 2022-09-27 |
| 2013年 黄美尧 梅兰竹菊·青花釉里红四条屏 | 80cm×20cm×4 | 2,185,000 | 景德镇华艺 | 2022-01-15 |
| 1954年 王步青花釉里红牵牛花大盘 | 直径36.8cm | 276,000 | 中贸圣佳 | 2022-08-12 |

## 青花加彩

| 名称 | 物品尺寸 | 成交价RMB | 拍卖公司 | 拍卖日期 |
|---|---|---|---|---|
| 明成化 青花海水江崖矾红彩龙凤纹盖罐 | 高19.2cm | 2,875,000 | 北京保利 | 2022-07-29 |
| 明正德 阿拉伯文碗 | 直径13.5cm | 86,250 | 上海嘉禾 | 2022-01-01 |
| 明嘉靖 黄地青花矾红缠枝花卉纹葫芦瓶 | 高21.6cm | 1,128,600 | 保利香港 | 2022-07-14 |
| 明嘉靖 青花加黄上红彩鱼藻纹罐 | 口径33cm；高31.6cm | 6,785,000 | 北京保利 | 2022-07-28 |
| 明嘉靖 青花五彩折枝福寿三多纹仰钟杯 | 直径8.9cm | 47,150 | 北京中汉 | 2022-12-09 |
| 明嘉靖 青花五彩折枝花卉纹四方倭角洗 | 长14cm | 57,500 | 中国嘉德 | 2022-09-28 |
| 明万历 青花五彩花卉大花觚 | 高68.3cm | 2,990,000 | 北京保利 | 2022-07-28 |
| 明万历 青花五彩婴戏围棋罐 | 高12.5cm | 3,565,000 | 北京保利 | 2022-07-28 |
| 明万历 青花矾红彩海水龙纹盘 | 直径16.8cm | 920,000 | 中国嘉德 | 2022-12-26 |
| 明万历 青花五彩人物盘 | 直径20.3cm | 391,000 | 北京保利 | 2022-09-28 |
| 明万历 青花五彩张天师除五毒图小盘（一对） | 高2.3cm×2；直径11.8cm×2 | 46,000 | 西泠印社 | 2022-01-22 |
| 明万历 青花五彩八蛮进宝图盘 | 直径19.6cm | 43,700 | 北京中汉 | 2022-06-03 |
| 明万历 青花五彩团龙纹碗 | 直径11cm | 46,000 | 华艺国际 | 2022-09-23 |
| 明万历 青花五彩云龙开光荷塘杂宝纹捧盒 | 直径22.2cm | 92,000 | 中国嘉德 | 2022-05-31 |
| 明万历 青花五彩龙纹盖盒 | 高6.4cm；长9.1cm | 59,800 | 西泠印社 | 2022-01-22 |
| 明万历 青花斗彩云龙大缸 | 直径51cm；高43.5 | 460,000 | 中贸圣佳 | 2023-01-01 |

| 名称 | 物品尺寸 | 成交价RMB | 拍卖公司 | 拍卖日期 |
|---|---|---|---|---|
| 明天启 青花五彩神仙人物诗文折沿盘 | 直径19.2cm | 69,000 | 中国嘉德 | 2022-09-27 |
| 明天启 青花五彩菊蝶纹盘 | 直径16.5cm | 37,082 | 佳士得 | 2022-11-29 |
| 明崇祯 青花五彩高士眠琴图炉 | 直径13.9cm；高9.1cm | 253,000 | 中贸圣佳 | 2022-07-13 |
| 明崇祯 青花加彩团鹤纹层式盖盒 | 3.5cm×9.5cm（层） | 57,500 | 华艺国际 | 2022-09-23 |
| 明 青花五彩缠枝莲花纹罐 | 直径10.8cm | 196,570 | 香港福羲国际 | 2022-12-28 |
| 明 青花五彩龙纹洗 | 直径39.5cm | 109,250 | 北京保利 | 2022-07-17 |
| 明晚期 青花五彩剔刻山水人物孔雀牡丹图铺首四方瓶 | 高18.6cm | 57,500 | 北京中汉 | 2022-06-03 |
| 明晚期、清晚期 青花、粉彩、单色釉瓷器（五件） | 尺寸不一 | 32,200 | 中国嘉德 | 2022-09-30 |
| 明末清初 青花五彩花虫诗文茶叶罐 | 高9.1cm | 51,750 | 中国嘉德 | 2022-09-28 |
| 清早期 青花五彩人物故事图大莲子罐 | 高27.5cm | 80,500 | 中国嘉德 | 2022-06-01 |
| 清早期 青花五彩人物纹小缸 | 高11.3cm | 55,200 | 中国嘉德 | 2022-09-29 |
| 清顺治 青花五彩八仙庆寿图筒瓶 | 高41cm | 276,000 | 中国嘉德 | 2022-09-27 |
| 清顺治 青花五彩八仙祝寿图观音瓶 | 高32.2cm | 78,200 | 北京中汉 | 2022-09-29 |
| 清顺治 青花五彩《鸳鸯缘》人物故事图观音瓶 | 高51.5cm；口径16.5cm | 57,500 | 浙江佳宝 | 2022-03-13 |
| 清顺治 青花五彩花鸟纹观音瓶 | 高37.5cm | 36,800 | 北京中汉 | 2022-09-27 |
| 清顺治 青花五彩《青袍记》人物故事诗文大花觚 | 高51cm | 230,000 | 中国嘉德 | 2022-09-27 |
| 清顺治 青花五彩折柳送别人物故事图花觚 | 高55cm | 138,000 | 北京中汉 | 2022-04-27 |
| 清顺治 青花五彩八仙庆寿图花觚 | 高40cm | 69,000 | 中国嘉德 | 2022-09-30 |
| 清顺治 青花五彩折桂图将军罐 | 高35cm | 184,000 | 中国嘉德 | 2022-09-28 |
| 清顺治 青花五彩百子婴戏图将军罐 | 高37.5cm | 184,000 | 中国嘉德 | 2022-09-28 |
| 清顺治 青花五彩指日高升图将军罐 | 高36cm | 184,000 | 中国嘉德 | 2022-09-29 |
| 清顺治 青花五彩洞石花卉纹将军罐 | 高50cm | 172,500 | 中国嘉德 | 2022-05-30 |
| 清顺治 青花五彩洞石花卉纹将军罐 | 高51cm | 149,500 | 中国嘉德 | 2022-05-30 |
| 清顺治 青花五彩张敞画眉人物故事图将军罐 | 高26.2cm | 86,250 | 中国嘉德 | 2022-09-28 |
| 清顺治 青花五彩八仙庆寿图将军罐 | 高38.5cm | 80,500 | 中国嘉德 | 2022-05-31 |
| 清顺治 青花五彩松鼠葡萄纹将军罐（一对） | 高39cm；高38cm | 80,500 | 中国嘉德 | 2022-09-30 |
| 清顺治 青花五彩四妃十六子图将军罐 | 高27cm | 63,250 | 中国嘉德 | 2022-09-28 |
| 清顺治 青花五彩七仙女贺寿西王母图罐 | 高26.6cm | 59,800 | 中贸圣佳 | 2022-09-25 |
| 清顺治 青花五彩海马纹粥罐 | 直径19.5cm | 57,500 | 中国嘉德 | 2022-05-30 |
| 清顺治 青花五彩蟾宫折桂人物故事图小莲子罐 | 高17.5cm | 57,500 | 中国嘉德 | 2022-09-27 |
| 清顺治 青花五彩蟾宫图将军罐 | 高25.2cm | 57,500 | 中国嘉德 | 2022-09-28 |
| 清顺治 青花五彩麒麟送子图罐 | 高23cm | 48,300 | 中国嘉德 | 2022-05-31 |
| 清顺治 青花五彩仕女图将军罐 | 高38.5cm | 46,000 | 中国嘉德 | 2022-05-31 |
| 清顺治 青花五彩花鸟纹将军罐 | 高31.7cm | 43,700 | 中国嘉德 | 2022-05-31 |
| 清顺治 青花五彩教子图小莲子罐 | 高20cm | 43,700 | 中国嘉德 | 2022-09-28 |
| 清顺治 青花五彩人物故事图将军罐 | 高35.5cm | 36,800 | 中国嘉德 | 2022-09-28 |
| 清顺治 青花五彩龙凤纹将军罐 | 高32.8cm | 34,500 | 中国嘉德 | 2022-05-30 |
| 清顺治 青花五彩锦地开光青白礼贵鱼藻纹将军罐 | 高35cm | 34,500 | 中国嘉德 | 2022-09-27 |
| 清顺治 矾红地青花莲托八吉祥纹浅碗 | 直径17.7cm | 75,323 | 佳士得 | 2022-11-29 |
| 清顺治 青花五彩鲤跃龙门图笔筒 | 高15cm | 138,000 | 中国嘉德 | 2022-09-27 |
| 清康熙 青花五彩仕女婴戏图大棒槌瓶 | 高66.8cm | 402,500 | 中国嘉德 | 2022-12-26 |

| 名称 | 物品尺寸 | 成交价RMB | 拍卖公司 | 拍卖日期 |
|---|---|---|---|---|
| 清康熙 矾红绿釉青花山水图四方瓶 | 高53.3cm | 224,871 | 纽约佳士得 | 2022-03-25 |
| 清康熙 青花五彩花鸟纹瓶 | 高22.6cm | 69,000 | 北京大羿 | 2022-09-25 |
| 清康熙 青花五彩锦地开光花蝶纹小筒瓶 | 高27.2cm | 32,200 | 中国嘉德 | 2022-09-27 |
| 清康熙 青花矾红描金人物故事图观音尊 | 高48cm | 264,500 | 中贸圣佳 | 2022-10-27 |
| 清康熙 青花五彩和合二仙、天仙送子图凤尾尊 | 高45cm | 149,500 | 北京中汉 | 2022-08-08 |
| 清康熙 青花矾红描金夜半逾城故事图凤尾尊 | 高46cm | 89,700 | 北京大羿 | 2022-09-25 |
| 清康熙 青花五彩武皇醉酒图大花觚 | 高53cm | 195,500 | 北京大羿 | 2022-12-25 |
| 清康熙 青花五彩人物故事花觚 | 高41cm | 184,000 | 中鸿信 | 2022-09-11 |
| 清康熙 青花五彩狩猎图花觚 | 高51.5cm | 132,250 | 北京中汉 | 2022-08-08 |
| 清康熙 青花矾红雄鸡牡丹纹花觚 | 高43.8cm | 103,500 | 中国嘉德 | 2022-05-30 |
| 清康熙 青花五彩麒麟送子图觚 | 高41cm | 92,000 | 北京大羿 | 2022-12-25 |
| 清康熙 青花矾红雄鸡牡丹纹花觚 | 高44cm | 86,250 | 保利厦门 | 2022-10-22 |
| 清康熙 青花五彩人物故事图花觚 | 高40cm | 63,250 | 北京大羿 | 2022-12-25 |
| 清康熙 青花五彩四妃十六子图大盖罐 | 高40cm | 126,500 | 保利厦门 | 2022-10-22 |
| 清康熙 青花五彩狩猎诗文小盖罐 | 高21cm | 103,500 | 中国嘉德 | 2022-05-30 |
| 清康熙 青花五彩人物纹盖罐 | 高27.5cm | 103,500 | 中国嘉德 | 2022-06-01 |
| 清康熙 青花五彩蟾宫折桂人物故事图将军罐 | 高44cm | 103,500 | 中国嘉德 | 2022-09-27 |
| 清康熙 早期 青花五彩凤凰牡丹图将军罐 | 高34cm | 63,250 | 中国嘉德 | 2022-09-27 |
| 清康熙 青花五彩大富贵亦寿考人物故事图罐（一对） | 高24cm×2 | 55,200 | 中国嘉德 | 2022-09-27 |
| 清康熙 青花矾红描金穿花凤纹罐 | 高19.5cm | 40,250 | 中国嘉德 | 2022-09-28 |
| 清康熙 青花矾红描金仙人指路将军罐 | 高53.5cm | 40,250 | 北京保利 | 2022-07-17 |
| 清康熙 青花矾红描金麟凤呈祥图罐 | 高20.8cm | 36,800 | 中国嘉德 | 2022-09-28 |
| 清康熙 青花五彩渊明爱菊图小盖罐 | 高22cm | 34,500 | 北京大羿 | 2022-09-25 |
| 清康熙 青花五彩四妃十六子将军罐 | 高42cm | 34,500 | 中贸圣佳 | 2022-08-13 |
| 清康熙 青花矾红描金雄鸡牡丹图罐（一对） | 高22.2cm×2 | 32,200 | 中国嘉德 | 2022-09-27 |
| 清康熙 青花五彩龙凤穿花纹盘 | 直径25cm | 437,000 | 中贸圣佳 | 2023-01-01 |
| 清康熙 青花矾红龙生九子图盘 | 高4cm；直径20cm | 414,000 | 保利厦门 | 2022-10-22 |
| 清康熙 青花五彩穿花龙纹大盘 | 直径24.9cm | 322,000 | 北京中汉 | 2022-12-09 |
| 清康熙 青花五彩福山寿海图大盘 | 直径20.4cm | 287,500 | 中国嘉德 | 2022-05-29 |
| 清康熙 青花五彩花卉纹盘 | 直径17cm | 161,000 | 中国嘉德 | 2022-09-27 |
| 清康熙 青花矾红九龙闹海纹盘 | 直径28cm | 115,000 | 北京大羿 | 2022-09-26 |
| 清康熙 米黄地青花矾红彩暗刻云龙赶珠纹盘 | 直径19.8cm；高4.5cm | 82,800 | 中贸圣佳 | 2022-08-13 |
| 清康熙 青花加五彩龙高足盘 | 直径19cm | 74,750 | 北京保利 | 2022-07-16 |
| 清康熙 青花五彩缠枝花卉纹大盘 | 直径20.5cm | 32,200 | 中国嘉德 | 2022-09-27 |
| 清康熙 仿明青花矾红九龙闹海图大碗 | 直径19cm | 632,500 | 中国嘉德 | 2022-12-20 |
| 清康熙 青花五彩《饮中八仙歌》人物诗文葵口碗 | 直径22.7cm | 345,000 | 北京中汉 | 2022-08-08 |
| 清康熙 青花矾红云龙纹碗 | 高8.7cm；直径18.3cm | 230,000 | 西泠印社 | 2022-01-22 |
| 清康熙 青花地五彩云龙纹碗 | 直径14cm | 161,000 | 中国嘉德 | 2022-05-30 |
| 清康熙 青花黄彩云龙纹碗 | 直径13.8cm | 109,250 | 中国嘉德 | 2022-12-20 |
| 清康熙 青花五彩饮中八仙图花口大碗 | 直径21.5cm | 57,500 | 中国嘉德 | 2022-09-28 |
| 清康熙 青花五彩三多纹斗笠碗（一对） | 高5.5cm×2；直径19.5cm×2 | 46,000 | 保利厦门 | 2022-10-22 |
| 清康熙 青花五彩八月桂花花神杯 | 直径6.2cm | 1,840,000 | 中国嘉德 | 2022-12-26 |
| 清康熙 青花五彩花神杯（梅花） | 直径6.6cm | 1,265,000 | 北京中汉 | 2022-12-09 |
| 清康熙 青花五彩花神杯 | 直径5.9cm | 299,000 | 北京中汉 | 2022-09-29 |

| 名称 | 物品尺寸 | 成交价RMB | 拍卖公司 | 拍卖日期 |
|---|---|---|---|---|
| 清康熙 青花山水人物纹笔筒、五彩魁星点斗图笔筒（各一件） | 高12.8cm；高11.9cm | 32,200 | 中国嘉德 | 2022-09-29 |
| 清雍正 珊瑚红地青花斗彩暗八仙缠枝纹梅瓶 | 高32cm；口径4.5cm；底径11.5cm | 14,950,000 | 浙江御承 | 2022-08-28 |
| 清雍正 外销青花粉彩人物故事杯壶九杯九碟（一套） | 尺寸不一 | 57,500 | 广东崇正 | 2022-08-11 |
| 清雍正 青花矾红云龙纹茶船 | 长14cm | 172,500 | 中国嘉德 | 2022-06-27 |
| 清雍正 青花矾红龙纹盘（一对） | 高16.3cm×2 | 822,912 | 华艺国际 | 2022-05-29 |
| 清雍正 青花斗彩龙纹盘 | 直径14.5cm | 230,000 | 中国嘉德 | 2022-12-26 |
| 清雍正 青花五彩缠枝花卉纹盘 | 直径15.4cm | 103,500 | 中国嘉德 | 2022-09-28 |
| 清雍正 青花云龙纹盘 | 直径16.1cm | 80,500 | 北京中汉 | 2022-06-03 |
| 清雍正 青花矾红云龙纹小盘 | 高2.5cm；直径11cm | 63,250 | 保利厦门 | 2022-10-22 |
| 清雍正 青花粉彩花鸟纹大盘 | 直径40.4cm | 42,550 | 北京中汉 | 2022-09-29 |
| 清雍正 青花梵文粉彩蝶恋花纹盘 | 直径15.6cm | 32,200 | 北京中汉 | 2022-04-27 |
| 清雍正 青花云龙纹盏托 | 直径12.1cm | 80,500 | 中国嘉德 | 2022-09-28 |
| 清雍正 青花矾红龙纹高足碗 | 直径14.3cm | 253,000 | 北京保利 | 2022-07-27 |
| 清雍正 青花粉彩三鱼图碗 | 直径15.6cm | 55,200 | 中国嘉德 | 2022-09-28 |
| 清雍正 青花五彩石榴纹花神杯 | 直径6.6cm；高5cm | 310,500 | 中贸圣佳 | 2022-12-31 |
| 清雍正 青花仿宣窑矾红海八怪高足杯 | 直径10cm | 230,000 | 北京保利 | 2022-07-28 |
| 清雍正 青花缠枝莲开光粉彩仕女花蝶纹杯 | 直径7cm | 40,250 | 中国嘉德 | 2022-09-29 |
| 清乾隆 仿石纹釉隐青花蝶纹小天球瓶 | 高23.8cm | 51,750 | 中国嘉德 | 2022-05-31 |
| 清乾隆 青花粉彩缠枝花卉纹绳耳花觚 | 高27.7cm | 253,000 | 中国嘉德 | 2022-06-27 |
| 清乾隆 青花斗彩百子闹春图大罐（带木盖） | 高36.5cm；直径13cm；宽27cm | 345,000 | 广东崇正 | 2022-08-11 |
| 清乾隆/嘉庆 青花粉彩罐（一对） | 高17cm×2 | 275,910 | 中国嘉德 | 2022-10-07 |
| 清乾隆 青花粉彩暗刻凤穿牡丹纹罐 | 高21cm | 46,000 | 北京中汉 | 2022-09-29 |
| 清乾隆 御制青花加洋彩描金八吉祥双鱼供器 | 高29.2cm | 862,500 | 永乐拍卖 | 2022-07-24 |
| 清乾隆 青花矾红云龙纹茶船 | 宽18.2cm | 94,300 | 中贸圣佳 | 2022-07-13 |
| 清乾隆 青花矾红海水龙纹盘（一对） | 直径17.6cm×2 | 747,500 | 中国嘉德 | 2022-06-27 |
| 清乾隆 青花矾红海水龙纹盘（一对） | 直径17.6cm×2 | 575,000 | 北京诚轩 | 2022-08-09 |
| 清乾隆 青花地黄彩云龙纹盘 | 口径25.2cm | 425,500 | 北京大羿 | 2022-12-18 |
| 清乾隆 青花矾红九龙闹海图盘 | 直径17.5cm | 345,000 | 北京大羿 | 2022-09-26 |
| 清乾隆 青花矾红海水龙纹盘 | 直径17.8cm | 345,000 | 北京中汉 | 2022-12-09 |
| 清乾隆 青花矾红九龙闹海图盘 | 口径17.5cm | 207,000 | 北京大羿 | 2022-06-26 |
| 清乾隆 青花黄彩云龙纹盘 | 直径25cm | 207,000 | 北京保利 | 2022-07-16 |
| 清乾隆 青花矾红海水龙纹盘 | 直径17.7cm | 193,818 | 纽约佳士得 | 2022-09-23 |
| 清乾隆 青花矾红海水龙纹盘 | 直径17.4cm | 184,000 | 中国嘉德 | 2022-06-28 |
| 清乾隆 青花矾红云龙纹盘 | 直径17cm | 184,000 | 上海嘉禾 | 2022-01-01 |
| 清乾隆 青花矾红九龙闹海纹盘 | 直径17.3cm | 143,750 | 中贸圣佳 | 2023-01-01 |
| 清乾隆 青花黄彩云龙纹盘 | 直径25.2cm | 115,000 | 中国嘉德 | 2022-06-02 |
| 清乾隆 青花地黄彩云龙纹盘 | 口径25.2cm | 86,250 | 北京大羿 | 2022-12-25 |
| 清乾隆 青花地黄彩云龙纹大盘 | 直径25.5cm | 69,000 | 中国嘉德 | 2022-09-28 |
| 清乾隆 青花矾红海水龙纹盘 | 直径17.6cm | 63,250 | 北京中汉 | 2022-08-08 |
| 清乾隆 青花矾红云龙纹盘 | 直径16.3cm | 55,200 | 中国嘉德 | 2022-05-31 |
| 清乾隆 青花五彩忍冬纹大盘 | 直径21.2cm | 46,000 | 中国嘉德 | 2022-06-02 |
| 清乾隆 青花五彩忍冬纹大盘 | 直径21cm | 43,700 | 中国嘉德 | 2022-06-02 |
| 清乾隆 青花矾红龙纹盘 | 直径17.5cm | 34,500 | 北京保利 | 2022-07-16 |
| 清乾隆 青花矾红云龙纹盏托 | 直径12cm | 34,500 | 北京中汉 | 2022-04-27 |
| 清乾隆 青花加黄彩龙纹小碗（一对） | 直径10.4cm×2 | 368,000 | 北京保利 | 2022-02-03 |
| 清乾隆 青花地斗彩双龙赶珠纹碗 | 高6cm；直径13.5cm | 356,500 | 保利厦门 | 2022-10-22 |
| 清乾隆 青花五彩龙凤呈祥纹碗 | 高7.5cm；直径15.3cm | 345,000 | 保利厦门 | 2022-10-22 |
| 清乾隆 青花矾红龙凤呈祥纹碗（一对） | 高8.5cm×2；直径18cm×2 | 253,000 | 保利厦门 | 2022-10-22 |
| 清乾隆 青花粉彩资善堂制飞鸣宿食图碗 | 直径14.5cm | 241,500 | 北京中汉 | 2022-09-29 |
| 清乾隆 青花五彩龙凤呈祥碗（一对） | 高6.3cm×2；直径13cm×2 | 207,000 | 西泠印社 | 2022-01-22 |

**2022瓷器拍卖成交汇总(续表)**

(成交价RMB: 3万元以上)

| 名称 | 物品尺寸 | 成交价RMB | 拍卖公司 | 拍卖日期 |
|---|---|---|---|---|
| 清乾隆 青花五彩龙凤纹碗 | 直径13cm; 高6.5cm | 48,300 | 中贸圣佳 | 2022-07-13 |
| 清乾隆 青花矾红龙纹杯(一对) | 直径6cm × 2 | 607,002 | 中国嘉德 | 2022-10-07 |
| 清乾隆 青花矾红彩云龙海水纹杯 | 口径6cm | 327,750 | 北京大羿 | 2022-12-18 |
| 清乾隆 青花胭脂红穿枝龙凤纹长方花盆 | 长27.5cm; 宽20.5cm; 高13.8cm | 253,000 | 中贸圣佳 | 2022-12-31 |
| 清乾隆 青花加彩山水花鸟八方花盆 | 宽40cm | 34,500 | 北京保利 | 2022-07-17 |
| 清乾隆、清嘉庆 酱釉描金青花开光粉彩山水诗文水丞、高士图墨床(三件) | 长8.6cm; 长8.5cm; 长6.6cm | 32,200 | 中国嘉德 | 2022-09-28 |
| 清乾隆 青花粉彩洞石花卉双龙捧寿纹小砚屏 | 11.6cm × 15.5cm; 带座高19.3cm | 126,500 | 北京中汉 | 2022-06-28 |
| 清嘉庆 绿地青花矾红洪福齐天灵芝钮兽足炉 | 直径28cm | 40,250 | 中国嘉德 | 2022-05-31 |
| 清嘉庆 青花地黄彩云龙纹盘 | 直径25.5cm | 201,250 | 北京中汉 | 2022-06-03 |
| 清嘉庆 青花矾红缠枝莲纹碗(一对) | 直径14.8cm × 2 | 1,081,000 | 北京中汉 | 2022-06-28 |
| 清嘉庆 青花矾红海兽纹大碗 | 直径20.8cm | 184,000 | 中国嘉德 | 2022-09-27 |
| 清嘉庆 青花五彩龙凤纹碗 | 直径15.8cm | 94,300 | 北京中汉 | 2022-08-08 |
| 清嘉庆 青花胭脂红彩八仙过海图碗 | 口径22cm | 87,400 | 北京大羿 | 2022-06-26 |
| 清嘉庆 青花粉彩花蝶碗 | 直径14.1cm, 高4.9cm | 58,075 | 中贸圣佳 | 2022-08-06 |
| 清嘉庆 青花矾红云龙纹碗(一对) | 高5.9cm × 2; 直径11.1cm × 2 | 40,250 | 西泠印社 | 2022-01-22 |
| 清嘉庆 青花矾红龙凤纹盖碗 | 直径10.8cm | 36,800 | 中国嘉德 | 2022-05-31 |
| 清嘉庆 青花矾红云龙纹盖盒 | 高5cm; 直径15.3cm | 57,500 | 西泠印社 | 2022-08-20 |
| 清道光 青花矾红云龙纹母壶 | 高7.8cm | 48,300 | 中国嘉德 | 2022-09-27 |
| 清道光 青花矾红九龙闹海图盘(一对) | 直径17.7cm × 2 | 437,000 | 中国嘉德 | 2022-05-29 |
| 清道光 青花矾红云纹盘 | 直径16cm | 247,250 | 中鸿信 | 2022-09-11 |
| 清道光 青花矾红彩云龙纹盘 | 口径16cm | 207,000 | 北京大羿 | 2022-12-18 |
| 清道光 青花矾红海水龙纹盘 | 直径17.8cm | 184,000 | 北京中汉 | 2022-04-27 |
| 清道光 仿明青花黄彩云龙纹大盘 | 直径25cm | 172,500 | 中国嘉德 | 2022-05-29 |
| 清道光 青花矾红海水龙纹盘 | 直径17.7cm | 161,000 | 中国嘉德 | 2022-12-26 |
| 清道光 青花矾红九龙闹海盘 | 直径17.5cm | 149,500 | 北京保利 | 2022-07-16 |
| 清道光 青花矾红海水龙纹盘 | 直径17.9cm | 86,250 | 北京中汉 | 2022-12-09 |
| 清道光 仿成化青花矾红九龙闹海纹盘 | 直径17.5cm | 46,000 | 保利厦门 | 2022-10-22 |
| 清道光 青花五彩龙凤纹碗(一对) | 直径15.6cm × 2 | 782,000 | 北京中汉 | 2022-12-09 |
| 清道光 青花五彩龙凤纹碗 | 直径15.9cm; 高7.3cm | 322,000 | 中贸圣佳 | 2022-07-26 |
| 清道光 青花胭脂红八仙碗(一对) | 直径22.2cm × 2 | 309,019 | 中国嘉德 | 2022-10-07 |
| 清道光 青花胭脂红八仙图碗 | 直径22.1cm; 高7.9cm | 218,500 | 中贸圣佳 | 2023-01-01 |
| 清道光 青花黄彩龙纹碗 | 直径10.5cm | 198,655 | 中国嘉德 | 2022-10-07 |
| 清道光 青花矾红云龙纹碗 | 直径14.5cm | 149,500 | 中国嘉德 | 2022-05-30 |
| 清道光 青花胭脂红八仙庆寿图大碗 | 直径22.7cm | 80,500 | 中国嘉德 | 2022-05-30 |
| 清道光 青花五彩忍冬纹小碗 | 直径10.2cm | 80,500 | 中国嘉德 | 2022-05-31 |
| 清道光 青花矾红彩云龙纹碗 | 直径17.3cm | 79,289 | 纽约佳士得 | 2022-09-23 |
| 清道光 青花地黄彩云龙纹小碗 | 直径10.4cm | 74,750 | 中国嘉德 | 2022-05-30 |
| 清道光 青花地斗彩绿龙碗 | 高6.5cm; 直径13cm | 69,000 | 保利厦门 | 2022-10-22 |
| 清道光 青花五彩忍冬纹小碗 | 直径10.2cm | 48,300 | 中国嘉德 | 2022-09-29 |
| 清道光 青花五彩忍冬纹小碗 | 直径10.3cm | 43,700 | 中国嘉德 | 2022-05-30 |
| 清道光 青花五彩二月杏花花神杯 | 直径6.7cm | 287,500 | 中国嘉德 | 2022-09-27 |
| 清道光 青花矾红折枝番莲纹杯(一对) | 直径8.1cm × 2 | 138,998 | 香港苏富比 | 2022-11-25 |
| 清道光 青花五彩忍冬纹茶圆 | 直径10.1cm | 115,000 | 永乐拍卖 | 2022-07-25 |
| 清中期 墨地三彩青花矾红四开光瑞兽纹大贯耳瓶 | 高57cm | 667,000 | 广东崇正 | 2022-12-25 |
| 清中期 青花矾红穿花五龙大琵琶尊 | 高61.4cm | 80,500 | 中国嘉德 | 2022-05-30 |
| 清中期 仿明青花五彩灵芝杂宝纹盒 | 直径16cm | 36,800 | 中国嘉德 | 2022-05-30 |
| 清咸丰 青花矾红彩海水瑞兽纹盖罐 | 直径17cm | 486,494 | 香港苏富比 | 2022-11-25 |

| 名称 | 物品尺寸 | 成交价RMB | 拍卖公司 | 拍卖日期 |
|---|---|---|---|---|
| 清咸丰 内青花外粉彩荷塘图碗 | 直径14.8cm | 69,000 | 中国嘉德 | 2022-09-27 |
| 清同治 青花加彩缠枝莲纹盘(一对) | 直径115.4cm; 直径215.5cm | 74,750 | 中贸圣佳 | 2022-09-25 |
| 清同治 青花黄彩云龙纹茶碗 | 直径10.2cm | 149,500 | 中国嘉德 | 2022-05-29 |
| 清光绪 青花开窗粉彩富贵白头鹿头尊 | 高45.8cm | 230,000 | 华艺国际 | 2022-09-23 |
| 清光绪 青花矾红洪福齐天盘 | 直径15.6cm | 103,500 | 北京荣宝 | 2022-07-24 |
| 清光绪 青花五彩忍冬纹盘 | 直径21cm | 97,750 | 中贸圣佳 | 2022-09-25 |
| 清光绪 青花五彩龙凤纹盘(一对) | 直径15.2cm × 2 | 63,250 | 中国嘉德 | 2022-09-29 |
| 清光绪 青花五彩忍冬纹盘 | 直径21cm | 63,250 | 中贸圣佳 | 2022-09-25 |
| 清光绪 青花矾红洪福齐天盘(一对) | 直径15.2cm × 2 | 59,661 | 中国嘉德 | 2022-06-04 |
| 清光绪 青花矾红云蝠纹盘(一对) | 直径13.8cm × 2 | 34,500 | 中国嘉德 | 2022-05-30 |
| 清光绪 青花胭脂红彩八仙过海纹碗 | 口径22.6cm | 189,750 | 北京大羿 | 2022-12-18 |
| 清光绪 青花粉彩缠枝莲托八吉祥纹碗(一对) | 口径10.3cm × 2 | 172,500 | 北京大羿 | 2022-06-26 |
| 清光绪 青花矾红云纹大碗(一对) | 直径17.2cm × 2 | 149,500 | 中国嘉德 | 2022-05-29 |
| 清光绪 内青花外黄地轧道粉彩开光三羊开泰博古纹碗(一对) | 直径15.1cm × 2 | 149,500 | 北京中汉 | 2022-12-09 |
| 清光绪 青花矾红描金云蝠纹盖碗(一对) | 高7cm × 2; 口径10.7cm × 2 | 138,000 | 深圳富诺得 | 2022-10-06 |
| 清光绪 青花胭脂红八仙庆寿图大碗 | 直径22cm | 115,000 | 中国嘉德 | 2022-05-30 |
| 清光绪 青花矾红云蝠碗(一对) | 直径14cm × 2 | 102,864 | 中国嘉德 | 2022-06-04 |
| 清光绪 青花矾红海八怪纹大碗 | 直径20.9cm; 高9.1cm | 69,000 | 中贸圣佳 | 2022-09-25 |
| 清光绪 青花矾红云蝠碗(四只) | 最大的直径13.5cm | 64,011 | 中国嘉德 | 2022-10-07 |
| 清光绪 青花矾红海八怪碗 | 直径21.3cm | 57,500 | 北京保利 | 2022-07-16 |
| 清光绪 青花矾红海兽纹大碗 | 直径21cm | 57,500 | 中国嘉德 | 2022-06-02 |
| 清光绪 青花五彩龙凤纹大碗 | 直径17.8cm | 48,300 | 中国嘉德 | 2022-09-27 |
| 清光绪 青花粉彩云龙纹碗(四只) | 直径12.2cm × 4 | 46,000 | 中国嘉德 | 2022-09-28 |
| 清光绪 青花矾红云蝠纹盖碗(一对) | 高6.5cm × 2; 直径10.5cm × 2 | 34,500 | 保利厦门 | 2022-10-22 |
| 清光绪 青花粉彩花卉纹茶碗 | 直径10cm | 34,500 | 中国嘉德 | 2022-09-27 |
| 清光绪 青花锦地开光粉彩五谷丰登图大碗 | 直径17.2cm | 34,500 | 中国嘉德 | 2022-09-28 |
| 清光绪 青花矾红洪福齐天图盖碗(一对) | 直径11cm × 2 | 32,200 | 中国嘉德 | 2022-05-30 |
| 清光绪 青花矾红云蝠纹大碗(一对) | 直径17cm × 2 | 32,200 | 中国嘉德 | 2022-05-31 |
| 清光绪 青花矾红洪福齐天图大碗 | 直径20cm; 直径19.8cm | 32,200 | 中国嘉德 | 2022-05-30 |
| 清光绪 胭脂红彩和青花矾红云蝠杯(各一件) | 最大的直径11.2cm | 28,801 | 中国嘉德 | 2022-06-04 |
| 清光绪 青花矾红云蝠纹杯连托(一对) | 最大的直径7.6cm | 59,661 | 中国嘉德 | 2022-06-04 |
| 清光绪 青花斗彩洞石兰花纹杯 | 高4.6cm; 直径5.1cm | 50,600 | 中贸圣佳 | 2022-08-13 |
| 清光绪 青花矾红云蝠纹杯(一对) | 直径8cm × 2 | 40,250 | 中国嘉德 | 2022-06-02 |
| 清光绪 青花粉彩云龙纹茶圆(四只) | 直径9.3cm × 4 | 40,250 | 中国嘉德 | 2022-09-28 |
| 清宣统 青花矾红云蝠纹荸荠瓶 | 高32cm | 258,750 | 北京荣宝 | 2022-07-24 |
| 清晚期 青花矾红九龙闹海图天球瓶 | 高54.5cm | 322,000 | 中国嘉德 | 2022-12-26 |
| 清晚期 黄地青花粉彩云龙纹天球瓶 | 高46.5cm | 86,250 | 中国嘉德 | 2022-05-31 |
| 清晚期 青花五彩葫芦瓶(一对) | 高13.5cm × 2 | 36,800 | 北京荣宝 | 2022-07-24 |
| 清晚期 青花粉彩八仙过海图鸠耳尊 | 高19cm | 36,800 | 中国嘉德 | 2022-05-31 |
| 清晚期 青花五彩花卉纹玉壶春执壶(一对) | 高25.5cm × 2 | 63,250 | 中国嘉德 | 2022-09-28 |
| 清晚期 青花五彩蟾宫折桂人物故事图将军罐 | 高39cm | 43,700 | 中国嘉德 | 2022-06-01 |

(成交价RMB：3万元以上)

| 名称 | 物品尺寸 | 成交价RMB | 拍卖公司 | 拍卖日期 |
|---|---|---|---|---|
| 清晚期至民国 青花矾红云蝠纹斗笠盏（一对） | 直径10.7cm×2 | 43,700 | 中国嘉德 | 2022-09-27 |
| 清晚期 青花矾红云蝠纹斗笠盏（一对） | 直径10.5cm×2 | 32,916 | 中国嘉德 | 2022-06-04 |
| 清晚期 青花五彩忍冬纹斗笠盏（一对） | 直径10.8cm×2 | 32,200 | 中国嘉德 | 2022-09-27 |
| 清晚期 荣禄定制青花粉彩团龙纹杯（一套十只） | 直径8.2cm×10 | 517,500 | 中国嘉德 | 2022-05-29 |
| 清 青花粉彩开光山水四方瓶 | 高32cm | 184,000 | 北京保利 | 2022-07-28 |
| 清 青花五彩龙纹蒜头瓶（一对） | 高25cm×2；直径11.5cm×2 | 172,500 | 西泠印社 | 2022-01-22 |
| 清代 青花加彩云蝠橄榄瓶（一对） | 高16.4cm×2 | 48,300 | 上海嘉禾 | 2022-01-01 |
| 清宣统 矾红青花描金云蝠纹方壶 | 壶口7.2cm×6.2cm；底6.1cm×7.5cm；高18.5cm | 253,000 | 深圳富诺得 | 2022-10-06 |
| 清 青花五彩婴戏图罐 | 通高28cm | 245,712 | 香港福羲国际 | 2022-12-28 |
| 清代 青花五彩人物罐 | 高40cm | 51,911 | 台北艺珍 | 2022-09-25 |
| 清 青花五彩人物将军罐 | 42cm×31cm | 40,250 | 荣宝斋（南京） | 2022-12-08 |
| 清青花五彩龙凤呈祥纹碗（二件） | 直径15.5cm×2 | 982,850 | 香港福羲国际 | 2022-12-28 |
| 清 青花五彩龙凤呈祥纹碗 | 直径15.5cm | 540,567 | 香港福羲国际 | 2022-12-28 |
| 清 青花斗彩团龙纹碗 | 直径11.8cm | 540,567 | 香港福羲国际 | 2022-12-28 |
| 清 青花粉彩灵芝花卉纹碗 | 直径15cm | 216,227 | 香港福羲国际 | 2022-12-28 |
| 清代 青花五彩双龙戏珠碗 | 直径14.5cm | 69,000 | 上海嘉禾 | 2022-01-01 |
| 清 青花矾红龙纹碗匙（一套十一件） | 尺寸不一 | 34,500 | 中贸圣佳 | 2022-07-10 |
| 民国 王步 宝石蓝地开光青花罐（一对） | 高43cm×口径15cm×2 | 1,035,000 | 浙江御承 | 2022-08-28 |
| 青花矾红龙凤纹对瓶 | 32cm×2 | 180,000 | 香港贞观 | 2022-01-16 |
| 乾隆复烧版外粉彩内青花镂空花果纹六方瓶 | 高41cm | 34,500 | 北京保利 | 2022-07-17 |
| 御窑元华堂 青花加彩国宝动物纹伏桶尊 | 高46cm | 690,000 | 北京保利 | 2022-11-12 |
| 青花矾红蝠纹盘 | 直径14.8cm | 87,740 | 香港天骐 | 2022-01-22 |
| 余寅窑 青花加彩之桃李夜宴图杯、韩熙载夜宴图杯（一对） | 直径8.4cm×2 | 230,000 | 北京保利 | 2022-11-12 |
| 御窑元华堂 青花斗彩摩竭鱼茶具 | 宽15.6cm；直径10.5cm；直径7.6cm | 75,900 | 北京保利 | 2022-11-12 |
| 斗 彩 | | | | |
| 明成化 斗彩龙纹杯 | 直径5cm；高4cm | 920,000 | 深圳富诺得 | 2022-10-06 |
| 明万历 斗彩缠枝花卉纹碗 | 直径17cm | 864,057 | 香港苏富比 | 2022-04-29 |
| 明天启 斗彩仕女婴戏图碗 | 直径10.3cm | 55,200 | 北京中汉 | 2022-06-28 |
| 清康熙 斗彩岁寒三友图观音瓶 | 高45.6cm | 103,500 | 中国嘉德 | 2022-05-30 |
| 清康熙 斗彩清供图筒瓶 | 12.5cm×47cm | 97,750 | 上海嘉禾 | 2022-01-01 |
| 清康熙 斗彩几何纹衔环觯式瓶 | 高20cm | 92,000 | 中国嘉德 | 2022-09-27 |
| 清康熙 斗彩仕女宴乐图瓶 | 高28cm | 86,250 | 中国嘉德 | 2022-05-30 |
| 清康熙 斗彩《三国演义》人物故事图琵琶尊 | 高38.4cm | 172,500 | 中国嘉德 | 2022-09-27 |
| 清康熙 斗彩岁寒三友图琵琶尊 | 高43cm | 74,750 | 中国嘉德 | 2022-09-27 |
| 清康熙 斗彩岁寒三友图盖罐 | 高16cm | 1,015,348 | 中国嘉德 | 2022-10-07 |
| 清康熙 斗彩婴戏图盖罐 | 高22.3cm | 347,289 | 保利香港 | 2022-10-10 |
| 清康熙 斗彩缠枝莲纹小罐 | 直径10.3cm | 172,500 | 中国嘉德 | 2022-09-27 |
| 清康熙 斗彩西番莲纹天字罐 | 高8cm | 57,500 | 保利厦门 | 2022-10-22 |
| 清康熙 斗彩爵禄封侯盘 | 直径20cm | 57,500 | 北京保利 | 2022-07-29 |
| 清康熙 斗彩花篮纹碗 | 直径15.2cm | 230,000 | 华艺国际 | 2022-09-23 |
| 清康熙 斗彩外云鹤内双龙戏珠纹盘（一对） | 口径14.5cm×2 | 575,000 | 北京大羿 | 2022-06-26 |
| 清康熙 斗彩绿龙纹盘 | 直径21.5cm | 368,000 | 北京荣宝 | 2022-07-24 |
| 清康熙 斗彩鹤寿纹盘 | 直径21cm | 350,750 | 北京大羿 | 2022-09-26 |
| 清康熙 斗彩内云龙纹外八蛮进宝图大盘 | 直径26cm | 207,000 | 中国嘉德 | 2022-09-27 |

| 名称 | 物品尺寸 | 成交价RMB | 拍卖公司 | 拍卖日期 |
|---|---|---|---|---|
| 清康熙 外斗彩云鹤内双龙戏珠纹盘 | 口径14cm | 178,250 | 北京大羿 | 2022-12-25 |
| 清康熙 斗彩《西厢记》图盘 | 直径25.5cm | 172,500 | 永乐拍卖 | 2022-07-25 |
| 清康熙 斗彩松鹤延年图盘 | 直径15.8cm | 109,250 | 中国嘉德 | 2022-09-28 |
| 清康熙 斗彩双龙赶珠纹盘 | 直径16.2cm | 92,000 | 北京中汉 | 2022-09-29 |
| 清康熙 斗彩子午莲纹盘 | 口径20.5cm | 92,000 | 北京大羿 | 2022-12-25 |
| 清康熙 斗彩龙凤盘 | 直径15.5cm | 57,500 | 北京荣宝 | 2022-07-24 |
| 清康熙 斗彩海水龙纹盘 | 直径20.5cm | 57,500 | 中国嘉德 | 2022-09-30 |
| 清康熙 斗彩螭龙灵芝开光盆花清供图盘 | 直径16.3cm | 51,750 | 中国嘉德 | 2022-09-30 |
| 清康熙 斗彩翠竹纹牡丹大盘 | 直径38.8cm | 48,300 | 广东崇正 | 2022-08-11 |
| 清康熙 斗彩花卉纹盘 | 直径11.6cm | 46,000 | 北京中汉 | 2022-04-27 |
| 清康熙 斗彩生姜花纹盘 | 直径16.3cm | 43,700 | 中国嘉德 | 2022-05-31 |
| 清康熙 斗彩荷塘花卉盘 | 直径20cm | 40,250 | 北京保利 | 2022-07-29 |
| 清康熙 黄地斗彩云龙纹碗 | 直径11cm | 483,000 | 北京大羿 | 2022-09-26 |
| 清康熙 斗彩落花流水图碗（一对） | 高8cm×2；直径18cm×2 | 368,000 | 保利厦门 | 2022-10-22 |
| 清康熙 斗彩团花碗（一对） | 直径14cm×2；高6.6cm×2 | 299,000 | 北京保利 | 2022-07-29 |
| 清康熙 斗彩鱼藻纹大碗（一对） | 直径18cm×2 | 184,000 | 中国嘉德 | 2022-05-30 |
| 清康熙 斗彩矾红落花游鱼纹大碗 | 直径18.4cm；高8.7cm | 161,000 | 中贸圣佳 | 2022-06-07 |
| 清康熙 斗彩团花纹碗 | 直径15cm | 126,500 | 北京中汉 | 2022-06-03 |
| 清康熙 斗彩团龙纹碗 | 直径14.2cm | 92,000 | 中国嘉德 | 2022-12-26 |
| 清康熙 斗彩云龙纹碗 | 口径15.5cm | 48,300 | 北京大羿 | 2022-12-25 |
| 清康熙 斗彩折枝花卉纹大碗 | 直径18.8cm | 48,300 | 中国嘉德 | 2022-05-30 |
| 清康熙 斗彩鱼藻纹碗 | 直径17.8cm | 36,800 | 北京中汉 | 2022-08-08 |
| 清康熙 斗彩云龙赶珠纹折腰碗 | 直径15.8cm；高7cm | 36,800 | 中贸圣佳 | 2022-09-25 |
| 清康熙 仿成窑斗彩凤纹斗笠盏（一对） | 直径10cm×2；高4.1cm×2 | 138,000 | 中贸圣佳 | 2022-06-07 |
| 清康熙 斗彩云龙纹斗笠盏 | 直径10cm | 80,500 | 中国嘉德 | 2022-05-30 |
| 清康熙 斗彩过墙凤鸣在竹图斗笠盏（一对） | 直径10cm×2 | 51,750 | 中国嘉德 | 2022-05-30 |
| 清康熙 斗彩莲池纹酒杯 | 直径6cm | 1,512,100 | 佳士得 | 2022-05-30 |
| 清康熙或更早 斗彩团花纹杯 | 直径6.9cm | 772,548 | 中国嘉德 | 2022-10-07 |
| 清康熙 斗彩花鸟纹小杯 | 直径7.8cm；高5.7cm | 437,000 | 中贸圣佳 | 2022-07-26 |
| 清康熙 斗彩八仙庆寿图杯 | 直径6cm | 92,000 | 中国嘉德 | 2022-12-26 |
| 清康熙 斗彩云龙纹小杯 | 直径6cm；高4.3cm | 78,200 | 中贸圣佳 | 2022-08-13 |
| 清康熙 斗彩团螭龙纹杯 | 直径7.4cm | 69,000 | 北京中汉 | 2022-06-28 |
| 清康熙 斗彩人物诗文杯 | 高4cm；直径6cm | 32,200 | 广东崇正 | 2022-12-25 |
| 清康熙 斗彩折枝石榴纹文具盒 | 高7.5cm；长13.8cm；宽8.8cm | 126,500 | 西泠印社 | 2022-08-20 |
| 清康熙 斗彩雉鸡牡丹花卉纹缸 | 直径60.5cm；高25.8cm | 2,872,800 | 保利香港 | 2022-07-14 |
| 清康熙 斗彩团花纹洗 | 直径10.3cm | 230,000 | 华艺国际 | 2022-07-29 |
| 清雍正 斗彩岁寒三友图玉壶春瓶 | 高28cm | 805,000 | 北京保利 | 2022-07-29 |
| 清雍正 斗彩缠枝莲纹甘露瓶 | 高12.5cm | 517,500 | 西泠印社 | 2022-08-20 |
| 清雍正/乾隆 黄地斗彩九龙纹瓶 | 高34.4cm | 441,711 | 纽约佳士得 | 2022-03-25 |
| 清雍正 斗彩云龙纹抱月瓶 | 高31.5cm | 230,000 | 中国嘉德 | 2022-05-29 |
| 清雍正至乾隆 斗彩缠枝花卉纹小葫芦瓶 | 高15.8cm | 36,800 | 中国嘉德 | 2022-09-30 |
| 清雍正 斗彩松竹梅尊 | 高29.1cm | 448,500 | 广东崇正 | 2022-08-11 |
| 清雍正 斗彩花蝶图天鸡钮盉碗 | 高24cm | 3,220,000 | 中国嘉德 | 2022-06-27 |
| 清雍正 仿成化斗彩花蝶图盖罐 | 直径13.3cm | 862,500 | 中国嘉德 | 2022-06-27 |
| 清雍正 斗彩龙凤纹盖罐 | 直径10.7cm | 201,250 | 北京中汉 | 2022-12-09 |
| 清雍正 斗彩缠枝花卉纹罐 | 高5cm | 149,500 | 保利厦门 | 2022-10-22 |
| 清雍正 仿成化斗彩开光折枝莲纹罐 | 高12cm | 138,000 | 保利厦门 | 2022-10-22 |
| 清雍正 斗彩香草龙纹天字罐 | 高15.1cm | 48,300 | 北京中汉 | 2022-08-08 |
| 清雍正 仿嘉靖斗彩云龙纹摩羯耳炉 | 直径21.6cm | 437,000 | 中国嘉德 | 2022-06-27 |
| 清雍正斗彩团寿如意纹盘（一对） | 直径21.3cm×2 | 402,500 | 中贸圣佳 | 2023-01-01 |
| 清雍正 斗彩如意灵芝图盘 | 口径14cm | 51,750 | 北京大羿 | 2022-09-26 |
| 清雍正 斗彩灵仙祝寿盘 | 直径20.6cm | 3,220,000 | 北京保利 | 2022-07-28 |
| 清雍正 斗彩龙纹大盘 | 直径27cm | 2,070,000 | 北京保利 | 2022-07-28 |
| 清雍正 斗彩团蝶纹盘（一对） | 直径22.5cm×2 | 1,150,000 | 中贸圣佳 | 2022-07-26 |
| 清雍正 斗彩并蒂莲纹大盘（一对） | 直径21.6cm×2 | 1,092,500 | 中国嘉德 | 2022-06-27 |

## 2022瓷器拍卖成交汇总(续表)

(成交价RMB: 3万元以上)

| 名称 | 物品尺寸 | 成交价RMB | 拍卖公司 | 拍卖日期 |
|---|---|---|---|---|
| 清雍正 斗彩团菊寿字纹盘 | 高4.3cm; 直径20.5cm | 874,000 | 保利厦门 | 2022-10-22 |
| 清雍正 斗彩灵仙祝寿图盘 | 直径20.6cm | 805,000 | 中国嘉德 | 2022-12-26 |
| 清雍正 外斗彩缠枝花卉内矾红五蝠纹葵口盘(一对) | 口径15.7cm × 2 | 759,000 | 北京大羿 | 2022-06-26 |
| 清雍正 斗彩团菊纹盘(一对) | 直径11.26cm × 2 | 713,000 | 北京诚轩 | 2022-08-09 |
| 清雍正 斗彩绿龙纹盘 | 口径21.2cm | 690,000 | 北京中汉 | 2022-12-09 |
| 清雍正 斗彩人物盘(一对) | 口径27cm × 2 | 690,000 | 上海嘉禾 | 2022-01-01 |
| 清雍正 斗彩荷塘鸳鸯卧足盘 | 直径17.3cm | 575,000 | 北京保利 | 2022-07-28 |
| 清雍正 斗彩四季花卉纹盘 | 直径27cm | 575,000 | 华艺国际 | 2022-07-28 |
| 清雍正 斗彩忍冬盘 | 口径24.8cm | 471,500 | 北京大羿 | 2022-06-26 |
| 清雍正 斗彩灵芝仙贺寿图盘 | 直径20.6cm | 441,456 | 中国嘉德 | 2022-10-07 |
| 清雍正 斗彩绿龙盘 | 直径17.2cm | 402,500 | 华艺国际 | 2022-09-23 |
| 清雍正 斗彩寿字纹盘 | 直径22cm | 390,883 | 华艺国际 | 2022-05-29 |
| 清雍正 斗彩鱼跃龙门图盘 | 直径16cm | 322,000 | 中国嘉德 | 2022-05-30 |
| 清雍正 斗彩云龙纹盘 | 直径11.5cm | 241,500 | 保利厦门 | 2022-10-22 |
| 清雍正 斗彩寿山福海盘 | 直径16.7cm | 236,587 | 中国嘉德 | 2022-06-04 |
| 清雍正 斗彩山水人物纹盘 | 直径16cm | 230,000 | 中国嘉德 | 2022-06-27 |
| 清雍正 斗彩团花纹小盘(一对) | 直径11.2cm × 2 | 218,500 | 广东崇正 | 2022-08-11 |
| 清雍正 斗彩荷塘图卧足盘 | 直径17.6cm | 185,155 | 中国嘉德 | 2022-06-04 |
| 清雍正/乾隆 斗彩加粉彩花卉纹八角香盘 | 直径17cm | 184,000 | 北京诚轩 | 2022-08-09 |
| 清雍正 斗彩太极八卦海错图马蹄大盘 | 直径20.5cm | 126,500 | 中国嘉德 | 2022-05-30 |
| 清雍正 斗彩团菊纹小盘 | 直径11.4cm | 103,500 | 中国嘉德 | 2022-12-26 |
| 清雍正 斗彩花蝶图盘 | 直径16cm | 92,000 | 中国嘉德 | 2022-09-28 |
| 清雍正 斗彩花竹图折沿大盘 | 直径28.2cm | 86,250 | 中国嘉德 | 2022-09-28 |
| 清雍正 斗彩瑞兽图盘(一对) | 直径16cm × 2 | 86,250 | 华艺国际 | 2022-09-23 |
| 清雍正 斗彩龙凤纹盘(一对) | 直径15.5cm × 2 | 80,500 | 北京保利 | 2022-07-17 |
| 清雍正 斗彩龙纹盘 | 口径15.6cm | 71,300 | 北京大羿 | 2022-09-26 |
| 清雍正 斗彩生姜花纹盘 | 直径16cm | 69,000 | 中国嘉德 | 2022-05-30 |
| 清雍正 斗彩并蒂莲纹盘 | 高3cm; 宽15.5cm | 63,250 | 保利厦门 | 2022-10-22 |
| 清雍正 斗彩翁乘槎图盘 | 直径16cm | 63,250 | 北京诚轩 | 2022-08-09 |
| 清雍正 福禄寿仙人过海斗彩盘 | 直径23cm | 59,800 | 上海嘉禾 | 2022-01-01 |
| 清雍正 斗彩忍冬纹盘(一对) | 高3cm × 2; 直径13.7cm × 2 | 57,500 | 西泠印社 | 2022-01-22 |
| 清雍正 斗彩荷塘鸳鸯图盘 | 直径16cm | 51,750 | 中国嘉德 | 2022-05-30 |
| 清雍正 斗彩花卉纹盘 | 直径20.3cm | 41,145 | 中国嘉德 | 2022-06-04 |
| 清雍正 斗彩荷塘纹盘 | 高4.5cm; 直径21cm | 40,250 | 广东崇正 | 2022-12-25 |
| 清雍正 斗彩宝杵纹盘 | 直径19.8cm | 36,800 | 北京保利 | 2022-07-16 |
| 清雍正 斗彩太极八卦海错图折腰盘 | 直径17.1cm | 34,500 | 中贸圣佳 | 2022-09-25 |
| 清雍正 斗彩花卉纹大盘 | 高6cm; 直径3.5cm | 34,500 | 广东崇正 | 2022-12-25 |
| 清雍正 斗彩穿花螭龙纹小马蹄盘 | 直径8.5cm | 32,200 | 中国嘉德 | 2022-09-28 |
| 清雍正 斗彩竹之磊硪图盘 | 直径19.8cm | 29,900 | 北京中汉 | 2022-08-08 |
| 清雍正 斗彩龙凤纹盏托(一对) | 直径12cm × 2 | 36,800 | 中国嘉德 | 2022-05-31 |
| 清雍正 斗彩加粉彩三多撇口碗(一对) | 直径16cm × 2 | 6,837,264 | 香港苏富比 | 2022-10-09 |
| 清雍正 斗彩缠枝花卉纹碗(一对) | 直径13.5cm × 2 | 5,520,000 | 中国嘉德 | 2022-06-27 |
| 清雍正 斗彩缠枝花卉纹碗 | 口径13cm | 2,242,500 | 北京大羿 | 2022-12-18 |
| 清雍正 斗彩福禄寿仙人碗(一对) | 直径14.5cm × 2 | 1,955,000 | 北京保利 | 2022-07-28 |
| 清雍正 斗彩花蝶团花斗笠碗 | 直径22.3cm | 1,150,000 | 北京保利 | 2022-07-28 |
| 清雍正 斗彩暗八仙碗 | 直径13.4cm | 1,080,072 | 香港苏富比 | 2022-04-29 |
| 清雍正 斗彩缠枝花卉纹碗 | 口径12.5cm | 1,017,750 | 北京大羿 | 2022-12-18 |
| 清雍正 斗彩团菊纹碗 | 直径10.6cm | 993,276 | 中国嘉德 | 2022-10-07 |
| 清雍正 斗彩缠枝花卉纹碗 | 直径14.5cm | 632,500 | 华艺国际 | 2022-07-29 |
| 清雍正 斗彩寿字纹碗 | 直径14cm | 586,500 | 北京诚轩 | 2022-08-09 |
| 清雍正 斗彩团花果纹碗 | 直径19.3cm | 385,493 | 纽约佳士得 | 2022-03-25 |
| 清雍正 斗彩喜鹊登梅图斗笠碗 | 口径19.3cm; 高7.3cm | 281,750 | 中贸圣佳 | 2022-10-27 |
| 清雍正 斗彩莲托八吉祥纹碗 | 直径15cm | 241,500 | 北京诚轩 | 2022-08-09 |
| 清雍正 斗彩长松瑞鹿图碗 | 直径19.7cm; 高7.2cm | 103,500 | 中贸圣佳 | 2022-07-26 |
| 清雍正 斗彩龙凤纹碗 | 直径19.9cm | 63,775 | 中国嘉德 | 2022-06-04 |
| 清雍正 斗彩人物故事图斗笠盏 | 直径10cm | 34,500 | 永乐拍卖 | 2022-07-24 |
| 清雍正 御制斗彩如方中图高足杯 | 直径8.2cm | 8,740,000 | 永乐拍卖 | 2022-07-24 |
| 清雍正 斗彩翠竹纹茶圆 | 直径10.1cm | 4,411,800 | 保利香港 | 2022-07-14 |

| 名称 | 物品尺寸 | 成交价RMB | 拍卖公司 | 拍卖日期 |
|---|---|---|---|---|
| 清雍正 斗彩灵芝纹杯(一对) | 直径7.3cm × 2 | 4,370,000 | 北京中汉 | 2022-12-09 |
| 清雍正 斗彩云蝠纹杯(一对) | 直径7.1cm × 2 | 2,990,000 | 中国嘉德 | 2022-06-27 |
| 清雍正 斗彩鸡缸杯 | 高5.8cm | 2,565,000 | 保利香港 | 2022-07-14 |
| 清雍正 斗彩团龙纹杯 | 直径7.3cm | 1,620,108 | 香港苏富比 | 2022-04-29 |
| 清雍正 仿成化斗彩灵芝纹杯 | 直径7.5cm | 575,000 | 中国嘉德 | 2022-06-27 |
| 清雍正 斗彩鸡缸杯 | 直径8.1cm; 高3.7cm | 552,000 | 中贸圣佳 | 2023-01-01 |
| 清雍正 斗彩鸡缸杯 | 直径9cm | 551,820 | 中国嘉德 | 2022-10-07 |
| 清雍正 斗彩灵芝纹杯(一对) | 直径7.1cm × 2 | 529,747 | 中国嘉德 | 2022-10-07 |
| 清雍正 斗彩三星图酒杯(一组) | 直径6.5cm × 4 | 287,500 | 华艺国际 | 2022-09-23 |
| 清雍正 斗彩灵芝纹杯 | 口径7.3cm | 247,250 | 北京大羿 | 2022-12-25 |
| 清雍正 斗彩灵芝纹杯 | 直径7.1cm | 242,800 | 中国嘉德 | 2022-10-07 |
| 清雍正 斗彩鸡缸杯 | 直径6.7cm | 126,500 | 中国嘉德 | 2022-09-28 |
| 清雍正 斗彩落花流水图卧足杯(一对) | 高2.5cm × 2; 口径7.2cm × 2 | 115,000 | 西泠印社 | 2022-01-22 |
| 清雍正 斗彩高士图卧足杯 | 直径7.2cm | 69,000 | 北京保利 | 2022-07-16 |
| 清雍正 斗彩折枝莲托八宝纹卧足杯 | 直径7cm | 57,500 | 中国嘉德 | 2022-09-28 |
| 清雍正 斗彩凤纹高足杯 | 直径9.5cm | 57,500 | 北京保利 | 2022-07-16 |
| 清雍正 斗彩凤穿牡丹纹模印双凤纹高足杯 | 高8.1cm; 直径9.5cm | 55,200 | 北京中汉 | 2022-09-29 |
| 清雍正 斗彩龙凤纹卧足杯(一对) | 直径6.6cm × 2 | 46,000 | 中国嘉德 | 2022-05-30 |
| 清雍正 斗彩鸡缸杯 | 高3cm; 直径7cm | 34,500 | 保利厦门 | 2022-10-22 |
| 清雍正 斗彩莲托五珍宝纹卧足杯 | 直径7.1cm | 32,200 | 北京中汉 | 2022-04-27 |
| 清雍正 斗彩花虫图四方花盆 | 直径20cm; 高24.5cm | 36,800 | 中贸圣佳 | 2022-08-13 |
| 清雍正 斗彩缠枝花卉纹镗槽洗 | 直径15.5cm | 1,380,000 | 中国嘉德 | 2022-09-27 |
| 清雍正 斗彩祥云纹马蹄式水丞(一对) | 直径6cm × 2 | 10,346,625 | 佳士得 | 2022-11-29 |
| 清乾隆 斗彩暗八仙缠枝莲天球瓶 | 高55cm; 口径12cm; 底径18cm | 57,500,000 | 浙江御承 | 2022-08-28 |
| 清乾隆 斗彩万福庆寿双螭龙耳大瓶 | 高52.7cm | 29,187,660 | 佳士得 | 2022-05-30 |
| 清乾隆 斗彩加粉彩矾红云蝠海水云龙纹双螭耳瓶 | 高28.7cm | 9,234,000 | 保利香港 | 2022-07-14 |
| 清乾隆 斗彩云蝠荸荠瓶 | 高21cm | 7,132,273 | 中国嘉德 | 2022-09-28 |
| 清乾隆 斗彩葫芦瓶 | 口径7.8cm; 高48cm | 1,760,000 | 浙江御承 | 2022-12-17 |
| 18世纪 斗彩九龙纹天球瓶(一对) | 高57.8cm × 2 | 1,738,233 | 佳士得 | 2022-11-29 |
| 清乾隆 斗彩鹤龄祝寿图宝月瓶 | 高38.7cm | 1,092,500 | 永乐拍卖 | 2022-07-25 |
| 清乾隆 斗彩墨书御制诗文壁瓶 | 高22.4cm | 517,500 | 中贸圣佳 | 2023-01-01 |
| 清乾隆 斗彩穿花凤纹大贯耳瓶 | 高65.5cm | 253,000 | 中国嘉德 | 2022-09-27 |
| 清乾隆 斗彩龙凤穿花纹大玉壶春瓶 | 高48cm | 172,500 | 北京中汉 | 2022-09-27 |
| 清乾隆 斗彩关羽水淹七军抱月瓶 | 高50cm | 138,000 | 中鸿信 | 2022-09-11 |
| 清乾隆 斗彩龙凤穿花纹大玉壶春瓶 | 高48cm | 97,750 | 北京中汉 | 2022-08-08 |
| 清乾隆 斗彩螭龙纹灯笼瓶 | 高38.6cm | 48,300 | 中国嘉德 | 2022-09-27 |
| 清乾隆 斗彩人物故事图花瓶 | 高36.5cm | 40,250 | 中国嘉德 | 2022-05-30 |
| 清乾隆 斗彩绿龙纹罐 | 高21cm | 1,322,500 | 北京大羿 | 2022-06-26 |
| 清乾隆 斗彩绿龙纹罐 | 高21cm | 1,322,500 | 北京大羿 | 2022-06-26 |
| 清乾隆 斗彩龙纹盖罐 | 高20.8cm | 920,000 | 西泠印社 | 2022-08-20 |
| 清乾隆 斗彩绿龙盖罐 | 高21.6cm | 882,912 | 中国嘉德 | 2022-10-07 |
| 清乾隆 斗彩八吉祥绿龙纹罐 | 高19.5cm | 724,500 | 永乐拍卖 | 2022-07-25 |
| 清乾隆 斗彩团菊纹罐 | 高13cm; 直径12.4cm | 517,500 | 西泠印社 | 2022-01-22 |
| 清乾隆 斗彩绿龙罐 | 21.5cm × 9.7cm | 460,000 | 上海嘉禾 | 2022-01-01 |
| 清乾隆 斗彩团菊纹罐 | 高11.3cm | 391,000 | 北京大羿 | 2022-12-18 |
| 清乾隆 斗彩缠枝花卉纹罐 | 高35.8cm | 41,400 | 北京大羿 | 2022-08-08 |
| 清乾隆 斗彩螭龙纹豆 | 高24cm | 86,250 | 中国嘉德 | 2022-09-28 |
| 清乾隆 斗彩荷塘鸳鸯墩式碗 | 直径16.5cm | 575,000 | 北京保利 | 2022-07-29 |
| 清乾隆 斗彩寿字贯套如意纹盘 | 直径20.8cm | 310,500 | 北京中汉 | 2022-06-28 |
| 清乾隆 斗彩缠枝宝相花如意口瓶 | 高33.5cm | 57,500 | 华艺国际 | 2022-09-23 |
| 清乾隆 斗彩寿字桃纹盘(一对) | 直径14.5cm × 2 | 419,383 | 中国嘉德 | 2022-10-07 |
| 清乾隆 斗彩贯套寿字纹盘 | 直径20.6cm | 391,000 | 北京大羿 | 2022-09-26 |
| 清乾隆 斗彩蟠桃寿字纹盘(一对) | 直径14.6cm × 2 | 287,500 | 北京中汉 | 2022-08-08 |
| 清乾隆 斗彩缠枝寿字大盘 | 直径20.5cm | 287,500 | 中国嘉德 | 2022-09-27 |
| 清乾隆 斗彩蟠桃寿字纹盘(一对) | 直径14.5cm × 2 | 287,500 | 北京中汉 | 2022-12-09 |

(成交价RMB：3万元以上)

| 名称 | 物品尺寸 | 成交价RMB | 拍卖公司 | 拍卖日期 |
|---|---|---|---|---|
| 清乾隆 斗彩寿字纹盘 | 高4.7cm；直径20.6cm | 287,500 | 西泠印社 | 2022-01-22 |
| 清乾隆 斗彩缠枝寿字纹盘 | 直径20.8cm | 253,000 | 中贸圣佳 | 2023-01-01 |
| 清乾隆 斗彩缠枝寿字盘 | 直径14.6cm | 172,500 | 中国嘉德 | 2022-12-26 |
| 清乾隆 斗彩寿字贯套纹盘 | 直径21cm | 154,509 | 中国嘉德 | 2022-10-07 |
| 清乾隆 斗彩贯套花卉寿字大盘 | 直径21cm | 149,500 | 中国嘉德 | 2022-12-26 |
| 清乾隆 斗彩忍冬纹盘 | 直径20.8cm | 133,723 | 中国嘉德 | 2022-06-04 |
| 清乾隆 斗彩缠枝莲纹大盘 | 直径28cm | 80,500 | 中国嘉德 | 2022-09-27 |
| 清乾隆 斗彩花蝶纹盘 | 直径19.4cm | 69,000 | 中贸圣佳 | 2022-06-07 |
| 清乾隆 斗彩忍冬纹大盘 | 直径20.8cm | 48,300 | 中国嘉德 | 2022-05-30 |
| 清乾隆 斗彩花卉纹折腰盘 | 高5.5cm；直径22cm | 46,000 | 西泠印社 | 2022-01-22 |
| 清乾隆 斗彩云鹤纹爵杯附盏托 | 长16.5cm | 345,000 | 中鸿信 | 2022-09-11 |
| 清乾隆 斗彩忍冬纹盏托 (一对) | 直径10.5cm×2 | 36,800 | 中国嘉德 | 2022-09-27 |
| 清乾隆 斗彩莲池鸳鸯纹碗 | 直径16.2cm | 943,000 | 北京保利 | 2022-07-28 |
| 清乾隆 斗彩缠枝花卉纹碗 | 直径15cm | 920,000 | 北京大羿 | 2022-09-26 |
| 清乾隆 斗彩花卉纹碗 | 直径14cm | 529,747 | 中国嘉德 | 2022-10-07 |
| 清乾隆 斗彩暗八仙折腰碗 | 直径20.3cm | 220,728 | 中国嘉德 | 2022-10-07 |
| 清乾隆 斗彩并蒂莲纹碗 (一对) | 直径12.9cm×2 | 126,500 | 中国嘉德 | 2022-12-26 |
| 清乾隆 斗彩簇菊纹碗 | 直径15.2cm | 103,500 | 中国嘉德 | 2022-12-26 |
| 清乾隆 斗彩落花流水图卧足杯 | 直径6.2cm | 747,500 | 中国嘉德 | 2022-12-26 |
| 清乾隆 仿成化御窑内外斗彩宝相花纹茶圆 | 高5.5cm；直径12cm | 483,000 | 保利厦门 | 2022-10-22 |
| 清乾隆 斗彩鸡缸杯 (一对) | 高7cm×2；直径8cm×2 | 379,848 | 保利香港 | 2022-10-10 |
| 清乾隆 斗彩花卉纹高足杯 | 直径15.6cm；高13.6cm | 36,800 | 中贸圣佳 | 2022-07-13 |
| 清乾隆 斗彩碟 (一对) | 直径11cm×2 | 160,027 | 华艺国际 | 2022-11-27 |
| 清乾隆 斗彩鱼龙变化纹长方花盆 | 高12cm；长24.5cm | 195,500 | 保利厦门 | 2022-05-30 |
| 清乾隆 斗彩团螭纹四方花盆 | 长20cm | 103,500 | 中国嘉德 | 2022-05-30 |
| 清乾隆 斗彩缠枝莲纹海棠式盆 | 高22.7cm | 92,665 | 香港苏富比 | 2022-11-25 |
| 清乾隆 斗彩团花缠枝花卉纹缸 | 直径27.5cm | 993,276 | 中国嘉德 | 2022-10-07 |
| 清乾隆 斗彩加粉彩花卉开光婴戏纹折沿洗 | 直径37.5cm | 115,000 | 北京羿趣国际 | 2022-04-28 |
| 清乾隆 退思堂制款斗彩水丞 | 10cm×6.5cm | 109,250 | 上海嘉禾 | 2022-01-01 |
| 清乾隆 斗彩螭龙纹豆 (一对) | 高23.6cm×2 | 80,500 | 中国嘉德 | 2022-12-26 |
| 18世纪 斗彩三多图抱月瓶 | 高30.8cm | 370,017 | 纽约佳士得 | 2022-09-23 |
| 清嘉庆 斗彩《山海经》瑞兽纹葫芦瓶 | 高36cm | 1,472,000 | 北京大羿 | 2022-09-26 |
| 清嘉庆 御制斗彩八吉祥云龙赶珠纹罐 | 高19.8cm | 759,000 | 永乐拍卖 | 2022-07-24 |
| 清嘉庆 斗彩罐 | 17cm×8.5cm | 34,500 | 上海嘉禾 | 2022-01-01 |
| 清嘉庆 斗彩双龙捧寿如意耳葫芦瓶 | 高16.8cm | 287,500 | 华艺国际 | 2022-09-23 |
| 清嘉庆 斗彩贯套花寿字纹盘 | 长28cm | 322,000 | 华艺国际 | 2022-09-23 |
| 清嘉庆 斗彩加粉彩暗八仙纹折腰盘 | 直径20.5cm | 241,500 | 北京诚轩 | 2022-08-09 |
| 清嘉庆 斗彩夔凤纹盘 | 直径19.1cm | 207,000 | 中国嘉德 | 2022-06-27 |
| 清嘉庆 斗彩暗八仙折腰盘 | 直径20.5cm | 172,500 | 北京中汉 | 2022-06-28 |
| 清嘉庆 斗彩暗八仙折腰盘 | 直径20.2cm | 161,000 | 北京大羿 | 2022-09-26 |
| 清嘉庆 斗彩八宝纹折腰盘 | 高5.4cm；直径20.4cm | 69,000 | 西泠印社 | 2022-01-22 |
| 清嘉庆 斗彩簇菊纹碗 (一对) | 直径15.1cm×2 | 805,000 | 中国嘉德 | 2022-06-27 |
| 清嘉庆 斗彩荷塘鸳鸯纹碗 | 直径13.8cm | 241,500 | 永乐拍卖 | 2022-07-25 |
| 清嘉庆 斗彩内暗八仙纹外缠枝花卉纹折腰碗 | 直径20.5cm | 230,000 | 中国嘉德 | 2022-05-30 |
| 清嘉庆 斗彩缠枝莲纹碗 | 直径14.5cm；高7cm | 230,000 | 深圳富诺得 | 2022-10-06 |
| 清嘉庆 斗彩团花纹马蹄碗 | 直径15.3cm | 86,250 | 中国嘉德 | 2022-05-31 |
| 清嘉庆 斗彩团花纹马蹄碗 | 直径15cm | 48,300 | 中国嘉德 | 2022-05-31 |
| 清道光 斗彩缠枝莲纹赏瓶 | 高40cm；直径20.5cm | 149,500 | 西泠印社 | 2022-01-22 |
| 清道光 斗彩团菊纹小罐 | 高11.5cm | 230,000 | 中国嘉德 | 2022-05-29 |
| 清道光 斗彩缠枝莲将军罐 | 高41cm | 40,250 | 北京保利 | 2022-07-16 |
| 清道光 斗彩团菊纹罐 | 高11cm | 40,250 | 北京中汉 | 2022-04-27 |
| 清道光 斗彩莲池鸳鸯纹墩式碗 | 高7.5cm；直径16.5cm | 57,500 | 西泠印社 | 2022-01-22 |
| 清道光 斗彩寿字贯套如意纹盘 | 直径20.7cm | 101,200 | 北京中汉 | 2022-12-09 |

| 名称 | 物品尺寸 | 成交价RMB | 拍卖公司 | 拍卖日期 |
|---|---|---|---|---|
| 清道光 斗彩团凤纹盘 | 直径19.4cm | 337,307 | 纽约佳士得 | 2022-03-25 |
| 清道光 斗彩夔凤纹盘 | 直径19.3cm | 195,500 | 北京保利 | 2022-07-29 |
| 清道光 斗彩穿花夔凤纹盘 | 直径19.4cm | 184,000 | 中国嘉德 | 2022-05-29 |
| 清道光 斗彩寿字贯套纹盘 | 直径20.6cm | 165,546 | 中国嘉德 | 2022-10-07 |
| 清道光 斗彩缠枝寿字盘 | 直径14.5cm | 138,000 | 中国嘉德 | 2022-05-29 |
| 清道光 斗彩夔凤纹花卉盘 | 直径19cm | 138,000 | 北京荣宝 | 2022-07-24 |
| 清道光 斗彩忍冬纹盘 | 口径21.2cm | 138,000 | 北京大羿 | 2022-12-18 |
| 清道光 斗彩缠枝红番莲并四季花卉盘 | 高3.5cm×2；直径15.3cm×2 | 138,000 | 西泠印社 | 2022-01-22 |
| 清道光 斗彩洞石花蝶盘 | 直径17cm | 40,250 | 北京保利 | 2022-07-29 |
| 清道光 斗彩寿字纹盘 | 直径21cm | 34,500 | 深圳富诺得 | 2022-10-06 |
| 清道光 斗彩花卉碗 (一对) | 直径12.2cm×2 | 920,000 | 北京保利 | 2022-07-16 |
| 清道光 斗彩花卉纹碗 | 直径15cm | 575,000 | 北京保利 | 2022-07-16 |
| 清道光 显赫收藏 斗彩荷塘鸳纹卧足碗 | 16.6cm | 518,434 | 香港苏富比 | 2022-04-29 |
| 清道光 斗彩簇菊纹碗 (一对) | 直径15cm×2 | 437,000 | 中国嘉德 | 2022-12-26 |
| 清道光 斗彩暗八仙纹碗 | 直径20.5cm | 437,000 | 北京保利 | 2022-07-16 |
| 清道光 斗彩贯套福寿纹碗 | 直径12.8cm | 402,500 | 北京保利 | 2022-07-16 |
| 清道光 斗彩并蒂莲纹碗 (一对) | 口径12.3cm×2 | 368,000 | 北京大羿 | 2022-12-25 |
| 清道光 斗彩缠枝佛莲纹碗 (一对) | 直径14.5cm×2 | 345,000 | 华艺国际 | 2022-09-23 |
| 清道光 斗彩缠枝花卉纹碗 | 口径15cm | 345,000 | 北京大羿 | 2022-12-18 |
| 清道光 斗彩团花纹马蹄碗 (一对) | 直径15.2cm×2 | 275,910 | 中国嘉德 | 2022-10-07 |
| 清道光 斗彩莲池鸳鸯纹碗 (一对) | 口径10cm×2；高5cm×2 | 264,500 | 中贸圣佳 | 2022-10-27 |
| 清道光 斗彩荷塘鸳鸯图卧足碗 | 直径16.2cm | 230,000 | 中国嘉德 | 2022-06-27 |
| 清道光 斗彩荷塘清趣卧足碗 | 直径16.7cm | 230,000 | 上海嘉禾 | 2022-11-20 |
| 清道光 斗彩五谷丰登纹碗 | 口径17.8cm | 218,500 | 北京大羿 | 2022-09-26 |
| 清道光 斗彩团花纹马蹄碗 | 口径15cm | 218,500 | 北京大羿 | 2022-12-25 |
| 清道光 斗彩荷塘鸳鸯图卧足碗 | 直径16.7cm | 184,000 | 中国嘉德 | 2022-06-27 |
| 清道光 斗彩荷塘鸳鸯纹碗 | 直径10.3cm | 184,000 | 北京中汉 | 2022-09-29 |
| 清道光 斗彩团花纹马蹄碗 | 直径15cm；高6.7cm | 174,800 | 朵云轩 | 2022-12-08 |
| 清道光 斗彩福寿双碗 (一对) | 直径13.2cm×2 | 173,748 | 香港苏富比 | 2022-11-25 |
| 清道光 斗彩花卉纹碗 | 直径15.2cm | 173,748 | 香港苏富比 | 2022-11-25 |
| 清道光 斗彩缠枝花卉纹碗 | 口径15cm | 149,500 | 北京大羿 | 2022-06-26 |
| 清道光 斗彩西番莲纹碗 | 直径14.3cm；高6.7cm | 138,000 | 中贸圣佳 | 2022-07-13 |
| 清道光 斗彩莲池鸳鸯纹小碗 (一对) | 高5cm×2；直径10.2cm×2 | 115,000 | 北京荣宝 | 2022-07-24 |
| 清道光 斗彩缠枝莲纹碗 | 直径14cm | 92,000 | 华艺国际 | 2022-09-23 |
| 清道光 斗彩西番莲纹碗 (一对) | 直径11cm×2 | 88,291 | 中国嘉德 | 2022-10-07 |
| 清道光 斗彩缠枝花卉纹碗 | 直径11.5cm | 86,250 | 中国嘉德 | 2022-05-31 |
| 清道光 斗彩团花纹马蹄碗 | 直径15.2cm | 79,462 | 中国嘉德 | 2022-10-07 |
| 清道光 斗彩团花纹马蹄碗 | 直径15.4cm | 55,200 | 中国嘉德 | 2022-12-26 |
| 清道光 斗彩团花纹马蹄碗 | 直径15.4cm | 51,750 | 北京诚轩 | 2022-08-09 |
| 清道光 斗彩团花纹马蹄碗 | 直径15.3cm | 46,000 | 中国嘉德 | 2022-12-26 |
| 清道光 斗彩贯套缠枝花卉碗 | 直径14cm | 34,500 | 北京保利 | 2022-07-17 |
| 清道光 斗彩灵芝杯 | 直径7.3cm | 187,618 | 中国嘉德 | 2022-11-25 |
| 清道光 斗彩忍冬纹茶圆 | 口径10.1cm | 149,500 | 北京大羿 | 2022-09-26 |
| 清道光 斗彩忍冬纹茶圆 | 直径10.2cm | 115,000 | 北京中汉 | 2022-04-27 |
| 清中期 斗彩仿古兽面纹双耳瓶 | 高33cm | 115,000 | 北京保利 | 2022-07-29 |
| 清中期 斗彩缠枝花卉纹大棒槌瓶 | 高51.3cm | 94,300 | 华艺国际 | 2022-09-23 |
| 清中期 斗彩龙凤穿花纹撇口瓶 | 高18.3cm | 46,000 | 北京中汉 | 2022-04-27 |
| 清中期 斗彩八宝纹扁瓶 | 高34cm | 39,100 | 北京保利 | 2022-07-17 |
| 清中期 斗彩缠枝莲纹象耳尊 | 高28.5cm | 46,000 | 中国嘉德 | 2022-05-30 |
| 清中期 黄釉开光斗彩山水人物纹将军罐 | 高37.3cm | 69,000 | 中国嘉德 | 2022-05-31 |
| 清中期 斗彩缠枝花卉纹梵文碗 | 直径15.1cm | 69,000 | 中国嘉德 | 2022-05-31 |
| 清中期 斗彩荷塘鸳鸯纹杯 (一对) | 直径8.2cm×2 | 115,000 | 中国嘉德 | 2022-05-30 |
| 清中期 斗彩缠枝莲纹卧足杯 | 直径7.3cm | 63,250 | 中国嘉德 | 2022-06-27 |
| 清中期 斗彩花卉纹杯 (四只) | 高7.1cm×4；直径8.6cm×4 | 63,250 | 西泠印社 | 2022-01-22 |
| 清咸丰 斗彩忍冬纹盘 | 口径21cm | 345,000 | 北京大羿 | 2022-12-18 |
| 清咸丰 斗彩内暗八仙纹外缠枝花卉纹折腰碗 | 直径20.5cm | 57,500 | 中国嘉德 | 2022-09-30 |
| 清同治 斗彩宫灯图瓶 | 高22cm | 49,663 | 中国嘉德 | 2022-10-07 |
| 清同治 斗彩缠枝寿字盘 | 直径14.5cm | 80,500 | 中国嘉德 | 2022-05-29 |
| 清同治 斗彩缠枝寿字盘 | 直径14.5cm | 80,500 | 中国嘉德 | 2022-06-02 |

**2022瓷器拍卖成交汇总(续表)**

(成交价RMB: 3万元以上)

| 名称 | 物品尺寸 | 成交价RMB | 拍卖公司 | 拍卖日期 |
|---|---|---|---|---|
| 清同治 斗彩洞石水仙纹杯(一对) | 直径5.7cm×2 | 40,250 | 中国嘉德 | 2022-06-02 |
| 清光绪 斗彩竹石花鸟玉壶春瓶 | 高29.5cm | 74,750 | 北京保利 | 2022-07-29 |
| 清光绪 斗彩八吉祥凤纹大盘 | 直径46cm | 241,500 | 保利厦门 | 2022-10-22 |
| 清光绪 斗彩荷塘鸳鸯纹盘 | 高4.4cm; 直径18.8cm | 55,200 | 广东崇正 | 2022-08-11 |
| 清光绪 斗彩缠枝莲纹盘(一对) | 直径17.3cm×2 | 34,500 | 北京保利 | 2022-07-16 |
| 清光绪 斗彩内暗八仙纹外缠枝花卉纹折腰碗 | 直径21cm | 86,250 | 中国嘉德 | 2022-09-27 |
| 清光绪 仿雍正斗彩花卉纹碗(一对) | 直径13.9cm; 直径14cm; 高5.9cm×2 | 32,200 | 中贸圣佳 | 2022-09-25 |
| 清光绪 斗彩洞石水仙图杯(一对) | 直径5.8cm×2 | 138,000 | 中国嘉德 | 2022-06-27 |
| 清光绪 斗彩花神杯 | 高4.8cm; 直径5.8cm | 51,750 | 西泠印社 | 2022-08-20 |
| 清光绪 斗彩雄鸡报晓图杯(一对) | 高4.5cm×2; 口径9cm×2 | 51,750 | 广东崇正 | 2022-04-17 |
| 清光绪 斗彩洞石水仙图杯 | 直径5.7cm | 34,500 | 中国嘉德 | 2022-09-28 |
| 清光绪 斗彩水仙图杯 | 口径5.6cm | 32,200 | 北京大羿 | 2022-09-26 |
| 1809世纪初 斗彩团花纹鱼缸 | 直径55.9cm | 353,369 | 纽约佳士得 | 2022-03-25 |
| 19世纪 斗彩花卉纹碗 | 直径15.3cm; 高6.5cm | 43,700 | 中贸圣佳 | 2022-08-13 |
| 清宣统 斗彩暗八仙纹折腰盘 | 直径20.6cm | 161,000 | 北京大羿 | 2022-09-26 |
| 清宣统二年(1910年)斗彩鸡缸杯 | 直径8.7cm | 32,200 | 中国嘉德 | 2022-09-27 |
| 清晚期 斗彩百子婴戏图长颈瓶 | 高25.7cm | 32,200 | 中国嘉德 | 2022-05-31 |
| 清晚期 斗彩缠枝莲托八宝纹贯耳尊 | 高48.3cm | 40,250 | 中国嘉德 | 2022-05-31 |
| 清晚期 斗彩《水浒传》人物故事图太白罐 | 直径38cm | 126,500 | 中国嘉德 | 2022-09-28 |
| 清晚期斗彩荷塘鸳鸯图盘(一对) | 直径14.7cm×2 | 115,000 | 中国嘉德 | 2022-05-31 |
| 清 斗彩松竹梅岁寒三友玉壶春瓶 | 通高27.5cm | 1,769,130 | 香港福羲国际 | 2022-12-28 |
| 清 斗彩缠枝花卉纹大葫芦瓶 | 高65cm | 34,500 | 中鸿信 | 2022-09-11 |
| 清 斗彩缠枝莲纹寿字罐 | 通高50cm | 805,937 | 香港福羲国际 | 2022-12-28 |
| 清 斗彩喜上眉梢纹盘 | 18cm×3.2cm | 805,000 | 荣宝斋(南京) | 2022-12-08 |
| 清 斗彩缠枝花卉纹高足盘 | 直径17.5cm | 294,855 | 香港福羲国际 | 2022-12-28 |
| 清 斗彩花卉纹碗(二件) | 直径13.8cm×2 | 737,137 | 香港福羲国际 | 2022-12-28 |
| 清 斗彩花卉碗(一对) | 直径14.5cm×2 | 46,000 | 北京保利 | 2022-07-16 |
| 清 御制斗彩如意方中图高足杯 | 直径8.2cm | 3,439,975 | 香港福羲国际 | 2022-12-28 |
| 清 斗彩缠枝莲纹高足杯 | 高9cm | 46,000 | 北京大羿 | 2022-09-26 |
| 斗彩团花盖罐 | 高12.5cm | 108,528 | 台北艺珍 | 2022-06-12 |
| 18世纪 斗彩团菊纹盖罐 | 高13cm | 80,311 | 纽约佳士得 | 2022-03-25 |
| 斗彩花卉纹碗 | 6.5cm×15cm×6cm | 250,000 | 香港贞观 | 2022-01-16 |
| **红绿彩** | | | | |
| 明正德 矾红绿彩五鱼图盘 | 高3.2cm; 直径15.8cm | 138,000 | 中贸圣佳 | 2022-08-13 |
| 明正德 红绿彩鱼纹渣斗 | 直径16cm; 高12.3cm | 57,500 | 广东崇正 | 2022-08-11 |
| 明嘉靖 红绿彩龙纹盘(一对) | 直径18.5cm×2 | 230,000 | 北京保利 | 2022-07-16 |
| 明中期 红绿彩高士图盘 | 直径29.3cm; 高5.6cm | 39,100 | 中贸圣佳 | 2022-08-13 |
| 明隆庆 青花加红绿彩龙纹小杯 | 直径6.4cm | 1,495,000 | 北京保利 | 2022-07-28 |
| 17世纪 红绿彩开光罗汉图罐 | 高14cm | 88,099 | 纽约佳士得 | 2022-09-23 |
| 明 红绿彩折枝花卉纹小盏 | 直径8.5cm; 高4cm | 43,700 | 中贸圣佳 | 2022-07-13 |
| 清康熙 矾红绿彩英雄斗志图碗 | 直径18.5cm | 86,911 | 佳士得 | 2022-11-29 |
| 清雍正 矾红绿彩海水龙纹大斗笠碗 | 直径22cm | 63,250 | 中国嘉德 | 2022-05-31 |
| 清乾隆 矾红绿彩凸雕海水双龙纹无当尊 | 高45.5cm | 402,500 | 永乐拍卖 | 2022-07-25 |
| 现代 仿元代红绿彩狮子滚绣球套组 | | 57,500 | 中贸圣佳 | 2023-01-01 |
| **五彩** | | | | |
| 明嘉靖 五彩寿字纹六方葫芦瓶 | 高21.5cm | 158,579 | 纽约佳士得 | 2022-09-23 |
| 明嘉靖 五彩缠枝花卉纹碗 | 直径13.6cm | 579,411 | 佳士得 | 2022-11-29 |

| 名称 | 物品尺寸 | 成交价RMB | 拍卖公司 | 拍卖日期 |
|---|---|---|---|---|
| 明嘉靖 五彩双龙赶珠纹仰钟杯 | 直径6.8cm | 69,000 | 北京中汉 | 2022-09-29 |
| 明嘉靖 外五彩葡萄纹内青花团纹杯 | 高5.5cm; 直径8.5cm | 69,000 | 保利厦门 | 2022-10-22 |
| 明万历 五彩龙纹尊 | 高30.8cm | 484,546 | 纽约佳士得 | 2022-09-23 |
| 明万历 五彩龙凤纹花觚 | 高59.5cm | 257,160 | 华艺国际 | 2022-05-29 |
| 明万历 五彩果开光花鸟纹小罐 | 高14cm | 126,500 | 中国嘉德 | 2022-06-27 |
| 明万历 五彩宫灯人物图盘 | 直径29.5cm | 303,878 | 保利香港 | 2022-10-10 |
| 明万历 五彩龙凤纹盘 | 直径17.5cm | 1,026,000 | 保利香港 | 2022-07-14 |
| 明万历 五彩果纹盘 | 直径18cm | 276,000 | 北京荣宝 | 2022-07-24 |
| 明万历 五彩张天师斩五毒图盘 | 直径16.1cm | 256,996 | 纽约佳士得 | 2022-03-25 |
| 明万历 五彩花鸟盘 | 直径15.8cm | 253,000 | 北京保利 | 2022-07-29 |
| 明万历 五彩张天师斩五毒图盘 | 直径14.2cm | 140,959 | 纽约佳士得 | 2022-09-23 |
| 明万历 五彩胡人进宝图盘 | 直径20.8cm | 115,000 | 中国嘉德 | 2022-12-26 |
| 明万历 五彩八吉祥婴戏图盘 | 直径15.7cm | 57,500 | 北京中汉 | 2022-12-09 |
| 明万历 五彩高士图碗 | 直径16.4cm | 264,298 | 纽约佳士得 | 2022-09-23 |
| 明万历 五彩博古纹碗 | 直径19cm | 149,769 | 纽约佳士得 | 2022-09-23 |
| 明万历 五彩婴戏图花口式盖盒 | 直径13.5cm | 264,298 | 纽约佳士得 | 2022-09-23 |
| 明万历 五彩长方盖盒 | 12cm×19.5cm×21cm | 184,000 | 上海嘉禾 | 2022-01-01 |
| 明万历 五彩瑞兽图圆洗 | 直径29.8cm | 80,500 | 华艺国际 | 2022-09-23 |
| 明天启 五彩梅竹纹方盘 | 长9.6cm | 40,558 | 佳士得 | 2022-11-29 |
| 明崇祯 五彩海水江崖祥龙戏珠纹盘 | 直径26.3cm | 1,620,108 | 佳士得 | 2022-05-30 |
| 明崇祯七年(1634年)五彩海水龙纹盘 | 直径26.5cm | 1,265,000 | 北京荣宝 | 2022-07-24 |
| 明崇祯 五彩水塘纹菊瓣小盘 | 直径15cm | 63,735 | 佳士得 | 2022-11-29 |
| 明崇祯 五彩鹿鹤同春四季封侯图十二方盘 | 直径14.5cm | 32,447 | 佳士得 | 2022-11-29 |
| 明 五彩开光云龙纹花觚 | 40.3cm×19.3cm | 690,000 | 荣宝斋(南京) | 2022-12-08 |
| 明晚期 五彩八仙人物图罐 | 高17.5cm | 172,500 | 北京大羿 | 2022-09-25 |
| 明晚期 五彩云鹤纹折沿洗 | 直径23.4cm; 高6.3cm | 138,000 | 北京保利 | 2022-07-29 |
| 明末清初 五彩折枝花卉纹莲子罐 | 高26.8cm | 57,500 | 中国嘉德 | 2022-06-01 |
| 清早期 五彩舜耕历山图壁瓶 | 长14.5cm | 105,800 | 北京大羿 | 2022-05-29 |
| 清早期 五彩荷塘鹭鸶纹罐(带红木座) | 高9.3cm; 口径16.6cm | 120,750 | 广东崇正 | 2022-04-17 |
| 清早期 五彩花卉罐 | 高31.2cm | 33,742 | 台北艺珍 | 2022-09-25 |
| 清顺治 五彩八仙祝寿纹长颈瓶 | 高27.3cm | 74,750 | 中贸圣佳 | 2022-06-07 |
| 清顺治 五彩三娘教子图梅瓶 | 高19cm; 直径12cm | 32,200 | 广东崇正 | 2022-08-11 |
| 清顺治 五彩八仙祝寿花觚 | 高39.7cm | 166,750 | 中贸圣佳 | 2022-07-13 |
| 清顺治 五彩开光山水图罐 | 高23.3cm | 52,146 | 佳士得 | 2022-11-29 |
| 清顺治 五彩麒麟纹盘 | 直径21cm | 185,411 | 佳士得 | 2022-11-29 |
| 清康熙 五彩逐鹿中原图大棒槌瓶 | 高76cm | 1,497,686 | 纽约佳士得 | 2022-09-23 |
| 清康熙 五彩开芳宴人物故事图棒槌瓶 | 高42.3cm | 931,500 | 北京中汉 | 2022-08-08 |
| 清康熙 五彩昆阳之战故事图棒槌瓶 | 高44.5cm | 908,500 | 北京大羿 | 2022-09-25 |
| 清康熙 五彩八仙图棒槌瓶 | 高43.7cm | 772,548 | 中国嘉德 | 2022-10-07 |
| 清康熙 五彩《西游记》人物故事图棒槌瓶 | 高44.3cm | 632,500 | 中贸圣佳 | 2022-07-26 |
| 清康熙 五彩狩猎图大筒瓶 | 高52.2cm | 460,000 | 中国嘉德 | 2022-06-27 |
| 清康熙 五彩人物故事图四方棒槌瓶 | 高46.7cm | 347,646 | 佳士得 | 2022-11-29 |
| 清康熙 五彩携琴访友图观音瓶 | 高45.5cm | 345,000 | 华艺国际 | 2022-09-23 |
| 清康熙 五彩《凤仪亭》人物故事图小棒槌瓶 | 高25cm | 316,250 | 中贸圣佳 | 2022-08-13 |
| 清康熙 五彩三星高照图棒槌瓶 | 高46cm | 310,500 | 北京诚轩 | 2022-08-09 |
| 清康熙 五彩人物故事图棒槌瓶 | 高47.5cm | 276,000 | 中国嘉德 | 2022-09-27 |
| 清康熙 五彩《三国演义》人物故事图大筒瓶 | 高55.5cm | 184,000 | 中国嘉德 | 2022-09-27 |
| 清康熙 五彩吹箫引凤图大壁瓶(一对) | 高38.3cm×2 | 184,000 | 中国嘉德 | 2022-12-26 |
| 清康熙 五彩穆桂英挂帅人物故事图棒槌瓶 | 高46.7cm | 172,500 | 中国嘉德 | 2022-05-30 |
| 清康熙 五彩人物诗文图胆瓶 | 高25cm | 172,500 | 华艺国际 | 2022-09-23 |
| 清康熙 五彩三兽图小棒槌瓶 | 高24.3cm | 161,000 | 中国嘉德 | 2022-05-29 |

| 名称 | 物品尺寸 | 成交价RMB | 拍卖公司 | 拍卖日期 |
|---|---|---|---|---|
| 清康熙 五彩秋雁渔乐图棒槌瓶 | 高48.5cm | 161,000 | 北京诚轩 | 2022-08-09 |
| 清康熙 五彩三星图棒槌瓶 | 高43.2cm | 138,000 | 中国嘉德 | 2022-09-27 |
| 清康熙 五彩《西厢记》人物瓶 | 高25.5cm | 113,150 | 中国嘉德 | 2022-06-04 |
| 清康熙 五彩课子图莱菔瓶 | 高19.6cm | 80,500 | 中贸圣佳 | 2022-08-13 |
| 清康熙 五彩花鸟纹棒槌瓶 | 高44.5cm | 80,500 | 中国嘉德 | 2022-09-27 |
| 清康熙 五彩人物赏瓶 | 高45.5cm | 74,750 | 中贸圣佳 | 2022-09-26 |
| 清康熙 五彩缠枝花卉纹长颈瓶 | 高27.8cm | 63,735 | 佳士得 | 2022-11-29 |
| 清康熙 五彩开光花鸟纹瓶 | 高41cm | 57,500 | 中国嘉德 | 2022-09-28 |
| 清康熙 五彩花鸟棒槌瓶 | 高49.2cm | 57,500 | 中国嘉德 | 2022-09-27 |
| 清康熙 五彩仕女图大壁瓶（连盖） | 高57cm | 57,500 | 华艺国际 | 2022-09-23 |
| 清康熙 五彩水浒人物棒槌瓶 | 高21cm | 55,200 | 北京保利 | 2022-07-16 |
| 清康熙 五彩描金山水人物纹棒槌瓶 | 高44.6cm | 51,750 | 中国嘉德 | 2022-09-27 |
| 清康熙 五彩教子图瓶 | 高27.7cm | 51,750 | 中国嘉德 | 2022-09-27 |
| 清康熙 洒蓝釉开光五彩花鸟纹观音瓶 | 高46cm | 40,250 | 中国嘉德 | 2022-09-30 |
| 清康熙 五彩人物纹小棒槌瓶 | 高24.5cm | 36,800 | 中国嘉德 | 2022-05-30 |
| 清康熙 五彩花鸟瓶 | 高22cm | 32,200 | 中国嘉德 | 2022-06-01 |
| 清康熙 五彩堆塑鱼龙变化纹摇铃尊 | 高21.5cm | 563,500 | 保利厦门 | 2022-10-22 |
| 清康熙 五彩十八罗汉故事图观音尊 | 高79.2cm | 483,000 | 中贸圣佳 | 2022-07-13 |
| 清康熙 五彩玉堂富贵图凤尾尊 | 高77cm | 460,000 | 保利厦门 | 2022-10-22 |
| 清康熙 五彩山水人物图盘口观音尊 | 高54cm | 345,000 | 北京中汉 | 2022-12-09 |
| 清康熙 五彩仕女摇铃尊 | 高18.4cm | 176,582 | 华艺国际 | 2022-11-27 |
| 清康熙 五彩三星图琵琶尊 | 高25.7cm | 80,500 | 华艺国际 | 2022-09-23 |
| 清康熙 五彩《隋唐演义》尉迟恭战秦琼图凤尾尊 | 高46cm | 63,250 | 北京大羿 | 2022-09-25 |
| 清康熙 五彩人物故事图琵琶尊 | 高19.5cm | 59,800 | 北京大羿 | 2022-09-25 |
| 清康熙 五彩三星图凤尾尊 | 高42.8cm | 57,500 | 中国嘉德 | 2022-09-27 |
| 清康熙 五彩开光花鸟诗文凤尾尊 | 高45.4cm | 43,700 | 中国嘉德 | 2022-09-27 |
| 清康熙 五彩陆逊问津、空城计图花瓠 | 高44.5cm | 552,000 | 华艺国际 | 2022-09-23 |
| 清康熙 五彩人物花瓠 | 21.5cm × 10.3cm | 149,500 | 上海嘉禾 | 2022-01-01 |
| 清康熙 五彩花蝶螭龙开光瑞兽花鸟纹花瓠 | 高48.2cm | 63,250 | 中国嘉德 | 2022-05-31 |
| 清康熙 五彩花鸟纹四系扁壶（一对） | 高35.5cm × 2 | 356,500 | 保利厦门 | 2022-10-22 |
| 清康熙 五彩人物将军罐 | 直径20.5cm | 257,516 | 荣宝斋（香港） | 2022-11-26 |
| 清康熙 五彩瓜果图蟋蟀罐 | 高7.6cm; 直径13cm | 253,000 | 西泠印社 | 2022-08-20 |
| 清康熙 五彩高力士脱靴人物故事图将军罐 | 高34.3cm | 103,500 | 中国嘉德 | 2022-09-27 |
| 清康熙 五彩加官进爵图茶叶罐 | 高20.5cm; 带盖高31cm | 103,500 | 保利厦门 | 2022-10-22 |
| 清康熙 祥狮五彩将军罐（一对） | (含座)高41.5cm × 2 | 90,844 | 台北艺珍 | 2022-09-25 |
| 清康熙 五彩龙凤将军罐 | 高41.5cm | 90,844 | 台北艺珍 | 2022-09-25 |
| 清康熙 五彩花卉开光人物纹罐（一对） | 高26.5cm × 2 | 86,250 | 中国嘉德 | 2022-09-28 |
| 清康熙 五彩二乔图茶叶罐 | 高25.5cm | 69,000 | 保利厦门 | 2022-10-22 |
| 清康熙 五彩开光饮中八仙人物故事图粥罐 | 直径22cm | 57,500 | 中国嘉德 | 2022-09-29 |
| 清康熙 五彩唐明皇游月宫图将军罐 | 高40cm | 57,500 | 北京大羿 | 2022-09-25 |
| 清康熙 五彩花卉开光仕女狩猎图盖罐 | 高30.3cm | 57,500 | 中贸圣佳 | 2023-01-01 |
| 清康熙 洒蓝釉描金花卉开光五彩人物博古图将军罐 | 高32.5cm | 55,200 | 中国嘉德 | 2022-05-30 |
| 清康熙 五彩狮子穿花图将军罐 | 高30cm; 带盖高36.5cm | 51,750 | 保利厦门 | 2022-10-22 |
| 清康熙 五彩婴戏图将军罐 | 高23cm | 43,700 | 中国嘉德 | 2022-05-30 |
| 清康熙 五彩唐明皇游月宫图将军罐 | 高40cm | 43,700 | 北京大羿 | 2022-09-25 |
| 清康熙 五彩人物故事图罐 | 高26.5cm | 33,109 | 中国嘉德 | 2022-10-07 |
| 清康熙 五彩荷塘飞鹤图鼓钉罐 | 直径9.4cm | 32,200 | 北京中汉 | 2022-08-08 |

| 名称 | 物品尺寸 | 成交价RMB | 拍卖公司 | 拍卖日期 |
|---|---|---|---|---|
| 清康熙 五彩缠枝莲开光花卉纹将军罐 | 高34cm | 32,200 | 中国嘉德 | 2022-09-27 |
| 清康熙丙子年（1696年）五彩八仙图香炉 | 直径14.3cm | 370,823 | 佳士得 | 2022-11-29 |
| 清康熙 五彩云龙纹罗汉炉 | 直径23.5cm | 46,000 | 中国嘉德 | 2022-09-27 |
| 清康熙 五彩镂空花卉纹提梁狮钮香熏（一对） | 高12cm × 2 | 97,750 | 中国嘉德 | 2022-09-27 |
| 清康熙 五彩绘花篮图大盘 | 直径33.5cm | 63,250 | 北京保利 | 2022-07-29 |
| 清康熙 五彩戏曲人物故事图双面长方瓷板 | 长18.5cm; 宽25cm | 43,700 | 保利厦门 | 2022-10-22 |
| 清康熙 五彩洞石虫草图插屏（一对） | 28cm × 28cm × 2 | 48,300 | 保利厦门 | 2022-10-22 |
| 清康熙 五彩花鸟座屏 | 宽31cm | 41,400 | 北京保利 | 2022-07-16 |
| 清康熙 五彩文昌帝君像 | 高25.5cm | 92,000 | 中国嘉德 | 2022-09-28 |
| 清康熙 五彩描金将帅立像 | 高21.5cm | 55,599 | 香港苏富比 | 2022-11-25 |
| 清康熙 五彩鱼藻纹盘 | 直径20.5cm | 1,128,600 | 保利香港 | 2022-07-14 |
| 清康熙 五彩麻姑献寿纹大盘 | 高7cm; 直径39.5cm | 575,000 | 保利厦门 | 2022-10-22 |
| 清康熙 五彩麻姑献寿图盘 | 直径39.6cm | 552,000 | 中贸圣佳 | 2022-12-31 |
| 清康熙 五彩人物图折沿盘（一对） | 直径17.2cm × 2 | 440,161 | 香港苏富比 | 2022-11-25 |
| 清康熙 内五彩麻姑献寿图附外矾红百寿图大盘 | 直径40cm | 368,000 | 中国嘉德 | 2022-09-27 |
| 清康熙 五彩青白礼贵五鱼图大盘 | 直径34.5cm | 345,000 | 中国嘉德 | 2022-05-29 |
| 清康熙 黄地五彩游龙戏珠纹盘 | 直径14.1cm | 281,917 | 纽约佳士得 | 2022-09-23 |
| 清康熙 五彩过枝枸杞花蝶纹盘 | 直径17.3cm | 230,000 | 中国嘉德 | 2022-05-30 |
| 清康熙 五彩狩猎图菊瓣大盘 | 直径21.2cm | 207,000 | 中国嘉德 | 2022-05-30 |
| 清康熙 五彩《水浒传》图盘 | 直径20.5cm | 195,350 | 保利香港 | 2022-10-10 |
| 清康熙 五彩花鸟纹大盘 | 长35.3cm | 115,000 | 中国嘉德 | 2022-09-27 |
| 清康熙 五彩仕女图盘 | 直径29cm | 115,000 | 中鸿信 | 2022-09-11 |
| 清康熙 五彩《水浒传》三打祝家庄故事图折沿大盘 | 直径37cm | 94,300 | 保利厦门 | 2022-10-22 |
| 清康熙 五彩刘阮入天台人物故事图花口折沿大盘 | 直径37cm | 92,000 | 中国嘉德 | 2022-09-27 |
| 清康熙 五彩花鸟纹大盘 | 直径33.3cm | 92,000 | 中国嘉德 | 2022-09-30 |
| 清康熙 五彩花鸟蝴蝶纹盘 | 高3cm; 直径19.5cm | 92,000 | 保利厦门 | 2022-10-22 |
| 清康熙 五彩木兰从军人物故事图折沿大盘 | 直径35.6cm | 86,250 | 中国嘉德 | 2022-09-28 |
| 清康熙 五彩花鸟纹盘 | 直径16.4cm | 69,000 | 中国嘉德 | 2022-05-31 |
| 清康熙 五彩《西厢记》人物故事大盘 | 直径38cm | 69,000 | 华艺国际 | 2022-09-23 |
| 清康熙 五彩仕女婴戏纹盘 | 直径26.7cm | 66,700 | 北京大羿 | 2022-09-25 |
| 清康熙 五彩庭院仕女图大盘 | 直径27cm | 65,550 | 中贸圣佳 | 2022-08-13 |
| 清康熙 五彩神仙人物故事图大盘 | 直径35.5cm | 63,250 | 中国嘉德 | 2022-05-30 |
| 清康熙 五彩深山访友诗文大盘 | 直径34.8cm | 57,500 | 中国嘉德 | 2022-05-30 |
| 清康熙 五彩缠枝花卉开光持莲童子图折沿盘（一对） | 直径22.3cm × 2 | 46,000 | 中国嘉德 | 2022-05-30 |
| 清康熙 五彩八骏图满池娇大盘 | 直径38.5cm | 46,000 | 广东崇正 | 2022-08-11 |
| 清康熙 五彩莲塘图盘 | 直径33.8cm) | 44,035 | 佳士得 | 2022-11-29 |
| 清康熙 五彩和合二仙图大盘 | 直径34cm | 43,700 | 北京中汉 | 2022-04-27 |
| 清康熙 五彩鱼藻纹盘 | 直径20cm | 40,250 | 北京荣宝 | 2022-07-24 |
| 清康熙 五彩人物故事图大盘 | 直径37.2cm | 36,800 | 中国嘉德 | 2022-05-30 |
| 清康熙 五彩《三国演义之凤仪亭》人物故事图大盘 | 直径27.7cm | 36,800 | 中国嘉德 | 2022-09-27 |
| 清康熙 洒蓝描金花卉开光五彩山水人物纹折沿大盘 | 直径40.7cm | 36,800 | 中国嘉德 | 2022-09-29 |
| 清康熙 五彩花鸟纹大盘 | 直径38.8cm | 34,500 | 中国嘉德 | 2022-05-31 |
| 清康熙 五彩花卉开光人物故事图大盘 | 直径33cm | 34,500 | 中国嘉德 | 2022-05-31 |
| 清康熙 五彩四美图大盘 | 直径27.6cm | 34,500 | 中国嘉德 | 2022-09-28 |
| 清康熙 五彩仕女供盘 | 直径31cm | 32,200 | 中国嘉德 | 2022-09-27 |
| 清康熙 五彩龙凤纹小碗（一对） | 直径10.5cm × 2 | 1,840,000 | 中国嘉德 | 2022-06-27 |
| 清康熙 五彩龙凤呈祥碗（一对） | 直径13.3cm × 2 | 1,595,362 | 香港苏富比 | 2022-10-09 |
| 清康熙 五彩外西王母祝寿内寿桃图大碗 | 直径22.5cm; 高18.3cm | 724,500 | 中贸圣佳 | 2022-08-13 |
| 清康熙 五彩珊瑚红地九秋同庆图碗 | 直径10.9cm | 695,293 | 佳士得 | 2022-11-29 |
| 清康熙 五彩耕织图碗 | 直径19.5cm | 370,823 | 佳士得 | 2022-11-29 |

# 2022瓷器拍卖成交汇总(续表)

(成交价RMB：3万元以上)

| 名称 | 物品尺寸 | 成交价RMB | 拍卖公司 | 拍卖日期 |
|---|---|---|---|---|
| 清康熙 五彩龙凤纹碗 | 口径10cm | 350,750 | 北京大羿 | 2022-12-25 |
| 清康熙 五彩龙纹碗 | 直径15cm；高6.5cm | 322,000 | 深圳富诺得 | 2022-10-06 |
| 清康熙 五彩人物故事图碗 | 直径33.6cm | 301,163 | 香港苏富比 | 2022-11-25 |
| 清康熙 五彩龙凤纹碗 | 直径15cm | 195,500 | 中国嘉德 | 2022-05-29 |
| 清康熙 五彩人物故事大碗 | 高26cm；通径58cm | 126,500 | 西泠印社 | 2022-01-23 |
| 清康熙 五彩龙凤纹碗 | 直径15cm | 92,000 | 中国嘉德 | 2022-05-30 |
| 清康熙 五彩鱼藻纹碗 | 直径16cm | 86,250 | 北京中汉 | 2022-06-03 |
| 清康熙 矾红地开光五彩人物图碗 | 直径19.5cm | 43,700 | 北京诚轩 | 2022-08-09 |
| 清康熙 五彩云龙纹莲瓣大碗 | 直径21.8cm | 36,800 | 中国嘉德 | 2022-05-30 |
| 清康熙 米地五彩团龙纹大碗 | 直径22cm | 34,500 | 中鸿信 | 2022-09-11 |
| 清康熙 五彩桃花花神杯 | 直径6.6cm | 2,428,008 | 中国嘉德 | 2022-10-07 |
| 清康熙 五彩菊花花神杯 | 直径6.5cm | 2,300,000 | 北京保利 | 2022-07-28 |
| 清康熙 五彩石榴花花神杯 | 直径6.5cm | 1,765,824 | 中国嘉德 | 2022-10-07 |
| 清康熙 五彩迎春花花神杯 | 直径6.5cm | 1,765,824 | 中国嘉德 | 2022-10-07 |
| 清康熙 五彩"十月月季"花神杯 | 直径6.4cm | 557,750 | 北京大羿 | 2022-09-26 |
| 清康熙 五彩"十二月水仙"花神杯 | 直径6.5cm | 483,000 | 北京大羿 | 2022-09-26 |
| 清康熙 珊瑚红地五彩花卉高足杯 | 7.3cm | 218,500 | 上海嘉禾 | 2022-01-01 |
| 清康熙 五彩"五月石榴花"花神杯 | 直径6.4cm | 212,750 | 北京大羿 | 2022-09-26 |
| 清康熙 五彩"十一月梅花"花神杯 | 直径6.6cm | 149,500 | 北京大羿 | 2022-09-26 |
| 清康熙 五彩高士图杯 | 高6.5cm | 90,520 | 中国嘉德 | 2022-06-04 |
| 清康熙 五彩高士饮享图卧足杯 | 直径7.5cm | 63,250 | 中国嘉德 | 2022-09-27 |
| 清康熙 五彩高士饮享图高足杯 | 高12cm | 51,750 | 中国嘉德 | 2022-05-30 |
| 清康熙 五彩人物故事图玉兰花式螭龙耳杯 | 宽12.3cm | 48,649 | 香港苏富比 | 2022-11-25 |
| 清康熙 五彩渔翁得利图铃铛杯 | 高11cm；直径7.5cm | 48,300 | 保利厦门 | 2022-10-22 |
| 清康熙 五彩庭院仕女婴戏图铃铛杯 | 直径9.3cm；高11.3cm | 48,300 | 中贸圣佳 | 2022-08-13 |
| 清康熙 五彩桃花流水纹杯 | 高4.5cm；直径8cm | 32,200 | 保利厦门 | 2022-10-22 |
| 清康熙 内外五彩鱼藻纹盖盒 | 直径11.5cm | 46,000 | 保利厦门 | 2022-10-22 |
| 清康熙 五彩描金花鸟六方葵口花盆（一对） | 高24.5cm×2 | 138,000 | 中贸圣佳 | 2022-07-13 |
| 清康熙 五彩花蝶图方花盆（一对） | 宽21.8cm×2 | 103,500 | 北京保利 | 2022-07-29 |
| 清康熙 五彩仕女图折沿盆 | 直径38.5cm | 80,500 | 中国嘉德 | 2022-05-30 |
| 清康熙 五彩山水人物图笔筒 | 高15cm | 301,163 | 香港苏富比 | 2022-11-25 |
| 清康熙 五彩蝶恋花纹笔筒 | 口径19.5cm | 166,750 | 北京大羿 | 2022-12-25 |
| 清康熙 五彩桐叶封弟图笔筒 | 直径11.8cm；高15.4cm | 161,000 | 广东崇正 | 2022-08-11 |
| 清康熙 五彩题诗花鸟纹笔筒 | 高12.4cm | 69,499 | 香港苏富比 | 2022-11-25 |
| 清康熙 五彩仕女婴戏图笔筒 | 高12.5cm | 63,250 | 中国嘉德 | 2022-09-27 |
| 清康熙 五彩仕女婴戏图笔筒 | 直径11cm；高13.6cm | 57,500 | 华艺国际 | 2022-09-23 |
| 清康熙 五彩三酸图笔筒 | 高13cm | 51,750 | 保利厦门 | 2022-10-22 |
| 清康熙 五彩教子图笔筒 | 高13.8cm | 43,700 | 保利厦门 | 2022-10-22 |
| 清康熙 五彩《西厢记》人物笔筒 | 高14cm | 36,800 | 北京保利 | 2022-07-29 |
| 清康熙 五彩花鸟纹笔筒 | 高13.5cm | 34,500 | 中国嘉德 | 2022-05-31 |
| 清康熙 五彩指日高升图笔筒 | 高13cm；直径10.5cm | 34,500 | 保利厦门 | 2022-10-22 |
| 清康熙 五彩开光山水花卉纹笔筒 | 直径18cm | 33,109 | 中国嘉德 | 2022-10-07 |
| 清康熙 五彩仕女婴戏图笔筒 | 高12.5cm | 32,200 | 中国嘉德 | 2022-06-01 |
| 清康熙 五彩《西厢记》人物故事图笔筒 | 高14cm | 32,200 | 中国嘉德 | 2022-09-27 |
| 清康熙 五彩人物故事笔洗 | 28cm×5cm | 57,500 | 上海嘉禾 | 2022-01-01 |
| 清康熙 五彩瑞果纹小酒圆 | 直径4.3cm | 345,000 | 华艺国际 | 2022-09-23 |
| 清康熙 五彩《西厢记》瓷砖（一对） | 长24cm×2 | 149,500 | 华艺国际 | 2022-09-23 |
| 清康熙 五彩《西厢记》《秋胡戏妻》人物故事图瓷砖（各一件） | 25.4cm×18.2cm；25cm×17cm | 92,000 | 中国嘉德 | 2022-05-30 |
| 清康熙 五彩花卉诗文图拂尘 | 长15.8cm | 69,000 | 北京大羿 | 2022-09-25 |
| 清康熙 五彩《秋胡戏妻》人物故事图瓷砖 | 长25cm | 40,250 | 中国嘉德 | 2022-09-28 |
| 清雍正 五彩盖壶、茶碗及托 | 壶高13.3cm；托直径11.8cm | 88,342 | 纽约佳士得 | 2022-03-25 |
| 清雍正 内外五彩鱼纹外红釉墩式碗 | 直径17.5cm | 57,500 | 中国嘉德 | 2022-05-31 |

| 名称 | 物品尺寸 | 成交价RMB | 拍卖公司 | 拍卖日期 |
|---|---|---|---|---|
| 清雍正 御制墨地五彩缠枝莲纹盘 | 直径15cm | 195,500 | 永乐拍卖 | 2022-07-24 |
| 清雍正 珊瑚红地五彩折枝花卉纹浅碗（一对） | 直径11.9cm×2 | 6,300,000 | 香港苏富比 | 2022-04-29 |
| 清雍正 五彩龙凤纹碗 | 直径15.2cm | 253,000 | 中国嘉德 | 2022-06-27 |
| 清雍正 五彩渔翁得利图马蹄杯 | 直径8cm | 149,500 | 中国嘉德 | 2022-12-26 |
| 清雍正 五彩高士图杯 | 直径5cm | 57,500 | 中国嘉德 | 2022-05-31 |
| 清雍正 五彩三多纹案缸 | 直径22.8cm | 43,700 | 中国嘉德 | 2022-05-30 |
| 清雍正 五彩镂空雕瓷供座 | 长16.2cm；宽12.3cm；高10.4cm | 40,250 | 中贸圣佳 | 2022-07-13 |
| 清乾隆 五彩龙凤纹碗（一对） | 直径15.4cm×2 | 904,984 | 中国嘉德 | 2022-10-07 |
| 清乾隆 五彩龙凤纹碗 | 直径15.7cm | 437,000 | 中国嘉德 | 2022-06-27 |
| 清乾隆 五彩龙凤纹碗（一对） | 直径15.3cm×2；高7.2cm×2 | 437,000 | 北京保利 | 2022-07-29 |
| 清乾隆 五彩龙凤纹碗 | 口径14.8cm | 333,500 | 北京大羿 | 2022-12-25 |
| 清乾隆 五彩龙凤纹碗 | 直径14.8cm | 299,000 | 北京大羿 | 2022-09-26 |
| 清乾隆 五彩龙凤纹碗 | 直径14.8cm | 198,655 | 中国嘉德 | 2022-10-07 |
| 清乾隆 五彩龙凤纹碗 | 直径15.5cm；高7.2cm | 74,750 | 中贸圣佳 | 2022-09-25 |
| 清乾隆 五彩龙凤纹碗 | 直径15.5cm | 57,500 | 中国嘉德 | 2022-09-28 |
| 18世纪 五彩文殊像 | 高37cm | 172,500 | 华艺国际 | 2022-09-23 |
| 清嘉庆 士绅收藏 珊瑚红地五彩描金庭院婴戏图碗 | 直径21cm | 1,026,068 | 香港苏富比 | 2022-04-29 |
| 清嘉庆 珊瑚红釉描金五彩婴戏图大碗 | 高9.5cm；直径20.5cm | 690,000 | 保利厦门 | 2022-10-22 |
| 清道光 祭蓝开窗天球瓶 | 43cm×27cm | 437,000 | 上海嘉禾 | 2022-01-01 |
| 清道光 五彩龙凤纹碗（一对） | 口径15cm×2 | 460,000 | 北京大羿 | 2022-06-26 |
| 清道光 五彩龙凤纹碗 | 直径15.8cm | 402,500 | 中国嘉德 | 2022-12-26 |
| 清道光 五彩龙凤纹碗 | 直径15.6cm | 287,500 | 北京保利 | 2022-07-16 |
| 清道光 五彩龙凤纹碗 | 直径15cm | 276,000 | 华艺国际 | 2022-09-23 |
| 清道光 五彩龙凤纹碗 | 口径15cm；高6.5cm | 253,000 | 中贸圣佳 | 2022-10-27 |
| 清道光 五彩龙凤纹碗 | 直径16cm | 230,000 | 北京中汉 | 2022-04-27 |
| 清道光 五彩龙凤呈祥纹碗 | 直径12.9cm | 196,914 | 香港苏富比 | 2022-11-25 |
| 清道光 五彩龙凤纹碗 | 直径15.8cm | 187,618 | 中国嘉德 | 2022-10-07 |
| 清道光 五彩龙凤纹碗 | 直径15.5cm | 74,750 | 中国嘉德 | 2022-05-30 |
| 清道光 五彩龙凤纹碗 | 直径16cm；高7.4cm | 43,700 | 中贸圣佳 | 2022-07-13 |
| 清道光 五彩龙凤纹碗 | 直径15.8cm | 43,700 | 中国嘉德 | 2022-09-28 |
| 清道光 五彩龙凤纹碗 | 直径14.9cm；高6.5cm | 36,800 | 广东崇正 | 2022-08-11 |
| 清道光 五彩桃枝纹酒杯（一对） | 口径11cm×2 | 69,000 | 北京大羿 | 2022-09-26 |
| 清中期 五彩《隋唐演义》之大破铜旗阵人物故事图大棒槌瓶 | 高88.5cm | 115,000 | 中国嘉德 | 2022-09-27 |
| 清中期 五彩忍冬纹盘 | 直径15.1cm | 32,200 | 中贸圣佳 | 2022-07-13 |
| 清咸丰 五彩花神杯（一对） | 直径66cm×2 | 655,500 | 北京诚轩 | 2022-08-09 |
| 清同治 五彩龙凤碗（一对） | 直径10cm×2 | 154,509 | 中国嘉德 | 2022-10-07 |
| 清光绪 墨地五彩龙穿花大棒槌瓶（带座） | 高78cm | 47,150 | 华艺国际 | 2022-09-23 |
| 清光绪 五彩十二生肖赏瓶 | 高40cm | 40,250 | 保利厦门 | 2022-10-22 |
| 清光绪 五彩庭院人物纹瓶 | 高44cm | 32,200 | 广东崇正 | 2022-12-25 |
| 清光绪 五彩刀马人物大尊（一对） | 高61.8cm×2；直径23.5cm×2 | 34,500 | 广东崇正 | 2022-08-11 |
| 清光绪 五彩开窗花鸟瑞兽纹大花觚 | 高71cm | 115,000 | 华艺国际 | 2022-09-23 |
| 清光绪 五彩寿桃盘 | 直径29.3cm | 379,500 | 中贸圣佳 | 2022-06-07 |
| 清光绪 黄地五彩云龙纹大盘 | 直径32.8cm | 80,500 | 中国嘉德 | 2022-05-29 |
| 清光绪 五彩龙凤纹大盘 | 直径25.4cm | 57,500 | 中国嘉德 | 2022-05-29 |
| 清光绪 五彩花鸟碗（一对） | 高6.6cm×2 | 48,300 | 中贸圣佳 | 2022-07-13 |
| 清光绪 五彩龙凤纹碗 | 高7.5cm；直径16.8cm | 43,700 | 广东崇正 | 2022-08-11 |
| 清光绪 五彩龙凤纹杯（一对） | 直径7cm×2 | 32,916 | 中国嘉德 | 2022-06-04 |
| 清光绪 内五彩鱼藻纹外墨地粉缠枝花卉开光花鸟博古图缸 | 直径36cm | 46,000 | 中国嘉德 | 2022-05-31 |
| 18/19世纪 五彩绿地开光人物故事图凤尾尊 | 高35.5cm | 66,074 | 纽约佳士得 | 2022-09-23 |
| 19世纪 五彩《西厢记》人物故事图花觚 | 高43.8cm；直径19.8cm | 40,250 | 中贸圣佳 | 2022-08-13 |
| 18/19世纪 五彩《封神演义》大盘 | 直径45.7cm | 52,860 | 纽约佳士得 | 2022-09-23 |

| 名称 | 物品尺寸 | 成交价RMB | 拍卖公司 | 拍卖日期 |
|---|---|---|---|---|
| 19世纪 五彩人物故事图花盆 | 高40.6cm | 39,645 | 纽约佳士得 | 2022-09-23 |
| 清宣统 五彩龙凤纹碗 | 直径13.3cm | 74,750 | 中国嘉德 | 2022-09-30 |
| 清宣统 五彩龙凤碗 | 高6.2cm；直径14.5cm | 34,500 | 西泠印社 | 2022-01-22 |
| 清宣统 醴陵窑釉下彩花鸟诗文帽筒（一对） | 高29.2cm；高29cm | 34,500 | 中贸圣佳 | 2022-09-25 |
| 清晚期 黄地五彩花鸟纹大棒槌瓶 | 高61cm×2 | 92,000 | 中国嘉德 | 2022-09-29 |
| 清晚期 五彩四季花卉纹大天圆地方瓶 | 高74.5cm | 74,750 | 中国嘉德 | 2022-09-28 |
| 清晚期 五彩钟馗嫁妹人物故事图天球瓶 | 高44cm | 43,700 | 中国嘉德 | 2022-05-31 |
| 清晚期 洒蓝地五彩鱼藻纹瓶 | 高43.3cm | 34,500 | 中国嘉德 | 2022-05-31 |
| 清晚期 五彩《封神演义》人物故事图棒槌瓶（一对） | 高47.2cm×2 | 32,200 | 中国嘉德 | 2022-06-01 |
| 清晚期 五彩《西厢记》人物故事图蝠耳瓶 | 高36.8cm | 32,200 | 中国嘉德 | 2022-05-31 |
| 清晚期 五彩荷塘鸳鸯纹凤尾尊 | 高44.5cm | 34,500 | 中国嘉德 | 2022-09-28 |
| 清晚期 五彩大富贵亦寿考人物故事图大凤尾尊 | 高60.5cm | 34,500 | 中国嘉德 | 2022-05-31 |
| 清晚期 五彩神仙人物纹大双陆尊 | 高46.5cm | 32,200 | 中国嘉德 | 2022-06-01 |
| 清晚期 五彩耕织图之初秧图大盘 | 直径35cm | 48,300 | 中国嘉德 | 2022-06-01 |
| 清晚期 五彩龙凤纹碗 | 直径15.2cm | 63,250 | 中国嘉德 | 2022-05-31 |
| 清晚期 墨地五彩花鸟纹大缸 | 直径46.5cm；高40.3cm | 69,000 | 中贸圣佳 | 2022-07-13 |
| 清晚期 墨地五彩孔雀牡丹纹卷缸 | 直径46.5cm；高40.3cm | 34,500 | 中贸圣佳 | 2022-09-25 |
| 清康熙 五彩筒瓶 | 高46cm | 149,500 | 上海嘉禾 | 2022-01-01 |
| 清 五彩四美图瓶 | 高50cm | 92,000 | 广东崇正 | 2022-12-25 |
| 清代 五彩洞石花鸟纹四方棒槌瓶 | 高51.2cm | 40,250 | 中贸圣佳 | 2022-09-25 |
| 清 五彩龙凤纹碗、粉彩花卉纹瓶（各一件） | 高22.7cm；直径15.2cm | 34,500 | 中国嘉德 | 2022-06-02 |
| 清 五彩人物故事棒槌瓶 | 直径17.5cm；高59cm | 34,500 | 深圳富诺得 | 2022-10-06 |
| 清 洒蓝釉五彩游鱼纹棒槌瓶 | 高46cm | 32,200 | 北京中汉 | 2022-08-08 |
| 清 五彩人物纹棒槌瓶 | 高46.5cm | 32,200 | 北京保利 | 2022-07-17 |
| 清康熙 五彩花鸟宝字瓶 | 高44.5cm | 31,146 | 台北艺珍 | 2022-09-25 |
| 清康熙 五彩荷塘清溪瓶 | 高43.5cm | 103,500 | 上海嘉禾 | 2022-01-01 |
| 清 五彩人物纹花觚 | 高45.3cm | 51,750 | 中国嘉德 | 2022-05-31 |
| 清 五彩人物故事图将军大罐 | 36cm×60cm | 74,750 | 上海嘉禾 | 2022-01-01 |
| 清 五彩耕织图诗文大盘 | 直径27.6cm | 74,750 | 中国嘉德 | 2022-09-28 |
| 清 五彩锦地团鹤开光高士图折沿大盘 | 直径35.5cm | 43,700 | 中国嘉德 | 2022-06-01 |
| 清 五彩秋荷图碗 | 高5.8cm；直径11cm | 92,000 | 西泠印社 | 2022-01-22 |
| 清 五彩人物碗 | 24.5cm×13.5cm | 69,000 | 上海嘉禾 | 2022-01-01 |
| 清 五彩人物故事盆 | 直径28.5cm | 40,250 | 北京荣宝 | 2022-07-24 |
| 清代 四方人物五彩雕瓷 | 高49cm | 46,719 | 台北艺珍 | 2022-09-25 |
| 民国 釉下五彩花鸟大瓶 | 高45cm | 69,000 | 北京保利 | 2022-07-16 |
| 民国 段明甫款五彩加粉彩山水人物纹大瓶 | 高58.3cm | 34,500 | 中国嘉德 | 2022-05-31 |
| 五彩龙纹长颈瓶 | 高28cm | 137,955 | 荣宝斋（香港） | 2022-11-26 |
| 墨地杂花蝴蝶摇铃尊 | 4cm×15cm×10.3cm | 550,000 | 香港贞观 | 2022-01-16 |
| 五彩双耳百鹿尊 | 高45cm | 57,021 | 荣宝斋（香港） | 2022-11-26 |
| 五彩宝象花纹四方洗 | 高22cm；宽14.5cm | 165,546 | 荣宝斋（香港） | 2022-11-26 |
| 五彩人物故事纹笔洗 | 高5cm；直径（口）24cm | 48,300 | 深圳世浩 | 2022-01-17 |
| **三彩** | | | | |
| 明正德 绿地素三彩暗刻如意纹象耳尊 | 直径24cm | 120,750 | 中贸圣佳 | 2022-09-28 |
| 明末 三彩文殊菩萨陶像 | 125cm×75cm×55cm | 138,000 | 上海嘉禾 | 2022-01-01 |
| 明早期 蓝釉素三彩抱月瓶 | 高26cm | 805,000 | 上海嘉禾 | 2022-01-01 |
| 明 三彩琉璃釉龙纹鼎式炉 | 高17.3cm | 33,109 | 中国嘉德 | 2022-10-07 |
| 明 三彩钵 | 高4.1cm；口径8.8cm | 63,250 | 西泠印社 | 2022-01-22 |
| 明 三彩狮子（一对） | 最大的长63cm | 353,164 | 中国嘉德 | 2022-10-07 |
| 明 三彩自在观音 | 宽23cm；高38.5cm | 68,100 | 浙江佳宝 | 2022-03-13 |
| 明 三彩发貌 | 宽31cm；高36.5cm | 46,000 | 浙江佳宝 | 2022-03-13 |
| 清早期 素三彩和合二仙像 | （连座）高17.1cm | 40,250 | 北京中汉 | 2022-06-03 |
| 清早期 素三彩鱼形摆件 | 长13.5cm | 34,500 | 北京中汉 | 2022-06-28 |
| 清顺治 素三彩缠枝莲纹花觚 | 高36.4cm | 32,200 | 中国嘉德 | 2022-09-27 |
| 清顺治 黄地紫绿彩缠枝牡丹纹浅碗 | 直径17.3cm | 98,499 | 佳士得 | 2022-11-29 |
| 清顺治 黄地素三彩瑞狮穿花纹碗 | 直径18.5cm | 55,623 | 佳士得 | 2022-11-29 |
| 清康熙 釉下素三彩山水人物纹胆瓶 | 高21.7cm | 69,000 | 中国嘉德 | 2022-09-27 |
| 清康熙 绞釉素三彩葫芦瓶 | 高14cm | 57,500 | 中贸圣佳 | 2022-09-25 |
| 清康熙 黄地素三彩花卉纹开光神仙人物图天圆地方棒槌瓶 | 高52.6cm | 36,800 | 北京中汉 | 2022-08-08 |
| 清康熙 素三彩玉堂富贵锦鸡牡丹纹四方直口大尊 | 高53cm | 276,000 | 中贸圣佳 | 2022-07-26 |
| 清康熙 釉下三彩山水人物纹花觚 | 高43.8cm | 138,000 | 中国嘉德 | 2022-09-27 |
| 清康熙 釉下三彩山水纹花觚 | 高43cm | 103,500 | 中国嘉德 | 2022-05-30 |
| 清康熙 釉下三彩山水人物纹花觚（带座） | 高40cm | 78,200 | 广东崇正 | 2022-12-25 |
| 清康熙 釉下三彩山水螭龙纹花觚 | 高45.5cm | 74,750 | 华艺国际 | 2022-09-23 |
| 清康熙 素三彩荷塘飞禽执壶 | 长20cm×宽10cm×高15cm | 74,750 | 北京诚轩 | 2022-08-09 |
| 清康熙 釉下三彩龙虎风会大盖罐 | 高56cm | 207,000 | 北京中汉 | 2022-09-29 |
| 清康熙 釉下三彩山水人物纹将军罐 | 高22.3cm | 138,000 | 中国嘉德 | 2022-09-28 |
| 清康熙 釉下三彩风云际会大将军罐 | 高56cm | 138,000 | 北京保利 | 2022-07-16 |
| 清康熙 青花加素三彩钟馗醉酒像 | 长18.2cm | 55,200 | 中国嘉德 | 2022-09-27 |
| 清康熙 素三彩观音像 | 高35.5cm | 36,800 | 中国嘉德 | 2022-05-31 |
| 清康熙 白地素三彩暗刻瑞果纹盘 | 直径25cm | 2,160,144 | 香港苏富比 | 2022-04-29 |
| 清康熙 白地素三彩暗刻龙纹折枝三多纹盘 | 直径24.8cm | 1,641,600 | 保利香港 | 2022-07-14 |
| 清康熙 黄地素三彩折枝花卉云龙纹折沿大盘 | 直径41cm | 667,000 | 中国嘉德 | 2022-12-25 |
| 清康熙 黄地素三彩双龙戏珠纹大盘 | 口径32cm | 460,000 | 北京大羿 | 2022-12-25 |
| 清康熙 黄地素三彩双龙抢珠纹盘（一对） | 直径13.1cm×2 | 207,000 | 北京中汉 | 2022-08-08 |
| 清康熙 素三彩双龙纹盘 | 直径13cm | 149,500 | 华艺国际 | 2022-09-23 |
| 清康熙 黄地素三彩云龙纹盘 | 直径13.2cm | 138,000 | 中国嘉德 | 2022-06-27 |
| 清康熙 釉下三彩山水纹大盘 | 直径21cm | 115,000 | 中国嘉德 | 2022-09-27 |
| 清康熙 素三彩四季花卉云龙赶珠仙鹤纹折沿大盘 | 直径41cm | 105,800 | 北京中汉 | 2022-08-08 |
| 清康熙 虎皮三彩盘 | 直径17.3cm | 57,500 | 北京保利 | 2022-09-23 |
| 清康熙 素三彩飞鸣宿食图碗 | 高4.5cm；直径10cm | 868,224 | 保利香港 | 2022-10-10 |
| 清康熙 素三彩暗划龙纹花果彩蝶纹碗 | 直径14.8cm | 528,595 | 纽约佳士得 | 2022-09-23 |
| 清康熙 素三彩花蝶暗刻云龙纹碗 | 口径14.8cm | 195,500 | 北京大羿 | 2022-12-25 |
| 清康熙 素三彩花蝶暗刻云龙纹碗 | 直径14.8cm | 138,000 | 中国嘉德 | 2022-12-25 |
| 清康熙 虎皮三彩碗（一对） | 直径16.8cm×2 | 46,000 | 北京中汉 | 2022-08-08 |
| 清康熙 虎皮三彩大碗 | 直径18cm | 40,250 | 中国嘉德 | 2022-09-27 |
| 清康熙 虎皮三彩碗 | 直径10cm | 36,800 | 广东崇正 | 2022-12-25 |
| 清康熙 素三彩海马纹碗 | 直径15.5cm；高7.3cm | 32,200 | 中贸圣佳 | 2022-09-27 |
| 清康熙 虎皮三彩大碗 | 直径18cm | 32,200 | 北京保利 | 2022-07-29 |
| 清康熙 虎皮三彩杯（一对） | 直径8.5cm×2；高6cm×2 | 632,500 | 上海嘉禾 | 2022-01-01 |
| 清康熙 素三彩螭龙杯 | 长9.5cm | 34,500 | 中国嘉德 | 2022-09-30 |
| 清康熙 素三彩龙凤纹文具盒 | 长17cm | 40,250 | 中国嘉德 | 2022-09-25 |
| 清康熙 釉里三彩通景山水人物景致图花盆 | 直径23.2cm；高15.8cm | 92,000 | 中贸圣佳 | 2022-09-25 |
| 清康熙 釉里三彩通景山水人物景致图案缸 | 直径20.4cm；高15.6cm | 345,000 | 中贸圣佳 | 2022-09-25 |
| 清康熙 釉下三彩湖山独钓图案缸 | 直径24cm | 287,500 | 中国嘉德 | 2022-12-26 |
| 清康熙 釉下三彩山水人物纹案缸 | 直径22.2cm | 115,000 | 中国嘉德 | 2022-05-29 |

## 2022瓷器拍卖成交汇总(续表)

(成交价RMB: 3万元以上)

| 名称 | 物品尺寸 | 成交价RMB | 拍卖公司 | 拍卖日期 |
| --- | --- | --- | --- | --- |
| 清康熙 釉下三彩山水人物纹案缸 | 直径22.5cm | 115,000 | 中国嘉德 | 2022-12-26 |
| 清康熙 豆青地釉下三彩八骏图笔海 | 直径19.7cm | 67,850 | 北京羿趣国际 | 2022-04-28 |
| 清康熙 釉里三彩雕玉堂富贵图笔筒 | 高15.5cm | 500,250 | 永乐拍卖 | 2022-07-25 |
| 清康熙 釉下三彩花蝶图笔筒 | 高16.5cm; 直径19cm | 230,000 | 西泠印社 | 2022-01-22 |
| 清康熙 黄地素三彩人物山水图花形笔洗(一对) | 直径14cm×2 | 1,931,370 | 中国嘉德 | 2022-10-07 |
| 清雍正 天蓝釉凸雕釉里三彩榴开百子纹天球瓶 | 高44.5cm | 115,000 | 保利厦门 | 2022-10-22 |
| 清雍正 黄地三彩云蝠纹鸡心碗 | 直径15.2cm | 115,000 | 北京保利 | 2022-07-16 |
| 清雍正 釉下三彩花卉纹大碗 | 直径20.7cm | 40,250 | 中国嘉德 | 2022-06-01 |
| 清雍正/乾隆 素三彩海水石榴洗 | 长23.5cm×宽14.3cm×高12.6cm | 86,250 | 北京诚轩 | 2022-08-09 |
| 清乾隆 釉下三彩梅花纹海棠形梅瓶 | 高17cm | 51,750 | 北京中汉 | 2022-06-03 |
| 清乾隆 黄地素三彩梅兰竹菊纹橄榄尊 | 高40.2cm | 161,000 | 中贸圣佳 | 2022-06-07 |
| 清乾隆 黄地素三彩蕉叶兽面纹洗口尊 | 高32cm | 34,500 | 中国嘉德 | 2022-05-30 |
| 清乾隆 黄地素三彩双龙戏珠纹盘 | 直径13.1cm | 207,000 | 北京大羿 | 2022-09-26 |
| 清乾隆 黄地素三彩云龙纹盘 | 直径13cm | 43,700 | 中贸圣佳 | 2023-01-01 |
| 清乾隆 黄地素三彩云龙纹盘 | 直径13.2cm | 32,200 | 中国嘉德 | 2022-09-28 |
| 清乾隆 黄地素三彩云龙纹小盘 | 直径10.8cm | 32,200 | 中国嘉德 | 2022-09-28 |
| 清道光 素三彩灯笼瓶 | 高20.3cm | 51,750 | 中国嘉德 | 2022-09-27 |
| 清中期 素三彩凸花百寿图花口象耳大瓶 | 高54.6cm | 40,250 | 中国嘉德 | 2022-05-31 |
| 清同治 黄地紫绿彩龙纹盘(一对) | 直径14.2cm×2 | 77,148 | 中国嘉德 | 2022-06-04 |
| 清同治 黄地褐绿彩龙纹盘 | 直径13cm | 51,750 | 保利厦门 | 2022-10-22 |
| 清同治 黄地素三彩龙纹盘 | 口径11cm | 34,500 | 北京大羿 | 2022-09-26 |
| 清光绪 黄地素三彩龙纹大盘 | 直径54cm | 207,000 | 华艺国际 | 2022-09-23 |
| 清光绪 黄地素三彩云龙折枝花卉大盘 | 直径31.6cm | 207,000 | 中贸圣佳 | 2022-07-26 |
| 清光绪 黄地素三彩云龙纹小盘(一对) | 直径10.9cm×2 | 138,000 | 中国嘉德 | 2022-06-27 |
| 清光绪 黄地素三彩云龙纹小盘(一对) | 直径10.9cm×2 | 103,500 | 中国嘉德 | 2022-06-27 |
| 清光绪 黄地紫绿彩龙纹盘(一对) | 直径14.4cm×2 | 99,327 | 中国嘉德 | 2022-10-07 |
| 清光绪 黄地素三彩双龙抢珠纹盘(一对) | 直径10.7cm×2 | 94,300 | 北京中汉 | 2022-06-28 |
| 清光绪 黄褐彩螭龙纹盘(一对) | 直径19.2cm×2 | 80,233 | 中国嘉德 | 2022-06-04 |
| 清光绪 黄地紫绿彩龙纹盘(一对) | 直径10.8cm×2 | 75,047 | 中国嘉德 | 2022-10-07 |
| 清光绪 黄地素三彩云龙纹盘(一对) | 直径13.2cm×2 | 70,150 | 中贸圣佳 | 2022-09-28 |
| 清光绪 黄地素三彩云龙纹盘(一对) | 直径11cm×2 | 69,000 | 中国嘉德 | 2022-09-27 |
| 清光绪 黄地素三彩云龙纹盘 | 直径13.2cm | 69,000 | 中国嘉德 | 2022-05-30 |
| 清光绪 素三彩龙纹大盘 | 直径31.8cm | 57,500 | 中贸圣佳 | 2022-06-07 |
| 清光绪 黄地紫绿彩双龙云鹤纹盘 | 直径12.7cm | 46,333 | 香港苏富比 | 2022-11-25 |
| 清光绪 黄地素三彩云龙纹盘 | 直径13.2cm | 40,250 | 中国嘉德 | 2022-09-29 |
| 清光绪 白地暗刻素三彩云龙戏珠纹盘 | 直径18.6cm | 34,500 | 北京中汉 | 2022-06-03 |
| 清光绪 黄地素三彩云龙纹盘 | 直径13.1cm | 34,500 | 中贸圣佳 | 2022-09-28 |
| 清光绪 黄地素三彩双龙抢珠纹盘 | 直径14.4cm | 32,200 | 北京中汉 | 2022-08-08 |
| 清光绪 黄地素三彩云龙纹碗 | 直径15cm | 46,000 | 中国嘉德 | 2022-05-30 |
| 清光绪 素三彩暮上眉梢卷缸 | 直径35.5cm | 57,500 | 华艺国际 | 2022-09-23 |
| 清光绪 素三彩门狮(一对) | 高31cm×2 | 59,800 | 北京保利 | 2022-02-03 |
| 清宣统 黄地素三彩云龙纹盘 | 直径14.8cm | 97,750 | 中国嘉德 | 2022-06-28 |
| 清宣统 黄地素三彩云龙纹盘 | 直径14.7cm | 63,250 | 中国嘉德 | 2022-05-30 |
| 清晚期 墨地素三彩喜鹊登梅图天球瓶 | 高56cm | 57,500 | 中国嘉德 | 2022-09-28 |
| 清晚期 素三彩云龙纹莘亭瓶 | 高29cm | 34,500 | 中国嘉德 | 2022-05-31 |
| 清晚期 素三彩人物故事图花觚 | 高42.8cm | 40,250 | 中国嘉德 | 2022-09-28 |
| 清晚期 素三彩花卉开光花鸟纹缸 | 直径39.5cm | 36,800 | 中国嘉德 | 2022-05-31 |
| 清代 黄底素三彩十美图观音瓶 | 高46.3cm | 83,057 | 台北艺珍 | 2022-09-25 |
| 清墨地素三彩花鸟纹四方棒槌瓶 | 高51.2cm | 49,248 | 保利香港 | 2022-07-14 |
| 清 素三彩山水人物纹天圆地方瓶 | 高51cm | 48,300 | 中国嘉德 | 2022-09-28 |
| 清代 素三彩花卉雕瓷童子瓶(一对) | 高21cm×2 | 40,250 | 中贸圣佳 | 2022-09-28 |
| 清代 素三彩四方花鸟瓶 | 高42.9cm | 38,933 | 台北艺珍 | 2022-09-25 |
| 清 墨地素三彩雉鸡牡丹图大凤尾尊 | 高72cm | 63,250 | 中国嘉德 | 2022-05-31 |
| 清 素三彩关公坐像 | 高33cm | 40,250 | 中国嘉德 | 2022-06-01 |
| 清 素三彩无量寿佛像 | 高28cm | 36,800 | 广东崇正 | 2022-12-25 |
| 清 黄地褐绿彩龙纹盘(四件) | 尺寸不一 | 57,500 | 北京保利 | 2022-07-17 |
| 清代 三彩釉和合二仙 | 高34.5cm | 40,698 | 台北艺珍 | 2022-06-12 |
| 民国 曾龙升造素三彩罗汉像 | 高38cm | 184,000 | 北京中汉 | 2022-06-03 |
| 三彩孩儿枕 | 高10cm; 直径19.6cm | 92,000 | 西泠印社 | 2022-08-20 |
| 李颜珣 白绿赭三彩瓷板 | 25cm×25cm | 40,250 | 中贸圣佳 | 2022-09-25 |
| 三彩模印压宝相花纹四方果盒 | 20cm×20cm | 69,000 | 上海嘉禾 | 2022-01-01 |

### 粉彩

| 名称 | 物品尺寸 | 成交价RMB | 拍卖公司 | 拍卖日期 |
| --- | --- | --- | --- | --- |
| 1959年 张松茂 建国十周年 粉彩歌唱祖国繁荣富强瓷板 | 36.5cm×24cm | 126,500 | 北京保利 | 2022-11-12 |
| 清早期 安窑风格粉彩高士图通景笔筒 | 高14cm | 172,500 | 北京保利 | 2022-07-29 |
| 清康熙 粉彩长颈三节葫芦瓶 | 19.5cm×9cm | 48,300 | 上海嘉禾 | 2022-01-01 |
| 清康熙 粉彩人物故事瓷瓢 | 高47cm | 92,000 | 浙江御承 | 2022-08-28 |
| 清康熙 粉彩麻姑献寿图折沿大盘(一对) | 直径22.5cm×2 | 40,250 | 中国嘉德 | 2022-09-28 |
| 清雍正 御制洋彩柠檬黄地开光九桃纹宝月瓶 | 高34.5cm | 28,290,000 | 中贸圣佳 | 2022-07-26 |
| 清雍正 珊瑚红地梅瓶 | 高31cm | 935,000 | 浙江御承 | 2022-12-17 |
| 清雍正 粉彩踏歌行图盘口灯笼瓶 | 高38.3cm | 598,000 | 北京中汉 | 2022-12-09 |
| 清雍正 粉彩人物故事图弦纹蒜头瓶 | 高38.5cm | 402,500 | 中贸圣佳 | 2022-10-27 |
| 清雍正 粉彩侍女婴戏图梅瓶 | 高22.6cm; 直径11.8cm | 402,500 | 西泠印社 | 2022-01-22 |
| 清雍正 粉彩花鸟纹观音瓶 | 高38.3cm | 230,000 | 北京中汉 | 2022-06-28 |
| 清雍正 粉彩人物瓶 | 17.5cm×4cm | 218,500 | 上海嘉禾 | 2022-01-01 |
| 清雍正 粉彩八仙人物图瓜棱橄榄瓶 | 高42cm | 195,500 | 北京大羿 | 2022-09-28 |
| 清雍正 粉彩珍珠地折枝花卉纹盘口瓶 | 高36.2cm | 195,500 | 中贸圣佳 | 2022-09-28 |
| 清雍正 粉彩苍龙教子图软棒槌瓶 | 高43.6cm | 172,500 | 中贸圣佳 | 2022-09-28 |
| 清雍正 粉彩龙纹抱月瓶(配座) | 高22cm | 172,500 | 华艺国际 | 2022-09-23 |
| 清雍正 粉彩人物故事图方框连座 | 高34.5cm×2 | 115,000 | 中国嘉德 | 2022-05-30 |
| 清雍正 粉彩三星图软棒槌瓶 | 高43cm | 109,250 | 北京中汉 | 2022-06-03 |
| 清雍正 粉彩五老图盘口瓶 | 高40cm | 97,750 | 永乐拍卖 | 2022-07-24 |
| 清雍正 粉彩八仙人物图盘口瓶 | 高36.5cm | 92,000 | 中贸圣佳 | 2022-09-28 |
| 清雍正 粉彩太白醉酒图瓶 | 高24cm | 90,850 | 广东崇正 | 2022-08-11 |
| 清雍正 粉彩渔家乐盘口瓶 | 高37cm | 89,700 | 华艺国际 | 2022-09-23 |
| 清雍正 粉彩三星图盘口瓶 | 高37cm | 74,750 | 中国嘉德 | 2022-05-30 |
| 清雍正 粉彩张仙送子神仙人物图观音瓶 | 高38cm | 74,750 | 中国嘉德 | 2022-09-27 |
| 清雍正 粉彩仕女对弈图棒槌瓶 | 高40.3cm×2 | 63,250 | 中国嘉德 | 2022-05-30 |
| 清雍正 粉彩八仙纹瓶 | 高34.4cm | 63,250 | 中国嘉德 | 2022-05-30 |
| 清雍正 粉彩《西厢记》人物故事图盘口瓶 | 高32.8cm | 57,500 | 中国嘉德 | 2022-05-30 |
| 清雍正 粉彩花蝶纹瓶(一对) | 高13.5cm×2 | 56,575 | 中国嘉德 | 2022-06-04 |
| 清雍正 粉彩踏雪寻梅图胆瓶 | 高18.5cm | 43,700 | 北京中汉 | 2022-12-09 |
| 清雍正 粉彩花卉纹玉壶春瓶 | 高23cm | 42,550 | 广东崇正 | 2022-04-17 |
| 清雍正 粉彩人物纹四方瓶连座(一对) | 含座高34.2cm×2 | 34,500 | 中国嘉德 | 2022-05-30 |
| 清雍正 胭脂红地粉彩镂空瓶花开光仕女图六方瓶 | 高29.8cm | 34,500 | 中国嘉德 | 2022-09-2? |
| 清雍正 粉彩瓶花博古图盘口瓶 | 高35.8cm | 32,200 | 中国嘉德 | 2022-05-3? |
| 清雍正 粉彩七仙女贺寿西王母图尊 | 高51cm | 517,500 | 北京中汉 | 2022-04-2? |

| 名称 | 物品尺寸 | 成交价RMB | 拍卖公司 | 拍卖日期 |
|---|---|---|---|---|
| 清雍正 粉彩群仙祝寿人物故事图尊 | 高38.8cm | 402,500 | 中国嘉德 | 2022-09-27 |
| 清雍正 粉彩福禄寿三星图盘口尊 | 高36.8cm | 51,750 | 北京中汉 | 2022-08-08 |
| 清雍正 粉彩雉鸡牡丹图琵琶尊 | 高36.2cm | 43,700 | 中国嘉德 | 2022-05-31 |
| 清雍正 粉彩花鸟图观音尊 | 高33.1cm | 36,800 | 中贸圣佳 | 2022-10-27 |
| 清雍正 粉彩八仙拱寿图花瓠 | 高43.5cm | 230,000 | 中贸圣佳 | 2022-10-27 |
| 清雍正 珊瑚红花鸟纹壶 | 高9.5cm；腹长16.3cm | 2,070,000 | 浙江御承 | 2022-08-28 |
| 清雍正 粉彩仙女献寿图茶壶 | 高11cm | 136,529 | 纽约佳士得 | 2022-03-25 |
| 清雍正/乾隆 粉彩雉鸡牡丹纹茶壶及茶杯 | 宽15.5cm；高6.8cm | 52,860 | 纽约佳士得 | 2022-09-23 |
| 清雍正 粉彩贴塑福寿婴戏纹投壶 | 高47.3cm | 51,750 | 北京中汉 | 2022-04-27 |
| 清雍正 粉彩高士图六方罐 | 高16.5cm | 494,500 | 中贸圣佳 | 2022-07-26 |
| 清雍正 粉彩隋炀帝观宫人赛马图大盖罐 | 高65cm | 172,500 | 保利厦门 | 2022-10-22 |
| 清雍正 粉彩花鸟纹将军罐 | 高46cm | 51,750 | 中国嘉德 | 2022-09-27 |
| 清雍正 粉彩送子观音图罐 | 高18.2cm | 36,800 | 中国嘉德 | 2022-09-29 |
| 清雍正 粉彩花卉纹烛台 | 宽21cm | 401,556 | 纽约佳士得 | 2022-03-25 |
| 清雍正 粉彩人物脉枕 | 宽13.3cm | 49,374 | 中国嘉德 | 2022-06-04 |
| 清雍正/乾隆 松石绿地洋彩缠枝莲镂空钱纹开光墨彩山水纹小鼓墩 | 高26.5cm | 86,250 | 中国嘉德 | 2022-12-26 |
| 清雍正 粉彩花鸟纹鼓墩形迎手 | 直径23cm；高19.6cm | 57,500 | 北京中汉 | 2022-09-23 |
| 清雍正 御制洋彩镂雕福寿八仙图如意 | 长45.5cm | 6,095,000 | 中贸圣佳 | 2022-07-26 |
| 清雍正 粉彩过枝福寿双全纹大盘 | 直径51cm | 18,525,000 | 香港苏富比 | 2022-04-29 |
| 清雍正 粉彩过枝芙蓉纹盘 | 直径13.5cm | 11,270,000 | 北京保利 | 2022-07-28 |
| 清雍正 外胭脂红内粉彩万寿无疆纹盘 | 直径26.5cm | 3,887,000 | 北京大羿 | 2022-09-26 |
| 清雍正 御制粉彩过枝花蝶纹盘 | 直径20.6cm | 2,875,000 | 永乐拍卖 | 2022-07-24 |
| 清雍正 珊瑚红地洋彩蝠寿齐天大盘 | 直径50.5cm | 782,000 | 北京保利 | 2022- |
| 清雍正 粉彩过墙枝四季花卉大盘 | 直径35cm | 690,000 | 上海嘉禾 | 2022-01-01 |
| 清雍正 外胭脂红地内粉彩雄鸡纹盘 | 直径19.7cm | 682,645 | 纽约佳士得 | 2022-03-25 |
| 清雍正 粉彩花卉纹赏盘（一对） | 口径15cm×2；高2.9cm×2 | 667,000 | 浙江佳宝 | 2022-03-13 |
| 清雍正 粉彩仕女折沿盘 | 直径19.2cm | 575,000 | 北京保利 | 2022- |
| 清雍正 粉彩折枝花卉开光麻姑献寿图折沿大盘 | 直径35.3cm | 368,000 | 中国嘉德 | 2022-05-29 |
| 清雍正 粉彩仕女童子图盘（一对） | 直径20.8cm×2 | 345,000 | 北京保利 | 2022- |
| 清雍正 外胭脂红内粉彩仕女婴戏图盘 | 直径20cm | 337,307 | 纽约佳士得 | 2022-03-25 |
| 清雍正 粉彩花蝶纹盘 | 直径19.8cm | 287,500 | 中国嘉德 | 2022-12-26 |
| 清雍正 粉彩仕女图大盘 | 直径39cm | 281,089 | 纽约佳士得 | 2022- |
| 清雍正 粉彩没骨花卉图折腰盘（一对） | 直径9cm×2 | 258,750 | 中贸圣佳 | 2022-08-13 |
| 清雍正 粉彩花果纹盘 | 直径20.7cm | 256,996 | 纽约佳士得 | 2022-03-25 |
| 清雍正 粉彩麻姑献寿图大盘 | 直径35.8cm | 230,000 | 中贸圣佳 | 2022-09-23 |
| 清雍正 粉彩花卉纹盘 | 直径15cm | 207,000 | 中国嘉德 | 2022-12-26 |
| 清雍正 外胭脂红内粉彩篮彩圆盘 | 直径19.9cm | 195,500 | 中贸圣佳 | 2022-06-07 |
| 清雍正 粉彩萱草花绶带鸟纹盘（一对） | 直径18.7cm×2 | 184,000 | 华艺国际 | 2022-09-23 |
| 清雍正 粉彩花蝶盘（一对） | 直径15cm×2 | 172,500 | 北京保利 | 2022-07-29 |
| 清雍正 粉彩仕女婴戏图八方盘 | 直径19.7cm | 172,500 | 北京中汉 | 2022- |
| 清雍正 粉彩教子图小盘 | 直径19.7cm | 149,769 | 纽约佳士得 | 2022- |
| 清雍正 粉彩仕女鼓琴图大盘 | 直径25.5cm | 126,500 | 中国嘉德 | 2022-09-27 |
| 清雍正 外胭脂红内粉彩人物故事图折沿盘 | 直径23cm | 126,500 | 保利厦门 | 2022-10-22 |
| 清雍正 外胭脂红内粉彩仕女婴戏图盘 | 直径20.7cm | 120,467 | 纽约佳士得 | 2022-03-25 |
| 清雍正 粉彩花卉纹盘 | 高15.1cm | 110,040 | 香港苏富比 | 2022-11-25 |
| 清雍正 粉彩仕女抚琴图大盘 | 直径32.2cm | 96,373 | 纽约佳士得 | 2022-03-25 |
| 清雍正 外胭脂红水内粉彩芙蓉花卉纹盘 | 高3cm；直径20.5cm | 92,000 | 保利厦门 | 2022-10-22 |
| 清雍正 粉彩花蝶纹盘 | 直径14.8cm | 88,099 | 纽约佳士得 | 2022-09-23 |
| 清雍正 粉彩描金开光山水图茶碗及小盘（两组） | 直径7.1cm；直径11.4cm | 83,694 | 纽约佳士得 | 2022-09-23 |
| 清雍正 粉彩花卉纹盘 | 直径12.2cm | 80,311 | 纽约佳士得 | 2022-03-25 |
| 清雍正 粉彩教子图小盘及仙女图折沿小盘 | 直径15.7cm；直径16.2cm | 74,884 | 纽约佳士得 | 2022-09-23 |
| 清雍正 粉彩描金开光婴戏图、博古图茶碗及小盘（两组） | 直径7.5cm；直径11.5cm | 74,884 | 纽约佳士得 | 2022-09-23 |
| 清雍正 粉彩没骨花卉纹小盘 | 直径15cm | 71,300 | 中贸圣佳 | 2022-06-07 |
| 清雍正 粉彩雄鸡牡丹纹盘、茶杯及小盘 | 直径6.8cm；直径11cm | 70,479 | 纽约佳士得 | 2022-09-23 |
| 清雍正 粉彩雄鸡牡丹纹大盘 | 直径37.7cm | 63,250 | 中国嘉德 | 2022-05-31 |
| 清雍正 外胭脂红内粉彩花果纹盘 | 直径19.7cm | 60,233 | 纽约佳士得 | 2022-03-25 |
| 清雍正 粉彩麻姑献寿图大盘 | 直径20.1cm | 57,500 | 中国嘉德 | 2022-05-30 |
| 清雍正 粉彩花卉纹大盘 | 直径24.5cm | 57,500 | 中国嘉德 | 2022-05-31 |
| 清雍正 粉彩花蝶纹盘 | 直径15cm | 57,500 | 中国嘉德 | 2022-06-02 |
| 清雍正 粉彩开光教子图折沿盘 | 直径21cm | 57,264 | 纽约佳士得 | 2022-09-23 |
| 清雍正 粉彩花卉开光麻姑献寿图折沿大盘 | 直径22.5cm | 55,200 | 中国嘉德 | 2022-05-30 |
| 清雍正 粉彩雄鸡牡丹纹折沿盘 | 直径20.5cm | 52,860 | 纽约佳士得 | 2022-09-23 |
| 清雍正 粉彩锦地开光牡丹纹小盘及白地牡丹纹折沿小盘 | 直径15.7cm | 48,455 | 纽约佳士得 | 2022-09-23 |
| 清雍正 粉彩花卉纹盘（一对） | 直径14.7cm×2 | 46,000 | 中国嘉德 | 2022-05-30 |
| 清雍正 粉彩神仙人物纹大盘 | 直径27.2cm | 43,700 | 中国嘉德 | 2022-05-30 |
| 清雍正 外柠檬黄釉内粉彩花蝶纹盘 | 直径15.7cm | 43,700 | 中贸圣佳 | 2022-09-25 |
| 清雍正 粉彩虞美人花卉盘 | 直径17.5cm | 40,250 | 北京保利 | 2022-07-17 |
| 清雍正/乾隆1740年前后 粉彩花鸟纹盘 | 直径23cm | 40,156 | 纽约佳士得 | 2022-03-25 |
| 清雍正 粉彩隋炀帝游西苑人物故事图折沿大盘 | 直径38cm | 36,800 | 中国嘉德 | 2022-05-30 |
| 清雍正 粉彩人物故事图大盘 | 直径35cm | 36,800 | 中国嘉德 | 2022-05-30 |
| 清雍正 粉彩庭院仕女图折沿盘 | 直径21.1cm | 35,650 | 北京中汉 | 2022-06-03 |
| 清雍正/乾隆 矾红描金开光人物故事图折沿盘及粉彩描银开光仕女图折沿盘 | 直径22.8cm | 35,240 | 纽约佳士得 | 2022-09-23 |
| 清雍正 粉彩《三国演义之关公战长沙》人物故事图大盘 | 直径35.8cm | 34,500 | 中国嘉德 | 2022-09-28 |
| 清雍正 粉彩仙人图盘 | 直径22.5cm | 32,124 | 纽约佳士得 | 2022-03-25 |
| 清雍正 胭脂红底粉彩教子图八方盘 | 直径21.7cm | 29,900 | 中贸圣佳 | 2022-09-28 |
| 清雍正 粉彩和合二仙图盘 粉彩金玉满堂图盘（两件一组） | 直径38.5cm；直径35cm | 29,900 | 西泠印社 | 2022-01-22 |
| 清雍正 粉彩福禄寿碗 | 直径12cm | 1,927,467 | 纽约佳士得 | 2022-03-25 |
| 清雍正 墨地洋彩花卉碗 | 直径15.3cm | 1,495,000 | 北京保利 | 2022-07-16 |
| 清雍正 珊瑚红地洋彩牡丹纹碗 | 直径12cm | 1,103,640 | 中国嘉德 | 2022-10-07 |
| 清雍正 墨地粉彩缠枝花卉纹碗 | 直径14.4cm | 517,500 | 中国嘉德 | 2022-05-29 |
| 清雍正 粉彩没骨虞美人纹碗 | 直径19.1cm | 319,072 | 香港苏富比 | 2022-10-09 |
| 清雍正 粉彩松鹤纹碗 | 口径13.2cm；高6.8cm | 242,000 | 浙江御承 | 2022-12-17 |
| 清雍正 粉彩折枝花卉纹碗 | 直径13cm | 207,000 | 中国嘉德 | 2022-05-31 |
| 清雍正 粉彩大吉图碗 | 口径12.5cm | 149,500 | 北京大羿 | 2022-12-25 |
| 清雍正 粉彩雄鸡牡丹纹大碗 | 直径39cm | 140,959 | 纽约佳士得 | 2022-09-23 |
| 清雍正 外胭脂红内粉彩富贵长寿图碗（一对） | 直径14cm×2；高6.5cm×2 | 138,000 | 中贸圣佳 | 2022-08-13 |
| 清雍正 粉彩梧门仕女大碗 | 直径39.3cm | 128,498 | 纽约佳士得 | 2022-03-25 |
| 清雍正 粉彩瑞鹤献寿图六方花口碗（一对） | 直径15.1cm，高6.7cm；直径15.6cm，高6.9cm | 103,500 | 中贸圣佳 | 2023-01-01 |
| 清雍正 粉彩鱼藻图碗 | 口径11.8cm | 92,000 | 北京大羿 | 2022-09-26 |
| 清雍正 粉彩折枝花卉大碗 | 口径25.2cm；高10.1cm | 59,800 | 中贸圣佳 | 2022-10-05 |
| 清雍正 粉彩过枝松竹梅碗 | 直径11.5cm | 57,500 | 北京保利 | 2022-07-16 |
| 清雍正 粉彩内金玉满堂图外渔家乐图大碗 | 直径25.8cm | 36,800 | 中国嘉德 | 2022-05-31 |
| 清雍正 胭脂红釉内粉彩花卉开光山水人物纹杯盏（一对） | 杯直径8.5cm；盏托直径12.8cm | 34,500 | 中国嘉德 | 2022-09-28 |
| 清雍正 粉彩花卉纹杯（一对） | 直径6.1cm×2 | 1,207,500 | 中国嘉德 | 2022-06-27 |
| 清雍正 粉彩花卉纹杯（一对） | 直径5.2cm×2 | 828,000 | 永乐拍卖 | 2022-07-24 |
| 清雍正 黄地粉彩九龙杯 | 4.5cm×6cm | 575,000 | 上海嘉禾 | 2022-01-01 |

# 2022瓷器拍卖成交汇总(续表)

(成交价RMB：3万元以上)

| 名称 | 物品尺寸 | 成交价RMB | 拍卖公司 | 拍卖日期 |
|---|---|---|---|---|
| 清雍正 秋虫硕果图小杯（一对） | 口径5.9cm×高5.8cm×2 | 418,000 | 浙江御承 | 2022-12-17 |
| 清雍正 外胭脂红内粉彩花卉纹杯及杯托 | 托直径12.6cm；杯直径7.6cm | 337,307 | 纽约佳士得 | 2022-03-25 |
| 清雍正 外胭脂红地内粉彩花蝶纹杯及杯托 | 托直径10.5cm；杯直径6.6cm | 88,342 | 纽约佳士得 | 2022-03-25 |
| 清雍正 内粉彩朵花纹外珊瑚红釉茶圆（一对） | 直径9.6cm×2 | 63,250 | 中国嘉德 | 2022-09-27 |
| 清雍正 粉彩高士图铃铛杯 | 直径10cm；高10.9cm | 55,200 | 北京中汉 | 2022-06-03 |
| 清雍正 粉彩花蝶纹杯及杯托 | 托直径11.5cm；杯直径7.5cm | 52,202 | 纽约佳士得 | 2022-03-25 |
| 清雍正 粉彩才子佳人图马蹄杯 | 高6cm；直径9cm | 51,750 | 保利厦门 | 2022-10-22 |
| 清雍正 粉彩多子多寿纹茶圆 | 直径9.6cm | 51,750 | 永乐拍卖 | 2022-07-25 |
| 清雍正 粉彩鹿纹杯 | 高5cm；直径9.5cm | 43,700 | 保利厦门 | 2022-10-22 |
| 清雍正 粉彩饮中八仙图铃铛杯 | 高9.8cm | 36,800 | 中国嘉德 | 2022-09-27 |
| 清雍正 粉彩花蝶纹捌腰杯 | 高3cm；直径7cm | 34,500 | 西泠印社 | 2022-01-22 |
| 清雍正 粉彩高士图四方盖盒 | 宽8.5cm；高4.7cm | 32,200 | 中贸圣佳 | 2022-10-27 |
| 清雍正 粉彩花卉人物图八方折沿花盆 | 直径39.8cm | 36,800 | 北京中汉 | 2022-06-03 |
| 清雍正 外霁蓝彩粉彩花鸟纹内粉彩金玉满堂纹双铺首缸 | 高41.2cm；直径60cm | 74,750 | 北京中汉 | 2022-04-27 |
| 清雍正 粉彩《西厢记之长亭送别》人物故事图案缸 | 直径25cm | 63,250 | 中国嘉德 | 2022-05-31 |
| 清雍正 粉彩人物案头小缸 | 高17cm；直径18cm | 46,000 | 北京荣宝 | 2022-07-24 |
| 清雍正 粉彩荷塘纹弦纹缸 | 直径23cm；高17cm | 34,500 | 华艺国际 | 2022-09-23 |
| 清雍正 粉彩花卉纹笔筒 | 高6.5cm；口径20cm | 345,000 | 浙江御承 | 2022-08-28 |
| 清雍正 粉彩没骨仙人花卉图方胜形笔筒 | 高10.3cm | 74,750 | 中贸圣佳 | 2022-08-13 |
| 清雍正 大清雍正年制粉彩钟馗纹笔筒 | 高13cm；直径10.8cm | 41,220 | 台北艺珍 | 2022-03-06 |
| 清雍正 粉彩花卉开光诗文笔筒 | 高12.5cm | 40,250 | 中国嘉德 | 2022-05-31 |
| 清雍正 粉青釉洋彩化蝶纹菩提叶形笔舔（一对） | 长11.5cm×2 | 483,000 | 华艺国际 | 2022-09-23 |
| 清雍正 "澄怀园制"粉彩夔龙纹四方倭角笔舔 | 10.5cm×10.5cm | 97,750 | 保利厦门 | 2022-10-22 |
| 清雍正 洋彩仿花梨木纹绳缦纹洗 | 直径34.5cm | 8,050,000 | 北京保利 | 2022-07-28 |
| 清雍正 粉彩过枝洗（一对） | 高2.5cm×口径9cm×2 | 345,000 | 浙江御承 | 2022-08-28 |
| 清雍正 绿地轧道粉彩夔凤宝莲纹折沿洗 | 直径32.4cm | 184,000 | 北京中汉 | 2022-08-08 |
| 清雍正 粉彩长亭送别高足水盂（一对） | 高6.5cm×2 | 55,200 | 广东崇正 | 2022-08-11 |
| 清雍正 粉彩锦地开光镂雕双螭捧寿图盘迎手 | 直径28cm | 63,250 | 中国嘉德 | 2022-09-28 |
| 清雍正 粉彩松下饮茶图笔斗 | 高16cm；宽19.7cm | 31,146 | 台北艺珍 | 2022-09-25 |
| 清乾隆 御制洋彩紫红锦地乾坤交泰转旋瓶 | 高31cm | 160,497,537 | 香港苏富比 | 2022-10-09 |
| 清乾隆 粉彩天球瓶 | 口径12.3cm；高58cm；底径22cm | 33,550,000 | 浙江御承 | 2022-12-17 |
| 清乾隆 洋彩御题诗勺药花口瓶 | 高17cm | 12,075,000 | 北京保利 | 2022-07-28 |
| 清乾隆 松石绿地洋彩开光御制诗四季花卉图大瓶 | 高78.3cm | 8,614,860 | 佳士得 | 2022-05-30 |
| 清乾隆 御制洋彩鹤鹿同春蒜头瓶 | 高27.5cm | 6,900,000 | 永乐拍卖 | 2022-07-24 |
| 清乾隆 唐英制松石绿地轧道粉彩四季花卉图赏瓶 | 高27.6cm；直径17cm | 4,600,000 | 西泠印社 | 2022-01-22 |
| 清乾隆 粉彩花卉纹盘口瓶 | 高24cm | 4,414,560 | 中国嘉德 | 2022-10-07 |
| 清乾隆 御制黄地洋彩莲托八吉祥纹贲巴瓶 | 高27cm | 4,140,000 | 北京大羿 | 2022-09-26 |
| 清乾隆 粉彩三星图观音瓶 | 高39cm | 3,565,000 | 中国嘉德 | |
| 清乾隆 绿地粉彩蝶恋花葫芦瓶 | 高39cm | 3,220,000 | 华艺国际 | 2022-07-29 |
| 清乾隆 珊瑚红地花卉穿带橄榄瓶 | 高31.5cm | 3,220,000 | 北京保利 | 2022-07-28 |
| 清乾隆 粉彩花卉纹瓶 | 高18.5cm | 2,814,282 | 中国嘉德 | 2022-10-07 |
| 清乾隆 粉彩百花不露地地缨带葫芦瓶（一对） | 口径4.2cm×高31cm×2 | 2,090,000 | 浙江御承 | 2022-12-17 |
| 清乾隆 松石绿地洋彩福寿绵长图螭耳抱月瓶 | 高27.6cm | 2,070,000 | 中国嘉德 | 2022-12-26 |
| 清乾隆 仿古铜洋彩开光四季山水图瓶 | 高10.5cm | 1,782,500 | 华艺国际 | 2022-07-29 |
| 清乾隆 金地粉彩番莲纹小梅瓶 | 高13cm | 1,765,824 | 中国嘉德 | 2022-10-07 |
| 清乾隆 皮球花纹包袱瓶 | 高28.5cm；口径10cm | 1,035,000 | 浙江御承 | 2022-08-28 |
| 清乾隆 粉彩缠枝西番莲纹双耳小瓶（一对） | 高15.5cm×2 | 920,000 | 北京保利 | 2022-07-28 |
| 清乾隆 蓝地描金开光粉彩山水海棠瓶 | 高49.8cm | 690,000 | 华艺国际 | 2022-09-23 |
| 清乾隆 唐英制青花螭龙开光粉彩花卉诗文凤耳穿带扁瓶 | 高34.5cm | 517,500 | 中国嘉德 | 2022-12-26 |
| 清乾隆 御制黄地轧道洋彩西番莲纹观音瓶 | 高40.3cm | 471,500 | 华艺国际 | 2022-07-29 |
| 清乾隆 黄地粉彩花卉纹瓶 | 高25cm | 441,456 | 中国嘉德 | 2022-10-07 |
| 清乾隆 豆青地粉彩福禄万代三联葫芦瓶 | 高13.5cm | 414,000 | 永乐拍卖 | 2022-07-24 |
| 清乾隆 粉彩花卉御制诗文叶形壁瓶 | 高17.5cm | 402,500 | 北京中汉 | 2022-08-08 |
| 清乾隆 粉彩开窗瓶形挂屏 | 19cm×10cm | 322,000 | 上海嘉禾 | 2022-01-01 |
| 清乾隆 松石绿地粉彩开光花蝶图壁瓶 | 高19cm | 287,500 | 西泠印社 | 2022-01-22 |
| 清乾隆 松石绿地粉彩缠枝莲纹开光御题诗文壁瓶 | 高24cm | 264,500 | 北京大羿 | 2022-12-25 |
| 清乾隆 松绿地轧道洋彩缠枝花卉纹贴塑螭龙瓶 | 高38cm | 207,000 | 永乐拍卖 | 2022-07-24 |
| 清乾隆 紫金釉粉彩花鸟纹壁瓶 | 高15cm | 172,500 | 保利厦门 | 2022-10-22 |
| 清乾隆 粉彩描金仕女图琮式瓶 | 高31.1cm | 167,388 | 纽约佳士得 | 2022-09-23 |
| 清乾隆 粉彩蝶恋花天空瓶 | 高37cm | 162,165 | 香港苏富比 | 2022-11-25 |
| 清乾隆 松石绿地粉彩折枝花卉纹赏瓶 | 高38.2cm | 161,000 | 中国嘉德 | 2022-05-31 |
| 清乾隆 珊瑚红地描金开窗粉彩麻姑献寿图梅瓶 | 高36cm | 161,000 | 华艺国际 | 2022-09-23 |
| 清乾隆 粉彩人物故事图狮耳方瓶 | 高36.3cm | 115,000 | 中国嘉德 | 2022-05-31 |
| 清乾隆 紫地粉彩葫芦瓶 | 18cm×9.5cm | 115,000 | 上海嘉禾 | 2022-01-01 |
| 清乾隆 珊瑚红地描金花卉开光粉彩婴戏图蝶耳瓶（一对） | 高20cm×2 | 109,250 | 中国嘉德 | 2022-05-31 |
| 清乾隆 松石绿洋彩仿掐丝珐琅宝相花开光乐舞仕女图螭耳方瓶 | 高19.2cm | 103,500 | 中国嘉德 | 2022-12-26 |
| 清乾隆 胭脂红地轧道粉彩竹石图双耳瓶 | 高26.3cm；直径14cm | 103,500 | 西泠印社 | 2022-01-22 |
| 清乾隆 珊瑚红地描金开光粉彩八仙人物山水图灯笼瓶 | 高40cm | 78,200 | 北京中汉 | 2022-06-03 |
| 清乾隆 洋彩福庆有余双耳小扁瓶 | 高10.9cm | 71,300 | 中贸圣佳 | 2022-06-07 |
| 清乾隆 粉彩山水人物图海棠瓶 | 高26.1cm | 65,550 | 北京中汉 | 2022-09-27 |
| 清乾隆 珊瑚红地粉彩开光群仙贺寿图瓶 | 高49cm | 57,500 | 中贸圣佳 | 2022-09-25 |
| 清乾隆 松石绿地粉彩开光天官赐福图灯笼瓶 | 高44.5cm | 46,000 | 保利厦门 | 2022-10-22 |
| 清乾隆 粉彩山水人物纹螭耳大瓶 | 高64.6cm | 46,000 | 中国嘉德 | 2022-09-28 |
| 清乾隆 粉彩八仙图瓶 | 高43.3cm | 43,700 | 中国嘉德 | 2022-09-28 |
| 清乾隆 粉彩珍珠地开光婴戏图壁瓶 | 高12.3cm | 36,800 | 中贸圣佳 | 2022-09-25 |
| 清乾隆 粉彩山水人物图瓶 | 高27cm | 34,500 | 保利厦门 | 2022-10-22 |
| 清乾隆 绿地轧道粉彩开光仕女婴戏图双夔龙耳壁瓶 | 高21cm | 34,500 | 北京中汉 | 2022-08-08 |
| 清乾隆 洋彩描金开光花鸟纹海棠尊 | 高20.1cm | 4,370,000 | 北京保利 | 2022-07-28 |
| 清乾隆 御制胭脂红地洋彩群仙祝寿图灯笼尊 | 高36.2cm | 2,645,000 | 永乐拍卖 | 2022-07-24 |
| 清乾隆 御制绿地洋彩海屋添筹图灯笼尊 | 高30.5cm | 2,070,000 | 永乐拍卖 | 2022-07-24 |
| 清乾隆 粉彩百鹿尊 | 高43.5cm | 1,725,000 | 华艺国际 | 2022-07-29 |
| 清乾隆/嘉庆 粉彩浮雕百鹿大尊 | 直径20.3cm；高48.5cm | 736,000 | 中贸圣佳 | 2022-08-13 |

| 名称 | 物品尺寸 | 成交价RMB | 拍卖公司 | 拍卖日期 |
|---|---|---|---|---|
| 清乾隆 紫金釉描金粉彩花蝶纹开光婴戏图撇口尊（一对） | 高20.5cm×2 | 276,000 | 永乐拍卖 | 2022-07-25 |
| 清乾隆 霁红釉洋彩梅竹双清图橄榄尊 | 高34.5cm | 184,000 | 中贸圣佳 | 2022-07-26 |
| 清乾隆 胭脂红釉粉彩花卉纹大尊 | 高34.5cm 长45cm | 86,250 | 中贸圣佳 | 2022-06-07 |
| 清乾隆 矾红描金粉彩开光唐明皇游月宫观音尊 | 高41.5cm | 80,500 | 永乐拍卖 | 2022-07-25 |
| 清乾隆/嘉庆 黄地粉彩江崖海水云龙纹尊 | 高35cm | 41,400 | 中贸圣佳 | 2022-08-13 |
| 清乾隆 白地粉彩缠枝莲托八吉祥纹花瓿（一对） | 高24.5cm×2；直径14.5cm×2 | 920,000 | 西泠印社 | 2022-01-22 |
| 清乾隆 粉彩西番莲纹开光四爱图花瓿 | 高27cm | 287,500 | 保利厦门 | 2022-10-22 |
| 清乾隆 绿地粉彩八宝缠枝花卉纹花瓿 | 高24.5cm；直径14.5cm | 155,250 | 西泠印社 | 2022-01-22 |
| 清乾隆 黄地粉彩八宝缠枝花瓿 | 高26.2cm；直径15.4cm | 92,000 | 西泠印社 | 2022-08-20 |
| 清乾隆 粉彩花卉开光花蝶纹八方花瓿 | 高49.6cm | 46,000 | 中国嘉德 | 2022-05-31 |
| 清乾隆 洋彩胭脂红地轧道缠枝莲纹贯耳壶 | 高25.8cm | 1,506,468 | 佳士得 | 2022-11-29 |
| 清乾隆 粉彩仿珐花一路连科纹盖罐 | 高45.7cm | 12,729,420 | 佳士得 | 2022-05-30 |
| 清乾隆 松石绿地洋彩缠枝花卉瓜瓞连绵图将军罐 | 高37.5cm | 460,000 | 中国嘉德 | 2022-09-27 |
| 清乾隆 胭脂红地粉彩八吉祥朝天耳炉 | 高28.5cm | 690,000 | 北京保利 | 2022-07-29 |
| 清乾隆 松石绿地洋彩镂空香熏 | 高27.6cm | 207,000 | 中贸圣佳 | 2022-07-13 |
| 清乾隆 御制绿地洋彩描金八吉祥莲花供器 | 高24.2cm | 747,500 | 永乐拍卖 | 2022-07-24 |
| 清乾隆 豆青粉彩花卉碗（七件） | 直径9cm×7 | 43,700 | 朵云轩 | 2022-08-08 |
| 清乾隆 豆青釉粉彩四季花卉纹碗（一对） | 直径11.9cm×2 | 37,950 | 北京中汉 | 2022-04-27 |
| 清乾隆 粉彩花篮图多孔折沿大盘 | 直径38cm | 238,761 | 保利香港 | 2022-10-10 |
| 清乾隆 粉彩太平有象烛台（一对） | 宽34cm×2 | 594,039 | 佳士得 | 2022-05-30 |
| 清乾隆 粉彩花卉小烛台 | 高11.5cm | 57,500 | 北京荣宝 | 2022-07-24 |
| 清乾隆 粉彩三多纹墩式碗 | 口径14.8cm | 1,518,000 | 北京大羿 | 2022-12-11 |
| 清乾隆 粉彩福庆牡丹纹渔舟唱晚图鼓钉绣墩（一对） | 高47cm×2；直径39cm×2 | 304,750 | 北京中汉 | 2022-08-08 |
| 清乾隆 粉彩三多纹墩式碗 | 高6.6cm；直径14.7cm | 138,000 | 西泠印社 | 2022-01-22 |
| 清乾隆 粉彩镂雕花卉纹兽耳绣墩（一对） | 高49cm×2 | 98,900 | 北京中汉 | 2022-09-29 |
| 清乾隆 粉彩浩然寻梅图瓷板 | 39cm×29.8cm | 575,000 | 中贸圣佳 | 2022-07-26 |
| 清乾隆 粉彩耕织图瓷板 | 瓷板长39.5cm；宽29cm | 437,000 | 中贸圣佳 | 2022-10-27 |
| 清乾隆 唐英风格粉彩九秋图瓷板插屏 | 瓷板22.5cm×16.5cm | 218,500 | 中国嘉德 | 2022-12-26 |
| 清乾隆 粉彩山水图瓷板 | 瓷板长23.5cm；宽59.5cm | 207,000 | 中贸圣佳 | 2022-07-13 |
| 清乾隆 绿地粉彩福寿绵长团螭纹瓷板 | 71cm×39cm | 149,500 | 中国嘉德 | 2022-12-26 |
| 清乾隆 粉彩八仙过海图瓷板 | 33cm×27.5cm | 66,700 | 北京大羿 | 2022-09-26 |
| 清乾隆 粉彩八仙人物图瓷板 | 长34cm；宽23cm | 55,200 | 北京中汉 | 2022-04-27 |
| 清乾隆 粉彩三星图瓷板 | 长38cm；宽30cm | 40,250 | 北京中汉 | 2022-09-29 |
| 清乾隆 雕观音洋彩金山寺图墨彩御制诗文挂屏 | 长37.6cm；宽66.6cm | 1,035,000 | 北京中汉 | 2022-07-26 |
| 清乾隆 粉彩山水亭台人物插屏 | 瓷板高41cm，宽33cm；插屏高57cm | 488,376 | 保利香港 | 2022-10-10 |
| 清乾隆 粉彩三星高照图座屏 | 瓷板直径25.3cm | 322,000 | 北京诚轩 | 2022-08-09 |
| 清乾隆 松石绿地洋彩仿掐丝珐琅缠枝莲开光大吉斋戒牌 | 长6.6cm | 161,000 | 中国嘉德 | 2022-12-26 |
| 清乾隆 粉彩锦地斋戒牌 | 长5.5cm；宽4.3cm | 126,500 | 中贸圣佳 | 2022-07-13 |
| 清乾隆 黄地粉彩蝙蝠纹葫芦式斋戒牌 | 高6.6cm | 99,327 | 中国嘉德 | 2022-10-07 |
| 清乾隆 粉彩斋戒牌 | 长5.3cm；宽3.9cm | 92,000 | 西泠印社 | 2022-08-20 |
| 清乾隆 御制洋彩松石绿地宝相花如意柄美人肩式壶 | 高14.4cm | 1,437,500 | 中贸圣佳 | 2022-07-26 |
| 清乾隆 木嵌松石绿地洋彩缠枝花卉暗八仙寿字三镶如意 | 长67cm | 86,250 | 中国嘉德 | 2022-05-29 |
| 清乾隆 粉彩金玉满堂图如意耳盖罐 | 高25.7cm | 86,250 | 西泠印社 | 2022-01-22 |
| 清乾隆 御制白地轧道洋彩福庆绵长龙首带钩（一对） | 长8.8cm×2 | 690,000 | 永乐拍卖 | 2022-07-24 |
| 清乾隆 秋葵绿地粉彩缠枝莲纹龙形带钩 | 长9.2cm | 46,000 | 北京大羿 | 2022-12-25 |
| 清乾隆 粉彩无量寿佛坐像 | 高29.5cm | 4,404,960 | 纽约佳士得 | 2022-09-23 |
| 清乾隆 御制洋彩描金地藏坐像 | 高35cm | 3,680,000 | 西泠印社 | 2022-01-22 |
| 清乾隆 粉彩太平有象瓷塑摆件（一对） | 高15.8cm×2 | 345,000 | 中贸圣佳 | 2022-07-26 |
| 清乾隆 粉彩唐英坐像 | 高30cm | 322,000 | 保利厦门 | 2022-10-22 |
| 清乾隆 粉彩无量寿佛坐像 | 高23.3cm | 184,000 | 保利厦门 | 2022-10-22 |
| 18世纪 粉彩弥勒坐像 | 高22.5cm | 138,998 | 香港苏富比 | 2022-11-25 |
| 清乾隆 粉彩送子观音像 | 宽17cm；高25.5cm(不含座) | 138,000 | 深圳富诺得 | 2022-10-06 |
| 清乾隆 粉彩太平有象摆件 | 长34.5cm | 66,700 | 北京中汉 | 2022-04-27 |
| 清乾隆 粉彩轧道观音坐像 | 高33.3cm | 63,250 | 中贸圣佳 | 2022-07-13 |
| 清乾隆 粉彩无量寿佛坐像 | 高21.5cm | 57,500 | 北京中汉 | 2022-08-08 |
| 清乾隆 粉彩和合二仙像 | 高21cm | 34,500 | 中国嘉德 | 2022-05-30 |
| 清乾隆 粉彩太平有象瓷塑摆件 | 高34.5cm | 32,200 | 北京中汉 | 2022-09-29 |
| 清乾隆 粉彩内五蝠外花果纹盘（一对） | 直径17.5cm×2 | 586,500 | 北京大羿 | 2022-09-26 |
| 清乾隆 内矾红五蝠纹外珊瑚红地洋彩缠枝莲纹盘 | 直径15.8cm | 483,000 | 中国嘉德 | 2022-05-28 |
| 清乾隆 外宫粉地粉彩缠枝莲内矾红彩五蝠纹盘 | 口径15.8cm | 368,000 | 北京大羿 | 2022-12-25 |
| 清乾隆 胭脂红地轧道洋彩缠枝花卉纹盘 | 直径15.8cm | 207,000 | 中国嘉德 | 2022-05-28 |
| 清乾隆 粉彩花卉纹盘（一对） | 直径15.3cm×2 | 176,582 | 中国嘉德 | 2022-10-07 |
| 清乾隆 粉彩五福临门高足盘 | 直径17.4cm | 92,000 | 华艺国际 | 2022-09-23 |
| 清乾隆 内矾红五蝠捧寿纹胭脂红地洋彩四季花卉纹盘 | 直径24cm | 82,800 | 北京中汉 | 2022-06-28 |
| 清乾隆 外珊瑚红地洋彩描金冰梅纹内洋彩瓜果纹盘 | 直径19.1cm | 71,300 | 北京中汉 | 2022-06-03 |
| 清乾隆 内矾红五蝠捧寿图外粉彩缠枝莲福庆图盘 | 直径17.6cm | 57,500 | 中国嘉德 | 2022-05-30 |
| 清乾隆 粉彩蝶恋花图盘（一对） | 高3.3cm×2；直径13.7cm×2 | 57,500 | 西泠印社 | 2022-01-22 |
| 清乾隆 外胭脂红内粉彩大吉图盘（一对） | 直径12.7cm×2 | 51,750 | 北京诚轩 | 2022-08-09 |
| 清乾隆、清道光 粉彩灵仙祝寿、西洋人物盘（两只） | 直径15.5；直径15.8cm | 40,250 | 北京保利 | 2022-07-29 |
| 清乾隆 胭脂红地粉彩花卉五福纹盘（一对） | 直径24cm×2 | 36,800 | 华艺国际 | 2022-09-23 |
| 清乾隆 粉彩博古图盘（一对） | 高4cm×2；直径17.2cm×2 | 36,800 | 西泠印社 | 2022-01-22 |
| 清乾隆 青釉粉彩花蝶纹高足盘 | 直径16.3cm | 34,500 | 中国嘉德 | 2022-05-30 |
| 清乾隆 粉彩宝相花纹盘 | 直径20.3cm | 32,200 | 北京保利 | 2022-07-17 |
| 清乾隆 珊瑚红地粉彩花卉纹盘 | 直径16cm | 32,200 | 西泠印社 | 2022-01-22 |
| 清乾隆 唐英制洋彩胭脂红地轧道锦上添花雕松花宝相花纹盏及盏托 | 杯高4cm，直径5.5cm；托高2cm，直径12cm | 563,500 | 西泠印社 | 2022-01-22 |
| 清乾隆 粉彩描金西湖十景寿字纹盏托（一对） | 直径11cm×2 | 138,000 | 永乐拍卖 | 2022-07-25 |
| 清乾隆 御制洋彩巴洛克式洋菊花纹碗 | 直径11.2cm | 9,200,000 | 华艺国际 | 2022-07-29 |
| 清乾隆 粉彩婴戏图碗（一对） | 口径15cm×2；高6.7cm×2 | 4,140,000 | 中贸圣佳 | 2022-10-27 |
| 清乾隆 珊瑚红地粉彩开光牡丹纹碗 | 直径11.1cm | 1,728,115 | 佳士得 | 2022-05-30 |
| 清乾隆 粉彩过枝癞瓜纹碗（一对） | 口径11cm×2 | 805,000 | 北京大羿 | 2022-12-18 |
| 清乾隆 粉彩过枝癞瓜纹碗（一对） | 直径11cm×2 | 797,681 | 香港苏富比 | 2022-10-09 |

**2022瓷器拍卖成交汇总(续表)**

(成交价RMB：3万元以上)

| 名称 | 物品尺寸 | 成交价RMB | 拍卖公司 | 拍卖日期 |
|---|---|---|---|---|
| 清乾隆 粉彩过枝癞瓜纹碗 | 直径11cm；高6cm | 690,000 | 中贸圣佳 | 2022-12-31 |
| 清乾隆 粉彩癞瓜纹碗（一对） | 直径11.4cm×2 | 529,747 | 华艺国际 | 2022-11-27 |
| 清乾隆 黄地粉彩花卉纹碗 | 直径14.9cm | 484,546 | 纽约佳士得 | 2022-09-23 |
| 清乾隆 胭脂红地洋彩宝相花大碗 | 直径17cm | 460,000 | 北京保利 | 2022-07-28 |
| 清乾隆 粉彩八吉祥纹碗 | 口径1.8cm | 396,750 | 北京大羿 | 2022-12-18 |
| 清乾隆 粉彩八宝纹碗 | 口径10.7cm | 368,000 | 北京大羿 | 2022-06-26 |
| 清乾隆 粉彩喜上眉梢碗 | 直径11cm | 353,164 | 中国嘉德 | 2022-10-07 |
| 清乾隆 粉彩八吉祥纹茶碗 | 直径10.7cm；高6.5cm | 322,000 | 中贸圣佳 | 2023-01-01 |
| 清乾隆 粉彩百花不露地盖碗 | 直径10.2cm；高8.3cm | 230,000 | 华艺国际 | 2022-09-23 |
| 清乾隆 粉彩折枝花卉纹碗（一对） | 直径11cm×2 | 218,500 | 北京大羿 | 2022-09-26 |
| 清乾隆 粉彩福寿连连纹碗 | 直径17.4cm | 138,000 | 北京中汉 | 2022-06-28 |
| 清乾隆 珊瑚红地洋彩开光牡丹纹小碗 | 直径10.7cm | 97,750 | 中国嘉德 | 2022-12-26 |
| 清乾隆 粉彩花卉纹碗 | 直径10.7cm；高5.6cm | 94,300 | 中贸圣佳 | 2022-06-07 |
| 清乾隆 粉彩鹤寿六方倭角碗 | 长15.4cm；高6.9cm | 82,800 | 中贸圣佳 | 2022-06-07 |
| 清乾隆 粉彩瓜瓞绵绵盖碗 | 高9.5cm；直径10.9cm | 80,500 | 广东崇正 | 2022-08-11 |
| 清乾隆 粉彩四爱图透光玲珑瓷盖碗 | 直径11.6cm；高8.8cm | 78,200 | 中贸圣佳 | 2022-08-13 |
| 清乾隆 仿木纹釉粉彩斗鸡碗 | 直径12cm | 74,750 | 北京荣宝 | 2022-07-24 |
| 清乾隆 粉彩花卉纹大碗（一对） | 直径17.6cm×2；高7.5cm×2 | 63,250 | 中国嘉德 | 2022-09-25 |
| 清乾隆 粉彩折枝仙桃纹碗（一对） | 直径14.2cm×2；高5.5cm×2 | 62,100 | 中贸圣佳 | 2022-06-07 |
| 清乾隆 绿石纹釉地粉彩开光西洋人物碗 | 直径19.8cm；高8cm | 51,750 | 中贸圣佳 | 2022-07-26 |
| 清乾隆 粉彩八宝纹盖碗 | 口径10.8cm；高9.5cm | 46,000 | 浙江佳宝 | 2022-03-13 |
| 清乾隆 珊瑚红描金折枝莲开光粉彩婴戏图大碗 | 直径39cm | 36,800 | 中国嘉德 | 2022-05-30 |
| 清乾隆 粉彩胡人进宝图大碗 | 直径19.3cm | 36,800 | 中国嘉德 | 2022-05-30 |
| 清乾隆 粉彩海屋添筹图大碗 | 直径28.3cm | 36,800 | 中国嘉德 | 2022-09-28 |
| 清乾隆 粉彩缠枝莲蝠纹大碗（一对） | 直径17.5cm×2 | 32,200 | 中国嘉德 | 2022-09-28 |
| 清乾隆 粉彩浮雕水漫金山寺纹小碗 | 直径11.6cm；高5.2cm | 32,200 | 中贸圣佳 | 2022-06-07 |
| 清乾隆 内模印龙纹外米黄地粉彩喜鹊登梅诗文碗 | 直径14.8cm | 32,200 | 中国嘉德 | 2022-09-28 |
| 清乾隆 粉彩莲纹高足杯 | 直径9.5cm；高7.4cm | 756,050 | 香港苏富比 | 2022-04-29 |
| 清乾隆 湖水绿釉凸雕洋彩竹节纹耳杯 | 高6.5cm；直径6.3cm | 207,000 | 保利厦门 | 2022-10-22 |
| 清乾隆 粉彩凸雕海水狮纹卧足杯（一对） | 直径6.6cm×2 | 97,750 | 中国嘉德 | 2022-05-31 |
| 清乾隆 粉彩鸡缸诗文杯 | 直径9.1cm；高8.9cm | 92,000 | 广东崇正 | 2022-08-11 |
| 清乾隆 粉彩《西厢记》人物故事图马蹄杯 | 直径11.1cm | 36,800 | 北京中汉 | 2022-04-27 |
| 清18世纪 粉彩牛首来通杯 | 直径8cm；长10.5cm | 32,200 | 中贸圣佳 | 2022-08-13 |
| 清乾隆 粉彩缠枝花海棠形盖盒（连座） | 直径7.8cm | 92,000 | 华艺国际 | 2022-09-23 |
| 清乾隆 粉青釉加粉彩山水楼阁盖盒 | 长8cm | 34,500 | 北京保利 | 2022-07-17 |
| 清乾隆 粉彩粉地番莲纹海棠形花盆 | 高7.5cm；口径19.5cm | 573,892 | 华艺国际 | 2022-11-27 |
| 清乾隆 黄地洋彩缠枝花卉纹六角花盆、盆奁（一套） | 通高12cm；宽17.5cm | 230,000 | 中贸圣佳 | 2022-10-27 |
| 清乾隆 粉彩四季山水图花盆（一对） | 19.3cm×19.3cm×11cm×2 | 138,000 | 西泠印社 | 2022-01-22 |
| 清乾隆 秋葵绿地洋彩龙凤呈祥纹长方倭角水仙盆 | 19cm×14.5cm×3.5cm | 86,250 | 保利厦门 | 2022-10-22 |
| 清乾隆 胭脂红地开光粉彩花鸟纹花盆（一对） | 直径29cm×2 | 59,800 | 永乐拍卖 | 2022-07-24 |

| 名称 | 物品尺寸 | 成交价RMB | 拍卖公司 | 拍卖日期 |
|---|---|---|---|---|
| 清乾隆 粉彩开光山水人物纹方花盆（一对） | 长29cm×2；高20.5cm×2 | 40,250 | 保利厦门 | 2022-10-22 |
| 清乾隆 粉彩和合二仙杂宝香插 | 直径12.2cm | 172,500 | 中国嘉德 | 2022-06-27 |
| 清乾隆 洋彩轧道西番莲 开光镂空锦地纹双联笔筒 | 高11.5cm | 1,265,000 | 中贸圣佳 | 2022-07-26 |
| 清乾隆 御制粉彩五子婴戏图笔筒 | 高10.1cm | 747,500 | 永乐拍卖 | 2022-07-24 |
| 清乾隆 粉彩娃娃戏图笔筒 | 高10.8cm | 301,163 | 香港苏富比 | 2022-11-25 |
| 清乾隆 唐英风格珊瑚红描金开光粉彩山水人物墨彩诗文四方小笔筒 | 高9cm | 80,500 | 中国嘉德 | 2022-12-26 |
| 清乾隆 粉彩童子戏鸡诗文笔筒 | 直径9.8cm；高11.6cm | 57,500 | 中贸圣佳 | 2022-06-07 |
| 清乾隆 粉彩锦地开光山水人物图双联小笔筒 | 高6.7cm | 57,500 | 中贸圣佳 | 2022-07-13 |
| 清乾隆 蓝地洋彩轧道皮球花纹铺首耳四足洗 | 长48cm×宽40.5cm×高15cm | 920,000 | 北京诚轩 | 2022-08-09 |
| 清乾隆 松石绿地粉彩花卉纹折沿洗 | 高7.7cm；直径34.3cm | 207,000 | 西泠印社 | 2022-01-22 |
| 清乾隆 柠檬黄地洋彩莲蝠捧寿纹葵口折沿洗 | 高4.5cm；直径14.5cm | 207,000 | 保利厦门 | 2022-10-22 |
| 清乾隆 粉彩仕女图折沿洗 | 直径38.9cm | 141,086 | 保利香港 | 2022-10-10 |
| 清乾隆 粉彩葫芦形水洗 | 长9.4cm | 97,750 | 北京保利 | 2022-07-29 |
| 清乾隆 蓝地粉彩冰梅纹四方倭角洗 | 长8.1cm | 51,750 | 中国嘉德 | 2022-09-29 |
| 清乾隆 粉彩山水图镗砚洗 | 直径22.8cm | 40,250 | 北京中汉 | 2022-04-27 |
| 清乾隆 松石绿地粉彩四季花卉纹折沿洗 | 直径29.5cm | 34,500 | 保利厦门 | 2022-10-22 |
| 清乾隆 珊瑚红地粉彩缠枝花卉纹水盂 | 高5.9cm；直径7.3cm | 207,000 | 西泠印社 | 2022-01-22 |
| 清乾隆 粉彩海棠形西番莲纹小水盂 | 高4.6cm；长7.5cm；宽2.5cm | 115,000 | 广东崇正 | 2022-08-11 |
| 清乾隆 粉彩花纹水盂 | 高6cm；口径6.5cm；底径11cm | 115,000 | 浙江御承 | 2022-08-28 |
| 清乾隆 洋彩双灵芝式水呈 | 高3cm；宽8cm；长8.4cm | 51,750 | 广东崇正 | 2022-04-17 |
| 清乾隆 粉彩仕女图印盒 | 直径9.7cm | 55,200 | 广东崇正 | 2022-08-11 |
| 清乾隆 松石绿釉珍珠地开光粉彩山水纹梅花形印盒 | 直径6.8cm | 34,500 | 中国嘉德 | 2022-09-29 |
| 清乾隆 粉彩十美图砚屏 | 高44cm；宽33cm | 264,500 | 浙江佳宝 | 2022-03-13 |
| 清乾隆 粉彩山水庭院图长方砚屏 | 瓷板长36.4cm；宽25.6cm | 207,000 | 中贸圣佳 | 2022-07-13 |
| 清乾隆 矾红开光粉彩花卉纹砚屏 | 14cm×11.5cm | 36,800 | 北京保利 | 2022-07-16 |
| 清乾隆 金地洋彩瓷法轮 | 高28cm | 1,955,000 | 北京中汉 | 2022-12-09 |
| 清乾隆 胭脂红地洋彩福庆绵长开光花卉纹瓶 | 高21cm | 1,207,500 | 中国嘉德 | 2022-12-26 |
| 清乾隆 洋彩缠枝莲寿开光团螭纹缠瓷八宝纹迎手 | 直径22cm | 356,500 | 中国嘉德 | 2022-09-27 |
| 清乾隆 洋彩描金莲托八吉祥佛供（吉祥结） | 高38.5cm | 287,500 | 北京中汉 | 2022-09-29 |
| 清乾隆 粉彩象生莲荔枝 | 高3.9cm；长5.8cm；宽2.8cm | 115,000 | 西泠印社 | 2022-08-20 |
| 清乾隆 洋彩缠枝莲纹铃铛 | 高4.5cm | 97,750 | 中国嘉德 | 2022-12-26 |
| 清乾隆 松石彩春宫图蟋蟀笼 | 长20.3cm | 92,665 | 香港苏富比 | 2022-11-25 |
| 清乾隆 金地粉彩雕瓷法轮 | 高27.3cm | 83,950 | 中贸圣佳 | 2022-07-13 |
| 清乾隆 粉彩《西厢记》人物故事图蟋蟀笼 | 长19.8cm | 57,916 | 香港苏富比 | 2022-11-25 |
| 清嘉庆 粉彩百花不露地葫芦瓶 | 高32.5cm | 1,552,500 | 北京大羿 | 2022-06-26 |
| 清嘉庆 御制松石绿地洋彩仿掐丝珐琅壁瓶 | 高22cm | 1,265,000 | 保利厦门 | 2022-10-22 |
| 清嘉庆 粉彩百花不露地撇口瓶 | 高33.3cm | 402,500 | 北京保利 | 2022-07-29 |
| 清嘉庆 松石绿地粉彩缠枝莲赏瓶 | 高26cm | 230,000 | 北京保利 | 2022-07-16 |
| 清嘉庆 粉彩九老观太极图长颈瓶 | 高30.5cm | 138,000 | 保利厦门 | 2022-10-22 |
| 清嘉庆 秋葵绿地粉彩福寿双喜纹长颈瓶 | 高32.5cm | 89,700 | 中贸圣佳 | 2022-08-13 |
| 清嘉庆 胭脂红地粉彩缠枝莲福寿连绵图胆瓶 | 高31.3cm | 36,800 | 中国嘉德 | 2022-09-28 |

**(成交价RMB: 3万元以上)**

| 名称 | 物品尺寸 | 成交价RMB | 拍卖公司 | 拍卖日期 |
|---|---|---|---|---|
| 清嘉庆 胭脂红地八吉祥纹花觚 | 高29.2cm; 口径16.5cm | 195,500 | 西泠印社 | 2022-01-22 |
| 清嘉庆 秋葵绿地粉彩缠枝莲托八吉祥纹花觚 | 高27.5cm | 59,800 | 北京中汉 | 2022-12-09 |
| 清嘉庆 粉彩八仙纹壶 | 高24.7cm | 43,700 | 中国嘉德 | 2022-05-31 |
| 清嘉庆 洋彩九秋同庆图盖罐(一对) | 高18.6cm×2 | 1,288,000 | 中贸圣佳 | 2022-12-31 |
| 清嘉庆 松石绿地粉彩福寿喜纹罐 | 高20.5cm | 483,000 | 北京大羿 | 2022-09-26 |
| 清嘉庆 绿地粉彩瓜瓞连绵纹罐 | 高20.5cm | 207,000 | 北京大羿 | 2022-09-26 |
| 清嘉庆 松石绿地洋彩缠枝莲福寿纹带盖壮罐 | 高24cm | 172,500 | 保利厦门 | 2022-10-22 |
| 清嘉庆 粉彩端午龙舟百子婴戏图盖罐(一对) | 高41.9cm×2 | 48,300 | 北京中汉 | 2022-04-27 |
| 清嘉庆 黄地粉彩缠枝莲托八吉祥纹炉 | 高24cm | 496,638 | 中国嘉德 | 2022-10-07 |
| 清嘉庆 绿地粉彩缠枝莲托八宝纹朝冠耳炉 | 长28.5cm | 253,000 | 中国嘉德 | 2022-05-29 |
| 清嘉庆 粉彩八宝纹蜡烛台 | 高30.5cm; 宽16cm | 63,250 | 广东崇正 | 2022-04-17 |
| 清嘉庆 粉彩庭院人物绣墩(一对) | 高47cm×2 | 115,000 | 深圳富诺得 | 2022-10-06 |
| 清嘉庆 粉彩大吉葫芦挂屏 | 54cm×38cm | 89,700 | 中鸿信 | 2022-09-11 |
| 清嘉庆 蓝地洋彩缠枝莲纹茶船(十只) | 长16.7cm×10 | 402,500 | 中国嘉德 | 2022-09-27 |
| 清嘉庆 绿地粉彩西番莲万字纹茶船 | 长14.2cm | 86,250 | 永乐拍卖 | 2022-07-25 |
| 清嘉庆 绿地粉彩御制诗文海棠式茶盘(一对) | 宽15.8cm×2 | 483,000 | 北京保利 | 2022-07-29 |
| 清嘉庆 内粉彩灵仙祝寿图外黄地洋彩万福万寿图盘(一对) | 直径19.5cm×2 | 483,000 | 中国嘉德 | 2022-12-26 |
| 清嘉庆 黄地洋彩折枝莲开光御题三清诗文盘 | 长16cm | 460,000 | 中国嘉德 | 2022-12-26 |
| 清嘉庆 粉彩甲子万年纹盘 | 直径19.5cm | 287,500 | 北京保利 | 2022-07-16 |
| 清嘉庆 内矾红五蝠捧寿图外黄地洋彩缠枝牡丹开光甲子万年盘(一对) | 直径18.3cm×2 | 253,000 | 中国嘉德 | 2022-12-26 |
| 清嘉庆 粉彩云鹤暗八仙甲子万年图盘 | 口径24.4cm | 184,000 | 北京大羿 | 2022-12-18 |
| 清嘉庆 绿地洋彩缠枝莲开光御题诗文海棠形茶盘 | 长15.8cm | 161,000 | 中国嘉德 | 2022-05-31 |
| 清嘉庆 黄地洋彩缠枝莲开光甲子万年大盘 | 直径19.2cm | 126,500 | 中国嘉德 | 2022-05-29 |
| 清嘉庆 柠檬黄釉开光粉彩牡丹纹盘(一对) | 高13cm×2; 直径17.5cm×2 | 92,000 | 保利厦门 | 2022-10-22 |
| 清嘉庆 内蓝地粉彩福寿绵长图外松石绿地粉彩福禄万代图海棠形果盘 | 长28.2cm | 86,250 | 中国嘉德 | 2022-06-27 |
| 清嘉庆 御制粉彩缠枝花卉纹折沿盘 | 直径27cm | 80,500 | 永乐拍卖 | 2022-07-24 |
| 清嘉庆 内矾红五蝠捧寿图外洋彩缠枝莲五谷丰登图大盘 | 直径20.5cm | 63,250 | 中国嘉德 | 2022-09-27 |
| 清嘉庆 粉彩宝相花纹折沿盘 | 直径38cm | 52,900 | 西泠印社 | 2022-01-22 |
| 清嘉庆 黄地洋彩花卉开光博古图盘 | 直径16.5cm | 40,250 | 中贸圣佳 | 2022-08-13 |
| 清嘉庆 粉彩花蝶开光《西厢记之衣锦还乡》人物故事图葵口盘 | 直径20cm | 36,800 | 中国嘉德 | 2022-05-31 |
| 清嘉庆 外苹果绿釉暗刻龙纹内粉彩花卉纹盘 | 高3.5cm; 直径19cm | 34,500 | 保利厦门 | 2022-10-22 |
| 清嘉庆 内矾红五蝠捧寿图外粉彩百寿字开光甲子万年盘 | 直径15.5cm | 32,200 | 中国嘉德 | 2022-05-31 |
| 清嘉庆 粉彩九龙闹海图蝠形供盘 | 长37.3cm | 32,200 | 中国嘉德 | 2022-09-28 |
| 清嘉庆 粉彩江西十景图碗(一对) | 直径14.5cm×2 | 816,500 | 华艺国际 | 2022-09-23 |
| 清嘉庆 粉彩过枝癞瓜纹茶碗(一对) | 直径11.2cm×2 | 747,500 | 中国嘉德 | 2022-06-27 |
| 清嘉庆 粉彩瓜瓞绵绵(一对) | 直径11cm×2 | 386,274 | 中国嘉德 | 2022-10-07 |
| 清嘉庆 御制粉彩过枝癞瓜纹茶碗 | 直径11cm | 201,250 | 永乐拍卖 | 2022-07-24 |
| 清嘉庆 粉彩百子婴戏图大碗 | 直径18.5cm | 172,500 | 中国嘉德 | 2022-12-26 |
| 清嘉庆 粉彩八吉祥碗(一对) | 口径11.9cm×2; 高6.6cm×2 | 161,000 | 浙江佳宝 | 2022-03-13 |
| 清嘉庆 金地粉彩荷塘盖碗(一对) | 直径10.3cm×2 | 103,500 | 北京保利 | 2022-07-17 |
| 清嘉庆 粉彩外四季团花内福寿纹碗 | 直径22.2cm; 高8.6cm | 103,500 | 中贸圣佳 | 2022-06-07 |
| 清嘉庆 粉彩八宝纹茶碗 | 直径10.7cm | 92,000 | 中国嘉德 | 2022-05-30 |
| 清嘉庆 胭脂红地洋彩九秋花卉图小碗 | 高4.4cm; 直径9.2cm | 92,000 | 西泠印社 | 2022-01-22 |
| 清嘉庆 粉彩描金鹤鹿同春朱子治家格言大碗 | 直径22.5cm | 80,500 | 中国嘉德 | 2022-09-28 |
| 清嘉庆 粉彩绘《滕王阁》诗文钟形碗 | 直径16.5cm | 78,200 | 华艺国际 | 2022-09-23 |
| 清嘉庆 黄地粉彩甲子万年纹碗 | 直径18.3cm; 高7.6cm | 74,750 | 中贸圣佳 | 2022-06-07 |
| 清嘉庆 金地粉彩荷塘图盖碗(一对) | 直径10cm×2 | 63,250 | 中国嘉德 | 2022-09-28 |
| 清嘉庆 粉彩人物故事诗文高足盖碗(一对) | 直径14.4cm×2 | 51,750 | 中国嘉德 | 2022-06-02 |
| 清嘉庆 粉彩八宝纹茶碗 | 直径10.6cm | 51,750 | 中国嘉德 | 2022-05-30 |
| 清嘉庆 黄地粉彩福禄万寿纹碗 | 直径12.2cm; 高5cm | 48,300 | 中贸圣佳 | 2023-01-01 |
| 清嘉庆 黄地粉彩夔龙纹碗 | 直径16.3cm; 高8.5cm | 46,000 | 中贸圣佳 | 2022-06-07 |
| 清嘉庆 粉彩八仙人物纹碗 | 直径17.5cm; 高8.3cm | 43,700 | 中贸圣佳 | 2022-06-07 |
| 清嘉庆 黄地粉彩开光五谷丰登碗 | 直径17.3cm | 35,316 | 中国嘉德 | 2022-10-07 |
| 清嘉庆 粉彩西湖十景折腰碗 | 直径18.9cm | 33,109 | 中国嘉德 | 2022-10-07 |
| 清嘉庆 粉彩百花不露地杯(一对) | 口径7.5cm×2 | 276,000 | 北京大羿 | 2022-06-26 |
| 清嘉庆 粉彩八宝纹杯 | 直径10.6cm | 218,500 | 北京大羿 | 2022-06-26 |
| 清嘉庆 胭脂红地粉彩宝相花杯 | 直径9.2cm | 161,000 | 北京保利 | 2022-07-29 |
| 清嘉庆 粉彩癞瓜茶圆 | 直径10.9cm; 高6cm | 97,750 | 广东崇正 | 2022-12-25 |
| 清嘉庆 江正隆款金地粉彩献寿图杯 | 直径6.9cm; 高4.5cm | 71,300 | 广东崇正 | 2022-08-11 |
| 清嘉庆 胭脂红轧道洋彩折枝花卉纹茶圆 | 高5cm; 直径10.5cm | 57,500 | 保利厦门 | 2022-06-26 |
| 清嘉庆 粉彩八吉祥纹杯 | 口径10.8cm | 54,050 | 北京大羿 | 2022-06-26 |
| 清嘉庆 粉彩群仙祝寿图杯 | 直径8.1cm | 34,500 | 北京中汉 | 2022-06-03 |
| 清嘉庆 外粉彩花卉内矾红五蝠捧寿碟 | 直径15cm | 88,291 | 中国嘉德 | 2022-10-07 |
| 清嘉庆 粉彩蝴蝶瓜瓞纹笔盒 | 5.7cm×7.2cm×16.5cm | 82,291 | 华艺国际 | 2022-05-29 |
| 清嘉庆 粉彩缠枝莲托寿字纹花盆(一对) | 宽20.2cm×2 | 139,058 | 佳士得 | 2022-11-29 |
| 清嘉庆 青釉粉彩荷塘鸳鸯鱼藻纹折沿盆 | 直径36.3cm | 34,500 | 中国嘉德 | 2022-09-27 |
| 清嘉庆 粉彩浮雕西湖山水图笔筒 | 高13.5cm; 直径12.2cm | 4,104,000 | 保利香港 | 2022-07-14 |
| 清嘉庆 秋葵绿地粉彩缠枝花卉纹折沿洗 | 口径41.5cm | 94,300 | 北京大羿 | 2022-09-26 |
| 清道光 宫粉地洋彩宝相花九秋图灯笼瓶 | 高24.2cm | 2,645,000 | 北京保利 | 2022-07-29 |
| 清道光 黄地粉彩端午节图瓶 | 高28.9cm | 1,931,370 | 中国嘉德 | 2022-10-07 |
| 清道光 松石绿地粉彩缠枝番莲八吉祥双耳瓶 | 高26.5cm | 1,897,500 | 北京保利 | 2022-07-29 |
| 清道光 粉彩秋季花卉纹瓶 | 高29cm | 1,585,786 | 纽约佳士得 | 2022-09-23 |
| 清道光 粉彩矾红缠枝莲托暗八仙纹瓶 | 高27.6cm | 748,843 | 纽约佳士得 | 2022-09-23 |
| 清道光 粉彩冰梅双清纹小天球瓶 | 高29.8cm | 345,000 | 北京中汉 | 2022-08-08 |
| 清道光 粉彩山水庭院图双耳瓶 | 高29cm | 69,000 | 保利厦门 | 2022-10-22 |
| 清道光 粉彩花卉螭龙扁瓶 | 高11.4cm | 55,182 | 中国嘉德 | 2022-10-07 |
| 清道光 粉彩群仙祝寿铺首衔环耳瓶四方瓶 | 高38.8cm | 36,800 | 北京中汉 | 2022-06-03 |
| 清道光 洋彩富贵长春纹撇口观音尊 | 高31.8cm | 644,000 | 北京中汉 | 2022-12-09 |
| 清道光 粉彩牡丹花鸟纹尊 | 高13.4cm | 230,000 | 北京保利 | 2022-07-28 |
| 清道光 胭脂红地粉彩缠枝莲纹盖壶 | 腹径20.5cm; 高17cm | 119,175 | 浙江佳宝 | 2022-03-13 |
| 清道光 绿地粉彩喜字罐 | 高23.5cm | 575,000 | 北京保利 | 2022-07-16 |
| 清道光 绿地粉彩宝相花太白罐 | 高23cm | 172,500 | 华艺国际 | 2022-09-23 |

# 2022瓷器拍卖成交汇总(续表)

(成交价RMB: 3万元以上)

| 名称 | 物品尺寸 | 成交价RMB | 拍卖公司 | 拍卖日期 |
|---|---|---|---|---|
| 清道光 御制白地粉彩缠枝莲托八宝朝冠耳鼎式炉 | 高32.5cm | 253,000 | 永乐拍卖 | 2022-07-24 |
| 清道光 豆青釉粉彩鱼藻纹折沿洗 | 高9.8cm; 直径36cm | 69,000 | 西泠印社 | 2022-01-22 |
| 清道光 绿地粉彩龙纹烛台(一对) | 高13.8cm×2 | 34,500 | 北京保利 | 2022-07-17 |
| 清道光 胭脂红轧道洋彩开光艾叶灵符纹墩式碗 | 高8.5cm; 直径17.5cm | 322,000 | 保利厦门 | 2022-10-22 |
| 清道光 粉彩花卉墩式碗 | 直径17.5cm | 287,500 | 北京保利 | 2022-07-16 |
| 清道光 粉彩五蝠捧寿墩式碗 | 直径14.5cm | 46,352 | 中国嘉德 | 2022-10-07 |
| 清道光 粉彩一路连科纹墩式碗 | 口径15cm | 46,000 | 北京大羿 | 2022-12-25 |
| 清道光 粉彩五蝠捧寿纹墩式碗(一对) | 高6.2cm×2; 直径15cm×2 | 40,250 | 西泠印社 | 2022-01-22 |
| 清道光 粉彩三多纹墩式碗 | 直径15.5cm | 34,500 | 中国嘉德 | 2022-09-29 |
| 清道光 粉彩五福花卉盘(一对) | 直径17.6cm×2 | 517,500 | 北京保利 | 2022-02-03 |
| 清道光 胭脂红地洋彩花卉开光山水人物盖盘(一对) | 口径15.4cm×2 | 402,500 | 北京大羿 | 2022-12-18 |
| 清道光 洋彩缠枝莲福庆三多纹盘(一对) | 直径15.2cm×2 | 322,000 | 中国嘉德 | 2022-05-29 |
| 清道光 粉彩灵仙祝寿图盘(一对) | 直径15.2cm×2 | 172,500 | 中国嘉德 | 2022-05-30 |
| 清道光 粉彩梅竹双清盘 | 直径17cm | 161,000 | 北京荣宝 | 2022-07-24 |
| 清道光 外松石绿釉内黄地粉彩狮子绣球盘 | 直径40.5cm | 138,000 | 中鸿信 | 2022-09-11 |
| 清道光 粉彩缠枝莲八宝纹盘 | 直径15.3cm | 126,500 | 中国嘉德 | 2022-06-27 |
| 清道光 粉彩缠枝花西番莲福寿纹盘 | 直径24.4cm | 112,700 | 北京中汉 | 2022-08-08 |
| 清道光 松石绿地宝相花高足盘 | 直径25.5cm | 97,750 | 北京保利 | 2022-07-16 |
| 清道光 粉彩灵仙祝寿图盘 | 口径15.9cm | 74,750 | 中贸圣佳 | 2022-10-27 |
| 清道光 黄地洋彩花卉五福图盘 | 直径17.8cm | 46,000 | 西泠印社 | 2022-08-20 |
| 清道光 米黄釉内粉彩团花绿外绿彩蝠纹花口大盘(一对) | 直径18cm×2 | 43,700 | 中国嘉德 | 2022-06-02 |
| 清道光 内粉彩三奇一品图外蓝地粉彩缠枝花卉纹高足盘 | 直径19cm | 43,700 | 中国嘉德 | 2022-09-28 |
| 清道光 粉彩群仙祝寿图椭圆花口供盘(一对) | 长40cm×2 | 34,500 | 中国嘉德 | 2022-05-29 |
| 清道光 米黄釉粉彩兰花诗文小盘 | 直径14.7cm | 32,200 | 永乐拍卖 | 2022-07-24 |
| 清道光 黄地粉彩西番莲纹碗(一对) | 直径11cm×2 | 3,220,000 | 北京保利 | 2022-07-16 |
| 清道光 御窑内青花外粉彩轧地道洋彩开光"丹桂飘香"节令膳碗(一对) | 高6.4cm×2cm; 直径14.5cm×2 | 1,265,000 | 保利厦门 | 2022-10-22 |
| 清道光 胭脂红轧道洋彩开光四季山水纹碗(一对) | 直径15cm×2 | 1,127,000 | 北京中汉 | 2022-12-09 |
| 清道光 胭脂红轧道洋彩开光折枝花果图碗(一对) | 高7.4cm×2 | 1,046,500 | 中贸圣佳 | 2022-07-26 |
| 清道光 洋彩宝相花开光五谷丰登图碗(一对) | 直径17.5cm×2 | 977,500 | 中国嘉德 | 2022-06-27 |
| 清道光 外胭脂红地轧道开光粉彩内青花五谷丰登纹碗(一对) | 直径14.8cm×2 | 927,057 | 佳士得 | 2022-11-29 |
| 清道光 珊瑚红地粉彩鸣凤在竹图盖碗(一对) | 碗直径11cm×2; 盖直径10cm×2 | 805,000 | 北京中汉 | 2022-12-09 |
| 清道光 黄地洋彩轧道开光山水纹碗 | 口径15cm | 736,000 | 北京大羿 | 2022-12-18 |
| 清道光 黄地洋彩轧道开光山水纹碗 | 口径15cm | 736,000 | 北京大羿 | 2022-12-18 |
| 清道光 黄地粉彩开光四季花卉纹碗 | 口径11.2cm | 621,000 | 北京大羿 | 2022-06-26 |
| 清道光 珊瑚红地开光粉彩花卉纹碗 | 口径11cm | 598,000 | 北京大羿 | 2022-12-18 |
| 清道光 内青花外黄地轧道洋彩开光万寿无疆图碗 | 直径14.8cm | 552,000 | 中国嘉德 | 2022-12-26 |
| 清道光 御窑内青花外绿地轧道洋彩重阳菊花节令膳碗 | 高6.5cm; 直径14.5cm | 552,000 | 保利厦门 | 2022-10-22 |
| 清道光 黄地粉彩花卉纹碗 | 直径14cm | 534,750 | 北京大羿 | 2022-09-26 |
| 清道光 宫粉地粉彩福寿双喜纹碗 | 直径21.5cm | 529,000 | 北京大羿 | 2022-09-26 |
| 清道光 黄地洋彩花卉纹大碗 | 直径17.2cm | 517,500 | 华艺国际 | 2022-09-23 |
| 清道光 黄地粉彩洋花五蝠宫碗 | 直径15.5cm | 494,500 | 北京中汉 | 2022-12-09 |
| 清道光 粉彩过枝癞瓜纹盖碗 | 直径11cm | 437,000 | 中国嘉德 | 2022-05-29 |
| 清道光 胭脂红料轧道开光五谷丰登图碗(一对) | 高6cm×2; 口径14cm×2 | 437,000 | 广东崇正 | 2022-04-17 |
| 清道光 粉彩山水图碗(一对) | 直径17.9cm×2 | 419,750 | 北京诚轩 | 2022-08-09 |
| 清道光 黄地粉彩开光瑞果福寿纹碗 | 直径17.2cm | 402,500 | 永乐拍卖 | 2022-07-25 |
| 清道光 内青花外胭脂红地轧道洋彩花卉开光五谷丰登图碗 | 直径14.9cm | 402,500 | 中国嘉德 | 2022-06-27 |
| 清道光 珊瑚红地洋彩花卉纹碗 | 直径11.1cm | 356,500 | 北京中汉 | 2022-04-27 |
| 清道光 粉彩福庆绵长图盖碗 | 直径10.6cm | 345,000 | 中国嘉德 | 2022-06-27 |
| 清道光 黄地洋彩开光博古图碗 | 直径17.8cm | 345,000 | 北京中汉 | 2022-12-09 |
| 清道光 洋彩荷花盖碗(一对) | 高10.5cm×2; 直径10.2cm×2 | 345,000 | 广东崇正 | 2022-08-11 |
| 清道光 粉彩梅花纹碗(一对) | 直径14.5cm×2 | 331,092 | 中国嘉德 | 2022-10-07 |
| 清道光 白地轧道粉彩八仙人物盖碗(一对) | 直径10cm×2 | 331,092 | 华艺国际 | 2022-11-27 |
| 清道光 黄地粉彩缠枝莲纹碗 | 直径16.5cm | 331,092 | 中国嘉德 | 2022-10-07 |
| 清道光 内青花外粉地轧道洋彩花卉开光丹桂飘香图碗 | 直径14.8cm | 322,000 | 中国嘉德 | 2022-05-28 |
| 清道光 内青花艾叶灵符纹外粉彩折枝花卉纹碗 | 直径15cm | 322,000 | 中国嘉德 | 2022-05-29 |
| 清道光 黄地轧道粉彩开光浅绛山水纹碗 | 直径15cm | 322,000 | 北京大羿 | 2022-09-26 |
| 清道光 粉彩八吉祥纹盖碗(一对) | 高9.5cm×2; 直径11cm×2 | 322,000 | 保利厦门 | 2022-10-22 |
| 清道光 内青花花卉纹外粉彩黄地轧道开光万寿牡丹纹碗 | 直径15cm | 301,163 | 香港苏富比 | 2022-11-25 |
| 清道光 黄地开光岁朝清供图碗 | 直径13.9cm | 299,000 | 北京中汉 | 2022-04-27 |
| 清道光 粉彩绿地蝙寿双喜纹碗 | 直径14.1cm | 264,298 | 纽约佳士得 | 2022-09-23 |
| 清道光 粉彩花鸟纹碗(一对) | 直径9.6cm×2 | 242,800 | 中国嘉德 | 2022-05-07 |
| 清道光 粉彩模印缠枝花卉纹碗 | 直径22.5cm | 230,000 | 北京大羿 | 2022-09-26 |
| 清道光 粉彩麻姑献寿纹碗 | 直径14cm | 218,500 | 北京大羿 | 2022-09-26 |
| 清道光 黄地洋彩缠枝牡丹纹小碗 | 直径11.8cm | 207,000 | 中国嘉德 | 2022-05-30 |
| 清道光 胭脂红地轧道洋彩花卉开光山水山水人物纹碗 | 直径15cm | 195,500 | 中国嘉德 | 2022-05-28 |
| 清道光 粉彩龙凤纹大碗 | 直径18.2cm | 195,500 | 中国嘉德 | 2022-05-28 |
| 清道光 内青花外蓝地轧道洋彩描金开光鹊桥仙渡图碗 | 直径14.8cm | 195,500 | 北京中汉 | 2022-04-27 |
| 清道光 黄地开光粉彩三羊开泰碗 | 直径14.8cm | 195,500 | 北京保利 | 2022-07-16 |
| 清道光 粉彩夔凤纹大碗 | 口径21cm | 184,000 | 北京大羿 | 2022-06-26 |
| 清道光 粉彩夔凤纹大碗 | 直径21.2cm | 178,250 | 北京大羿 | 2022-09-26 |
| 清道光 粉彩梅鹤延年纹碗 | 直径13.3cm; 高6.2cm | 172,500 | 中贸圣佳 | 2022-07-26 |
| 清道光 粉彩花蝶碗(一对) | 直径16.8cm×2; 高7.3cm×2 | 149,500 | 中贸圣佳 | 2022-06-07 |
| 清道光 粉彩穿花夔凤纹大碗 | 直径21.5cm | 149,500 | 中国嘉德 | 2022-12-26 |
| 清道光 粉彩夔凤纹大碗 | 直径21cm | 149,500 | 北京保利 | 2022-07-16 |
| 清道光 松石绿地粉彩岁寒三友图盖碗 | 高8cm; 直径11cm | 149,500 | 保利厦门 | 2022-10-22 |
| 清道光 内青花艾叶灵符纹外粉彩折枝花卉纹碗 | 直径15cm | 138,000 | 中国嘉德 | 2022-05-30 |
| 清道光 黄地洋彩花卉开光佛日常明纹碗 | 直径11.8cm | 138,000 | 北京中汉 | 2022-06-03 |
| 清道光 粉彩梅纹碗 | 直径14cm | 132,436 | 中国嘉德 | 2022-10-07 |
| 清道光 粉彩《无双谱》图碗(一套四件) | 尺寸不一 | 132,250 | 中贸圣佳 | 2022-07-26 |
| 清道光 白地粉彩轧道矾红描金云龙纹盖碗 | 高8.5cm×2; 直径10.4cm×2 | 132,250 | 西泠印社 | 2022-01-22 |
| 清道光 粉彩花果纹碗 | 直径10.8cm | 132,149 | 纽约佳士得 | 2022-09-23 |
| 清道光 黄地粉彩花卉五蝠碗(成对) | 直径15cm×2 | 126,500 | 中鸿信 | 2022-09-11 |
| 清道光 粉彩花卉碗 | 直径18cm; 高9cm | 117,300 | 朵云轩 | 2022-12-08 |
| 清道光 粉彩博古图盖碗 | 直径11.2cm | 115,000 | 北京诚轩 | 2022-08-09 |
| 清道光 粉彩八宝纹碗 | 直径10.6cm | 115,000 | 北京保利 | 2022-07-29 |
| 清道光 珊瑚红洋彩牡丹纹碗 | 高6cm; 直径11.3cm | 115,000 | 保利厦门 | 2022-10-22 |
| 清道光 御制粉彩描金缠枝莲花盖碗 | 盖直径11.5cm; 碗直径10.7cm | 115,000 | 永乐拍卖 | 2022-07-24 |

| 名称 | 物品尺寸 | 成交价RMB | 拍卖公司 | 拍卖日期 |
|---|---|---|---|---|
| 清道光 内青花外粉彩荷塘纹碗 | 高6.5cm；直径15cm | 109,250 | 保利厦门 | 2022-10-22 |
| 清道光 内青花外胭脂红地轧道洋彩开光描金五谷丰登博古纹碗 | 直径14.9cm | 98,900 | 北京中汉 | 2022-06-03 |
| 清道光 黄地粉彩福禄万代开光五谷丰登茶碗 (一对) | 直径10.9cm×2 | 97,750 | 中国嘉德 | 2022-06-27 |
| 清道光 蟬竹主人造粉彩福寿纹盖碗 | 直径11.3cm；高6.7cm | 97,750 | 中贸圣佳 | 2023-01-01 |
| 清道光 胭脂红地轧道洋彩折枝花卉开光四季山水人物纹碗 | 直径15cm | 92,000 | 中国嘉德 | 2022-05-30 |
| 清道光 粉彩八宝纹茶碗 | 直径11cm | 86,250 | 中国嘉德 | 2022-12-26 |
| 清道光 粉彩蝴蝶碗 | 直径17.5cm | 86,250 | 北京保利 | 2022-07-16 |
| 清道光 珊瑚红地洋彩开光牡丹纹小碗 | 直径11cm | 74,750 | 中国嘉德 | 2022-06-27 |
| 清道光 御制粉彩缠枝莲开光描金五谷丰登博古纹碗 | 直径14.1cm | 74,750 | 永乐拍卖 | 2022-07-24 |
| 清道光 粉彩贺寿图碗 | 直径21cm | 71,300 | 北京中汉 | 2022-06-03 |
| 清道光 内青花外黄地轧道洋彩吉庆升平开光三羊开泰图碗 | 直径15cm | 69,000 | 中国嘉德 | 2022-06-27 |
| 清道光 粉彩折枝花卉纹大碗 | 直径16.2cm | 69,000 | 中国嘉德 | 2022-05-30 |
| 清道光 粉彩莲池鸳鸯纹碗 | 高6.2cm；直径13.8cm | 69,000 | 中贸圣佳 | 2022-07-13 |
| 清道光 粉彩万字纹折腰碗 (一对) | 直径11.3cm×2 | 69,000 | 北京诚轩 | 2022-08-09 |
| 清道光 松石绿地轧道粉彩开光艾叶灵符纹碗 | 直径14.2cm | 66,700 | 北京中汉 | 2022-08-08 |
| 清道光 蓝底粉彩冰片梅花纹碗 | 直径7cm；高3.4cm | 64,400 | 中贸圣佳 | 2022-07-26 |
| 清道光 粉彩枫林爱晚图盏碗 | 直径10.5cm；高8.5cm | 64,400 | 广东崇正 | 2022-08-11 |
| 清道光 蓝底粉彩冰片梅花纹碗 | 直径9.4cm | 63,250 | 中贸圣佳 | 2022-07-26 |
| 清道光 粉彩折枝花卉小碗 | 直径12cm | 63,250 | 北京保利 | 2022-07-29 |
| 清道光 粉彩缠枝莲开光甲子万年碗 | 高7cm；直径13.5cm | 57,500 | 西泠印社 | 2022-01-22 |
| 清道光 粉彩蝈蝈盖碗 | 高8.5cm；直径11cm | 57,500 | 北京荣宝 | 2022-07-24 |
| 清道光 粉彩折枝三多果纹碗 | 直径18cm | 51,750 | 永乐拍卖 | 2022-07-24 |
| 清道光 黄地粉彩开光山水人物纹碗 | 直径22.3cm | 51,432 | 中国嘉德 | 2022-06-04 |
| 清道光 粉彩团花纹茶碗 | 直径9cm | 48,300 | 中国嘉德 | 2022-05-30 |
| 清道光 珊瑚红地开光粉彩花卉碗 | 直径10.9cm | 48,300 | 北京保利 | 2022-07-29 |
| 清道光 粉彩皮球花盖碗 | 直径10.8cm | 46,000 | 北京保利 | 2022-07-17 |
| 清道光 胭脂红粉彩花卉开光山水纹碗 | 直径12cm | 46,000 | 中国嘉德 | 2022-06-02 |
| 清道光 珊瑚红地洋彩开光牡丹纹碗 | 直径10.9cm；高6cm | 46,000 | 中贸圣佳 | 2022-09-25 |
| 清道光 珊瑚红地开光粉彩花卉纹小碗 | 口径11cm | 43,700 | 北京大羿 | 2022-09-26 |
| 清道光 粉彩蝴蝶枸杞纹碗 | 直径13cm | 43,202 | 中国嘉德 | 2022-06-04 |
| 清道光 粉彩《无双谱》碗 | 直径16.8cm | 41,938 | 中国嘉德 | 2022-10-07 |
| 清道光 粉彩花卉碗 | 直径11.2cm | 40,250 | 北京保利 | 2022-07-16 |
| 清道光 粉彩人物碗 | 直径18.5cm | 36,800 | 北京保利 | 2022-07-16 |
| 清道光 粉彩五蝠捧寿纹卧足碗 | 高5cm；直径17.5cm | 36,800 | 保利厦门 | 2022-10-22 |
| 清道光 粉彩福禄寿喜图碗 | 直径11cm | 36,800 | 北京诚轩 | 2022-08-09 |
| 清道光 粉彩螭龙福寿纹花口大碗 | 直径20cm | 36,800 | 中国嘉德 | 2022-05-30 |
| 清道光 粉彩十二花神图大碗 | 高10.5cm；直径18.5cm | 34,500 | 保利厦门 | 2022-10-22 |
| 清道光 粉彩花卉纹碗 (带老楠木盒、标签) | 高5.3cm；口径12cm | 32,200 | 广东崇正 | 2022-04-17 |
| 清道光 "慎德堂" 御制粉彩梅花诗文杯 (一对) | 直径9cm×2 | 1,380,000 | 北京保利 | 2022-07-28 |
| 清道光 粉彩描金皮球花纹酒杯连温酒器 (一对) | 高10cm×2 | 402,500 | 北京大羿 | 2022-12-25 |
| 清道光 粉彩轧道八仙人物杯 | 直径6cm | 368,000 | 北京保利 | 2022-07-16 |
| 清道光 粉彩春江水暖图茶圆 | 直径10.8cm | 207,000 | 北京中汉 | 2022-04-27 |
| 清道光 粉彩春江水暖图茶圆 | 直径10.8cm | 195,500 | 北京中汉 | 2022-06-28 |
| 清道光 粉彩荷花铃铛杯 | 直径10.5cm | 184,000 | 北京保利 | 2022-04-27 |
| 清道光 粉彩八吉祥纹茶圆 | 直径10.7cm | 149,500 | 北京中汉 | 2022-04-27 |
| 清道光 蟬竹主人制荷塘婴戏图卧足杯 | 直径6.9cm；高2.5cm | 126,500 | 中贸圣佳 | 2022-07-26 |
| 清道光 粉彩堆塑折枝兰花杯 (一对) | 高6.4cm×2；直径7.8cm×2 | 115,000 | 西泠印社 | 2022-08-20 |
| 清道光 粉彩枸杞纹杯 (四只) | 直径6.9cm×4 | 109,250 | 中国嘉德 | 2022-12-26 |
| 清道光 粉彩锦灰堆八破图纹诗文杯 | 直径10.2cm；高6.3cm | 86,250 | 中贸圣佳 | 2022-08-13 |
| 清道光 粉彩太平有象杯 | 直径8.3cm | 84,348 | 中国嘉德 | 2022-06-04 |
| 清道光 粉彩人物杯 (一对) | 直径8cm×2；高6.5cm×2 | 54,050 | 中贸圣佳 | 2022-09-28 |
| 清道光 金地粉彩海屋添筹、麻姑献寿图茶圆 | 直径11cm | 51,750 | 北京中汉 | 2022-04-27 |
| 清道光 粉彩花卉纹杯 | 直径6cm | 46,000 | 中国嘉德 | 2022-05-30 |
| 清道光 粉彩金桂纹杯 | 直径5.9cm | 46,000 | 北京中汉 | 2022-09-29 |
| 清道光 粉彩花神杯 | 高4.5cm；直径6cm | 40,250 | 保利厦门 | 2022-10-22 |
| 清道光 粉彩《无双谱》人物杯 (一对) | 直径8.4cm×2；高6.3cm×2 | 40,250 | 中贸圣佳 | 2022-09-25 |
| 清道光 粉彩菊花纹卧足杯 | 直径7.8cm | 36,800 | 中国嘉德 | 2022-05-30 |
| 清道光 粉彩婴戏纹铃铛杯 (一对) | 直径7.8cm×2 | 36,002 | 中国嘉德 | 2022-06-04 |
| 清道光 粉彩桂花图盖杯 | 直径6.8cm | 34,500 | 中国嘉德 | 2022-09-28 |
| 清道光 粉彩八宝图杯 | 直径10.1cm；高6.3cm | 29,900 | 中贸圣佳 | 2022-08-13 |
| 清道光 粉彩花蝶图捧盒 (一对) | 直径23.7cm×2 | 205,728 | 华艺国际 | 2022-05-29 |
| 清道光 黄地粉彩云鹤团寿开光甲子万年、百禄是遒捧盒 | 直径28cm | 92,000 | 中国嘉德 | 2022-05-30 |
| 清道光 "慎德堂" 御制粉彩皮球花纹花盆 (一对) | 24.5cm×15cm×8.5cm×2 | 460,000 | 保利厦门 | 2022-10-22 |
| 清道光 松石绿地粉彩福寿连绵大花盆 | 直径37.5cm | 57,500 | 北京保利 | 2022-07-27 |
| 清道光 黄地粉彩鹤纹花盆 (一对) | 高12cm×2；长27.6cm×2 | 34,500 | 西泠印社 | 2022-01-22 |
| 清道光 粉彩金鱼水草纹渣斗 | 高8.5cm | 104,249 | 香港苏富比 | 2022-11-25 |
| 清道光 松绿地洋彩玉堂富贵图腰圆洗 | 宽16.6cm | 747,500 | 永乐拍卖 | 2022-07-24 |
| 清道光 柠檬黄地粉彩九龙纹豆 | 高27.2cm | 1,404,093 | 佳士得 | 2022-05-30 |
| 清道光 柠檬黄地粉彩九龙纹豆 | 高29.8cm | 176,582 | 中国嘉德 | 2022-10-07 |
| 清道光 粉彩《无双谱》勺 (八件) | 长18cm×8 | 86,250 | 朵云轩 | 2022-12-08 |
| 清道光 粉彩听雨轩山水楼阁图温盅 | 高9.8cm | 32,200 | 中国嘉德 | 2022-05-31 |
| 清中期 豆青地粉彩皮球花开光螭龙纹瓶 (一对) | 高66cm×2 | 299,000 | 华艺国际 | 2022-09-23 |
| 清中期 松石绿地粉彩花鸟开光黄地粉彩安居乐业、锦绣前程图花口狮耳蟠螭地瓶 | 高81cm | 80,500 | 中国嘉德 | 2022-09-27 |
| 清中期 粉彩《隋唐演义》人物故事图夔凤耳大瓶 | 高60.6cm | 69,000 | 中国嘉德 | 2022-09-28 |
| 清中期 粉彩《无双谱》人物诗文葶芽瓶 | 高29.8cm | 69,000 | 中国嘉德 | 2022-05-30 |
| 清中期 粉彩三羊开泰图象耳瓶 | 高33.5cm | 63,250 | 中国嘉德 | 2022-09-28 |
| 清中期 粉彩宝相花寿字纹双联瓶 | 高20.5cm | 55,200 | 华艺国际 | 2022-09-23 |
| 清中期 粉彩江西十景之花洲春晓山水楼阁诗文四方狮耳瓶 | 高38.7cm | 40,250 | 中国嘉德 | 2022-05-31 |
| 清中期 粉彩花卉开光人物故事图花口狮耳大瓶 | 高88.7cm | 36,800 | 中国嘉德 | 2022-09-30 |
| 清中期 粉地轧道花卉开光粉彩四爱图象耳瓶带尊 | 高33.5cm | 34,500 | 中国嘉德 | 2022-09-28 |
| 清中期 粉彩《无双谱》人物诗文壶、茶叶罐 (各一件) | 尺寸不一 | 32,200 | 中国嘉德 | 2022-09-27 |
| 清中期 粉彩花卉纹壮罐 | 高23cm；直径15cm | 57,500 | 西泠印社 | 2022-01-22 |
| 清中期 珊瑚红地粉彩花卉开光花鸟纹将军罐 | 高57cm | 32,200 | 中国嘉德 | 2022-05-31 |
| 清中期 粉彩太平有象香熏 | 高49cm | 103,500 | 中国嘉德 | 2022-09-30 |
| 清中期 泰国订制粉彩佛教故事图六方鼓墩 | 高46.6cm | 48,300 | 中国嘉德 | 2022-05-30 |

**2022瓷器拍卖成交汇总(续表)**

(成交价RMB：3万元以上)

| 名称 | 物品尺寸 | 成交价RMB | 拍卖公司 | 拍卖日期 |
|---|---|---|---|---|
| 清中期 粉彩神仙人物博古诗文瓷板挂屏（六扇） | 139cm×32.2cm×6 | 69,000 | 中国嘉德 | 2022-09-29 |
| 清中期 粉彩喜上眉梢图瓷板 | 84cm×35cm | 48,300 | 北京中汉 | 2022-04-27 |
| 清中期 粉彩无量寿佛像 | 高21.3cm | 55,200 | 中国嘉德 | 2022-12-26 |
| 清中期 粉彩描金八仙造像（一组四件，曹国舅、汉钟离、韩湘子、蓝采和） | 高17cm×4 | 32,200 | 广东崇正 | 2022-12-25 |
| 清中期 内松石绿釉开光粉彩"晓岚雅制"外胭脂红釉高足碗 | 直径13.4cm | 40,250 | 中国嘉德 | 2022-09-28 |
| 清中期 粉彩福禄万代图碗 | 直径14.5cm | 32,200 | 中国嘉德 | 2022-05-30 |
| 清中期 白地轧道海水粉彩麻姑献寿图花口杯 | 直径8.9cm | 86,250 | 中国嘉德 | 2022-12-26 |
| 清中期 粉彩人物方斗盖杯 | 直径9.2cm | 34,500 | 华艺国际 | 2022-09-23 |
| 清中期 粉彩山水墨盒 | 长14.5cm | 69,000 | 中国嘉德 | 2022-09-28 |
| 清中期 粉彩婴戏盖盒 | 直径11cm | 30,859 | 中国嘉德 | 2022-06-04 |
| 清中期 粉彩婴戏图椭圆形花盆 | 长30cm×宽24cm×高14.6cm | 92,000 | 北京诚轩 | 2022-08-09 |
| 清中期 粉彩四爱图四方花盆（一对） | 长20.3cm×2 | 40,250 | 中国嘉德 | 2022-09-27 |
| 清中期 粉彩开光山水人物花盆 | 高26cm×2 | 40,250 | 华艺国际 | 2022-09-23 |
| 清中期 粉彩花卉纹八棱卷缸 | 直径52cm | 57,500 | 中鸿信 | 2022-09-11 |
| 清中期 粉彩花卉缸 | 直径23.5cm | 32,200 | 北京保利 | 2022-07-16 |
| 清中期 松石绿地粉彩折枝花卉开光山水人物纹笔筒 | 直径18cm | 46,000 | 中国嘉德 | 2022-09-30 |
| 清中期 粉彩金玉满堂图洗 | 直径26cm | 46,000 | 中国嘉德 | 2022-09-30 |
| 清中期 矾红描金缠枝莲开光粉彩山水人物纹四方倭角印盒 | 长9.5；宽9.5cm；高6cm | 51,750 | 西泠印社 | 2022-01-22 |
| 清中期 粉彩七珍之海螺宝 | 高29.5cm | 46,000 | 中国嘉德 | 2022-06-02 |
| 清中期 粉彩《无双谱》人物诗文温盅 | 长17.5cm | 40,250 | 中国嘉德 | 2022-09-28 |
| 清咸丰 仿剔红粉彩蝙蝠灯笼瓶 | 高19.5cm | 904,984 | 中国嘉德 | 2022-10-07 |
| 清咸丰 胭脂红地洋彩缠枝花卉开光神仙人物纹蝠耳衔环盖罐 | 高29.6cm | 552,000 | 中国嘉德 | 2022-12-26 |
| 清咸丰 内粉彩艾叶灵符花卉纹外胭脂红地洋彩缠枝西番莲纹盘 | 直径16.1cm | 97,750 | 中国嘉德 | 2022-12-26 |
| 清咸丰 绿地粉彩缠枝花卉纹高足盘 | 直径15.6cm | 63,250 | 中国嘉德 | 2022-05-31 |
| 清咸丰 黄地粉彩缠枝花卉纹碗 | 口径17.2cm | 1,104,000 | 北京大羿 | 2022-12-18 |
| 清咸丰 粉彩穿花夔凤纹大碗 | 直径21cm | 943,000 | 中国嘉德 | 2022-06-27 |
| 清咸丰 粉彩八仙图大碗 | 直径17cm | 218,500 | 中国嘉德 | 2022-12-26 |
| 清咸丰 粉彩八仙庆寿图碗 | 高6.6cm；直径16.8cm | 207,000 | 西泠印社 | 2022-01-22 |
| 清咸丰 粉彩瓜瓞绵绵盖碗（一对） | 直径10.5cm×2 | 162,010 | 佳士得 | 2022-05-30 |
| 清咸丰 粉彩《三国演义之凤仪亭》人物故事图花口碗 | 直径16.4cm | 46,000 | 中国嘉德 | 2022-05-31 |
| 清咸丰 粉彩《青衣袍》故事纹笔筒 | 高14.5cm；直径12.5cm | 40,250 | 广东崇正 | 2022-12-25 |
| 清同治 黄地粉彩百子婴戏图狮耳衔环方瓶 | 高30.7cm | 1,380,000 | 中国嘉德 | |
| 清同治 粉彩百蝶图大盖罐 | 直径36cm | 36,800 | 中国嘉德 | 2022-09-28 |
| 清同治 粉彩八仙祝寿图瓷板挂屏 | 长48cm；高69cm | 34,500 | 浙江佳宝 | 2022-03-13 |
| 清同治 珊瑚红地描金开光粉彩龙凤喜字纹盘、碗、匙（一套六件） | 尺寸不一 | 977,500 | 北京大羿 | 2022-06-26 |
| 清同治 黄地粉彩喜鹊登梅图大盘 | 直径22.2cm | 517,500 | 中国嘉德 | 2022-05-29 |
| 清同治 黄地粉彩万福万寿图盘（一对） | 直径16.5cm×2 | 207,000 | 中国嘉德 | 2022-05-29 |
| 清同治 黄地粉彩盘（一对） | 直径14.1cm×2 | 165,546 | 中国嘉德 | 2022-10-07 |
| 清同治 粉彩山水纹盘（一组） | 尺寸不一 | 138,000 | 朵云轩 | 2022-08-08 |
| 清同治 黄地粉彩开光五谷丰登福禄万代纹盘 | 直径24cm | 92,000 | 北京中汉 | 2022-09-29 |
| 清同治 粉彩暗八仙纹盘 | 直径15.2cm | 89,700 | 中贸圣佳 | 2022-06-07 |
| 清同治 粉彩福禄寿喜盘（一对） | 直径17.7cm×2 | 84,348 | 中国嘉德 | 2022-06-04 |
| 清同治 黄地粉彩万福万寿纹大盘 | 直径25cm | 57,500 | 中国嘉德 | 2022-05-29 |
| 清同治 粉彩过墙梅花纹盘 | 直径24.5cm | 55,200 | 广东崇正 | 2022-08-11 |
| 清同治 粉彩鑫斯衍庆图盘 | 直径15.1cm | 51,750 | 中贸圣佳 | 2022-09-25 |

| 名称 | 物品尺寸 | 成交价RMB | 拍卖公司 | 拍卖日期 |
|---|---|---|---|---|
| 清同治 粉彩缠枝莲八宝纹大盘 | 直径25cm | 46,000 | 中国嘉德 | 2022-05-30 |
| 清同治 晋砖吟馆监制粉彩缠枝莲纹八宝盘 | 直径25cm | 46,000 | 中贸圣佳 | 2022-08-13 |
| 清同治 粉彩双喜蝴蝶纹盘 | 直径13.8cm | 36,002 | 中国嘉德 | 2022-06-04 |
| 清同治 黄地粉彩喜鹊登梅图大碗 | 直径21cm | 437,000 | 中国嘉德 | 2022-05-29 |
| 清同治 黄地粉彩五蝶喜字盖碗 | 直径10.6cm | 322,000 | 中国嘉德 | 2022-05-29 |
| 清同治 黄地粉彩万福万寿图茶碗 | 直径10.5cm | 322,000 | 中国嘉德 | 2022-05-29 |
| 清同治 藕荷地粉彩兰花式盖碗 | 直径10.7cm | 253,000 | 中国嘉德 | 2022-09-27 |
| 清同治 粉彩穿花夔凤纹大碗 | 直径21cm | 184,000 | 中国嘉德 | 2022-06-27 |
| 清同治 粉彩穿花夔凤纹大碗 | 直径21cm | 184,000 | 中国嘉德 | 2022-06-27 |
| 清同治 粉彩山水纹碗（十件） | 尺寸不一 | 178,250 | 朵云轩 | 2022-08-08 |
| 清同治 粉彩夔凤纹大碗 | 口径21cm | 112,700 | 北京大羿 | 2022-06-26 |
| 清同治 粉彩粉彩蝴蝶碗 | 直径9.2cm | 99,327 | 中国嘉德 | 2022-10-07 |
| 清同治 粉彩内福禄万代外黄地描金开光龙凤纹碗 | 直径17.1cm；高7.4cm | 92,000 | 中贸圣佳 | 2022-09-25 |
| 清同治 粉彩过枝癞瓜纹茶碗 | 直径10.4cm | 86,250 | 中国嘉德 | 2022-06-27 |
| 清同治 粉彩百子婴戏图碗 | 直径23.5cm；高11.8cm | 78,200 | 中贸圣佳 | 2022-08-13 |
| 清同治 黄地粉彩万福万寿纹茶碗 | 直径10.3cm | 55,200 | 中国嘉德 | 2022-09-28 |
| 清同治 粉彩夔凤纹大碗 | 口径20.6cm | 51,750 | 北京大羿 | 2022-06-26 |
| 清同治 粉彩喜鹊登梅图大碗（一对） | 直径16.5cm×2 | 40,250 | 中国嘉德 | 2022-09-30 |
| 清同治 黄地粉彩百子图杯 | 直径8.3cm | 345,000 | 中国嘉德 | 2022-05-29 |
| 清同治 黄地粉彩开光吉庆有余杯 | 直径10.3cm | 69,000 | 北京诚轩 | 2022-08-09 |
| 清同治 黄地粉彩万寿无疆杯（一对） | 直径6.5cm×2 | 66,218 | 中国嘉德 | 2022-10-07 |
| 清同治 粉彩八宝纹杯（一对） | 直径6.8cm×2 | 36,800 | 中国嘉德 | 2022-09-28 |
| 清同治 黄地粉彩百蝶喜字碟（一对） | 直径14cm×2 | 33,350 | 广东崇正 | 2022-12-25 |
| 清同治 粉彩蝙蝠汤匙（一对） | 长17cm×2 | 35,316 | 中国嘉德 | 2022-10-07 |
| 清同治 粉彩折枝花卉大捧盒（一对） | 直径33cm×2；高21.5cm；高21.9cm | 782,000 | 中贸圣佳 | 2023-01-01 |
| 清同治 粉彩折枝花卉大捧盒（一对） | 直径33cm×2 | 690,000 | 北京保利 | 2022-07-29 |
| 清同治 粉彩折枝花卉纹饰大捧盒 | 直径37.6cm | 402,500 | 华艺国际 | 2022-07-29 |
| 清同治 粉彩折枝花卉大捧盒 | 直径38cm | 287,500 | 中国嘉德 | 2022-12-26 |
| 清同治 黄地粉彩折枝玉兰纹捧盒 | 直径31.3cm | 138,000 | 中贸圣佳 | 2022-09-25 |
| 清同治 黄地粉彩荷塘白鹭盖盒 | 直径31.5cm | 121,400 | 中国嘉德 | 2022-10-07 |
| 清同治 黄地粉彩百蝶纹蝴蝶形大花盆（成对） | 长49cm×2 | 1,265,000 | 北京保利 | 2022-07-29 |
| 清同治 黄地粉彩百蝶加金喜字梅花形水仙盆 | 宽22.5cm | 506,000 | 北京保利 | 2022-07-29 |
| 清同治 粉彩百蝶纹双联花盆 | 高5.5cm；长24.8cm | 34,500 | 西泠印社 | 2022-01-22 |
| 清同治 粉彩百蝶喜字渣斗 | 高8.2cm | 74,750 | 北京保利 | 2022-07-16 |
| 清光绪 松石绿地粉彩富贵报喜图象耳瓶 | 高45cm | 828,000 | 北京大羿 | 2022-06-26 |
| 清光绪 粉彩九桃天球瓶（一对） | 高50cm×2 | 517,500 | 保利厦门 | 2022-10-22 |
| 清光绪 粉彩百蝶赏瓶 | 高39.5cm | 391,000 | 北京保利 | 2022-07-16 |
| 清光绪 粉彩九桃大天球瓶 | 高54.5cm | 379,500 | 保利厦门 | 2022-10-22 |
| 清光绪 粉彩云蝠纹荸荠瓶 | 高32.8cm | 333,500 | 北京中汉 | 2022-12-09 |
| 清光绪 粉彩百蝶纹赏瓶 | 高39.5cm | 322,000 | 北京大羿 | 2022-12-18 |
| 清光绪 粉彩云蝠纹荸荠瓶 | 高33.2cm | 310,500 | 中贸圣佳 | 2022-08-13 |
| 清光绪 黄地粉彩福寿开光龙凤纹大瓶 | 高66.2cm | 310,500 | 中贸圣佳 | 2022-10-27 |
| 清光绪 粉彩双龙戏珠纹赏瓶 | 高39.4cm | 299,000 | 北京中汉 | 2022-12-09 |
| 清光绪 粉彩百蝶纹赏瓶 | 高39cm | 287,500 | 北京大羿 | 2022-12-18 |
| 清光绪 粉彩云蝠纹荸荠瓶 | 高33.3cm | 287,500 | 北京大羿 | 2022-12-09 |
| 清光绪 粉彩百蝶纹赏瓶 | 高38.8cm | 287,500 | 北京中汉 | 2022-12-09 |
| 清光绪 粉彩蟠桃九熟天球瓶 | 高53cm | 264,500 | 永乐拍卖 | 2022-07-24 |
| 19世纪 粉彩贴《无双谱》人物图八方瓶（一对） | 高39.7cm×2 | 254,830 | 香港苏富比 | 2022-11-25 |
| 清光绪 粉彩八宝云龙纹赏瓶（一对） | 高38.7cm×2 | 253,000 | 中国嘉德 | 2022-09-27 |
| 清光绪 粉彩云蝠纹荸荠瓶 | 高33.7cm | 241,500 | 北京大羿 | 2022-09-26 |
| 清光绪 黄地粉彩四季花卉赏瓶 | 高70cm | 218,500 | 深圳富诺得 | 2022-10-06 |
| 清光绪 粉彩百鹿图赏瓶 | 高39.3cm | 207,000 | 中国嘉德 | 2022-05-30 |
| 清光绪 粉彩百蝶图玉堂春瓶 | 高39cm | 207,000 | 中贸圣佳 | 2022-07-26 |

## 2022瓷器拍卖成交汇总（续表）

（成交价RMB：3万元以上）

| 名称 | 物品尺寸 | 成交价RMB | 拍卖公司 | 拍卖日期 |
|---|---|---|---|---|
| 清光绪 粉彩九桃纹天球瓶 | 高55.2cm | 195,500 | 北京保利 | 2022-07-29 |
| 清光绪 粉彩百蝶纹赏瓶 | 高39cm | 195,500 | 北京大羿 | 2022-09-26 |
| 清光绪 粉彩百蝶赏瓶 | 高39cm | 184,000 | 北京荣宝 | 2022-07-24 |
| 清光绪 粉彩九桃天球瓶 | 高53.8cm | 184,000 | 北京大羿 | 2022-09-26 |
| 清光绪 粉彩九桃大天球瓶 | 高54.5cm；直径35cm | 184,000 | 广东崇正 | 2022-08-11 |
| 清光绪 粉彩九桃福寿纹天球瓶 | 高49.5cm | 178,250 | 中贸圣佳 | 2022-09-25 |
| 清光绪 粉彩九桃天球瓶 | 高52.7cm | 172,500 | 中贸圣佳 | 2022-08-13 |
| 清光绪 粉彩芝仙祝寿图天球瓶 | 高56.4cm | 138,000 | 中国嘉德 | 2022-09-27 |
| 清19世纪 白地轧道粉彩梅纹壁瓶（一对） | 高18cm×2 | 129,608 | 佳士得 | 2022-05-30 |
| 清光绪 粉彩龙凤纹赏瓶 | 高38.8cm | 115,000 | 中国嘉德 | 2022-12-26 |
| 清光绪 粉彩百鸟朝凤纹赏瓶 | 高66cm | 115,000 | 保利厦门 | 2022-10-22 |
| 清光绪 仿乾隆粉彩西园雅集龙凤瓶 | 54cm×21cm | 109,250 | 上海嘉禾 | 2022-01-01 |
| 清光绪 粉彩富贵白头图梅瓶 | 高33cm | 103,500 | 华艺国际 | 2022-09-23 |
| 清光绪 松石绿地洋彩宝相花福寿纹兽耳瓶 | 高20.7cm | 80,500 | 广东崇正 | 2022-12-25 |
| 清光绪 粉彩九桃天球瓶 | 高55cm | 69,000 | 西泠印社 | 2022-01-22 |
| 清光绪 粉彩百蝠荸荠瓶 | 高32cm | 63,250 | 北京保利 | 2022-07-16 |
| 清光绪 粉彩云福纹荸荠瓶 | 高32.5cm | 57,500 | 中国嘉德 | 2022-05-30 |
| 清光绪 粉彩龙凤纹玉壶春瓶 | 高29.5cm | 57,500 | 西泠印社 | 2022-01-22 |
| 清光绪 蓝釉粉彩鼎彝图象耳方瓶（一对） | 高31cm×2 | 55,200 | 中国嘉德 | 2022-09-27 |
| 清光绪 粉彩描金云龙纹贯瓶 | 高40cm | 55,200 | 中鸿信 | 2022-09-11 |
| 清光绪 粉彩龙凤纹赏瓶 | 高39.4cm | 46,000 | 中国嘉德 | 2022-05-30 |
| 清光绪 粉彩百蝶赏瓶 | 高39.5cm | 46,000 | 中鸿信 | 2022-09-11 |
| 清光绪 黄地雕瓷粉彩开光人物纹双耳瓶 | 高45.3cm | 46,000 | 广东崇正 | 2022-12-25 |
| 清光绪 青釉粉彩云龙纹贯耳瓶 | 高30.8cm | 43,700 | 中国嘉德 | 2022-05-30 |
| 清光绪 粉彩龙凤纹赏瓶 | 高39.2cm | 36,800 | 中国嘉德 | 2022-09-28 |
| 清光绪 粉彩花卉瓶 | 高41.5cm | 35,650 | 北京保利 | 2022-07-17 |
| 清光绪 粉彩九桃赏瓶 | 高39cm | 34,500 | 中鸿信 | 2022-09-11 |
| 清光绪 粉彩百蝶赏瓶 | 高39cm | 34,500 | 朵云轩 | 2022-12-08 |
| 清光绪 粉彩龙纹瓶 | 高39.5cm | 30,859 | 中国嘉德 | 2022-06-04 |
| 清光绪 粉彩白地桃林汲蜜图古鼎式尊（一对） | 高20.4cm×2 | 1,667,500 | 北京保利 | 2022-07-29 |
| 清光绪 素三道人制粉彩百鹿尊 | 高45cm | 368,000 | 中贸圣佳 | 2022-07-29 |
| 清光绪 粉彩百鹿鹿头尊 | 高45.5cm | 356,500 | 北京大羿 | 2022-09-26 |
| 清光绪 粉彩百鹿图鹿头尊 | 高48.2cm | 322,000 | 中国嘉德 | 2022-05-29 |
| 清光绪 松石绿地粉彩缠枝宝相花纹婴戏图双绶带耳尊 | 高30.4cm | 207,000 | 北京中汉 | 2022-12-09 |
| 清光绪 粉彩百蝠尊 | 高33.3cm | 149,769 | 纽约佳士得 | 2022-09-23 |
| 清光绪 粉彩双龙赶珠八宝双龙耳尊（一对） | 高32cm×2 | 149,500 | 北京保利 | 2022-02-03 |
| 清光绪 粉彩百鹤鹿头尊 | 高46cm | 138,000 | 北京保利 | 2022-07-16 |
| 清光绪 黄地粉彩花鸟纹小象耳尊 | 高18.3cm | 48,300 | 中国嘉德 | 2022-06-04 |
| 清光绪 粉彩缠枝莲纹花觚 | 高30cm；直径18cm | 50,600 | 西泠印社 | 2022-01-22 |
| 清光绪 粉彩灵犬纹茶壶 | 宽19.8cm | 77,148 | 中国嘉德 | 2022-06-04 |
| 清光绪 粉彩九秋图牺耳盖罐 | 通高35.8cm | 299,000 | 中贸圣佳 | 2022-07-25 |
| 清光绪 粉彩荷塘鸳鸯图荷叶盖罐 | 高39.5cm | 149,500 | 中国嘉德 | 2022-05-29 |
| 清光绪 洋彩花缳图荷叶盖罐 | 高40cm | 126,500 | 永乐拍卖 | 2022-07-25 |
| 清光绪 粉彩九桃兽耳盖罐 | 高37.5cm；直径32.5cm | 57,500 | 西泠印社 | 2022-08-20 |
| 清光绪 粉彩喜鹊云纹三足鼎式炉 | 高11.5cm；直径14.5cm | 126,500 | 保利厦门 | 2022-10-22 |
| 清光绪 黄地粉彩福禄万代开光龙凤呈祥纹暖锅（一对） | 口径18.5cm×2 | 115,000 | 北京大羿 | 2022-12-25 |
| 清光绪 粉彩江崖海水缠枝宝相花纹爵托 | 直径16.1cm | 34,500 | 北京中汉 | 2022-04-27 |
| 清光绪 珊瑚红地粉彩牡丹纹墩式碗 | 高6cm；直径11cm | 57,500 | 保利厦门 | 2022-10-22 |
| 清光绪 绿地粉彩描金万福万寿纹大盘 | 直径66.2cm | 2,012,500 | 北京中汉 | 2022-06-28 |
| 清光绪 粉彩百蝠纹大盘（一对） | 直径50cm×2 | 564,345 | 保利香港 | 2022-10-10 |
| 清光绪 粉彩玉龙捧寿纹大盘 | 直径66cm；高13cm | 529,000 | 深圳富诺得 | 2022-10-06 |
| 清光绪 粉彩百福临门大盘 | 直径52cm | 402,500 | 华艺国际 | 2022-09-23 |

| 名称 | 物品尺寸 | 成交价RMB | 拍卖公司 | 拍卖日期 |
|---|---|---|---|---|
| 清光绪 粉彩龙凤盘 | 直径31.5cm；高5.5cm | 386,274 | 荣宝斋（香港） | 2022-11-26 |
| 清光绪 粉彩矾红云龙赶珠纹大盘 | 高10cm；直径52.5cm | 345,000 | 保利厦门 | 2022-10-22 |
| 清光绪 粉彩夔凤纹大盘 | 直径51cm | 218,500 | 北京保利 | 2022-07-16 |
| 清光绪 紫藤牡丹纹大盘 | 直径34cm | 161,000 | 北京荣宝 | 2022-07-24 |
| 清光绪 黄地粉彩万寿无疆纹盘 | 直径28cm | 133,723 | 中国嘉德 | 2022-06-04 |
| 清光绪 粉彩过枝福寿双全纹大盘 | 直径34.9cm | 115,832 | 香港苏富比 | 2022-11-25 |
| 清光绪 粉彩内缠枝莲八宝纹外龙凤纹大盘 | 直径34.5cm | 115,000 | 中国嘉德 | 2022-05-29 |
| 清光绪 粉彩八吉祥纹盘（一对） | 直径15cm×2 | 109,250 | 北京荣宝 | 2022-07-24 |
| 清光绪 黄地粉彩万福万寿图盘 | 直径14.2cm | 103,500 | 中国嘉德 | 2022-12-26 |
| 清光绪 粉彩云蝠纹大盘 | 直径34.5cm | 103,500 | 朵云轩 | 2022-08-08 |
| 清光绪 粉彩灵仙祝寿纹盘 | 口径37cm | 101,200 | 北京大羿 | 2022-09-26 |
| 清光绪 黄地粉彩缠枝花卉纹盘（一对） | 直径11cm×2 | 98,457 | 香港苏富比 | 2022-11-25 |
| 清光绪 粉彩加料彩灵仙祝寿盘（一对） | 直径18.7cm×2 | 97,750 | 北京保利 | 2022-02-03 |
| 清光绪 粉彩福寿双全纹盘（一对） | 直径17.8cm×2 | 96,373 | 纽约佳士得 | 2022-03-25 |
| 清光绪 粉彩九桃图盘 | 直径14.8cm | 92,000 | 中国嘉德 | 2022-05-30 |
| 清光绪 粉彩龙纹大盘 | 直径31.8cm | 86,250 | 中国嘉德 | 2022-06-27 |
| 清光绪 粉彩花螭纹盘（一对） | 直径18.3cm×2 | 86,250 | 中国嘉德 | 2022-05-31 |
| 清光绪 粉彩松鹤延年图盘（四只） | 直径14.5cm×4 | 80,500 | 中国嘉德 | 2022-09-27 |
| 清光绪 粉彩云蝠纹盘（一对） | 直径34cm×2 | 74,062 | 中国嘉德 | 2022-06-04 |
| 清光绪 粉彩花鸟纹盘（一对） | 直径16.2cm×2 | 63,250 | 中国嘉德 | 2022-05-30 |
| 清光绪 粉彩吹釉桃花洞纹盘 | 直径13.1cm | 60,700 | 中国嘉德 | 2022-10-07 |
| 清光绪 粉彩八吉祥大盘 | 直径33.8cm | 55,640 | 香港天骐 | 2022-01-22 |
| 清光绪 粉彩缠枝莲八宝纹大盘 | 直径25cm | 55,200 | 中国嘉德 | 2022-05-30 |
| 清光绪 珊瑚红地粉彩描金万寿盘 | 直径28.3cm | 55,200 | 中贸圣佳 | 2022-07-13 |
| 清光绪 粉彩团龙团花纹折沿大盘（一对） | 直径24cm×2 | 51,750 | 中国嘉德 | 2022-09-27 |
| 清光绪 粉彩云龙纹盘（一对） | 直径21.5cm×2 | 51,750 | 中国嘉德 | 2022-05-30 |
| 清光绪 粉彩云蝠纹大盘 | 直径34.2cm | 51,750 | 中国嘉德 | 2022-06-27 |
| 清光绪 粉彩缠枝莲八宝纹大盘 | 直径38cm | 51,750 | 中国嘉德 | 2022-05-30 |
| 清光绪 黄地粉彩花鸟纹大盘 | 直径40.2cm | 51,750 | 中国嘉德 | 2022-05-30 |
| 清光绪 外蓝地粉彩癞瓜内刻瓷花鸟纹盘（一对） | 直径114.7cm；直径214.6cm | 51,750 | 中贸圣佳 | 2022-09-25 |
| 清光绪 粉彩外折枝花卉内八宝纹大盘 | 直径26.3cm | 51,750 | 中贸圣佳 | 2022-05-30 |
| 清光绪 粉彩八宝开光丹桂飘香图盘 | 直径16.8cm | 48,300 | 中国嘉德 | 2022-05-30 |
| 清光绪 粉彩九桃大盘 | 直径34.3cm | 46,000 | 中国嘉德 | 2022-12-26 |
| 清光绪 粉彩云龙纹大盘 | 直径24.5cm | 46,000 | 中国嘉德 | 2022-09-30 |
| 清光绪 粉彩过枝癞瓜纹盘（一对） | 直径14.5cm×2 | 43,700 | 永乐拍卖 | 2022-07-24 |
| 清光绪 粉彩花鸟纹大盘 | 直径34cm | 40,250 | 中国嘉德 | 2022-06-02 |
| 清光绪 粉彩八吉祥纹盘 | 直径15.1cm | 40,250 | 北京中汉 | 2022-04-27 |
| 清光绪 粉彩过枝九桃纹大盘 | 直径47cm | 40,250 | 中贸圣佳 | 2022-09-25 |
| 清光绪 黄地粉彩缠枝洋莲纹盘 | 直径19cm | 40,250 | 北京保利 | 2022-07-29 |
| 清光绪 粉彩海棠花卉纹盘 | 直径21.1cm；高4.5cm | 40,250 | 广东崇正 | 2022-08-11 |
| 清光绪 黄地粉彩花卉纹盘 | 直径19cm | 37,950 | 华艺国际 | 2022-09-23 |
| 清光绪 粉彩芝仙祝寿纹折腰大盖盘（一对） | 直径25.9cm×2 | 36,800 | 中国嘉德 | 2022-09-30 |
| 清光绪 粉彩夔凤纹大盘 | 直径34cm | 36,800 | 中国嘉德 | 2022-05-30 |
| 清光绪 黄地粉彩万代云开光万寿无疆纹盘 | 直径34cm | 36,800 | 中国嘉德 | 2022-05-30 |
| 清光绪 黄地粉彩福寿纹大盘 | 直径24.5cm | 36,800 | 中国嘉德 | 2022-05-30 |
| 清光绪 粉彩松鹤延年图盘（一对） | 直径18.8cm×2 | 34,500 | 中国嘉德 | 2022-05-30 |
| 清光绪 粉彩缠枝莲八宝纹大盘 | 直径34.2cm | 34,500 | 中国嘉德 | 2022-05-30 |
| 清光绪 黄地粉彩缠枝莲福庆开光五谷丰登图大盘 | 直径24cm | 34,500 | 中国嘉德 | 2022-06-02 |
| 清光绪 粉彩九桃大盘 | 直径34.2cm | 34,500 | 中国嘉德 | 2022-09-27 |
| 清光绪 粉彩云龙纹大盘 | 直径26.8cm | 34,500 | 中国嘉德 | 2022-09-28 |
| 清光绪 粉彩八宝纹大盘 | 直径34.5cm | 34,500 | 西泠印社 | 2022-01-22 |
| 清光绪 粉彩灵仙祝寿纹盘（一对） | 直径16.8cm×2 | 33,109 | 中国嘉德 | 2022-10-07 |

**2022瓷器拍卖成交汇总(续表)**

(成交价RMB: 3万元以上)

| 名称 | 物品尺寸 | 成交价RMB | 拍卖公司 | 拍卖日期 |
|---|---|---|---|---|
| 清光绪 粉彩矾红龙纹八吉祥盘(一对) | 直径17.5cm×2 | 32,200 | 北京保利 | 2022-07-29 |
| 清光绪 黄地粉彩万福万寿纹大盘 | 直径27.6cm | 32,200 | 中国嘉德 | 2022-06-02 |
| 清光绪 黄地粉彩"万寿无疆"百蝶盖碗(一对) | 直径11.6cm×2 | 460,000 | 北京保利 | 2022-07-29 |
| 清光绪 外粉彩内青花莲池纹碗(一对) | 直径15.4cm×2 | 299,000 | 中贸圣佳 | 2022-07-13 |
| 清光绪 粉彩龙凤纹碗(一对) | 直径13.9cm×2 | 287,500 | 北京荣宝 | 2022-07-24 |
| 清光绪 内青花莲池外粉彩莲花纹碗(一对) | 直径15cm×2 | 230,000 | 北京大羿 | 2022-09-26 |
| 清光绪 黄地粉彩缠枝花纹碗(一对) | 直径12.5cm×2 | 220,080 | 香港苏富比 | 2022-11-25 |
| 清光绪 御制粉彩牡丹花卉纹碗(一对) | 直径20.7cm×2 | 207,000 | 永乐拍卖 | 2022-07-24 |
| 清光绪 内青花外粉彩荷塘纹碗(一对) | 口径15cm×2;高6.5cm×2 | 172,500 | 中贸圣佳 | 2022-10-27 |
| 清光绪 黄地粉彩万寿无疆纹大碗(一对) | 直径18cm×2 | 172,500 | 北京大羿 | 2022-09-26 |
| 清光绪 粉彩五福捧寿纹碗(一对) | 直径12.3cm×2;高8.1cm×2 | 161,000 | 中贸圣佳 | 2022-07-13 |
| 清光绪 内青花外粉彩荷塘纹碗 | 直径15cm | 149,500 | 北京诚轩 | 2022-08-09 |
| 清光绪 黄地粉彩万寿无疆纹碗 | 口径17cm | 149,500 | 北京大羿 | 2022-09-26 |
| 清光绪 粉彩夔凤纹大碗 | 直径20.7cm | 138,000 | 北京保利 | 2022-07-29 |
| 清光绪 粉彩九桃纹碗(一对) | 口径16.7cm×2 | 126,500 | 北京大羿 | 2022-09-26 |
| 清光绪 内青花外粉彩荷塘图碗 | 直径15.2cm | 115,000 | 中国嘉德 | 2022-05-29 |
| 清光绪 粉彩穿花夔凤纹大碗 | 直径20.6cm | 103,500 | 中国嘉德 | 2022-06-27 |
| 清光绪 内青花外粉彩荷塘图碗 | 直径15.5cm | 103,500 | 中国嘉德 | 2022-05-29 |
| 清光绪 黄地粉彩福禄万代开光五谷丰登图碗 | 口径12.5cm | 97,750 | 北京大羿 | 2022-12-18 |
| 清光绪 黄地粉彩描金喜字百蝶纹碗(一对) | 直径10.8cm×2 | 94,300 | 北京中汉 | 2022-09-29 |
| 清光绪 外粉彩内青花莲纹碗 | 直径15cm | 93,809 | 中国嘉德 | 2022-10-07 |
| 清光绪 黄地粉彩西番莲纹碗 | 口径12.2cm | 92,000 | 北京大羿 | 2022-09-26 |
| 清光绪 内青花外黄地轧道粉彩吉庆升平开光三羊开泰图碗 | 直径15cm | 92,000 | 中国嘉德 | 2022-12-26 |
| 清光绪 内青花外粉彩荷花碗 | 直径17.5cm | 92,000 | 北京保利 | 2022-07-16 |
| 清光绪 粉彩花鸟纹大碗 | 直径17.2cm | 92,000 | 中国嘉德 | 2022-05-30 |
| 清光绪 内矾红五蝠纹外黄地洋彩花卉纹碗 | 直径12.3cm | 92,000 | 中国嘉德 | 2022-05-30 |
| 清光绪 粉彩莲瓣纹碗 | 直径10.9cm;高5.6cm | 86,250 | 中贸圣佳 | 2022-06-07 |
| 清光绪 粉彩三羊开泰诗文碗 | 直径14.8cm | 86,250 | 中国嘉德 | 2022-09-27 |
| 清光绪 黄地洋彩洋花五福宫碗 | 直径17.1cm | 80,500 | 北京中汉 | 2022-04-27 |
| 清光绪 粉彩穿花夔凤纹大碗 | 直径21cm | 80,500 | 中国嘉德 | 2022-12-26 |
| 清光绪 粉彩松鹤延年图碗(四只) | 直径11.5cm×4 | 80,500 | 中国嘉德 | 2022-09-27 |
| 清光绪 黄地轧道开光粉彩三羊开泰节令膳碗 | 高6.5cm;直径5cm | 78,200 | 保利厦门 | 2022-10-22 |
| 清光绪 内青花外黄地轧道粉彩吉庆升平开光三羊开泰图碗 | 直径15.2cm | 74,750 | 中国嘉德 | 2022-09-28 |
| 清光绪 内青花外粉彩荷塘纹碗 | 直径17.7cm | 74,750 | 中贸圣佳 | 2022-09-25 |
| 清光绪 胭脂红地粉彩福禄万代开光四季山水纹仰钟碗 | 直径13cm | 69,000 | 中国嘉德 | 2022-05-30 |
| 清光绪 黄地粉彩五蝠捧寿纹碗(一对) | 口径14cm×2 | 69,000 | 北京大羿 | 2022-05-30 |
| 清光绪 粉彩莲瓣盖碗 | 直径11.7cm | 69,000 | 中国嘉德 | 2022-05-30 |
| 清光绪 粉彩艾叶灵符纹碗(一对) | 直径14.5cm×2 | 63,250 | 中国嘉德 | 2022-05-30 |
| 清光绪 粉彩云蝠纹大碗 | 直径18cm | 63,250 | 中国嘉德 | 2022-05-31 |
| 清光绪 粉彩松鹤延年图大碗(一对) | 直径16.5cm×2 | 63,250 | 中国嘉德 | 2022-09-27 |
| 清光绪 黄地粉彩福禄万代开光五谷丰登图碗(一对) | 口径14.5cm×2 | 63,250 | 北京大羿 | 2022-12-25 |
| 清光绪 内青花外粉彩荷塘图碗 | 直径17.2cm | 63,250 | 中国嘉德 | 2022-05-30 |
| 清光绪 内矾红五蝠纹外黄地洋彩缠枝花卉纹碗 | 直径12.8cm | 63,250 | 中国嘉德 | 2022-06-02 |

| 名称 | 物品尺寸 | 成交价RMB | 拍卖公司 | 拍卖日期 |
|---|---|---|---|---|
| 清光绪 内青花外黄地轧道粉彩开光三阳开泰纹碗 | 直径14.9cm | 59,800 | 北京中汉 | 2022-06-28 |
| 清光绪 粉彩过枝瓜瓞绵绵纹盖碗(一对) | 高8.5cm×2;直径10cm×2 | 57,500 | 保利厦门 | 2022-10-22 |
| 清光绪 内青花外粉彩荷塘纹碗 | 高6.5cm;直径15.5cm | 57,500 | 保利厦门 | 2022-10-22 |
| 清光绪 黄地洋彩洋花五蝠宫碗 | 直径12.4cm | 57,500 | 北京中汉 | 2022-04-27 |
| 清光绪 粉彩三羊开泰诗文碗 | 直径14.7cm | 55,200 | 中国嘉德 | 2022-05-29 |
| 清光绪 粉彩皮球花纹碗 | 口径11.9cm | 55,200 | 北京大羿 | 2022-09-26 |
| 清光绪 粉彩洪福齐天图盖碗(一对) | 直径11cm×2 | 51,750 | 中国嘉德 | 2022-12-26 |
| 清光绪 内青花外粉彩荷塘图碗 | 直径15.2cm | 51,750 | 中国嘉德 | 2022-05-30 |
| 清光绪 粉彩江山万代纹碗 | 直径12.4cm | 51,750 | 北京中汉 | 2022-04-27 |
| 清光绪 粉彩夔凤纹大碗 | 口径17.5cm | 51,750 | 北京大羿 | 2022-06-26 |
| 清光绪 黄地粉彩开光吉庆有余纹碗 | 直径12.5cm | 51,750 | 北京中汉 | 2022-06-28 |
| 清光绪 内青花外粉彩花卉纹碗 | 直径15.2cm;高6.5 | 51,750 | 中贸圣佳 | 2022-07-13 |
| 清光绪 松石绿地粉彩花鸟纹碗 | 直径12.3cm | 51,750 | 北京中汉 | 2022-08-08 |
| 清光绪 珊瑚红地粉彩开光花卉纹碗 | 高6cm;直径11cm | 51,750 | 广东崇正 | 2022-12-25 |
| 清光绪 粉彩桃花洞纹碗 | 高8cm;直径18.5cm | 51,750 | 广东崇正 | 2022-12-25 |
| 清光绪 粉彩缠枝花卉纹碗 | 高8.3cm;直径16.3cm | 51,750 | 广东崇正 | 2022-12-25 |
| 清光绪 粉彩过墙花果纹折腰碗 | 直径18cm | 49,663 | 中国嘉德 | 2022-10-07 |
| 清光绪 粉彩江山万代纹碗 | 高6cm;直径12.5cm | 48,300 | 保利厦门 | 2022-10-22 |
| 清光绪 粉彩花卉纹大碗 | 直径17cm | 48,300 | 中国嘉德 | 2022-05-30 |
| 清光绪 内粉彩夔凤穿花外双龙赶珠纹碗 | 直径17.1cm | 48,300 | 北京中汉 | 2022-04-27 |
| 清光绪 黄地粉彩五蝠捧寿纹碗 | 高9.2cm;直径21.5cm | 48,300 | 广东崇正 | 2022-08-11 |
| 清光绪 粉彩九秋图纹碗 | 高9.5cm;直径20cm | 48,300 | 广东崇正 | 2022-12-25 |
| 清光绪 粉彩水仙朱槿花卉纹碗 | 高8.3cm;直径16.8cm | 48,300 | 广东崇正 | 2022-12-25 |
| 清光绪 粉彩龙凤呈祥纹碗(一对) | 直径14cm×2 | 46,333 | 香港苏富比 | 2022-11-25 |
| 清光绪 粉彩龙凤纹大碗 | 直径38cm | 46,000 | 中国嘉德 | 2022-06-02 |
| 清光绪 黄地洋彩缠枝莲宝杵开光佛日常明小碗 | 直径11.8cm | 46,000 | 中国嘉德 | 2022-05-30 |
| 清光绪 黄地粉彩万福万寿纹大碗 | 直径17.6cm | 46,000 | 中国嘉德 | 2022-05-30 |
| 清光绪 粉彩海水双龙戏珠纹碗(一对) | 直径9.2cm×2 | 46,000 | 北京荣宝 | 2022-07-24 |
| 清光绪 松石绿地粉彩紫藤花鸟纹茶碗 | 直径10.7cm | 46,000 | 中国嘉德 | 2022-09-27 |
| 清光绪 粉彩八吉祥纹碗 | 直径15.6cm | 43,700 | 北京中汉 | 2022-06-03 |
| 清光绪 黄地粉彩双龙赶珠纹大碗 | 高15.5cm;直径37cm | 40,250 | 保利厦门 | 2022-10-22 |
| 清光绪 粉彩花卉纹碗 | 直径11.6cm | 40,250 | 中国嘉德 | 2022-05-30 |
| 清光绪 粉彩松鹤延年图碗、匙(两组) | 匙长15cm×2;碗直径14.5cm×2 | 40,250 | 中国嘉德 | 2022-09-27 |
| 清光绪 黄地粉彩博古开光云龙纹大碗 | 直径21.4cm | 40,250 | 中国嘉德 | 2022-05-30 |
| 清光绪 珊瑚红地开光粉彩花卉纹小碗 | 口径11cm | 40,250 | 北京大羿 | 2022-09-26 |
| 清光绪 大雅斋款蓝地粉彩紫藤花鸟纹碗 | 直径14.3cm;高6.3cm | 40,250 | 中贸圣佳 | 2022-09-25 |
| 清光绪 内外粉彩轧道龙纹碗 | 直径15.3cm | 36,800 | 北京保利 | 2022-07-16 |
| 清光绪 粉彩福寿纹碗 | 高9cm;直径20cm | 36,800 | 保利厦门 | 2022-10-22 |
| 清光绪 黄地粉彩开光博古双喜碗 | 高6.5cm;直径13cm | 36,800 | 保利厦门 | 2022-10-22 |
| 清光绪 粉彩内团鹤纹外牡丹纹碗 | 直径13.2cm | 36,800 | 中国嘉德 | 2022-05-30 |
| 清光绪 珊瑚红地洋彩开光花卉纹碗 | 直径10.8cm | 36,800 | 中国嘉德 | 2022-05-31 |
| 清光绪 粉彩折枝花卉纹茶碗 | 直径11cm | 36,800 | 中国嘉德 | 2022-09-27 |

| 名称 | 物品尺寸 | 成交价RMB | 拍卖公司 | 拍卖日期 |
|---|---|---|---|---|
| 清光绪 内青花外粉彩缠枝莲碗（一对） | 高7cm×2；直径15.3cm×2 | 36,800 | 西泠印社 | 2022-01-22 |
| 清光绪 珊瑚红粉彩花卉纹碗（一对） | 直径11cm×2 | 35,316 | 中国嘉德 | 2022-10-07 |
| 清光绪 粉彩双龙赶珠纹碗（一对） | 高6cm×2；直径12cm×2 | 34,500 | 保利厦门 | 2022-10-22 |
| 清光绪 粉彩云龙纹盖碗 | 碗直径10.5cm；盏托直径10.6cm | 34,500 | 中国嘉德 | 2022-05-30 |
| 清光绪 矾红描金粉彩八宝纹盖碗 | 直径10.7cm；高6.9cm | 34,500 | 中贸圣佳 | 2022-07-13 |
| 清光绪 绿地粉彩葡萄花卉盖碗 | 直径10.5cm | 34,500 | 华艺国际 | 2022-09-23 |
| 清光绪 粉彩癞瓜碗 | 直径10.6cm | 32,200 | 北京保利 | 2022-07-16 |
| 清光绪 粉彩缠枝莲开光五谷丰登图折沿大碗 | 直径20cm | 32,200 | 中国嘉德 | 2022-05-30 |
| 清光绪 黄地粉彩万寿无疆大碗 | 直径19.3cm | 32,200 | 北京荣宝 | 2022-07-24 |
| 清光绪 粉彩内穿花夔凤纹外云龙纹碗 | 直径17cm | 32,200 | 中国嘉德 | 2022-09-30 |
| 清光绪 黄地粉彩花卉碗 | 直径17cm | 29,900 | 北京保利 | 2022-07-16 |
| 清光绪 粉彩松鹤延年图杯盏（四套） | 杯直径5cm×4；盏托直径8.8cm×4 | 92,000 | 中国嘉德 | 2022-09-27 |
| 清光绪 粉彩荷花形秋操杯（一对） | 长19.5cm×2 | 166,750 | 中贸圣佳 | 2022-08-13 |
| 清光绪 粉彩鸡缸杯 | 高5.8cm；口径6.6cm | 109,250 | 广东崇正 | 2022-04-17 |
| 清光绪 粉彩鸡缸杯 | 直径6.7cm | 96,600 | 华艺国际 | 2022-09-23 |
| 清光绪 黄地粉彩百子图杯（一对） | 高6.6cm×2；直径8.6cm×2 | 92,000 | 西泠印社 | 2022-01-22 |
| 清光绪 松石绿地洋彩仿掐丝珐琅万福绵长图单鋬杯（一对） | 长9.5cm×2 | 80,500 | 中国嘉德 | 2022-09-27 |
| 清光绪 粉彩松鹤延年图杯（四只） | 直径7.2cm×4 | 80,500 | 中国嘉德 | 2022-09-27 |
| 清光绪 粉彩江山万代纹小杯（一对） | 口径6.3cm×2 | 80,500 | 北京大羿 | 2022-12-25 |
| 清光绪 粉彩江山万代纹茶圆（一对） | 口径6.3cm×2 | 71,300 | 北京大羿 | 2022-09-26 |
| 清光绪 粉彩松鹤延年图茶圆、盘（各一对） | 茶圆直径9.7cm×2；盘直径14.7cm×2 | 69,000 | 中国嘉德 | 2022-09-27 |
| 清光绪 松石绿地粉彩蝠寿纹杯（一对） | 直径8.4cm×2；高6.5cm×2 | 46,000 | 中贸圣佳 | 2022-09-25 |
| 清光绪 粉彩御题诗文鸡缸杯（一对） | 直径5.7cm×2；高4.4cm；高4.5cm | 40,250 | 中贸圣佳 | 2022-09-25 |
| 清光绪 粉彩鸡缸杯 | 直径7.8cm | 36,800 | 北京保利 | 2022-07-17 |
| 清光绪 粉彩百花不露地杯 | 直径8.8cm | 33,109 | 中国嘉德 | 2022-10-07 |
| 清光绪 黄地粉彩万寿无疆汤匙 | 长18.7cm×2 | 63,250 | 北京大羿 | 2022-09-26 |
| 清光绪 黄地粉彩瓜果纹捧盒 | 直径20cm | 379,500 | 北京大羿 | 2022-09-26 |
| 清光绪 松石绿地紫藤喜鹊纹盖盒 | 直径16cm | 345,000 | 北京大羿 | 2022-09-26 |
| 清光绪 黄地粉彩花卉纹捧盒（一对） | 高12.5cm×2；直径19.5cm×2 | 184,000 | 西泠印社 | 2022-01-22 |
| 清光绪 黄地粉彩眉寿长春图花盆 | 直径24.6cm×高16cm | 460,000 | 北京诚轩 | 2022-08-09 |
| 清光绪 粉彩紫藤花蝶图海棠形花盆（一对） | 长21.5cm×2 | 437,000 | 中国嘉德 | 2022-06-27 |
| 清光绪 黄地粉彩水仙花盆（一对） | 长14.6cm×2 | 287,500 | 北京保利 | 2022-07-16 |
| 清光绪 藕荷地粉彩花虫纹元宝式水仙盆 | 长21.5cm | 253,000 | 中国嘉德 | 2022-09-27 |
| 清光绪 黄地粉彩花卉纹花盆 | 直径26.8cm；高20.7cm | 207,000 | 中贸圣佳 | 2022-06-07 |
| 清光绪 蓝地粉彩蝶恋花纹扇形水仙盆 | 高4.9cm | 201,250 | 北京大羿 | 2022-06-26 |
| 清光绪 粉彩花卉纹花盆 | 宽10.8cm | 132,436 | 中国嘉德 | 2022-10-07 |
| 清光绪 官窑粉彩描金双龙纹花盆 | 32.3cm×8cm | 109,250 | 上海嘉禾 | 2022-01-01 |
| 清光绪 粉彩云龙纹银锭形花盆 | 宽33cm | 69,000 | 北京保利 | 2022-07-29 |
| 清光绪 黄地粉彩"益寿延年"福寿纹花盆 | 高32cm；直径37cm | 55,200 | 广东崇正 | 2022-12-25 |

| 名称 | 物品尺寸 | 成交价RMB | 拍卖公司 | 拍卖日期 |
|---|---|---|---|---|
| 清光绪 紫地粉彩花鸟纹鱼缸 | 直径71.8cm | 1,131,504 | 中国嘉德 | 2022-06-04 |
| 清光绪 粉彩双龙戏珠纹大缸（一对） | 高33.5cm×2；直径53cm×2 | 943,000 | 华艺国际 | 2022-07-29 |
| 清光绪 黄地粉彩寿桃纹大缸 | 高46cm；口径54cm | 333,500 | 北京大羿 | 2022-09-26 |
| 清光绪 御制松石绿地"大雅斋"灵仙祝寿大缸 | 42cm×47cm | 185,155 | 华艺国际 | 2022-05-29 |
| 清光绪 粉彩锦鸡牡丹纹卷缸 | 直径46.5cm；高40cm | 161,000 | 深圳富诺得 | 2022-10-06 |
| 清光绪 松石绿地粉彩葡萄花鸟纹渣斗 | 高8.5cm | 71,736 | 中国嘉德 | 2022-10-07 |
| 清光绪 粉彩五伦图渣斗 | 直径9.8cm | 43,700 | 中国嘉德 | 2022-09-27 |
| 清光绪 松石绿地粉彩紫藤花卉纹渣斗 | 高8.5cm；直径8.5cm | 36,800 | 西泠印社 | 2022-01-22 |
| 清光绪 黄底福寿纹渣斗 | 直径8.5cm | 34,500 | 上海嘉禾 | 2022-01-01 |
| 清光绪 粉彩云蝠纹帽筒（一对） | 高28cm×2 | 195,441 | 中国嘉德 | 2022-06-04 |
| 清光绪 白地轧道粉彩海水龙纹帽筒（一对） | 高27.7cm×2 | 32,200 | 中国嘉德 | 2022-09-28 |
| 清光绪 粉彩兰花图笔筒 | 直径15cm | 103,500 | 中国嘉德 | 2022-05-31 |
| 清光绪 粉彩一路连科折沿洗 | 直径40cm | 253,000 | 北京保利 | 2022-07-16 |
| 清光绪 粉彩路路连科图折沿洗 | 直径41.5cm | 57,500 | 北京诚轩 | 2022-08-09 |
| 清光绪 黄地粉彩荷塘白鹭折枝花卉纹折沿洗 | 直径33.5cm | 40,250 | 中贸圣佳 | 2022-09-25 |
| 清光绪 紫地粉彩水盂 | 高9cm | 57,500 | 北京保利 | 2022-07-16 |
| 清光绪 黄地粉彩"万寿无疆"餐具（一套七十六件） | 尺寸不一 | 977,500 | 保利厦门 | 2022-10-22 |
| 清光绪 苹果绿地粉彩豆 | 高25.5cm | 109,250 | 中国嘉德 | 2022-09-27 |
| 清光绪 粉彩百福双兽耳瓶（一对） | 高45.5cm×2 | 74,750 | 上海嘉禾 | 2022-01-01 |
| 19世纪 粉彩喜鹊登梅图小葫芦瓶 | 高11.5cm | 40,250 | 中贸圣佳 | 2022-08-13 |
| 19世纪 粉彩七珍八宝纹瓶（一对） | 直径9cm×2 | 41,145 | 中国嘉德 | 2022-06-04 |
| 18/19世纪 绿地粉彩矾红描金模印海水龙纹缸（一对） | 直径52.5cm×2 | 386,274 | 中国嘉德 | 2022-10-07 |
| 19世纪 黄地粉彩龙凤纹折沿洗 | 直径46cm | 115,000 | 北京羿趣国际 | 2022-04-28 |
| 19世纪末/20世纪初 黄地粉彩"万寿无疆"餐具（一组） | 尺寸不一 | 618,038 | 中国嘉德 | 2022-10-07 |
| 清宣统 粉彩花卉纹玉壶春瓶 | 高29.6cm | 483,000 | 北京大羿 | 2022-09-26 |
| 清宣统 粉彩百蝶图赏瓶 | 高38.8cm | 460,000 | 中国嘉德 | 2022-06-27 |
| 清宣统 粉彩福寿万代纹赏瓶 | 高38.8cm | 368,000 | 北京中汉 | 2022-12-09 |
| 清宣统 粉彩云福纹赏瓶 | 高40.3cm | 345,000 | 北京中汉 | 2022-12-09 |
| 清宣统 粉彩百蝶纹赏瓶 | 高39.5cm | 299,000 | 北京中汉 | 2022-12-09 |
| 清宣统 粉彩百蝶纹赏瓶 | 高39cm | 207,000 | 北京大羿 | 2022-06-26 |
| 清宣统 松石绿地粉彩紫藤花鸟纹鼓式盖罐 | 高25cm | 97,750 | 北京大羿 | 2022-09-26 |
| 清宣统 粉彩团花纹大盖罐 | 高41.3cm | 69,000 | 中贸圣佳 | 2023-01-01 |
| 清宣统 粉彩癞瓜纹鼓钉罐 | 高22.3cm | 51,750 | 中国嘉德 | 2022-05-31 |
| 清宣统 粉彩百蝶纹盘 | 直径23.3cm | 51,750 | 西泠印社 | 2022-01-22 |
| 清宣统 粉彩江山万代纹碗（一对） | 直径12.3cm×2 | 402,500 | 北京大羿 | 2022-06-26 |
| 清宣统 粉彩夔凤纹大碗 | 口径20.5cm | 356,500 | 北京大羿 | 2022-06-26 |
| 清宣统 粉彩穿花夔凤纹大碗 | 直径21cm | 345,000 | 中国嘉德 | 2022-06-27 |
| 清宣统 粉彩江山万代纹碗 | 口径12cm | 178,250 | 北京大羿 | 2022-06-26 |
| 清宣统 粉彩穿花夔凤纹碗 | 直径21cm | 143,473 | 中国嘉德 | 2022-10-07 |
| 清宣统 粉彩描金江山万代纹碗 | 口径12.3cm | 138,000 | 北京大羿 | 2022-12-18 |
| 清宣统 粉彩九桃洪福齐天纹碗 | 直径18.2cm；高9.2cm | 126,500 | 中贸圣佳 | 2022-08-13 |
| 清宣统 粉彩花卉纹大盖碗（一对） | 高13cm×2；直径20cm×2 | 46,000 | 保利厦门 | 2022-10-22 |
| 清宣统 粉彩癞瓜纹温温 | 直径17.5cm | 57,500 | 中国嘉德 | 2022-12-26 |
| 清晚期 粉彩九桃天球瓶 | 高50.2cm | 368,000 | 中国嘉德 | 2022-06-27 |
| 清晚期 粉彩喜上眉梢纹天球瓶 | 高51cm | 305,182 | 纽约佳士得 | 2022-03-25 |
| 清晚期 粉彩百花纹天球瓶（一对） | 高57.5cm×2 | 161,000 | 中国嘉德 | 2022-09-27 |
| 清晚期 黄地粉彩缠枝莲开光山水人物纹大盘口瓶 | 高79.2cm | 92,000 | 中国嘉德 | 2022-05-31 |

(成交价RMB：3万元以上)

| 名称 | 物品尺寸 | 成交价RMB | 拍卖公司 | 拍卖日期 |
|---|---|---|---|---|
| 清晚期 黄地粉彩鱼化龙纹棒槌瓶 | 高61.5cm | 74,750 | 中国嘉德 | 2022-05-30 |
| 清晚期 绿地轧道粉彩折枝花卉开光花鸟山水人物纹大赏瓶 | 高70.8cm | 69,000 | 中国嘉德 | 2022-05-31 |
| 清晚期 粉彩喜鹊登梅图梅瓶 | 高29.5cm | 69,000 | 中国嘉德 | 2022-06-27 |
| 清晚期 蓝地粉彩福禄万代开光花卉纹三多耳地瓶 | 高90cm | 51,750 | 中国嘉德 | 2022-09-27 |
| 清晚期 黄地、松石绿地粉彩福寿绵长图双联小方瓶 | 高19.5cm | 51,750 | 中国嘉德 | 2022-09-28 |
| 清晚期 粉彩贴塑穿花龙纹玉壶春瓶 | 高33cm | 48,300 | 中国嘉德 | 2022-09-28 |
| 清晚期 粉彩九桃瓶 | 高53cm，腹径35cm | 43,700 | 广东崇正 | 2022-04-17 |
| 清晚期 粉彩花鸟纹小梅瓶 | 高19.1cm | 40,250 | 中贸圣佳 | 2022-07-13 |
| 清晚期 黄地粉彩缠枝牡丹纹蟠螭大瓶（一对） | 高62.7cm×2 | 36,800 | 中国嘉德 | 2022-05-31 |
| 清晚期 粉彩花卉纹大盘口瓶 | 高56.5cm | 36,800 | 中国嘉德 | 2022-05-31 |
| 清晚期 粉彩百鹿图螭耳大瓶 | 高83cm | 36,800 | 中国嘉德 | 2022-05-31 |
| 清晚期 松石绿地粉彩《无双谱》人物纹天圆地方瓶（一对） | 高37.8cm×2 | 34,500 | 中国嘉德 | 2022-06-02 |
| 清晚期 粉彩缠枝莲开光婴戏图大天球瓶 | 高57.5cm，腹径35cm | 34,500 | 广东崇正 | 2022-04-17 |
| 清晚期 粉彩喜鹊登梅图大天球瓶 | 高51.5cm，直径31.5cm | 34,500 | 广东崇正 | 2022-08-11 |
| 清晚期 粉彩喜鹊登梅图鹿头尊 | 高40.4cm | 333,500 | 中国嘉德 | 2022-06-27 |
| 清晚期 粉彩百鹿尊 | 高47cm | 193,818 | 纽约佳士得 | 2022-09-23 |
| 清晚期 粉彩喜鹊登梅松鹿延年图鹿头尊 | 高51cm | 126,500 | 中国嘉德 | 2022-06-27 |
| 清晚期 珊瑚红地粉彩描金团螭纹太白尊 | 直径13.8cm | 43,700 | 中国嘉德 | 2022-05-30 |
| 清晚期 绿地粉彩缠枝莲福寿纹朝冠耳炉、花觚（三件） | 高36cm；高33.6cm；高33.6cm | 57,500 | 中国嘉德 | 2022-05-31 |
| 清晚期 粉彩庭院仕女婴戏图花觚 | 高43.8cm | 43,700 | 中国嘉德 | 2022-05-31 |
| 清晚期 粉彩缠枝福寿纹朝冠耳狮钮炉 | 直径18.5cm；高36.5cm | 40,250 | 中贸圣佳 | 2022-09-25 |
| 清晚期 黄地粉彩福禄万代开光龙凤纹朝冠耳炉 | 高39.5cm | 32,200 | 中国嘉德 | 2022-06-02 |
| 清晚期 粉彩百鸟朝凤图大瓷板 | 直径47.5cm | 69,000 | 中国嘉德 | 2022-05-30 |
| 清晚期 粉彩耕织图瓷板（四件） | 长48cm×4；宽38cm×4 | 34,728 | 保利香港 | 2022-10-10 |
| 清晚期 粉彩人物故事插屏 | 连框通高56cm | 34,500 | 北京荣宝 | 2022-07-24 |
| 清晚期 粉彩云龙纹大盘 | 直径53.5cm | 109,250 | 中国嘉德 | 2022-12-26 |
| 清晚期 粉彩花鸟纹盘（一对） | 直径14.7cm×2 | 55,200 | 中国嘉德 | 2022-05-31 |
| 清晚期 粉彩八宝纹盖碗（一对） | 杯直径11cm；盏托直径11.1cm | 46,000 | 中国嘉德 | 2022-09-29 |
| 清晚期 粉彩九桃图碗 | 直径10.8cm | 32,200 | 中国嘉德 | 2022-09-28 |
| 清晚期 粉彩三羊开泰诗文碗 | 直径14.5cm | 32,200 | 中国嘉德 | 2022-09-28 |
| 清晚期 粉彩过枝癞瓜纹套杯（八只） | 尺寸不一 | 40,250 | 中国嘉德 | 2022-09-28 |
| 清晚期 粉彩喜鹊登梅图杯 | 直径9cm | 36,800 | 中国嘉德 | 2022-09-28 |
| 清晚期 黄地粉彩穿花百鸟图捧盒 | 直径32cm | 51,750 | 中国嘉德 | 2022-05-30 |
| 清晚期 粉彩福寿双喜瓜瓞连绵百蝶图折沿盆 | 直径40.5cm | 230,000 | 中国嘉德 | 2022-06-27 |
| 清晚期 黄地粉彩八吉祥纹花盆 | 直径50.8cm | 149,769 | 纽约佳士得 | 2022-09-23 |
| 清晚期 粉彩报岁兰纹长方盆（一对） | 长34cm×2 | 55,200 | 中国嘉德 | 2022-05-30 |
| 清晚期 黄地粉彩福寿百花延年益寿大花盆 | 直径36.5cm | 40,250 | 中国嘉德 | 2022-05-30 |
| 清晚期 粉彩松鹤延年图大花盆（一对） | 直径37.5cm×2 | 32,200 | 中国嘉德 | 2022-06-02 |
| 清晚期 黄地粉彩福禄万代开光龙凤纹缸 | 直径52cm | 80,500 | 中国嘉德 | 2022-05-31 |
| 清晚期 粉彩内金玉满堂外黄地穿花龙纹大缸 | 直径53cm | 36,800 | 中国嘉德 | 2022-05-30 |
| 清晚期 粉彩富贵白头图缸 | 直径36cm | 34,500 | 中国嘉德 | 2022-09-29 |
| 清晚期 粉彩内金玉满堂图外松石绿地墨彩穿花龙纹大缸 | 直径41.3cm | 32,200 | 中国嘉德 | 2022-05-30 |
| 清晚期 福禄寿三星（三件套） | 尺寸不一 | 138,000 | 深圳富诺得 | 2022-10-06 |
| 清晚期 粉彩仙鹤（一对） | 高38cm（含座）×2 | 80,500 | 中国嘉德 | 2022-09-27 |
| 清 粉彩仙人图葫芦式扁瓶 | 高14cm | 869,116 | 佳士得 | 2022-11-29 |
| 清末 粉彩喜鹊登梅天球瓶 | 高56cm | 667,000 | 中贸圣佳 | 2022-07-13 |
| 清 粉彩人物故事六棱瓶（一对） | 高89cm×2 | 575,000 | 深圳富诺得 | 2022-10-06 |
| 清 粉彩九桃天球瓶 | 高23.5cm | 287,500 | 深圳富诺得 | 2022-10-06 |
| 清 粉彩双耳瓶 | 20.8cm×8.5cm | 230,000 | 上海嘉禾 | 2022-01-01 |
| 清 粉彩通景歌舞升平图瓶 | 高43cm | 184,000 | 广东崇正 | 2022-04-17 |
| 清 静远堂制胭脂红釉粉彩瓶 | 高35cm | 149,500 | 北京保利 | 2022-07-29 |
| 清代 粉彩百蝶纹赏瓶 | 高39.3cm | 149,500 | 上海嘉禾 | 2022-01-01 |
| 清 粉彩迎春图双耳瓶 | 高31cm；直径16.6cm | 115,000 | 西泠印社 | 2022-01-22 |
| 清 胭脂红地粉彩缠枝宝相花纹双兽耳瓶（一对） | 高20.2cm×2 | 92,000 | 北京中汉 | 2022-08-08 |
| 清 粉彩描金刘海戏金蟾出戟菱形瓶（一对） | 高28cm×2；宽20cm×2 | 92,000 | 浙江佳宝 | 2022-03-13 |
| 清 粉彩狩猎图棒槌瓶 | 高60cm | 69,000 | 广东崇正 | 2022-08-11 |
| 清 粉彩仕女图筒瓶 | 高20cm | 63,250 | 北京保利 | 2022-07-29 |
| 清 粉彩灵芝福寿纹三足瓶 | 高20.5cm；直径11.2cm | 59,800 | 广东崇正 | 2022-08-11 |
| 清 粉彩双耳人物故事大瓶 | 高63.2cm | 43,700 | 中贸圣佳 | 2022-09-26 |
| 清 粉彩海水龙纹大天球瓶 | 高52cm | 40,250 | 中鸿信 | 2022-09-11 |
| 清 松石绿地粉彩缠枝莲纹双耳瓶（一对） | 高11cm×2 | 34,500 | 西泠印社 | 2022-01-22 |
| 清 粉彩花卉纹长颈瓶 | 高24cm | 34,500 | 西泠印社 | 2022-01-22 |
| 清 豆青釉粉彩松竹梅天球瓶 | 高55cm | 34,500 | 中鸿信 | 2022-09-11 |
| 清代 黄底六角龙纹双耳瓶 | 高58.9cm | 33,742 | 台北艺珍 | 2022-09-25 |
| 清代 大清咸丰年制粉彩福寿纹双连瓶 | 高30cm；宽13cm | 32,976 | 台北艺珍 | 2022-03-06 |
| 清 雾蓝釉描金开光粉彩山水纹铺首尊 | 高50cm | 126,500 | 保利厦门 | 2022-10-22 |
| 清 粉彩双鹿耳尊 | 34cm×14.3cm | 115,000 | 上海嘉禾 | 2022-01-01 |
| 清 粉彩花鸟纹琵琶尊 | 高36.5cm | 36,800 | 广东崇正 | 2022-12-25 |
| 清 粉彩缠枝莲八宝瓷觚（二件） | 通高24.5cm×2 | 1,179,420 | 香港福羲国际 | 2022-12-28 |
| 清 绿地洋彩福寿纹喜字壶 | 通高15cm | 638,852 | 香港福羲国际 | 2022-12-28 |
| 清代 粉彩开光山水楼台茶壶 | 高13.3cm | 276,000 | 中贸圣佳 | 2022-07-13 |
| 清 粉彩小罐 | 6cm×7cm×5.5cm | 80,500 | 荣宝斋（南京） | 2022-12-08 |
| 清 粉彩描金云龙纹罐 | 直径15cm | 57,500 | 中鸿信 | 2022-09-11 |
| 清 黄地堆塑八宝纹粉彩盖罐 | 高24cm | 46,000 | 深圳富诺得 | 2022-10-06 |
| 清 黄地粉彩缠枝花卉纹朝冠耳大香炉 | 高63.3cm | 92,000 | 广东崇正 | 2022-12-25 |
| 清 粉彩龙凤纹高脚暖锅 | 高14.5cm | 69,575 | 中贸圣佳 | 2022-06-26 |
| 清 粉彩莲托八宝纹烛台 | 通高31.5cm | 216,227 | 香港福羲国际 | 2022-12-28 |
| 清 松石绿地粉彩莲托八宝纹烛台 | 通高27.5cm | 117,942 | 香港福羲国际 | 2022-12-28 |
| 清 粉彩花卉纹墩式碗 | 直径16.8cm | 245,712 | 香港福羲国际 | 2022-12-28 |
| 清 粉彩山水楼阁图瓷板（一对） | 68cm×37cm×2 | 463,528 | 佳士得 | 2022-11-29 |
| 清 粉彩八仙贺寿瓷板挂屏 | 长69cm；宽48cm | 57,500 | 西泠印社 | 2022-08-21 |
| 清代 粉彩福寿如意瓶 | 高30.4cm | 38,933 | 台北艺珍 | 2022-09-25 |
| 清 松石绿地洋彩仿掐丝珐琅万福连绵图茶船 | 长14.8cm | 69,000 | 中国嘉德 | 2022-12-26 |
| 清代 粉彩胡人献宝瓷塑（一对） | 高23.3cm×2 | 126,500 | 中贸圣佳 | 2022-07-13 |
| 清 粉彩八仙人物瓷塑（一套八件） | 尺寸不一（最大者高43cm） | 34,500 | 中贸圣佳 | 2022-09-25 |
| 清 粉彩过枝福寿双全八桃五蝠盘 | 直径20.5cm | 2,751,980 | 香港福羲国际 | 2022-12-28 |
| 清 粉彩云蝠纹盘 | 直径35.5cm | 98,285 | 香港福羲国际 | 2022-12-28 |
| 清 粉彩螭龙纹花口盘 | 直径20cm | 57,500 | 中鸿信 | 2022-09-11 |
| 清光绪 粉彩过墙福寿盘（一对） | 2.5cm×14.5cm×2 | 48,300 | 荣宝斋（南京） | 2022-12-08 |
| 清 胭脂红粉彩盘 | 直径13cm | 44,275 | 中贸圣佳 | 2022-06-26 |

(成交价RMB：3万元以上)

| 名称 | 物品尺寸 | 成交价RMB | 拍卖公司 | 拍卖日期 |
|---|---|---|---|---|
| 清 黄地洋彩花卉纹碗 | 直径16.2cm | 904,222 | 香港福羲国际 | 2022-12-28 |
| 清 粉彩描金莲瓣纹盖碗（二件） | 直径11.5cm×2 | 609,367 | 香港福羲国际 | 2022-12-28 |
| 清 粉彩三多图碗 | 15cm×6.5cm | 230,000 | 荣宝斋（南京） | 2022-12-08 |
| 清 青花粉彩开光碗 | 20cm×8.8cm | 172,500 | 荣宝斋（南京） | 2022-12-08 |
| 清代 三阳开泰诗文粉彩碗 | 直径13.7cm | 69,000 | 上海嘉禾 | 2022-01-01 |
| 清代 粉彩花鸟纹碗（一对） | 直径12.5cm×2 | 57,500 | 上海嘉禾 | 2022-01-01 |
| 清 粉彩开光花卉碗 | 9.5cm×21cm | 57,500 | 荣宝斋（南京） | 2022-12-08 |
| 清 大清乾隆年制款松石绿地粉彩描金开光龙纹对碗 | 高4.5cm×2；口径9.3cm×2 | 55,200 | 西泠印社 | 2022-01-23 |
| 清 粉彩夔凤纹碗 | 直径11.5cm | 54,056 | 香港福羲国际 | 2022-12-28 |
| 清 粉彩九桃过枝碗 | 直径15.5cm | 51,750 | 华艺国际 | 2022-09-23 |
| 清 粉彩人物故事碗 | 直径12.7cm | 46,000 | 北京荣宝 | 2022-07-24 |
| 清 粉彩人物盖碗（十三套） | 尺寸不一 | 36,800 | 朵云轩 | 2022-08-08 |
| 清 粉彩癞瓜碗（一对） | 直径13cm×2 | 30,475 | 中贸圣佳 | 2022-06-26 |
| 清 粉彩过枝"萱寿延龄"图杯（一对） | 直径8.7cm×2；高4.3cm×2 | 414,000 | 北京保利 | 2022-07-29 |
| 清 粉彩喜鹊登梅纹杯 | 直径9cm | 40,250 | 永乐拍卖 | 2022-07-24 |
| 清 粉彩花卉纹大捧盒 | 高15.5cm；直径33cm | 57,500 | 西泠印社 | 2022-01-22 |
| 清 木纹釉开光粉彩婴戏图盖盒 | 高3.6cm；长7.9cm；宽7.9cm | 32,200 | 西泠印社 | 2022-08-21 |
| 清 粉彩大盆 | 32cm×15cm | 46,000 | 上海嘉禾 | 2022-01-01 |
| 清 黄地粉彩缠枝花卉纹海棠形花盆（一对） | 高18.4cm×2；长27cm×2 | 34,500 | 西泠印社 | 2022-01-22 |
| 清 粉彩御题诗鸡缸水洗 | 直径11.2cm | 40,250 | 江苏汇中 | 2022-08-17 |
| 清 粉彩童子香插（一对） | 高4.5cm×2、宽11.8cm×2 | 34,500 | 西泠印社 | 2022-08-21 |
| 清 松石绿地粉彩描金福寿连绵纹六方笔筒 | 通高12cm | 275,198 | 香港福羲国际 | 2022-12-28 |
| 清 大雅斋黄地粉彩绘龙花卉纹水洗 | 26cm×14cm | 149,500 | 上海嘉禾 | 2022-01-01 |
| 清 外珊瑚红釉内粉彩人物故事洗（一对） | 口径14.7cm×2；高5cm×2 | 34,500 | 浙江佳宝 | 2022-03-13 |
| 清 粉彩文源阁印章 | 7cm×3.2cm×3.2cm | 138,000 | 广东崇正 | 2022-08-11 |
| 清 粉彩弥勒佛 | 高29.5cm；长22.5cm | 112,700 | 华艺国际 | 2022-09-23 |
| 清 粉彩百蝶纹三孔花插 | 高8.5cm；直径9.4cm | 41,400 | 西泠印社 | 2022-01-22 |
| 民国 张志汤 粉彩青绿山水图瓶 | 高25.5cm | 345,000 | 中贸圣佳 | 2023-01-01 |
| 民国 粉彩山水人物图大天球瓶（一对） | 高57.1cm×2 | 299,000 | 中贸圣佳 | 2022-07-13 |
| 民国 粉彩香山九老图大瓶（一对） | 高59.4cm×2 | 230,000 | 中贸圣佳 | 2022-07-26 |
| 民国 粉彩镂空转心瓶 | 宽17cm；高25cm | 230,000 | 深圳富诺得 | 2022-10-06 |
| 民国 粉彩婴戏图赏瓶（一对） | 高40cm×2 | 184,000 | 中国嘉德 | 2022-06-27 |
| 民国 粉彩榴开百子图天球瓶 | 高45.4cm | 184,000 | 中贸圣佳 | 2023-01-01 |
| 民国 粉彩人物诗文四方扁瓶 | 高40.5cm | 172,500 | 北京中汉 | 2022-12-09 |
| 民国 汪晓棠 粉彩教子图瓶 | 高19.3cm | 172,500 | 中贸圣佳 | 2023-01-01 |
| 民国 粉彩龙纹转心瓶 | 通高28.1cm | 161,000 | 中贸圣佳 | 2022-07-13 |
| 民国 王大凡粉彩静远堂制教子图瓶 | 高20cm | 161,000 | 中贸圣佳 | 2022-08-12 |
| 民国 方云峰 粉彩竹里煎茶图瓶 | 高19.2cm | 161,000 | 中贸圣佳 | 2022-08-12 |
| 民国 冬瓜瓶（花鸟） | 34cm×16cm | 149,500 | 上海嘉禾 | 2022-01-01 |
| 民国 黄地轧道粉彩花卉开光人物故事双耳瓶 | 高27cm | 138,000 | 北京荣宝 | 2022-07-24 |
| 民国 粉彩美女高士图瓶（一对） | 高34cm；高34cm | 138,000 | 中贸圣佳 | 2022-08-12 |
| 民国 万云岩 粉彩教子图瓶（一对） | 高45.5cm×2 | 138,000 | 中贸圣佳 | 2023-01-01 |
| 民国 粉彩五老观太极图天球瓶 | 高56cm | 132,250 | 永乐拍卖 | 2022-07-24 |
| 民国 梅花馆制粉彩梅鹤图瓶 | 高40.6cm | 126,500 | 中贸圣佳 | 2023-01-01 |

| 名称 | 物品尺寸 | 成交价RMB | 拍卖公司 | 拍卖日期 |
|---|---|---|---|---|
| 民国 粉彩竹报平安图双耳瓶 | 通高27.8cm | 117,942 | 香港福羲国际 | 2022-12-28 |
| 民国 粉彩山水飞鸣食宿纹琮式瓶 | 高19.6cm | 115,000 | 中贸圣佳 | 2022-06-07 |
| 民国 粉彩蝠耳《红楼梦》人物瓶（一对） | 高34.5cm×2 | 112,700 | 中贸圣佳 | 2022-06-07 |
| 民国 粉彩寿星图瓶 | 高19.2cm | 109,250 | 中贸圣佳 | 2022-06-07 |
| 民国 静远堂制粉彩紫藤绶带图瓶 | 高19cm | 105,800 | 中贸圣佳 | 2022-08-12 |
| 民国 粉彩罗汉图瓶 | 高12cm | 102,864 | 中国嘉德 | 2022-06-04 |
| 民国 徐仲南 粉彩寒竹幽禽图瓶 | 高23.2cm | 92,000 | 中贸圣佳 | 2022-07-26 |
| 民国 粉彩龙纹花鸟转心瓶 | 高28.5cm | 86,250 | 北京保利 | 2022-07-16 |
| 民国 粉彩山水人物撇口瓶 | 通高23.5cm | 78,628 | 香港福羲国际 | 2022-12-28 |
| 民国 王大凡款粉彩竹林七贤图瓶 | 高36.2cm | 77,254 | 中国嘉德 | 2022-10-07 |
| 民国 粉彩铁拐李降兽图瓶 | 高14.5cm | 74,750 | 中贸圣佳 | 2022-07-26 |
| 民国 粉彩灵猴献瑞图灯笼瓶 | 高18.8cm | 69,000 | 中国嘉德 | 2022-05-30 |
| 民国 粉彩八仙贺寿大撇口瓶 | 高37cm | 69,000 | 北京保利 | 2022-07-29 |
| 民国 粉彩百花不露地转心瓶 | 高23.7cm | 66,218 | 中国嘉德 | 2022-10-07 |
| 民国 粉彩喜上眉梢图瓶 | 高19.2cm | 64,400 | 中贸圣佳 | 2022-08-12 |
| 民国 粉彩刘海戏蟾图瓶（一对） | 高35cm×2 | 62,100 | 中贸圣佳 | 2022-08-12 |
| 民国 粉彩十二花神灯笼瓶 | 高39.3cm | 57,500 | 华艺国际 | 2022-09-23 |
| 民国 粉彩八骏图蝠耳瓶 | 高34.8cm | 54,050 | 中贸圣佳 | 2022-08-12 |
| 民国 松石绿地粉彩缠枝莲纹五子登科包袱瓶 | 高41.9cm | 52,141 | 台北艺珍 | 2022-12-04 |
| 民国 粉彩灵山仙鹤图天球瓶 | 高39cm | 51,750 | 中贸圣佳 | 2022-07-13 |
| 民国 粉彩婴戏图观音瓶 | 直径22.8cm | 51,750 | 北京中汉 | 2022-12-09 |
| 民国 蓝地轧道粉彩开光山水图双耳四方瓶 | 高19.5cm | 50,600 | 北京中汉 | 2022-06-03 |
| 民国 粉彩山水花卉纹琮式瓶 | 高19.3cm | 49,663 | 中国嘉德 | 2022-10-07 |
| 民国 粉彩侍女瓶（带红木原盒） | 高19.6cm | 48,300 | 中贸圣佳 | 2022-07-10 |
| 民国 绿地粉彩缠枝莲五谷丰登图瓶（一对） | 高19.6cm×2 | 46,000 | 中国嘉德 | 2022-05-31 |
| 民国 矾红仿木纹釉开光粉彩《朱文公家训》书卷形瓶 | 高29.3cm | 46,000 | 中国嘉德 | 2022-05-31 |
| 民国 《白蛇传》人物象耳瓶 | 高40.5cm | 46,000 | 中贸圣佳 | 2022-08-06 |
| 民国 粉彩三多纹绶带葫芦瓶 | 高42.5cm | 43,700 | 保利厦门 | 2022-10-22 |
| 民国 粉彩木兰从军人物故事图棒槌瓶 | 高45.4cm×2 | 43,700 | 中国嘉德 | 2022-05-31 |
| 民国 粉彩百花纹小天球瓶 | 高18.3cm | 40,250 | 中国嘉德 | 2022-05-30 |
| 民国 蓝地粉彩开光山水图双耳四方瓶 | 高19.5cm | 37,950 | 北京中汉 | 2022-06-03 |
| 民国 洪宪年制粉彩绣球鸡冠图瓶 | 高32cm | 37,950 | 中贸圣佳 | 2022-08-12 |
| 民国 粉彩寒江独钓诗文瓶 | 高20.5cm | 36,800 | 中国嘉德 | 2022-05-30 |
| 民国 粉彩凸雕九桃大球瓶 | 高56.5cm | 36,800 | 中贸圣佳 | 2022-09-28 |
| 民国 松石绿地粉彩缠枝莲蝠纹双联瓶 | 高25cm | 36,800 | 中国嘉德 | 2022-09-30 |
| 民国 粉彩婴戏图瓶 | 高21.5cm | 36,002 | 中国嘉德 | 2022-06-04 |
| 民国 胭脂红地粉彩缠枝宝相花纹婴戏图瓶 | 高29.8cm | 34,500 | 北京中汉 | 2022-04-27 |
| 民国 黄地粉彩花卉开光云龙纹转心瓶 | 高28.2cm | 34,500 | 中贸圣佳 | 2022-09-25 |
| 民国 珊瑚红描金开光粉彩花鸟瓶 | 高35.5cm | 30,901 | 中国嘉德 | 2022-10-07 |
| 民国 金地粉彩开光四季山水花鸟双耳尊 | 高38.4cm | 575,000 | 中贸圣佳 | 2022-07-26 |
| 民国 粉彩婴戏图灯笼尊 | 高19cm | 166,750 | 保利厦门 | 2022-10-22 |
| 民国 粉彩牧马图灯笼尊（一对） | 高28.9cm×2 | 120,750 | 中贸圣佳 | 2022-06-07 |
| 民国 胭脂地粉彩西番莲纹开光二乔故事图牛头尊 | 高24.5cm | 32,200 | 保利厦门 | 2022-10-22 |
| 民国 蓝料彩加粉彩花鸟纹琵琶尊 | 高41cm | 32,200 | 保利厦门 | |
| 民国 粉彩花鸟纹小花觚（一对） | 高24.4cm×2 | 43,700 | 中国嘉德 | 2022-09-28 |
| 民国 粉彩龙凤纹壶（八把） | 尺寸不一 | 36,800 | 中国嘉德 | 2022-09-30 |
| 民国 花卉灵芝盖罐 | 高27.5cm | 713,000 | 北京保利 | 2022-11-12 |
| 民国 蓝地粉彩开光花卉纹盖罐（一对） | 高20cm×2 | 74,750 | 保利厦门 | 2022-10-22 |
| 民国 粉彩浮雕云蝠纹三足炉 | 高8cm | 65,116 | 保利香港 | 2022-10-10 |
| 民国 王琦绘为杨杰（耿光）将军定制粉彩四爱图瓷板 | 79cm×25cm×4cm | 4,485,000 | 北京保利 | 2022-07-29 |

## 2022瓷器拍卖成交汇总（续表）

（成交价RMB：3万元以上）

| 名称 | 物品尺寸 | 成交价RMB | 拍卖公司 | 拍卖日期 |
|---|---|---|---|---|
| 民国 王琦作粉彩"渊明爱菊、"东坡爱砚"图瓷板（一对） | 瓷板 75.5cm×19.8cm×2 | 1,092,500 | 北京中汉 | 2022-08-08 |
| 民国 张志汤 粉彩四季山水图瓷板（一套四片） | 73cm×17.8cm×4 | 1,092,500 | 中贸圣佳 | 2022-07-26 |
| 民国 潘匋宇 粉彩鹦鹉图瓷板 | 长25.9cm；宽39.3cm | 805,000 | 中贸圣佳 | 2022-07-26 |
| 民国二十九年（1940年）汪野亭绘汪小亭题粉彩"云壑飞泉"山水图瓷板 | 39cm×25cm | 713,000 | 中国嘉德 | 2022-06-27 |
| 民国 王琦画照镜图瓷板座屏 | 40cm×26cm | 551,820 | 中国嘉德 | 2022-10-07 |
| 民国 粉彩渔樵耕读图瓷板（二件） | 20cm×13cm×2 | 491,425 | 香港福羲国际 | 2022-12-28 |
| 民国 段子安 粉彩人物瓷板（一对） | 瓷板 80.5cm×21.5cm×2 | 379,500 | 中贸圣佳 | 2023-01-01 |
| 民国 粉彩人物故事瓷板 | 长23cm | 294,855 | 香港福羲国际 | 2022-12-28 |
| 民国 何许人粉彩花鸟图瓷板（一对） | 瓷板 38.2cm×12.7cm×2 | 276,000 | 中贸圣佳 | 2022-08-12 |
| 民国 程意亭 粉彩花鸟图瓷板插屏 | 瓷板长19.5cm；宽12.5cm | 207,000 | 中贸圣佳 | 2022-07-26 |
| 民国 邓碧珊 粉彩鱼藻图小瓷板 | 长20.1cm；宽13cm | 184,000 | 中贸圣佳 | 2022-07-26 |
| 民国 汪晓棠风格粉彩大富贵亦寿考图中堂瓷板 | 瓷板宽24cm；高56.5cm | 172,500 | 中贸圣佳 | 2022-07-26 |
| 民国 粉彩雪景人物瓷板 | 长39cm；宽26cm | 117,300 | 中贸圣佳 | 2022-06-26 |
| 民国 瓷板（一套四块） | 39cm×16cm×4 | 89,700 | 上海嘉禾 | 2022-01-01 |
| 民国 粉彩喜上眉梢图瓷板 | 瓷板32cm×22.5cm | 86,250 | 中贸圣佳 | 2022-08-12 |
| 民国 张志汤 瓷板 | 60cm×45cm | 74,750 | 上海嘉禾 | 2022-01-01 |
| 民国 汪野亭 粉彩山水瓷板 | 长43.2cm；宽13.2cm | 63,250 | 中贸圣佳 | 2022-06-07 |
| 民国 李明亮 粉彩月季图瓷板 | 板长38cm；宽25.2cm | 57,500 | 中贸圣佳 | 2022-07-26 |
| 民国 粉彩雄鸡牡丹图瓷板插屏 | 瓷板42cm×28.5cm | 48,300 | 中国嘉德 | 2022-05-31 |
| 民国 王琦粉彩八仙人物图瓷板 | 瓷板 54.5cm×11.5cm | 46,000 | 中贸圣佳 | 2022-08-12 |
| 民国 粉彩婴戏图瓷板 | 瓷板 45.5cm×30.5cm | 41,400 | 中贸圣佳 | 2022-09-28 |
| 民国 粉彩倚虎侍女图瓷板 | 长39.3cm；宽26.2cm | 39,675 | 中贸圣佳 | 2022-07-10 |
| 民国 莲溪款粉彩山水瓷板 | 75.5cm×20.8cm | 35,650 | 中贸圣佳 | 2022-08-12 |
| 民国 粉彩伏虎图瓷板插屏 | 高70cm；瓷板38.5cm×25cm | 34,500 | 中国嘉德 | 2022-09-28 |
| 民国 粉彩人物故事瓷板（一组四件） | 47cm×33.5cm×4 | 34,500 | 北京保利 | 2022-07-17 |
| 民国 粉彩西番莲开光山水人物图如意耳尊 | 高38.9cm | 322,000 | 中贸圣佳 | 2022-07-13 |
| 民国 黄地粉彩缠枝莲必定如意花口花盆（一对） | 直径17cm×2 | 40,250 | 中国嘉德 | 2022-09-29 |
| 民国 曾龙升款酱釉粉彩达摩立像 | 高55.2cm | 138,000 | 中贸圣佳 | 2022-09-25 |
| 民国 粉彩罗汉立像 | 高27cm | 51,750 | 广东崇正 | 2022-04-17 |
| 民国 魏洪泰粉彩五子登科弥勒像 | 长21.5cm；高19cm | 36,800 | 中贸圣佳 | 2022-08-06 |
| 民国 曾龙升粉彩关公瓷塑 | 高47cm | 287,500 | 中贸圣佳 | 2022-07-26 |
| 民国 曾龙升粉彩罗汉瓷塑 | 高36.5cm | 155,250 | 中贸圣佳 | 2022-08-12 |
| 民国 游林记造 粉彩布袋和尚瓷塑 | 高26.8cm | 69,000 | 中贸圣佳 | 2023-01-01 |
| 民国 粉彩龙凤大盘（一对） | 直径37.5cm×2 | 63,250 | 北京保利 | 2022-07-29 |
| 民国 粉彩山水人物纹盘（一对） | 直径13cm×2 | 57,500 | 中国嘉德 | 2022-06-27 |
| 民国 粉彩花蝶图盘（一组四件） | 直径14.2cm×4 | 48,300 | 中贸圣佳 | 2022-07-26 |
| 民国 粉彩龙凤纹盘 | 直径39.8cm | 32,200 | 中国嘉德 | 2022-05-30 |
| 民国 粉彩山水盘 | 直径23.4cm | 32,200 | 北京保利 | 2022-11-12 |
| 民国 内青花描金鹊桥仙渡图外粉彩龙凤纹大碗 | 直径17.2cm | 149,500 | 中国嘉德 | 2022-09-27 |
| 民国三十六年（1947年）黄地粉彩八宝开光艾叶灵符纹碗（一对） | 直径11.5cm×2 | 92,000 | 中国嘉德 | 2022-05-30 |
| 民国 粉彩过枝芙蓉花碗（一对） | 直径13cm×2 | 57,500 | 华艺国际 | 2022-09-23 |
| 民国 粉彩花卉纹碗（一对） | 直径12.5cm×2 | 51,750 | 中古陶 | 2022-08-21 |
| 民国 金地粉彩云龙纹碗 | 直径13.6cm；高5.7cm | 43,700 | 中贸圣佳 | 2022-07-26 |
| 民国 粉彩团龙团凤纹大碗 | 直径23cm | 32,200 | 中国嘉德 | 2022-05-30 |
| 民国 洪宪年制粉彩花蝶图杯（一对） | 直径8.6cm×2；高6.5cm×2 | 63,250 | 中贸圣佳 | 2022-08-13 |
| 民国 粉彩鸡缸杯（一对） | 直径7.5cm×2 | 57,500 | 中国嘉德 | 2022-05-30 |
| 民国 宋庆龄 "保卫和平，保卫儿童" 粉彩花卉杯（一对） | 直径5.2cm×2；高4.3cm×2 | 48,300 | 中贸圣佳 | 2022-08-13 |
| 民国 粉彩寿桃纹大捧盒（一对） | 直径26.8cm×2；高20cm×2 | 172,500 | 中贸圣佳 | 2022-07-13 |
| 民国 粉彩花鸟捧盒（一对） | 直径23.4cm×2；高15.2cm×2 | 41,975 | 中贸圣佳 | 2022-06-26 |
| 民国 粉彩锦地花卉捧盒 | 直径16.5cm | 32,200 | 深圳富诺得 | 2022-10-06 |
| 民国 松石绿地轧道彩粉彩折枝花卉纹海棠花盆（一对） | 长26.7cm×2 | 80,500 | 中国嘉德 | 2022-05-30 |
| 民国 粉彩捆竹花盆（一对） | 直径18cm；直径17.5cm | 48,300 | 中贸圣佳 | 2022-09-28 |
| 民国 粉彩折枝花卉纹长方花盆（一对） | 23.6cm×15.3cm×7.8cm×2 | 36,800 | 中贸圣佳 | 2022-09-28 |
| 民国 粉彩轧道开光花鸟纹花盆（一对） | 直径17cm×2 | 33,109 | 中国嘉德 | 2022-10-07 |
| 民国 粉彩百子婴戏图花盆 | 直径17.5cm | 32,200 | 中国嘉德 | 2022-05-30 |
| 民国 洒蓝描金开光粉彩花鸟六方卷缸 | 直径31cm | 55,200 | 中鸿信 | 2022-09-11 |
| 民国 粉彩婴戏图帽筒（一对） | 最大的高32.5cm | 97,120 | 中国嘉德 | 2022-10-07 |
| 民国 张志汤 粉彩丛菊图笔筒 | 直径4.7cm；高14cm | 207,000 | 中贸圣佳 | 2023-01-01 |
| 民国 居仁堂制粉彩松鹤延年图菱形笔筒 | 高14.2cm | 109,250 | 中贸圣佳 | 2022-07-26 |
| 民国 居仁堂制粉彩绶带鸟花卉纹水盂 | 高6.7cm；腹径8.6cm | 51,750 | 西泠印社 | 2022-08-21 |
| 民国 徐仲南 粉彩竹石图印盒 | 直径6.5cm | 32,200 | 中贸圣佳 | 2022-07-26 |
| 民国 粉彩瑶台仕女图画筒 | 高46cm | 184,000 | 中贸圣佳 | 2022-07-26 |
| 20世纪 粉彩草虫纹橄榄瓶（一对） | 高35cm×2 | 347,646 | 佳士得 | 2022-11-29 |
| 20世纪70年代 粉彩神仙故事图瓶 | 高45.7cm | 42,550 | 中贸圣佳 | 2022-08-12 |
| 20世纪60年代 刘仲卿粉彩百蝶图皮灯 | 高19.5cm | 69,000 | 中贸圣佳 | 2022-08-12 |
| 20世纪 1964年作粉彩关帝像（一组三件） | 整件高32cm | 50,400 | 上海联合 | 2022-08-13 |
| 现代 毕渊明 粉彩封侯图中堂瓷板 | 板60.5cm×44.5cm | 115,000 | 中贸圣佳 | 2022-07-26 |
| 当代 方毅 粉彩竹石图瓶（一对） | 高18cm×2 | 29,900 | 中贸圣佳 | 2023-01-01 |
| 1949年 余翰青 粉彩和平鸽胆瓶 | 高46cm | 1,288,000 | 中贸圣佳 | 2022-07-26 |
| 1957年 刘仲卿粉彩富贵图兽耳莲花口瓶 | 高21cm | 1,265,000 | 中贸圣佳 | 2022-07-26 |
| 2013年 黄美尧 三楚秀色·新粉彩瓷瓶 | 高35cm；直径18cm | 1,035,000 | 景德镇华艺 | 2022-01-15 |
| 蓝国华 锦上添花粉彩瓷瓶（一对） | 高45cm×2 | 440,000 | 北京得逸 | 2022-08-22 |
| 施鸿光 粉彩花鸟蝠耳瓶（一对） | 高35cm×2 | 333,500 | 北京保利 | 2022-11-12 |
| 20世纪50年代 粉彩万花地开窗竹报平安蝠耳瓶 | 高41.7cm | 299,000 | 中贸圣佳 | 2023-01-01 |
| 20世纪50—60年代 粉彩三圣母图大瓶 | 高60.4cm | 264,500 | 中贸圣佳 | 2022-07-26 |
| 2017年 余贵初《红楼梦》十二金钗粉彩瓶 | 高约66cm，口径约17.8cm | 198,500 | 北京伍佰艺 | 2022-10-28 |
| 粉彩双耳花鸟瓶 | 高20cm | 183,940 | 荣宝斋（香港） | 2022-11-26 |
| 清雍正 墨彩加粉彩松鹿延年图盘口瓶 | 高44.8cm | 161,000 | 中国嘉德 | 2022-09-27 |
| 洋彩蒜头瓶 | 高29cm；直径4.1cm | 110,364 | 荣宝斋（香港） | 2022-11-26 |
| 吴俊 桃花源瓷瓶 | 高34.5cm | 97,750 | 北京保利 | 2022-11-12 |
| 李峻 粉彩松鼠瓶 | 高32.5cm | 92,000 | 北京保利 | 2022-11-12 |
| 洪宪 粉彩人物纹双耳瓶（一对） | 高16cm×2 | 92,000 | 广东崇正 | 2022-12-25 |

(成交价RMB：3万元以上)

| 名称 | 物品尺寸 | 成交价RMB | 拍卖公司 | 拍卖日期 |
|---|---|---|---|---|
| 1949年 李明亮 粉彩虎臂铜头虫草瓶 | 高17.1cm | 86,250 | 中贸圣佳 | 2022-07-26 |
| 1980年 曹倜 殷经树 粉彩女娲炼石补天图薄胎瓶 | 高28.5cm | 69,000 | 中贸圣佳 | 2023-01-01 |
| 1955年 粉彩绶带梅花图瓶 | 高33.2cm | 66,700 | 中贸圣佳 | 2022-08-12 |
| 大清乾隆年制 粉彩壁瓶（一对） | 高17.5cm×2 | 63,250 | 上海嘉禾 | 2022-01-01 |
| 1935年 毕伯涛 粉彩紫藤春燕图瓶 | 高31.4cm | 36,800 | 中贸圣佳 | 2023-01-01 |
| 20世纪70—80年代 邹甫仁 粉彩松鹤图薄胎瓶 | 高35cm | 36,800 | 中贸圣佳 | 2023-01-01 |
| 诚德轩 粉彩乾坤提梁壶福禄满堂（一套） | 高20.8cm | 299,000 | 北京保利 | 2022-11-12 |
| 张松茂 粉彩雪景人物壶 | 宽15cm | 69,000 | 北京保利 | 2022-11-12 |
| 诚德轩 粉彩盛世莲华盖罐 | 高28.5cm | 74,750 | 北京保利 | 2022-11-12 |
| 2021年 黄美尧 山深不见人 白云领春风·新粉彩瓷板画 | 长100cm；宽200cm | 13,800,000 | 景德镇华艺 | 2022-01-15 |
| 1940年 王步 粉彩法轮常转图瓷板 | 长26cm；宽38cm | 1,667,500 | 中贸圣佳 | 2022-07-26 |
| 2000年 黄美尧 山河秀色·新粉彩瓷板 | 长56cm；宽56cm | 1,495,000 | 景德镇华艺 | 2022-01-15 |
| 王大凡 粉彩苏武牧羊中堂瓷板 | 50cm×33.5cm | 1,127,000 | 北京保利 | 2022-11-12 |
| 1933年 王琦 粉彩寒雀弄梅图瓷板 | 长39.5cm；宽25.4cm | 977,500 | 中贸圣佳 | 2022-07-26 |
| 民国 何许人 粉彩山水瓷板 | 68cm×36cm | 862,500 | 北京保利 | 2022-11-12 |
| 1943年 王晓帆 粉彩伯牙抚琴图瓷板 | 38.4cm×24.9cm | 460,000 | 中贸圣佳 | 2022-07-26 |
| 詹冬梅 陈振中 粉彩安居乐业中堂瓷板 | 76cm×43.5cm | 368,000 | 北京保利 | 2022-11-12 |
| 1930年 王琦 粉彩福在眼前图册页瓷板 | 瓷板长13.5cm；宽8.5cm | 276,000 | 中贸圣佳 | 2023-01-01 |
| 1933年 邹文侯 粉彩六鹤同春图瓷板 | 板宽25.3cm；高39cm | 161,000 | 中贸圣佳 | 2022-07-26 |
| 1978年 赵惠民 粉彩宝钗扑蝶图长条瓷板 | 瓷板81.5cm×22cm | 138,000 | 中贸圣佳 | 2022-08-12 |
| 20世纪50年代初 邓肖禹 粉彩庐山医生洼风景瓷板 | 板长39cm；宽25cm | 109,250 | 中贸圣佳 | 2022-07-26 |
| 曾福庆 八仙人物瓷板 | 38.6cm×25cm | 92,000 | 北京保利 | 2022-11-12 |
| 侯俊绮 粉彩春江水暖鸭先知瓷板 | 30.5cm×111.5cm | 43,700 | 北京保利 | 2022-11-12 |
| 1932年 邹文侯 粉彩清供图瓷板 | 板长39cm；宽25.5cm | 33,350 | 中贸圣佳 | 2022-07-26 |
| 彭兴亮 粉彩松鹤瓷板（一组四件） | 长78cm×19cm×4 | 32,200 | 北京保利 | 2022-11-12 |
| 1934年 李明亮 粉彩四季虫草图册页（一套四片） | 板19.5cm×13cm×4 | 149,500 | 中贸圣佳 | 2022-07-26 |
| 邓碧珊 鱼藻册页 | 20cm×13cm | 97,750 | 北京保利 | 2022-11-12 |
| 程国民 粉彩童年稚趣四条屏 | 直径29cm×4 | 115,000 | 北京保利 | 2022-11-12 |
| 20世纪50—60年代 粉彩孔雀开屏图盘（传李峻） | 直径31.8cm | 89,700 | 中贸圣佳 | 2023-01-01 |
| 1948年 王锡良 粉彩人物盘（一对） | 直径18.9cm×2 | 402,500 | 中贸圣佳 | 2023-01-01 |
| 20世纪60年代涂菊青粉彩思君图盘 | 直径19.8cm | 101,200 | 中贸圣佳 | 2023-01-01 |
| 20世纪80年代 粉彩万花蝴蝶盘 | 直径14cm | 92,000 | 北京保利 | 2022-11-12 |
| 粉彩群仙祝寿盘（一对） | 直径18.2cm×2 | 46,288 | 中国嘉德 | 2022-06-04 |
| 粉彩锦地四季花卉纹鱼浅 | 高25cm；直径53cm | 40,250 | 保利厦门 | 2022-10-22 |
| 粉彩喜上眉梢大碗 | 高8.5cm；宽22.2cm | 38,933 | 台北艺珍 | 2022-09-25 |
| 粉彩人物压手杯 | 高7cm；直径4cm | 165,546 | 荣宝斋（香港） | 2022-11-26 |
| 徐窑 粉彩十二花神杯 | 直径6.6cm | 103,500 | 北京保利 | 2022-11-12 |
| 居仁堂制粉彩杯 | 4.6cm×6.1cm | 40,250 | 上海嘉禾 | 2022-01-01 |
| 粉彩三多杯（一组十件） | 直径5cm×10；高3.5cm×10 | 35,650 | 朵云轩 | 2022-08-08 |
| 粉彩虫蝶花卉捧盒 | 30cm×17cm | 253,000 | 上海嘉禾 | 2022-01-01 |
| 张松茂 粉彩梅花愈老愈精神笔筒 | 直径16.2cm | 437,000 | 北京保利 | 2022-11-12 |
| 黄地粉彩花蕊笔筒 | 高13cm | 73,576 | 荣宝斋（香港） | 2022-11-26 |
| 何明赞 粉彩大闹天宫笔筒 | 直径19.3cm；高16.3cm | 51,750 | 北京保利 | 2022-11-12 |
| 毛光辉 粉彩秋趣砚屏 | 直径18.5cm；高28.5cm | 51,750 | 北京保利 | 2022-11-12 |
| 毛光辉 粉彩篱畔秋色好砚屏 | 直径18.7cm；高28.5cm | 51,750 | 北京保利 | 2022-11-12 |
| 1958年 涂菊青 天蓝釉开窗粉彩高士诗文茶具（一套） | 壶高15.1cm；杯高6.3cm；碟直径13.8cm | 483,000 | 中贸圣佳 | 2022-07-26 |
| 粉彩弥勒佛 | 高47cm | 441,456 | 荣宝斋（香港） | 2022-11-26 |
| 玩茗堂 粉彩五安图（一组六件） | 直径10.5cm；直径8.5cm×4；直径7.8cm | 46,000 | 北京保利 | 2022-11-12 |
| 艺林藏珍 粉彩壬寅九桃五福花口花插 | 高25cm | 43,700 | 北京保利 | 2022-11-12 |
| 玩茗堂 粉彩寿桃茶具（一组六件） | 直径9.3cm；直径8.3cm×5 | 32,200 | 北京保利 | 2022-11-12 |
| 珐琅彩 | | | | |
| 清康熙 御制瓷胎画珐琅宫粉地群芳献瑞图宫碗 | 直径15cm；高7cm | 11,500,000 | 北京中汉 | 2022-12-09 |
| 清雍正 珐琅彩蒜头瓶 | 11cm×18cm | 977,500 | 上海嘉禾 | 2022-01-01 |
| 清雍正 蓝料彩梅兰竹菊四君子图盘口尊 | 高36cm | 43,700 | 保利厦门 | 2022-10-22 |
| 清雍正 珐琅彩花蝶壶 | 口径7.5cm；腹长15.3cm；底径8cm | 30,800,000 | 浙江御承 | 2022-12-17 |
| 清雍正 珐琅彩花纹壶 | 高7.5cm；宽15.3cm | 690,000 | 浙江御承 | 2022-08-28 |
| 清雍正 珐琅彩花鸟纹壶 | 高10.5cm；腹径14.5cm；底径4.5cm | 437,000 | 浙江御承 | 2022-08-28 |
| 清雍正 胭脂红地珐琅彩菊花纹小盘 | 直径10.9cm | 2,760,000 | 中国嘉德 | 2022-12-26 |
| 清雍正 珐琅彩盘（一对） | 高3.5cm×口径15cm×2 | 977,500 | 浙江御承 | 2022-08-28 |
| 清雍正 珐琅彩盘（一对） | 口径15cm×高3.5cm×底径10.5cm×2 | 880,000 | 浙江御承 | 2022-12-17 |
| 清雍正 珐琅彩皮球花纹碗 | 高7cm；口径14.6cm | 1,380,000 | 浙江御承 | 2022-08-28 |
| 清雍正 珐琅彩夔龙纹碗（一对） | 高4.5cm×口径12cm×2 | 805,000 | 浙江御承 | 2022-08-28 |
| 清雍正 御制黄釉地珐琅彩玉堂富贵图小杯（一对） | 高3cm×2；直径5.6cm×2 | 7,820,000 | 西泠印社 | 2022-01-22 |
| 清雍正 珐琅彩荷塘翠鸟纹小杯（一对） | 口径4.8cm×高4.1cm×2 | 1,320,000 | 浙江御承 | 2022-12-17 |
| 清雍正 珐琅彩秋虫硕果图小杯（一对） | 高3.3cm×口径6.5cm×2 | 920,000 | 浙江御承 | 2022-08-28 |
| 清雍正 墨彩珐琅芦雁纹小杯 | 口径5.2cm；高4.2cm | 550,000 | 浙江御承 | 2022-12-17 |
| 清乾隆 士绅收藏 珐琅彩庭园婴戏图绶带耳葫芦扁瓶 | 高9.9cm | 12,767,994 | 香港苏富比 | 2022-04-29 |
| 清乾隆 宫粉地胭脂料彩花卉梅瓶 | 高17.5cm | 172,500 | 北京保利 | 2022-07-29 |
| 18世纪 广东画珐琅山水图挂屏 | 高41.6cm | 48,649 | 香港苏富比 | 2022-11-25 |
| 清乾隆 仿汝釉蓝料彩绘夔凤纹鱼篓尊 | 直径21cm | 1,231,200 | 保利香港 | 2022-07-14 |
| 清乾隆 珐琅彩题诗“古月轩”花石锦鸡图碗 | 直径12.7cm | 11,500,000 | 北京保利 | 2022-07-28 |
| 清乾隆 御制珊瑚红地珐琅彩九秋图碗 | 直径13.4cm | 1,667,500 | 华艺国际 | 2022-07-29 |
| 清乾隆 珊瑚红地九秋同庆纹盖碗 | 高7cm；直径10cm | 55,200 | 保利厦门 | 2022-10-22 |
| 清道光 珊瑚红地西洋花卉纹碗（一对） | 直径11cm×2 | 1,035,000 | 北京保利 | 2022-07-16 |
| 清道光 料彩锦地团寿字花口碗 | 直径18cm | 48,300 | 中国嘉德 | 2022-05-31 |
| 清同治 黄地蓝料彩万寿图小盘（一对） | 直径10.2cm×2 | 97,750 | 中国嘉德 | 2022-05-29 |
| 清光绪 胭脂红料彩缠枝宝相花纹瓶 | 高27.5cm | 55,200 | 广东崇正 | 2022-12-25 |

# 2022瓷器拍卖成交汇总(续表)

(成交价RMB：3万元以上)

| 名称 | 物品尺寸 | 成交价RMB | 拍卖公司 | 拍卖日期 |
|---|---|---|---|---|
| 清光绪 矾红料彩云龙纹赏瓶 | 高39.2cm | 40,250 | 中国嘉德 | 2022-05-30 |
| 清光绪 胭脂红料彩夔凤穿花纹碗 | 高8.2cm；口径19.1cm | 32,200 | 广东崇正 | 2022-04-17 |
| 清 胭脂红地珐琅彩九秋同庆小碗 | 直径9.2cm | 2,457,125 | 香港福羲国际 | 2022-12-28 |
| 民国 王大凡风格 珐琅彩钟馗嫁妹图瓶（一对） | 高20cm×2 | 977,500 | 中国圣佳 | 2022-07-26 |
| 民国 珐琅彩春耕图瓶 | 高18.5cm | 621,000 | 西泠印社 | 2022-08-20 |
| 民国 张志汤风格朵云轩款珐琅彩骏马图瓶 | 高20cm×2 | 345,000 | 中国圣佳 | 2022-07-26 |
| 民国 珐琅彩钟馗嫁妹瓶 | 高20.3cm | 299,000 | 北京保利 | 2022-11-12 |
| 民国 珐琅彩婴戏图瓶 | 高19.8cm | 287,500 | 中国圣佳 | 2022-08-12 |
| 民国 珐琅彩母子折桂图瓶 | 高16.3cm | 184,000 | 中国圣佳 | 2022-07-26 |
| 民国 金地珐琅彩开光西洋人物双耳瓶 | 高21.8cm | 184,000 | 北京保利 | 2022-07-29 |
| 民国 珐琅彩桃花春燕图诗文长颈瓶（一对） | 高21cm×2 | 172,500 | 中国圣佳 | 2022-08-13 |
| 民国 珐琅彩西洋人物梅瓶 | 高13cm | 109,250 | 保利厦门 | 2022-10-22 |
| 民国 仿珐琅彩缠枝花卉开光西洋人物纹小贯耳瓶（一对） | 高10.5cm×2 | 97,750 | 中国嘉德 | 2022-06-27 |
| 民国 珐琅彩西洋人物瓶 | 高26.8cm | 92,000 | 中国圣佳 | 2023-01-01 |
| 民国 珐琅彩孔雀竹石图瓶 | 直径25.6cm | 92,000 | 中国圣佳 | 2022-07-26 |
| 民国 珐琅彩杏林春燕图瓶 | 高20cm | 86,250 | 中国圣佳 | 2022-07-26 |
| 民国 张玉藩绘仿珐琅彩义之爱鹅图瓶 | 高34.4cm | 74,750 | 中国嘉德 | 2022-12-26 |
| 民国 仿珐琅彩锦堂富贵诗文小棒槌瓶 | 高35.7cm | 63,250 | 中国嘉德 | 2022-05-29 |
| 民国 仿珐琅彩玉兔诗文小瓶 | 高10.8cm | 48,300 | 中国嘉德 | 2022-09-27 |
| 民国 料彩岳飞出军图瓶（带座，一对） | 高24.5cm×2 | 48,300 | 广东崇正 | 2022-04-17 |
| 民国 珐琅墨彩寒江独钓图雪景诗文瓶 | 高20cm | 46,000 | 中国圣佳 | 2022-08-13 |
| 民国 仿珐琅彩乾隆大阅图诗文瓶（一对） | 高19.6cm×2 | 36,800 | 中国嘉德 | 2022-05-31 |
| 民国 珐琅彩动物图观音瓶 | 高22.2cm | 36,800 | 西泠印社 | 2022-08-20 |
| 民国 珐琅彩山水人物图诗文棒槌瓶 | 高20cm | 34,500 | 西泠印社 | 2022-01-22 |
| 民国 仿珐琅彩花卉诗文蒜头瓶 | 高19.7cm | 32,200 | 中国嘉德 | 2022-05-30 |
| 民国 料彩山景图瓶（一对） | 高15.5cm×2 | 32,200 | 广东崇正 | 2022-04-17 |
| 民国 珐琅彩杏林春燕图中堂瓷板 | 长60.5cm；宽37.6cm | 1,552,500 | 中贸圣佳 | 2022-07-26 |
| 民国 叶震嘉 珐琅彩二乔图扇形瓷板 | 长28.6cm；宽20.1cm | 483,000 | 中国圣佳 | 2023-01-01 |
| 民国 珐琅彩安居乐业图瓷板 | 瓷板39cm×25.5cm | 80,500 | 中贸圣佳 | 2022-08-12 |
| 民国 珐琅彩御题诗文甲胄图盘（一对） | 口径17.1cm×2 | 97,750 | 中国圣佳 | 2022-10-27 |
| 民国 仿珐琅彩薄胎八骏图御题诗文碗（一对） | 高6cm×2；直径14cm×2 | 34,500 | 保利厦门 | 2022-10-22 |
| 民国 薄胎缠地仿珐琅彩富贵荣华纹大碗 | 高9.5cm；直径22cm | 34,500 | 保利厦门 | 2022-10-22 |
| 20世纪70—80年代 珐琅彩西洋仕女图薄胎瓶（一对） | 高8.6cm×2 | 36,800 | 中国圣佳 | 2022-08-12 |
| 珐琅彩花卉纹蒜头瓶（一对） | 20cm×6.2cm×2 | 580,000 | 香港贞观 | 2022-01-16 |
| 曹鸿雁 宝石原矿珐琅彩婴戏图盖碗 | 直径9.6cm | 46,000 | 北京保利 | 2022-11-12 |
| 曹鸿雁 宝石原矿珐琅彩福禄双全主人杯 | 直径8.8cm | 34,500 | 北京保利 | 2022-11-12 |
| **广彩** | | | | |
| 清雍正 广彩描金暗春图折沿盘 | 直径23cm | 40,250 | 中贸圣佳 | 2022-08-13 |
| 清乾隆 广彩描金花卉开光清装人物纹狮钮盖瓶 | 高79cm | 63,250 | 中国嘉德 | 2022-09-30 |
| 清乾隆 广彩花卉开光清装人物故事图大碗 | 直径52.5cm | 287,500 | 中国嘉德 | 2022-05-30 |
| 清嘉庆 广彩人物雕瓷花插（一对） | 高20cm×2；直径18cm×2 | 92,000 | 华艺国际 | 2022-09-23 |
| 清道光 广彩人物图双狮耳大瓶 | 高87.5cm | 69,000 | 华艺国际 | 2022-09-23 |
| 清中期 广彩花卉开光人物纹长颈瓶 | 高39cm | 43,700 | 中国嘉德 | 2022-09-30 |
| 清中期 广彩开光人物纹狮钮方瓶（一对） | 高47.5cm×2 | 32,200 | 中国嘉德 | 2022-09-29 |
| **珐华彩** | | | | |
| 明成化/弘治 珐华莲池鸳鸯罐 | 高25cm | 368,000 | 北京保利 | 2022-07-29 |
| 15/16世纪 法华双龙戏珠纹大罐 | 高34.3cm | 105,719 | 纽约佳士得 | 2022-09-23 |
| 明 珐华莲池花鸟纹梅瓶 | 直径13cm；高31cm | 345,000 | 北京保利 | 2022-07-29 |
| 明 景德镇窑珐华彩沥粉龙凤纹观音尊 | 高46cm | 54,050 | 中贸圣佳 | 2022-09-25 |
| 明 珐华釉浮雕狮子绣球纹绣墩 | 高33cm | 32,200 | 中鸿信 | 2022-09-11 |
| 清乾隆 唐英制珐华釉送子观音立像 | 高48.5cm | 218,500 | 西泠印社 | 2022-01-22 |
| 清乾隆 仿珐华少狮太狮（一对） | 高41.5cm×2 | 69,000 | 西泠印社 | 2022-01-22 |
| **浅绛彩** | | | | |
| 清同治 程门 浅绛清溪桃源图瓷板 | 长38.5cm；宽28.7cm | 437,000 | 中贸圣佳 | 2022-07-26 |
| 清光绪十三年（1887年）浅绛彩仕女博古图蟋蟀罐 | 直径10.3cm | 63,250 | 中国嘉德 | 2022-05-31 |
| 清光绪 暗刻缠枝莲浅绛彩花卉纹大盘 | 直径35.5cm | 32,200 | 中国嘉德 | 2022-09-28 |
| 清光绪 程焕文作浅绛彩山水诗盖碗（一对） | 高9cm×2；直径10.5cm×2 | 51,750 | 保利厦门 | 2022-10-22 |
| 清光绪 浅绛彩花卉纹杯（一对） | 直径6cm×2 | 57,500 | 中国嘉德 | 2022-05-30 |
| 清光绪 小斋主人款浅绛加官进禄笔筒 | 直径13cm；高13.8cm | 87,400 | 中国圣佳 | 2023-01-01 |
| 清晚期 金品卿风格 浅绛梅花图大瓶（一对） | 高60.5cm×2 | 828,000 | 中国圣佳 | 2023-01-01 |
| 晚清 程门 浅绛山水花鸟高士图琮式瓶 | 高29.2cm | 345,000 | 中贸圣佳 | 2022-07-26 |
| 晚清 任焕章浅绛彩方瓶（一对） | 高42.5cm×2 | 40,250 | 上海嘉禾 | 2022-01-01 |
| 清晚期 浅绛彩五骏五牛图鹿头尊 | 高46.5cm | 287,500 | 中国嘉德 | 2022-06-02 |
| 清晚期 俞子明 浅绛仕女图壶 | 高12cm | 89,700 | 中国圣佳 | 2022-07-26 |
| 晚清 胡经生风格 浅绛花鸟图八方花盆 | 高23.2cm；长42.3cm | 172,500 | 中国圣佳 | 2022-07-26 |
| 晚清 张子英 浅绛山水花鸟四方花盆（一对） | 18.5cm×18.5cm×16.9cm×2 | 138,000 | 中国圣佳 | 2022-07-26 |
| 晚清 任焕章 浅绛富贵白头图帽筒 | 直径12cm；高28.7cm | 126,500 | 中国圣佳 | 2022-07-26 |
| 晚清 菊波居士 浅绛花鸟图帽筒 | 直径12cm；高28.3cm | 97,750 | 中国圣佳 | 2022-07-26 |
| 晚清 任焕章风格 浅绛山水帽筒（一对） | 28.5cm×12.4cm×2 | 56,350 | 中国圣佳 | 2022-07-26 |
| 晚清 汪章 浅绛山水人物花鸟四方帽筒 | 高26.1cm | 46,000 | 中国圣佳 | 2022-07-26 |
| 晚清 徐善琴 浅绛六方山水帽筒 | 高28.3cm | 36,800 | 中国圣佳 | 2022-07-26 |
| 清 浅绛八仙人物四方兽耳瓶 | 高39cm | 57,500 | 中贸圣佳 | 2022-06-26 |
| 清 浅绛花卉四节盒 | 高20.5cm | 83,375 | 中贸圣佳 | 2022-06-26 |
| 民国 毕渊明 石奇峰册页（两片） | 板长20cm×2；宽13cm×2 | 46,000 | 中国圣佳 | 2022-06-07 |
| 民国二年（1913年）李纯赠王士珍浅绛彩竹石图瓶（一对） | 直径14.7cm×2 | 55,200 | 中国嘉德 | 2022-09-28 |
| 民国二年（1913年）浅绛彩竹石诗文碗（一对） | 高6cm×2；直径17.5cm×2 | 31,050 | 保利厦门 | 2022-10-22 |
| 1877年 程门 浅绛山水人物花鸟琮式瓶 | 高29cm | 414,000 | 中贸圣佳 | 2022-07-26 |
| 1883年 韩金铭 浅绛人物山水花鸟琮式瓶 | 高29cm | 207,000 | 中国圣佳 | 2023-01-01 |
| 1888年 俞子明 浅绛人物花鸟图贯耳瓶 | 高25.7cm | 65,550 | 中国圣佳 | 2022-07-26 |
| 1935年 江西瓷业公司款万云岩"静思三省"图守则文执壶 | 高12.5cm | 69,000 | 中贸圣佳 | 2022-08-12 |
| 1874年 程门 浅绛山水中堂瓷板 | 板长54cm；宽36cm | 1,725,000 | 中贸圣佳 | 2023-01-01 |
| 1890年 金品卿 浅绛人物故事瓷板 | 长39cm；宽26cm | 414,000 | 中贸圣佳 | 2022-07-26 |

(成交价RMB：3万元以上)

| 名称 | 物品尺寸 | 成交价RMB | 拍卖公司 | 拍卖日期 |
|---|---|---|---|---|
| 1879年 胡经生 浅绛太白醉酒图瓷板 | 板长33.5cm；宽23cm | 172,500 | 中贸圣佳 | 2022-07-26 |
| 1887年 张子英 浅绛花鸟图帽筒 | 直径12.3cm；高28cm | 52,900 | 中贸圣佳 | 2022-07-26 |
| 1873年 王少维 浅绛秋山图笔筒 | 直径9.9cm；高13.9cm | 230,000 | 中贸圣佳 | 2022-07-26 |
| 1889年 金品卿 浅绛栽松养鹤图笔筒 | 直径9.3cm；高13.9cm | 149,500 | 中贸圣佳 | 2022-07-26 |
| **红彩** | | | | |
| 明宣德 黄底红釉扁瓶 | 23cm×26.5cm×14cm | 552,000 | 上海嘉禾 | 2022-01-01 |
| 明嘉靖 红黄彩龙纹杯 | 高4.2cm；直径7.5cm | 138,000 | 西泠印社 | 2022-01-22 |
| 明嘉靖 矾红彩双龙捧寿纹水丞 | 高5.8cm | 347,646 | 佳士得 | 2022-11-29 |
| 明万历 矾红龙凤纹四方梅瓶 | 高33cm | 230,000 | 华艺国际 | 2022-09-23 |
| 明天启 矾红游龙赶珠纹盖罐 | 高15.3cm | 440,352 | 佳士得 | 2022-11-29 |
| 明 宣德胎加康熙彩矾红龙纹盘 | 直径12.5cm | 57,500 | 北京保利 | 2022-07-17 |
| 清康熙 矾红描金朵梅纹蓝釉蟠螭瓶 | 高23cm | 43,700 | 中国嘉德 | 2022-09-28 |
| 清康熙 洒蓝地矾红鱼藻纹棒槌瓶 | 高45.5cm | 36,800 | 保利厦门 | 2022-10-22 |
| 清康熙 洒蓝地矾红描金金玉满堂图棒槌瓶 | 高46cm | 32,200 | 中国嘉德 | 2022-09-28 |
| 清康熙 矾红描金花卉纹花觚 | 高43.6cm | 57,500 | 中国嘉德 | 2022-05-30 |
| 清康熙 矾红缠枝花卉纹盘 | 直径21cm | 667,000 | 北京保利 | 2022-09-27 |
| 清康熙 矾红云龙纹大盘 | 直径33.5cm | 552,000 | 中国嘉德 | 2022-09-27 |
| 清康熙 矾红云龙捧寿纹盘 | 直径17.7cm | 275,910 | 中国嘉德 | 2022-10-07 |
| 清康熙 矾红云龙纹大盘 | 直径22cm | 138,000 | 中国嘉德 | 2022-05-29 |
| 清康熙 暗刻双龙捧寿矾红洪福齐天图盘 | 直径17.4cm | 138,000 | 中国嘉德 | 2022-05-29 |
| 清康熙 暗刻龙纹矾红蝠齐天盘 | 直径17.6cm | 115,000 | 北京保利 | 2022-07-29 |
| 清康熙 矾红彩洪福齐天暗刻双龙捧寿纹盘 | 直径17.6cm | 92,000 | 北京中汉 | 2022-12-09 |
| 清康熙 矾红彩洪福齐天暗刻龙纹盘 | 直径17cm | 92,000 | 西泠印社 | 2022-01-22 |
| 清康熙 矾红云龙纹盘 | 直径21.8cm | 86,250 | 永乐拍卖 | 2022-07-24 |
| 清康熙 矾红万福寿星图盘 | 直径20.1cm | 52,900 | 北京中汉 | 2022-08-08 |
| 清康熙 矾红缠枝灵芝纹盘 | 直径17.5cm | 32,200 | 北京中汉 | 2022-05-29 |
| 清康熙 仿成化"盖雪红"双龙赶珠纹盌托（一对） | 直径12cm×2 | 51,750 | 保利厦门 | 2022-10-22 |
| 清康熙 矾红描金"盖雪红"云凤纹碗（一对） | 直径11.1cm×2 | 885,500 | 北京保利 | 2022-07-28 |
| 清康熙 矾红内外团龙纹宫碗 | 直径17.7cm；高9cm | 368,000 | 中贸圣佳 | 2022-07-26 |
| 清康熙 仿成化矾红云龙纹杯（一对） | 直径6cm×2 | 80,500 | 中国嘉德 | 2022-05-29 |
| 清康熙 仿明矾红云龙纹茶圆 | 直径9.6cm | 63,250 | 中国嘉德 | 2022-05-29 |
| 清康熙 龙凤矾红笔筒 | 19cm×19.5cm | 920,000 | 上海嘉禾 | 2022-01-01 |
| 清雍正 雕龙矾红加白螭龙纹霜杯 | 高7.5cm；宽13cm | 115,000 | 保利厦门 | 2022-10-22 |
| 清雍正 矾红贯套如意福寿璎珞纹碗 | 直径12.3cm | 103,500 | 中国嘉德 | 2022-09-27 |
| 清雍正 胭脂红彩菊瓣盘 | 直径17.8cm | 2,808,187 | 香港苏富比 | 2022-04-29 |
| 清雍正 矾红缠枝莲纹盘 | 直径14.8cm | 220,728 | 中国嘉德 | 2022-10-07 |
| 清雍正 矾红描金凤凰牡丹图花形盘（一对） | 直径15.5cm×2 | 97,750 | 中国嘉德 | 2022-05-31 |
| 清雍正 矾红鱼纹盘 | 直径19.5cm | 78,200 | 中鸿信 | 2022-09-11 |
| 清雍正 内暗刻外矾红云龙纹碗 | 直径12.5cm | 69,000 | 中国嘉德 | 2022-05-30 |
| 清雍正 胭脂红地矾红花卉杯 | 直径6.7cm | 920,000 | 北京保利 | 2022-07-17 |
| 清雍正 外矾红内模印花纹杯 | 直径9.5cm；高7.4cm | 57,500 | 中贸圣佳 | 2022-06-07 |
| 清雍正 矾红彩卷叶纹葫芦式小水丞（带玛瑙龙首钮） | 高11cm；勺长9.5cm | 184,000 | 中贸圣佳 | 2022-08-13 |
| 清乾隆 矾红彩甘露瓶 | 高22cm | 368,000 | 北京大羿 | 2022-09-26 |
| 清乾隆 矾红宝相花纹甘露瓶 | 高22cm | 69,000 | 保利厦门 | 2022-10-22 |
| 清乾隆 墨彩矾红描金铁拐李汉钟离二仙对饮图灯笼瓶 | 高36.6cm×2 | 32,200 | 中贸圣佳 | 2022-09-25 |
| 清乾隆 矾红人物故事纹鹿头尊 | 口径9.8cm；高26cm | 5,280,000 | 浙江御承 | 2022-12-17 |
| 清乾隆 矾红彩福寿纹墩式碗 | 直径12cm；高7.6cm | 46,000 | 中贸圣佳 | 2022-08-13 |
| 清乾隆 胭脂红彩缠枝莲八吉祥烛台（一对） | 高15.4cm×2 | 2,990,000 | 北京保利 | 2022-07-28 |
| 清乾隆 矾红锦地描金五蝠开光"大吉"福禄瓷板挂屏 | 长35.8cm | 230,000 | 中国嘉德 | 2022-06-27 |
| 清乾隆 矾红洪福齐天图盘 | 直径15.5cm | 92,000 | 中国嘉德 | 2022-12-26 |
| 清乾隆 矾红描金缠枝莲托八宝福寿纹盘 | 口径23.6cm | 72,450 | 北京大羿 | 2022-09-26 |
| 清乾隆 矾红洪福齐天图盘 | 直径15.5cm | 36,800 | 中国嘉德 | 2022-05-30 |
| 清乾隆 矾红蝠齐天盘 | 直径15.5cm | 34,500 | 北京保利 | 2022-07-16 |
| 清乾隆 白地轧道矾红海水双龙追珠纹碗 | 直径9.6cm | 289,580 | 香港苏富比 | 2022-11-25 |
| 清乾隆 矾红万福万寿纹碗 | 直径12.6cm | 66,700 | 北京中汉 | 2022-06-03 |
| 清乾隆 粉青釉矾红彩团凤纹碗 | 口径14.5cm | 57,500 | 北京大羿 | 2022-09-26 |
| 清乾隆 内矾红五蝠纹外米黄釉留白暗款三鱼纹碗 | 直径15.6cm | 36,800 | 中国嘉德 | 2022-12-26 |
| 清乾隆 矾红高足大碗 | 直径20cm | 34,500 | 北京保利 | 2022-07-17 |
| 清乾隆 御制白地轧道水波纹矾红云龙赶珠茶圆（一对） | 直径9.2cm×2 | 1,955,000 | 永乐拍卖 | 2022-07-24 |
| 清乾隆 矾红龙纹小杯（四只） | 直径6cm×4 | 1,242,000 | 北京保利 | 2022-07-28 |
| 清乾隆 矾红龙凤杯（一对） | 高4.2cm×口径4.9cm×2 | 805,000 | 浙江御承 | 2022-08-28 |
| 清乾隆 矾红龙纹杯（一对） | 直径6.3cm×2 | 379,500 | 北京保利 | 2022-07-28 |
| 清乾隆 矾红双龙赶珠纹盖杯及托 | 盖杯直径8cm；高7.3cm；托直径12cm | 264,500 | 保利厦门 | 2022-10-22 |
| 清乾隆 白地轧道海水云龙赶珠纹杯及托（一套） | 托直径12.1cm；杯高4.7cm | 207,000 | 中贸圣佳 | 2022-06-07 |
| 清乾隆 矾红缠枝莲纹花盆 | 直径19cm | 230,000 | 中国嘉德 | 2022-06-27 |
| 清乾隆三十年（1965年）墨彩矾红诗文小笔筒 | 直径6cm；高8.2cm | 161,000 | 中贸圣佳 | 2023-01-01 |
| 清乾隆 蓝料胭脂红彩云龙纹瓷斗笔 | 长17cm | 1,184,500 | 中贸圣佳 | 2022-07-25 |
| 清乾隆 矾红彩描金喜字纹扳指 | 直径3cm；高2.5cm | 40,250 | 中贸圣佳 | 2022-08-13 |
| 清乾隆 矾红云龙纹带扣 | 7.9cm×4.4cm | 34,500 | 中国嘉德 | 2022-12-26 |
| 清嘉庆 豆青釉矾红团凤纹碗 | 直径14.6cm | 74,062 | 中国嘉德 | 2022-06-04 |
| 清嘉庆 珊瑚红釉矾红彩五福捧寿盘（一对） | 直径11.2cm×2 | 184,000 | 北京荣宝 | 2022-07-24 |
| 清嘉庆 矾红描金缠枝莲开光万寿无疆盌 | 直径13.7cm | 74,750 | 北京中汉 | 2022-09-29 |
| 清嘉庆 矾红福寿连绵图高足碗 | 口径18.5cm | 310,500 | 北京大羿 | 2022-06-26 |
| 清嘉庆 矾红御题三清诗文素碗 | 直径11.2cm | 149,500 | 中国嘉德 | 2022-06-27 |
| 清嘉庆 矾红三清诗文茶碗 | 直径11cm | 80,500 | 中国嘉德 | 2022-05-30 |
| 清嘉庆/道光 矾红描金缠枝莲纹供座 | 高30.7cm | 70,479 | 纽约佳士得 | 2022-09-23 |
| 清道光 矾红彩洪福齐天图盘 | 直径15.3cm | 69,499 | 香港苏富比 | 2022-11-25 |
| 清光 矾红寿字纹盘（一对） | 直径12.8cm×2 | 69,000 | 华艺国际 | 2022-09-23 |
| 清光 矾红留白过枝竹纹盘 | 直径23.7cm | 46,000 | 北京中汉 | 2022-06-03 |
| 清光 矾红缠枝福寿纹碗（一对） | 直径12.5cm×2 | 345,000 | 中国嘉德 | 2022-05-29 |
| 清道光 青釉矾红团凤纹碗（一对） | 直径14.5cm×2 | 276,000 | 中国嘉德 | 2022-06-27 |
| 清道光 珊瑚红五蝠纹碗 | 直径12.5cm | 161,000 | 北京保利 | 2022-07-16 |
| 清道光 矾红蝠纹碗 | 直径16.7cm | 69,000 | 北京保利 | 2022-07-16 |
| 清道光 黄地矾红海水云龙纹碗 | 高6.8cm；直径15cm | 57,500 | 保利厦门 | 2022-10-22 |
| 清道光 矾红留白缠枝花卉纹碗 | 直径12.8cm | 57,500 | 北京荣宝 | 2022-07-24 |
| 清道光 矾红描金岁寒三友碗 | 直径12.8cm | 57,500 | 北京荣宝 | 2022-07-24 |
| 清道光 矾红彩双龙赶珠纹碗（一对） | 直径13.2cm×2；高6.2cm×2 | 57,500 | 中贸圣佳 | 2022-09-25 |
| 清道光 青釉加矾红团凤纹碗 | 直径14cm | 46,000 | 北京保利 | 2022-07-16 |
| 清道光 矾红团龙纹八方杯（一对） | 直径6.4cm×2 | 575,000 | 中国嘉德 | 2022-06-27 |
| 清道光 松石绿地矾红彩双龙赶珠纹杯 | 直径8cm | 138,998 | 香港苏富比 | 2022-11-25 |
| 清道光 矾红洪福齐天马蹄套杯（一组十件） | 尺寸不一 | 115,000 | 永乐拍卖 | 2022-07-25 |

**2022瓷器拍卖成交汇总(续表)**

(成交价RMB：3万元以上)

| 名称 | 物品尺寸 | 成交价RMB | 拍卖公司 | 拍卖日期 |
|---|---|---|---|---|
| 清道光 矾红云龙纹杯 | 直径6.2cm | 63,250 | 中国嘉德 | 2022-05-30 |
| 清道光 矾红描金玉满堂图杯 | 直径7cm | 46,000 | 中国嘉德 | 2022-09-27 |
| 清道光 矾红金玉满堂图卧足杯（一对） | 高3.5cm×2；直径6.3cm×2 | 34,500 | 西泠印社 | 2022-01-22 |
| 清中期 洒蓝釉矾红金玉满堂图瓶（一对） | 高45.8cm；高45.2cm | 97,750 | 中国嘉德 | 2022-05-30 |
| 清中期 矾红云龙纹大盘 | 直径42.5cm | 32,200 | 中鸿信 | 2022-09-11 |
| 清咸丰 矾红云龙纹大盘 | 高4cm；直径25cm | 92,000 | 保利厦门 | 2022-10-22 |
| 清咸丰 矾红彩云龙纹杯 | 口径5.9cm | 345,623 | 香港苏富比 | 2022-04-29 |
| 清同治 黄地矾红百蝠纹大盘 | 直径22.2cm | 161,000 | 中国嘉德 | 2022-05-29 |
| 清同治 黄地矾红描金万福万寿图小盘 | 直径7.8cm | 80,500 | 中国嘉德 | 2022-05-29 |
| 清同治 暗刻海水矾红云龙纹盘 | 直径18.3cm | 63,250 | 中国嘉德 | 2022-05-29 |
| 清同治 矾红描金缠枝花卉福寿纹大盘 | 高6cm；口径34.5cm | 48,300 | 广东崇正 | 2022-04-17 |
| 清同治 胭脂料彩团鹤盘 | 直径28.2cm | 34,500 | 北京保利 | 2022-07-16 |
| 清同治 黄地矾红描金万福万寿图茶碗 | 直径10.5cm | 149,500 | 中国嘉德 | 2022-05-29 |
| 清同治 黄地矾红描金百蝠纹汤匙 | 长17cm | 57,500 | 中国嘉德 | 2022-05-29 |
| 清同治 黄地洪福齐天纹海棠形花盆（一对） | 高32cm×2 | 460,000 | 华艺国际 | 2022-05-29 |
| 清同治 黄地矾红描金百蝠纹水仙盆 | 长25.2cm | 115,000 | 中国嘉德 | 2022-05-29 |
| 清同治 胭脂红彩五龙图宝珠式卷缸（一对） | 直径54cm×2 | 333,500 | 北京保利 | 2022-07-29 |
| 清同治 黄地矾红描金福寿纹渣斗 | 高8.3cm | 34,500 | 中国嘉德 | 2022-05-30 |
| 清光绪 矾红描金雕瓷鱼龙变化大天球瓶 | 高58.5cm | 230,000 | 北京保利 | 2022-07-29 |
| 清光绪 豆青釉胭脂红彩云龙纹荸荠瓶 | 高33cm | 218,500 | 北京大羿 | 2022-09-26 |
| 清光绪 矾红描金双龙戏珠大盘 | 直径50.7cm | 368,000 | 中贸圣佳 | 2022-07-13 |
| 清光绪 胭脂红彩双龙戏珠纹折沿大盘 | 高5cm；直径34.5cm | 184,000 | 保利厦门 | 2022-10-22 |
| 清光绪 矾红双龙戏珠盘 | 直径34cm | 172,500 | 上海嘉禾 | 2022-01-01 |
| 清光绪 矾红龙纹大盘 | 直径34cm | 138,000 | 北京荣宝 | 2022-07-24 |
| 清光绪 矾红洪福齐天纹盘（一对） | 直径16cm×2 | 115,000 | 中国嘉德 | 2022-05-29 |
| 清光绪 矾红描金双龙戏珠纹大盘 | 直径33.7cm | 74,750 | 北京中汉 | 2022-04-27 |
| 清光绪 矾红彩洪福齐天纹盘（一对） | 直径15.5cm×2 | 55,200 | 华艺国际 | 2022-09-23 |
| 清光绪 矾红双龙戏珠纹大盘 | 高5cm；直径34.5cm | 51,750 | 保利厦门 | 2022-10-22 |
| 清光绪 矾红洪福齐天图盘 | 直径15.5cm | 48,300 | 中国嘉德 | 2022-05-31 |
| 清光绪 矾红洪福齐天图盘 | 直径14.7cm | 48,300 | 中国嘉德 | 2022-09-28 |
| 清光绪 矾红云龙纹大盘 | 直径34cm | 46,000 | 中国嘉德 | 2022-05-31 |
| 清光绪 矾红云龙纹大盘 | 直径22.1cm | 43,700 | 中国嘉德 | 2022-05-29 |
| 清光绪 矾红云龙纹大盘 | 直径33.3cm | 40,250 | 中国嘉德 | 2022-06-02 |
| 清光绪 矾红描金百福捧寿纹盘（一对） | 直径118.4cm；直径218cm | 34,500 | 中贸圣佳 | 2022-06-02 |
| 清光绪 矾红二龙戏珠纹碗（一对） | 口径14.5cm×2 | 60,950 | 北京大羿 | 2022-09-26 |
| 清光绪 矾红彩蝠寿纹碗（一对） | 直径12.5cm；高7cm | 55,200 | 广东崇正 | 2022-08-11 |
| 清光绪 内青花三羊开泰图外矾红福寿绵长图碗（一对） | 直径15cm×2 | 51,750 | 中国嘉德 | 2022-09-30 |
| 清光绪 青釉矾红团鹤纹碗 | 直径14.6cm | 40,250 | 中国嘉德 | 2022-05-31 |
| 清光绪 矾红云龙纹茶碗 | 直径11cm | 32,200 | 中国嘉德 | 2022-09-30 |
| 清光绪 矾红云龙纹碗（一对） | 直径6cm×2 | 115,000 | 中国嘉德 | 2022-06-27 |
| 清光绪 矾红云龙纹碗 | 直径6.2cm | 32,200 | 中国嘉德 | 2022-05-30 |
| 清光绪 矾红描金云龙纹盖盒 | 直径8cm | 40,250 | 北京中汉 | 2022-06-03 |
| 清宣统 矾红龙纹杯（一对） | 直径6cm×2 | 176,582 | 中国嘉德 | 2022-10-07 |
| 清晚期 胭脂红五龙图大盘 | 直径46cm | 115,000 | 中国嘉德 | 2022-05-29 |
| 清晚期 白地轧道矾红玉满堂图大盘（一对） | 直径24.2cm×2 | 69,000 | 中国嘉德 | 2022-06-02 |
| 清晚期 白地轧道矾红玉满堂图大盘（一对） | 直径24cm×2 | 63,250 | 中国嘉德 | 2022-06-02 |
| 清晚期 矾红云龙纹大盘 | 直径24.5cm | 40,250 | 中国嘉德 | 2022-09-28 |
| 清晚期 矾红云龙纹卷缸 | 高31.3cm | 66,700 | 中贸圣佳 | 2022-09-25 |

| 名称 | 物品尺寸 | 成交价RMB | 拍卖公司 | 拍卖日期 |
|---|---|---|---|---|
| 清 矾红江崖云龙纹蒜头瓶 | 通高35cm | 196,570 | 香港福羲国际 | 2022-12-28 |
| 清 矾红云龙纹杯（一对） | 直径6.2cm×2 | 36,800 | 中国嘉德 | 2022-06-02 |
| 民国 矾红彩描金百鸟朝凤转心瓶 | 通高26.5cm | 196,570 | 香港福羲国际 | 2022-12-28 |
| 民国 矾红描金开窗人物瓶 | 高17.2cm | 57,500 | 中贸圣佳 | 2022-06-07 |
| 民国 鎏金铁红彩瓷匾额"迎祥"瓷板 | 高45.5cm | 324,329 | 香港苏富比 | 2022-11-25 |
| 民国 王步 矾红罗汉传经图挂盘 | 直径18.7cm | 552,000 | 中贸圣佳 | 2023-01-01 |
| 民国 矾红云龙赶珠纹杯一组（四只） | 直径6.8cm×4；高6cm×4 | 34,500 | 中贸圣佳 | 2022-09-25 |
| 民国 汪友棠矾红山水人物图笔筒 | 高14.5cm；直径14cm | 34,500 | 保利厦门 | 2022-10-22 |
| 16世纪 矾红锦地绿彩开光花鸟纹葫芦大瓶 | 高33.2cm | 160,622 | 纽约佳士得 | 2022-03-25 |
| 王步 红衣罗汉瓷板 | 直径19.2cm | 195,500 | 北京保利 | 2022-11-12 |
| 皇窑 手绘矾红描金茶具（一组五件） | 尺寸不一 | 57,500 | 北京保利 | 2022-11-12 |

**黄彩**

| 名称 | 物品尺寸 | 成交价RMB | 拍卖公司 | 拍卖日期 |
|---|---|---|---|---|
| 明嘉靖 红地黄彩云龙海水纹罐 | 高14cm | 1,955,000 | 北京大羿 | 2022-06-26 |
| 明万历 绿地黄彩龙凤纹罐 | 高16cm | 920,000 | 中贸圣佳 | 2022-10-27 |
| 明万历 矾红地黄彩云龙纹笔管 | 高17.3cm；直径4.5cm | 92,000 | 浙江佳宝 | 2022-03-13 |
| 清康熙 黄地黄彩云龙赶珠纹碗（一对） | 直径13.2cm×2；高6.4cm×2 | 736,000 | 中贸圣佳 | 2023-01-01 |
| 清雍正 洒蓝地沥粉出筋黄釉栀子花大盘 | 直径33cm | 4,485,000 | 中鸿信 | 2022-09-11 |
| 清雍正 黄彩杯 | 直径6.6cm | 144,560 | 纽约佳士得 | 2022-03-25 |
| 清乾隆 蓝地黄彩龙纹大盘 | 口径24.9cm | 494,500 | 中贸圣佳 | 2022-10-27 |
| 清乾隆 蓝地黄彩龙纹大盘 | 口径25.3cm | 437,000 | 中贸圣佳 | 2022-10-27 |

**绿彩**

| 名称 | 物品尺寸 | 成交价RMB | 拍卖公司 | 拍卖日期 |
|---|---|---|---|---|
| 隋 绿彩弦纹盘口瓶 | 高15.6cm；直径5.3cm | 533,520 | 保利香港 | 2022-07-14 |
| 明正德 绿彩龙纹盘 | 直径20.1cm | 1,725,000 | 北京保利 | 2022-07-28 |
| 明正德 白地绿彩云龙纹盘 | 口径17.7cm | 862,500 | 北京大羿 | 2022-06-26 |
| 明正德 白釉绿彩刻龙纹盘 | 直径20.5cm | 667,000 | 中贸圣佳 | 2022-07-26 |
| 明正德 白地暗刻海水绿彩龙纹盘 | 直径12.5cm | 540,700 | 北京大羿 | 2022-09-26 |
| 明正德 白地绿彩龙纹盘 | 直径17.6cm | 402,500 | 中贸圣佳 | 2023-01-01 |
| 明正德 白地暗刻海水绿彩龙纹盘 | 直径21.5cm | 345,000 | 北京中汉 | 2022-06-03 |
| 明正德 白地绿彩暗刻云龙纹碗 | 口径19.8cm | 632,500 | 北京大羿 | 2022-06-26 |
| 明嘉靖 御制黄地绿彩海水江崖九龙纹缸 | 直径48.5cm | 2,530,000 | 永乐拍卖 | 2022-07-24 |
| 明万历 黄地绿彩开光刻云龙纹罐 | 高16.3cm | 276,000 | 中贸圣佳 | 2022-09-26 |
| 明万历 黄地绿彩暗刻双龙赶珠纹碗 | 直径14.5cm | 57,500 | 北京中汉 | 2022-04-27 |
| 清康熙 暗刻海水绿彩龙纹盘 | 口径22.5cm | 293,250 | 北京大羿 | 2022-12-25 |
| 清康熙 暗刻海水绿彩龙纹盘 | 直径22.5cm | 207,000 | 中贸圣佳 | 2023-01-01 |
| 清康熙 青花地绿彩云龙纹大盘 | 直径33cm | 161,000 | 中国嘉德 | 2022-05-31 |
| 清康熙 仿弘治绿彩龙纹盘 | 直径16.3cm | 34,500 | 北京保利 | 2022-07-17 |
| 清康熙 黄地绿彩海水龙纹盏托 | 13.3cm×10cm | 172,500 | 北京大羿 | 2022-09-26 |
| 清康熙 黄地绿彩龙纹碗 | 口径15cm | 460,000 | 北京大羿 | 2022-12-18 |
| 清康熙 暗刻海水绿彩云龙纹宫碗 | 直径21.6cm；高9.3cm | 402,500 | 中贸圣佳 | 2022-07-26 |
| 清康熙 黄地绿彩团花鸡心碗 | 直径13cm | 368,000 | 华艺国际 | 2022-09-23 |
| 清康熙 黄地绿彩云龙戏珠纹碗 | 直径10.3cm | 367,224 | 香港苏富比 | 2022-04-29 |
| 清康熙 黄地绿彩皇八子碗 | 直径15.4cm | 230,000 | 华艺国际 | 2022-09-23 |
| 清康熙 仿明青花地绿彩云龙纹碗 | 直径14cm | 195,500 | 中国嘉德 | 2022-09-27 |
| 清康熙 黄地绿彩庭院婴戏图碗 | 直径15.5cm；高6.9cm | 172,500 | 中贸圣佳 | 2023-01-01 |
| 清康熙 黄地暗刻绿彩龙纹碗 | 口径10cm | 126,500 | 北京大羿 | 2022-12-25 |
| 清康熙 黄地绿彩庭院婴戏纹碗 | 口径15.4cm | 92,000 | 北京大羿 | 2022-12-25 |
| 清康熙 黄地绿彩暗刻云龙纹碗 | 直径10.3cm | 92,000 | 北京中汉 | 2022-04-27 |
| 清康熙 紫地绿彩云龙纹碗 | 直径14.3cm | 92,000 | 中鸿信 | 2022-09-11 |
| 清康熙 青花绿彩云龙纹碗 | 直径10.2cm | 40,250 | 中国嘉德 | 2022-09-28 |
| 清康熙 御制黄地绿彩婴戏图碗 | 直径15cm | 40,250 | 永乐拍卖 | 2022-07-24 |
| 清康熙 黄地绿彩桃纹小碗 | 直径11.5cm | 34,500 | 中国嘉德 | 2022-09-29 |

(成交价RMB：3万元以上)

| 名称 | 物品尺寸 | 成交价RMB | 拍卖公司 | 拍卖日期 |
|---|---|---|---|---|
| 清雍正 黄地绿彩海水云龙双贯耳橄榄瓶 | 高30.5cm | 9,093,742 | 香港苏富比 | 2022-10-09 |
| 清雍正 墨地绿彩缠枝莲纹胆瓶 | 高19.7cm | 756,050 | 佳士得 | 2022-05-30 |
| 清雍正 绿彩龙纹盖罐 | 高19.5cm | 2,875,000 | 北京保利 | 2022-07-28 |
| 清雍正 墨地绿彩花鸟图盘 | 直径14.9cm | 1,823,270 | 香港苏富比 | 2022-10-09 |
| 清雍正 黄釉绿彩暗刻团龙纹碗 | 口径14.4cm；高6.9cm | 1,610,000 | 中贸圣佳 | 2022-10-27 |
| 清雍正 黄地绿彩花鸟寿桃纹碗 | 直径12.2cm | 483,000 | 北京保利 | 2022-07-28 |
| 清雍正 米黄地绿龙纹碗 | 直径18.5cm | 218,500 | 北京中汉 | 2022-04-27 |
| 清雍正 黄地绿彩云鹤纹碗 | 直径15cm | 184,000 | 北京大羿 | 2022-09-26 |
| 清乾隆 黄地绿彩小贯耳瓶 | 高13.6cm | 805,000 | 北京保利 | 2022-07-29 |
| 清乾隆 绿彩云龙纹盖罐 | 高21cm | 1,150,000 | 中国嘉德 | 2022-06-27 |
| 清乾隆 黄地绿彩暗刻穿花龙纹花口盘 | 直径13.2cm | 66,700 | 北京中汉 | 2022-04-27 |
| 清乾隆 绿彩龙纹盘 | 直径17.5cm | 43,700 | 华艺国际 | 2022-09-23 |
| 清乾隆 绿龙盘 | 高4.3cm；直径18.2cm | 34,500 | 西泠印社 | 2022-01-22 |
| 清乾隆 御制黄地绿彩团龙纹碗 | 直径14.3cm | 517,500 | 永乐拍卖 | 2022-07-24 |
| 清乾隆 黄地绿彩云龙纹茶碗 | 直径10.3cm | 437,000 | 中国嘉德 | 2022-06-27 |
| 清乾隆 绿彩缠枝高足供碗 | 高13cm；口径14.5cm | 345,000 | 浙江御承 | 2022-08-28 |
| 清乾隆 黄地绿彩云龙纹碗 | 直径13.3cm | 92,000 | 中国嘉德 | 2022-12-26 |
| 清乾隆 黄地绿彩云龙纹碗 | 直径13cm | 92,000 | 北京荣宝 | 2022-07-24 |
| 清乾隆 黄地绿彩龙赶珠纹碗 | 高6.2cm；口径13.2cm | 74,750 | 广东崇正 | 2022-04-17 |
| 清乾隆 黄地绿彩龙纹碗 | 直径12cm | 69,000 | 北京保利 | 2022-07-16 |
| 清乾隆 黄地绿彩花鸟桃树纹碗（一对） | 直径12.6cm×2 | 56,575 | 中国嘉德 | 2022-06-04 |
| 清乾隆 黄地绿彩云龙纹茶碗 | 直径10.2cm | 40,250 | 中国嘉德 | 2022-09-29 |
| 清嘉庆 青花地海水绿彩云龙纹盘（一对） | 直径17.8cm×2 | 264,500 | 北京保利 | 2022-07-29 |
| 清嘉庆 黄地绿彩龙纹花口盘 | 直径13cm | 247,250 | 北京大羿 | 2022-09-26 |
| 清嘉庆 黄地绿龙纹盘 | 口径18.5cm | 241,500 | 北京大羿 | 2022-09-26 |
| 清嘉庆 黄地绿彩云龙赶珠纹盘 | 直径18.6cm | 149,500 | 永乐拍卖 | 2022-07-25 |
| 清嘉庆 白地轧道海水绿彩云龙纹盖碗 | 高8.5cm；直径11cm | 287,500 | 保利厦门 | 2022-10-22 |
| 清嘉庆 白地轧道海水绿彩云龙纹小碗 | 直径11.2cm | 69,000 | 中国嘉德 | 2022-05-30 |
| 清嘉庆 黄地绿龙碗 | 高6.5cm；直径13.8cm | 48,300 | 西泠印社 | 2022-01-22 |
| 清嘉庆 黄地绿彩龙纹花口碟（一对） | 直径13.2cm×2 | 264,500 | 中贸圣佳 | 2022-06-07 |
| 清嘉庆 黄地绿彩云龙纹花盆 | 口径26cm；高15.5cm | 78,200 | 中贸圣佳 | 2022-06-07 |
| 清道光 仿明黄地绿彩花鸟寿桃纹墩式碗 | 直径12.6cm | 57,500 | 中国嘉德 | 2022-09-27 |
| 清道光 黄地绿龙盘（一对） | 高3.5cm×2；直径16cm×2 | 563,500 | 保利厦门 | 2022-10-22 |
| 清道光 黄地绿彩云龙花口盘（一对） | 直径13cm×2 | 264,500 | 中贸圣佳 | 2022-07-26 |
| 清道光 绿彩龙纹盘（一对） | 直径17.5cm×2 | 218,500 | 北京保利 | 2022-07-29 |
| 清道光 绿彩龙纹盘 | 直径18.1cm | 165,546 | 中国嘉德 | 2022-10-07 |
| 清道光 黄地绿彩龙纹盘 | 直径13.3cm | 160,622 | 纽约佳士得 | 2022-03-25 |
| 清道光 暗刻海水绿龙纹盘 | 直径18cm | 58,650 | 中贸圣佳 | 2023-01-01 |
| 清道光 竹韵山房款外红釉内绿彩描金缠枝莲寿字纹盘 | 直径18.5cm | 49,450 | 中贸圣佳 | 2022-08-13 |
| 清道光 绿彩云龙纹盘 | 直径17.7cm | 46,000 | 中国嘉德 | 2022-05-30 |
| 清道光 暗刻海水绿彩龙纹盘 | 口径17.5cm | 41,400 | 中贸圣佳 | 2022-10-27 |
| 清道光 绿彩云龙纹盘 | 直径17.8cm | 36,800 | 中国嘉德 | 2022-05-31 |
| 清道光 暗刻海水绿彩龙纹盘 | 直径18cm | 36,800 | 中贸圣佳 | 2022-10-27 |
| 清道光 绿彩云龙纹盖碗（一对） | 碗直径11.2cm×2；盖直径10cm×2 | 276,000 | 北京中汉 | 2022-06-03 |
| 清道光 黄地绿彩龙凤纹碗（一对） | 直径12.1cm×2 | 172,500 | 北京中汉 | 2022-04-27 |
| 清道光 黄地绿彩云龙戏珠纹碗 | 直径11.8cm | 92,665 | 香港苏富比 | 2022-11-25 |
| 清道光 黄地绿龙碗 | 高9.2cm；直径18.4cm | 57,500 | 西泠印社 | 2022-01-22 |

| 名称 | 物品尺寸 | 成交价RMB | 拍卖公司 | 拍卖日期 |
|---|---|---|---|---|
| 清道光 黄地绿彩龙纹茶碗 | 直径10.5cm | 46,000 | 中国嘉德 | 2022-09-30 |
| 清道光 黄地绿龙纹碗 | 直径14.5cm | 40,250 | 广东崇正 | 2022-08-11 |
| 清道光 黄地绿彩云龙纹碗 | 直径11.8cm | 32,200 | 中国嘉德 | 2022-09-28 |
| 清道光 绿彩团龙纹小高足杯 | 直径3cm；高3.2cm | 32,200 | 中贸圣佳 | 2022-06-07 |
| 清中期 红地绿彩龙纹碗 | 直径17cm | 40,250 | 北京保利 | 2022-07-16 |
| 清同治 仿明黄地绿彩花鸟寿桃纹墩式碗 | 直径12.5cm | 92,000 | 中国嘉德 | 2022-09-27 |
| 清同治 白釉海水绿龙盘 | 直径18.5cm | 178,250 | 北京荣宝 | 2022-07-24 |
| 清同治 黄地绿彩竹纹盘 | 直径10.3cm | 103,500 | 中贸圣佳 | 2022-09-25 |
| 清同治 黄地绿彩龙纹盘 | 直径14.4cm | 80,500 | 中国嘉德 | 2022-05-29 |
| 清同治 暗刻海水绿彩龙纹盘（一对） | 高4.5cm×2；直径18.8cm×2 | 46,000 | 保利厦门 | 2022-10-22 |
| 清同治 黄地绿彩竹纹盘 | 直径25.5cm | 29,900 | 中贸圣佳 | 2022-08-13 |
| 清同治 黄地绿彩竹纹碗 | 直径10.5cm | 149,500 | 中国嘉德 | 2022-05-29 |
| 清同治 黄地绿彩竹纹杯 | 直径6.5cm | 69,000 | 中贸圣佳 | 2022-09-25 |
| 清同治 黄地绿彩竹纹杯（一对） | 直径6.5cm×2 | 57,500 | 中国嘉德 | 2022-05-30 |
| 清同治 黄地绿彩竹纹杯 | 直径6.5cm | 36,800 | 中贸圣佳 | 2022-09-25 |
| 清光绪 墨地绿彩双龙戏珠纹大盘（带木座） | 直径63cm | 149,500 | 华艺国际 | 2022-09-23 |
| 清光绪 墨地绿彩云龙纹盘 | 直径27.8cm | 71,300 | 北京中汉 | 2022-06-03 |
| 清光绪 白釉暗刻海水绿龙纹盘 | 直径18.7cm | 48,300 | 北京中汉 | 2022-04-27 |
| 清光绪 黄地绿彩寿字龙纹盘（一对） | 直径18cm×2 | 40,250 | 北京荣宝 | 2022-07-24 |
| 清光绪 黄地绿彩龙纹碗（一对） | 直径10.2cm×2 | 126,500 | 北京大羿 | 2022-09-26 |
| 清光绪 黄地绿彩云龙纹盖碗（一对） | 高7.5cm×2；直径10cm×2 | 115,000 | 中贸圣佳 | 2023-01-01 |
| 清光绪 黄釉绿彩龙纹碗（一对） | 高5.5cm×2；直径12cm×2 | 103,500 | 保利厦门 | 2022-10-22 |
| 清光绪 黄地绿龙碗（一对） | 高5.7cm×2；直径12.8cm×2 | 89,700 | 西泠印社 | 2022-01-22 |
| 清光绪 黄地绿彩龙纹碗 | 直径16.2cm | 69,000 | 北京保利 | 2022-07-29 |
| 清光绪 黄地绿彩云龙纹茶碗 | 直径10.2cm | 57,500 | 中国嘉德 | 2022-09-27 |
| 清光绪 黄地绿龙碗（一对） | 直径16cm×2 | 56,575 | 中国嘉德 | 2022-06-04 |
| 清光绪 黄地绿彩暗刻双龙赶珠纹茶碗 | 直径10.3cm | 40,250 | 北京中汉 | 2022-09-29 |
| 清 绿彩云龙纹盖罐 | 通高21cm | 412,797 | 香港福羲国际 | 2022-12-28 |
| 清代 绿彩云龙赶珠纹盘（一对） | 直径14.1cm×2 | 46,000 | 中贸圣佳 | 2022-09-25 |
| 墨地绿彩缠枝莲碗（一对） | 高4.5cm×宽10cm×2 | 46,719 | 台北艺珍 | 2022-09-25 |
| **蓝彩** | | | | |
| 唐 黄釉蓝彩弦纹碗 | 直径12.5cm | 121,400 | 华艺国际 | 2022-11-27 |
| 清康熙 洒蓝釉开光花鸟人物纹观音瓶 | 高53.5cm | 112,700 | 北京大羿 | 2022-09-25 |
| 清乾隆 茶叶末釉加彩太极八卦图折沿大盘 | 直径35.3cm | 36,800 | 中国嘉德 | 2022-05-30 |
| 清同治 黄地蓝彩百寿纹盘 | 高4.6cm；直径26.2cm | 71,300 | 西泠印社 | 2022-01-22 |
| 清同治 黄地蓝彩寿字纹碗 | 直径21cm | 334,777 | 纽约佳士得 | 2022-09-23 |
| **紫彩** | | | | |
| 清康熙 绿彩紫彩暗刻云龙纹盘 | 直径24.9cm | 70,150 | 北京中汉 | 2022-09-29 |
| 清康熙 绿地紫彩龙纹碗 | 直径11.1cm | 359,100 | 保利香港 | 2022-07-14 |
| 清乾隆 御制绿地紫彩云龙赶珠纹碗（一对） | 直径11.1cm×2 | 644,000 | 永乐拍卖 | 2022-07-24 |
| 清乾隆 绿地紫彩海水云龙纹碗（一对） | 直径11.1cm×2 | 345,000 | 北京中汉 | 2022-12-09 |
| 清嘉庆 绿地紫彩海水云龙纹碗 | 高11.1cm | 46,000 | 北京中汉 | 2022-12-09 |
| 清道光 绿地紫彩云龙纹碗 | 直径15cm | 103,500 | 永乐拍卖 | 2022-07-25 |
| 清道光 绿地紫彩云龙纹碗 | 直径15cm | 63,250 | 北京中汉 | 2022-04-27 |
| 清道光 绿地紫彩双龙戏珠纹碗 | 直径15cm；直径7.1cm | 57,500 | 广东崇正 | 2022-08-11 |
| 清代 松石绿釉绿彩紫彩盘螭龙灵芝形花插 | 高14.5cm | 43,700 | 中贸圣佳 | — |
| 清 白地紫彩暗刻云龙纹碗 | 直径19.8cm | 216,227 | 香港福羲国际 | 2022-12-28 |
| 清 绿地绿彩云龙纹碗（一对） | 直径10.8cm×2 | 33,350 | 北京中汉 | 2022-09-29 |
| **赭彩 褐彩** | | | | |

## 2022瓷器拍卖成交汇总(续表)

(成交价RMB：3万元以上)

| 名称 | 物品尺寸 | 成交价RMB | 拍卖公司 | 拍卖日期 |
|---|---|---|---|---|
| 明 湖田窑点褐彩立狮 | 高9.8cm | 80,500 | 西泠印社 | 2022-01-22 |
| 清康熙 绿地赭彩暗刻龙纹碗（一对） | 直径10.3cm×2；高5.5cm×2 | 651,168 | 保利香港 | 2022-10-10 |
| 清光绪 绿地褐彩云龙纹小碗 | 直径11.4cm | 43,700 | 中国嘉德 | 2022-06-02 |
| **仿古铜彩** | | | | |
| 清乾隆 仿古铜釉尊 | 高15cm；口径8cm | 230,000 | 浙江御承 | 2022-08-28 |
| 清晚期 古铜釉双耳大瓶 | 高54cm | 103,500 | 中贸圣佳 | 2022-09-26 |
| 清晚期 古铜釉兽面纹贯耳尊 | 高42.5cm | 97,750 | 中贸圣佳 | 2022-09-26 |
| 清晚期 仿青铜螭龙纹双耳小尊 | 高11.4cm | 51,750 | 中贸圣佳 | 2022-09-25 |
| 清代 仿青铜四系尊 | 高32.5cm(不含座) | 51,911 | 台北艺珍 | 2022-09-25 |
| 清 仿古铜彩夔龙纹铺首尊 | 高43cm | 32,200 | 中贸圣佳 | 2022-09-25 |
| 清 古铜彩三足琴炉 | 直径6.2cm | 552,000 | 荣宝斋（南京） | 2022-12-08 |
| **金 彩** | | | | |
| 明嘉靖 黑漆描金龙纹笔 | 长28cm | 207,000 | 中贸圣佳 | 2022-10-27 |
| 清康熙 天蓝釉描金花鸟诗文棒槌瓶 | 高40cm | 69,000 | 保利厦门 | 2022-10-22 |
| 清康熙 白釉描金螭螭瓶 | 高44cm | 51,750 | 中国嘉德 | 2022-09-28 |
| 清康熙 洒蓝釉描金开光山水花鸟瑞兽纹棒槌瓶 | 高44.2cm | 40,250 | 中国嘉德 | 2022-05-31 |
| 清康熙 洒蓝釉描金凤穿牡丹纹棒槌瓶 | 高46cm | 40,250 | 保利厦门 | 2022-05-31 |
| 清康熙 乌金釉描金穿花螭龙开光花卉山水纹棒槌瓶 | 高45.5cm | 36,800 | 中国嘉德 | 2022-09-27 |
| 清康熙 洒蓝釉描金开光花卉纹大凤尾尊 | 高76cm | 97,750 | 保利厦门 | 2022-10 |
| 清康熙 霁蓝釉描金仿古饕餮纹兽耳琵琶尊 | 高39cm | 46,000 | 中贸圣佳 | 2022-09-27 |
| 清康熙 乌金釉描金花卉开光花鸟纹琵琶尊 | 高44.3cm | 32,200 | 中国嘉德 | 2022-05-31 |
| 清康熙 洒蓝釉描金开光人物纹大花瓢 | 高71.5cm | 402,500 | 北京大羿 | 2022- |
| 清康熙 蓝釉描金博古清供图执壶（一对） | 高17.5cm×2 | 32,200 | 中国嘉德 | 2022-09-30 |
| 清康熙 洒蓝釉描金如意花卉纹盘口花瓢 | 高40.3cm | 34,500 | 北京中汉 | 2022-06-28 |
| 清康熙 洒蓝釉描金四艺图笔筒 | 直径18.1cm | 301,163 | 香港苏富比 | 2022-11-25 |
| 清康熙 洒蓝釉描金冰梅开光花卉纹笔筒 | 高15.3cm | 80,500 | 中国嘉德 | 2022-05-31 |
| 清雍正 白釉描金象耳炉 | 高6cm；口径8.5cm | 437,000 | 浙江御承 | 2022-08-28 |
| 清雍正 十二年（1734年）唐英制珊瑚红釉湖水绿釉描金供盘 | 直径20cm | 1,380,000 | 中国嘉德 | 2022- |
| 清雍正 宝石蓝釉描金三多瑞果纹内矾红果子纹小茶碗 | 高5cm；直径12cm | 529,000 | 中贸圣佳 | 2022-07-26 |
| 清乾隆 蓝地描金缠枝莲纹双螭龙耳瓶 | 高35cm | 810,054 | 佳士得 | 2022-05-30 |
| 清乾隆 霁蓝釉描金蒜头瓶 | 直径3.5cm；宽14cm；高29cm | 575,000 | 深圳富诺得 | 2022-10-06 |
| 清乾隆 松石绿釉描金开光仿石纹方瓶 | 高14cm | 396,446 | 纽约佳士得 | 2022-09-23 |
| 清乾隆 蓝釉描金花卉纹小瓶 | 高8cm | 207,000 | 华艺国际 | 2022-09-23 |
| 清乾隆 洒蓝釉描金榴开百子撇口瓶 | 高17cm | 69,000 | 北京荣宝 | 2022-07-24 |
| 清乾隆 蓝釉描金福庆绵长图三联葫芦瓶 | 高15.5cm | 43,700 | 中国嘉德 | 2022-09-28 |
| 清乾隆 霁蓝釉描金三多纹抱月瓶 | 高31cm | 40,250 | 中鸿信 | 2022-09-11 |
| 清乾隆 宝石蓝釉地洋金彩四系小尊 | 高11.5cm | 9,200,000 | 北京保利 | 2022-07-28 |
| 清乾隆 唐英制乌金釉黑地描金山水纹菱蕻尊 | 高13.8cm | 920,000 | 中贸圣佳 | 2022-07-26 |
| 清乾隆 霁蓝釉描金吉庆有余牺耳尊 | 直径7.5cm；宽13cm；高19cm | 552,000 | 深圳富诺得 | 2022-10-06 |
| 清乾隆 戴润斋旧藏珊瑚红釉地描金贴塑螭龙纹罐（一对） | 高17.5cm×2 | 575,000 | 浙江佳宝 | 2022-03-13 |
| 清乾隆 天蓝釉描金三足炉 | 高7cm；口径7cm | 460,000 | 浙江御承 | 2022-08-28 |
| 清乾隆 霁蓝釉描金缠枝莲纹佛塔 | 高32.5cm | 517,500 | 西泠印社 | 2022-08-20 |
| 清乾隆 蓝釉描金彩盘 | 直径20cm | 160,027 | 华艺国际 | 2022-11-27 |
| 清乾隆 洛克菲勒描金墨彩山水纹盘 | 高3cm；直径19cm | 46,000 | 广东崇正 | 2022-04-17 |
| 清乾隆 洛克菲勒描金农耕图盘 | 高3cm；口径25cm | 29,900 | 广东崇正 | 2022-04-17 |
| 清乾隆 珊瑚红釉金仿剔红锦地团寿字札古札雅木碗 | 直径11.6cm | 149,500 | 中国嘉德 | 2022-06-27 |
| 清乾隆 蓝釉金彩仿雕漆团寿锦纹碗 | 高4cm；直径12cm | 57,500 | 保利厦门 | 2022-10-22 |
| 清乾隆 珊瑚红釉描金折腰碗（一对） | 高7.9cm×2；直径20.4cm×2 | 57,500 | 西泠印社 | 2022-01-22 |
| 清乾隆 墨彩描金诗文杯（一对） | 直径6.7cm×2 | 115,000 | 北京保利 | 2022-07-28 |
| 清乾隆 祭蓝釉描金盆托 | 长20.5cm | 69,000 | 北京保利 | 2022-07-17 |
| 清乾隆 珊瑚红地釉剔划诗文笔筒 | 高16cm；口径10cm | 402,500 | 浙江御承 | 2022-08-28 |
| 清乾隆 珊瑚红釉描金花卉开光松石绿釉镂雕四方小笔筒 | 高8cm | 34,500 | 中国嘉德 | 2022-09-29 |
| 清乾隆 宝石蓝釉描金西番莲纹水盂 | 高5.2cm；长8.2cm | 103,500 | 广东崇正 | 2022-08-11 |
| 清乾隆 祭蓝釉描金花口水盂 | 高8.5cm | 92,000 | 华艺国际 | 2022-09-23 |
| 清嘉庆 祭蓝釉描金花卉灯笼瓶 | 高39.5cm | 46,000 | 北京保利 | 2022-07-16 |
| 清嘉庆 御制珊瑚红地描金福庆万年龙耳撇口尊 | 高68cm | 2,070,000 | 永乐拍卖 | 2022-07-24 |
| 清嘉庆 蓝地描金龙纹贲巴壶 | 高19.7cm；长14.3cm | 2,645,000 | 西泠印社 | 2022-01-22 |
| 清嘉庆 珊瑚红地描金五蝠拱寿纹盘（一对） | 高3.6cm×2；直径16.5cm×2 | 552,000 | 广东崇正 | 2022-12-25 |
| 清嘉庆 蓝地描金寿字莲纹杯 | 直径8.2cm | 364,201 | 中国嘉德 | 2022-10-07 |
| 清道光 珊瑚红地描金缠枝莲纹小天球瓶 | 高30cm | 322,000 | 永乐拍卖 | 2022-07-25 |
| 清道光 蓝釉描金福寿三多缠枝莲纹壮罐（一对） | 高27.5cm×2 | 920,000 | 中国嘉德 | 2022-05-29 |
| 清道光 金彩兰花碗（一对） | 直径17.5cm×2 | 69,000 | 北京保利 | 2022-07-17 |
| 清道光 冬青釉描金缠枝莲纹海棠形花盆 | 高8cm；长21.5cm | 322,000 | 保利厦门 | 2022-10-22 |
| 清同治 珊瑚红釉描金喜字碗 | 直径13cm | 207,000 | 中国嘉德 | 2022-05-29 |
| 清同治 珊瑚红地描金喜字纹碗（一对） | 直径15.3cm×2 | 92,000 | 北京中汉 | 2022-06-03 |
| 清光绪 蓝地描金皮球花赏瓶 | 高39.5cm | 287,500 | 上海嘉禾 | 2022-11-20 |
| 清光绪 霁蓝釉描金皮球花纹赏瓶 | 高38.5cm | 230,000 | 北京大羿 | 2022-06-26 |
| 清光绪 祭蓝釉描金三多玉壶春瓶 | 高30cm | 184,000 | 北京保利 | 2022-07-29 |
| 清光绪 霁蓝釉描金百禄图象耳瓶 | 高29.6cm；长16.3cm；宽16.3cm | 172,500 | 西泠印社 | 2022-01-22 |
| 清光绪 蓝釉描金团花纹赏瓶 | 高38.5cm | 161,000 | 中国嘉德 | 2022-09-27 |
| 清光绪 蓝釉描金团花纹赏瓶 | 高38.5cm | 97,750 | 中国嘉德 | 2022-09-28 |
| 清光绪 霁蓝釉描金皮球花纹赏瓶 | 高38.8cm | 92,000 | 中贸圣佳 | 2022-09-25 |
| 清光绪 蓝釉描金云龙纹赏瓶 | 高38.5cm | 55,200 | 中国嘉德 | 2022-09-28 |
| 清光绪 蓝釉描金云龙纹赏瓶 | 高37.6cm | 55,200 | 中国嘉德 | 2022-09-28 |
| 清光绪 蓝釉描金云龙纹赏瓶 | 高39cm | 51,750 | 中国嘉德 | 2022-09-28 |
| 清光绪 蓝釉描金云龙纹赏瓶 | 高38.3cm | 43,700 | 中国嘉德 | 2022-05-31 |
| 清光绪 蓝釉描金团花纹象耳方瓶 | 高29.2cm | 40,250 | 中国嘉德 | 2022-05-31 |
| 清光绪 蓝釉描金梅鹤双清诗文赏瓶 | 高37.5cm | 34,500 | 中国嘉德 | 2022-05-31 |
| 清宣统 白釉描金杯（一对） | 直径7.2cm×2 | 55,200 | 中国嘉德 | 2022-09-27 |
| 清晚期 蓝釉描金喜禄封侯图贯耳瓶 | 高37cm | 92,000 | 中国嘉德 | 2022-05-31 |
| 清晚期 蓝釉描金游龙戏珠纹天球瓶 | 高57.8cm | 88,099 | 纽约佳士得 | 2022-09-23 |
| 清晚期 珊瑚红描金八宝纹团龙纹桥耳炉 | 直径15cm | 40,250 | 中国嘉德 | 2022-09-29 |
| 清晚期至民国 珊瑚红描金金文单罃杯、小盘（六件） | 盘直径12.6cm×4；杯高9cm×2 | 32,200 | 中国嘉德 | 2022-05-30 |
| 清 蓝釉描金福禄寿图双耳瓶 | 高52.8cm | 34,500 | 西泠印社 | 2022-01-22 |
| 清 祭蓝釉描金围棋罐 | 直径12.8cm | 98,285 | 香港福羲国际 | 2022-12-28 |
| 清 珊瑚红御题诗佛手图菊瓣盘 | 高3.3cm；直径18cm | 34,500 | 西泠印社 | 2022-01-22 |

| 名称 | 物品尺寸 | 成交价RMB | 拍卖公司 | 拍卖日期 |
|---|---|---|---|---|
| 清 蓝釉描金缠枝花卉纹碗 | 直径15.5cm | 117,942 | 香港福羲国际 | 2022-12-28 |
| 清 珊瑚红描金锦地开光花卉诗文香囊 | 长10.2cm | 40,250 | 中国嘉德 | 2022-09-28 |
| 民国 蓝釉描金团花纹盘口大瓶 | 高42.5cm | 115,000 | 中国嘉德 | 2022-05-29 |
| 民国 珊瑚红描金开窗花鸟瓶 | 高27.2cm | 34,500 | 中贸圣佳 | 2022-06-07 |
| 民国 金彩"兰花御纹章"餐具（十三件） | 尺寸不一 | 218,500 | 中国嘉德 | 2022-05-29 |
| 当代 自牧堂 洒蓝地描金汉风文字纪功盖碗 | 直径9.5cm；高8.3cm | 32,200 | 中贸圣佳 | 2023-01-01 |
| 蓝地描金鱼纹天球瓶 | 高48cm | 110,364 | 荣宝斋（香港） | 2022-11-26 |
| **白花** | | | | |
| 明宣德 宝石红地暗刻花纹蟋蟀罐 | 高10cm；口径13.5cm | 460,000 | 浙江御承 | 2022-08-28 |
| 明成化 黄地白龙纹杯 | 高5cm；口径6.5cm；底径2.5cm | 345,000 | 浙江御承 | 2022-08-28 |
| 明正德 白釉火石红龙纹盘 | 直径21.8cm | 977,500 | 北京保利 | 2022-07-29 |
| 明万历 棕釉白花梅瓶及盖 | 高27.2cm | 61,669 | 纽约佳士得 | 2022-09-23 |
| 明万历 蓝釉堆白鱼藻纹盘 | 直径15cm | 299,000 | 中国嘉德 | 2022-06-27 |
| 明 蓝釉留白清白礼贵图罐 | 高17.3cm；口径8.5cm | 57,500 | 浙江佳宝 | 2022-03-13 |
| 明 祭红留白花鸟大碗 | 28cm×8cm | 552,000 | 上海嘉禾 | 2022-01-01 |
| 清康熙 珊瑚红留白三鱼纹鸡心碗（一对） | 直径16cm×2；高8cm×2 | 66,700 | 广东崇正 | 2022-08-11 |
| 清雍正 宝石蓝釉留白模印鱼藻纹盉碗 | 直径17.4cm | 414,000 | 北京中汉 | 2022-08-08 |
| 清雍正 洒蓝地留白模印花卉纹盘 | 直径33.2cm | 1,322,500 | 北京保利 | 2022-07-28 |
| 清雍正 珊瑚红地留白九蝠捧寿纹盘 | 直径15.5cm | 161,000 | 北京大羿 | 2022-07-24 |
| 清雍正 洒蓝地留白菊纹碗 | 口径19.8cm | 648,043 | 香港苏富比 | 2022-04-29 |
| 清雍正 洒蓝釉留白沥粉折枝花纹葵口碗 | 口径19.2cm | 368,000 | 北京大羿 | 2022-12-25 |
| 清雍正 蓝釉留白鱼藻纹盖式碗 | 直径17.3cm | 322,000 | 上海嘉禾 | 2022-01-01 |
| 清雍正 洒蓝釉留白沥粉折枝菊花纹花口大碗 | 直径19cm | 230,000 | 中国嘉德 | 2022-09-27 |
| 清雍正 洒蓝釉留白菊纹葵口碗 | 直径19.2cm | 172,500 | 永乐拍卖 | 2022-07-25 |
| 清乾隆 米黄釉留白暗刻三鱼纹盘（一对） | 直径15.2cm×2 | 51,750 | 永乐拍卖 | 2022-07-24 |
| 清乾隆 珊瑚红地留白竹纹小碗（一对） | 直径11.8cm×2 | 1,944,129 | 香港苏富比 | 2022-04-29 |
| 清乾隆 珊瑚红地留白缠枝莲花纹碗（一对） | 直径12.8cm×2 | 926,654 | 香港苏富比 | 2022-11-25 |
| 清乾隆 珊瑚红地留白秀竹纹碗 | 口径11.7cm | 569,772 | 香港苏富比 | 2022-10-09 |
| 清乾隆 珊瑚红地留白花卉纹碗 | 直径12.8cm | 299,000 | 北京大羿 | 2022-09-26 |
| 清乾隆 珊瑚红地留白花卉纹碗 | 直径12.7；高6.5cm | 241,500 | 中贸圣佳 | 2023-01-01 |
| 清乾隆 珊瑚红留白缠枝花卉纹碗 | 直径13cm | 161,000 | 中国嘉德 | 2022-06-27 |
| 清乾隆 珊瑚红留白缠枝花卉纹杯 | 直径9.5cm | 32,200 | 中国嘉德 | 2022-09-30 |
| 清道光 浩然堂制天蓝釉堆白花果纹石榴尊 | 高8cm | 34,500 | 保利厦门 | 2022-10-22 |
| 清道光 珊瑚红地留白清风幽篁图大碗（一对） | 直径18.3cm×2；高8.7cm×2 | 575,000 | 中贸圣佳 | 2022-07-26 |
| 清道光 珊瑚红地留白缠枝花卉纹碗 | 口径13cm | 506,000 | 北京大羿 | 2022-12-18 |
| 清道光 矾红留白花卉纹碗（一对） | 直径13cm×2 | 402,500 | 北京荣宝 | 2022-07-24 |
| 清道光 珊瑚红地留白缠枝花卉纹碗 | 直径12.9cm | 241,500 | 华艺国际 | 2022-09-23 |
| 清道光 珊瑚红留白缠枝花卉纹碗 | 高6.8cm；直径12.8cm | 74,750 | 西泠印社 | 2022-01-22 |
| 清道光 珊瑚红留白缠枝莲纹碗 | 直径11.2cm | 56,575 | 中国嘉德 | 2022-06-04 |
| 清道光 珊瑚红留白缠枝莲花纹碗 | 直径13.2cm | 40,250 | 中国嘉德 | 2022-09-30 |
| 清道光 外松石绿釉内沥粉福寿连绵内粉彩金玉满堂纹卧足杯 | 直径7.1cm | 126,500 | 北京中汉 | 2022-12-09 |
| 清中期 松石绿釉堆白福庆绵长图札古札雅木碗 | 直径13.3cm | 69,000 | 中国嘉德 | 2022-06-27 |

| 名称 | 物品尺寸 | 成交价RMB | 拍卖公司 | 拍卖日期 |
|---|---|---|---|---|
| 清光绪 蓝地留白踏雪寻梅图赏瓶（一对） | 高38.7cm×2 | 115,000 | 中国嘉德 | 2022-05-30 |
| 清光绪 珊瑚红留白竹纹盘 | 直径14cm | 51,750 | 中国嘉德 | 2022-05-30 |
| 清光绪 珊瑚红留白竹纹碗（一对） | 直径12cm×2 | 138,000 | 中国嘉德 | 2022-06-27 |
| 清光绪 珊瑚红地留白竹叶纹碗 | 直径16.2cm | 92,000 | 永乐拍卖 | 2022-07-25 |
| 清光绪 珊瑚红地留白缠枝花卉纹碗 | 高6.5cm；直径12.5cm | 32,200 | 西泠印社 | 2022-01-22 |
| 清代 珊瑚红竹纹碗（一对） | 直径11.8cm×2 | 34,500 | 上海嘉禾 | 2022-01-01 |
| 民国 墨彩留白缠枝花卉开光山水人物纹兽耳方瓶 | 高25.2cm | 55,200 | 中国嘉德 | 2022-05-29 |
| **墨彩** | | | | |
| 元末明初 孔雀蓝地黑彩仙人梅瓶 | 高26.8cm | 345,000 | 北京保利 | 2022-07-28 |
| 明 白地黑花菱花开光松风高隐图梅瓶 | 高41.5cm | 1,380,000 | 中贸圣佳 | 2022-07-26 |
| 明 白地黑彩花卉纹梅瓶 | 高32cm | 86,250 | 中贸圣佳 | 2022-07-13 |
| 明 绿地黑花小尊 | 高19.4cm | 57,500 | 中贸圣佳 | 2022-09-25 |
| 清雍正 墨彩山水人物纹小梅瓶 | 高14cm | 57,500 | 保利厦门 | 2022-10-22 |
| 清雍正 墨彩女仙图大尊 | 高48.5cm | 345,000 | 北京保利 | 2022-07-29 |
| 清雍正 墨彩折枝瑞果纹碗（一对） | 直径9.8cm×2；高5cm×2 | 184,000 | 中贸圣佳 | 2022-06-07 |
| 清雍正 墨彩通景山水图笔筒 | 高13.5cm；直径17.1cm | 402,500 | 西泠印社 | 2022-01-22 |
| 清乾隆 墨彩山水图枇杷尊 | 高25cm | 55,200 | 中贸圣佳 | 2022-06-07 |
| 清乾隆 墨彩诗文瓷板 | 长23.2cm；宽15.9cm | 57,500 | 西泠印社 | 2022-01-22 |
| 清乾隆 米黄地墨彩山水纹小碗（十只） | 直径9.7cm×10；高5cm×10 | 166,750 | 中贸圣佳 | 2023-01-01 |
| 清乾隆 唐英制仿石纹釉墨彩"墨池闻香"笔筒 | 高9.3cm | 6,171,840 | 华艺国际 | 2022-05-29 |
| 清乾隆 御制墨彩六方御题诗文笔筒 | 高11cm | 4,600,000 | 永乐拍卖 | 2022-07-24 |
| 清乾隆 墨彩唐英风格云龙纹笔筒 | 高9.5cm | 1,667,500 | 永乐拍卖 | 2022-07-24 |
| 清乾隆 墨彩四体书法诗文四方笔筒 | 高8.4cm | 1,207,500 | 中贸圣佳 | 2022-07-26 |
| 清乾隆 唐英制墨彩诗文笔筒 | 高10.5cm | 1,150,000 | 永乐拍卖 | 2022-07-24 |
| 清乾隆三十一年（1766年）墨彩菊花书法笔筒 | 直径6.8cm；高9cm | 402,500 | 中贸圣佳 | 2022-12-31 |
| 清中期 墨彩人物笔筒 | 高11.2cm | 34,500 | 华艺国际 | 2022-09-23 |
| 清同治 墨彩过枝花卉纹大碗 | 直径20.8cm | 57,500 | 中国嘉德 | 2022-09-30 |
| 清同治 黄地墨彩花卉纹碗 | 直径11cm | 36,002 | 中国嘉德 | 2022-06-04 |
| 清同治 御制黄地墨彩花鸟纹四方倭角花盆（一对） | 21.7cm×16.2cm×12.3cm×2 | 310,500 | 永乐拍卖 | 2022-07-24 |
| 清同治 黄地墨彩花卉纹洗 | 直径21.5cm | 47,150 | 北京界趣国际 | 2022-04-28 |
| 清光绪 粉红地墨彩花卉纹狮耳大瓶 | 高60.6cm | 1,725,000 | 北京保利 | 2022-07-29 |
| 清光绪 松石绿地花鸟纹双象耳尊 | 高21.8cm | 69,000 | 中贸圣佳 | 2022-07-13 |
| 清光绪 程门 墨彩山水图瓷板 | 瓷板长41.5cm；宽28cm | 287,500 | 中贸圣佳 | 2023-01-01 |
| 清光绪 黄地墨彩花卉纹羹匙（一对） | 长17.5cm×2 | 115,000 | 北京保利 | 2022-07-29 |
| 清光绪 松石绿地墨彩花鸟纹汤匙（一对） | 长17cm×2 | 86,250 | 中国嘉德 | 2022-07-27 |
| 清光绪 体和殿制黄地墨彩花卉纹圆花盆及盆奁 | 直径17.3cm；直径17.1cm | 609,500 | 北京保利 | 2022-07-29 |
| 清光绪 黄地墨彩花卉纹花盆 | 口径40.4cm | 207,000 | 北京大羿 | 2022-09-26 |
| 清光绪 黄地墨彩花卉纹四方花盆及盆奁 | 花盆18.2cm×12.5cm；盆奁18.7cm×13cm | 126,500 | 北京大羿 | 2022-09-26 |
| 清光绪 松石绿地墨彩花鸟纹缸 | 高22cm | 747,500 | 北京大羿 | 2022-12-25 |
| 清光绪 大雅斋制松石绿地墨彩花鸟纹卷缸 | 直径26.3cm；高28.4cm | 402,500 | 中贸圣佳 | 2023-01-01 |
| 清光绪 松石绿地墨彩花卉纹方帽筒（一对） | 高27.5cm×2 | 34,500 | 保利厦门 | 2022-10-22 |
| 清光绪 墨彩书法诗文笔筒 | 直径13.5cm；高15.5cm | 78,200 | 中贸圣佳 | 2022-07-26 |
| 清晚期 蓝地墨彩花卉纹水仙盆 | 长22cm | 97,750 | 中国嘉德 | 2022-12-26 |

# 2022瓷器拍卖成交汇总(续表)

成交价RMB：3万元以上

| 名称 | 物品尺寸 | 成交价RMB | 拍卖公司 | 拍卖日期 |
|---|---|---|---|---|
| 清 永庆长春款墨彩绶带鸟海棠图撇口瓶 | 高23.5cm | 51,750 | 西泠印社 | 2022-08-21 |
| 清代 墨彩孛荠瓶 | 高33.5cm | 48,300 | 上海嘉禾 | 2022-01-01 |
| 清 黑彩福寿纹开窗小鼓凳（一对） | 高34.5cm×腹径27.6cm×瓷面直径24cm×2 | 40,250 | 西泠印社 | 2022-08-21 |
| 民国 周湘甫 墨彩描金大富贵亦寿考图瓶（一对） | 高50cm×2 | 1,058,000 | 中贸圣佳 | 2022-07-26 |
| 民国 王步 黄釉刻花墨彩寒梅双学士图瓷板（一套四片） | 22.9cm×8.1cm×4 | 977,500 | 中贸圣佳 | 2022-07-26 |
| 民国 墨彩山水楼阁图长条瓷板 | 瓷板20.5cm×81cm | 57,500 | 中贸圣佳 | 2022-08-12 |
| 民国 何许人雪景诗文瓶（一对） | 高18cm×2 | 1,092,500 | 北京保利 | 2022-11-12 |
| 1959年 周湘甫 墨彩描金还我河山图瓷板 | 瓷板长37cm；宽25cm | 667,000 | 中贸圣佳 | 2023-01-01 |
| 艺林藏珍 鄢用林墨彩山水四方盘 | 宽17cm | 333,500 | 北京保利 | 2022-11-12 |
| 艺林藏珍 墨彩麒麟显瑞图圆融杯 | 直径9.2cm | 32,200 | 北京保利 | 2022-11-12 |
| **刻剔彩** | | | | |
| 北宋 磁州窑刻钟馗纹盘 | 直径11.4cm | 164,160 | 保利香港 | 2022-07-14 |
| 明 磁州刻花纹玉壶春瓶 | 高24cm | 138,000 | 北京保利 | 2022-07-28 |
| 清乾隆 内木红釉木仿雕漆剔红锦地团寿纹浅碗 | 高4cm；直径12cm | 36,800 | 保利厦门 | 2022-10-22 |
| 清乾隆 甄宗元制仿生瓷藤编随形笔筒 | 高15cm；直径14.5cm | 40,250 | 保利厦门 | 2022-10-22 |
| **其他彩瓷** | | | | |
| 北宋/金 绞胎纹碗 | 直径15.5cm | 361,400 | 纽约佳士得 | 2022-03-25 |
| 清雍正 内暗花龙纹外黑漆嵌螺钿高士图茶圆（一对） | 直径9.6cm×2 | 690,000 | 中国嘉德 | 2022-12-26 |
| 清乾隆 绿釉绞胎长颈瓶 | 高19cm | 57,500 | 中贸圣佳 | 2022-08-13 |
| 清乾隆 洛克菲勒人物纹壁瓶（一对） | 高22cm×2；腹径10cm×2 | 46,000 | 广东崇正 | 2022-04-17 |
| 清乾隆 洛克菲勒镂空外壁花篮（带托，一套） | 花篮8cm×10cm；托盘26cm×3cm | 97,750 | 广东崇正 | 2022-04-17 |
| 清乾隆 洛克菲勒博弈图大碗（一对） | 高18cm×2；口径39cm×2 | 218,500 | 广东崇正 | 2022-04-17 |
| 清乾隆 洛克菲勒三娘教子图杯及杯托（两套） | 托高3.5cm，直径14cm；杯高4.5cm，直径9cm | 34,500 | 广东崇正 | 2022-04-17 |
| 清道光《无双谱》杯盘（一组六件） | 杯直径8.9cm，高7.8cm；盘直径14cm | 32,200 | 中贸圣佳 | 2022-09-26 |
| 清道光 江西十景山水人物杯（四只） | 直径5cm×4 | 106,950 | 中贸圣佳 | 2022-06-26 |
| 清中期 瓷仿绞胎玻璃小荸荠瓶（一对） | 高11.6cm×2 | 40,250 | 中国嘉德 | 2022-09-28 |
| 清中期 绞胎纹笔筒 | 高12.3cm | 36,800 | 中国嘉德 | 2022-09-27 |
| 清 各式小梅瓶（一组） | 尺寸不一 | 48,300 | 华艺国际 | |
| 清三代 御窑带款器底（一组三件） | 直径15cm；直径14.5cm；直径11cm | 94,300 | 中贸圣佳 | 2022-08-13 |
| 民国 各式鸟食罐蝈蝈养具（64只） | 尺寸不一 | 34,500 | 中贸圣佳 | 2022-07-13 |
| 民国 曾龙升 布袋和尚瓷塑 | 高20cm | 89,700 | 中贸圣佳 | 2023-01-01 |
| 民国 花卉纹杯（一组十件） | 直径5.5cm×10 | 37,950 | 中贸圣佳 | 2022-09-28 |
| **现当代瓷器** | | | | |
| 20世纪60~70年代 三个样板戏瓷雕塑 | 高48.9cm | 126,500 | 中贸圣佳 | 2022-07-26 |
| 现代 浣溪龙窑麒麟盖碗套组（三件） | 碗直径10.2cm；高7cm | 74,750 | 北京保利 | 2022-07-17 |
| 现代 浣溪龙窑龙纹茶器套组（四件） | 尺寸不一 | 143,750 | 北京保利 | 2022-07-17 |
| 当代 余毅 古彩四季花开图琮式瓶 | 长18cm；宽18cm；高45.2cm | 57,500 | 中贸圣佳 | 2023-01-01 |
| 当代 周小娟 古彩欢度童年瓶 | 高39.1cm | 41,400 | 中贸圣佳 | 2022-07-26 |
| 当代 何水根瓷塑八仙人物造像（一套） | 高25cm×8 | 345,000 | 深圳富诺得 | 2022-10-06 |
| 2013年 黄美尧 云外亲情·青巧瓷板 | 高61.5cm；直径27cm | 2,070,000 | 景德镇华艺 | 2022-01-15 |
| 倪明晔 花鸟瓷瓶 画芯 | 圆瓶高35cm；直径30cm | 800,000 | 北京传世 | 2022-12-15 |
| 蔡秋权 24寸（0.8米）釉上彩松风高士图天球瓶 | 高50cm | 759,000 | 深圳富诺得 | 2022-10-06 |
| 松石绿釉双耳瓶 | 23cm×15cm | 207,000 | 荣宝斋（南京） | 2022-12-08 |
| 春湖宜人山水画瓶 | 高61cm | 183,940 | 荣宝斋（香港） | 2022-11-26 |
| 徐国琴 釉下彩花开富贵瓶 | 高43cm | 138,000 | 北京保利 | 2022-11-12 |
| 陶瓷公司 美研所瓶子 | 高20.8cm | 115,000 | 北京保利 | 2022-11-12 |
| 高丽 青瓷净瓶 | 高37.2cm | 86,250 | 中贸圣佳 | 2022-07-13 |
| 琼浆玉液纹瓶 | 16cm×19cm；口径3cm | 86,250 | 上海嘉禾 | 2022-01-01 |
| 陈淑娟 古彩《红楼梦》故事瓶 | 高36.5cm | 80,500 | 北京保利 | 2022-11-12 |
| 金石《云山万壑》瓶 | 直径5.8cm；高31cm | 69,000 | 中贸圣佳 | 2022-09-25 |
| 青瓷棱纹长颈瓶 | 22.4cm×10.5cm | 32,200 | 上海嘉禾 | 2022-01-01 |
| 冬奥尊大全套 | 尺寸不一 | 287,500 | 中藏名盛 | 2022-11-12 |
| 李亚洲 钧窑福禄寿财富尊 | 长25cm；宽13.5cm；高29.5cm | 86,800 | 北京伍佰艺 | 2022-10-28 |
| 龚耀庭 山水壶 | 宽25.5cm | 86,250 | 北京伍佰艺 | 2022-11-12 |
| 邓剑波《团团圆圆》陶罐 | 高55cm | 268,000 | 北京伍佰艺 | 2022-10-28 |
| 何湘陵 瓷板画《和光》（一组） | 50cm×50cm；40cm×40cm×2 | 268,600 | 北京伍佰艺 | 2022-10-28 |
| 朱振洪 瓷板画《梦回大唐》 | 60cm×80cm | 163,500 | 北京伍佰艺 | 2022-10-28 |
| 岳峻 综合装饰陶瓷绘画《月正圆》瓷板（一对） | 40cm×80cm×2 | 138,000 | 北京保利 | 2022-11-12 |
| 占昌赣 古彩山水瓷板画 | 直径79cm | 115,000 | 北京保利 | 2022-11-12 |
| 徐焕文 山水中堂瓷板 | 59cm×36.4cm | 109,250 | 北京保利 | 2022-11-12 |
| 曾德富 釉上彩壮美黄山瓷板 | 68.5cm×98.5cm | 92,000 | 北京保利 | 2022-11-12 |
| 李颜珣《雪域3号》瓷板 | 29cm×30cm | 74,750 | 中贸圣佳 | 2022-09-25 |
| 李颜珣《丘》瓷板 | 46cm×46cm | 74,750 | 中贸圣佳 | 2022-09-25 |
| 程明生《八宝观音》瓷板 | 画面21cm×41cm | 72,800 | 北京伍佰艺 | 2022-10-28 |
| 1923年 黄炎培为蔡元培新婚作瓷板 | 24.5cm×14.5cm | 69,000 | 西泠印社 | 2022-01-23 |
| 郭宝昌监制红线瓷板 | 21.8cm×30.8cm | 57,500 | 上海嘉禾 | 2022-01-01 |
| 邓诗文 瓷板画《水月观音》 | 60cm×60cm | 55,000 | 北京伍佰艺 | 2022-10-28 |
| 王亮《心曲》瓷板 | 56cm×32cm | 43,700 | 中贸圣佳 | 2022-09-25 |
| 马丁民《家园·乡关何处》瓷板 | 110cm×81cm | 36,800 | 中贸圣佳 | 2022-09-25 |
| 由翠青《西京梦华》瓷板 | 67cm×56cm | 33,350 | 中贸圣佳 | 2022-09-25 |
| 方毅综合装饰《春江花月夜》瓷板 | 93.5cm×7.5cm | 32,200 | 北京保利 | 2022-11-12 |
| 2016年 曹国飞 瓷板画《春夜盼君归》 | 77cm×41cm | 31,600 | 北京伍佰艺 | 2022-10-28 |
| 王韬闻 吉祥如意 | 高25cm；口径12.5cm | 32,200 | 观古国际 | 2022-01-14 |
| 20世纪50年代 曾龙升 瓷雕斯大林像 | 高33.2cm | 161,000 | 中贸圣佳 | 2022-06-07 |
| 蔡秋权 20寸（0.67米）釉上彩挂盘《赤壁杯古》 | 直径51cm | 379,500 | 深圳富诺得 | 2022-10-06 |
| 贵妃出浴大瓷盘 | 直径58cm | 229,925 | 荣宝斋（香港） | 2022-11-26 |
| 张松茂 釉中彩孙悟空三打白骨精盘 | 直径28cm | 201,250 | 北京保利 | 2022-11-12 |
| 毕渊明 双鹿瓷盘 | 直径26.8cm | 34,500 | 北京保利 | 2022-11-12 |
| 伊朗 陶地加彩鸟纹大碗 | 直径18.3cm；高6.6cm | 69,000 | 中贸圣佳 | 2022-08-13 |
| 20世纪80年代 艺术瓷厂 薄胎碗 | 直径25.4cm | 46,000 | 北京保利 | 2022-11-12 |
| 王张亮 乾坤八卦盏 | 8.5cm×5.5cm | 1,570,000 | 北京传世 | 2022-07-13 |
| 吴敬回盏 | 9.5cm×6cm | 680,000 | 北京传世 | 2022-07-13 |
| 一儒堂 西园雅集图对杯 | 直径9.8cm×2 | 40,250 | 北京传世 | 2022-07-13 |
| 徐国琴 釉下彩春常在钵 | 直径38cm | 92,000 | 北京保利 | 2022-11-12 |
| 临汝青瓷花口渣斗 | 高9.8cm；口径10.7cm | 43,700 | 广东崇正 | 2022-04-17 |
| 袁晓梅 陶瓷艺术品 | 高26cm | 12,000,000 | 北京传世 | 2022-07-13 |
| 袁晓梅 陶瓷艺术品 | 高32cm | 12,000,000 | 北京传世 | 2022-07-13 |
| 2019年 樊鸿宾 西藏印象 | 39cm×33cm | 1,587,000 | 北京得逸 | 2022-09-24 |
| 张峰 和气满堂 画芯 | 50cm×500cm | 1,580,000 | 北京传世 | 2022-07-13 |
| 丁亥（2007年）冷军 王者 | 31cm×110cm | 1,380,000 | 中鸿信 | 2022-09-12 |
| 王张亮 天眼滴画芯 | 9.5cm×5.5cm | 1,180,000 | 北京传世 | 2022-03-22 |

| 名称 | 物品尺寸 | 成交价RMB | 拍卖公司 | 拍卖日期 |
|---|---|---|---|---|
| 吴文恭 兴化风景 | 35cm×37cm | 1,050,000 | 北京传世 | 2022-03-22 |
| 陈廷实 慈颜观音 | 39cm×18cm×26cm | 715,000 | 英国罗素 | 2022-10-30 |
| 御窑瓷映向 山海 | 高70cm；高50cm；高44cm | 575,000 | 北京保利 | 2022-11-12 |
| 易图境 朝阳 | 瓶高47.8cm | 500,000 | 北京传世 | 2022-07-13 |
| 唐国富 无题 | 38cm×24cm×30cm | 500,000 | 北京传世 | 2022-12-15 |
| 2009年 冷军 奶茶 | 56cm×56cm | 437,000 | 西泠印社 | 2022-08-20 |
| 2009年 冷军 双雄 | 56cm×56cm | 437,000 | 西泠印社 | 2022-08-20 |
| 冷军 竹 | 73.5cm×21cm | 379,500 | 西泠印社 | 2022-01-22 |
| 1982年 关良 瓷中韵 | 高28.5cm；通径31cm | 293,250 | 西泠印社 | 2022-01-22 |
| 张向宏 陶瓷徽雕茶具一套（整套四件） | 尺寸不一 | 290,000 | 北京传世 | 2022-03-22 |
| 陈廷实 水月观音 | 26cm×17cm×40cm | 275,000 | 英国罗素 | 2022-10-30 |
| 2016年郑永彪 祥龙泰平 | 高38cm | 260,000 | 北京嘉翰 | 2022-07-06 |
| 2016年 郑永彪 师魂 | 高33cm | 150,000 | 北京嘉翰 | 2022-07-06 |
| 郑思伟 八方来财 | 尺寸不一 | 132,000 | 英国罗素 | 2022-10-30 |
| 1980年 韩美林 大吉图 | 26.5cm×26.5cm | 126,500 | 中国嘉德 | 2022-12-15 |
| 徐洪雁 霞光映山 | 45cm×45cm | 103,500 | 上海嘉禾 | 2022-01-01 |
| 1980年 韩美林 林间小鹿 | 26cm×26cm | 92,000 | 中国嘉德 | 2022-12-15 |
| 郭邦郅 贤山之巅 画芯 | 120cm×65cm | 88,000 | 北京传世 | 2022-03-22 |
| 20世纪60年代 曾龙升 曾山东 加彩《征服自然》瓷雕 | 高32.5cm | 86,250 | 北京保利 | 2022-11-12 |
| 《东方骏马》系列餐瓷（一组三十三件） | 尺寸不一 | 81,005 | 佳士得 | 2022-05-23 |
| 李磊 慈悲花开、十里蛙声、禅花诗瓷系列（三件） | 尺寸不一 | 80,500 | 朵云轩 | 2022-12-08 |
| 玉窑 古彩万花纹茶具套组（一套五件） | 尺寸不一 | 69,000 | 北京保利 | 2022-11-12 |
| 胡延芳 萌芽（一组三件） | 高46.8cm；高35.5cm；高25cm | 69,000 | 北京保利 | 2022-11-12 |
| 吴建兵 高温窑变瓷《和气满堂》 | 40cm×21cm | 58,000 | 北京传世 | 2022-03-22 |
| 巴勃罗·毕加索 骑马斗牛士 | 直径19cm | 51,750 | 北京荣宝 | 2022-07-24 |
| 爱马仕 2022 MOSAIQUE AU 24系列瓷质餐具（一组二十三件） | 尺寸不一 | 45,581 | 保利香港 | 2022-10-11 |
| 王步（款）直管花插 | 17cm×5.5cm | 36,800 | 上海嘉禾 | 2022-01-01 |
| 艺林藏珍 西安联名红地错金银套组 | 尺寸不一 | 36,800 | 北京保利 | 2022-11-12 |
| 何笠农 无相（十七） | 长29cm×28.5cm | 34,500 | 北京保利 | 2022-11-12 |
| 1934年 梅森（MEISSEN）花卉饰骨瓷茶具套组 | 尺寸不一 | 34,500 | 西泠印社 | 2022-08-21 |
| 徐窑 花团锦簇系列元宝茶具（一组五件） | 直径9cm；直径7.5cm×4 | 32,200 | 北京保利 | 2022-11-12 |

### 色釉瓷

### 红釉

| 名称 | 物品尺寸 | 成交价RMB | 拍卖公司 | 拍卖日期 |
|---|---|---|---|---|
| 明宣德 豇豆红碗 | 21.3cm×10cm | 46,000 | 上海嘉禾 | 2022-01-01 |
| 明正德 珊瑚红釉渣斗 | 直径14cm | 1,876,188 | 中国嘉德 | 2022-10-07 |
| 明嘉靖 "黄上红"彩三足爵杯 | 高7.8cm | 80,500 | 中贸圣佳 | 2022-08-13 |
| 清早期 郎窑红釉观音瓶 | 高37cm | 55,200 | 北京中汉 | 2022-09-29 |
| 清早期 霁红釉观音尊 | 高28.9cm | 32,200 | 北京中汉 | 2022-06-03 |
| 清早期 郎窑红釉鬲式炉 | 直径9.5cm | 34,500 | 中国嘉德 | 2022-09-28 |
| 清早期 红釉碗 | 直径17.6cm | 57,500 | 华艺国际 | 2022-09-25 |
| 清康熙 豇豆红釉柳叶瓶 | 高15.5cm | 3,680,000 | 北京保利 | 2022-07-28 |
| 清康熙 豇豆红釉菊瓣瓶 | 高22.5cm | 2,428,008 | 中国嘉德 | 2022-10-07 |
| 清康熙 豇豆红釉瓶 | 高21cm | 747,500 | 北京保利 | 2022-09-23 |
| 清康熙 郎窑红釉长颈瓶 | 高41.3cm | 660,744 | 纽约佳士得 | 2022-09-23 |
| 清康熙 郎窑红釉胆瓶 | 高42cm | 564,300 | 保利香港 | 2022-07-14 |
| 清康熙 红釉小梅瓶 | 高17cm | 483,000 | 北京保利 | 2022-07-29 |
| 清康熙 豇豆红釉小棒槌瓶 | 7cm×14.5cm | 460,000 | 上海嘉禾 | 2022-01-01 |
| 清康熙 郎窑红釉瓶 | 高18cm | 309,019 | 中国嘉德 | 2022-10-07 |
| 清康熙 霁红釉梅瓶 | 高14.2cm | 194,940 | 保利香港 | 2022-07-14 |
| 清康熙 霁红釉梅瓶 | 高24.3cm | 115,000 | 北京大羿 | 2022-12-25 |
| 清康熙 郎红釉胆瓶 | 高30.5cm | 86,250 | 华艺国际 | 2022-09-23 |
| 清康熙 郎红釉长颈瓶 | 高14.8cm | 60,950 | 北京大羿 | 2022-12-25 |

| 名称 | 物品尺寸 | 成交价RMB | 拍卖公司 | 拍卖日期 |
|---|---|---|---|---|
| 清康熙 郎窑红釉锥把瓶 | 高40cm | 57,500 | 中国嘉德 | 2022-05-30 |
| 清康熙 珊瑚红釉梅瓶 | 高21.7cm | 57,500 | 中贸圣佳 | 2022-08-13 |
| 清康熙 郎窑红釉玉壶春瓶 | 高25.2cm | 57,500 | 中贸圣佳 | 2022-09-25 |
| 清康熙 郎窑红釉观音瓶 | 高33.5cm | 57,500 | 广东崇正 | 2022-12-25 |
| 清康熙 郎窑红釉观音瓶 | 高33.5cm | 51,750 | 中国嘉德 | 2022-05-30 |
| 清康熙 宝石红釉梅瓶 | 高21.8cm | 43,700 | 北京中汉 | 2022-06-03 |
| 清康熙 豇豆红釉堆塑绿彩盘龙尊 | 高20.1cm | 3,910,000 | 北京保利 | 2022-07-28 |
| 清康熙 豇豆红釉莱菔尊 | 高19.9cm | 2,357,500 | 北京保利 | 2022-07-28 |
| 清康熙 豇豆红釉苹果尊 | 宽cm | 1,782,500 | 北京保利 | 2022-07-28 |
| 清康熙 豇豆红釉太白尊 | 直径12.8cm | 1,150,000 | 北京保利 | 2022-07-28 |
| 清康熙 郎红观音尊 | 高34.5cm | 862,500 | 上海嘉禾 | 2022-01-01 |
| 或为清康熙 豇豆红釉太白尊 | 直径12.4cm | 843,267 | 纽约佳士得 | 2022-03-25 |
| 清康熙 豇豆红釉暗刻团螭纹太白尊 | 高8.6cm；直径12.6cm | 636,120 | 保利香港 | 2022-07-14 |
| 清康熙 豇豆红釉暗刻团螭纹太白尊 | 直径12.6cm | 632,500 | 中国嘉德 | 2022-06-27 |
| 清康熙 御窑豇豆红釉团龙纹太白尊 | 高8.5cm；直径12cm | 552,000 | 保利厦门 | 2022-10-22 |
| 清康熙 郎窑红釉撇口尊 | 直径11.2cm；高9.7cm | 437,000 | 中贸圣佳 | 2022-12-31 |
| 清康熙 豇豆红釉暗刻团螭纹太白尊 | 直径12.2cm | 345,000 | 中国嘉德 | 2022-12-26 |
| 清康熙 豇豆红釉暗刻团螭龙纹太白尊 | 高9cm；直径12.6cm | 287,500 | 广东崇正 | 2022-12-25 |
| 清康熙 豇豆红釉太白尊 | 高9cm | 172,500 | 中贸圣佳 | 2022-08-13 |
| 清康熙 豇豆红釉暗刻团龙纹太白尊 | 高9.5cm；直径12.5cm | 172,500 | 保利厦门 | 2022-10-22 |
| 清康熙 宝石红釉摇铃尊 | 高12.9cm | 97,750 | 中贸圣佳 | 2022-09-25 |
| 清康熙 郎窑红釉观音尊 | 高41.1cm | 63,250 | 北京中汉 | 2022-04-27 |
| 清康熙 红釉小双陆尊 | 高12.6cm | 63,250 | 中国嘉德 | 2022-09-28 |
| 清康熙 豇豆红釉苹果尊 | 直径10.2cm | 57,500 | 中国嘉德 | 2022-12-26 |
| 清康熙 红釉小太白尊 | 高11cm | 51,750 | 保利厦门 | 2022-10-22 |
| 清康熙 郎窑红釉观音尊 | 高44.5cm | 46,000 | 中贸圣佳 | 2022-06-07 |
| 清康熙 郎窑红釉琵琶尊 | 高33cm | 34,500 | 中贸圣佳 | 2022-07-13 |
| 清康熙 郎红釉花觚 | 高40cm | 92,000 | 华艺国际 | 2022-09-23 |
| 清康熙 仿宣窑宝石红釉僧帽壶 | 高19.5cm | 1,840,000 | 北京保利 | 2022-07-28 |
| 清康熙 郎窑红釉将军罐 | 高33cm | 287,500 | 北京中汉 | 2022-04-27 |
| 清康熙 郎窑红釉镶白玉铺首炉 | 直径25cm | 1,725,000 | 北京保利 | 2022-07-28 |
| 清康熙 霁红釉罗汉炉 | 口径12.9cm；高6.4cm | 138,000 | 中贸圣佳 | 2022-07-26 |
| 清康熙 郎窑红釉三足小炉 | 直径9.3cm；高6cm | 46,000 | 中贸圣佳 | 2022-08-13 |
| 清康熙 豇豆红釉镗锣洗 | 直径11.7cm | 3,680,000 | 北京保利 | 2022-07-28 |
| 清康熙 豇豆红釉镗锣洗 | 直径11.5cm | 1,794,000 | 北京翰趣国际 | 2022-04-28 |
| 清康熙 豇豆红釉墩式撇口碗 | 直径11.6cm | 264,500 | 北京中汉 | 2022-06-03 |
| 清康熙 豇豆红釉镗锣洗 | 直径11.8cm | 258,750 | 中贸圣佳 | 2022-07-13 |
| 清康熙 豇豆红釉镗锣洗 | 直径12cm | 253,000 | 北京诚轩 | 2022-08-06 |
| 清康熙 豇豆红釉镗锣洗 | 直径12cm | 207,000 | 北京大羿 | 2022-09-26 |
| 清康熙 豇豆红釉镗锣洗 | 直径11.8cm | 172,500 | 中国嘉德 | 2022-09-27 |
| 清康熙 豇豆红釉镗锣洗 | 口径11.8cm | 143,750 | 北京大羿 | 2022-06-26 |
| 清康熙 豇豆红釉镗锣洗 | 直径12cm | 92,000 | 中国嘉德 | 2022-05-31 |
| 清康熙 红釉盘（一对） | 直径15.9cm×2；高3.4cm×2 | 299,000 | 北京保利 | 2022-07-28 |
| 清康熙 霁红釉盘 | 直径18cm | 253,000 | 北京大羿 | 2022-09-26 |
| 清康熙 郎窑霁红釉盘（一对） | 直径15.9cm；直径16.2cm | 253,000 | 中贸圣佳 | 2023-01-01 |
| 清康熙 霁红釉盘 | 口径19.4cm | 207,000 | 北京大羿 | 2022-12-25 |
| 清康熙 红釉盘 | 直径15.8cm | 115,000 | 中国嘉德 | 2022-05-30 |
| 清康熙 红釉盘 | 直径16.2cm | 94,300 | 北京大羿 | 2022-04-27 |
| 清康熙 红釉大盘 | 直径27.5cm | 77,050 | 华艺国际 | 2022-09-25 |
| 清康熙 郎窑红釉盘 | 高3cm；直径21.5cm | 57,500 | 保利厦门 | 2022-10-22 |
| 清康熙 鲜红釉暗刻云龙纹盘 | 直径16.4cm | 34,500 | 北京中汉 | 2022-09-29 |
| 清康熙 霁红釉大碗 | 直径22.5cm；高10.6cm | 517,500 | 中贸圣佳 | 2022-09-25 |
| 清康熙 郎窑红釉撇口碗 | 直径19.8cm | 264,500 | 北京中汉 | 2022-08-08 |
| 清康熙 红釉碗 | 直径21.3cm | 165,546 | 中国嘉德 | 2022-10-07 |
| 清康熙 霁红釉碗 | 直径13cm | 138,000 | 北京大羿 | 2022-09-26 |

**2022瓷器拍卖成交汇总(续表)**

(成交价RMB: 3万元以上)

| 名称 | 物品尺寸 | 成交价RMB | 拍卖公司 | 拍卖日期 |
|---|---|---|---|---|
| 清康熙 郎红釉碗 | 直径12.2cm | 115,000 | 北京中汉 | 2022-09-29 |
| 清康熙 郎窑红釉大碗 | 直径20cm | 109,250 | 中国嘉德 | 2022-05-28 |
| 清康熙 红釉碗 | 直径15.7cm | 74,750 | 中国嘉德 | 2022-06-27 |
| 清康熙 郎窑红釉仰钟式碗 | 直径16cm | 71,300 | 北京中汉 | 2022-06-03 |
| 清康熙 郎窑红釉碗 | 直径14cm | 34,500 | 中国嘉德 | 2022-09-27 |
| 清康熙 郎窑红釉斗笠盏 | 直径22.3cm; 高7.6cm | 82,800 | 中贸圣佳 | 2022-08-13 |
| 清康熙 霁红釉钵 | 直径22.3cm×高11cm | 184,000 | 北京诚轩 | 2022-08-09 |
| 清康熙 郎窑红釉笔筒 | 高13cm | 230,000 | 中国嘉德 | 2022-12-26 |
| 清康熙 御窑豇豆红釉镗锣洗 | 高3.5cm; 宽11.5cm | 747,500 | 保利厦门 | 2022-10-22 |
| 清康熙 豇豆红釉镗锣洗 | 高3.5cm; 直径12cm | 92,000 | 保利厦门 | 2022-10-22 |
| 清康熙 郎窑红釉直口洗 | 直径16.3cm | 69,000 | 北京羿趣国际 | 2022-01-09 |
| 清康熙 霁红釉水盂 | 高11cm | 897,000 | 保利厦门 | 2022-10-22 |
| 清康熙/乾隆 郎窑红釉荸荠瓶、水盂及炉钧釉方盒(一组三件) | 瓶高8.9cm; 水盂高6.4cm; 方盒高5.2cm | 897,000 | 西泠印社 | 2022-08-20 |
| 清康熙 豇豆红釉印盒 | 直径7.1cm | 1,265,000 | 北京保利 | 2022-07-28 |
| 清康熙 郎红釉水丞 | 直径10.6cm | 86,250 | 华艺国际 | 2022-09-23 |
| 清雍正 红釉小玉壶春瓶 | 高23.8cm | 2,357,500 | 中国嘉德 | 2022-06-27 |
| 清雍正 御制霁红釉梅瓶 | 高22cm | 1,840,000 | 永乐拍卖 | 2022-07-24 |
| 清雍正/乾隆 宝石红釉弦纹蒜头瓶 | 高25.8cm | 126,500 | 北京中汉 | 2022-06-03 |
| 清雍正 红釉玉壶春瓶 | 高30.4cm | 115,000 | 中国嘉德 | 2022-09-29 |
| 清雍正/乾隆 霁红釉玉壶春瓶 | 高31cm | 115,000 | 中贸圣佳 | 2022-08-13 |
| 清雍正 霁红釉玉壶春瓶 | 高31cm | 89,700 | 中贸圣佳 | 2022-08-13 |
| 清雍正 霁红釉天球瓶 | 高31cm | 80,500 | 保利厦门 | 2022-10-22 |
| 清雍正 祭红窑变双耳四方瓶 | 48cm×26cm | 57,500 | 上海嘉禾 | 2022-01-01 |
| 清雍正 霁红釉小天球瓶 | 高8.8cm | 35,650 | 中贸圣佳 | 2022-09-28 |
| 清雍正 霁红釉长颈橄榄瓶 | 高36.5cm | 32,200 | 北京中汉 | 2022-09-29 |
| 清雍正 火焰红釉洗口弦纹尊 | 高34cm | 5,750,000 | 北京保利 | 2022-07-28 |
| 清雍正/乾隆 仿明宝石红釉海棠式花觚 | 高22.7cm | 115,000 | 中贸圣佳 | 2022-10-27 |
| 清雍正 珊瑚红釉提梁壶 | 高12cm | 34,500 | 华艺国际 | 2022-09-23 |
| 清雍正 豇豆红釉碗 | 13.4cm×7cm | 360,024 | 华艺国际 | 2022-05-29 |
| 清雍正 豇豆红小樽 | 9cm×15cm | 52,900 | 上海嘉禾 | 2022-01-01 |
| 清雍正 红釉墩式杯 | 直径7.2cm | 92,000 | 中国嘉德 | 2022-12-26 |
| 清雍正 胭脂水盘(一对) | 口径13.4cm×2 | 2,070,000 | 北京保利 | 2022-07-28 |
| 清雍正 胭脂红釉菊瓣盘 | 口径17.3cm | 1,035,000 | 中贸圣佳 | 2022-10-27 |
| 清雍正 红釉盘(一对) | 直径16.3cm; 直径16cm | 368,000 | 中国嘉德 | 2022-05-28 |
| 清雍正 内粉彩人物纹外胭脂红釉折沿大盘(一对) | 直径22.8cm×2 | 207,000 | 中国嘉德 | 2022-05-30 |
| 清雍正 霁红釉盘 | 直径20.6cm | 172,500 | 中贸圣佳 | 2022-09-25 |
| 清雍正 霁红釉盘 | 直径18cm | 155,250 | 中贸圣佳 | 2022-09-25 |
| 清雍正 霁红釉盘 | 口径16.6cm | 149,500 | 北京大羿 | 2022-12-18 |
| 清雍正 红釉盘 | 直径19.9cm | 149,500 | 中国嘉德 | 2022-06-27 |
| 清雍正 红釉盘 | 直径16.3cm | 115,000 | 中国嘉德 | 2022-12-26 |
| 清雍正 霁红釉盘 | 直径20.8cm | 115,000 | 北京大羿 | 2022-09-26 |
| 清雍正 祭红釉盘(一对) | 直径16.3cm×2 | 115,000 | 广东崇正 | 2022-08-11 |
| 清雍正 红釉盘 | 直径16.4cm | 103,500 | 中国嘉德 | 2022-05-30 |
| 清雍正 仿宣德宝石红釉盘 | 口径16.4cm | 97,750 | 北京大羿 | 2022-12-25 |
| 清雍正 红釉大盘 | 直径20.9cm | 80,500 | 中国嘉德 | 2022-05-28 |
| 清雍正 霁红釉小盘 | 直径11.5cm | 74,750 | 中贸圣佳 | 2022-09-25 |
| 清雍正 祭红釉盘 | 直径15.7cm | 74,070 | 香港苏富比 | 2022-10-09 |
| 清雍正 霁红釉盘 | 直径16.1cm | 57,500 | 北京中汉 | 2022-09-29 |
| 清雍正 红釉盘 | 直径17cm | 42,550 | 华艺国际 | 2022-09-23 |
| 清雍正 霁红釉高足盘 | 口径20.6cm | 40,250 | 北京大羿 | 2022-09-26 |
| 清雍正 珊瑚红釉盏托 | 直径11cm | 90,498 | 中国嘉德 | 2022-10-07 |
| 清雍正、清乾隆 年窑红釉卧足杯、红釉盏托(各一只) | 直径12cm; 直径6cm | 51,750 | 中国嘉德 | |
| 清雍正 红釉敞口碗 | 直径18.5cm | 540,036 | 香港苏富比 | 2022-04-29 |
| 清雍正 红釉高足碗 | 高11.5cm; 直径18.5cm | 460,000 | 广东崇正 | 2022-08-11 |

| 名称 | 物品尺寸 | 成交价RMB | 拍卖公司 | 拍卖日期 |
|---|---|---|---|---|
| 清雍正 红釉高足碗 | 高11.5cm; 直径19cm | 299,000 | 广东崇正 | 2022-12-25 |
| 清雍正 霁红釉碗 | 直径14.5cm | 287,500 | 北京大羿 | 2022-09-26 |
| 清雍正 霁红釉碗 | 口径13.8cm | 253,000 | 北京大羿 | 2022-12-18 |
| 清雍正 霁红釉高足碗 | 直径14.9cm | 195,500 | 华艺国际 | 2022-07-29 |
| 清雍正 霁红釉碗 | 口径15.2cm | 189,750 | 北京大羿 | 2022-12-18 |
| 清雍正 霁红釉高足碗 | 直径18.9cm; 高11.1cm | 189,750 | 中贸圣佳 | 2022-06-07 |
| 清雍正 红釉碗 | 直径15.4cm; 高6.3cm | 172,500 | 北京保利 | 2022-07-29 |
| 清雍正 红釉碗 | 直径15.5cm | 172,500 | 中国嘉德 | 2022-06-27 |
| 清雍正 霁红釉碗 | 直径12.4cm | 143,750 | 永乐拍卖 | 2022-07-25 |
| 清雍正 霁红釉碗 | 高7cm; 直径14.5cm | 132,250 | 保利厦门 | 2022-10-22 |
| 清雍正 霁红釉高足碗 | 直径15.4cm | 115,000 | 北京中汉 | 2022-06-28 |
| 清雍正 红釉高足碗 | 直径19cm | 103,500 | 中国嘉德 | 2022-05-30 |
| 清雍正 霁红釉碗 | 直径15.3cm; 高6cm | 103,500 | 华艺国际 | 2022-09-23 |
| 清雍正 霁红釉碗 | 直径14.3cm; 高7.2cm | 97,750 | 中贸圣佳 | 2022-08-13 |
| 清雍正 霁红釉碗 | 口径15.2cm | 82,800 | 北京大羿 | 2022-09-26 |
| 清雍正 祭红釉碗 | 口径17cm; 高7.2cm | 57,500 | 浙江佳宝 | 2022-03-13 |
| 清雍正 内洋彩瑞果纹外胭脂红釉茶圆 | 直径9.5cm | 3,795,000 | 中国嘉德 | 2022-06-27 |
| 清雍正 内暗花龙纹外胭脂红釉茶圆 | 直径9.7cm | 2,185,000 | 中国嘉德 | 2022-12-26 |
| 清雍正 宝石红釉杯 | 直径7.3cm | 483,000 | 北京保利 | 2022-07-28 |
| 清雍正 红釉卧足杯 | 直径5.5cm | 386,274 | 中国嘉德 | 2022-10-07 |
| 清雍正 霁红釉小杯 | 直径7.3cm | 368,000 | 北京大羿 | 2022-09-26 |
| 清雍正 红釉杯 | 直径7.2cm | 364,201 | 中国嘉德 | 2022-10-07 |
| 清雍正 红釉杯 | 直径7.3cm | 187,618 | 中国嘉德 | 2022-10-07 |
| 清雍正 霁红釉小杯 | 直径7.2cm | 92,000 | 中国嘉德 | 2022-04-27 |
| 清雍正 胭脂红釉杯 | 高4.7cm; 口径6.5cm | 92,000 | 广东崇正 | 2022-04-17 |
| 清雍正 胭脂红釉花口杯 | 直径6.9cm | 89,700 | 北京中汉 | 2022-04-21 |
| 清雍正 红釉杯(一对) | 直径7.2cm×2 | 86,250 | 广东崇正 | 2022-08-11 |
| 清雍正 霁红釉杯 | 口径7.3cm | 69,000 | 北京大羿 | 2022-09-26 |
| 清雍正 霁红釉钵 | 直径14.3cm | 34,500 | 北京中汉 | 2022-08-08 |
| 清雍正 红釉花盆带奁 | 直径20.3cm | 287,500 | 中国嘉德 | 2022-05-28 |
| 清雍正 红釉折沿洗 | 直径18.2cm | 143,473 | 中国嘉德 | 2022-10-07 |
| 清雍正 胭脂红水盂(一对) | 高7cm×口径4.5cm×2 | 483,000 | 浙江御承 | 2022-08-28 |
| 清雍正 霁红釉水承 | 高4.5cm; 直径10.5cm | 575,000 | 保利厦门 | 2022-10-22 |
| 清雍正 红釉水承 | 直径6.3cm | 34,500 | 中国嘉德 | 2022-09-29 |
| 清乾隆 祭红釉六方瓶 | 高67cm | 1,655,460 | 华艺国际 | 2022-11-27 |
| 清乾隆 霁红釉荸荠瓶(带座) | 高17.1cm | 1,150,000 | 华艺国际 | 2022-07-29 |
| 清乾隆 祭红釉长颈瓶 | 高22.5cm | 977,500 | 北京保利 | 2022-07-29 |
| 清乾隆 红釉蒜头瓶 | 高27.8cm | 774,890 | 香港苏富比 | 2022-10-09 |
| 清乾隆 宝石红釉玉壶春瓶 | 高29.5cm | 402,500 | 华艺国际 | 2022-09-23 |
| 清乾隆 霁红釉观音瓶 | 高18cm | 322,000 | 西泠印社 | 2022-01-22 |
| 清乾隆 红釉玉壶春瓶 | 高29.6cm | 287,500 | 中国嘉德 | 2022-06-27 |
| 清乾隆 红釉玉壶春瓶 | 高29cm | 230,000 | 北京保利 | 2022-07-29 |
| 清乾隆 霁红釉胆瓶 | 高32.7cm | 207,000 | 北京诚轩 | 2022-08-09 |
| 清乾隆 霁红釉荸荠瓶 | 高18.5cm | 172,500 | 保利厦门 | 2022-10-22 |
| 清乾隆 御制霁红釉玉壶春瓶 | 高27.3cm | 149,500 | 永乐拍卖 | 2022-07-24 |
| 18世纪 红釉玉壶春瓶 | 高32.7cm | 144,560 | 纽约佳士得 | 2022-03-25 |
| 清乾隆 霁红釉小天球瓶 | 高23.3cm | 126,500 | 保利厦门 | 2022-10-22 |
| 清乾隆 霁红釉玉壶春瓶 | 高30.3cm | 115,000 | 中国嘉德 | 2022-05-30 |
| 清乾隆 霁红釉玉壶春瓶 | 31cm×10cm | 115,000 | 上海嘉禾 | 2022-01-01 |
| 清乾隆 红釉小瓶(一对) | 高17.8cm×2 | 110,364 | 中国嘉德 | 2022-10-07 |
| 清乾隆 霁红釉玉壶春瓶 | 高29cm | 97,750 | 西泠印社 | 2022-08-20 |
| 清乾隆 红釉荸荠瓶 | 高25cm | 86,250 | 中国嘉德 | 2022-09-27 |
| 清乾隆 霁红釉玉壶春瓶 | 高30.5cm | 80,500 | 保利厦门 | 2022-10-22 |
| 清乾隆 霁红釉长颈瓶 | 高28.8cm | 74,750 | 中贸圣佳 | 2022-08-13 |
| 清乾隆 红釉小玉壶春瓶 | 高16.8cm | 69,000 | 中贸圣佳 | 2022-07-13 |

(成交价RMB：3万元以上)

| 名称 | 物品尺寸 | 成交价RMB | 拍卖公司 | 拍卖日期 |
|---|---|---|---|---|
| 清乾隆 红釉小梅瓶 | 高15.5cm | 69,000 | 中国嘉德 | 2022-09-28 |
| 清乾隆 钧红釉撇口瓶 | 高38cm | 69,000 | 华艺国际 | 2022-09-23 |
| 清乾隆 红釉撇口瓶 | 高10.6cm | 63,250 | 北京中汉 | 2022-04-27 |
| 清乾隆 窑变红釉大天球瓶 | 高56cm | 57,500 | 保利厦门 | 2022-10-22 |
| 清乾隆 霁红釉胆瓶 | 37cm×4.5cm | 55,200 | 上海嘉禾 | 2022-01-01 |
| 清乾隆 郎窑红釉莱菔瓶 | 高42.5cm | 48,300 | 中国嘉德 | 2022-05-30 |
| 清乾隆 红釉天球瓶 | 高18.3cm | 43,700 | 北京中汉 | 2022-06-26 |
| 清乾隆 仿永乐窑变红釉梅瓶 | 高32.4cm | 43,700 | 中国嘉德 | 2022-09-27 |
| 清乾隆 红釉玉壶春瓶 | 高28.9cm | 36,800 | 中国嘉德 | 2022-05-30 |
| 清乾隆 红釉小天球瓶 | 高29.7cm | 36,800 | 中国嘉德 | 2022-05-30 |
| 清乾隆 豇豆红釉小梅瓶 | 高17cm | 34,500 | 中国嘉德 | 2022-06-02 |
| 清乾隆 郎红釉观音瓶 | 高36.5cm | 34,500 | 中国嘉德 | 2022-09-29 |
| 清乾隆 红釉大梅瓶 | 高27.2cm | 34,500 | 北京保利 | 2022-07-17 |
| 清乾隆 宝石红釉鹿头尊（一对） | 高31.8cm×2 | 69,000 | 保利厦门 | 2022-10-22 |
| 清乾隆 窑变红釉瓜棱罐 | 高28.3cm | 40,250 | 中国嘉德 | 2022-09-28 |
| 清乾隆 胭脂红地宝相花佛塔 | 高37.5cm | 690,000 | 北京保利 | 2022-07-29 |
| 清乾隆 霁红釉如意饕餮纹三足洗 | 高11cm；直径24.3cm | 69,000 | 西泠印社 | 2022-01-22 |
| 清乾隆 红釉盘（一对） | 直径18cm×2 | 322,000 | 中国嘉德 | 2022-05-28 |
| 清乾隆 霁红釉盘 | 直径20.9cm | 264,298 | 纽约佳士得 | 2022-09-23 |
| 清乾隆 红釉盘（一对） | 高3cm×2；直径16cm×2 | 241,500 | 广东崇正 | 2022-08-11 |
| 清乾隆 霁红釉盘（一对） | 直径16.6cm×2 | 189,750 | 中贸圣佳 | 2022-09-25 |
| 清乾隆 霁红釉高足盘 | 口径21cm | 172,500 | 北京大羿 | 2022-12-25 |
| 清乾隆 红釉盘（一对） | 直径16.6cm×2 | 172,500 | 中国嘉德 | 2022-06-27 |
| 清乾隆 红釉盘（一对） | 直径16.6cm×2 | 161,000 | 中国嘉德 | 2022-06-27 |
| 清乾隆 仿宣德红釉大盘 | 直径20.5cm | 149,500 | 中国嘉德 | 2022-05-31 |
| 清乾隆 霁红釉盘 | 直径15.1cm | 149,500 | 中贸圣佳 | 2022-09-25 |
| 清乾隆 御制霁红釉盘（一对） | 直径13.8cm×2 | 149,500 | 永乐拍卖 | 2022-07-24 |
| 清乾隆 红釉盘 | 直径18cm | 138,000 | 中国嘉德 | 2022-06-27 |
| 清乾隆 红釉盘（一对） | 直径18cm×2 | 138,000 | 中国嘉德 | 2022-06-27 |
| 清乾隆 霁红釉盘 | 高4.5cm；直径20.5cm | 126,500 | 保利厦门 | 2022-10-22 |
| 清乾隆 红釉盘 | 直径16.4cm | 115,000 | 中国嘉德 | 2022-12-26 |
| 清乾隆 红釉盘 | 直径16.5cm | 115,000 | 北京保利 | 2022-07-29 |
| 清乾隆 霁红釉盘 | 直径20.6cm | 110,400 | 北京大羿 | 2022-09-26 |
| 清乾隆 红釉盘 | 直径16.4cm | 110,364 | 中国嘉德 | 2022-10-07 |
| 清乾隆 红釉大盘 | 直径21cm | 103,500 | 中国嘉德 | 2022-05-28 |
| 清乾隆 外霁红釉里白釉盘 | 直径16.5cm；高3.5cm | 97,750 | 中贸圣佳 | 2022-08-13 |
| 清乾隆 红釉大盘 | 直径21cm | 97,750 | 中国嘉德 | 2022-05-30 |
| 清乾隆 霁红釉大盘 | 高4.5cm；直径21cm | 92,000 | 保利厦门 | 2022-10-22 |
| 清乾隆 红釉盘（一对） | 直径18.5cm×2 | 86,250 | 中国嘉德 | 2022-05-30 |
| 清乾隆 霁红釉盘 | 直径18.3cm | 86,250 | 北京中汉 | 2022-04-27 |
| 清乾隆 红釉盘 | 直径17.7cm | 81,082 | 香港苏富比 | 2022-11-25 |
| 清乾隆 霁红釉盘 | 直径20.5cm | 80,500 | 北京中汉 | 2022-06-03 |
| 清乾隆 霁红釉盘 | 直径20.9cm | 80,500 | 中贸圣佳 | 2022-09-25 |
| 清乾隆 红釉大盘（一对） | 直径21.1cm×2 | 74,750 | 中国嘉德 | 2022-12-26 |
| 清乾隆 霁红釉盘 | 直径20.3cm；高4.6cm | 71,300 | 中贸圣佳 | 2022-08-13 |
| 清乾隆 御制霁红釉盘 | 直径20.5cm | 71,300 | 永乐拍卖 | 2022-07-24 |
| 清乾隆 霁红釉盘 | 直径18cm | 69,000 | 北京大羿 | 2022-09-26 |
| 清乾隆 霁红釉盘 | 口径18cm | 69,000 | 中贸圣佳 | 2022-10-27 |
| 清乾隆 红釉盘 | 直径16.5cm | 63,250 | 中国嘉德 | 2022-09-30 |
| 清乾隆 霁红釉盘 | 直径20.8cm | 63,250 | 中贸圣佳 | 2022-09-25 |
| 清乾隆 红釉大盘 | 直径20.3cm | 57,500 | 中国嘉德 | 2022-05-30 |
| 清乾隆 红釉盘 | 直径18cm | 57,500 | 中国嘉德 | 2022-05-30 |
| 清乾隆 红釉盘 | 直径18.2cm | 57,500 | 中国嘉德 | 2022-05-30 |
| 清乾隆 红釉大盘 | 直径21cm | 57,500 | 中国嘉德 | 2022-09-30 |
| 清乾隆 红釉大盘 | 直径20.8cm | 57,500 | 中国嘉德 | 2022-09-30 |
| 清乾隆 红釉盘 | 直径20.7cm | 57,500 | 中国嘉德 | 2022-09-29 |
| 清乾隆 霁红釉盘 | 直径20.8cm | 56,575 | 中国嘉德 | 2022-06-04 |
| 清乾隆 祭红釉盘 | 直径18cm | 51,750 | 中古陶 | 2022-08-21 |
| 清乾隆 红釉盘 | 直径21.2cm | 46,000 | 中国嘉德 | 2022-09-27 |
| 清乾隆 红釉盘 | 直径20.6cm | 44,145 | 中国嘉德 | 2022-10-07 |
| 清乾隆 红釉盘 | 直径18.2cm | 36,800 | 中国嘉德 | 2022-05-30 |

| 名称 | 物品尺寸 | 成交价RMB | 拍卖公司 | 拍卖日期 |
|---|---|---|---|---|
| 清乾隆 红釉大盘 | 直径21cm | 34,500 | 中国嘉德 | 2022-09-27 |
| 清乾隆 霁红釉大盘 | 高4.5cm；直径21cm | 32,200 | 保利厦门 | 2022-10-22 |
| 清乾隆 红釉高足碗 | 直径15.2cm | 184,000 | 中国嘉德 | 2022-09-27 |
| 清乾隆 祭红釉高足碗 | 直径20.6cm；高8.9cm | 138,000 | 广东崇正 | 2022-08-11 |
| 清乾隆 红釉碗 | 直径8.5cm | 115,000 | 北京保利 | 2022-07-16 |
| 清乾隆 霁红釉碗 | 口径19.3cm | 112,700 | 北京大羿 | 2022-09-26 |
| 清乾隆 红釉大碗 | 直径16.5cm | 109,250 | 中国嘉德 | 2022-05-29 |
| 清乾隆 红釉大碗 | 直径16.6cm | 69,000 | 中国嘉德 | 2022-05-31 |
| 清乾隆 霁红釉高足碗 | 直径17cm；高10.9cm | 55,200 | 北京中汉 | 2022-04-27 |
| 清乾隆 霁红釉鸡心碗 | 高8.3cm；直径15.3cm | 55,200 | 西泠印社 | 2022-01-22 |
| 清乾隆 霁红釉高足碗 | 直径15.6cm；高10.8cm | 52,900 | 北京中汉 | 2022-04-27 |
| 清乾隆 宝石红釉高足碗 | 高10.5cm；口径16.7cm | 46,000 | 广东崇正 | 2022-04-17 |
| 清乾隆 胭脂红高足碗 | 直径18.8cm | 46,000 | 华艺国际 | 2022-09-23 |
| 清乾隆 红釉盖碗（一对） | 直径11.8cm×2 | 43,700 | 中国嘉德 | 2022-09-29 |
| 清乾隆 红釉大碗 | 直径19.5cm | 36,800 | 中国嘉德 | 2022-09-28 |
| 清乾隆 钧红釉钵式案缸 | 直径21.8cm | 299,000 | 中国嘉德 | 2022-05-29 |
| 清乾隆 霁红釉洪洒齐天洗 | 最大直径11.3cm | 46,000 | 北京中汉 | 2022-04-27 |
| 清乾隆 红釉"一粒珠"水呈 | 直径6cm | 115,000 | 华艺国际 | 2022-09-25 |
| 清乾隆 珊瑚红釉瓜形纸镇 | 直径9.5cm | 43,700 | 中国嘉德 | 2022-09-29 |
| 18世纪 郎窑红釉观音瓶 | 高41cm | 178,250 | 北京大羿 | 2022-09-25 |
| 18世纪 红釉荸荠瓶 | 高15cm | 44,145 | 中国嘉德 | 2022-10-07 |
| 18世纪 红釉长颈瓶 | 高39.7cm | 34,500 | 华艺国际 | 2022-09-23 |
| 清嘉庆 红釉大盘 | 直径20.8cm | 103,500 | 中国嘉德 | 2022-05-30 |
| 清嘉庆 红釉盘 | 直径18cm | 57,500 | 北京保利 | 2022-07-29 |
| 清嘉庆 霁红釉盘 | 直径18.2cm | 34,500 | 中贸圣佳 | 2022-09-25 |
| 清嘉庆 红釉盘 | 直径19.5cm | 34,500 | 广东崇正 | 2022-12-25 |
| 清嘉庆 胭脂红地缠枝花卉纹茶盘 | 高2.5cm；长16cm；宽12cm | 33,350 | 西泠印社 | 2022-01-22 |
| 清道光 红釉玉壶春瓶 | 高29.5cm | 437,000 | 永乐拍卖 | 2022-07-25 |
| 清道光 珊瑚红釉荸荠瓶 | 高33cm | 345,000 | 西泠印社 | 2022-08-20 |
| 清道光 红釉玉壶春瓶 | 高29cm | 264,500 | 北京大羿 | 2022-12-25 |
| 清道光 霁红釉玉壶春瓶 | 高29.5cm | 230,000 | 中贸圣佳 | 2022-07-13 |
| 清道光 红釉玉壶春瓶 | 高30cm | 126,500 | 中国嘉德 | 2022-09-27 |
| 清道光 红釉玉壶春瓶 | 高29.8cm | 103,500 | 中国嘉德 | 2022-05-30 |
| 清道光 红釉玉壶春瓶 | 高29.3cm | 74,750 | 中国嘉德 | 2022-09-28 |
| 清道光 红釉贯耳瓶 | 高30cm | 34,500 | 朵云轩 | 2022-12-08 |
| 清道光 胭脂红釉盘 | 直径18.5cm | 97,750 | 中国嘉德 | 2022-05-30 |
| 清道光 霁红釉盘 | 直径19.3cm | 86,250 | 上海嘉禾 | 2022-01-01 |
| 清道光 霁红釉大盘 | 高4.5cm；直径20.5cm | 69,000 | 保利厦门 | 2022-10-22 |
| 清道光 红釉大盘 | 直径20.8cm | 40,250 | 中国嘉德 | 2022-06-02 |
| 清道光 祭红釉盘 | 直径18cm | 40,250 | 北京保利 | 2022-07-29 |
| 清道光 红釉大盘 | 直径21cm | 36,800 | 中国嘉德 | 2022-05-30 |
| 清道光 红釉大盘 | 直径20.3cm | 32,200 | 中国嘉德 | 2022-05-31 |
| 清道光 胭脂红地轧道开光四季山水纹碗 | 直径15cm | 218,500 | 北京大羿 | 2022-09-26 |
| 清道光 珊瑚红釉碗 | 直径10.8cm | 121,400 | 中国嘉德 | 2022-10-07 |
| 清道光 霁红釉碗 | 直径15.2cm；高6.6cm | 82,800 | 中贸圣佳 | 2022-08-13 |
| 清道光 红釉高足碗（一对） | 高10cm×2；口径13.5cm×2 | 74,750 | 广东崇正 | 2022-04-17 |
| 清道光 祭红釉碗 | 直径15.3cm | 51,750 | 北京保利 | 2022-07-29 |
| 清中期 霁红釉长颈瓶 | 高30.2cm | 47,150 | 中贸圣佳 | 2022-05-30 |
| 清中期 珊瑚红地浮雕螭龙天球瓶 | 高33cm | 34,500 | 华艺国际 | 2022-09-23 |
| 清中期 霁红釉观音瓶 | 高26.2cm | 34,500 | 北京中汉 | 2022-04-27 |
| 清中期 红釉瓶 | 高21cm | 34,500 | 中贸圣佳 | 2022-06-26 |
| 清中期 红釉玉壶春瓶 | 高16.5cm；口径6.6cm | 34,500 | 浙江佳宝 | 2022-03-13 |
| 清中期 红釉梅瓶 | 高22.5cm | 32,200 | 华艺国际 | 2022-09-23 |
| 清中期 红釉香炉 | 直径8cm | 55,200 | 西泠印社 | 2022-01-22 |
| 清中期 珊瑚红釉佛手形砚台 | 高3.2cm；长11cm | 46,000 | 西泠印社 | 2022-01-22 |

# 2022瓷器拍卖成交汇总(续表)

(成交价RMB: 3万元以上)

| 名称 | 物品尺寸 | 成交价RMB | 拍卖公司 | 拍卖日期 |
|---|---|---|---|---|
| 清咸丰 红釉玉壶春瓶 | 高30cm | 1,092,500 | 中国嘉德 | 2022-06-27 |
| 清咸丰 霁红釉盘 | 口径18.5cm | 149,500 | 中贸圣佳 | 2022-10-27 |
| 清咸丰 霁红釉碗（连民国原锦盒） | 直径15.5cm; 高6.6cm | 310,500 | 中贸圣佳 | 2023-01-01 |
| 清咸丰 霁红釉碗 | 直径15.5cm; 高6.5cm | 235,750 | 中贸圣佳 | 2022-08-13 |
| 清同治十三年（1874年）黄地胭脂红云龙纹大烛台（一对） | 高49.5cm × 2 | 48,300 | 中国嘉德 | 2022-09-28 |
| 清同治 胭脂红釉杯 | 直径6cm | 74,750 | 中国嘉德 | 2022-05-29 |
| 清光绪 豇豆红釉柳叶瓶 | 高16cm | 43,700 | 北京保利 | 2022-07-29 |
| 清光绪 豇豆红釉蒜头瓶 | 36.5cm × 3.5cm | 34,500 | 上海嘉禾 | 2022-01-01 |
| 清光绪 "绍衣堂制"款胭脂红釉仿青铜纹簋 | 高12cm | 60,950 | 中贸圣佳 | 2022-09-25 |
| 清光绪 胭脂红釉小盘（八只） | 直径8.2cm × 8 | 69,000 | 中国嘉德 | 2022-05-30 |
| 清光绪 胭脂红釉盘（一对） | 直径15cm × 2 | 57,500 | 中国嘉德 | 2022-05-30 |
| 清光绪 珊瑚红釉暗刻莲池纹大碗 | 口径43.2cm | 126,500 | 北京大羿 | 2022-12-25 |
| 清光绪 胭脂红釉大碗（一对） | 直径16.5cm × 2 | 86,250 | 中国嘉德 | 2022-09-28 |
| 清光绪 胭脂水碗（一对） | 直径22.4cm × 2 | 51,750 | 北京保利 | 2022-07-16 |
| 清光绪 胭脂红釉碗（一对） | 直径12.7cm × 2 | 36,800 | 中国嘉德 | 2022-09-28 |
| 清光绪 胭脂红釉碗、碟（一组四件） | 碗直径9.5cm × 2, 高5cm × 2; 盘直径10cm × 2 | 36,800 | 中贸圣佳 | 2022-08-13 |
| 清光绪 胭脂红釉碗 | 直径15.2cm | 34,500 | 北京中汉 | 2022-08-08 |
| 清光绪 胭脂红釉杯、托（一对） | (杯)直径9.8cm × 2; (托)直径13.8cm × 2 | 32,200 | 北京中汉 | 2022-06-28 |
| 清光绪 胭脂红釉小碟（一对） | 口径10.6cm × 2 | 36,800 | 北京大羿 | 2022-09-26 |
| 19世纪 红釉观音尊 | 高38.2cm | 30,859 | 中国嘉德 | 2022-06-04 |
| 清宣统 胭脂红釉玉壶春瓶 | 高24cm; 直径14.3cm | 287,500 | 西泠印社 | 2022-01-22 |
| 清晚期 胭脂红釉商兄丁尊 | 高20cm | 46,000 | 中国嘉德 | 2022-09-27 |
| 清晚期 豇豆红釉八大码（七件） | 尺寸不一 | 253,000 | 中国嘉德 | 2022-05-30 |
| 清 霁红釉梅瓶 | 通高23.5cm | 884,565 | 香港福羲国际 | 2022-12-28 |
| 清 胭脂红釉玉壶春瓶 | 30cm × 17cm | 805,000 | 荣宝斋（南京） | 2022-12-08 |
| 清 祭红釉天球瓶 | 通高23.8cm | 373,483 | 香港福羲国际 | 2022-12-28 |
| 清 霁红釉瓶 | 36.5cm × 14.8cm | 63,250 | 上海嘉禾 | 2022-01-01 |
| 清 胭脂红釉地花鸟开窗花瓶 | 高48.5cm | 55,200 | 深圳富诺得 | 2022-10-06 |
| 清 红釉瓶 | 直径15cm; 高29cm | 46,000 | 北京保利 | 2022-07-29 |
| 清 豇豆红釉菊瓣瓶 | 高17.5cm | 43,700 | 保利厦门 | 2022-10-22 |
| 清 豇豆红釉太白尊 | 高9cm; 直径13.5cm | 46,000 | 保利厦门 | 2022-10-22 |
| 清代 红釉太白尊 | 直径13.2cm | 34,500 | 上海嘉禾 | 2022-01-01 |
| 清 大清康熙年制款豇豆红釉碗（一对） | 高6.3cm × 2; 口径12.3cm × 2 | 36,800 | 西泠印社 | 2022-08-21 |
| 清 祭红釉鸡心碗 | 直径15cm | 176,913 | 香港福羲国际 | 2022-12-28 |
| 民国 胭脂红釉地开光花卉图四方长颈瓶 | 高29cm | 43,700 | 北京保利 | 2022-07-29 |
| 民国 豇豆红釉苹果尊 | 直径17cm | 36,800 | 中国嘉德 | 2022-09-28 |
| 民国 胭脂红釉花口折腰盘 | 直径19cm | 32,200 | 中国嘉德 | 2022-05-30 |
| 2022年 何华高 郎窑红釉将军罐 | 高49cm × 宽28cm | 184,800 | 英国罗素 | 2022-10-30 |
| 20世纪80年代 红釉梅瓶 | 高31.8cm | 36,800 | 中贸圣佳 | 2022-06-07 |
| 红釉加彩玉壶春瓶 | 高29.5cm | 57,500 | 北京保利 | 2022-07-17 |
| 20世纪50—60年代 豇豆红釉盘 | 直径29cm | 66,700 | 中国嘉德 | 2023-01-01 |
| 蓝底红釉鱼纹碗 | 直径16.1cm | 165,546 | 荣宝斋（香港） | 2022-11-26 |
| **黄釉** | | | | |
| 唐 邢窑黄釉罐 | 高7.1cm; 直径4.4cm | 359,100 | 保利香港 | 2022-07-14 |
| 明弘治 娇黄釉盘 | 直径21.8cm | 1,150,000 | 北京保利 | 2022-07-29 |
| 明弘治 娇黄釉盘 | 直径21cm | 379,500 | 北京大羿 | 2022-09-26 |
| 明弘治 鸡油黄釉盘 | 直径17.8cm | 322,000 | 华艺国际 | 2022-09-23 |
| 明弘治 黄釉大盘 | 直径21.5cm | 207,000 | 中国嘉德 | 2022-09-27 |
| 明弘治 御制黄釉盘 | 直径21.7cm | 43,700 | 永乐拍卖 | 2022-07-24 |

| 名称 | 物品尺寸 | 成交价RMB | 拍卖公司 | 拍卖日期 |
|---|---|---|---|---|
| 明弘治 明黄釉大碗 | 直径20.2cm | 920,000 | 华艺国际 | 2022-09-23 |
| 明正德 娇黄釉盘 | 直径17.5cm | 586,500 | 中贸圣佳 | 2022-07-26 |
| 明正德 娇黄釉撇口盘 | 直径15.5cm | 540,500 | 北京中汉 | 2022-12-09 |
| 明正德 黄釉盘 | 直径18cm | 172,500 | 中国嘉德 | 2022-12-26 |
| 明正德 黄釉暗刻云龙纹碗 | 高7.5cm; 直径17cm | 46,000 | 西泠印社 | 2022-01-22 |
| 明嘉靖 黄釉爵杯 | 高7cm; 长9cm | 36,800 | 华艺国际 | 2022-09-23 |
| 明嘉靖 黄釉撇口碗 | 直径17.8cm | 626,441 | 香港苏富比 | 2022-04-29 |
| 明嘉靖 娇黄釉仰钟式小杯 | 口径8.8cm; 高5.1cm | 241,500 | 中贸圣佳 | 2022-10-27 |
| 明嘉靖 娇黄釉仰钟杯 | 直径8.8cm | 194,940 | 保利香港 | 2022-07-14 |
| 明嘉靖 娇黄釉碟 | 直径12.5cm | 264,500 | 北京大羿 | 2022-09-26 |
| 明 龙泉窑米黄釉双耳炉 | 直径11cm | 103,500 | 西泠印社 | 2022-01-22 |
| 明 米黄釉弥勒像 | 高11.8cm | 55,200 | 中贸圣佳 | 2023-01-01 |
| 明 黄釉碗 | 直径19.7cm | 402,500 | 北京保利 | 2022-07-29 |
| 明 龙泉窑米黄釉盏 | 高4.2cm; 直径8.9cm | 40,250 | 西泠印社 | 2022-01-22 |
| 明 龙泉窑米黄釉花插 | 高18.3cm; 直径7.1cm | 1,035,000 | 西泠印社 | 2022-01-22 |
| 清早期 漳州窑观音坐像 | 高13.9cm | 36,800 | 北京中汉 | 2022-08-08 |
| 清康熙 浇黄釉铺首长颈蒜头瓶 | 高55.5cm | 149,500 | 北京中汉 | 2022-12-09 |
| 清康熙 黄釉小天球瓶 | 高13.3cm | 63,250 | 中国嘉德 | 2022-09-28 |
| 清康熙 黄釉琵琶尊 | 高14.2cm | 92,000 | 北京中汉 | 2022-04-27 |
| 清康熙 黄釉罐 | 高20.5cm; 直径20.3cm | 402,500 | 西泠印社 | 2022-01-22 |
| 清康熙 黄釉牺耳盖罐 | 高32cm | 195,500 | 中国嘉德 | 2022-06-27 |
| 清康熙 黄釉暗刻龙纹盘（一对） | 直径24.7cm × 2 | 717,366 | 中国嘉德 | 2022-10-07 |
| 清康熙 娇黄釉盘 | 直径17.8cm | 230,000 | 北京中汉 | 2022-06-03 |
| 清康熙 黄釉暗刻云龙纹盘 | 直径17.6cm | 69,000 | 中国嘉德 | 2022-05-30 |
| 清康熙 黄釉大盘 | 直径20.4cm | 48,300 | 中国嘉德 | 2022-05-30 |
| 清康熙 浇黄釉大碗 | 直径38cm | 529,000 | 北京中汉 | 2022-09-29 |
| 清康熙 黄釉碗 | 直径16.3cm; 高7.3cm | 299,000 | 北京保利 | 2022-07-29 |
| 清康熙 黄釉暗刻云龙纹宫碗 | 直径12cm; 高5.8cm | 94,300 | 中贸圣佳 | 2022-08-13 |
| 清康熙 黄釉碗 | 直径15.2cm | 69,000 | 中国嘉德 | 2022-05-31 |
| 清康熙 娇黄釉大碗 | 高7.5cm; 直径16cm | 66,700 | 保利厦门 | 2022-10-22 |
| 清康熙 娇黄釉撇口大碗 | 直径15cm; 高6.3cm | 57,500 | 中贸圣佳 | 2022-08-13 |
| 清康熙 黄釉团花纹小碗 | 高6cm; 直径11.8cm | 51,750 | 西泠印社 | 2022-01-22 |
| 清康熙 黄釉碗 | 高6.9cm; 直径11.8cm | 36,800 | 广东崇正 | 2022-08-11 |
| 清康熙 黄釉凸花螭龙纹双耳杯（一对） | 直径7cm × 2 | 109,250 | 中国嘉德 | 2022-12-26 |
| 清康熙 娇黄釉撇口钟式杯 | 高5cm; 直径8.8cm | 109,250 | 西泠印社 | 2022-01-22 |
| 清雍正 娇黄釉束口罐 | 直径7cm; 高18cm | 92,000 | 中贸圣佳 | 2022-08-13 |
| 清雍正 外柠檬黄内粉彩花篮图盘 | 直径18.3cm | 230,000 | 北京保利 | 2022-07-17 |
| 清雍正 柠檬黄釉小盘（一对） | 直径7.8cm × 2 | 1,620,108 | 香港苏富比 | 2022-04-29 |
| 清雍正 柠檬黄釉小盘 | 直径10.7cm | 440,496 | 纽约佳士得 | 2022-09-23 |
| 清雍正 娇黄釉大盘 | 直径21cm | 172,500 | 保利厦门 | 2022-10-22 |
| 清雍正 黄釉暗刻龙纹盘 | 直径17.3cm | 109,250 | 永乐拍卖 | 2022-07-24 |
| 清雍正 米黄釉盘 | 直径15.5cm | 92,000 | 中国嘉德 | 2022-12-26 |
| 清雍正 黄釉暗刻缠枝莲纹盘 | 直径16cm | 74,750 | 中国嘉德 | 2022-05-30 |
| 清雍正 黄釉盘 | 直径14cm | 71,300 | 永乐拍卖 | 2022-07-24 |
| 清雍正 米黄釉碗 | 直径12cm | 805,000 | 北京保利 | 2022-07-28 |
| 清雍正 柠檬黄釉碗 | 直径11.7cm; 高6cm | 552,000 | 保利厦门 | 2022-10-22 |
| 清雍正 柠檬黄釉碗 | 直径12cm | 398,840 | 香港苏富比 | 2022-10-09 |
| 清雍正 黄釉折腰碗（一对） | 直径11cm × 2 | 322,000 | 上海嘉禾 | 2022-01-01 |
| 清雍正 内白外黄釉宫碗 | 直径14.5cm | 253,837 | 华艺国际 | 2022-11-27 |
| 清雍正 柠檬黄釉碗（带座） | 高5.8cm; 直径9cm | 172,500 | 广东崇正 | 2022-08-11 |
| 清雍正 黄釉碗 | 直径14.2cm | 86,250 | 北京保利 | 2022-07-29 |
| 清雍正 柠檬黄釉杯（一对） | 直径9.9cm × 2 | 3,240,216 | 佳士得 | 2022-05-30 |
| 清雍正 柠檬黄釉莲花式小杯（一对） | 直径6.8cm × 2 | 3,220,000 | 北京保利 | 2022-07-28 |

| 名称 | 物品尺寸 | 成交价RMB | 拍卖公司 | 拍卖日期 |
|---|---|---|---|---|
| 清雍正 柠檬黄釉茶圆 | 直径11.4cm；高5.6cm | 644,000 | 中贸圣佳 | 2022-07-26 |
| 清雍正 娇黄釉杯 | 直径11.4cm；高6cm | 379,500 | 中贸圣佳 | 2022-07-26 |
| 清雍正 柠檬黄釉杯 | 直径7.8cm | 211,438 | 纽约佳士得 | 2022-09-23 |
| 清雍正 柠檬黄釉杯（带座） | 直径6.5cm | 195,500 | 广东崇正 | 2022-08-11 |
| 清雍正 柠檬黄釉小酒盅 | 直径5.6cm | 36,800 | 华艺国际 | 2022-09-23 |
| 清雍正 黄釉小碟 | 高2.5cm；直径11.5cm | 40,250 | 西泠印社 | 2022-08-20 |
| 清雍正 柠檬黄釉酒圆 | 直径7.3cm | 405,587 | 佳士得 | 2022-11-29 |
| 清乾隆 黄釉葫芦瓶 | 高26cm；口径3.5cm | 368,000 | 浙江御承 | 2022-08-28 |
| 清乾隆 黄釉观音瓶 | 口径6cm；高26.5cm | 330,000 | 浙江御承 | 2022-12-17 |
| 清乾隆 黄釉梅瓶 | 直径12cm；高22.3cm | 57,500 | 北京保利 | 2022-07-29 |
| 清乾隆 黄哥釉蚰耳炉 | 直径13.6cm | 48,300 | 中国嘉德 | 2022-05-31 |
| 清乾隆 蓝地黄釉龙赶珠纹盘 | 直径25cm | 682,645 | 纽约佳士得 | 2022-03-25 |
| 清乾隆 黄釉暗刻龙纹盘 | 直径17.5cm | 275,910 | 中国嘉德 | 2022-10-07 |
| 清乾隆 黄釉双耳杯（带底托盘） | 口径5.2cm；高4cm | 275,000 | 浙江御承 | 2022-12-17 |
| 清乾隆 黄釉暗刻云龙纹盘 | 直径14.2cm | 184,000 | 中国嘉德 | 2022-06-27 |
| 清乾隆 黄釉暗刻双龙赶珠纹盘 | 直径19.4cm | 48,300 | 北京中汉 | 2022-06-27 |
| 清乾隆 黄釉碗 | 直径14cm | 460,000 | 北京大羿 | 2022-09-26 |
| 清乾隆 黄釉暗刻龙纹碗 | 直径15.2cm | 375,237 | 中国嘉德 | 2022-10-07 |
| 清乾隆 黄釉碗 | 直径14cm | 304,750 | 北京大羿 | 2022-09-26 |
| 清乾隆 娇黄釉碗 | 口径16.2cm；高7.5cm | 230,000 | 中贸圣佳 | 2022-10-07 |
| 清乾隆 黄釉暗刻云龙纹小碗 | 直径12cm | 149,500 | 中国嘉德 | 2022-06-27 |
| 清乾隆 米黄釉折腰碗 | 口径15.2cm | 126,500 | 北京大羿 | 2022-12-25 |
| 清乾隆 黄釉宫碗 | 直径14.5cm | 121,400 | 华艺国际 | 2022-11-27 |
| 清乾隆 娇黄釉暗刻双龙赶珠纹碗 | 高6.5cm；直径15cm | 115,000 | 保利厦门 | 2022-10-22 |
| 清乾隆 黄釉暗刻团凤纹碗 | 直径15.3cm | 92,000 | 北京中汉 | 2022-06-27 |
| 清乾隆 柠檬黄釉宫碗 | 高4.6cm；直径12.4cm | 92,000 | 西泠印社 | 2022-08-20 |
| 清乾隆 米黄釉折腰碗 | 直径15.6cm | 88,291 | 中国嘉德 | 2022-10-07 |
| 清乾隆 柠檬黄釉茶圆 | 直径8.1cm | 115,000 | 华艺国际 | 2022-09-23 |
| 清乾隆 柠檬黄釉折腰碟（一对） | 直径11.2cm×2 | 1,324,368 | 中国嘉德 | 2022-10-07 |
| 清乾隆 柠檬黄釉束腰小碟（一对） | 直径11.4cm×2 | 782,000 | 北京中汉 | 2022-06-27 |
| 清乾隆 柠檬黄地青花莲蓬纹长方花盆 | 20.5cm×13cm×6.5cm | 483,000 | 保利厦门 | 2022-10-22 |
| 清嘉庆 黄釉暗刻苍龙教子云龙纹天球瓶 | 高29.5cm | 3,591,000 | 保利香港 | 2022-07-14 |
| 清嘉庆 黄釉暗刻云龙追珠纹碗（一对） | 直径10.9cm×2 | 231,664 | 香港苏富比 | 2022-11-25 |
| 清嘉庆 黄釉碗 | 口径14.5cm | 189,750 | 北京大羿 | 2022-09-26 |
| 清嘉庆 黄釉暗刻龙纹大碗 | 高11.8cm；直径23.6cm | 92,000 | 广东崇正 | 2022-12-25 |
| 清嘉庆 黄釉碗 | 直径14.6cm | 66,218 | 中国嘉德 | 2022-10-07 |
| 清嘉庆 黄釉暗刻龙凤纹碗 | 直径12.8cm | 57,500 | 中国嘉德 | 2022-12-25 |
| 清嘉庆 黄釉暗刻团花纹碗 | 直径11.9cm | 57,500 | 北京中汉 | 2022-04-27 |
| 清道光 黄釉束口罐 | 高23.5cm；直径9cm | 149,500 | 中贸圣佳 | 2022-08-13 |
| 清道光 黄釉暗刻云龙纹盘 | 直径17.3cm | 80,500 | 中国嘉德 | 2022-12-26 |
| 清道光 黄釉暗刻海浪纹盘 | 直径18.2cm | 57,500 | 浙江御承 | 2022-05-30 |
| 清道光 黄釉暗刻云龙纹盘 | 直径17.3cm | 57,500 | 中国嘉德 | 2022-05-30 |
| 清道光 黄釉暗刻龙纹盘 | 高2.8cm；直径13.6cm | 43,700 | 西泠印社 | 2022-01-22 |
| 清道光 黄釉盘 | 直径16.5cm | 36,800 | 中国嘉德 | 2022-05-31 |
| 清道光 黄釉碗（一对） | 直径16.1cm×2 | 216,014 | 中国嘉德 | 2022-06-04 |
| 清道光 米黄釉折腰碗 | 口径15.3cm | 172,500 | 北京大羿 | 2022-06-26 |
| 清道光 外柠檬黄模印缠枝花卉内粉彩寿桃纹撇口大碗 | 直径22cm；高8.8cm | 172,500 | 中贸圣佳 | 2022-08-13 |
| 清道光 黄釉碗 | 直径14.6cm | 101,534 | 中国嘉德 | 2022-10-07 |
| 清道光 黄釉小碗 | 直径10.7cm | 86,250 | 中国嘉德 | 2022-06-27 |
| 清道光 黄釉暗刻龙纹碗 | 直径15cm | 57,500 | 北京保利 | 2022-07-29 |
| 清道光 黄釉暗刻龙纹茶圆（一对） | 直径10.9cm×2 | 640,111 | 中国嘉德 | 2022-10-07 |
| 清道光 黄釉弦纹杯（一对） | 高5.5cm×2；直径9.5cm×2 | 32,200 | 保利厦门 | 2022-10-22 |
| 清道光 黄釉浮雕耕渔图笔筒（一对） | 直径16.7cm×2 | 1,545,096 | 中国嘉德 | 2022-10-07 |
| 清道光 陈国治作黄釉仿竹雕"福在眼前"笔筒 | 高9.6cm | 356,500 | 中贸圣佳 | 2022-10-27 |
| 清道光 黄釉雕瓷浴马图笔筒 | 高13.1cm | 73,600 | 北京中汉 | 2022-09-29 |
| 清道光 黄釉菱格篮纹洗 | 直径11.8cm | 308,347 | 纽约佳士得 | 2022-09-23 |
| 清道光 陈国治雕黄釉仿竹雕渔樵图诗筒 | 直径4.2cm；高13.1cm | 345,000 | 中贸圣佳 | 2022-07-26 |
| 清同治 王炳荣雕黄釉柳荫双骏图铺首小尊 | 高14.5cm | 46,000 | 中贸圣佳 | 2023-01-01 |
| 清同治 黄釉盘 | 直径16.7cm | 40,250 | 中国嘉德 | 2022-05-30 |
| 清同治 黄地暗刻双龙戏珠纹碗 | 高7cm；直径15.4cm | 207,000 | 广东崇正 | 2022-12-25 |
| 清同治 黄釉暗刻云龙纹碗 | 直径15.6cm | 115,000 | 华艺国际 | 2022-09-23 |
| 清同治 浇黄釉碗 | 直径15.6cm | 57,500 | 北京中汉 | 2022-04-27 |
| 清同治 黄釉杯 | 直径9.5cm | 161,000 | 北京大羿 | 2022-09-26 |
| 清同治 黄釉雕瓷四方开光花卉纹小洗 | 宽7.7cm | 74,750 | 永乐拍卖 | 2022-07-25 |
| 清光绪 黄釉仿元天历青铜纹簋 | 长17.5cm；宽17.5cm；高13.7cm | 43,700 | 中贸圣佳 | 2022-09-25 |
| 清光绪 黄釉大盘 | 直径27.7cm | 103,500 | 中国嘉德 | 2022-05-30 |
| 清光绪 黄地暗刻云龙纹小盘（一对） | 直径13.2cm×2 | 86,250 | 中国嘉德 | 2022-05-31 |
| 清光绪 黄釉小盘（一对） | 直径10.8cm×2 | 55,200 | 北京诚轩 | 2022-08-09 |
| 清光绪 米黄釉小盘、暗刻云龙纹小碗（各一只） | 直径10.9cm；直径10.2cm | 51,750 | 中国嘉德 | 2022-05-30 |
| 清光绪 黄釉盘（一对） | 直径14.3cm×2 | 46,000 | 中国嘉德 | 2022-09-27 |
| 清光绪 黄釉暗刻龙纹盘 | 直径17cm | 40,250 | 保利厦门 | 2022-10-22 |
| 清光绪 黄釉暗刻折枝四季花卉云龙纹大盘 | 直径32.8cm | 37,950 | 北京中汉 | 2022-08-08 |
| 清光绪 黄釉大盘 | 直径22.6cm | 34,500 | 中国嘉德 | 2022-06-02 |
| 清光绪 黄釉小盘 | 直径11cm | 32,200 | 中国嘉德 | 2022-09-30 |
| 清光绪 柠檬黄釉暗刻云龙海水纹碗 | 口径15cm | 149,500 | 北京大羿 | 2022-06-26 |
| 清光绪 黄釉大碗 | 直径16.3cm | 86,250 | 中国嘉德 | 2022-05-28 |
| 清光绪 柠檬黄釉大碗（一对） | 直径16.3cm×2 | 74,750 | 中贸圣佳 | 2022-06-07 |
| 清光绪 黄釉暗刻云龙纹碗 | 直径13.6cm | 63,250 | 中国嘉德 | 2022-06-02 |
| 清光绪 黄釉暗刻云龙纹小碗 | 直径11.6cm | 63,250 | 中国嘉德 | 2022-05-31 |
| 清光绪 黄釉碗 | 直径14.5cm | 57,500 | 中国嘉德 | 2022-05-31 |
| 清光绪 黄釉暗刻云龙纹小碗（一对） | 直径10.2cm×2 | 57,500 | 中贸圣佳 | 2023-01-01 |
| 清光绪 黄釉暗刻江崖海水云龙纹碗 | 直径15.2cm；高7cm | 55,200 | 中贸圣佳 | 2022-09-25 |
| 清光绪 内松石绿釉外黄釉暗刻云龙纹碗 | 直径14.8cm | 36,800 | 中国嘉德 | 2022-05-30 |
| 清光绪 黄釉碗（一对） | 直径10.4cm×2 | 36,002 | 中国嘉德 | 2022-06-04 |
| 清光绪 黄釉暗刻云龙纹碗 | 直径10.7cm | 34,500 | 北京中汉 | 2022-04-27 |
| 清光绪 黄釉大碗 | 直径18.5cm | 34,500 | 北京荣宝 | 2022-07-24 |
| 清光绪 黄釉碗（一对） | 直径12.4cm×2 | 32,916 | 中国嘉德 | 2022-06-04 |
| 清光绪 黄釉暗刻云龙纹碗 | 直径14.8cm | 32,200 | 北京诚轩 | 2022-08-09 |
| 清光绪 黄釉杯（一对） | 口径9.5cm×2 | 78,200 | 广东崇正 | 2022-08-11 |
| 清光绪 黄釉暗刻海水云龙纹印泥盒 | 直径7.2cm | 172,500 | 北京荣宝 | 2022-07-24 |
| 清光绪 黄釉暗刻龙纹盖盒 | 直径7.3cm | 121,400 | 中国嘉德 | 2022-10-07 |
| 清光绪 黄釉暗刻花卉纹花盆 | 直径28.4cm | 161,000 | 中国嘉德 | 2022-06-27 |
| 清光绪 黄釉暗刻双龙赶珠纹石盆 | 高7cm；长49.5cm | 71,300 | 保利厦门 | 2022-10-22 |
| 清光绪 黄釉暗刻云龙纹小水呈 | 直径7.2cm | 166,750 | 北京荣宝 | 2022-07-24 |
| 清光绪 黄釉"景福阁"御用印玺 | 高8.6cm | 460,000 | 北京荣宝 | 2022-07-24 |
| 清宣统 黄釉暗刻龙赶珠纹盘（一对） | 直径10.6cm×2 | 74,750 | 广东崇正 | 2022-08-11 |
| 清晚期 黄釉雕瓷双马笔筒 | 高13.4cm | 28,801 | 中国嘉德 | 2022-06-04 |
| 清 浇黄釉暗刻云龙纹盘 | 直径17.5cm | 442,282 | 香港福羲国际 | 2022-12-28 |

**2022瓷器拍卖成交汇总(续表)**

(成交价RMB: 3万元以上)

| 名称 | 物品尺寸 | 成交价RMB | 拍卖公司 | 拍卖日期 | 名称 | 物品尺寸 | 成交价RMB | 拍卖公司 | 拍卖日期 |
|---|---|---|---|---|---|---|---|---|---|
| 清 雍正 黄釉盘（一对） | 口径20.3cm×高4cm×2 | 396,000 | 浙江御承 | 2022-12-17 | 清雍正 深蓝釉如意足盘 | 直径18cm | 440,496 | 纽约佳士得 | 2022-09-23 |
| 清 黄釉盘 | 直径21cm | 57,500 | 中鸿信 | 2022-09-11 | 清雍正 青金蓝釉菊瓣盘 | 直径17.8cm | 2,357,500 | 中国嘉德 | 2022-12-26 |
| 清 米黄釉暗刻龙凤纹小碗 | 直径12cm | 51,750 | 中国嘉德 | 2022-06-27 | 清雍正 青金蓝釉菊瓣盘 | 直径18cm | 1,539,000 | 保利香港 | 2022-07-14 |
| 清 黄釉碗 | 直径10.4cm；高5.4cm | 47,150 | 中贸圣佳 | 2022-06-26 | 清雍正 天蓝釉撇口小盘 | 直径13.2cm | 1,080,072 | 香港苏富比 | 2022-04-29 |
| 清 黄釉碗（一对） | 直径16.5cm×2 | 43,700 | 中国嘉德 | 2022-06-02 | 清雍正 霁蓝釉盘 | 口径17.5cm | 287,500 | 北京大羿 | 2022-12-18 |
| 清 黄釉折腰碟 | 直径9.1cm | 43,700 | 北京中汉 | 2022-08-08 | 清雍正 蓝釉盘（一对） | 直径17.5cm×2 | 172,500 | 中国嘉德 | 2022-05-29 |
| 清 黄釉雕瓷竹节形笔筒 | 通高13cm | 176,913 | 香港福羲国际 | 2022-12-28 | 清雍正 内白釉暗刻云龙纹外蓝釉盘 | 直径19.7cm | 103,500 | 中国嘉德 | 2022-09-27 |
| 清 黄釉雕瓷笔筒 | 高14.5cm；直径13cm | 69,000 | 中贸圣佳 | 2022-08-14 | 清雍正 天蓝釉敞口碗 | 直径12cm | 1,296,086 | 香港苏富比 | 2022-04-29 |
| 民国 酱黄釉印花碗（一对） | 高5.7cm×2；直径16.5cm×2 | 51,750 | 广东崇正 | 2022-08-11 | 清雍正 御制天蓝釉碗 | 直径14.5cm | 460,000 | 永乐拍卖 | 2022-07-24 |
| 20世纪60年代 景德镇制黄釉大瓶 | 高55cm | 59,800 | 中贸圣佳 | 2022-07-26 | 清雍正 天蓝釉碗 | 直径11.9cm；高5.5cm | 49,450 | 中贸圣佳 | 2022-08-13 |
| 黄釉碗 | 高7.7cm；宽17cm | 38,933 | 台北艺珍 | 2022-09-25 | 清雍正 霁蓝釉高足碗 | 直径18cm | 48,300 | 中国嘉德 | 2022-05-30 |
| **蓝釉** | | | | | 清雍正 洒蓝釉茶圆 | 口径10.7cm | 695,750 | 北京大羿 | 2022-12-25 |
| 元 蓝釉玉壶春瓶 | 高29.9cm | 126,500 | 中国嘉德 | 2022-12-26 | 清雍正 霁蓝釉撇口小杯 | 直径7.5cm；高3.3cm | 56,350 | 中贸圣佳 | 2022-08-13 |
| 元 天蓝釉盘 | 口径15cm | 115,000 | 中贸圣佳 | 2022-10-27 | 清雍正 孔雀蓝釉钵式案缸 | 直径36.5cm | 5,175,000 | 深圳富诺得 | 2022-10-06 |
| 明早期 孔雀蓝釉双铺首罐 | 高29.2cm | 598,000 | 中贸圣佳 | 2023-01-01 | 清雍正 霁蓝釉渣斗 | 直径14.3cm | 1,944,129 | 香港苏富比 | 2022-04-29 |
| 明早期 蓝釉盘 | 直径15.5cm | 34,500 | 广东崇正 | 2022-08-11 | 清雍正 天蓝釉折沿洗 | 直径14cm | 309,019 | 中国嘉德 | 2022-10-07 |
| 明（洪武至宣德）霁蓝釉暗刻凤纹大砚盒 | 21cm×9.5cm | 345,000 | 上海嘉禾 | 2022-01-01 | 清乾隆 天蓝釉弦纹盘口瓶 | 高26.3cm | 7,705,000 | 华艺国际 | 2022-07-29 |
| 明宣德 霁蓝盘 | 38.5cm×7cm | 402,500 | 上海嘉禾 | 2022-01-01 | 清乾隆 霁蓝釉大球瓶 | 高55cm | 3,220,000 | 华艺国际 | 2022-07-29 |
| 明正统 蓝釉铺首耳大罐 | 高30.5cm | 92,000 | 中贸圣佳 | 2022-10-27 | 清乾隆 天蓝釉镶边海棠瓶（一对） | 高48cm×口径18.5cm×2 | 1,265,000 | 浙江御承 | 2022-08-28 |
| 明成化 蓝釉三足小香炉 | 6.3cm×7.5cm | 43,700 | 上海嘉禾 | 2022-01-01 | 清乾隆 霁蓝釉胆瓶 | 高45.8cm | 920,000 | 华艺国际 | 2022-09-23 |
| 15世纪 或为明宣德 蓝釉弦纹三足炉 | 高12.7cm | 1,145,290 | 纽约佳士得 | 2022-09-23 | 清乾隆 天蓝釉葫芦瓶 | 高34.5cm；口径3cm | 690,000 | 浙江御承 | 2022-08-28 |
| 明嘉靖 蓝釉暗刻龙纹蒜头瓶 | 高38.9cm；直径19.5cm | 92,000 | 西泠印社 | 2022-01-01 | 清乾隆 祭蓝釉葫芦瓶 | 高35cm | 575,000 | 北京保利 | 2022-07-28 |
| 明早期 蓝釉暗刻龙纹荷叶盖罐 | 17cm×11cm | 402,500 | 上海嘉禾 | 2022-01-01 | 清乾隆 孔雀蓝釉菊瓣蒜头瓶 | 直径11cm；高20.7cm | 345,000 | 北京保利 | 2022-07-28 |
| 明早期 蓝釉龙纹盘 | 8.2cm×7.7cm | 172,500 | 上海嘉禾 | 2022-01-01 | 清乾隆 唐英制天蓝釉铺首八方瓶 | 高22cm | 345,000 | 北京保利 | 2022-07-28 |
| 清早期/中期 白釉暗刻花卉小太白罐、孔雀蓝釉罐、炉钧釉海棠形水盂、霁红釉水洗（共四件） | 尺寸不一 | 36,800 | 北京保利 | 2022-07-29 | 清乾隆 祭蓝釉玉壶春瓶 | 高23.5cm | 322,000 | 广东崇正 | 2022-08-11 |
| 清早期 孔雀蓝釉灵芝形花插 | 高19.2cm | 69,000 | 北京中汉 | 2022-04-27 | 清乾隆 霁蓝釉螭耳大瓶 | 高80cm | 155,250 | 中贸圣佳 | 2022-10-27 |
| 清康熙 天蓝釉柳叶瓶 | 高16.3cm | 1,725,000 | 中国嘉德 | 2022-06-27 | 清乾隆 天蓝釉小抱月瓶 | 直径8.5cm；高11cm | 126,500 | 北京保利 | 2022-07-28 |
| 清康熙/雍正 蓝釉梅瓶 | 高19.6cm | 74,750 | 中国嘉德 | 2022-12-26 | 清乾隆 蓝釉胆瓶 | 高44cm | 103,500 | 中国嘉德 | 2022-06-04 |
| 清康熙 洒蓝釉长颈瓶 | 高15.4cm | 32,200 | 北京诚轩 | 2022-08-09 | 清乾隆 霁蓝釉瓶 | 高11cm | 84,348 | 中国嘉德 | 2022-06-04 |
| 清康熙 孔雀蓝釉小梅瓶（带老木座） | 高19.5cm；直径9cm | 32,200 | 广东崇正 | 2022-08-11 | 清乾隆 蓝釉小长颈瓶 | 16.3cm×3.3cm | 57,500 | 上海嘉禾 | 2022-01-01 |
| 清康熙 天蓝釉苹果尊 | 9cm×6.5cm | 1,542,960 | 华艺国际 | 2022-05-29 | 清乾隆 蓝釉小天球瓶 | 高20.5cm | 48,300 | 中国嘉德 | 2022-05-31 |
| 清康熙 天蓝釉苹果尊 | 直径10.5cm | 322,000 | 中贸圣佳 | 2022-07-13 | 清乾隆 蓝釉天球瓶 | 高43.6cm | 48,300 | 中国嘉德 | 2022-09-27 |
| 清康熙 洒蓝釉凤尾尊 | 高43cm | 69,000 | 深圳富诺得 | 2022-10-06 | 清乾隆 宝石蓝釉天球瓶 | 高39.4cm | 34,500 | 中贸圣佳 | 2022-09-25 |
| 清康熙 孔雀蓝釉观音尊 | 高38cm | 59,800 | 北京中汉 | 2022-04-27 | 清乾隆 霁蓝釉长颈盘口瓶 | 高38.5cm | 32,200 | 中贸圣佳 | 2022-06-07 |
| 清康熙 蓝釉暗刻四季花卉图蟋蟀罐 | 高7.9cm；直径13cm | 1,058,000 | 西泠印社 | 2022-08-20 | 清乾隆 天蓝釉暗刻鹿头纹尊 | 直径38cm；高48cm | 862,500 | 上海嘉禾 | 2022-01-01 |
| 清康熙 孔雀蓝釉模印蕉叶纹索耳三足炉 | 高7.5cm；直径13.2cm | 43,700 | 北京中汉 | 2022-04-27 | 清乾隆 孔雀蓝釉海棠尊 | 高22.5cm | 69,000 | 中国嘉德 | 2022-09-27 |
| 清康熙 蓝釉盘 | 直径27.6cm | 88,342 | 纽约佳士得 | 2022-03-25 | 清乾隆 蓝釉太白盖罐 | 高23.5cm | 32,200 | 中国嘉德 | 2022-09-27 |
| 清康熙 蓝釉盘 | 直径15.6cm | 63,250 | 中国嘉德 | 2022-12-26 | 清乾隆 霁蓝釉盘 | 直径20.6cm | 126,500 | 北京大羿 | 2022-09-26 |
| 清康熙 霁蓝釉大盘 | 直径28cm | 43,700 | 北京诚轩 | 2022-08-09 | 清乾隆 霁蓝釉小盘 | 直径20.8cm | 69,000 | 上海嘉禾 | 2022-01-01 |
| 清康熙 蓝釉暗刻龙纹碗 | 口径21.5cm | 138,000 | 上海嘉禾 | 2022-01-01 | 清乾隆 蓝釉大碗 | 直径17cm | 126,500 | 中国嘉德 | 2022-12-26 |
| 清康熙 祭蓝釉碗 | 直径22.5cm | 46,000 | 中鸿信 | 2022-09-11 | 清乾隆 蓝釉斗笠碗 | 高8.3cm；宽16cm | 116,334 | 台北艺珍 | 2022-08-14 |
| 清康熙 孔雀蓝釉花口花盆 | 直径27.5cm | 36,800 | 中国嘉德 | 2022-09-29 | 清乾隆 蓝釉碗 | 直径17.7cm | 115,000 | 中国嘉德 | 2022-12-26 |
| 清雍正 霁蓝釉天球瓶 | 高67cm | 7,344,489 | 佳士得 | 2022-05-30 | 清乾隆 蓝釉碗 | 直径10.5cm | 115,000 | 北京保利 | 2022-07-16 |
| 清雍正 宝石蓝釉弦纹直颈盘口塔式瓶 | 高27.3cm | 5,175,000 | 北京中汉 | 2022-12-09 | 清乾隆 蓝釉大碗 | 直径17.8cm | 74,750 | 中国嘉德 | 2022-05-30 |
| 清雍正 天蓝釉弦纹长颈盘口瓶 | 高31cm | 1,380,000 | 西泠印社 | 2022-01-22 | 清乾隆 蓝釉鸡心碗 | 直径15.5cm | 46,000 | 中国嘉德 | 2022-06-02 |
| 清雍正 仿青金蓝釉大天球瓶 | 高57.5cm | 402,500 | 中贸圣佳 | 2023-01-01 | 清乾隆 霁蓝釉茶圆 | 高5cm；直径9.5cm | 69,000 | 保利厦门 | 2022-10-22 |
| 清雍正 天蓝釉虞美人花纹瓶 | 高17cm；口径4cm | 345,000 | 浙江御承 | 2022-08-28 | 清乾隆 天蓝釉长方花盆 | 长14.3cm | 2,549,408 | 佳士得 | 2022-11-29 |
| 清雍正 霁蓝釉玉壶春瓶 | 高24.2cm | 331,092 | 中国嘉德 | 2022-10-07 | 清乾隆 宝石蓝釉水仙盆（一对） | 长3.5cm×2；直径20cm×2 | 207,000 | 保利厦门 | 2022-10-22 |
| 清雍正 霁蓝釉梅瓶 | 高26cm | 92,000 | 中贸圣佳 | 2022-08-13 | 清乾隆 蓝釉雕瓷龙含灵芝六角花盆 | 21cm×18cm×16cm | 40,250 | 华艺国际 | 2022-09-23 |
| 清雍正/乾隆 孔雀蓝釉长颈弦纹盘口瓶 | 高35cm | 80,500 | 中贸圣佳 | 2022-08-13 | 清乾隆 天蓝釉海棠形花盆 | 长26.6cm；宽22.1cm；高11.3cm | 34,500 | 中贸圣佳 | 2022-09-25 |
| 清雍正 宝石蓝釉梅瓶 | 高21cm | 57,500 | 保利厦门 | 2022-10-22 | 清乾隆 孔雀蓝釉菱口洗 | 直径20.5cm | 109,250 | 华艺国际 | 2022-09-23 |
| 清雍正 霁蓝釉弦纹撇口尊 | 高33.1cm | 40,250 | 中贸圣佳 | 2022-09-25 | 清乾隆 霁蓝釉豆 | 高25cm | 172,500 | 保利厦门 | 2022-10-22 |
| | | | | | 清乾隆/嘉庆 祭蓝釉曹文埴诗文嵌瓷对联 | 长139cm×2；宽23cm×2 | 40,250 | 中贸圣佳 | 2022-08-13 |
| | | | | | 18世纪 霁蓝釉天球瓶 | 高44.5cm | 40,250 | 保利厦门 | 2022-10-22 |
| | | | | | 清嘉庆 霁蓝釉象耳琮式瓶 | 高29.3cm | 621,000 | 北京大羿 | 2022-12-18 |

**2022瓷器拍卖成交汇总(续表)**

（成交价RMB：3万元以上）

| 名称 | 物品尺寸 | 成交价RMB | 拍卖公司 | 拍卖日期 |
|---|---|---|---|---|
| 清嘉庆 霁蓝釉象耳瓶 | 高29cm | 34,500 | 北京保利 | 2022-07-16 |
| 清嘉庆 祭蓝釉仿古铜纹簋 | 高21cm | 80,500 | 中贸圣佳 | 2022-08-13 |
| 清嘉庆 霁蓝釉调色盘 | 高2.1cm；直径12.8cm | 32,200 | 西泠印社 | 2022-01-22 |
| 清嘉庆 蓝釉倭角洗 | 长12.7cm | 69,000 | 北京保利 | 2022-07-16 |
| 清嘉庆 蓝釉豆 | 高24.5cm | 172,500 | 北京保利 | 2022-07-16 |
| 清道光 蓝釉象耳琮式瓶（带座） | 高28.8cm | 402,500 | 华艺国际 | 2022-07-29 |
| 清道光 霁蓝釉象耳琮式瓶（一对） | 高29cm×2 | 391,000 | 西泠印社 | 2022-01-22 |
| 清道光 蓝釉象耳琮式瓶 | 高29.3cm | 172,500 | 北京大羿 | 2022-09-29 |
| 清道光 霁蓝釉四方象耳琮式瓶 | 高30cm | 123,436 | 中国嘉德 | 2022-06-04 |
| 清道光 蓝釉象耳方瓶 | 高28.8cm | 115,000 | 中国嘉德 | 2022-09-27 |
| 清道光 霁蓝釉盘 | 口径16.1cm | 59,800 | 北京大羿 | 2022-09-27 |
| 清道光 蓝釉大碗 | 直径18cm | 115,000 | 中国嘉德 | 2022-05-29 |
| 清道光 霁蓝釉碗 | 口径15cm | 94,300 | 北京大羿 | 2022-12-18 |
| 清道光 蓝釉碗 | 直径15cm | 92,000 | 中国嘉德 | 2022-09-27 |
| 清道光 霁蓝釉大碗 | 高10cm；直径22cm | 74,750 | 保利厦门 | 2022-10-22 |
| 清道光 蓝釉大碗 | 直径17.6cm | 55,200 | 中国嘉德 | 2022-05-30 |
| 清道光 蓝釉大碗 | 直径17.5cm | 51,750 | 中国嘉德 | 2022-05-30 |
| 清道光 祭蓝釉碗 | 直径18cm | 43,700 | 北京保利 | 2022-07-29 |
| 清道光 祭蓝釉撇口碗 | 高7.5cm；直径17.5cm | 40,250 | 广东崇正 | 2022-08-11 |
| 清中期 孔雀蓝釉弦纹洗口瓶 | 高20cm | 55,200 | 北京中汉 | 2022-09-29 |
| 清中期 天蓝釉小宝月瓶 | 通高12.7cm | 36,800 | 中贸圣佳 | 2022-10-27 |
| 清中期 蓝釉花鸟渣斗、鼻烟壶（一组两件） | 尺寸不一 | 34,500 | 中贸圣佳 | 2023-01-01 |
| 清咸丰 霁蓝釉玉壶春瓶 | 高28.5cm | 253,000 | 保利厦门 | 2022-10-22 |
| 清咸丰 霁蓝釉仿青铜窃曲纹豆（盖为嘉庆） | 高24.2cm | 97,750 | 中贸圣佳 | 2022-09-25 |
| 清咸丰 霁蓝釉豆 | 高24.2cm | 551,820 | 中国嘉德 | 2022-10-07 |
| 清同治 霁蓝釉象耳琮式瓶 | 高29.8cm | 253,000 | 北京大羿 | 2022-09-26 |
| 清同治 霁蓝釉象耳琮式瓶 | 高29.5cm | 187,618 | 中国嘉德 | 2022-10-07 |
| 清同治 霁蓝釉象耳琮式瓶 | 高29cm | 82,800 | 北京诚轩 | 2022-08-09 |
| 清同治 霁蓝釉象耳方瓶 | 高29cm | 46,000 | 保利厦门 | 2022-10-22 |
| 清同治 霁蓝釉象耳琮式瓶 | 高30cm | 36,800 | 保利厦门 | 2022-10-22 |
| 清同治 霁蓝釉贯耳瓶 | 高30cm | 34,500 | 保利厦门 | 2022-10-22 |
| 清光绪 宝石蓝釉大天球瓶 | 高55cm | 212,750 | 北京荣宝 | 2022-07-24 |
| 清光绪 蓝釉象耳琮式瓶 | 高29cm | 176,685 | 纽约佳士得 | 2022-03-25 |
| 清光绪 霁蓝釉象耳琮式瓶 | 高29.4cm | 143,750 | 北京中汉 | 2022-12-09 |
| 清光绪 蓝釉象耳方瓶 | 高29.4cm | 92,000 | 中国嘉德 | 2022-05-30 |
| 清光绪 蓝釉象耳方瓶 | 高29cm | 63,250 | 中国嘉德 | 2022-09-28 |
| 清光绪 蓝釉赏瓶 | 高37cm | 43,700 | 中国嘉德 | 2022-05-30 |
| 清光绪 蓝釉象耳方瓶 | 高29.5cm | 34,500 | 中国嘉德 | 2022-09-27 |
| 清光绪 霁蓝釉象耳瓶 | 高30cm；长13cm；宽13cm | 34,500 | 西泠印社 | 2022-01-22 |
| 清光绪 天蓝釉拱花仿古夔龙纹双鸠耳尊 | 直径7.4cm；高19.5cm | 63,250 | 中贸圣佳 | 2022-08-13 |
| 清光绪 霁蓝釉仿青铜纹双龙耳簋 | 高23.5cm | 126,500 | 北京大羿 | 2022-09-26 |
| 清光绪 蓝釉大盘 | 直径20.8cm | 74,750 | 中国嘉德 | 2022-05-30 |
| 清光绪 蓝釉盘 | 直径16.7cm | 46,000 | 中国嘉德 | 2022-05-30 |
| 清光绪 蓝釉盘 | 直径21cm | 43,700 | 北京荣宝 | 2022-07-24 |
| 清光绪 蓝釉盘 | 直径16.5cm | 40,250 | 中国嘉德 | 2022-05-30 |
| 清光绪 蓝釉大碗 | 直径17.5cm | 69,000 | 中国嘉德 | 2022-06-27 |
| 清光绪 蓝釉大碗 | 直径17.5cm | 43,700 | 中国嘉德 | 2022-05-30 |
| 18世纪/19世纪 浅蓝釉贯耳大壶 | 高49.5cm | 88,099 | 纽约佳士得 | 2022-09-23 |
| 清宣统 霁蓝釉象耳琮式瓶 | 高29cm | 40,250 | 保利厦门 | 2022-10-22 |
| 清宣统 蓝釉盘 | 直径20.8cm | 126,500 | 中国嘉德 | 2022-05-28 |
| 清晚期 天蓝釉菊瓣瓶 | 高19.4cm | 32,200 | 中国嘉德 | 2022-09-28 |
| 清 宝石蓝釉天球瓶 | 通高55cm | 4,127,970 | 香港福羲国际 | 2022-12-28 |
| 清 天蓝釉团螭纹撇口瓶 | 通高18.5cm | 147,427 | 香港福羲国际 | 2022-12-28 |
| 清 祭蓝釉象耳琮式瓶 | 29.5cm×18.5cm | 126,500 | 荣宝斋（南京） | 2022-12-08 |
| 清 洒蓝釉琮式瓶 | 31.8cm×9cm | 40,250 | 上海嘉禾 | 2022-01-01 |
| 清代 祭蓝釉双螭龙耳扁瓶 | 高31cm | 39,105 | 台北艺珍 | 2022-12-04 |
| 清 天蓝釉弦纹铺首尊 | 高35cm | 172,500 | 西泠印社 | 2022-08-20 |

| 名称 | 物品尺寸 | 成交价RMB | 拍卖公司 | 拍卖日期 |
|---|---|---|---|---|
| 清 霁蓝釉盘 | 直径16cm | 196,570 | 香港福羲国际 | 2022-12-28 |
| 清 蓝釉暗刻凤纹大盘 | 直径42.5cm | 57,500 | 中鸿信 | 2022-09-11 |
| 清 天蓝釉小碟（一对） | 直径8.5cm×2 | 92,000 | 北京荣宝 | 2022-07-24 |
| 清 天蓝釉盖盒 | 直径7.3cm | 63,250 | 北京保利 | 2022-07-29 |

**绿釉**

| 名称 | 物品尺寸 | 成交价RMB | 拍卖公司 | 拍卖日期 |
|---|---|---|---|---|
| 清康熙 郎窑绿釉贯耳大肚尊 | 口径23cm；高50cm | 2,420,000 | 浙江御承 | 2022-12-17 |
| 清康熙 瓜皮绿釉大碗 | 直径23.8cm | 32,200 | 中国嘉德 | 2022-05-31 |
| 清康熙 绿釉莲瓣形虹吸杯 | 直径15cm | 40,250 | 中贸圣佳 | 2022-08-13 |
| 清雍正 松石绿釉葫芦瓶 | 高25cm；口径2.7cm | 632,500 | 浙江御承 | 2022-08-28 |
| 清雍正/乾隆 鱼子绿釉瓜棱花口瓶 | 直径14cm；高21.5cm | 59,800 | 中贸圣佳 | 2022-08-13 |
| 清雍正 绿哥釉大梅瓶 | 高33.2cm | 51,750 | 中贸圣佳 | 2022-09-25 |
| 清雍正 绿哥釉太白罐 | 高19.7cm | 34,500 | 中国嘉德 | 2022-05-30 |
| 清雍正 湖水绿釉菊瓣盘 | 直径17.6cm | 3,078,000 | 保利香港 | 2022-07-14 |
| 清雍正 湖水绿釉暗刻海浪纹盘（一对） | 直径16.1cm×2 | 1,931,370 | 中国嘉德 | 2022-10-07 |
| 清雍正 浅松石绿釉花口盘 | 直径20cm | 615,600 | 保利香港 | 2022-07-14 |
| 清雍正 瓜皮绿釉莲托八宝纹盘 | 直径14.8cm | 56,575 | 中国嘉德 | 2022-06-04 |
| 清雍正 瓜皮绿釉莲托八宝纹高足碗 | 直径18.4cm | 575,000 | 北京保利 | 2022-07-28 |
| 清雍正 松石绿釉万寿无疆碗（一对） | 口径12.3cm×高4.6cm×2 | 352,000 | 浙江御承 | 2022-12-17 |
| 清雍正 瓜皮绿釉高足碗 | 直径18.3cm | 43,700 | 中国嘉德 | 2022-09-28 |
| 清雍正 淡绿釉花口杯 | 直径6.3cm | 492,480 | 保利香港 | 2022-07-14 |
| 清乾隆 孔雀绿釉胆瓶 | 高44.5cm | 287,500 | 永乐拍卖 | 2022-07-25 |
| 清乾隆 孔雀绿釉梅瓶 | 高25.6cm | 162,792 | 保利香港 | 2022-10-10 |
| 清乾隆 松石绿釉堆白夔龙纹瓶 | 高25.2cm | 86,250 | 中国嘉德 | 2022-05-30 |
| 清乾隆 淡绿釉双夔龙耳尊（一对） | 高20cm×2 | 3,898,800 | 保利香港 | 2022-07-14 |
| 清乾隆 孔雀绿釉暗刻莲瓣纹八方小尊 | 高11cm | 322,000 | 中国嘉德 | 2022-12-26 |
| 清乾隆 瓜皮绿釉玉壶春瓶 | 高27.2cm；腹径15cm | 32,200 | 广东崇正 | 2022-04-17 |
| 清乾隆 松石绿釉布袋和尚像 | 长23cm | 74,750 | 中国嘉德 | 2022-05-31 |
| 清乾隆 湖水绿釉茶船 | 长14.2cm | 51,750 | 中国嘉德 | 2022-05-30 |
| 清乾隆 瓜皮绿釉暗刻八吉祥纹盘 | 直径15.8cm | 74,750 | 北京诚轩 | 2022-08-09 |
| 清乾隆 绿釉撇口碗 | 口径18.6cm | 918,061 | 香港苏富比 | 2022-04-29 |
| 清乾隆 淡绿釉束腰罐 | 直径15.7cm | 57,500 | 北京中汉 | 2022-09-29 |
| 清嘉庆 松石绿釉帽筒（一对） | 高28cm×2 | 46,000 | 北京保利 | 2022-07-16 |
| 清道光 内青花八宝外青绿釉皮球花碗 | 口径14.7cm | 432,028 | 香港苏富比 | 2022-04-29 |
| 清道光 王炳荣款淡绿釉山水笔筒 | 直径12.9cm；高14cm | 299,000 | 中贸圣佳 | 2022-09-25 |
| 清中期 绿釉蒜头瓶 | 高15.2cm | 242,800 | 中国嘉德 | 2022-10-07 |
| 清光绪 松石绿釉八卦纹琮式瓶 | 高28cm | 40,250 | 中国嘉德 | 2022-09-27 |
| 清光绪 "端方" 定制秋葵绿釉豆形镫 | 直径16.7cm；高20.6cm | 80,500 | 中贸圣佳 | 2022-08-13 |
| 清光绪 秋葵绿釉暗刻海水云龙纹碗 | 直径14.9cm；高6.6cm | 83,950 | 中贸圣佳 | 2022-09-25 |
| 清光绪 绿釉暗刻云龙戏珠纹碗 | 直径16.3cm | 71,300 | 永乐拍卖 | 2022-07-25 |
| 清光绪 秋葵绿釉暗刻云龙纹茶圆（一对） | 直径9.9cm×高6cm×2 | 43,700 | 中贸圣佳 | 2022-07-13 |
| 清光绪 松石绿釉雕瓷虎溪三笑图笔筒 | 高14cm | 46,000 | 中国嘉德 | 2022-05-31 |
| 清 松石绿釉如意 | 长36.5cm | 78,200 | 华艺国际 | 2022-09-23 |
| 清 松石绿釉卧狮摆件 | 14.2cm×8.2cm×5cm | 345,000 | 荣宝斋（南京） | 2022-12-08 |
| 清 绿釉龙纹盘（一对） | 17cm×3cm×2 | 115,000 | 荣宝斋（南京） | 2022-12-08 |
| 清 储秀宫款苹果绿釉碗 | 口径16.6cm；高7.9cm | 418,000 | 浙江御承 | 2022-12-17 |
| 清 松石绿釉模印夔龙纹碗 | 高5.3cm；直径14.9cm | 103,500 | 西泠印社 | 2022-01-22 |

**2022瓷器拍卖成交汇总(续表)**

(成交价RMB：3万元以上)

| 名称 | 物品尺寸 | 成交价RMB | 拍卖公司 | 拍卖日期 |
|---|---|---|---|---|
| 清 绿釉缠枝纹水仙盆 | 25.5cm×14.5cm×7cm | 126,500 | 荣宝斋(南京) | 2022-12-08 |
| 民国 绿釉浮雕福寿纹大捧盒 | 直径25.7cm | 49,450 | 中贸圣佳 | 2022-09-28 |
| 李颜珣 墨地绿釉山水之二瓷板 | 25cm×25cm | 34,500 | 中贸圣佳 | 2022-09-25 |
| 金釉 | | | | |
| 清雍正 金釉提梁壶 | 高14.8cm；长12.6cm | 632,500 | 华艺国际 | 2022-07-29 |
| 清雍正/乾隆 仿金釉碗（一对） | 直径15.7cm×2 | 322,000 | 北京保利 | 2022-07-28 |
| 清乾隆辛亥年 金釉御题杜甫诗《古柏行》墩式碗 | 直径12.4cm | 230,000 | 中鸿信 | 2022-09-11 |
| 清乾隆 金釉金元宝形杯（一对） | 长9cm×2；高3.5cm×2 | 109,250 | 中贸圣佳 | 2022-08-13 |
| 清 金釉杯 | 直径6.2cm | 115,000 | 北京保利 | 2022-07-28 |
| 酱釉 | | | | |
| 明 当阳峪窑柿釉小梅瓶 | 高16cm | 402,500 | 北京保利 | 2022-07-28 |
| 明永历 紫金釉筒式炉 | 直径11.5cm | 86,250 | 中国嘉德 | 2022-06-27 |
| 明 柿釉盏托（一对） | 直径10.5cm×2 | 138,000 | 北京保利 | 2022-07-29 |
| 明 柿釉小盏 | 直径12cm；高4.7cm | 34,500 | 中贸圣佳 | 2022-07-13 |
| 清康熙 紫金釉青花凤纹供炉 | 26.3cm×9.5cm | 552,000 | 上海嘉禾 | 2022-01-01 |
| 清康熙 紫金釉墩式碗（一对） | 直径11cm×2 | 69,000 | 华艺国际 | 2022-09-23 |
| 清康熙 紫金釉小墩式碗（一对） | 直径10cm×2 | 460,000 | 中国嘉德 | 2022-12-26 |
| 清康熙 紫金釉碗 | 直径12.7cm | 126,500 | 北京保利 | 2022-07-16 |
| 清雍正 紫金釉开光花卉纹茶叶罐（一对） | 高21cm×2；直径19cm×2 | 34,500 | 保利厦门 | 2022-10-22 |
| 清雍正 紫金釉弦纹碗 | 直径17cm | 86,250 | 中国嘉德 | 2022-06-27 |
| 清雍正 紫金釉碗 | 直径14.2cm | 80,500 | 中国嘉德 | 2022-05-31 |
| 清乾隆 紫金釉描金开光葫芦瓶 | 高66.5cm | 1,725,000 | 永乐拍卖 | 2022-07-24 |
| 清乾隆 紫金釉洒金炉 | 口径14.2cm | 717,366 | 中国嘉德 | 2022-10-07 |
| 清乾隆 紫金釉墩式碗 | 直径12.6cm | 103,500 | 华艺国际 | 2022-09-23 |
| 清乾隆 酱釉碗 | 直径12cm；高6.5cm | 230,000 | 北京保利 | 2022-07-29 |
| 清道光 紫金釉碗 | 直径14cm；高6.5cm | 46,000 | 朵云轩 | 2022-12-08 |
| 清道光 紫金釉碗 | 口径12.4cm | 43,700 | 北京大羿 | 2022-09-26 |
| 清道光 紫金釉描金杯 | 高8cm | 48,300 | 北京大羿 | 2022-09-26 |
| 清中期 紫金釉洒金弥勒坐像 | 长16.6cm；宽11.2cm；高11.6cm | 32,200 | 西泠印社 | 2022-01-22 |
| 清光绪 紫金釉描金开光山水人物玉壶春瓶 | 18cm×11.5cm | 92,000 | 上海嘉禾 | 2022-01-01 |
| 清光绪 紫金釉墩式碗 | 直径12.3cm | 34,500 | 中国嘉德 | 2022-05-30 |
| 清光绪 紫金釉碗（一对） | 直径12.4cm×2 | 109,250 | 北京保利 | 2022-07-29 |
| 清光绪 酱金釉碗（一对） | 直径13cm×2 | 51,432 | 中国嘉德 | 2022-06-04 |
| 清光绪 紫金釉碗 | 直径13cm | 46,000 | 北京保利 | 2022-07-29 |
| 清光绪 紫金釉碗 | 直径14cm；高6.3cm | 40,250 | 广东崇正 | 2022-08-11 |
| 清晚期 紫金釉描金螭龙纹花盆（一对） | 直径24.5cm×2 | 34,500 | 中国嘉德 | 2022-09-28 |
| 清 紫金釉墩式碗 | 直径12.5cm | 78,628 | 香港福羲国际 | 2022-12-28 |
| 紫金釉观音瓶 | 高22cm | 137,955 | 荣宝斋(香港) | 2022-11-26 |
| 褐釉 铁锈釉 | | | | |
| 明 褐釉清供陶制山子摆件 | 带座高26cm | 35,650 | 西泠印社 | 2022-01-23 |
| 明 褐釉清供陶制山子摆件 | 带座高26cm | 34,500 | 西泠印社 | 2022-08-21 |
| 清雍正 铁锈花釉兽耳三足炉 | 直径11.7cm；高10.5cm | 40,250 | 中贸圣佳 | 2022-09-25 |
| 清乾隆 铁锈釉盘口瓶 | 高35cm | 46,000 | 中国嘉德 | 2022-05-31 |
| 清乾隆 铁锈花釉钵式洗 | 直径13.4cm | 34,500 | 北京中汉 | 2022-08-08 |
| 窑变釉 | | | | |
| 清雍正 窑变釉梅瓶 | 高27.8cm；直径19cm | 4,600,000 | 西泠印社 | 2022-01-22 |
| 清雍正 窑变釉贯耳瓶 | 口径11cm；高31cm | 862,500 | 上海嘉禾 | 2022-01-01 |
| 清雍正 窑变釉粉彩蕉叶纹小胆瓶 | 高18.7cm | 51,750 | 中国嘉德 | 2022-09-27 |
| 清雍正 窑变釉弦纹尊 | 高26.5cm | 97,750 | 保利厦门 | 2022-10-22 |
| 清雍正 窑变釉盆奁（一对） | 直径18.3cm×2 | 287,500 | 中国嘉德 | 2022-06-27 |
| 清雍正 窑变釉螭龙水盂 | 高4.5cm；直径9.5cm | 34,500 | 西泠印社 | 2022-01-22 |
| 清雍正 窑变釉加胭脂红福寿水丞 | 长9.3cm | 529,000 | 中国嘉德 | 2022-06-27 |
| 清乾隆 窑变釉长颈瓶 | 高46.5cm | 2,967,000 | 北京大羿 | 2022-06-26 |
| 清乾隆 窑变釉赏瓶 | 高39.3cm | 2,530,000 | 中国嘉德 | 2022-06-27 |
| 清乾隆 窑变釉荸荠瓶 | 高35.3cm | 1,380,000 | 中国嘉德 | 2022-06-27 |
| 清乾隆 窑变釉抱月瓶 | 高27.5cm | 1,150,000 | 北京荣宝 | 2022-07-24 |
| 清乾隆 御制窑变釉玉壶春瓶 | 高21.7cm | 989,000 | 永乐拍卖 | 2022-07-24 |
| 清乾隆 窑变釉贯耳瓶 | 高30cm | 897,000 | 中贸圣佳 | 2022-10-27 |
| 清乾隆 窑变釉荸荠瓶 | 高22.2cm | 862,500 | 中贸圣佳 | 2022-12-31 |
| 清乾隆 窑变釉三羊铺首梅瓶 | 高22.8cm | 598,000 | 北京中汉 | 2022-08-08 |
| 清乾隆 窑变釉贯耳瓶 | 高31cm；口径18.5cm | 333,500 | 广东崇正 | 2022-04-17 |
| 清乾隆 窑变釉贯耳瓶 | 高30.3cm | 253,000 | 西泠印社 | 2022-01-22 |
| 清乾隆 窑变三色釉直颈胆瓶 | 高22.8cm | 218,500 | 北京中汉 | 2022-08-08 |
| 清乾隆 窑变釉梅瓶 | 高22.5cm | 184,000 | 北京保利 | 2022-07-29 |
| 清乾隆 窑变釉贯耳瓶 | 高30.3cm | 172,500 | 中国嘉德 | 2022-12-26 |
| 清乾隆 窑变釉大胆瓶 | 高46.2cm | 97,750 | 中国嘉德 | 2022-09-28 |
| 清乾隆 窑变釉撇口瓶 | 高35.4cm | 92,000 | 北京中汉 | 2022-06-03 |
| 清乾隆 窑变釉六棱双耳瓶 | 高26cm | 92,000 | 西泠印社 | 2022-01-22 |
| 清乾隆 窑变釉荸荠瓶 | 高36.5cm | 89,700 | 永乐拍卖 | 2022-07-24 |
| 清乾隆 窑变釉赏瓶 | 高27.3cm | 80,311 | 纽约佳士得 | 2022-03-25 |
| 清乾隆 窑变釉梅瓶 | 高21.3cm | 74,750 | 永乐拍卖 | 2022-07-24 |
| 清乾隆 窑变釉蒜头瓶 | 高37.2cm | 63,250 | 中国嘉德 | 2022-05-31 |
| 清乾隆 窑变釉双耳瓶 | 高34cm | 63,250 | 北京保利 | 2022-07-16 |
| 清乾隆 窑变釉花口瓶 | 高18cm | 57,500 | 中贸圣佳 | 2022-08-13 |
| 清乾隆 窑变釉洗口大梅瓶 | 高40cm | 46,000 | 中国嘉德 | 2022-09-27 |
| 清乾隆 窑变釉贯耳瓶 | 直径14cm；高28cm | 43,700 | 深圳富诺得 | 2022-10-06 |
| 清乾隆 窑变釉观音瓶 | 高55.5cm | 40,250 | 中国嘉德 | 2022-05-30 |
| 清乾隆 窑变釉小天球瓶 | 高37.3cm | 36,800 | 中国嘉德 | 2022-05-30 |
| 清乾隆 窑变釉瓶 | 高31.5cm | 36,800 | 中国嘉德 | 2022-09-28 |
| 清乾隆 窑变釉玉壶春瓶 | 高34.5cm；直径20cm | 36,800 | 广东崇正 | 2022-08-11 |
| 清乾隆 窑变釉小梅瓶 | 高17.2cm | 32,200 | 中国嘉德 | 2022-06-02 |
| 清乾隆 窑变釉铺首尊 | 高39.5cm | 2,645,000 | 中国嘉德 | 2022-12-26 |
| 清乾隆 窑变釉鸠耳尊 | 高21cm | 1,782,500 | 北京大羿 | 2022-09-26 |
| 清乾隆 窑变釉三系尊 | 高12.7cm | 972,064 | 佳士得 | 2022-05-30 |
| 清乾隆 窑变釉石榴尊 | 高20cm | 552,000 | 北京保利 | 2022-07-29 |
| 清乾隆 窑变釉橄榄尊 | 高37.5cm | 184,000 | 中贸圣佳 | 2022-10-27 |
| 清乾隆 窑变釉石榴尊 | 高20.3cm | 92,000 | 北京保利 | 2022-07-29 |
| 清乾隆 窑变釉铺首尊 | 高35.5cm；直径26.5cm | 86,250 | 广东崇正 | 2022-08-11 |
| 清乾隆 窑变釉象耳方尊 | 高24.8cm | 78,211 | 台北艺珍 | 2022-12-04 |
| 清乾隆 窑变釉海棠花觚 | 高36.5cm | 974,700 | 保利香港 | 2022-07-14 |
| 清乾隆 窑变釉方瓶 | 高30.5cm | 704,794 | 纽约佳士得 | 2022-03-25 |
| 清乾隆 窑变釉贯耳方壶 | 高30cm | 648,043 | 香港苏富比 | 2022-04-29 |
| 清乾隆 窑变釉太白坛 | 高32.8cm | 1,552,500 | 中国嘉德 | 2022-12-26 |
| 清乾隆 窑变釉如意耳盘口瓶 | 高17.1cm | 425,500 | 北京中汉 | 2022-08-08 |
| 清乾隆 窑变釉海棠形水仙盆 | 长22.6cm | 632,500 | 北京大羿 | 2022-12-25 |
| 清乾隆 窑变釉卷缸 | 直径45cm；高32.5cm | 4,255,000 | 北京保利 | 2022-07-28 |
| 清乾隆 窑变釉仿生雕瓷九如灵芝洗 | 高4cm；长7.5cm | 43,700 | 保利厦门 | 2022-10-22 |
| 18世纪 窑变釉瓶 | 高37.1cm | 281,917 | 纽约佳士得 | 2022-09-23 |
| 18世纪 窑变釉锥把瓶 | 高38.5cm | 94,300 | 北京大羿 | 2022-09-26 |
| 清道光 窑变釉贯耳瓶 | 高29.7cm | 201,250 | 中贸圣佳 | 2022-06-07 |
| 清道光 窑变釉杏圆贯耳瓶 | 高30cm | 195,500 | 永乐拍卖 | 2022-07-25 |
| 清道光 窑变釉杏圆四方贯耳瓶 | 高29.9cm | 69,000 | 北京中汉 | 2022-04-27 |
| 清道光 窑变釉石榴尊 | 高19.4cm | 209,691 | 中国嘉德 | 2022-10-07 |
| 清道光 窑变釉石榴尊 | 高19.5cm | 207,000 | 中国嘉德 | 2022-09-27 |
| 清中期 窑变釉长颈胆瓶 | 高66cm | 92,000 | 深圳富诺得 | 2022-10-06 |
| 清中期 窑变釉大梅瓶 | 高43.5cm | 46,000 | 中国嘉德 | 2022-09-30 |
| 清中期 窑变釉蒜头瓶 | 高36.2cm | 43,700 | 中国嘉德 | 2022-09-27 |
| 清中期 窑变釉长颈撇口瓶 | 高36.5cm | 37,375 | 中贸圣佳 | 2022-08-06 |
| 清中期 窑变釉葫芦瓶 | 高32cm | 34,500 | 中国嘉德 | 2022-09-30 |

## 2022瓷器拍卖成交汇总(续表)

(成交价RMB：3万元以上)

| 名称 | 物品尺寸 | 成交价RMB | 拍卖公司 | 拍卖日期 |
|---|---|---|---|---|
| 清中期 窑变釉贯耳撇口瓶 | 高47cm；直径30cm | 34,500 | 广东崇正 | 2022-08-11 |
| 清中期 窑变釉象耳尊 | 高30cm | 89,700 | 华艺国际 | 2022-09-23 |
| 清中期 窑变釉罗汉立像 | 高35.5cm | 92,000 | 广东崇正 | 2022-12-25 |
| 清咸丰 窑变釉贯耳瓶 | 高30cm | 713,000 | 中国嘉德 | 2022-09-27 |
| 清咸丰 窑变釉杏圆贯耳尊 | 高29.8cm | 523,250 | 中贸圣佳 | 2022-07-26 |
| 清咸丰 窑变釉方壶 | 高30.5cm | 1,080,072 | 佳士得 | 2022-05-30 |
| 清咸丰 御制窑变釉杏圆贯耳方壶 | 高30cm | 391,000 | 永乐拍卖 | 2022-07-24 |
| 清同治 窑变釉贯耳尊 | 高30.5cm | 75,900 | 朵云轩 | 2022-08-08 |
| 清光绪 窑变釉杏圆贯耳瓶（一对） | 高30.1cm×2 | 575,000 | 中贸圣佳 | 2023-01-01 |
| 清光绪 窑变釉杏圆贯耳瓶（一对） | 高30cm×2 | 506,000 | 北京大羿 | 2022-06-26 |
| 清光绪 窑变釉杏圆贯耳瓶 | 高30.5cm | 299,000 | 北京大羿 | 2022-09-29 |
| 清光绪 窑变釉贯耳瓶 | 高30cm | 253,000 | 中贸圣佳 | 2022-10-27 |
| 清光绪 窑变釉贯耳瓶 | 高29.7cm | 253,000 | 中国嘉德 | 2022-05-29 |
| 清光绪 御制窑变釉杏圆贯耳瓶 | 高29.8cm | 195,500 | 永乐拍卖 | 2022-07-24 |
| 清光绪 窑变釉贯耳瓶 | 高30cm | 189,750 | 北京诚轩 | 2022-08-09 |
| 清光绪 窑变釉贯耳瓶 | 高30cm | 138,000 | 中国嘉德 | 2022-05-29 |
| 清光绪 窑变釉杏圆贯耳瓶 | 高30.2cm | 138,000 | 北京大羿 | 2022-09-29 |
| 清光绪 窑变釉杏圆贯耳瓶 | 高29.9cm | 115,000 | 中贸圣佳 | 2022-09-25 |
| 清光绪 窑变釉贯耳瓶 | 高29.6cm | 97,750 | 中贸圣佳 | 2022-07-13 |
| 清光绪 窑变釉贯耳瓶 | 高29.6cm | 86,250 | 中国嘉德 | 2022-05-30 |
| 清光绪 窑变釉贯耳瓶 | 高30cm | 57,500 | 中国嘉德 | 2022-06-27 |
| 清宣统 御制窑变釉杏圆贯耳瓶 | 高29.5cm | 195,500 | 永乐拍卖 | 2022-07-24 |
| 清 窑变釉贯耳瓶 | 通高30cm | 216,227 | 香港福羲国际 | 2022-12-28 |
| 清 窑变釉胆瓶 | 高36.3cm | 48,300 | 华艺国际 | 2022-09-23 |
| 清代 窑变釉赏瓶 | 高36.5cm | 40,250 | 中贸圣佳 | 2022-09-25 |
| 清 窑变釉筒瓶 | 高26.4cm | 34,500 | 北京中汉 | 2022-04-27 |
| 清雍正年制款窑变釉尊（一对） | 高47cm；47cm | 86,250 | 西泠印社 | 2022-01-23 |

### 炉钧釉

| 名称 | 物品尺寸 | 成交价RMB | 拍卖公司 | 拍卖日期 |
|---|---|---|---|---|
| 清雍正 炉钧釉盘口瓶 | 高20cm | 149,500 | 中国嘉德 | 2022-05-29 |
| 清雍正 孔雀翎炉钧釉小天球瓶 | 高16.7cm | 97,750 | 中国嘉德 | 2022-05-29 |
| 清雍正/乾隆 炉钧釉双象耳方壶 | 16.3cm×11.5cm×27.5cm | 241,500 | 北京保利 | 2022-07-29 |
| 清雍正 孔雀翎炉钧釉钵式案缸 | 直径20.6cm | 1,495,000 | 中国嘉德 | 2022-05-29 |
| 清雍正 御制炉钧釉冲耳三足炉 | 直径18.7cm | 1,207,500 | 永乐拍卖 | 2022-07-24 |
| 清雍正 炉钧釉兽耳菱形水丞 | 直径8.5cm | 57,500 | 保利厦门 | 2022-10-22 |
| 清雍正 炉钧釉仿树瘤随形笔筒 | 高11.5cm | 230,000 | 保利厦门 | 2022-10-22 |
| 清雍正 炉钧釉五峰笔山 | 长14.5cm | 51,750 | 保利厦门 | 2022-10-22 |
| 清乾隆 炉钧釉灯笼瓶 | 高23.8cm | 820,800 | 保利香港 | 2022-07-14 |
| 清乾隆 炉钧釉灯笼瓶 | 高23.8cm | 368,000 | 中国嘉德 | 2022-05-29 |
| 清乾隆 炉钧釉梅瓶 | 高15.4cm | 195,500 | 中国嘉德 | 2022-05-29 |
| 清乾隆 炉钧釉灯笼瓶 | 高24.5cm | 195,500 | 中国嘉德 | 2022-06-27 |
| 清乾隆 炉钧釉小弦纹瓶 | 高15.7cm | 184,000 | 中国嘉德 | 2022-05-29 |
| 清乾隆 炉钧釉胆瓶 | 高18cm | 126,500 | 保利厦门 | 2022-10-22 |
| 清乾隆 炉钧釉小梅瓶 | 高11.8cm | 126,500 | 中国嘉德 | 2022-05-29 |
| 清乾隆 炉钧釉小橄榄瓶 | 高17cm | 109,250 | 中国嘉德 | 2022-05-29 |
| 清乾隆 炉钧釉荸荠瓶 | 高25.5cm | 108,528 | 保利香港 | 2022-10-10 |
| 清乾隆 炉钧釉鸠耳方瓶 | 高37cm | 97,750 | 中国嘉德 | 2022-05-29 |
| 清乾隆 炉钧釉弦纹小瓶 | 高11.8cm | 97,750 | 中国嘉德 | 2022-12-26 |
| 清乾隆 炉钧釉小观音瓶 | 高14.5cm | 97,750 | 北京保利 | 2022-07-29 |
| 清乾隆 炉钧釉小瓶 | 高18cm | 92,000 | 中贸圣佳 | 2023-01-01 |
| 清乾隆 炉钧釉小象耳瓶 | 高10cm | 86,250 | 中贸圣佳 | 2022-09-25 |
| 清乾隆 炉钧釉梅瓶 | 高22.3cm | 78,200 | 北京中汉 | 2022-06-28 |
| 清乾隆 炉钧釉小胆瓶 | 高17.3cm | 74,750 | 中国嘉德 | 2022-05-30 |
| 清乾隆 炉钧釉太极八卦出戟菱形瓶 | 高30.8cm | 69,000 | 中国嘉德 | |
| 清乾隆 炉钧釉纸槌瓶 | 高13.5cm | 63,250 | 中贸圣佳 | 2022-07-13 |
| 清乾隆 炉钧釉小梅瓶 | 高6.7cm | 55,200 | 中国嘉德 | 2022-05-29 |
| 清乾隆 炉钧釉撇口小瓶 | 高12.5cm | 46,000 | 中贸圣佳 | 2022-08-13 |
| 清乾隆 炉钧釉小荸荠瓶 | 高15cm | 34,500 | 中国嘉德 | 2022-05-29 |
| 清乾隆 炉钧釉小玉壶春瓶 | 高7.8cm | 32,200 | 中国嘉德 | 2022-05-29 |
| 清乾隆 炉钧釉灯笼尊 | 高23cm | 287,500 | 中贸圣佳 | 2022-09-29 |
| 清乾隆 炉钧釉铺首耳弦纹尊 | 高35.2cm | 212,750 | 永乐拍卖 | 2022-07-24 |
| 清乾隆 炉钧釉象耳尊 | 高20.5cm | 126,500 | 中国嘉德 | 2022-05-29 |
| 清乾隆 炉钧釉螭耳尊 | 高33.6cm | 97,750 | 中国嘉德 | 2022-05-29 |
| 清乾隆 炉钧釉小象耳尊 | 高9.8cm | 51,750 | 中国嘉德 | 2022-05-29 |

| 名称 | 物品尺寸 | 成交价RMB | 拍卖公司 | 拍卖日期 |
|---|---|---|---|---|
| 清乾隆 炉钧釉象耳尊 | 高10.5cm | 43,700 | 保利厦门 | 2022-10-22 |
| 清乾隆 炉钧釉小花觚 | 高10.8cm | 57,500 | 保利厦门 | 2022-10-22 |
| 清乾隆 炉钧釉象耳壶 | 30.8cm | 345,623 | 香港苏富比 | 2022-04-29 |
| 清乾隆 炉钧釉小壮罐 | 高6.8cm | 36,800 | 中国嘉德 | 2022-09-29 |
| 清乾隆 炉钧釉地藏王菩萨立像 | 高60cm | 402,500 | 北京荣宝 | 2022-07-24 |
| 清乾隆 炉钧釉朝天耳炉 | 直径15.5cm | 322,000 | 中国嘉德 | 2022-05-29 |
| 清乾隆 炉钧釉树瘿形笔洗 | 高10cm；长26cm | 287,500 | 西泠印社 | 2022-08-20 |
| 清乾隆 炉钧釉竹节花插 | 高15.5cm | 43,700 | 中国嘉德 | 2022-09-27 |
| 清乾隆 炉钧釉水丞 | 直径6.5cm | 40,250 | 中国嘉德 | 2022-09-27 |
| 清乾隆 炉钧釉笔筒 | 高11.8cm | 172,500 | 中国嘉德 | 2022-05-29 |
| 清乾隆 炉钧釉笔筒 | 高8.5cm；直径11cm | 115,000 | 保利厦门 | 2022-10-22 |
| 清乾隆 炉钧釉笔筒 | 直径9.4cm；高11.5cm | 69,000 | 中贸圣佳 | 2023-01-01 |
| 清乾隆 炉钧釉小笔筒 | 高9.3cm | 57,500 | 中国嘉德 | 2022-05-29 |
| 清乾隆 炉钧釉水盂 | 直径6.4cm | 66,700 | 北京中汉 | 2022-09-29 |
| 清乾隆 炉钧釉水盂 | 直径7cm | 48,300 | 保利厦门 | 2022-10-22 |
| 清乾隆 炉钧釉小水盂 | 高4.3cm | 46,000 | 中贸圣佳 | 2022-07-26 |
| 清嘉庆 炉钧釉海棠形螭耳瓶 | 高32.7cm | 322,000 | 中国嘉德 | 2022-09-27 |
| 清嘉庆 炉钧釉海棠瓶 | 高25cm；直径14.3cm | 34,500 | 西泠印社 | 2022-01-22 |
| 清道光 炉钧釉堆塑螭龙纹瓜形水盂 | 高7cm；直径10cm | 74,750 | 保利厦门 | 2022-10-22 |
| 清中期 金彩炉钧釉菩萨像 | 高29cm | 331,092 | 华艺国际 | 2022-11-27 |
| 清中期 炉钧釉尊 | 直径13cm；高23cm | 258,750 | 中贸圣佳 | 2023-01-01 |
| 清中期 炉钧釉直口缸 | 直径51cm；高24cm | 230,000 | 北京保利 | 2022-07-29 |
| 清中期 炉钧釉冲天耳炉 | 直径13cm | 49,374 | 中国嘉德 | 2022-06-04 |
| 19世纪 炉钧釉螭龙水丞（两件） | 直径6.5cm；直径5.5cm | 75,291 | 香港苏富比 | 2022-11-25 |
| 清光绪 内松石绿釉外炉钧釉大碗 | 直径18.5cm | 63,250 | 中国嘉德 | 2022-06-21 |
| 清光绪 炉钧釉盘 | 直径13.7cm | 43,700 | 中国嘉德 | 2022-05-30 |
| 清光绪 炉钧釉大碗 | 高8.5cm；口径19.5cm | 36,800 | 保利厦门 | 2022-10-22 |
| 清宣统 炉钧釉八卦纹琮式瓶 | 高27.8cm | 187,618 | 中国嘉德 | 2022-10-07 |
| 清晚期 炉钧釉灯笼瓶（一对） | 高19.5cm×2 | 51,750 | 中国嘉德 | 2022-09-30 |
| 清晚期 炉钧釉弦纹小盘口瓶 | 高17.3cm | 34,500 | 中国嘉德 | 2022-09-30 |
| 清晚期 炉钧釉甪端（一对） | 高38.5cm×2 | 34,500 | 中国嘉德 | 2022-05-31 |
| 清乾隆 炉钧釉梅瓶 | 高33.8cm | 4,558,176 | 香港苏富比 | 2022-10-09 |
| 清 炉钧釉灵芝水洗 | 宽9cm | 33,109 | 中国嘉德 | 2022-10-07 |
| 清 炉钧釉笔筒 | 高12.7cm | 33,109 | 中国嘉德 | 2022-10-07 |

### 仿古铜釉

| 名称 | 物品尺寸 | 成交价RMB | 拍卖公司 | 拍卖日期 |
|---|---|---|---|---|
| 清雍正 仿古铜釉双耳炉 | 口径21.6cm；高14.5cm | 690,000 | 中贸圣佳 | 2022-10-27 |
| 清乾隆 仿古铜釉描金点翠模印八吉祥纹四足八方箭式炉 | 高20.3cm；直径20.7cm | 161,000 | 北京中汉 | 2022-12-09 |
| 清乾隆 仿古铜釉无量寿佛像 | 高56cm | 46,000 | 中国嘉德 | 2022-09-29 |
| 清乾隆 外古铜釉暗刻缠枝莲纹内柠檬黄釉大碗 | 直径22.8cm；高7.3cm | 172,500 | 中贸圣佳 | 2022-07-26 |
| 清乾隆 仿古铜釉渣斗 | 高13cm；口径14.5cm | 368,000 | 浙江御承 | 2022-08-28 |
| 清中期 仿古铜釉蟠螭纹凤耳瓶 | 高27.7cm | 40,250 | 中国嘉德 | 2022-05-30 |
| 清光绪 黄釉模印仿古铜纹簋 | 直径28.2cm；高24cm | 32,200 | 北京中汉 | 2022-12-09 |
| 清 仿古铜釉乳钉簋 | 直径20.2cm | 43,700 | 中国嘉德 | 2022-09-27 |
| 清 乾隆年制款仿古铜釉瑞兽衔灵芝摆件 | 高4.5cm；长9.5cm | 40,250 | 西泠印社 | 2022-08-21 |

### 仿木釉

| 名称 | 物品尺寸 | 成交价RMB | 拍卖公司 | 拍卖日期 |
|---|---|---|---|---|
| 清雍正 仿木釉山水人物笔筒 | 15cm×14.2cm | 517,500 | 上海嘉禾 | 2022-01-01 |
| 清乾隆 仿木釉书卷笔筒 | 高9cm | 59,800 | 北京保利 | 2022-07-16 |
| 清乾隆 仿木釉螭龙熏式纸镇 | 长7.2cm | 57,500 | 北京保利 | 2022-07-16 |

### 仿石釉

| 名称 | 物品尺寸 | 成交价RMB | 拍卖公司 | 拍卖日期 |
|---|---|---|---|---|
| 清雍正 双管花瓶 | 9.5cm×14cm×4cm | 51,750 | 上海嘉禾 | 2022-01-01 |
| 清乾隆 仿大理石纹釉六方贯耳瓶 | 高14.5cm | 34,500 | 北京保利 | 2022-07-17 |
| 清乾隆 青釉仿石纹诗文狮耳四方双陆尊 | 高30.3cm | 115,000 | 中国嘉德 | 2022-09-28 |

## 2022瓷器拍卖成交汇总(续表)

(成交价RMB：3万元以上)

| 名称 | 物品尺寸 | 成交价RMB | 拍卖公司 | 拍卖日期 |
|---|---|---|---|---|
| 清中期 瓷塑仿石纹釉水盂 | 长10.7cm | 36,800 | 中贸圣佳 | 2022-09-25 |
| **茄皮紫釉** | | | | |
| 清早期 茄皮紫釉牺耳尊 | 长28cm | 63,250 | 中国嘉德 | 2022-09-27 |
| 清康熙 茄皮紫釉多穆执壶 | 高49.8cm | 92,000 | 中贸圣佳 | 2022-06-07 |
| 清康熙 茄皮紫釉贴塑松树纹炉 | 高13cm | 51,750 | 广东崇正 | 2022-12-25 |
| 清康熙 茄皮紫釉暗刻云龙纹盘 | 直径25.1cm | 655,500 | 北京中汉 | 2022-06-28 |
| 清康熙 茄皮紫釉暗刻龙纹盘 | 高4.5cm；直径25cm | 655,500 | 广东崇正 | 2022-08-11 |
| 清康熙 茄皮紫釉暗刻云龙纹大盘 | 直径25.2cm | 368,000 | 中国嘉德 | 2022-05-28 |
| 清康熙 茄皮紫釉刻云龙纹盘 | 直径25cm | 333,500 | 北京保利 | 2022-07-29 |
| 清康熙 茄皮紫釉暗刻龙纹盘 | 直径25.3cm | 322,000 | 北京保利 | 2022-07-16 |
| 清康熙 茄皮紫釉暗刻云龙纹大盘 | 直径25.1cm | 74,750 | 中国嘉德 | 2022-12-26 |
| 清康熙 茄皮紫釉暗刻龙纹折沿盏托（一对） | 直径13cm×2 | 35,910 | 保利香港 | 2022-07-14 |
| 清康熙 茄皮紫釉弦纹碗 | 直径13cm | 63,250 | 华艺国际 | 2022-09-23 |
| 清康熙 茄皮紫釉腰圆形四足花盆 | 长24.5cm；高10.7cm | 34,500 | 北京中汉 | 2022-04-27 |
| 清雍正 茄皮紫釉暗花缠枝石榴纹盘 | 直径11.4cm | 341,863 | 香港苏富比 | 2022-10-09 |
| 清雍正 茄皮紫釉划石榴纹盘 | 直径11.3cm | 334,777 | 纽约佳士得 | 2022-09-23 |
| 清雍正 浅茄釉盘 | 直径16cm | 88,099 | 纽约佳士得 | 2022-09-23 |
| 清雍正 茄皮紫釉暗刻八吉祥纹盘 | 直径14.7cm | 85,100 | 北京诚轩 | 2022-08-09 |
| 清雍正 茄皮紫釉小杯 | 直径5.7cm | 57,500 | 北京保利 | 2022-07-17 |
| 清乾隆 茄皮紫釉双兽耳瓶 | 直径18cm；高27cm | 172,500 | 北京保利 | 2022-07-29 |
| 清乾隆 茄皮紫釉暗刻龙纹瓶 | 直径19.2cm | 275,910 | 中国嘉德 | 2022-10-07 |
| 清乾隆 茄皮紫釉大盘 | 直径20.7cm | 69,000 | 中国嘉德 | 2022-05-28 |
| 清乾隆 茄皮紫釉大盘 | 直径21cm | 46,000 | 中国嘉德 | 2022-09-28 |
| 清乾隆 茄皮紫釉荷花式吸杯 | 长14.5cm；宽13cm | 264,500 | 北京保利 | 2022-07-28 |
| 清中期 茄皮紫釉象耳衔环盘口瓶 | 高29.5cm | 34,500 | 中国嘉德 | 2022-09-28 |
| 清 茄皮紫釉小杯（一对） | 直径9cm×2；高5.4cm×2 | 43,700 | 广东崇正 | 2022-08-11 |
| **茶叶末釉** | | | | |
| 清雍正 仿古玉釉小瓜棱贯耳瓶 | 高9.3cm | 3,450,000 | 中贸圣佳 | 2022-07-26 |
| 清雍正 茶叶末釉弦纹三系梅瓶 | 高28.2cm | 1,080,072 | 香港苏富比 | 2022-04-29 |
| 清雍正 茶叶末釉弦纹塔式盘口瓶 | 高26.8cm | 253,000 | 北京中汉 | 2022-12-09 |
| 清雍正/乾隆 茶叶末釉长颈瓶 | 高17cm | 74,750 | 中国嘉德 | 2022-12-26 |
| 清雍正 茶叶末釉仿周铜壶式大尊 | 高59.5cm | 4,255,000 | 北京保利 | 2022-07-28 |
| 清雍正 蟹甲青釉双耳杏圆尊 | 高24.5cm | 2,127,500 | 中贸圣佳 | 2022-12-31 |
| 清雍正 茶叶末釉双耳香炉 | 直径10cm；高5.8cm | 40,250 | 中贸圣佳 | 2022-08-13 |
| 清雍正 鳝鱼黄釉菱口三足水仙盆 | 直径20.3cm | 2,290,579 | 纽约佳士得 | 2022-09-23 |
| 清乾隆 茶叶末釉绶带耳葫芦瓶 | 高26.1cm | 1,655,460 | 中国嘉德 | 2022-10-07 |
| 清乾隆 茶叶末釉荸荠瓶 | 高33cm | 1,437,500 | 北京大羿 | 2022-12-18 |
| 清乾隆 茶叶末釉观音瓶 | 高27cm | 1,380,000 | 北京保利 | 2022-07-28 |
| 清乾隆 茶叶末釉荸荠瓶 | 高33cm | 1,150,000 | 北京大羿 | 2022-06-26 |
| 清乾隆 茶叶末釉长颈瓶 | 直径23cm；高33cm | 920,000 | 北京保利 | 2022-07-29 |
| 清乾隆 茶叶末釉玉壶春旋纹瓶 | 高23.5cm | 862,500 | 上海嘉禾 | 2022-01-01 |
| 清乾隆 茶叶末釉荸荠瓶 | 高33.4cm | 575,000 | 中贸圣佳 | 2022-10-27 |
| 清乾隆 茶叶末釉绶带耳葫芦瓶 | 高26cm | 437,000 | 中鸿信 | 2022-09-11 |
| 清乾隆 茶叶末釉荸荠瓶 | 高33.4cm | 419,383 | 华艺国际 | 2022-11-27 |
| 清乾隆 茶叶末釉双螭耳海棠瓶（一对） | 高18.5cm×2 | 218,500 | 保利厦门 | 2022-07-16 |
| 清乾隆 茶叶末釉杏圆贯耳瓶 | 高30.5cm | 205,200 | 保利香港 | 2022-07-14 |
| 清乾隆 茶叶末釉绶带耳葫芦瓶 | 高25.9cm | 102,600 | 保利香港 | 2022-07-14 |
| 清乾隆 茶叶末釉荸荠瓶 | 高33cm | 74,750 | 北京大羿 | 2022-08-08 |
| 清乾隆 茶叶末釉盘龙瓶 | 高27cm | 34,500 | 中鸿信 | 2022-09-11 |
| 清乾隆 茶叶末釉小天球瓶 | 高14cm | 34,500 | 保利厦门 | 2022-10-22 |
| 清乾隆 茶叶末釉贴塑三羊首弦纹尊 | 高33.5cm | 3,680,000 | 中贸圣佳 | 2023-01-01 |
| 清乾隆 茶叶末釉梨形尊 | 高13.3cm | 2,248,712 | 纽约佳士得 | 2022-03-25 |
| 清乾隆 御制茶叶末釉鸠耳尊 | 高29.7cm | 816,500 | 永乐拍卖 | 2022-07-24 |
| 清乾隆 茶叶末釉双系汉壶尊 | 高28cm | 805,000 | 中贸圣佳 | 2022-10-27 |
| 清乾隆 蟹甲青釉双龙耳六方尊 | 高44cm | 92,000 | 保利厦门 | 2022-10-22 |
| 清乾隆 茶叶末釉贯耳壶 | 高10cm | 572,645 | 纽约佳士得 | 2022-09-23 |
| 清乾隆 茶叶末釉仿古铜簋式炉 | 高16cm | 166,750 | 中贸圣佳 | 2022-06-07 |

| 名称 | 物品尺寸 | 成交价RMB | 拍卖公司 | 拍卖日期 |
|---|---|---|---|---|
| 清乾隆 茶叶末釉三足小琴炉 | 8.5cm×7cm | 71,300 | 上海嘉禾 | 2022-01-01 |
| 清乾隆 茶叶末釉朝天耳炉 | 直径11cm | 48,300 | 中国嘉德 | 2022-05-30 |
| 清乾隆 御制茶叶末釉如意绶带耳汉壶尊 | 高25.5cm | 2,070,000 | 永乐拍卖 | 2022-07-24 |
| 清乾隆 茶叶末釉如意绶带耳葫芦瓶 | 高27cm | 1,035,000 | 保利厦门 | 2022-10-22 |
| 清乾隆 茶叶末釉如意耳葫芦瓶 | 14.3cm×17cm | 69,000 | 上海嘉禾 | 2022-01-01 |
| 清乾隆 茶叶末釉笔筒 | 直径8.7cm；高13.4cm | 43,700 | 北京中汉 | 2022-08-08 |
| 清乾隆 茶叶末釉折沿洗 | 高6cm；直径23.5cm | 34,500 | 保利厦门 | 2022-10-22 |
| 清嘉庆 茶叶末釉荸荠瓶 | 高34.5cm | 460,000 | 北京保利 | 2022-07-14 |
| 清道光 茶叶末釉铺首尊 | 高32cm | 63,250 | 北京大羿 | 2022-09-26 |
| 清道光 茶叶末釉莲瓣纹碗 | 高7cm；直径14cm | 78,200 | 中贸圣佳 | 2022-09-28 |
| 清道光 茶叶末釉洗 | 直径24.5cm | 74,750 | 中国嘉德 | 2022-09-28 |
| 清中期 茶叶末釉撇口瓶 | 高17cm | 43,700 | 北京保利 | 2022-07-29 |
| 清中期 茶叶末釉龙耳瓶 | 高31cm | 31,050 | 华艺国际 | 2022-09-23 |
| 清中期 植本堂制茶叶末釉碗 | 直径17.8cm | 149,500 | 北京保利 | 2022-07-29 |
| 清咸丰 茶叶末釉荸荠瓶 | 高32.7cm | 563,500 | 中贸圣佳 | 2022-09-25 |
| 清同治 鳝鱼黄釉荸荠瓶 | 高33cm | 138,000 | 北京保利 | 2022-07-13 |
| 清光绪 鳝鱼黄釉玉壶春瓶 | 高29cm | 230,000 | 中国嘉德 | 2022-06-27 |
| 清光绪 茶叶末釉荸荠瓶 | 高33cm | 195,500 | 华艺国际 | 2022-07-29 |
| 清光绪 厂官釉荸荠瓶 | 高32.1cm | 86,250 | 中贸圣佳 | 2022-09-25 |
| 清光绪 茶叶末釉荸荠瓶 | 高33cm | 78,200 | 中古陶 | 2022-08-21 |
| 清光绪 茶叶末釉赏瓶 | 高38.7cm | 74,750 | 北京保利 | 2022-07-29 |
| 清光绪 茶叶末釉贯耳瓶 | 高30.5cm | 57,500 | 广东崇正 | 2022-12-25 |
| 清光绪 茶叶末釉荸荠瓶 | 高32.2cm | 55,200 | 中贸圣佳 | 2022-12-25 |
| 清光绪 茶叶末釉杏圆贯耳瓶 | 高29.8cm | 43,700 | 中贸圣佳 | 2022-09-25 |
| 清代 茶叶末釉八角大瓶 | 高60cm | 64,888 | 台北艺珍 | 2022-09-25 |
| 清 茶叶末釉梨形盖瓶 | 高9cm | 46,000 | 北京保利 | 2022-07-17 |
| 清 茶叶末釉渣斗 | 高14.3cm | 253,000 | 广东崇正 | 2022-12-25 |
| 清 鳝鱼黄釉佛手澄泥砚 | 1.4cm×6.7cm×12cm | 40,250 | 西泠印社 | 2022-01-22 |
| 清 鳝鱼黄釉澄泥兽面纹钟形小砚 | 长10cm | 36,800 | 中国嘉德 | 2022-05-29 |
| 茶叶末釉荸荠瓶 | 高29cm；宽7.5cm | 51,704 | 台北艺珍 | 2022-08-14 |
| **其他色釉** | | | | |
| 隋/唐 透明釉碗 | 口径19cm | 140,959 | 纽约佳士得 | 2022-09-23 |
| 唐 米色釉鹦形杯 | 长8.3cm | 229,058 | 纽约佳士得 | 2022-09-23 |
| 13/14世纪 米色釉龟形索环水注 | 长11.5cm | 176,685 | 纽约佳士得 | 2022-03-25 |
| 清光绪 仿翡翠釉齐太公豆 | 高18cm | 48,300 | 中国嘉德 | 2022-05-30 |
| 清光绪 桃花洞釉大碗 | 直径18.5cm | 46,000 | 中国嘉德 | 2022-06-02 |
| 清末民初 各色釉釉轴头（五对） | 最大高7cm | 48,300 | 北京诚轩 | 2022-08-09 |
| 清 各式颜色釉瓶及小盖盒（共四件） | 尺寸不一 | 74,750 | 北京保利 | 2022-07-29 |
| **反瓷** | | | | |
| 清乾隆 涩胎双龙赶珠纹盘（一对） | 直径10.7cm×2 | 32,200 | 永乐拍卖 | 2022-07-26 |
| 清道光 陈国治作素胎捏瓷"长坂坡"三国故事笔筒 | 直径17.1cm；高16.3cm | 264,500 | 中贸圣佳 | 2022-07-26 |
| 清光绪 反瓷文具（一套四件） | 最大的高8.1cm | 30,901 | 中国嘉德 | 2022-10-07 |
| 清道光 素胎方壶 | 高13.8cm；腹径16cm | 230,000 | 浙江御承 | 2022-08-28 |
| 19世纪 素胎三彩布袋童子 | 宽24.6cm | 51,432 | 中国嘉德 | 2022-06-04 |
| 近现代 景德镇素胎纯手工雕观音立像 | 高27.6cm | 32,200 | 中贸圣佳 | 2022-06-07 |
| 清乾隆 铜胎掐丝珐琅仿古式方鼎式盖炉 | 高39.3cm | 370,662 | 香港苏富比 | 2022-11-25 |
| 18世纪 景泰蓝铜胎掐丝珐琅小马（一对） | 高9.8cm×2 | 173,748 | 香港苏富比 | 2022-11-25 |
| 元至明 青白玉太平有象 | 长5.5cm | 63,250 | 中国嘉德 | 2022-05-29 |
| 清 张睿兄弟旧藏澄泥砚 | 长28cm；宽25cm；高4cm | 276,000 | 中贸圣佳 | 2022-10-27 |